21世纪高等教育会计通用教材

Accounting Information System
—Chapter of Business and Finance Integration
(Yonyou Seentao U8+V15.0 Version)

会计信息系统
——业财融合篇
(用友新道U8+V15.0版)

宋红尔 主编

东北财经大学出版社
Dongbei University of Finance & Economics Press
大连

图书在版编目（CIP）数据

会计信息系统——业财融合篇 / 宋红尔主编. —大连 ：东北财经大学出版社，2022.10（2024.2 重印）
（21 世纪高等教育会计通用教材）
ISBN 978-7-5654-4563-7

Ⅰ.会…　Ⅱ.宋…　Ⅲ.会计信息-财务管理系统-高等学校-教材　Ⅳ.F232

中国版本图书馆 CIP 数据核字（2022）第 110185 号

东北财经大学出版社出版
（大连市黑石礁尖山街217号　邮政编码　116025）
网　　址：http://www.dufep.cn
读者信箱：dufep@dufe.edu.cn

大连天骄彩色印刷有限公司印刷　东北财经大学出版社发行

幅面尺寸：185mm×260mm　字数：557 千字　印张：23.5　插页：1
2022 年 10 月第 1 版　2024 年 2 月第 2 次印刷

责任编辑：包利华　责任校对：张晓鹏
封面设计：冀贵收　版式设计：原　皓

定价：52.00 元

教学支持　售后服务　联系电话：（0411）84710309

如有印装质量问题，请联系营销部：（0411）84710711

前言

2021年12月30日，财政部印发了《会计信息化发展规划（2021—2025年）》（财会〔2021〕36号）。该规划明确提出：“各单位要加强复合型会计信息化人才培养，高等院校要适当增加会计信息化课程内容的比重，加大会计信息化人才培养力度。”党的二十大报告明确提出“加快建设数字中国”的重大战略部署。企业会计工作也应顺应时代潮流，向信息化、数字化方向转型。在此背景下，我们编写了这本《会计信息系统——业财融合篇》（用友新道U8+V15.0版）教材。

本书共四篇11章，主要内容概括如下：

第一篇系统实施，即教材第1章至第2章。第1章主要介绍系统管理基本功能，包括建立账套、增加操作员并为其设置权限、账套备份与恢复等。第2章主要介绍系统基础工作，包括启用总账等9个子系统、添加各类档案信息、单据设置和数据权限管理等。

第二篇财务会计，即第3章至第5章。第3章主要介绍总账系统初始化和填制凭证等日常业务处理。第4章主要介绍固定资产系统初始化和资产增加等业务处理。第5章主要介绍薪资管理系统初始化和工资变动等业务处理。

第三篇供应链管理，即第6章至第9章。第6章主要介绍供应链管理中的基础性工作，包括设置仓库档案等业务档案和供应链管理各子系统初始化。第7章主要介绍供应链管理中的普通采购业务。第8章主要介绍供应链管理中的生产业务和普通销售业务。第9章主要介绍供应链管理中的6种特殊业务。

第四篇期末处理，即第10章和第11章。第10章主要介绍银行对账等出纳管理、期末业务处理和月末结账等。第11章主要介绍UFO报表管理，利用模板生成报表、自定义报表、报表格式编辑和公式定义等。

与同类教材相比，本书更加注重应用性，具有如下鲜明特色：

（1）以一个工业企业完整案例贯通全书。本书以用友新道U8+V15.0版软件为蓝本，以虚拟的辽宁长久食品有限公司2023年1月份的完整经济活动为背景，较为详细地介绍了该公司系统实施、财务会计信息化、供应链管理信息化以及系统期末处理等信息化工作内容。

（2）业财一体信息化应用。一方面，通过阅读本书，读者基本能够掌握总账、应收款管理、应付款管理、采购管理、销售管理、库存管理、存货核算、固定资产、薪资管理及UFO报表等10个子系统，实现财务系统与业务系统的一体化应用；另一方面，本书全部实验资料按照账套主管、财务经理、会计、出纳、销售员、采购员、库管员等7个岗位分工设计，通过阅读本书，读者基本能够实现多岗位一体化应用。

（3）重视数据表分析。用友新道U8+V15.0版的运行离不开数据库的支撑。我们在会计信息系统中操作的所有数据全部存于“UFDATA”、“UFMeta”、“UFSystem”和“UTU”四个数据库的数据表中。作者从上述数据库的几千个数据表中整理出常见的数据表约160个，供读者进一步学习和研究。在会计实务中，数据表对于系统二次开发、信息系统审计、数据集成与分析、数据挖掘等都有非常重要的作用。

(4) 教学做一体化。对全书几乎所有的知识点设计了相应的实验资料。读者根据实验资料在会计信息系统中进行操作处理，可掌握会计信息系统的基本功能和基本流程。

(5) 紧跟时代步伐。一方面，根据最新的财税政策及会计准则编写教材实验资料；另一方面，将会计信息系统在实际应用中的最新研究成果纳入教材，以更好地解决会计信息系统滞后于国家财税政策和会计实务的问题。

(6) 融入课程思政。本书提供了“课程思政”教学设计表供任课教师授课时参考，任课教师可以用手机扫描右方二维码获取，或登录东北财经大学出版社网站（www.dufep.cn）下载使用。同时，在教材每章的最后设置了“课程思政点睛”模块，供读者参考。

“课程思政”
教学设计表

(7) 教学资源丰富。本书配套资源包括：①教案、电子课件等教学文件；②全部实验的操作过程微视频，读者可用手机扫描教材中的二维码进行收看学习；③教材正文的初始账套、结果账套。

本书由宋红尔任主编，吴爽、冉祥梅、左继男任副主编，参与编写的还有马照月、李晗、刘唱、郑晶晶、李迎盈、赵娜六位老师。宋红尔负责拟定全书大纲及所有实验资料的制作，并对全书进行总纂、修改和定稿。

本书在编写过程中参考了国内相关专著、教材和论文，在此对有关作者表示衷心的感谢。作为校企合作单位，新道科技股份有限公司、辽宁华瑞会计师事务所有限公司、北京华科诚信科技股份有限公司对本书的编写提供了大力支持，在此也一并表示感谢。

本书的出版得到了辽宁省教育科学“十三五”规划2020年度立项课题“新文科视域下智能会计人才培养模式研究”（课题号：JG20DB252）、2021年度辽宁省普通高等教育本科教学改革研究一般项目“新文科视域下智能会计人才能力提升策略研究”（项目序号：969）的资助。

虽然编者对会计信息系统应用一直在关注、追踪、学习，但因水平有限，对某些问题的认识和理解可能不一定准确，书中难免有疏漏和不当之处，竭诚欢迎广大读者不吝指正。您的批评和建议将是本书再次修订的重要依据。联系方式：

E-mail：songhonger@163.com

教师QQ群：233163238（会计信息化教学与研究）

宋红尔

2024年2月于辽宁锦州

目录

1 第一篇　系统实施

2 第二篇 财务会计

第一篇

系统实施

第1章 系统管理

1.1 概述

会计信息系统（Accounting Information System，AIS）是基于现代信息技术手段，利用计算机对会计信息进行采集、存储、处理及传递，完成会计工作并与其他企业管理活动有机结合的系统。本书主要介绍用友新道U8+V15.0版会计信息系统。

系统管理主要是对账套、操作员、角色等进行集中管理。系统管理的使用对象为企业的信息管理人员（即系统管理员admin）、安全管理人员（即安全管理员sadmin）、管理员用户或账套主管。系统管理主要包括以下功能：①对账套统一管理，包括建立、修改、备份（自动备份和手工备份（输出））和引入。②对操作员及其功能级权限实行统一管理，包括用户、角色和权限设置。③系统任务管理，包括查看当前运行任务、清除指定任务、清退站点、清除单据锁定等。本章总体流程如图1-1所示。

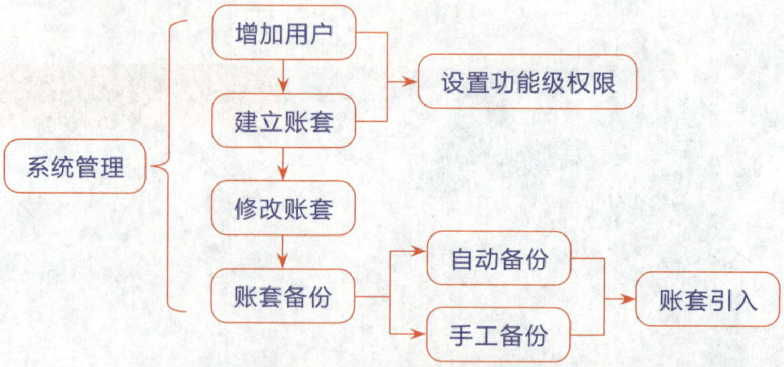

图1-1 本章总体流程

1.2 案例背景资料

1. 企业基本情况

（1）公司注册资料。

公司注册名称：辽宁长久食品有限公司（简称辽宁长久）

公司统一社会信用代码：91210703589643065T

公司注册地址及电话：辽宁省锦州市凌河区解放路139号，电话：0416-2662576

公司邮箱地址：changjiu@126.com

公司注册资本：人民币500万元

公司法定代表人：路长久

公司总经理：赵海元

公司经营范围：主要从事饺子、汤圆等的生产、批发和零售

（2）公司银行资料。

①基本存款账户。

锦州银行锦州凌河支行，账号：6220857126490138597

②一般存款账户。

交通银行锦州凌河支行（人民币户），账号：6235985107156422901

交通银行锦州凌河支行（美元户），账号：6235985107156422988

（3）公司税务资料。

主管税务机关为国家税务总局锦州市凌河区税务局，纳税人识别号同公司统一社会信用代码，缴款账户：国家金库锦州市凌河区支库，账号：6259300012350833975。

2.会计信息系统

公司于2023年1月启用用友新道U8+V15.0版的会计信息系统，具体包括以下子系统：总账、应收款管理、应付款管理、固定资产、薪资管理、采购管理、销售管理、库存管理、存货核算及UFO报表系统。

3.会计核算制度

（1）公司以人民币作为记账本位币，记账文字为中文。

（2）税费处理。

公司为增值税一般纳税人，增值税税率为13%，按月缴纳，按当期应交增值税的7%计算城市维护建设税、3%计算教育费附加和2%计算地方教育附加。公司当期取得的增值税专用发票，按照现行增值税制度规定当期准予抵扣的，均已认证且于当期一次性抵扣。

公司车船税、房产税和城镇土地使用税均按税法规定计算缴纳。

企业所得税税率为25%，按年计征，分月预缴，年终汇算清缴，多退少补。企业所得税会计采用资产负债表债务法。缴纳税费按银行开具的原始凭证编制记账凭证。

（3）会计凭证基本规定。

公司采用收款、付款、转账三种专用记账凭证。填制或生成“记账凭证”均由指定的会计人员操作，含有“库存现金”和“银行存款”科目的记账凭证均需出纳签字。对已记账凭证的修改，采用红字冲销法。为保证财务与业务数据的一致性，能在业务系统生成的记账凭证不得在总账系统直接填制。无特别要求，在业务发生当日，收到发票并支付款项的业务使用现付功能处理，开出发票同时收到款项的业务使用现结功能处理。

（4）货币资金业务的处理。

公司采用的结算方式包括现金结算、支票、托收承付、委托收款、银行汇票、商业汇票、电汇等。收、付款业务由财务部门根据有关凭证进行处理，在系统中没有对应结算方式时，其结算方式为“其他”。

（5）往来科目辅助核算要求。

往来科目的辅助账类型及受控系统见表1-1。

表1-1　　往来科目辅助核算一览表

科目编码	科目名称	辅助账类型	受控系统	备注
112101	应收票据/人民币	客户往来	应收系统	

续表

科目编码	科目名称	辅助账类型	受控系统	备注
112102	应收票据/美元	客户往来	应收系统	
112201	应收账款/人民币	客户往来	应收系统	
112202	应收账款/美元	客户往来	应收系统	
112203	应收账款/资产处置应收款	客户往来		固定资产处置业务
1123	预付账款	供应商往来	应付系统	
2201	应付票据	供应商往来	应付系统	
220201	应付账款/一般应付账款	供应商往来	应付系统	
220202	应付账款/暂估应付账款	供应商往来		
220301	预收账款/一般人民币预收账款	客户往来	应收系统	
220302	预收账款/一般美元预收账款	客户往来	应收系统	
220303	预收账款/销售定金	客户往来		销售定金业务

（6）非往来科目辅助核算要求。

日记账：库存现金、银行存款。

银行账：银行存款。

部门核算：销售费用、管理费用的部分明细科目。

个人往来：其他应收款/职工个人往来。

项目核算：交易性金融资产、债权投资和其他权益工具投资，以及这三个总账科目的明细科目；生产成本总账科目及其明细科目。

（7）固定资产业务的处理。

公司固定资产包括房屋及建筑物、生产设备、运输设备和管理设备，均为在用状态；采用“平均年限法（一）”按月计提折旧；同期增加多个固定资产时，不采用合并制单。该系统生成的凭证均到“批量制单”中完成。

（8）薪酬业务的处理。

根据现行的个人所得税法律制度的规定，公司预扣预缴个人所得税，其费用扣除标准为5 000元/月。假定公司员工除工资外，当年未取得劳务报酬所得、稿酬所得和特许权使用费所得。假定公司每位员工均享受子女教育、赡养老人两项专项附加扣除共计2 000元/月，无其他专项附加扣除事项。

公司按有关规定计算缴纳社会保险费和住房公积金。社会保险费及住房公积金以固定工资基数3 500元/人作为计提基数。“四险一金”计提比例见表1-2。

表1-2　“四险一金”计提比例

项　目	企业承担（%）	个人承担（%）	小计（%）
基本养老保险	16	8	24
医疗保险	7	2	9

续表

项　目	企业承担（%）	个人承担（%）	小计（%）
失业保险	0.5	0.5	1
工伤保险	0.5		0.5
小　计	**24**	**10.5**	**34.5**
住房公积金	10	10	20
合　计	**34**	**20.5**	**54.5**

各类社会保险及住房公积金当月计提，次月缴纳。根据国家有关规定，公司代扣由个人承担的社会保险费、住房公积金。

公司职工福利费和职工教育经费不预提，按实际发生金额列支。工会经费按应付工资总额的2%计提。

由公司预扣预缴的个人所得税通过“应交税费”账户进行核算。职工个人负担的社会保险费及住房公积金通过“其他应付款”账户进行核算。工资分摊制单时勾选“合并科目相同、辅助项相同的分录”。

（9）存货业务的处理。

公司存货主要包括原材料、辅助材料、周转材料以及饺子、汤圆等产成品，按存货分类进行存放及核算。各类存货按照实际成本核算，采用永续盘存制。发出存货成本按仓库进行核算，采用全月平均法计价，“固定资产仓”为虚拟仓库，采用先进先出法计价。

采购入库的存货对方科目全部使用“在途物资”科目，委托代销成本核算方式按“发出商品”核算。同一批出库或入库业务生成一张凭证；采购、销售必有订单，订单号为合同编号，到货必有到货单，发货必有发货单。

除发生非合理损耗的采购业务外，存货核算系统制单时不允许勾选“已结算采购入库单自动选择全部结算单上单据（包括入库单、发票、付款单），非本月采购入库单按蓝字报销单制单”选项。

（10）成本核算。

公司采用品种法计算产品成本，成本项目为直接材料、直接人工和制造费用。本月发生的直接材料发生时直接计入产品成本，本月发生的直接人工和制造费用按本月各产品的投产量在各种产品之间进行分配。月末各产品全部完工，无在产品。

（11）坏账准备的计提。

公司除应收账款外，其他预付及应收款项不计提坏账准备。期末按应收账款余额的0.5%计提坏账准备。

（12）财产清查的处理。

公司每月月末对存货进行清查，每年年末对固定资产进行清查。根据盘点结果编制“盘点表”，并与账面数据进行比较，由库存管理员审核后进行处理。

（13）损益类账户的结转。

每月末将各损益类账户余额转入“本年利润”账户，结转时按收入和支出分别生成记账凭证。

（14）利润分配。

根据《中华人民共和国公司法》及公司章程，公司税后利润按以下顺序分配：①弥补亏损；②按10%提取法定盈余公积；③按30%向投资者分配利润。

1.3 系统管理

1.3.1 增加用户

【实验资料】

辽宁长久的U8系统共有7位操作员，见表1-3。

表1-3 软件应用操作员/用户（UA_User）

编号（cUser_Id）	姓名（cUser_Name）	用户类型	认证方式	口令	所属部门（cDept）	角色	工作岗位
A01	赵海元	普通用户	用户+口令（传统）		行政部	账套主管	总经理
W01	李峻峰	普通用户	用户+口令（传统）		财务部	普通员工	财务经理
W02	王家宝	普通用户	用户+口令（传统）		财务部	普通员工	会计
W03	范英晨	普通用户	用户+口令（传统）		财务部	普通员工	出纳
X01	张东杰	普通用户	用户+口令（传统）		批发科	普通员工	销售员
G01	刘美玲	普通用户	用户+口令（传统）		采购部	普通员工	采购员
C01	孟梓楠	普通用户	用户+口令（传统）		仓储部	普通员工	库管员

说明：表1-3中“UA_User”为操作员的数据表名，“cUser_Id”为操作员编号在数据表中的字段名称。

【实验过程】

（1）以系统管理员身份登录系统管理，在系统管理窗口，选择“权限”菜单下的“用户”命令，打开“用户管理”窗口。

增加用户

（2）单击工具栏的“增加”按钮，打开“操作员详细情况”窗口。根据实验资料输入赵海元的相关信息，如图1-2所示。单击“增加”按钮，保存该操作员。按此方法继续增加其他操作员，最后单击“退出”按钮，退出“操作员详细情况”窗口并返回“用户管理”窗口，如图1-3所示。

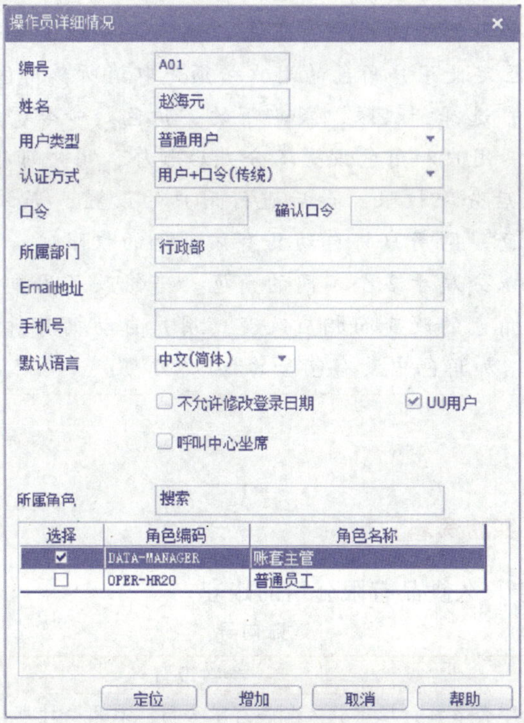

图 1-2　增加操作员

用户编码	用户全名	部门	Email地址	手机号	用户类型	认证方式	状态	创建时间
A01	赵海元	行政部			普通用户	用户+口令(传统)	启用	2023-01-01 07:58:15
admin	admin				管理员用户	用户+口令(传统)	启用	
C01	孟梓楠	仓储部			普通用户	用户+口令(传统)	启用	2023-01-01 08:03:59
demo	demo				普通用户	用户+口令(传统)	启用	
G01	刘美玲	采购部			普通用户	用户+口令(传统)	启用	2023-01-01 08:03:09
SYSTEM	SYSTEM				普通用户	用户+口令(传统)	启用	
UFSOFT	UFSOFT				普通用户	用户+口令(传统)	启用	
W01	李峻峰	财务部			普通用户	用户+口令(传统)	启用	2023-01-01 07:58:50
W02	王家宝	财务部			普通用户	用户+口令(传统)	启用	2023-01-01 07:59:16
W03	范英晨	财务部			普通用户	用户+口令(传统)	启用	2023-01-01 07:59:48
X01	张东杰	批发科			普通用户	用户+口令(传统)	启用	2023-01-01 08:02:34

图 1-3　"用户管理"窗口

【提示】

用友U8系统中的蓝字栏目为必输项。图1-2中的"编号""姓名"即为必输项。

这里的"用户"指的是软件的操作员。在图1-2中，"用户类型"有两种：普通用户和管理员用户。普通用户一般指的是登录U8企业应用平台、进行各种业务处理的用户，系统中大部分用户均属于此类型。管理员用户是进行账套管理、协助系统维护的用户，该类用户只能登录系统管理进行操作，为系统管理员分担一部分管理工作。

在图1-3中，选中要修改的用户信息，点击"修改"按钮，可进入修改状态，但已启用的用户只能修改口令、所属部门、Email地址、手机号、认证方式和所属角色等信息。在修改状态下，按"注销当前用户"按钮，将暂时停止使用该用户。

在图 1-3 中，选中要删除的用户，点击“删除”按钮，可删除该用户。但已启用的用户不能删除，已定义用户角色的用户必须先取消所属角色信息才能删除。

在系统管理窗口，选择“权限”菜单下的“角色”命令，打开“角色管理”窗口，进行角色的设置。用户和角色设置不分先后顺序，用户可根据自己的需要设置。如果先设定角色，然后分配权限，最后进行用户的设置，那么在设置用户的时候，选择其归属哪一个角色，则用户将自动具有该角色的权限。一个角色可以拥有多个用户，一个用户也可以分属于多个不同的角色。若修改了用户的所属角色，则该用户对应的权限也跟着角色的改变而相应改变。用户自动拥有所属角色所拥有的所有权限，同时可以额外增加角色中没有包含的权限。

1.3.2 建立账套

【实验资料】

根据表 1-4 建立辽宁长久食品有限公司的账套。

表 1-4 建账向导

建账向导	参数设置
账套信息	账套号：001；账套名称：辽宁长久食品有限公司；启用会计期：2023 年 1 月
单位信息	单位名称：辽宁长久食品有限公司；单位简称：辽宁长久；单位地址：辽宁省锦州市凌河区解放路 139 号；法人代表：路长久；邮政编码：121000；联系电话/传真：0416-2662576；电子邮件：changjiu@126.com；税号：91210703589643065T
核算类型	本币代码：RMB；本币名称：人民币；企业类型：工业；行业性质：2007 年新会计准则科目；账套主管：赵海元
基础信息	对存货、客户、供应商进行分类，有外币核算业务
编码方案	科目编码级次：4-2-2-2-2；客户分类编码级次：2-2-2；供应商分类编码级次：2-2-2；存货分类编码级次：2-2-2；部门编码级次：2-2-2；收发类别编码级次：2-2
数据精度	除存货单价小数位设为 4 位外，存货数量、件数、换算率等小数位数均采用系统默认的 2 位

【实验过程】

建立账套

（1）以系统管理员身份登录系统管理后，在系统管理窗口，选择“账套”菜单下的“建立”命令，打开“创建账套-建账方式”界面，如图 1-4 所示。

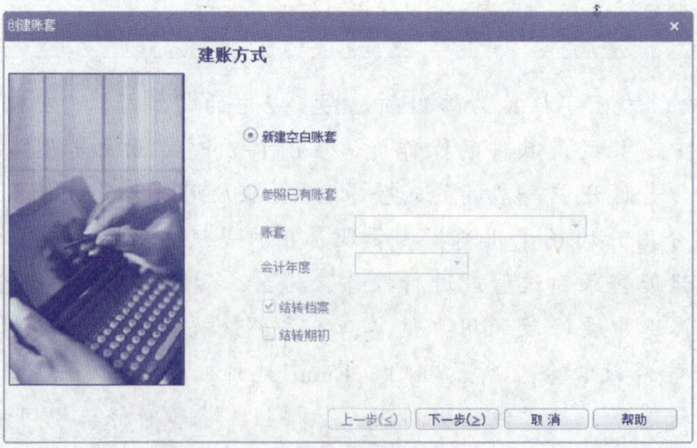

图 1-4 创建账套-建账方式

【提示】

如果在图1-4的“账套”栏存在若干账套，且当前待创建的账套与已存账套包含相同的基础档案和某些期初数据，则可以选择“参照已有账套”方式建账。

只有系统管理员才有权限创建新账套。只有账套主管才能使用“账套库”菜单。

（2）单击“下一步”按钮，打开“创建账套-账套信息”界面。输入“账套号”为001，“账套名称”为“辽宁长久食品有限公司”，“启用会计期”输入“2023年1月”，其他项默认，结果如图1-5所示。

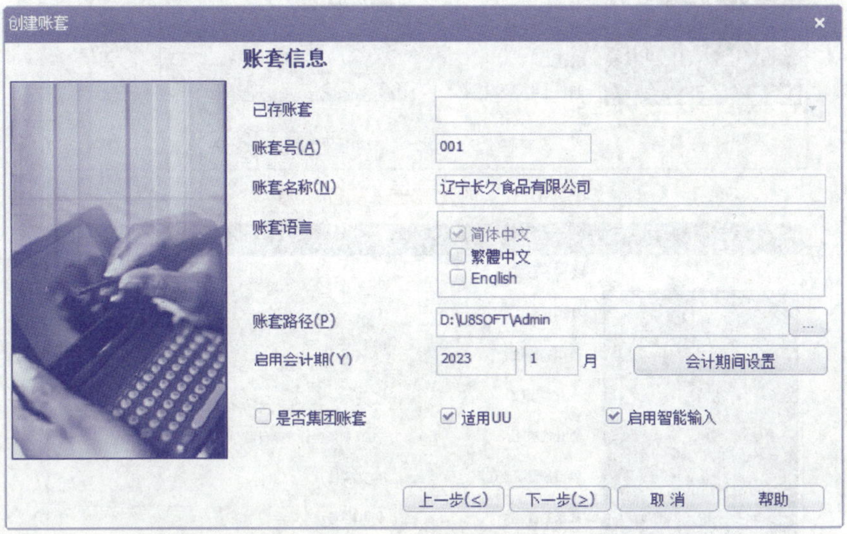

图1-5　创建账套-账套信息

【提示】

［已存账套］在建立新账套时已经存在的账套。这些账套只能参照，而不能输入或修改。

［账套号］新建账套的编号，必输项，可输入001-999之间任意3位数字，但不能与“已存账套”的账套号重复。

［账套路径］用来输入账套数据存储的路径，必输项，点击“...”按钮，可修改账套存放路径，但不能是网络路径中的磁盘。

［启用会计期］新建账套被启用的日期，必输项。

［会计期间设置］用来处理实际核算期间和正常的自然日期不一致的情况。点击“会计期间设置”按钮即可进行会计期间的设置。“启用会计期”以前的日期不可修改，只能进行“启用会计期”以后的会计期间的调整。

（3）输入完成后，点击“下一步”按钮，打开“创建账套-单位信息”窗口，根据实验资料输入本单位的基本信息，结果如图1-6所示。其中，单位名称为必输项。

（4）输入完成后，点击“下一步”按钮，打开“创建账套-核算类型”窗口，“企业类型”选择“工业”，“账套主管”选择“［A01］赵海元”，其他项默认，结果如图1-7所示。

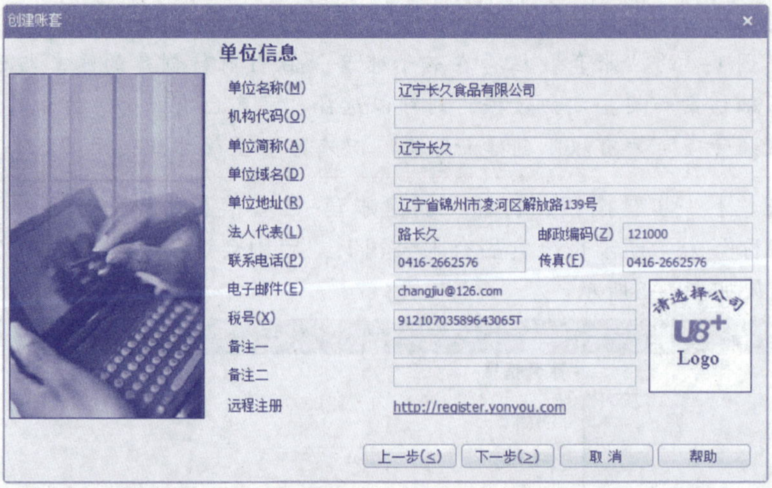

图 1-6　创建账套-单位信息

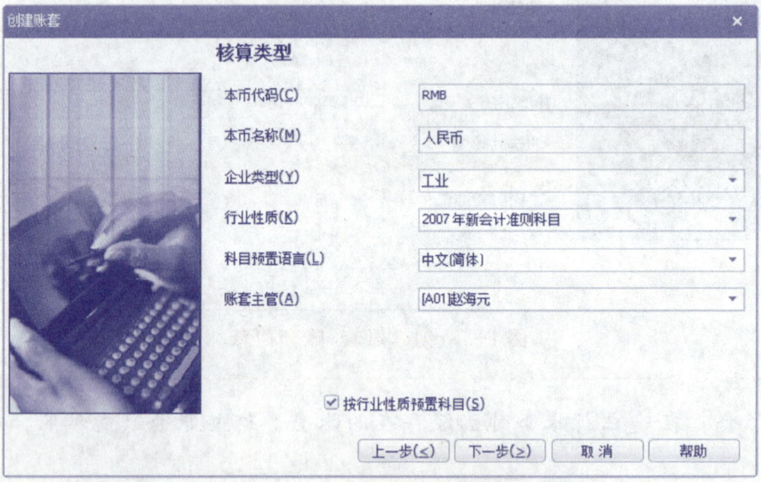

图 1-7　创建账套-核算类型

【提示】

[企业类型] 若选择"工业"，则受托代销业务将不能使用。

[账套主管] 用户须从下拉框已存的操作员中选择一位作为本账套的账套主管。

[按行业性质预置科目] 若勾选此项，则系统将预置所属行业的总账科目，后续到"企业应用平台"添加明细科目即可。

(5) 选择完成后，点击"下一步"按钮，打开"创建账套-基础信息"窗口，根据实验资料，本窗口均采用系统默认设置，如图 1-8 所示。

(6) 单击"下一步"，打开"创建账套-开始"窗口，如图 1-9 所示，单击"完成"，系统提示"可以创建账套了么?"，单击"是"，系统开始建账。

(7) 建账结束，系统弹出"编码方案"对话框，根据资料对相关编码级次进行调整，其他项默认，结果如图 1-10 所示。单击"确定"，再单击"取消"，系统弹出"数据精度"对话框，将"存货单价小数位"的数据精度设为"4"，其他项默认，如图 1-11 所示，单击"确定"。

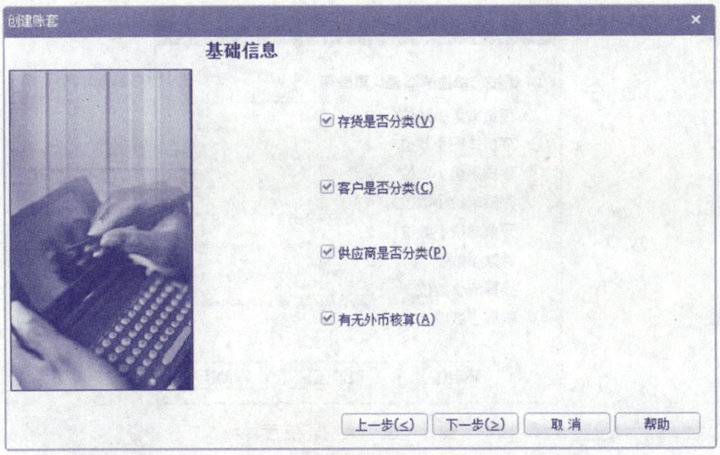

图 1-8　创建账套-基础信息

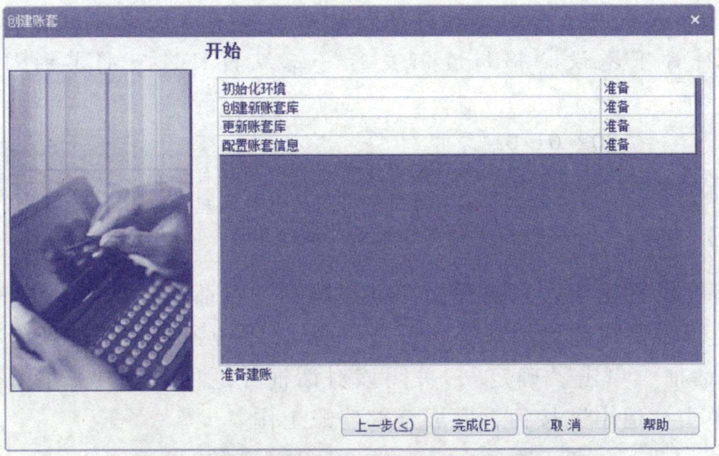

图 1-9　开始建账

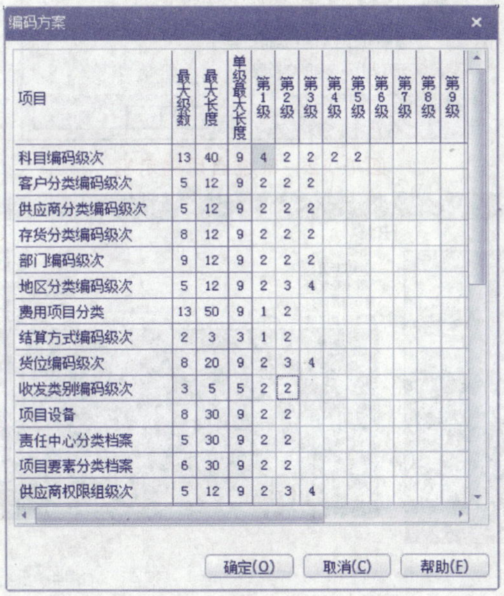

项目	最大级数	最大长度	单级最大长度	第1级	第2级	第3级	第4级	第5级	第6级	第7级	第8级	第9级
科目编码级次	13	40	9	4	2	2	2	2				
客户分类编码级次	5	12	9	2	2	2						
供应商分类编码级次	5	12	9	2	2	2						
存货分类编码级次	8	12	9	2	2	2						
部门编码级次	9	12	9	2	2	2						
地区分类编码级次	5	12	9	2	3	4						
费用项目分类	13	50	9	1	2							
结算方式编码级次	2	3	3	1	2							
货位编码级次	8	20	9	2	3	4						
收发类别编码级次	3	5	5	2	2							
项目设备	8	30	9	2	2							
责任中心分类档案	5	30	9	2	2							
项目要素分类档案	6	30	9	2	2							
供应商权限组级次	5	12	9	2	3	4						

图 1-10　编码方案

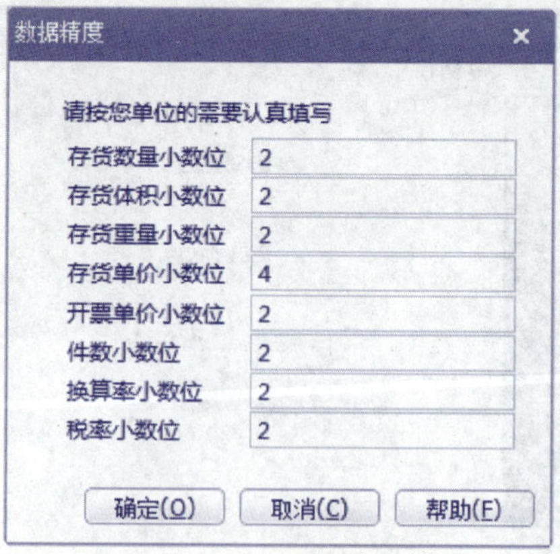

图 1-11　数据精度

【提示】

科目编码级次举例：在“银行存款”总账科目下增设“锦州银行”二级科目，并在该二级科目下增设“锦州凌河支行”三级科目，可将其科目编码设定为“10020101”，即：

1002　01　01

- 01 → “锦州凌河支行”的科目编码
- 01 → “锦州银行”的科目编码
- 1002 → 系统预置“银行存款”的科目编码

（8）数据精度设置完毕，系统弹出“创建账套”对话框，如图 1-12 所示，提示建账成功，并询问是否需要在此启用系统，单击“否”，系统弹出“请进入企业应用平台进行业务操作！”对话框，单击“确定”，关闭该对话框并返回“创建账套-开始”窗口，如图 1-13 所示。单击“退出”按钮，完成全部建账工作。

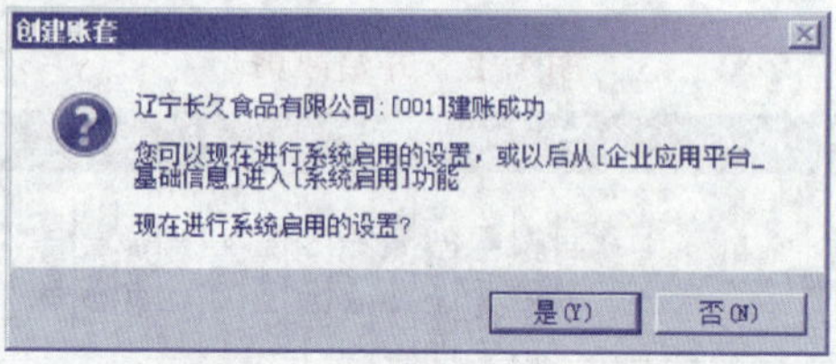

图 1-12　系统启用提示框

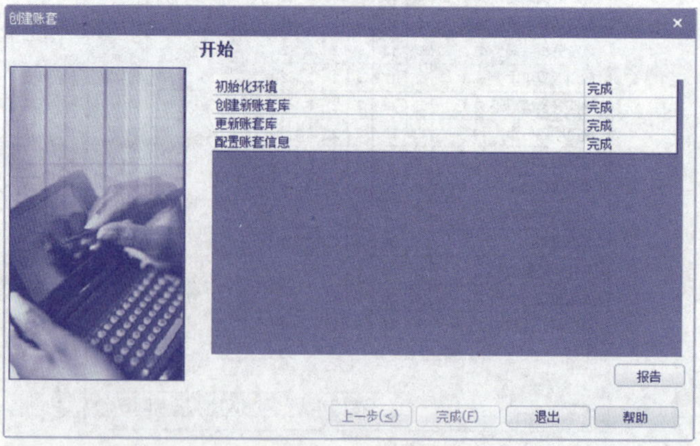

图 1-13　完成建账

【提示】

用友新道U8+V15.0版中的数据全部存于“UFDATA_001_2023”、“UFMeta_001”、“UFSystem”和“UTU”四个数据库中，如图1-14所示。其中，“UFDATA_001_2023”库存储了大量的业务数据，“UFSystem”库存储了U8账套信息、产品启用、会计期间、单据号、用户、角色、权限和日志等数据。

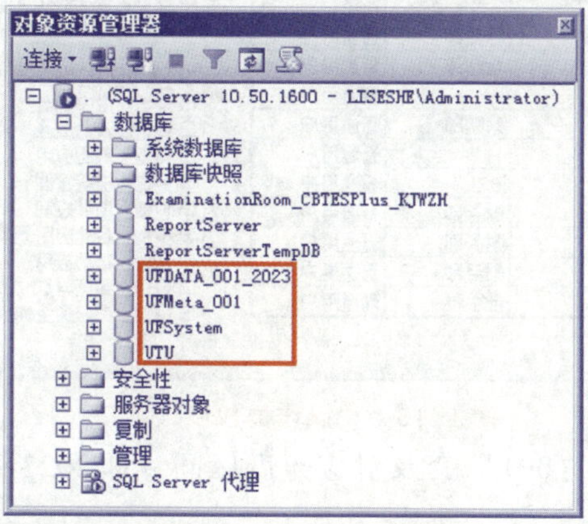

图1-14 U8相关数据库

1.3.3 设置功能级权限

【实验资料】

根据表1-5设置辽宁长久的U8系统操作员权限。

表 1-5 操作员权限分工表（UA_HoldAuth）

编码	姓名	隶属部门	职务	权限分工
A01	赵海元	行政部	总经理	账套主管（信息化基础工作）
W01	李峻峰	财务部	财务经理	总账的审核凭证、查询凭证、对账、结账；编制UFO报表
W02	王家宝	财务部	会计	公用目录、总账（填制凭证、查询凭证、记账、常用凭证、账表、期末处理）、应收款管理和应付款管理（不含选择收（付）款、收（付）款单录入、销售定金转出和票据管理）及固定资产、存货核算、薪资管理的所有权限
W03	范英晨	财务部	出纳	总账的出纳签字及出纳的所有权限；应收款管理和应付款管理的收（付）款单录入、选择收（付）款、票据管理权限；应收款管理的销售定金转出、应收冲应付权限
X01	张东杰	批发科	销售员	销售管理的所有权限
G01	刘美玲	采购部	采购员	采购管理的所有权限
C01	孟梓楠	仓储部	库管员	公共单据、库存管理的所有权限

【实验过程】

设置功能级权限

（1）以系统管理员身份登录系统管理后，在系统管理窗口，选择“权限”菜单下的“权限”功能，打开“操作员权限”窗口，如图1-15所示。

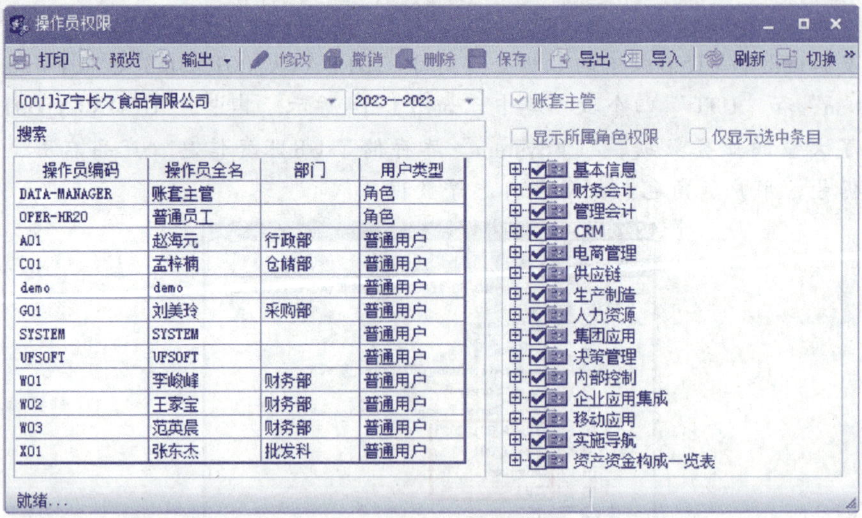

图1-15 “操作员权限”窗口

（2）选择要分配权限的001账套及对应年度区间（即2023年），左边显示本账套内所有角色和用户名。

（3）选择操作员“W01”，点击工具栏的“修改”按钮，点击“⊞”展开功能目录树，点击“☑”表示选中某项详细功能，根据实验资料（表1-5）给李峻峰（W01）授权，单击工具栏的“保存”按钮，保存授权结果，如图1-16所示。

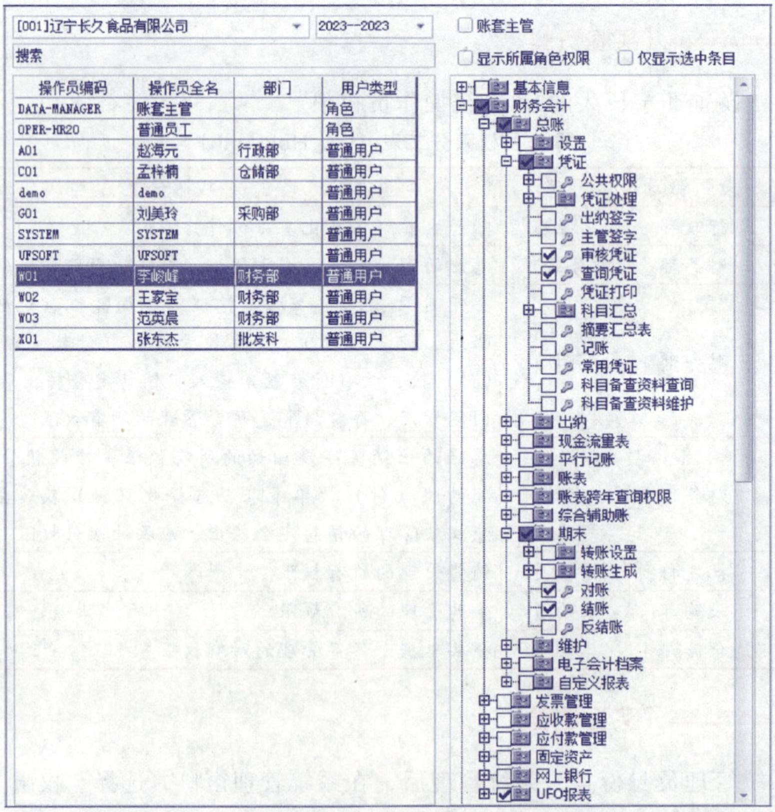

图1-16 李峻峰权限设置结果

（4）依上述方法根据实验资料对其他操作员进行授权。

【提示】

在图1-15中，如果勾选“账套主管”，则该操作员具有所有该账套库的所有子系统的所有权限。一个账套可以有多个账套主管。由于A01赵海元在建账时已被指定为账套主管，无须再次授权。

如果想一次性给一批操作员增加相同权限，可以点击工具栏的“切换”按钮，在界面左侧选择一些权限，然后可以在右侧选择多个操作员。

如果对某角色分配了权限，则在增加新的用户时（该用户属于此角色），该用户自动拥有此角色具有的权限。

为了满足企业不断提高的管理要求，U8系统提供了集中权限管理，实现了三个层次的权限管理：

①功能级权限管理。该权限将提供更为细致的功能级权限管理功能。由系统管理员或有权限的管理员用户在系统管理中完成功能级权限的分配设置。

②数据级权限管理。该权限可以通过记录级和字段级两个方面进行权限控制。

③金额级权限管理。该权限可以通过对具体金额数量划分级别，实现对不同的操作员进行金额级别控制。

对于数据级权限和金额级权限，须在功能级权限分配之后，到企业应用平台的“系统服务→权限”菜单下完成。

1.3.4 账套备份与恢复

1.账套自动备份

【实验资料】

根据表1-6设置001账套的自动备份计划。

表1-6 自动备份计划

项目	取值	项目	取值
计划编号	2023-001	开始时间	18:00:00
计划名称	001账套自动备份	有效触发	2
备份类型	账套备份	保留份数	7
发生频率	每周	备份路径	C:\001账套自动备份
发生天数	1	账　套	001辽宁长久食品有限公司

【实验过程】

账套自动备份

（1）在C盘中新建“001账套自动备份”文件夹。

（2）由系统管理员登录系统管理，登录成功后选择“系统”菜单下的“设置备份计划”功能，打开“备份计划设置”窗口，单击工具栏的“增加”按钮，打开“备份计划详细情况”窗口。

（3）根据实验资料录入备份计划，结果如图1-17所示，单击“增加”后关闭该窗口，返回“备份计划设置”窗口，退出该窗口。

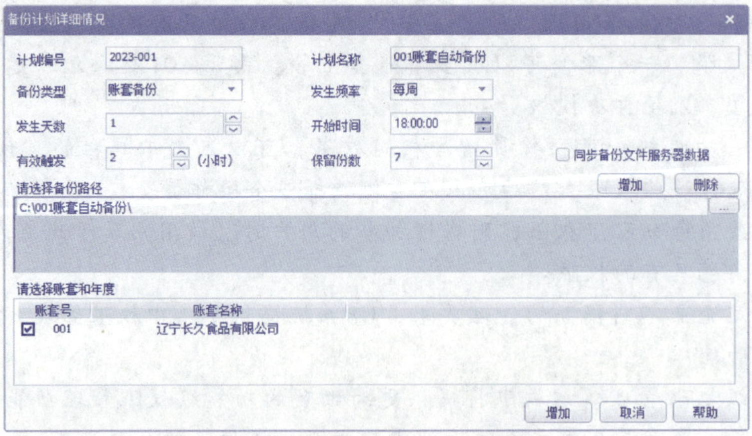

图1-17　“备份计划详细情况”窗口

【提示】

[计划编号] 编号长度不得超过12个字符。

[计划名称] 名称最多不得超过40个字符。

[备份类型] 系统管理员可以进行账套备份、账套库备份和账套库增量备份。账套主管或有权限的管理员用户只能进行后两种备份。

[发生天数] 单选项，系统根据发生频率，确认执行备份计划的确切天数。本案例中每周的第一天进行一次备份。

[开始时间] 是指在指定发生频率中的发生天数内的什么时间开始进行备份。

[有效触发] 是指以备份开始时间为准，在有效触发小时的范围内，系统反复重新备份，直到备份成功。

自动备份可以对多个账套或账套库同时自动输出，而且可以进行定时设置。

2.账套手工备份（输出）

【实验资料】

手动将账套数据输出至“D：\001账套手工备份\0101备份\”。

【实验过程】

账套手工备份（输出）

（1）在D盘中新建“001账套手工备份”文件夹，再在该文件夹下新建“0101备份”文件夹。

（2）由系统管理员登录系统管理，登录成功后选择“账套”菜单下的“输出”功能，打开“账套输出”窗口。

（3）在“账套号”栏选择需要备份的001账套，在“输出文件位置”处选择“D：\001账套手工备份\0101备份\”，如图1-18所示。点击“确认”按钮，系统进行账套数据输出。输出完成后系统弹出“输出成功”提示框，单击“确定”按钮返回。关闭“账套输出”窗口。

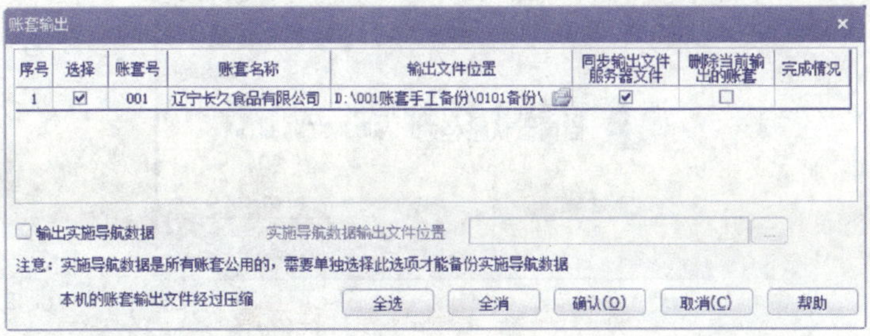

图 1-18　“账套输出”窗口

【提示】

只有系统管理员有权进行账套输出。账套输出成功后在文件输出位置指定的文件夹生成 UFDATA.BAK 文件和 UfErpAct.Lst 文件。

如果将“删除当前输出的账套”同时选中，在输出完成后系统会确认是否将数据源从当前系统中删除。但是，正在使用的账套可以进行账套输出，不允许进行账套删除。

所输出的备份数据应转存至其他介质。当企业由于不可预知的原因（如地震、火灾、计算机病毒、人为操作失误等），需要对数据进行恢复，则备份数据就可将企业损失降至最低。

3. 账套引入

【实验资料】

将“D：\001 账套手工备份\0101 备份\”的账套数据引入到系统默认路径。

【实验过程】

账套引入

（1）由系统管理员登录系统管理，登录成功后选择“账套”菜单下的“引入”功能，打开“账套引入”窗口。

（2）选择所要引入的账套数据备份文件，如图 1-19 所示。单击“确定”按钮，系统弹出“系统管理”提示框，如图 1-20 所示。单击“确定”按钮，系统提示选择账套引入的目标存储路径，本书采用默认存储路径。单击“确定”按钮，系统返回“账套引入”窗口，如图 1-21 所示。单击“确认”按钮，系统随即进行账套数据引入。运行一段时间后，系统提示“引入成功!”，单击“确定”按钮，完成账套引入工作。关闭“账套引入”窗口。

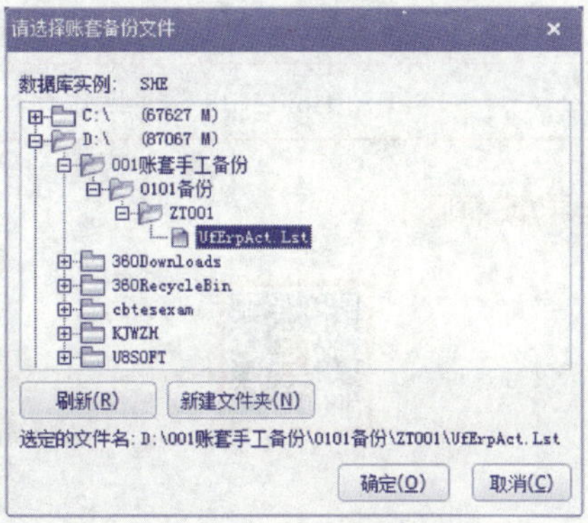

图 1-19　选择账套备份文件

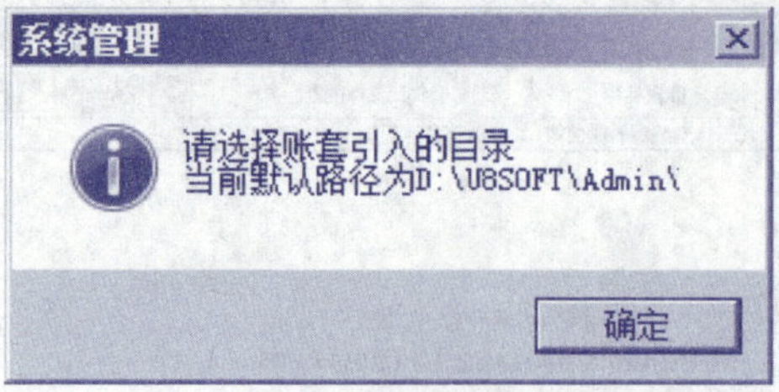

图 1-20 “系统管理”提示框

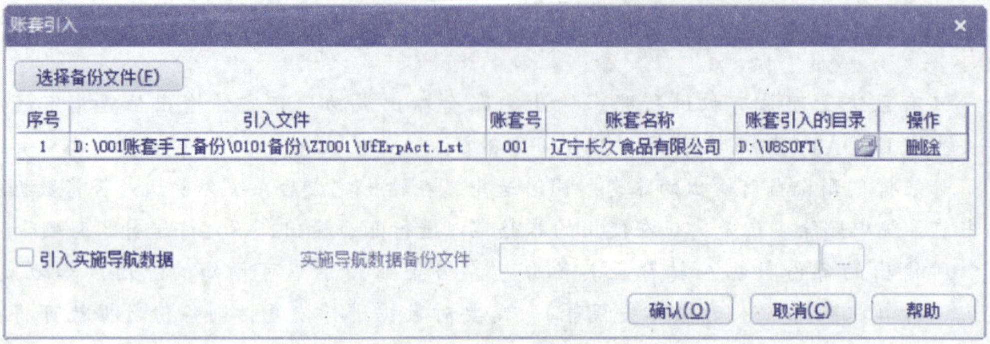

图 1-21 “账套引入”窗口

【提示】

只有系统管理员有权进行账套引入，可修改数据库存放的路径和文件夹。以下情况可能需要进行引入账套：①当前账套数据遭到破坏；②母公司定期对子公司账套数据进行分析、汇总。

1.4 本章常见数据表

本章常见数据表见表 1-7。

表 1-7 本章常见数据表

序号	系统编码（SystemID）	系统名称（SystemName）	表名称（TableName）	表定义（TableDefine）	备注
1	AS	公共	UA_User	软件应用操作员/用户	表 1-3
2	AS	公共	UA_Account	本单位信息	
3	AS	公共	UA_HoldAuth	操作员权限分工表	表 1-5

【课程思政点睛】

【复习思考题】

1. 简述数据库在会计信息系统中的重要作用。
2. 什么是账套?
3. 简述账套与账套库之间的关系。
4. 简述账套主管与系统管理员的区别与联系。
5. 系统管理中的角色与用户之间有何联系?

2 第2章 系统基础工作

2.1 概述

本章主要是进行系统日常使用前的基础性工作，包括：①启用总账、应收款管理等9个子系统；②添加部门档案、客户档案及会计科目等各种档案信息；③单据格式设置和单据编号设置；④数据权限设置。虽然在操作层面本章并不复杂，但是有些信息一旦被参照使用，将不能修改或删除，读者需准确处理。本章总体流程如图2-1所示。

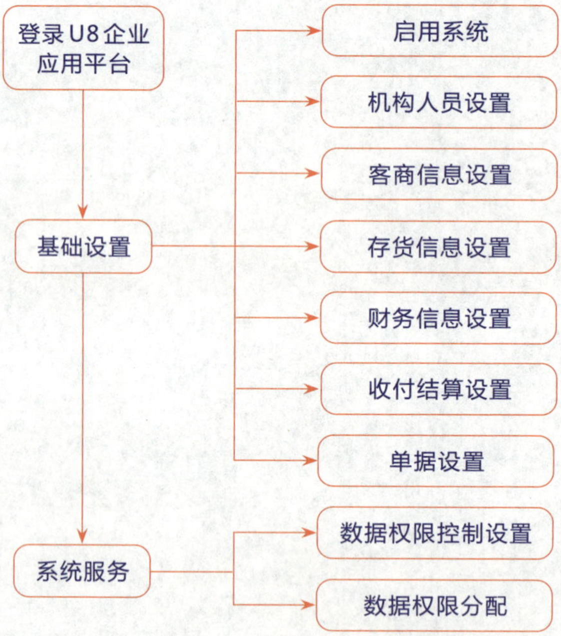

图2-1 本章总体流程

2.2 基础设置

2.2.1 启用系统

【实验资料】

2023年1月1日，根据表2-1启用辽宁长久U8系统的9个子系统。

表2-1 辽宁长久001账套启用的子系统

系统编码（Systemid）	系统名称（SystemName）	启用会计期间	启用自然日期	启用人
GL	总账	2023-01	2023-01-01	赵海元
AR	应收款管理	2023-01	2023-01-01	赵海元

续表

系统编码（Systemid）	系统名称（SystemName）	启用会计期间	启用自然日期	启用人
AP	应付款管理	2023-01	2023-01-01	赵海元
FA	固定资产	2023-01	2023-01-01	赵海元
SA	销售管理	2023-01	2023-01-01	赵海元
PU	采购管理	2023-01	2023-01-01	赵海元
ST	库存管理	2023-01	2023-01-01	赵海元
IA	存货核算	2023-01	2023-01-01	赵海元
WA	薪资管理	2023-01	2023-01-01	赵海元

【实验过程】

启用系统

（1）2023年1月1日，由赵海元（A01）登录U8企业应用平台。执行“开始→所有程序→新道U8+→企业应用平台”命令，打开“登录”窗口。在“操作员”栏输入“A01”，“账套”栏选择“[001]（default）辽宁长久食品有限公司”，将“操作日期”改为“2023-01-01”，如图2-2所示。单击“登录”按钮，进入企业应用平台。

图2-2　企业应用平台登录窗口

【提示】

如果系统桌面存在“企业应用平台”图标，双击该图标也可登录平台。

（2）在U8企业应用平台，依次单击“基础设置→基本信息→系统启用”菜单，打开“系统启用”窗口。根据表2-1依次勾选总账、应收款管理、应付款管理、固定资产、销售管理、采购管理、库存管理、存货核算以及薪资管理这9个系统左侧的选择框，日期均选择“2023-01-01”，结果如图2-3所示。退出该窗口。

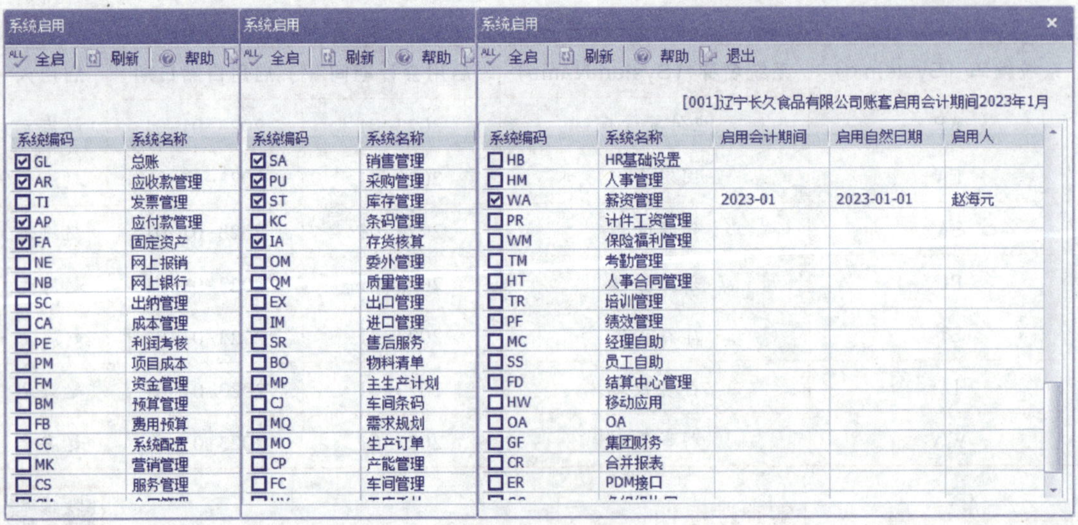

图 2-3　启用系统

【提示】

除上述方法外，在创建账套结束并设置完数据精度后，系统提示是否启用系统（图 1-12），若单击“是”，则弹出图 2-3 所示的“系统启用”窗口，以启用系统。

UFO 报表系统自动启动，无须手工启动。

各系统的启用自然日期必须大于或等于建立账套时设定的“启用会计期”。

当应付系统先于总账系统启用，则在总账系统启用之前的凭证总账会在审核时将其标上有错标志，并且这些凭证会导致总账和应收应付对账不平。

本教材共介绍 10 个子系统，其中，总账、应收款管理（简称应收系统）、应付款管理（简称应付系统）、固定资产、薪资管理这 5 个系统可统称为财务会计系统，采购管理、销售管理、库存管理和存货核算这 4 个系统可统称为供应链管理系统，再加上 UFO 报表系统，这 10 个系统之间至少存在如下数据关系：

1. 财务会计系统内部关系

①录入总账系统期初余额时，可将应收系统、应付系统受控科目的余额引入总账系统，并且这两个系统也可与总账系统进行期初余额对账。另外，虽然总账系统“坏账准备”科目的期初余额不能从应收系统引入，但应与应收系统坏账准备设置中的“坏账准备期初余额”（图 6-18）保持一致。

②总账系统“固定资产”“累计折旧”科目的余额应与固定资产系统原始卡片中的数值保持一致。固定资产系统也可与总账系统进行对账处理。

③应收系统、应付系统通过“生成凭证”功能生成的记账凭证自动传递到总账系统；固定资产系统通过批量制单生成的记账凭证自动传递到总账系统；薪资管理系统通过工资分摊生成的记账凭证自动传递到总账系统。

④通过应收系统的票据背书功能，可以冲减应付系统的应付账款，或形成新的预付账款。

⑤通过应收系统的“应收冲应付”功能、应付系统的“应付冲应收”功能，可以实现往来款项的冲销、结算。

2. 供应链管理系统内部关系

①参照（采购管理）到货单生成（库存管理）采购入库单，可参照（库存管理）采购入库单生成（采购管理）采购专用发票。

②参照（销售管理）发货单生成（库存管理）销售出库单。

③在直运业务中，参照（销售管理）直运销售订单生成（采购管理）直运采购订单。

④库存管理系统的期初结存与存货核算系统的期初余额之间可相互取数。

⑤根据（库存管理）采购入库单到存货核算系统进行单据记账、生成凭证。

⑥根据（库存管理）销售出库单或（销售管理）销售发票到存货核算系统进行单据记账、生成凭证。

3. 财务会计系统与供应链管理系统之间的关系

①采购管理系统生成的采购发票到应付系统审核、制单。

②采购发票的现付功能，能够生成应付系统的付款单。

③在供应链管理的固定资产采购业务流程中，采购发票到应付系统审核、制单，采购入库单到固定资产系统生成固定资产卡片。

④销售管理系统生成的销售发票、零售日报等到应收系统审核、制单。

⑤销售发票、零售日报的现结功能，能够生成应收系统的收款单。

⑥销售管理系统的代垫费用单审核后生成应收系统的其他应收单。

⑦销售管理系统的销售费用支出单审核后生成应付系统的其他应付单。

⑧存货核算系统生成的凭证自动传递至总账系统。

⑨期末结账时，应先对供应链管理系统和应收、应付、固定资产以及薪资管理等业务系统进行结账，最后再进行总账系统结账。

4.UFO 报表系统与各系统的关系

在 UFO 报表系统中，可利用取数函数从上述 9 个系统提取数据。

2.2.2 设置机构人员

1. 设置部门档案

【实验资料】

根据表 2-2 增加部门档案。

表 2-2 部门档案（Department）

部门编码（cDepCode）	部门名称（cDepName）
01	行政部
02	财务部
03	销售部
0301	批发科
0302	零售科
04	采购部
05	生产部
0501	一车间
0502	二车间
06	仓储部

设置部门档案

【实验过程】

（1）2023年1月1日，由赵海元（A01）登录U8企业应用平台。

（2）在U8企业应用平台，依次单击“基础设置→基础档案→机构人员→机构→部门档案”菜单，打开“部门档案”窗口。单击工具栏的“增加”按钮，在“部门编码”栏输入“01”，“部门名称”栏输入“行政部”，输入完毕单击工具栏的“保存”按钮，完成第一个部门档案的增加。

（3）单击“增加”按钮，根据实验资料继续增加其他部门档案，结果如图2-4所示。关闭该窗口。

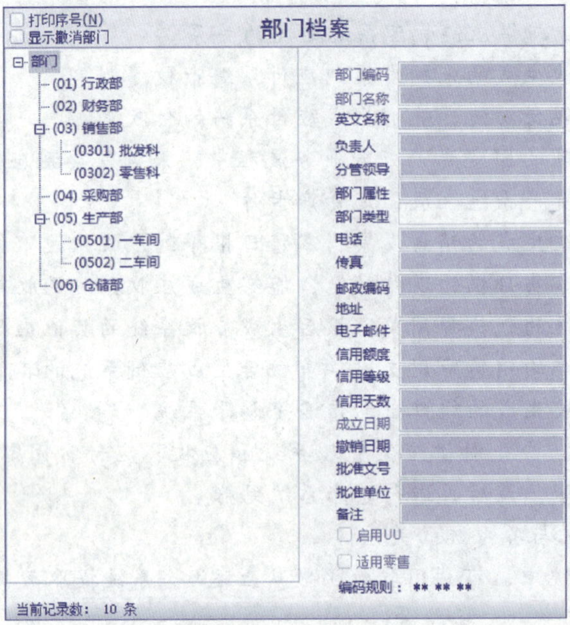

图2-4　部门档案

【提示】

部门编码和部门名称为必输项。部门编码必须符合部门编码级次规则。

2.设置人员类别

【实验资料】

根据表2-3增加正式工的人员子类别。

表2-3　正式工的人员子类别（HR_CT000）

档案编码（ccodeID）	档案名称（vsimpleName）
1011	企业管理人员
1012	车间管理人员
1013	销售人员
1014	采购人员
1015	生产人员

【实验过程】

设置人员类别

（1）在U8企业应用平台，依次单击“基础设置→基础档案→机构人员→人员→人员类别”菜单，打开“人员类别”窗口。根据实验资料，单击左侧的“正式工”，单击工具栏的“增加”按钮，弹出“增加档案项”窗口。

（2）在“档案编码”栏输入“1011”，“档案名称”输入“企业管理人员”，单击“确定”按钮。继续输入剩余的人员类别档案。全部输入完毕，关闭“增加档案项”窗口，返回“人员类别”窗口，如图2-5所示。退出该窗口。

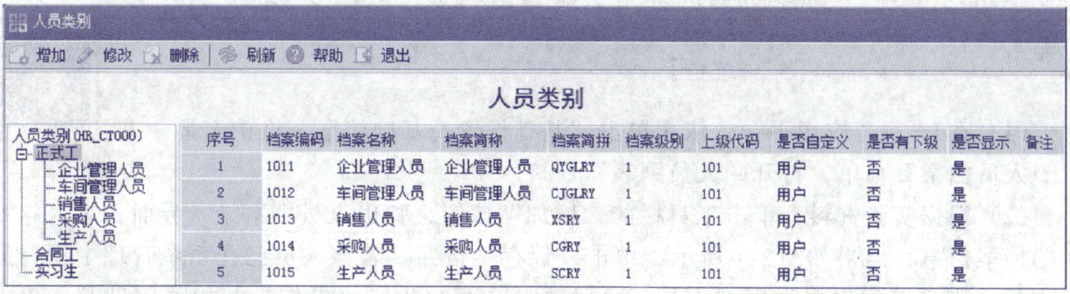

图2-5　人员类别

【提示】

档案编码和档案名称为必输项。

新增或修改人员类别档案时，只能选择末级的人员类别。

人员类别被使用后，不能增加下级子类别。

未使用的人员类别可直接删除。

人员类别在薪资管理系统的工资分摊中有着非常重要的应用。

3.设置人员档案

【实验资料】

根据表2-4增加人员档案。

表2-4　　人员档案（Person）

人员编码（cPersonCode）	人员姓名（cPersonName）	性别	雇佣状态	人员类别	行政部门（cDepName）	是否业务员	是否操作员
A01	赵海元	男	在职	企业管理人员	行政部	是	是
A02	马斯蔓	女	在职	企业管理人员	行政部	是	
W01	李峻峰	男	在职	企业管理人员	财务部	是	是
W02	王家宝	男	在职	企业管理人员	财务部	是	是
W03	范英晨	女	在职	企业管理人员	财务部	是	是
X01	张东杰	男	在职	销售人员	批发科	是	是
X02	韩佳辉	男	在职	销售人员	零售科	是	
G01	刘美玲	女	在职	采购人员	采购部	是	是
G02	肖子豪	男	在职	采购人员	采购部	是	
S11	张春鹏	男	在职	车间管理人员	一车间	是	

人员编码(cPersonCode)	人员姓名(cPersonName)	性别	雇佣状态	人员类别	行政部门(cDepName)	是否业务员	是否操作员
S12	季晓坤	女	在职	生产人员	一车间	是	
S13	李明德	男	在职	生产人员	一车间	是	
S21	孙绍阳	男	在职	车间管理人员	二车间	是	
S22	周文治	男	在职	生产人员	二车间	是	
S23	赵静雅	女	在职	生产人员	二车间	是	
C01	孟梓楠	男	在职	企业管理人员	仓储部	是	是

【实验过程】

设置人员档案

（1）在U8企业应用平台，依次单击“基础设置→基础档案→机构人员→人员→人员档案”菜单，打开“人员列表”窗口。

（2）根据实验资料，单击工具栏的“增加”按钮，弹出人员档案录入界面，录入赵海元的档案信息，结果如图2-6所示，单击“保存”按钮，若该人员已在系统管理中设置为操作员，则系统弹出提示框“人员信息已改，是否同步修改操作员的相关信息?”，单击“是”按钮，系统保存该人员信息。

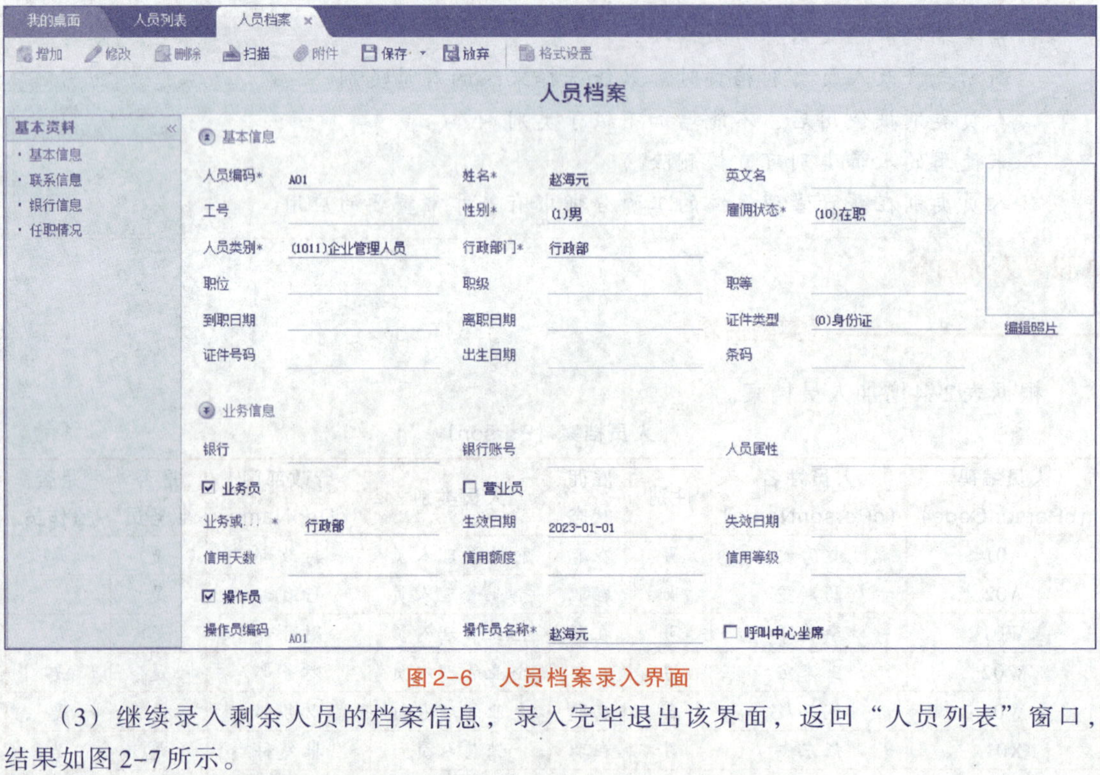

图2-6 人员档案录入界面

（3）继续录入剩余人员的档案信息，录入完毕退出该界面，返回“人员列表”窗口，结果如图2-7所示。

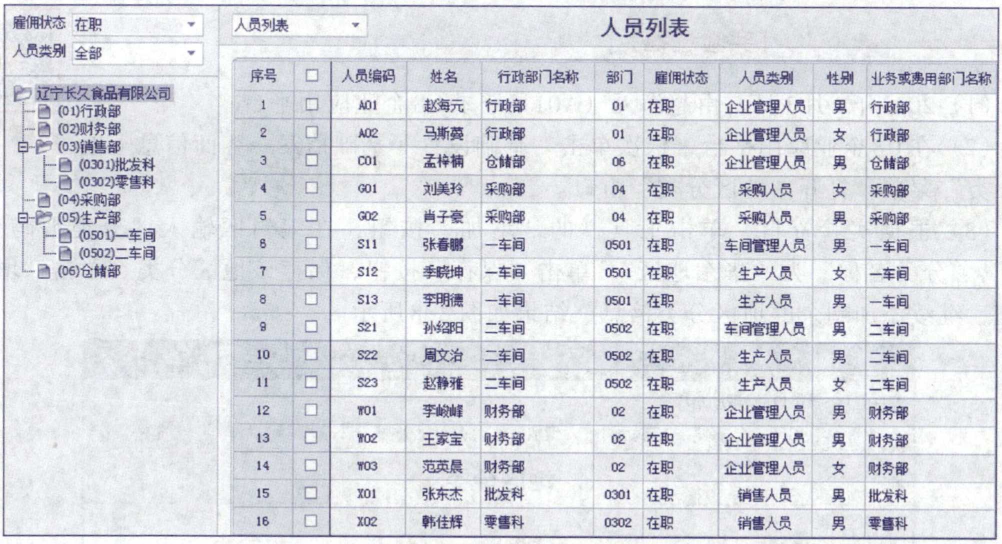

序号	□	人员编码	姓名	行政部门名称	部门	雇佣状态	人员类别	性别	业务或费用部门名称
1	□	A01	赵海元	行政部	01	在职	企业管理人员	男	行政部
2	□	A02	马斯蔓	行政部	01	在职	企业管理人员	女	行政部
3	□	C01	孟梓楠	仓储部	06	在职	企业管理人员	男	仓储部
4	□	G01	刘美玲	采购部	04	在职	采购人员	女	采购部
5	□	G02	肖子豪	采购部	04	在职	采购人员	男	采购部
6	□	S11	张春鹏	一车间	0501	在职	车间管理人员	男	一车间
7	□	S12	季晓坤	一车间	0501	在职	生产人员	女	一车间
8	□	S13	李明德	一车间	0501	在职	生产人员	男	一车间
9	□	S21	孙绍阳	二车间	0502	在职	车间管理人员	男	二车间
10	□	S22	周文治	二车间	0502	在职	生产人员	男	二车间
11	□	S23	赵静雅	二车间	0502	在职	生产人员	女	二车间
12	□	W01	李峻峰	财务部	02	在职	企业管理人员	男	财务部
13	□	W02	王家宝	财务部	02	在职	企业管理人员	男	财务部
14	□	W03	范英晨	财务部	02	在职	企业管理人员	女	财务部
15	□	X01	张东杰	批发科	0301	在职	销售人员	男	批发科
16	□	X02	韩佳辉	零售科	0302	在职	销售人员	男	零售科

图 2-7　人员列表

【提示】

人员编码、姓名、性别和所属行政部门必须输入，其中，人员编码必须唯一，保存后不能修改，人员姓名可以重复，可随时修改。

勾选“业务员”的人员可在其他档案或单据中的“业务员”栏被参照。

勾选“操作员”，若该人员在系统管理的用户列表中不存在，系统将该人员自动追加到系统管理的用户列表中（角色为普通员工），则此处的人员编码即为操作员的登录密码；若该人员在系统管理的用户列表中已经存在，系统将该人员自动追加到系统管理的用户列表中（角色为普通员工），则操作员的登录密码不变。

此处的人员档案信息可供薪资管理系统的人员档案功能调用。

2.2.3　设置客商信息

1. 设置地区分类

【实验资料】

根据表 2-5 增加地区分类。

表 2-5　地区分类（DistrictClass）

分类编码（cDCCode）	分类名称（cDCName）
01	华东地区
02	华南地区
03	华中地区
04	华北地区
05	东北地区
06	西南地区
07	西北地区

设置地区分类

【实验过程】

（1）2023年1月1日，由赵海元（A01）登录U8企业应用平台。

（2）在U8企业应用平台，依次单击“基础设置→基础档案→客商信息→地区分类”菜单，打开“地区分类”窗口。

（3）根据实验资料，单击工具栏的“增加”按钮，在编辑区输入“分类编码”为“01”，“分类名称”为“华东地区”，单击“保存”按钮，保存该地区分类。单击“增加”按钮，继续添加剩余的地区分类信息，结果如图2-8所示。

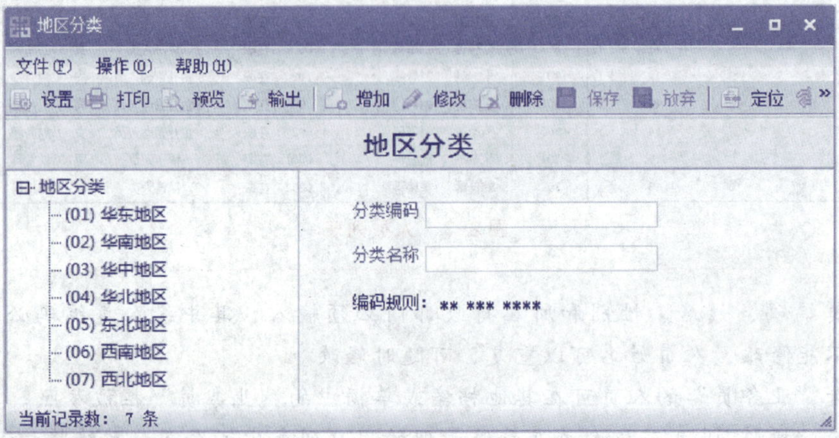

图 2-8 地区分类

【提示】

分类编码、分类名称为必输项。

地区分类最多可设置五级，企业可以根据实际需要进行分类。

分类必须逐级增加。除了一级分类之外，新增分类的分类编码必须有上级分类编码。

新增分类的分类编码必须与图1-10“编码方案”中设定的规则相符。

只能修改类别名称，不能修改类别编码。

已经使用的地区分类不能删除，非末级地区分类不能删除。

2. 设置客户分类

【实验资料】

根据表2-6增加客户分类。

表 2-6 客户分类（CustomerClass）

客户/供应商	分类编码（cCCode）	分类名称（cCName）
客户	01	批发类
	02	零售类
	09	共同类

【实验过程】

设置客户分类

（1）在U8企业应用平台，依次单击“基础设置→基础档案→客商信息→客户分类”菜单，打开“客户分类”窗口。

（2）根据实验资料，单击工具栏的“增加”按钮，在编辑区输入“分类编码”为“01”，“分类名称”为“批发类”，单击“保存”按钮，保存该客户分类。单击“增加”按钮，继续添加剩余的客户分类信息，结果如图2-9所示。

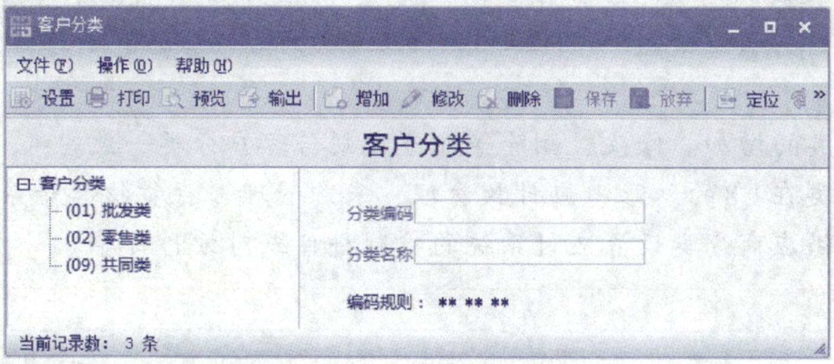

图2-9　客户分类

【提示】

分类编码、分类名称为必输项。

客户分类必须逐级增加。

已经使用的客户分类不能删除，非末级客户分类不能删除。

客户分类在U8的总账、应收款管理、销售管理、存货核算等系统均有重要用途，比如，按客户分类设置应收系统的控制科目或对方科目等。

3. 设置供应商分类

【实验资料】

根据表2-7增加供应商分类。

表2-7　供应商分类（VendorClass）

客户/供应商	分类编码（cVCCode）	分类名称（cVCName）
供应商	01	原料及辅料供应商
	02	包装供应商
	03	劳务供应商
	09	共同类

【实验过程】

设置供应商分类

（1）在U8企业应用平台，依次单击“基础设置→基础档案→客商信息→供应商分类”菜单，打开“供应商分类”窗口。

（2）根据实验资料，参照增加客户分类的方法添加供应商分类，结果如图2-10所示。

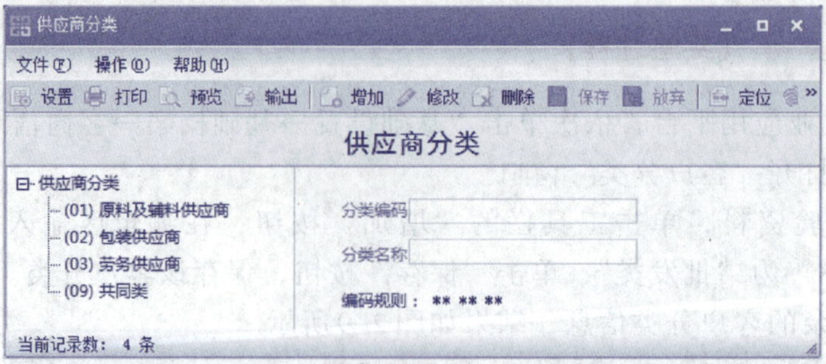

图 2-10 供应商分类

【提示】

供应商分类的增加、修改、删除等业务规则与客户分类一致。

供应商分类在U8的总账、应付款管理、采购管理、存货核算等系统均有重要用途，比如，按供应商分类设置应付系统的控制科目或对方科目等。

4. 设置客户档案

【实验资料】

根据表2-8增加客户档案。

表 2-8 客户档案（Customer）

客户名称（cCusName） 客户编码（cCusCode） 客户简称（cCusAbbName）	所属地区	所属分类	地址（cCusAddress） 电话（cCusPhone） 税号（cCusRegCode）	开户银行（cCusBank） 账号（cCusAccount）
沈阳万鑫超市有限公司 编码：101 简称：沈阳万鑫	05	01	辽宁省沈阳市东陵区文化路6号 024-28402729 91210112956494328F	交通银行沈阳东陵支行 5017387882919646105
营口旺淘商贸有限公司 编码：102 简称：营口旺淘	05	01	辽宁省营口市老边区西湖路100号 0417-3383358 91210811764456034P	兴业银行营口老边支行 8193273052457379937
铁岭兆伟超市有限公司 编码：103 简称：铁岭兆伟	05	01	辽宁省铁岭市清河区建华路309号 024-76312289 91211204523160500E	华夏银行铁岭清河支行 9310234657159467308
辽阳福来商贸有限公司 编码：104 简称：辽阳福来	05	01	辽宁省辽阳市文圣区立信路8号 0419-2872475 91211003606671158N	中国银行辽阳文圣支行 3286991172334019986
零散客户 编码：201	05	02		
上海贝通商贸有限公司 编码：901 简称：上海贝通	01	09	上海市黄浦区宝塔西路1056号 021-33518611 91310101999835769X	交通银行上海黄浦支行 7083158062439683287
北京美泰商贸有限公司 编码：902 简称：北京美泰	04	09	北京市海淀区丹东街208号 010-83967621 91110108367026899T	中国银行北京海淀支行 3302501199674615189

【实验过程】

设置客户档案

（1）在U8企业应用平台，依次单击“基础设置→基础档案→客商信息→客户档案”菜单，打开“客户档案”窗口。

（2）单击工具栏的“增加”按钮，根据实验资料，在“基本”页签的“客户编码”栏输入“101”，“客户名称”栏输入“沈阳万鑫超市有限公司”，“税号”栏输入“91210112956494328F”，如图2-11所示。

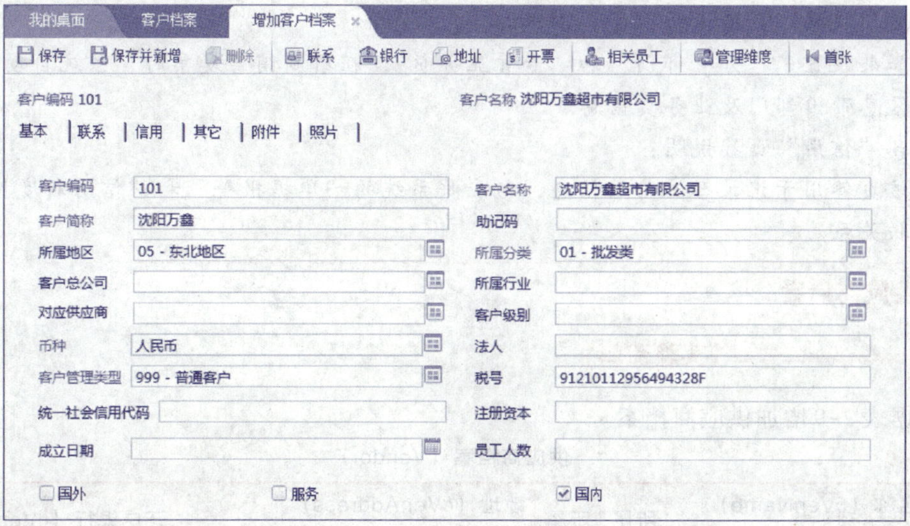

图2-11　客户档案录入界面

单击“联系”页签，在“地址”栏输入“辽宁省沈阳市东陵区文化路6号”，“电话”栏输入“024-28402729”。

单击工具栏的“银行”按钮，弹出“客户银行档案”窗口，单击工具栏的“增加”按钮，“所属银行”栏选择“交通银行”，“开户银行”栏输入“交通银行沈阳东陵支行”，“银行账号”栏输入“5017387882919646105”，“默认值”选择“是”。单击“保存”按钮，再退出该窗口并返回客户档案录入界面。

（3）单击“增加并新增”按钮，继续添加剩余的客户档案。录入完毕关闭录入界面，返回“客户档案”窗口，结果如图2-12所示。

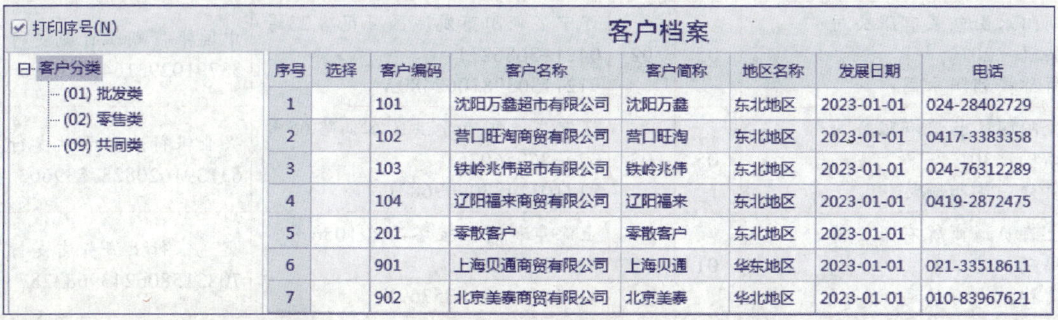

客户档案

序号	选择	客户编码	客户名称	客户简称	地区名称	发展日期	电话
1		101	沈阳万鑫超市有限公司	沈阳万鑫	东北地区	2023-01-01	024-28402729
2		102	营口旺淘商贸有限公司	营口旺淘	东北地区	2023-01-01	0417-3383358
3		103	铁岭兆伟超市有限公司	铁岭兆伟	东北地区	2023-01-01	024-76312289
4		104	辽阳福来商贸有限公司	辽阳福来	东北地区	2023-01-01	0419-2872475
5		201	零散客户	零散客户	东北地区	2023-01-01	
6		901	上海贝通商贸有限公司	上海贝通	华东地区	2023-01-01	021-33518611
7		902	北京美泰商贸有限公司	北京美泰	华北地区	2023-01-01	010-83967621

图2-12　客户档案

【提示】

①“基本”页签说明：

该页签包含客户的主要信息，其中，蓝字的栏目为必输项。

“对应供应商”不允许重复选择，即不允许有多个客户对应一个供应商的情况出现。

“客户总公司”指当前客户所隶属的最高一级的公司。具有同一个客户总公司的不同客户的发货业务，可以汇总在一张发票中统一开票。

②“联系”页签说明：

如果设置了“分管部门”和“专管业务员”，在填制销售发票时，系统自动根据客户信息带出部门及业务员信息。

③“信用”页签说明：

该页签用于记录客户信用信息，与应收系统的“单据报警”和“信用额度控制”有关联关系。

5.设置供应商档案

【实验资料】

根据表2-9增加供应商档案。

表2-9 供应商档案（Vendor）

供应商名称（cVenName） 供应商编码（cVenCode） 供应商简称（cVenAbbName）	所属地区	所属分类	地址（cVenAddress） 电话（cVenCode） 税号（cVenRegCode）	开户银行（cVenBank） 账号（cVenAccount）
锦州绿源食品有限公司 编码：101 简称：锦州绿源	05	01	辽宁省锦州市古塔区兴邦路30号 0416-2719015 91210702981374576H	中国银行锦州古塔支行 6251607490319236906
锦州昌盛食品有限公司 编码：102 简称：锦州昌盛	05	01	辽宁省锦州市太和区建国路5号 0416-5693782 91210711768128614T	华夏银行锦州太和支行 6287219809725422031
鞍山友邦牧业有限公司 编码：103 简称：鞍山友邦	05	01	辽宁省鞍山市立山区太行路13号 0412-6952287 91210304382997110S	交通银行鞍山立山分行 9083700584617658253
朝阳永固包装有限公司 编码：201 简称：朝阳永固	05	02	辽宁省朝阳市龙城区百花路23号 0421-3686211 91211303981062480A	中国银行朝阳百花支行 3379102931648026795
沈阳顺达物流有限公司 编码：301 简称：沈阳顺达	05	03	辽宁省沈阳市于洪区八仙路65号 024-86956035 91210114830909683J	兴业银行沈阳于洪支行 6313916208287539663
上海贝通商贸有限公司 编码：901 简称：上海贝通	01	09	上海市黄浦区宝塔西路1056号 021-33518611 91310101999835769X	交通银行上海黄浦支行 7083158062439683287
北京美泰商贸有限公司 编码：902 简称：北京美泰	04	09	北京市海淀区丹东街208号 010-83967621 91110108367026899T	中国银行北京海淀支行 3302501199674615189

【实验过程】

设置供应商档案

（1）在U8企业应用平台，依次单击“基础设置→基础档案→客商信息→供应商档案”菜单，打开“供应商档案”窗口。

（2）单击工具栏的“增加”按钮，根据实验资料，在“基本”页签的“供应商编码”栏输入“101”，“供应商名称”栏输入“锦州绿源食品有限公司”，“税号”栏输入“91210702981374576H”，“开户银行”栏输入“中国银行锦州古塔支行”，“银行账号”栏输入“6251607490319236906”，如图2-13所示。

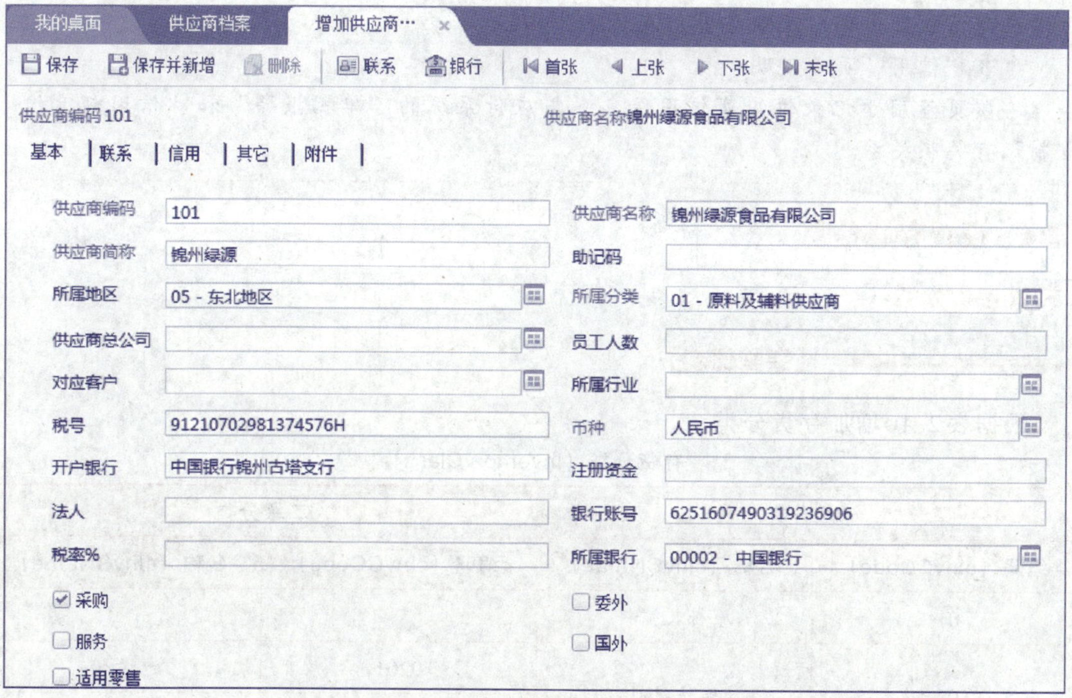

图2-13 供应商档案录入界面

单击“联系”页签，在“地址”栏输入“辽宁省锦州市古塔区兴邦路30号”，“电话”栏输入“0416-2719015”。

（3）单击“增加并新增”按钮，继续添加剩余的供应商档案。录入完毕关闭录入界面，返回“供应商档案”窗口，结果如图2-14所示。

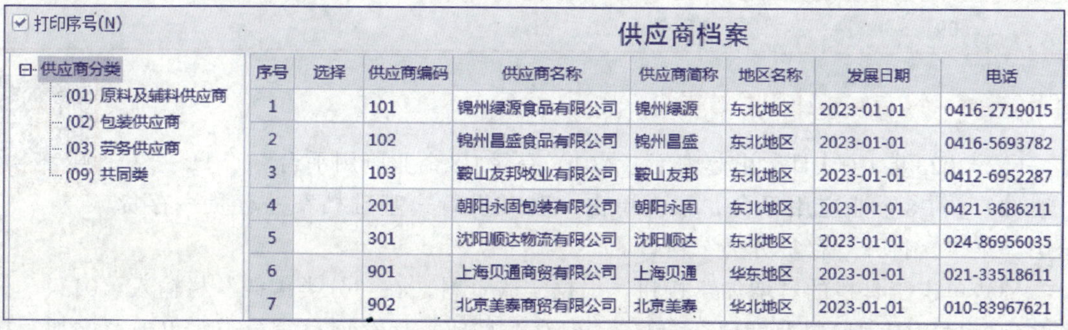

序号	选择	供应商编码	供应商名称	供应商简称	地区名称	发展日期	电话
1		101	锦州绿源食品有限公司	锦州绿源	东北地区	2023-01-01	0416-2719015
2		102	锦州昌盛食品有限公司	锦州昌盛	东北地区	2023-01-01	0416-5693782
3		103	鞍山友邦牧业有限公司	鞍山友邦	东北地区	2023-01-01	0412-6952287
4		201	朝阳永固包装有限公司	朝阳永固	东北地区	2023-01-01	0421-3686211
5		301	沈阳顺达物流有限公司	沈阳顺达	东北地区	2023-01-01	024-86956035
6		901	上海贝通商贸有限公司	上海贝通	华东地区	2023-01-01	021-33518611
7		902	北京美泰商贸有限公司	北京美泰	华北地区	2023-01-01	010-83967621

图2-14 供应商档案

【提示】

①“基本”页签说明：

该页签包含供应商的主要信息，其中，蓝字的栏目为必输项。

“对应客户”不允许重复选择，即不允许有多个供应商对应一个客户的情况出现。

“供应商总公司”指当前供应商所隶属的最高一级的公司。

②“联系”页签说明：

如果设置了“分管部门”和“专管业务员”，在填制采购发票时，系统自动根据供应商信息带出部门及业务员信息。

③“信用”页签说明：

该页签用于记录供应商信用信息，与应付系统的“单据报警”和“信用额度控制”有关联关系。

2.2.4 设置存货信息

1.设置存货分类

【实验资料】

根据表2-10增加存货分类。

表 2-10 存货分类（InventoryClass）

一级分类		二级分类	
编码（cInvCCode）	名称（cInvCName）	编码（cInvCCode）	名称（cInvCName）
01	原料及辅料		
02	周转材料	0201	包装物
		0202	低值易耗品
03	产成品	0301	饺子
		0302	汤圆
08	固定资产		
09	应税劳务		

【实验过程】

设置存货分类

（1）2023年1月1日，由赵海元（A01）登录U8企业应用平台。

（2）在U8企业应用平台，依次单击“基础设置→基础档案→存货→存货分类”菜单，打开“存货分类”窗口。

（3）单击工具栏的“增加”按钮，根据实验资料，在“分类编码”栏输入“01”，“分类名称”栏输入“原料及辅料”，单击“保存”按钮，保存该存货分类。单击“增加”按钮继续添加剩余存货分类信息，结果如图2-15所示。

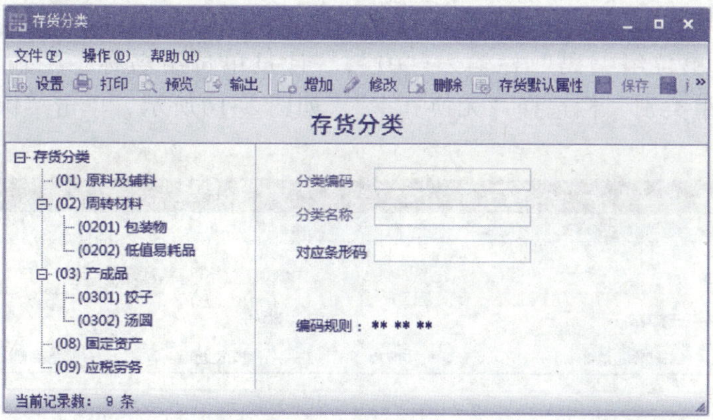

图2-15　存货分类

【提示】

分类编码、分类名称为必输项。

保存后的存货分类只允许修改分类名称，不能修改分类编码。

已经使用的存货分类不能删除，非末级存货分类不能删除。

存货分类在应收款管理、应付款管理、存货核算等系统的初始设置中有重要应用，比如，按存货分类设置应付系统、应收系统的控制科目或对方科目，按存货分类设置存货核算系统的存货科目、对方科目或坏账准备科目。

2. 设置计量单位

【实验资料】

根据表2-11增加计量单位组及具体的计量单位。

表 2-11　计量单位组及计量单位

计量单位组（ComputationGroup）			计量单位（ComputationUnit）		
编码（cGroupCode）	名称（cGroupName）	类别（iGroupType）	编码（cComunitCode）	名称（cComunitName）	换算率（iChangRate）
01	基本计量单位	无换算率	0101	千克	
			0102	升	
			0103	个	
			0104	台	
			0105	千米	
			0106	次	
02	商品计量单位	固定换算率	0201	袋	1（主计量单位）
			0202	盒	5
			0203	箱	50

【实验过程】

（1）在U8企业应用平台，依次单击“基础设置→基础档案→存货→计量单位”菜单，打开“计量单位”窗口。

设置计量单位

（2）单击工具栏的“分组”按钮，打开“计量单位组”窗口，单击工具栏的“增加”按钮，在“计量单位组编码”栏输入“01”，“计量单位组名称”栏输入“基本计量单位”，“计量单位组类别”栏选择“无换算率”，如图2-16所示，单击“保存”按钮，保存该计量单位组。

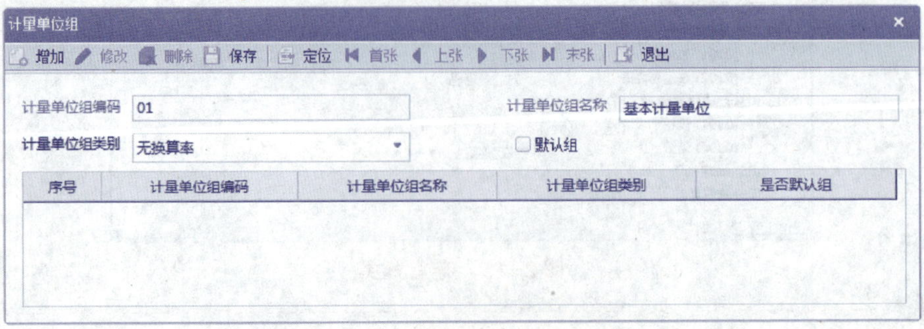

图2-16 “计量单位组”窗口

【提示】

计量单位组分无换算率、浮动换算率、固定换算率三种类别。换算率是指辅计量单位和主计量单位之间的换算比。

[无换算率] 该组的计量单位不存在换算关系，全部为主计量单位。计量单位组中最多只能有一个无换算率组。

[固定换算率] 该组包含一个主计量单位和多个辅计量单位，主、辅计量单位之间存在固定的换算关系。一般将最小计量单位作为主计量单位。例如，1标准箱香烟=250条香烟=2 500盒香烟。这里可将“盒”作为主计量单位，“盒”与“条”的换算率设为10，“盒”与“标准箱”的换算率设为2 500。

[浮动换算率] 该组只能包括两个计量单位：一个主计量单位、一个辅计量单位。

（3）退出“计量单位组”窗口，返回“计量单位”窗口，单击工具栏的“单位”按钮，打开“计量单位”窗口，根据实验资料，单击工具栏的“增加”按钮，“计量单位编码”栏输入“0101”，“计量单位名称”栏输入“千克”，单击“保存”按钮，结果如图2-17所示。

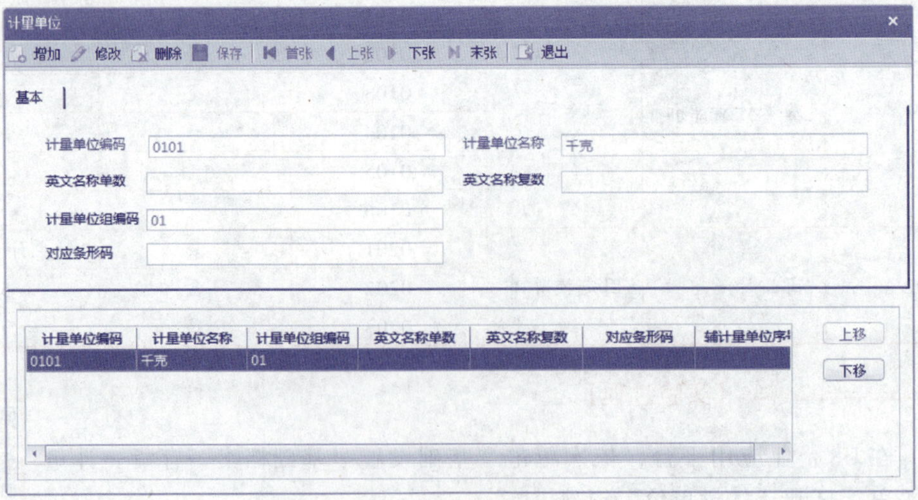

图2-17 “计量单位”窗口

（4）继续添加剩余计量单位，结果如图2-18所示。添加完毕退出计量单位窗口。

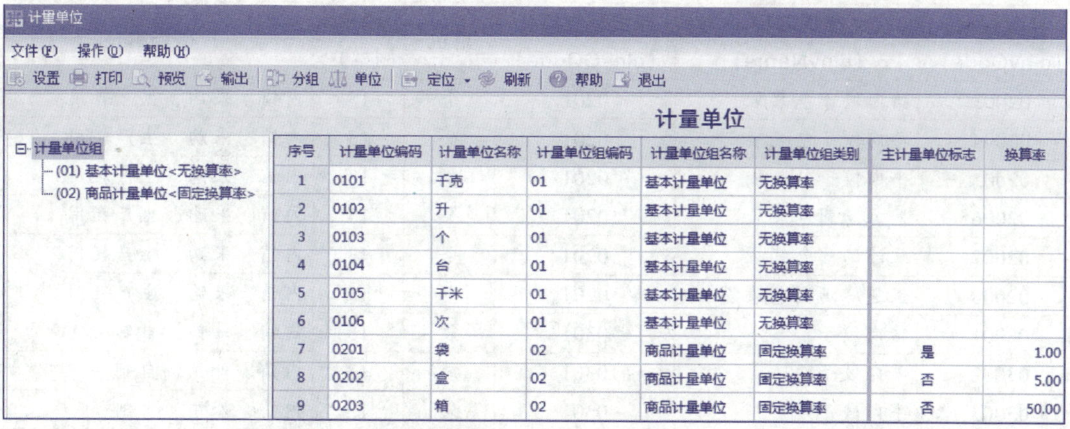

序号	计量单位编码	计量单位名称	计量单位组编码	计量单位组名称	计量单位组类别	主计量单位标志	换算率
1	0101	千克	01	基本计量单位	无换算率		
2	0102	升	01	基本计量单位	无换算率		
3	0103	个	01	基本计量单位	无换算率		
4	0104	台	01	基本计量单位	无换算率		
5	0105	千米	01	基本计量单位	无换算率		
6	0106	次	01	基本计量单位	无换算率		
7	0201	袋	02	商品计量单位	固定换算率	是	1.00
8	0202	盒	02	商品计量单位	固定换算率	否	5.00
9	0203	箱	02	商品计量单位	固定换算率	否	50.00

图2-18 计量单位

【提示】

在设置计量单位时，必须先设置计量单位组，再在组下增加具体的计量单位。

3.设置存货档案

【实验资料】

根据表2-12增加存货档案。

表2-12 存货档案（Inventory）

存货编码（cInvCode）	存货名称（cInvName）	存货分类编码（cInvCCode）	单位	税率（%）	存货属性
01001	面粉	01	千克	9	内销、采购、生产耗用
01002	水磨粉	01	千克	9	内销、采购、生产耗用
01003	猪肉	01	千克	9	内销、采购、生产耗用
01004	羊肉	01	千克	9	内销、采购、生产耗用
01005	牛肉	01	千克	9	内销、采购、生产耗用
01006	蔬菜馅料	01	千克	13	内销、采购、生产耗用
01007	味精	01	千克	13	内销、采购、生产耗用
01008	食盐	01	千克	9	内销、采购、生产耗用
01009	酱油	01	千克	13	内销、采购、生产耗用
01010	果酱	01	千克	13	内销、采购、生产耗用
01011	白砂糖	01	千克	13	内销、采购、生产耗用
01012	鸡蛋	01	千克	9	内销、采购、生产耗用
01013	植物油	01	千克	13	内销、采购、生产耗用
01014	黑芝麻	01	千克	9	内销、采购、生产耗用
01015	豆沙	01	千克	13	内销、采购、生产耗用
01016	添加剂	01	升	13	内销、采购、生产耗用
02001	包装箱	0201	个	13	内销、采购、生产耗用
02002	包装盒	0201	个	13	内销、采购、生产耗用

存货编码(cInvCode)	存货名称(cInvName)	存货分类编码(cInvCCode)	单位	税率(%)	存货属性
02003	猪肉饺子包装袋	0201	个	13	内销、采购、生产耗用
02004	羊肉饺子包装袋	0201	个	13	内销、采购、生产耗用
02005	牛肉饺子包装袋	0201	个	13	内销、采购、生产耗用
02006	果酱汤圆包装袋	0201	个	13	内销、采购、生产耗用
02007	豆沙汤圆包装袋	0201	个	13	内销、采购、生产耗用
02008	黑芝麻汤圆包装袋	0201	个	13	内销、采购、生产耗用
03001	猪肉饺子	0301	袋	13	内销、外销、自制
03002	羊肉饺子	0301	袋	13	内销、外销、自制
03003	牛肉饺子	0301	袋	13	内销、外销、自制
03101	果酱汤圆	0302	袋	13	内销、外销、自制
03102	豆沙汤圆	0302	袋	13	内销、外销、自制
03103	黑芝麻汤圆	0302	袋	13	内销、外销、自制
08001	惠普激光打印机	08	台	13	内销、采购、资产
09001	运输费	09	千米	9	内销、采购、应税劳务
09002	代销手续费	09	次	6	内销、采购、应税劳务

【实验过程】

设置存货档案

（1）在U8企业应用平台，依次单击“基础设置→基础档案→存货→存货档案”菜单，打开“存货档案”窗口。

（2）单击工具栏的“增加”按钮，打开“增加存货档案”窗口。根据实验资料，输入“面粉”的存货档案，如图2-19所示，单击“保存并新增”按钮，保存该存货档案并添加剩余存货档案。

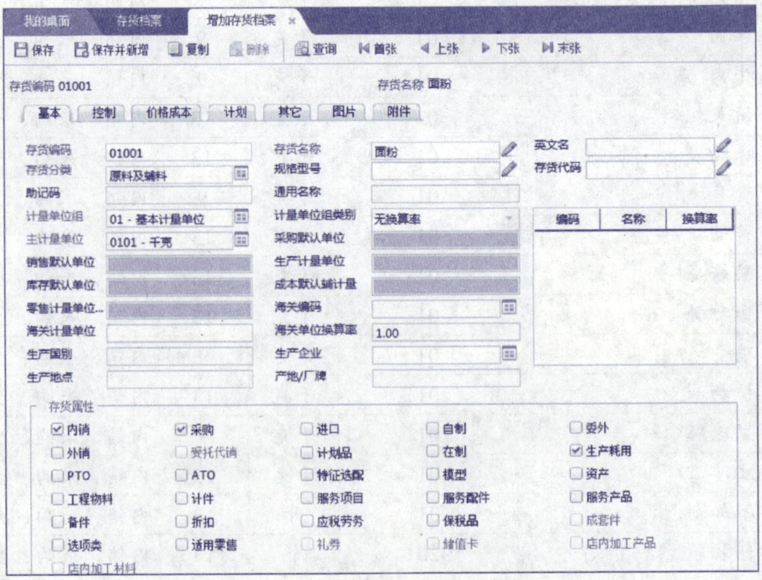

图2-19　存货档案录入界面

（3）所有存货档案添加完毕，关闭“增加存货档案”窗口，返回“存货档案”窗口，结果如图2-20所示。

☑ 打印序号(N)

存货档案

- 存货分类
  - (01) 原料及辅料
  - (02) 周转材料
    - (0201) 包装物
    - (0202) 低值易耗品
  - (03) 产成品
    - (0301) 饺子
    - (0302) 汤圆
  - (08) 固定资产
  - (09) 应税劳务

序号	☐ 选择	存货编码	存货名称	启用日期	计量单位组名称	主计量单位名称
1	☐	01001	面粉	2023-01-01	基本计量单位	千克
2	☐	01002	水磨粉	2023-01-01	基本计量单位	千克
3	☐	01003	猪肉	2023-01-01	基本计量单位	千克
4	☐	01004	羊肉	2023-01-01	基本计量单位	千克
5	☐	01005	牛肉	2023-01-01	基本计量单位	千克
6	☐	01006	蔬菜馅料	2023-01-01	基本计量单位	千克
7	☐	01007	味精	2023-01-01	基本计量单位	千克
8	☐	01008	食盐	2023-01-01	基本计量单位	千克
9	☐	01009	酱油	2023-01-01	基本计量单位	千克
10	☐	01010	果酱	2023-01-01	基本计量单位	千克
11	☐	01011	白砂糖	2023-01-01	基本计量单位	千克
12	☐	01012	鸡蛋	2023-01-01	基本计量单位	千克
13	☐	01013	植物油	2023-01-01	基本计量单位	千克
14	☐	01014	黑芝麻	2023-01-01	基本计量单位	千克
15	☐	01015	豆沙	2023-01-01	基本计量单位	千克
16	☐	01016	添加剂	2023-01-01	基本计量单位	升
17	☐	02001	包装箱	2023-01-01	基本计量单位	个
18	☐	02002	包装盒	2023-01-01	基本计量单位	个
19	☐	02003	猪肉饺子包装袋	2023-01-01	基本计量单位	个
20	☐	02004	羊肉饺子包装袋	2023-01-01	基本计量单位	个
21	☐	02005	牛肉饺子包装袋	2023-01-01	基本计量单位	个
22	☐	02006	果酱汤圆包装袋	2023-01-01	基本计量单位	个
23	☐	02007	豆沙汤圆包装袋	2023-01-01	基本计量单位	个
24	☐	02008	黑芝麻汤圆包装袋	2023-01-01	基本计量单位	个
25	☐	03001	猪肉饺子	2023-01-01	商品计量单位	袋
26	☐	03002	羊肉饺子	2023-01-01	商品计量单位	袋
27	☐	03003	牛肉饺子	2023-01-01	商品计量单位	袋
28	☐	03101	果酱汤圆	2023-01-01	商品计量单位	袋
29	☐	03102	豆沙汤圆	2023-01-01	商品计量单位	袋
30	☐	03103	黑芝麻汤圆	2023-01-01	商品计量单位	袋
31	☐	08001	惠普激光打印机	2023-01-01	基本计量单位	台
32	☐	09001	运输费	2023-01-01	基本计量单位	千米
33	☐	09002	代销手续费	2023-01-01	基本计量单位	次

图2-20 存货档案

【提示】

[存货编码] 最多可输入60位数字或字符。

[存货名称] 最多可输入255位汉字或字符。

存货属性：设置存货属性是为了控制在各种业务操作中是否可用此存货。同一存货可以设置多个属性，部分存货属性存在互斥或控制关系。

[内销] / [外销] 具有该属性的存货可用于销售。发货单、销售发票、销售出库单等与销售有关的单据参照存货时，要求存货具有该属性。若需在销售发票等单据上填写应税劳务，则该应税劳务也应设置为内销/外销属性，否则无法参照。

[采购] 具有该属性的存货可用于采购。到货单、采购发票、采购入库单等与采购有关的单据参照存货时，要求存货具有该属性。若需在采购发票等单据上填写采购费用，则该采购费用也应设置为外购属性，否则无法参照。

［生产耗用］工业企业生产产品需投入原材料及辅助材料等，系统处理时需填制材料出库单，则材料出库单中的存货必须具有“生产耗用”属性。

［自制］工业企业生产的产品达到完工程度需办理入库，系统处理时需填制产成品入库单，则产成品入库单中的存货必须具有“自制”属性。

［应税劳务］指开具在采购发票等单据上的运输费用、保险费用、代销手续费等采购费用或开具在销售发票等单据上的应税劳务。该属性应与“自制”“在制”“生产耗用”属性互斥。

［资产］该属性与“受托代销”属性互斥。资产存货，默认仓库只能录入和参照存货档案中的资产仓。非资产存货，默认仓库只能录入和参照仓库档案中的非资产仓。

“价格成本”页签的计价方式：当用户在存货核算系统的选项中设置“核算方式”为“按存货核算”时，该属性必须设置且严格起控制作用，系统将按照这里设置的计价方式进行成本确认。

2.2.5 设置财务信息

1.维护会计科目

会计科目，简称科目，是对会计要素的具体内容进行分类核算的项目，是进行会计核算和提供会计信息的基础。会计科目设置的完整性影响着会计过程的顺利实施，会计科目设置的层次深度直接影响着会计核算的详细、准确程度。

（1）指定会计科目。

【实验资料】

指定“1001 库存现金”为现金科目、“1002 银行存款”为银行科目。

【实验过程】

指定会计科目

①2023年1月1日，由赵海元（A01）登录U8企业应用平台。

②在U8企业应用平台，依次单击“基础设置→基础档案→财务→会计科目”菜单，打开“会计科目”窗口。

③单击工具栏的“指定科目”按钮，打开“指定科目”对话框。根据实验资料，单击“>”按钮将“1001 库存现金”添加到已选科目区，如图2-21所示。

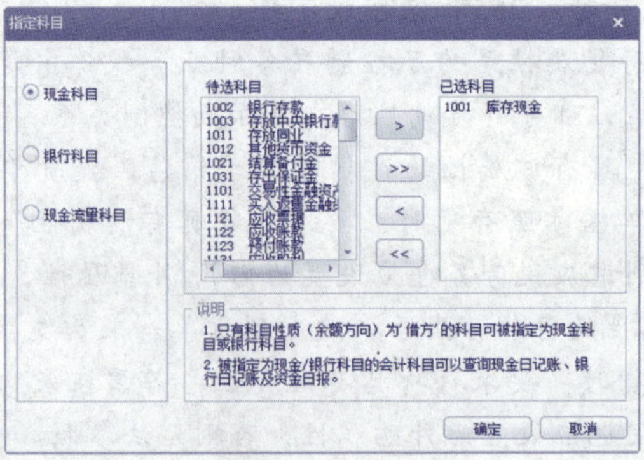

图2-21 指定科目

单击该窗口左侧的“银行科目”，再单击“>”按钮将“1002 银行存款”添加到已选科目区。单击“确定”按钮完成指定科目并返回“会计科目”窗口。

【提示】

只有指定现金科目、银行科目，才能进行记账凭证的出纳签字操作。

只有指定现金科目、银行科目，才能在总账系统的出纳菜单下查询现金日记账（或库存现金日记账）、银行存款日记账。

指定银行科目是使用支票登记簿的条件之一。

（2）增加会计科目。

【实验资料】

根据表 2-13 增加会计科目。

表 2-13　会计科目表（code）

科目编码（ccode）	科目名称（ccode_name）	辅助账类型
100201	锦州银行	日记账 银行账
10020101	锦州凌河支行	日记账 银行账
100202	交通银行	日记账 银行账
10020201	锦州凌河支行	日记账 银行账
1002020101	人民币	日记账 银行账
1002020102	美元	日记账 银行账
101201	存出投资款	
101202	银行汇票	
101203	银行本票	
101204	信用卡	
101205	信用证保证金	
101206	外埠存款	
110101	成本	数量核算（股（份））、项目核算
110102	公允价值变动	项目核算
112101	人民币	客户往来，应收系统受控
112102	美元	客户往来，应收系统受控
112201	人民币	客户往来，应收系统受控
112202	美元	客户往来，应收系统受控
112203	资产处置应收款	客户往来，应收系统不受控
122101	职工个人往来	个人往来
122102	中卓财产保险公司	
122103	沈阳顺达物流有限公司	
141101	包装物	
141102	低值易耗品	
14110201	在用	
14110202	在库	
14110203	摊销	

科目编码（ccode）	科目名称（ccode_name）	辅助账类型
150101	成本	数量核算（份）、项目核算
150102	利息调整	项目核算
150103	应计利息	项目核算
150301	成本	数量核算（股（份））、项目核算
150302	公允价值变动	项目核算
152101	成本	
152102	公允价值变动	
170101	专利权	
170102	商标权	
170103	土地使用权	
190101	待处理流动资产损溢	
190102	待处理固定资产损溢	
200101	锦州银行锦州凌河支行	
220201	一般应付账款	供应商往来，应付系统受控
220202	暂估应付账款	供应商往来，应付系统不受控
220301	一般人民币预收账款	客户往来，应收系统受控
220302	一般美元预收账款	客户往来，应收系统受控
220303	销售定金	客户往来，应收系统不受控
221101	工资	
221102	社会保险费	
22110201	基本医疗保险费	
22110202	工伤保险费	
221103	设定提存计划	
22110301	基本养老保险费	
22110302	失业保险费	
221104	住房公积金	
221105	工会经费	
221106	职工教育经费	
221107	职工福利费	
221108	非货币性福利	
221109	带薪缺勤	
222101	应交增值税	
22210101	进项税额（注：借方）	
22210103	已交税金（注：借方）	
22210105	转出未交增值税（注：借方）	
22210106	销项税额	
22210108	进项税额转出	
22210109	转出多交增值税	
222102	未交增值税	

续表

科目编码（ccode）	科目名称（ccode_name）	辅助账类型
222103	预交增值税	
222104	待抵扣进项税额	
222105	待认证进项税额	
222106	简易计税	
222107	转让金融商品应交增值税	
222121	应交消费税	
222122	应交企业所得税	
222123	应交个人所得税	
222124	应交城市维护建设税	
222125	应交教育费附加	
222126	应交地方教育附加	
222127	应交房产税	
222128	应交城镇土地使用税	
222129	应交车船税	
222130	应交土地增值税	
224101	代扣职工三险一金	
22410101	代扣医疗保险	
22410102	代扣养老保险	
22410103	代扣失业保险	
22410104	代扣住房公积金	
400201	资本溢价	
400202	其他资本公积	
410101	法定盈余公积	
410102	任意盈余公积	
410401	提取法定盈余公积	
410402	提取任意盈余公积	
410403	应付现金股利或利润	
410404	盈余公积补亏	
410409	未分配利润	
500101	直接材料	项目核算
500102	直接人工	项目核算
500103	制造费用	项目核算
500199	共同产品	
510101	折旧费	部门核算
510102	职工薪酬	部门核算
510103	水电费	部门核算
510104	劳保费	部门核算
510105	办公费	部门核算
605101	出售原材料收入	

续表

科目编码（ccode）	科目名称（ccode_name）	辅助账类型
605102	出售包装物收入	
630101	盘盈利得	
630102	捐赠利得	
630103	债务重组利得	
630104	非货币性资产交换利得	
630113	罚款收入	
660101	折旧费	部门核算
660102	职工薪酬	部门核算
660103	水电费	部门核算
660104	差旅费	部门核算
660105	办公费	部门核算
660106	业务招待费	部门核算
660107	运输费	
660108	保险费	
660109	广告宣传费	
660110	委托代销手续费	
660201	折旧费	部门核算
660202	职工薪酬	部门核算
660203	水电费	部门核算
660204	差旅费	部门核算
660205	办公费	部门核算
660206	业务招待费	部门核算
660207	品牌管理费	
660208	修理费	
660209	无形资产摊销	
660210	存货盘点	
660301	利息支出	
660302	汇兑损益	
660303	手续费及工本费	
660304	现金折扣	
660305	票据贴现	
6702	信用减值损失（注：支出）	
671101	盘亏损失	
671102	公益性捐赠支出	
671103	债务重组损失	
671112	非常损失	
671113	罚款支出	
680101	当期所得税费用	
680102	递延所得税费用	

【实验过程】

增加会计科目

在“会计科目”窗口，单击“增加”按钮即可进入添加会计科目界面，即“新增会计科目”窗口。根据实验资料，在“科目编码”栏输入“100201”，“科目名称”栏输入“锦州银行”，如图2-22所示，单击“确定”按钮，该科目添加成功。单击“增加”按钮，继续添加剩余会计科目，全部添加完毕退出“新增会计科目”窗口。

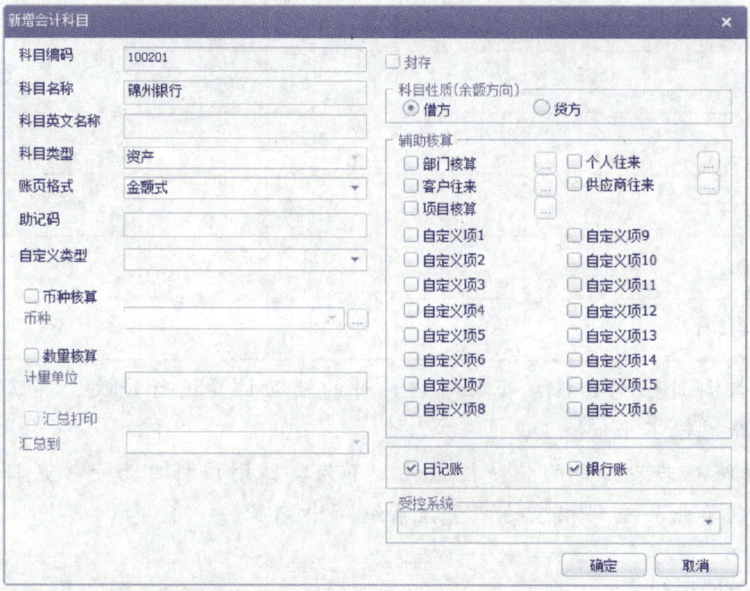

图2-22　新增会计科目

【提示】

科目编码必须唯一，科目编码必须按其级次的先后次序建立。级次由系统根据科目编码方案（图1-10）定义。

科目中文名称最多可输入20个汉字，科目英文名称最多可输入100个英文字母。

科目中文名称和科目英文名称不能同时为空。

[币种核算] 一个科目只能核算一种外币。

[数量核算] 如果只启用总账系统，则原材料等存货科目应勾选此项并输入计量单位，以进行数量核算。

[科目性质（余额方向）] 一般情况下，资产类科目的科目性质默认为借方，负债类科目的科目性质默认为贷方。

只能在一级科目设置科目性质，下级科目的科目性质与其一级科目相同。已有数据的科目不能再修改科目性质。

[辅助核算] 也称辅助账类，用于说明本科目除完成一般的总账、明细账核算外，是否有其他核算要求。系统提供以下几种专项核算功能：部门核算、个人往来、客户往来、供应商往来、项目核算。辅助核算可以组合设置，一个科目可同时设置三种辅助核算，具体可参照表2-14。但是，部门和个人不能组合设置，客户与供应商核算不能一同设置。

表 2-14　辅助核算组合方式

辅助核算组合方式	部门	个人	客户	供应商	项目
部门+客户	√		√		
部门+供应商	√			√	
客户+项目			√		√
供应商+项目				√	√
部门+项目	√				√
个人+项目		√			√
部门+客户+项目	√		√		√
部门+供应商+项目	√			√	√

如果会计科目已有数据，而又对该科目的辅助核算进行修改，那么很可能造成总账与辅助账对账不平。

[受控系统] 若某科目的“受控系统”不为空，则该科目为受控科目，与该受控科目相关的制单业务应到相应的“受控系统”中完成。

（3）修改会计科目。

【实验资料】

修改会计科目“应收票据”辅助核算为“客户往来”，受控于“应收系统”；

修改会计科目“应付票据”和“预付账款”辅助核算为“供应商往来”，受控于“应付系统”；

将“持有至到期投资”和“可供出售金融资产”的科目名称分别改为“债权投资”和“其他权益工具投资”；

为“交易性金融资产”、“债权投资”和“其他权益工具投资”设置项目核算；

为“生产成本”设置项目核算；

为“制造费用”设置部门核算；

将“营业税金及附加”的科目名称改为“税金及附加”。

【实验过程】

修改会计科目

在“会计科目”窗口，单击需要修改的“应收票据”科目，单击工具栏的“修改”按钮，打开“会计科目_修改”窗口（直接双击待修改科目也可打开该窗口）。单击窗口右下角的“修改”按钮，勾选“客户往来”辅助核算，如图2-23所示，单击“确定”按钮。根据实验资料继续修改其他会计科目。

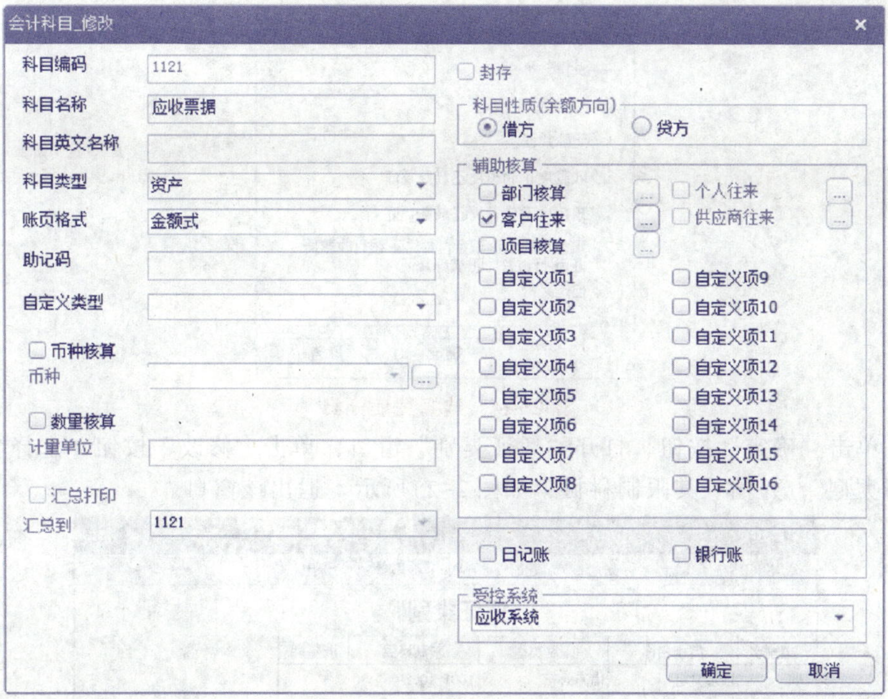

图2-23　修改会计科目

【提示】

如果本科目已被制过单或已录入期初余额，则不能删除、修改。如果要修改该科目必须先删除有该科目的凭证，并将该科目及其下级科目余额清零，再行修改，修改完毕后要将余额及凭证补上。

非末级科目及已使用的末级科目不能再修改科目编码。

2.设置凭证类别

【实验资料】

根据表2-15选择凭证分类并设置凭证类别。

表2-15　凭证类别（dsign）

类别字（csign）	类别名称（ctext）	限制类型（itype）	限制科目（ccode）
收	收款凭证	借方必有	1001，1002
付	付款凭证	贷方必有	1001，1002
转	转账凭证	凭证必无	1001，1002

【实验过程】

设置凭证类别

（1）在U8企业应用平台，依次单击“基础设置→基础档案→财务→凭证类别”菜单，打开“凭证类别预置”窗口，根据实验资料，选择第二种分类方式，如图2-24所示。

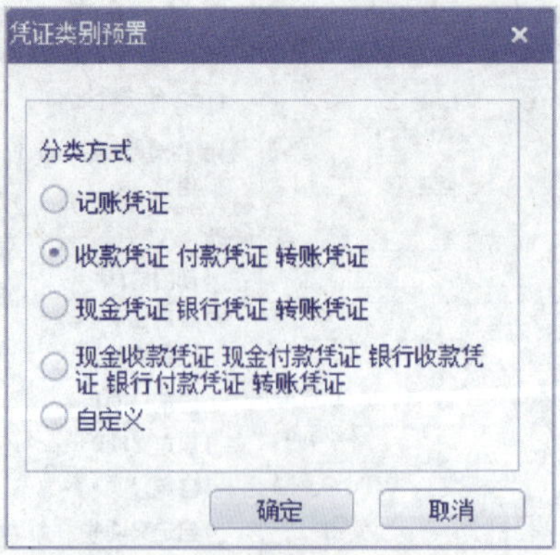

图2-24　选择凭证分类

（2）单击“确定”按钮，打开“凭证类别”窗口，单击“修改”按钮，选择各类凭证的“限制类型”，并输入其限制科目，如图2-25所示。退出该窗口。

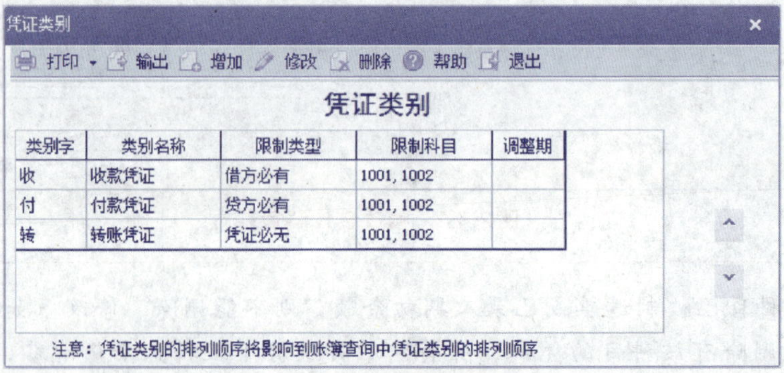

图2-25　设置凭证类别

【提示】

已使用的凭证类别不能删除，也不能修改类别字。

以转账支票结算的业务应填制付款凭证，而非转账凭证。

采用专用记账凭证的情况下，对于库存现金、银行存款之间的收付业务（如存现、取现等），为避免重复记账，一般只填制付款凭证。

3.设置外币核算

【实验资料】

（1）定义外币。币符：USD；币名：美元；汇率小数位：4位；浮动汇率；假定2023年1月1日的记账汇率为6.9762；其他默认。

（2）修改会计科目。设置“1002020102 银行存款/交通银行/锦州凌河支行/美元”、“112102 应收票据/美元”、“112202 应收账款/美元”和“220302 预收账款/一般美元预收账款”有美元外币核算。

【实验过程】

设置外币核算

（1）在U8企业应用平台，依次单击“基础设置→基础档案→财务→外币设置”菜单，打开“外币设置”窗口。根据实验资料，选择“浮动汇率”，在“币符”栏输入“USD”，“币名”栏输入“美元”，单击“确认”按钮，在2023年1月1日的“记账汇率”栏输入“6.9762”，如图2-26所示。退出该窗口。

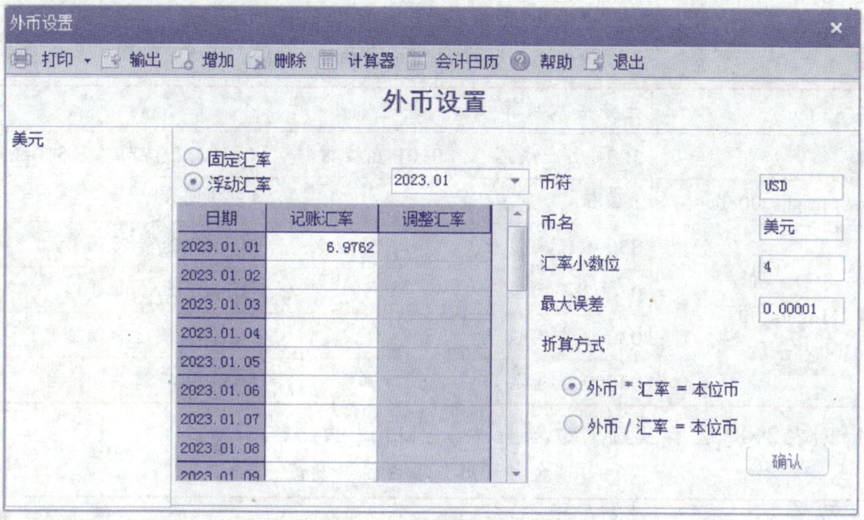

图2-26　外币设置

【提示】

若选择固定汇率作为记账汇率，每月在填制凭证前，应预先在此录入该月的记账汇率，否则在填制该月外币凭证时，将会出现汇率为零的错误。

若选择浮动汇率作为记账汇率，在填制当天凭证前，应预先在此录入当天的记账汇率。

（2）在U8企业应用平台，依次单击“基础设置→基础档案→财务→会计科目”菜单，打开“会计科目”窗口。双击“1002020102 银行存款/交通银行/锦州凌河支行/美元”科目，单击窗口右下方的“修改”按钮，勾选“币种核算”，币种选择美元，如图2-27所示，单击“确定”按钮。根据实验资料，继续设置其他科目的外币核算。

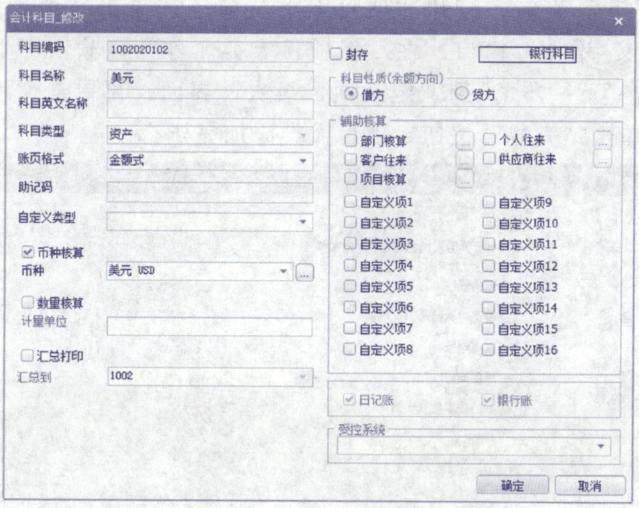

图2-27　修改会计科目

4. 设置项目目录

【实验资料】

（1）根据表2-16逐步设置“生产成本核算”项目目录。

表 2-16 “生产成本核算”项目目录设置

①项目大类（fitem）	生产成本核算（注：普通项目）	
②核算科目	5001 生产成本、500101 直接材料、500102 直接人工、500103 制造费用	
③项目分类（fitemss00class）	1 饺子	2 汤圆
④项目目录（fitemss00）	03001 猪肉饺子	03101 果酱汤圆
	03002 羊肉饺子	03102 豆沙汤圆
	03003 牛肉饺子	03103 黑芝麻汤圆
	03099 饺子共用	03199 汤圆共用

（2）根据表2-17逐步设置“金融资产”项目目录。

表 2-17 “金融资产”项目目录设置

①项目大类（fitem）	金融资产（注：普通项目）	
②核算科目	1101 交易性金融资产、110101 成本、110102 公允价值变动	
	1501 债权投资、150101 成本、150102 利息调整、150103 应计利息	
	1503 其他权益工具投资、150301 成本、150302 公允价值变动	
③项目分类（fitemss01class）	1 股票	2 债券
④项目目录（fitemss01）	11 北极股份	21 苏晋城建
	12 广大股份	22 南洋债券

【实验过程】

设置项目目录

（1）增加项目大类。在U8企业应用平台，依次单击“基础设置→基础档案→财务→项目大类”菜单，打开“项目大类”窗口。单击“增加”按钮，打开“项目大类定义_增加”窗口，在“新项目大类名称”栏输入“生产成本核算”，如图2-28所示，单击“下一步”，到“定义项目级次”界面，再单击“下一步”，到“定义项目栏目”界面，单击“完成”按钮，项目大类添加完毕。

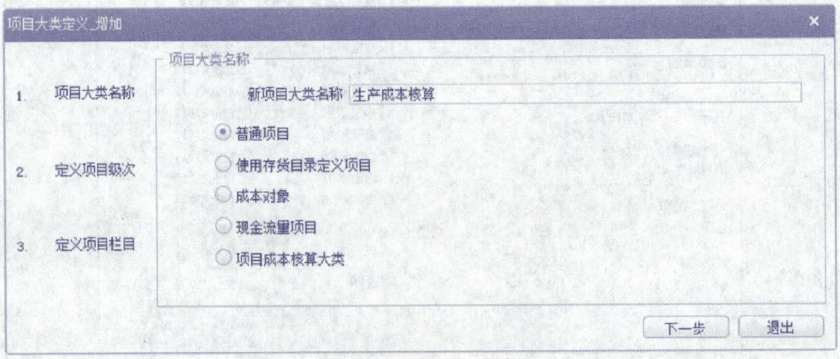

图2-28 增加项目大类

【提示】

“项目档案”窗口的“增加”“修改”“删除”是针对项目大类的操作按钮。

如果启用了存货核算系统，则可选择“使用存货目录定义项目”，系统自动将存货分类设置为项目分类，并将存货目录设置为项目目录。

（2）指定核算科目。在“项目大类”窗口，在“项目大类”下拉框中选择“生产成本核算”大类，点击“>”按钮将待选科目区的5001生产成本、500101直接材料、500102直接人工和500103制造费用移动到已选科目区，如图2-29所示。

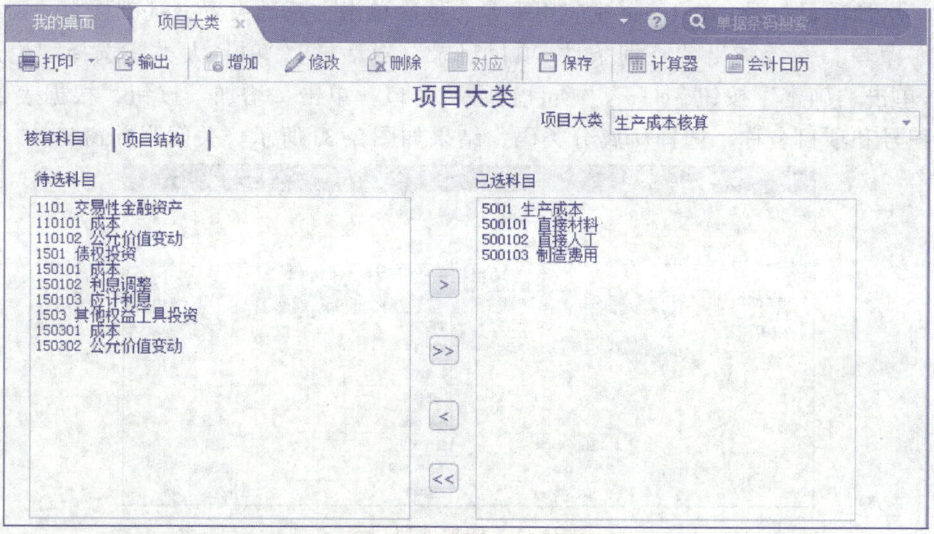

图2-29　指定核算科目

【提示】

只有设置“项目核算”辅助核算的会计科目才能显示在待选科目区。

一个项目大类可以指定多个科目，一个科目只能属于一个项目大类。

（3）增加项目分类。在U8企业应用平台，依次单击“基础设置→基础档案→财务→项目分类”菜单，打开“项目分类”窗口。在“项目大类”下拉框中选择“生产成本核算”大类。单击“增加”按钮，根据实验资料，“分类编码”栏输入“1”，“分类名称”栏输入“饺子”，单击“保存”按钮。再增加第二个项目分类，结果如图2-30所示。

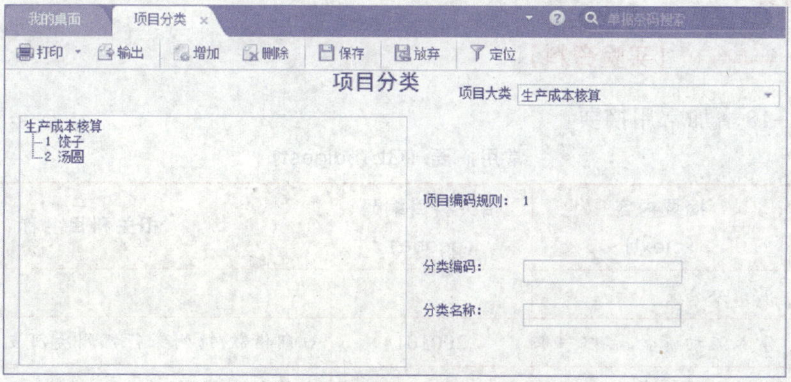

图2-30　增加项目分类

【提示】

已使用的项目分类不能删除。

未使用的分类编码和分类名称、已使用的分类名称可以修改。

非末级分类编码和已使用的分类编码不能修改。

非末级分类编码不能删除。若某项目分类已定义项目目录，则该项目分类不能删除，也不能定义下级分类，必须先删除项目目录，再删除该项目分类或定义下级分类。

（4）增加项目目录。在U8企业应用平台，依次单击“基础设置→基础档案→财务→项目目录”菜单，系统弹出“查询条件-项目目录”对话框，“项目大类”选择“生产成本核算”，单击“确定”按钮，打开“项目目录”窗口。单击“增加”按钮，根据表2-16输入项目编号和项目名称，选择所属分类码，结果如图2-31所示。关闭当前窗口。

图2-31　增加项目目录

（5）参照上述方法，完成表2-17的项目目录设置。

【提示】

在每年年初应将已结算或不用的项目删除。

项目编号必须唯一，不能重复。

不同的项目可使用相同的所属分类码。

［定义取数关系］定义光标所在现金流量项目的对应科目及方向。定义好后，当凭证中录入该科目及方向时，在现金流量录入界面中自动获取对应的现金流量项目。

5. 设置常用摘要

【实验资料】

根据表2-18增加常用摘要。

表2-18　常用摘要（GL_bdigest）

摘要编码（cid）	摘要内容（ctext）	相关科目编码（ccode）	相关科目名称
01	报销办公费		
02	借入流动资金借款	200101	短期借款/锦州银行锦州凌河支行
03	发放上月工资	221101	应付职工薪酬/工资

【实验过程】

设置常用摘要

在U8企业应用平台，依次单击“基础设置→基础档案→其它→常用摘要”菜单，打开“常用摘要”窗口。单击“增加”按钮，根据实验资料添加常用摘要，结果如图2-32所示。退出该窗口。

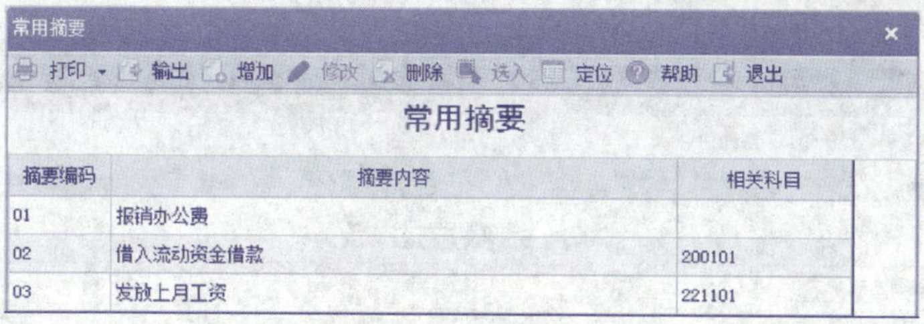

图2-32　常用摘要

【提示】

[相关科目]如果某条常用摘要设置了“相关科目”，填制凭证时，在调用常用摘要的同时可自动调入该相关科目。

填制凭证时，在“摘要”栏输入常用摘要编码，系统自动调入该摘要正文和相关科目。

2.2.6　收付结算设置

1. 设置结算方式

【实验资料】

根据表2-19增加常用结算方式。

表2-19　常用结算方式（SettleStyle）

结算方式编码（cSScode）	结算方式名称（cSSName）
1	现金
2	支票
201	现金支票
202	转账支票
3	汇票
301	银行汇票
302	银行承兑汇票
303	商业承兑汇票
4	汇兑
401	电汇
402	信汇
5	委托收款
6	托收承付
9	其他

【实验过程】

设置结算方式

（1）2023年1月1日，由赵海元（A01）登录U8企业应用平台。

（2）在U8企业应用平台，依次单击“基础设置→基础档案→收付结算→结算方式”菜单，打开“结算方式”窗口。单击“增加”按钮，根据实验资料添加结算方式并保存。结果如图2-33所示。退出该窗口。

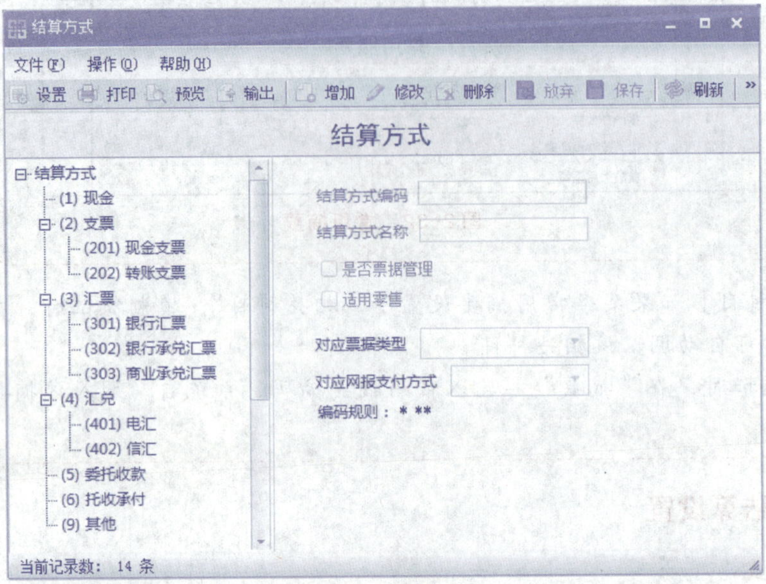

图2-33　结算方式

【提示】

［是否票据管理］勾选该项的结算方式将进行支票登记簿管理。比如，在应收应付系统中，勾选票据管理的结算方式的收付款单可登记到总账系统的支票登记簿中。

2. 设置付款条件

【实验资料】

根据表2-20增加付款条件。

表2-20　付款条件（PayCondition）

付款条件编码（cPayCode）	付款条件名称（cPayName）	信用天数（iPayCreDays）	优惠天数1	优惠率1	优惠天数2	优惠率2
01	2/10，1/20，n/30	30	10	2	20	1

【实验过程】

设置付款条件

在U8企业应用平台，依次单击“基础设置→基础档案→收付结算→付款条件”菜单，打开“付款条件”窗口。单击“增加”按钮，根据实验资料输入“付款条件编码”“信用天数”，以及优惠天数和优惠率并保存。结果如图2-34所示。退出该窗口。

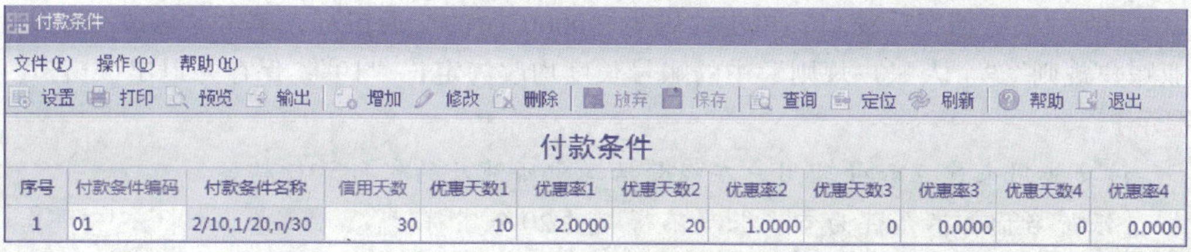

图 2-34　付款条件

【提示】

[付款条件编码] 应唯一、最多3个字符。

[付款条件名称] 自动形成，不可修改。

[信用天数] 指最大的信用天数，如超过此天数，则不仅要按全额支付货款，还可能要支付逾期付款利息或违约金。

付款条件在订单、发票、客户档案、供应商档案等表单中被引用。付款条件一旦被引用，便不能进行修改和删除的操作。

3.维护银行档案

【实验资料】

（1）增加银行档案。

根据表2-21增加银行档案，并设置企业账户、个人账户均为定长。

表 2-21　银行档案（AA_Bank）

银行编码 (cBankCode)	银行名称 (cBankName)	企业账号长度 (iComAccNoLen)	个人账号长度 (iIndAccNoLen)
05	锦州银行	19	19

（2）修改银行档案。将“00003 交通银行”的企业账户、个人账户均设为定长19位。

【实验过程】

维护银行档案

（1）在U8企业应用平台，依次单击“基础设置→基础档案→收付结算→银行档案”菜单，打开“银行档案”窗口。单击“增加”按钮，根据实验资料输入锦州银行的档案信息，如图2-35所示。保存后退出添加界面，返回“银行档案”窗口。

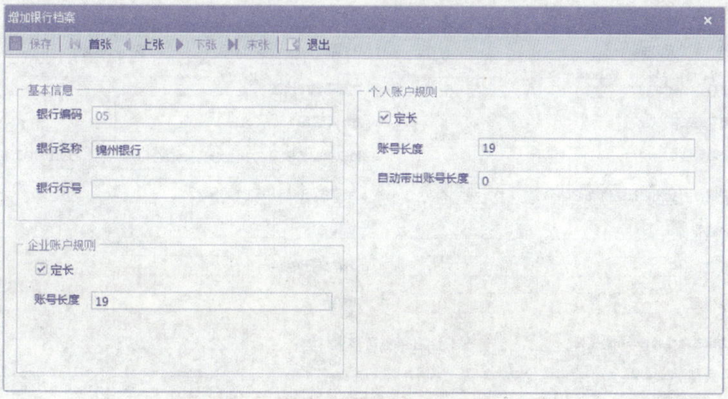

图 2-35　增加银行档案

（2）在“银行档案”窗口，单击编码为“00003”的交通银行，单击“修改”按钮，将“企业账户规则”“个人账户规则”中的账号长度均改为定长“19”，保存并退出该窗口。

【提示】

该功能用来建立和管理用户在经营活动中所涉及的银行总行档案。

[银行名称] 不允许为空，长度不得超过20个字符。

[银行编码] 不允许为空，长度不得超过5个字符。

[定长] 勾选此项，则要求所有企业账户或个人账户的长度必须相同。

4.设置本单位开户银行

【实验资料】

根据表2-22设置“辽宁长久食品有限公司”的开户银行信息。

表2-22　本单位开户银行（Bank）

编码（cBCode）	银行账号（cBAccount）	开户银行（cBName）	币种（cCurrencyName）	所属银行（cBCode）
01	6220857126490138597	锦州银行锦州凌河支行	人民币	05
02	6235985107156422901	交通银行锦州凌河支行	人民币	00003
03	6235985107156422988	交通银行锦州凌河支行	美元	00003

【实验过程】

设置本单位开户银行

在U8企业应用平台，依次单击“基础设置→基础档案→收付结算→本单位开户银行”菜单，打开“本单位开户银行”窗口。单击“增加”按钮，根据实验资料输入锦州银行锦州凌河支行的档案信息，如图2-36所示。保存后继续添加剩余两个开户银行信息，全部添加完毕退出添加界面，返回“本单位开户银行”窗口，结果如图2-37所示。

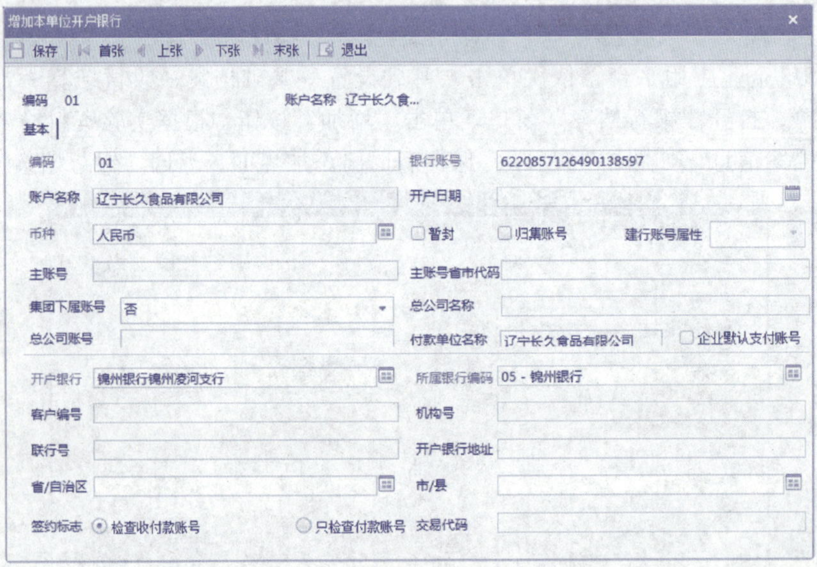

图2-36　本单位开户银行录入界面

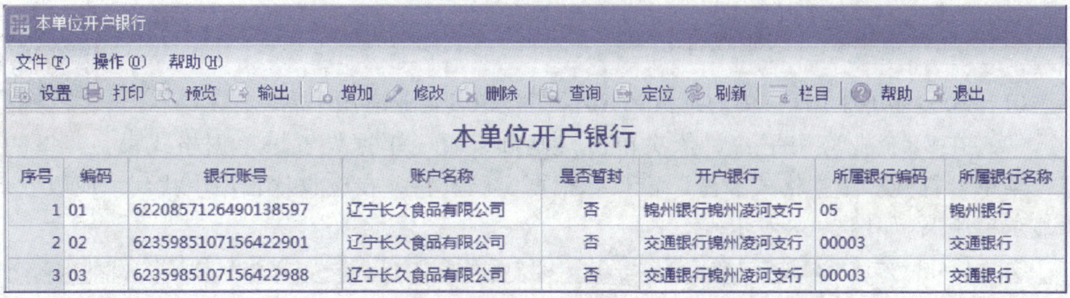

本单位开户银行

序号	编码	银行账号	账户名称	是否暂封	开户银行	所属银行编码	所属银行名称
1	01	6220857126490138597	辽宁长久食品有限公司	否	锦州银行锦州凌河支行	05	锦州银行
2	02	6235985107156422901	辽宁长久食品有限公司	否	交通银行锦州凌河支行	00003	交通银行
3	03	6235985107156422988	辽宁长久食品有限公司	否	交通银行锦州凌河支行	00003	交通银行

图 2-37　本单位开户银行

【提示】

编码、银行账号、币种、开户银行、所属银行编码为必输项。

[编码] 最多可输入3个字符。

[银行账号] 必须唯一，最多可输入20个字符。

[开户银行] 可以重复，最多可输入30个字符或15个汉字。

“本单位开户银行”档案一旦被引用，将不能进行修改和删除的操作。

2.2.7　单据设置

在用友U8系统中，为描述和处理各种现实业务而设置的如采购发票、销售订单、收款单、付款单、出入库单等，称之为单据。单据设置主要包括单据格式设置和单据编号设置。单据格式设置分为显示单据格式设置和打印单据格式设置。

单据格式设置在U8系统中具有重要作用，很多非常规业务都需要进行单据格式设置，如销售定金业务、现款结算业务、发货签回业务以及代管采购业务等。

1. 单据格式设置

【实验资料】

（1）为应收收款单表头增加“订单号”项目；

（2）为销售订单表头增加“必有定金”、“定金比例”、“定金原币金额”、“定金本币金额”、“定金累计实收原币金额”和“定金累计实收本币金额”项目；

（3）为委托代销结算单表头增加“发票号”项目；

（4）为销售费用支出单表头增加“费用供货商名称”和“单据流向”项目；

（5）修改销售订单、发货单、销售专用发票表头的“汇率”项目，取消勾选“禁止编辑”；

（6）为销售专用发票表体增加“退补标志”项目，将其表体“数量”项目改为非必输项；

（7）为销售订单、发货单、退货单、销售专用发票、委托代销发货单、委托代销结算单表体增加“销售单位”和“件数”项目；

（8）为产成品入库单、其他入库单、销售出库单、其他出库单、调拨单表体增加“库存单位”和“件数”项目；

（9）为材料出库单表体增加“项目大类编码”、“项目大类名称”、“项目编码”和“项目”项目。

【实验过程】

单据格式设置

（1）2023年1月1日，由赵海元（A01）登录U8企业应用平台。

（2）在U8企业应用平台，依次单击“基础设置→单据设置→单据格式设置”菜单，打开“单据格式设置”窗口。根据实验资料，在应收款管理中找到“应收收款单显示模版”，如图2-38所示。

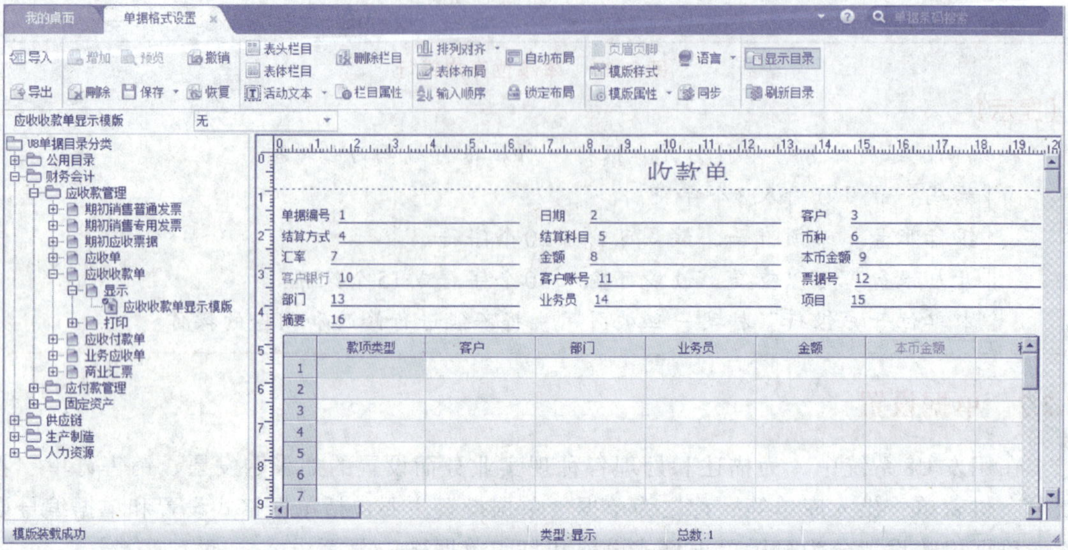

图2-38　应收收款单显示模版

（3）单击工具栏的“表头栏目”，打开“表头”窗口，在“项目名称”列表中勾选“47订单号”项，如图2-39所示。单击“确定”按钮，结果如图2-40所示。

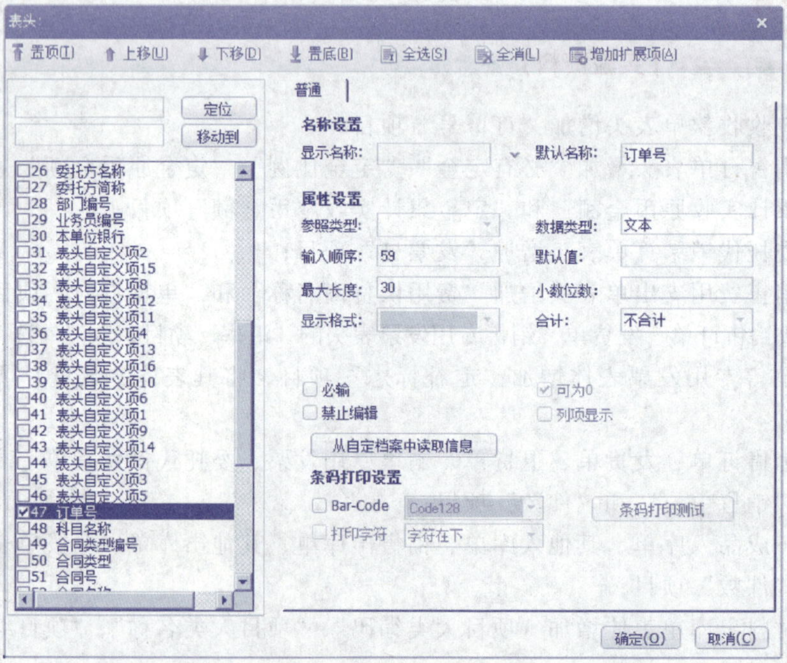

图2-39　“表头”窗口

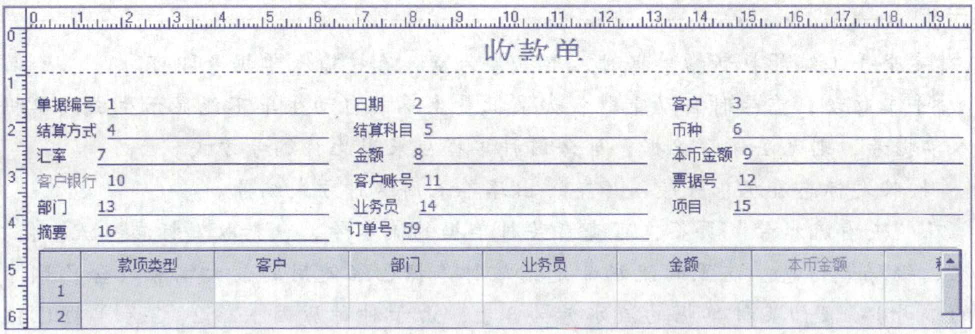

图 2-40　（应收收款单）单据格式设置结果

（4）参照上述方法继续完成其他单据的格式设置。

2. 单据编号设置

【实验资料】

（1）将销售专用发票、销售普通发票、销售零售日报、采购专用发票、采购普通发票的编号方式设置为“完全手工编号”；

（2）将销售发货单、委托结算单、委托发货单、销售订单、采购到货单、采购订单、其他入库单、其他出库单、销售出库单、调拨单、产成品入库单、材料出库单、采购入库单的编号方式设置为“手工改动，重号时自动重取”。

【实验过程】

单据编号设置

（1）在U8企业应用平台，依次单击“基础设置→单据设置→单据编号设置”菜单，打开“单据编号设置”窗口。

（2）根据实验资料，在销售管理中找到“销售专用发票”，单击“ ”（编辑）按钮，勾选“完全手工编号”，如图2-41所示。单击“ ”（保存）按钮，完成该单据的单据编号设置。按上述方法继续对剩余单据进行单据编号设置。

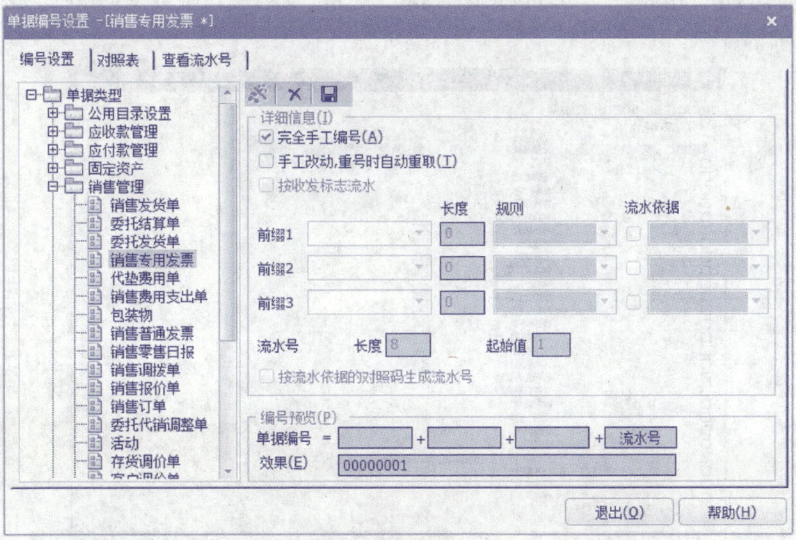

图 2-41　（销售专用发票）单据编号设置

【提示】

［完全手工编号］新增单据时，单据号为空，直接输入单据号即可。

［手工改动，重号时自动重取］如果批量生单或自动生单不能显示生成的单据并填入单据号，则无法保存单据，那么该种单据应采用此种编号方式。

［按收发标志流水］一般入库单、出库单采用这种方式编号。

在“查看流水号”页签，可查看某种单据的流水号，包括收发标志、流水依据、级次、编码等信息。这里的流水号是指该种单据已经使用的最大编号（含已删除单据的编号）。假如某种单据的流水号为3号，由于种种原因，第2、3号单据已被删除，为充分利用空号，可在这里将流水号改为1号，则表示最大流水号是1号，以后按流水依据自动编号时，系统自动从2开始编号。

2.3 数据权限管理

2.3.1 数据权限控制设置

【实验资料】

取消对“仓库”、“工资权限”和“科目”这三个业务对象的“记录级”权限控制，仅保留“用户”的“记录级”权限控制。取消所有“字段级”权限控制。

【实验过程】

数据权限控制设置

（1）2023年1月1日，由赵海元（A01）登录U8企业应用平台。

（2）在U8企业应用平台，依次双击“系统服务→权限→数据权限控制设置”菜单，打开“数据权限控制设置”窗口。

（3）取消勾选“仓库”、“工资权限”和“科目”这三个业务对象的“是否控制”项，如图2-42所示。

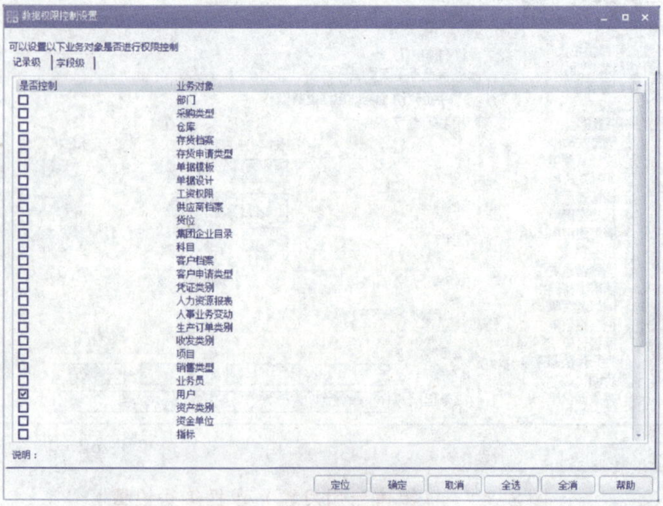

图2-42　数据权限控制设置

（4）在“字段级”页签，单击窗口右下角的“全消”按钮，再单击“确定”按钮完成设置。

【提示】

数据权限的控制分为记录级和字段级两个层次，对应“记录级”和“字段级”两个页签。“是否控制”项被勾选的业务对象将在“数据权限设置”的“业务对象”中显示。

对业务对象启用记录级权限控制后，默认所有操作员对此业务对象没有任何权限。

对业务对象启用字段级权限控制后，默认所有操作员对此业务对象有读写权限，可以按业务对象设置默认“有权”还是“无权”。

图2-42中的“用户”指的是系统的操作员（图1-3）。

2.3.2 数据权限分配

【实验资料】

为李峻峰授权，使其有权对王家宝所填制的单据进行查询、删除、审核、弃审以及撤销。

为王家宝、范英晨授予“主管”权限，使其拥有所有操作员的全部记录级数据权限。

【实验过程】

数据权限分配

（1）在U8企业应用平台，依次双击“系统服务→权限→数据权限分配”菜单，打开“权限浏览”窗口。

（2）在用户中单击选中“李峻峰”，单击工具栏的“授权”按钮，打开“记录权限设置”窗口。单击“>”按钮，将王家宝由“禁用”区移动到“可用”区，如图2-43所示，单击“保存”按钮，系统弹出“保存成功”信息提示框。关闭该窗口。

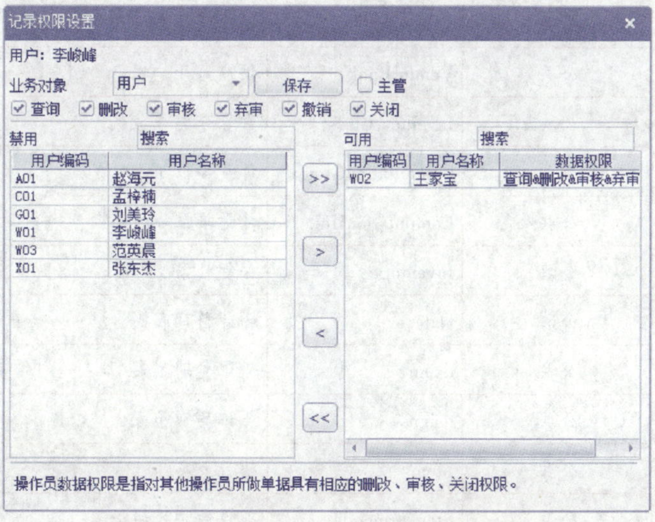

图2-43 为李峻峰（W01）分配数据权限

（3）按照上述方法为王家宝、范英晨授权。

【提示】

如果用户或角色为账套主管，则其拥有所有记录权限，不参加数据权限分配。

只有在“数据权限控制设置”中至少选择控制一个记录级业务对象，才能进行数据权限分配。

只有在系统管理中定义角色或用户并分配完功能级权限后，才能进行数据权限分配。

2.4 本章常见数据表

本章常见数据表见表2-23。

表2-23 本章常见数据表

序号	系统编码（SystemID）	系统名称（SystemName）	表名称（TableName）	表定义（TableDefine）	备注
1	AS	公共	GradeDef_Lang	编码方案名称	
2	AS	公共	GradeDef_Base	编码方案	
3	AS	公共	Department	部门档案	表2-2
4	AS	公共	HR_CT000	正式工的人员子类别	表2-3
5	AS	公共	Person	人员档案	表2-4
6	AS	公共	DistrictClass	地区分类	表2-5
7	AS	公共	CustomerClass	客户分类	表2-6
8	AS	公共	VendorClass	供应商分类	表2-7
9	AS	公共	Customer	客户档案	表2-8
10	AS	公共	CustomerBank	客户开户银行	
11	AS	公共	Vendor	供应商档案	表2-9
12	AS	公共	VendorBank	供应商开户银行	
13	AS	公共	InventoryClass	存货分类	表2-10
14	AS	公共	ComputationGroup	计量单位组	表2-11
15	AS	公共	ComputationUnit	计量单位	表2-11
16	AS	公共	Inventory	存货档案	表2-12
17	AS	公共	code	会计科目表	表2-13
18	AS	公共	dsign	凭证类别主表	表2-15
19	AS	公共	dsigns	凭证类别子表	表2-15
20	AS	公共	fitem	项目大类	表2-16、表2-17
21	AS	公共	fitemstrumode	项目结构模板	
22	AS	公共	fitemss00class	（生产成本核算）项目分类	表2-16

续表

序号	系统编码（SystemID）	系统名称（SystemName）	表名称（TableName）	表定义（TableDefine）	备注
23	AS	公共	fitemss00	（生产成本核算）项目目录	表 2-16
24	AS	公共	fitemss01class	（金融资产）项目分类	表 2-17
25	AS	公共	fitemss01	（金融资产）项目目录	表 2-17
26	AS	公共	exch	外币币种及汇率	
27	AS	公共	foreigncurrency	币种档案	
28	AS	公共	GL_bdigest	常用摘要	表 2-18
29	AS	公共	SettleStyle	常用结算方式	表 2-19
30	AS	公共	PayCondition	付款条件	表 2-20
31	AS	公共	AA_Bank	银行档案	表 2-21
32	AS	公共	Bank	本单位开户银行	表 2-22

【课程思政点睛】

【复习思考题】

1. 简述U8子系统的启用方法。
2. 举例说明浮动换算率计量单位的使用方法。
3. 简述指定科目的重要作用。
4. 简述辅助核算的重要作用。
5. 简述设置项目目录的基本流程。
6. 举例说明单据格式设置的重要作用。
7. 简述功能级权限、数据级权限和金额级权限之间的关系。

第二篇

财务会计

第3章 总账系统

3.1 概述

总账系统是U8产品中最重要的系统，既可独立运行又可同其他产品协同运转。总账系统的核心功能之一就是凭证处理，即取得凭证→审核凭证→记账，既可以在本系统手工填制凭证，也可以通过常用凭证、期末转账、冲销等生成凭证，还可以接收应收款管理、应付款管理、固定资产、薪资管理和存货核算等子系统生成的凭证。本章总体流程如图3-1所示。

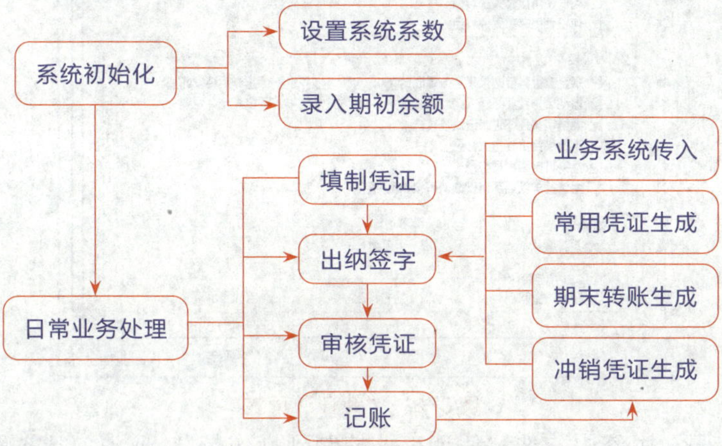

图3-1 本章总体流程

3.2 系统初始化

3.2.1 设置系统参数

【实验资料】

根据表3-1设置总账系统参数。

表3-1 系统参数（AccInformation）

系统名称（cSysID）	页签	系统参数（cCaption）	参数取值（cValue）
总账	凭证	制单序时控制	否
	权限	凭证审核控制到操作员 允许修改、作废他人填制的凭证	是 否
	其他	汇率方式 部门、个人和项目的排序方式	浮动汇率 按编码排序

【实验过程】

（1）2023年1月1日，由赵海元（A01）登录U8企业应用平台。

（2）在U8企业应用平台，依次单击“业务工作→财务会计→总账→设置→选项”菜单，打开“选项”窗口。

设置总账系统参数

（3）单击“编辑”按钮，在“凭证”页签中取消勾选“制单序时控制”复选框，如图3-2所示。

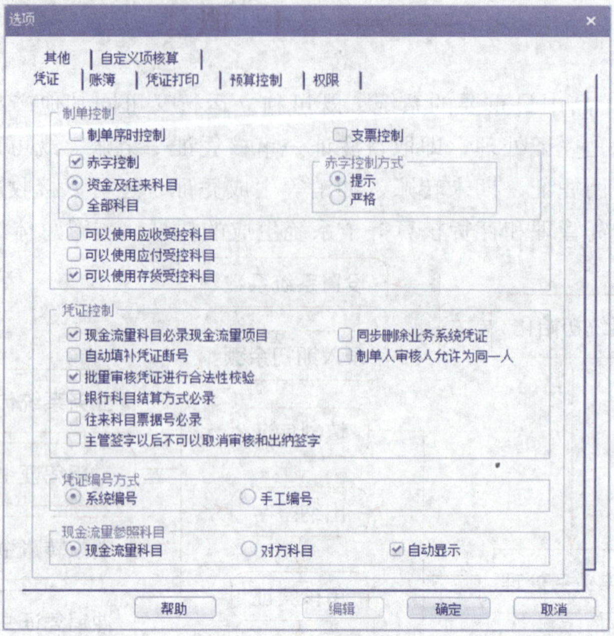

图3-2 “凭证”页签

（4）在“权限”页签中勾选“凭证审核控制到操作员”，取消勾选“允许修改、作废他人填制的凭证”复选框，如图3-3所示。

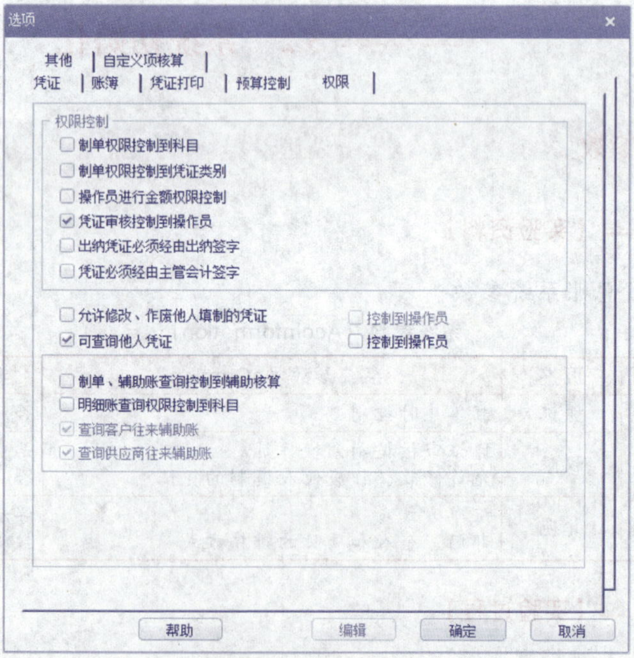

图3-3 “权限”页签

（5）在“其他”页签中，汇率方式选择“浮动汇率”复选框，依次勾选部门排序方式、个人排序方式及项目排序方式的“按编码排序”复选框，如图3-4所示。设置完成，单击“确定”按钮，保存并返回。

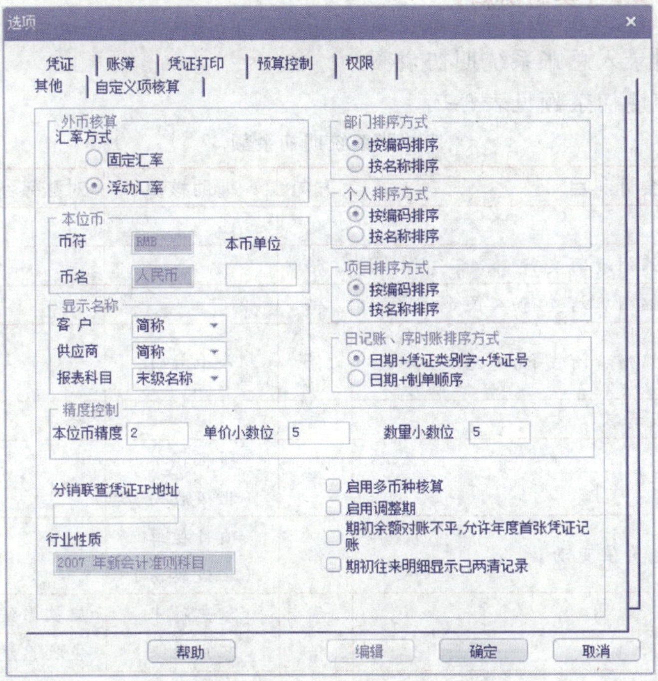

图3-4 “其他”页签

【提示】

设置系统参数操作简单，但对后续操作影响重大。

［制单序时控制］勾选此项和“系统编号”，制单时凭证编号必须按日期顺序排列。如有特殊需要，可将其改为不按序时制单。

［同步删除业务系统凭证］若勾选此项，业务系统（如应收系统、固定资产系统等）删除凭证时相应地将原该系统已传递至总账的记账凭证同步删除。否则，该凭证在总账中显示“作废”字样，不予删除。

［允许修改、作废他人填制的凭证］若勾选此项，在制单时可修改或作废别人填制的凭证，否则不能修改。

［控制到操作员］若勾选此项，则要在“数据权限设置”中设置用户权限，再选择此项，权限设置有效。选择此项，则在填制凭证时，操作员只能对相应人员的凭证进行修改或作废。

［外币核算］“固定汇率”方式在制单时，一个月只按一个固定的汇率将外币金额折算为本位币金额。“浮动汇率”方式在制单时，按当日汇率将外币金额折算为本位币金额。

可使用下面的SQL语句在“UFDATA_001_2023”库查询总账系统参数的设置情况：

```
select * from AccInformation where cSysID LIKE ' GL'
```

3.2.2 录入期初余额

【实验资料】

根据以下资料录入总账系统期初余额：

（1）总账系统期初余额见表3-2。

表 3-2 总账系统期初余额

会计科目	方向	辅助核算	对账系统	期初余额
库存现金	借			5 721.00
银行存款/锦州银行/锦州凌河支行	借			4 857 201.59
银行存款/交通银行/锦州凌河支行/人民币	借			1 346 587.72
银行存款/交通银行/锦州凌河支行/美元	借	外币核算		4 813 578.00 USD 690 000.00
其他货币资金/存出投资款	借			386 948.35
交易性金融资产/成本	借	项目核算 （北极股份）		280 000.00 20 000（股）
交易性金融资产/公允价值变动	借	项目核算 （北极股份）		30 000.00
应收票据/人民币	借	客户往来	应收系统	42 000.00
应收账款/人民币	借	客户往来	应收系统	154 584.00
预付账款	借	供应商往来	应付系统	4 000.00
其他应收款/职工个人往来	借	个人往来		3 000.00
坏账准备	贷		应收系统	772.92
原材料	借		存货核算	1 076 580.00
库存商品	借		存货核算	778 489.00
周转材料/包装物	借		存货核算	72 710.00
固定资产	借		固定资产	25 070 900.00
累计折旧	贷		固定资产	1 647 736.00
递延所得税资产	借			193.23
应付票据	贷	供应商往来	应付系统	30 000.00
应付账款/一般应付账款	贷	供应商往来	应付系统	12 535.00
应付账款/暂估应付账款	贷	供应商往来		4 680.00
应付职工薪酬/工资	贷			100 989.15
应付职工薪酬/社会保险费/基本医疗保险费	贷			3 360.00
应付职工薪酬/社会保险费/工伤保险费	贷			240.00
应付职工薪酬/设定提存计划/基本养老保险费	贷			7 680.00
应付职工薪酬/设定提存计划/失业保险费	贷			240.00
应付职工薪酬/住房公积金	贷			4 800.00
应付职工薪酬/工会经费	贷			2 220.00
应交税费/未交增值税	贷			252 365.45
应交税费/应交企业所得税	贷			219 683.27

续表

会计科目	方向	辅助核算	对账系统	期初余额
应交税费/应交个人所得税	贷			150.45
应交税费/应交城市维护建设税	贷			17 665.58
应交税费/应交教育费附加	贷			7 570.96
应交税费/应交地方教育附加	贷			5 047.31
其他应付款/代扣职工三险一金/代扣医疗保险	贷			960.00
其他应付款/代扣职工三险一金/代扣养老保险	贷			3 840.00
其他应付款/代扣职工三险一金/代扣失业保险	贷			240.00
其他应付款/代扣职工三险一金/代扣住房公积金	贷			4 800.00
长期借款	贷			15 000 000.00
递延所得税负债	贷			7 500.00
实收资本	贷			5 000 000.00
盈余公积/法定盈余公积	贷			2 136 727.26
利润分配/未分配利润	贷			14 450 689.54

（2）带辅助核算的会计科目期初余额明细。

①“应收票据/人民币”期初余额见表3-3。

表 3-3 应收票据/人民币（112101）期初余额

日期	客户	业务员	摘要	方向	金额	票号	票据日期
2022-07-25	营口旺洵	张东杰	期初余额	借	42 000.00	65931435	2022-07-25

②“应收账款/人民币”期初余额见表3-4。

表 3-4 应收账款/人民币（112201）期初余额

日期	客户	业务员	摘要	方向	金额	票号	票据日期
2022-12-05	辽阳福来	张东杰	期初余额	借	154 584.00	57298361	2022-12-05

③预付账款期初余额见表3-5。

表 3-5 预付账款（1123）期初余额

日期	供应商	业务员	摘要	方向	金额	票号	票据日期
2022-12-30	上海贝通	肖子豪	期初余额	借	4 000.00	30952630	2022-12-30

④“其他应收款/职工个人往来”期初余额见表3-6。

表 3-6 其他应收款/职工个人往来（122101）期初余额

日期	部门	个人	摘要	方向	金额
2022-12-27	采购部	肖子豪	期初余额	借	3 000.00

⑤应付票据期初余额见表3-7。

表 3-7 应付票据（2201）期初余额

日期	供应商	业务员	摘要	方向	金额	票号	票据日期
2022-10-10	锦州绿源	肖子豪	期初余额	贷	30 000.00	15379236	2022-10-10

⑥“应付账款/一般应付账款”期初余额见表3-8。

表3-8 应付账款/一般应付账款（220201）期初余额

日期	供应商	业务员	摘要	方向	金额	票号	票据日期
2022-12-27	鞍山友邦	刘美玲	期初余额	贷	12 535.00	48519962	2022-12-27

⑦“应付账款/暂估应付账款”期初余额见表3-9。

表3-9 应付账款/暂估应付账款（220202）期初余额

日期	供应商	业务员	摘要	方向	金额	票号	票据日期
2022-12-30	上海贝通	肖子豪	期初余额	贷	4 680.00	RKA12095	2022-12-30

【实验过程】

录入总账系统期初余额

（1）2023年1月1日，由赵海元（A01）登录U8企业应用平台。

（2）在U8企业应用平台，依次单击“业务工作→财务会计→总账→期初→期初余额”菜单，打开“期初余额录入”窗口，如图3-5所示。

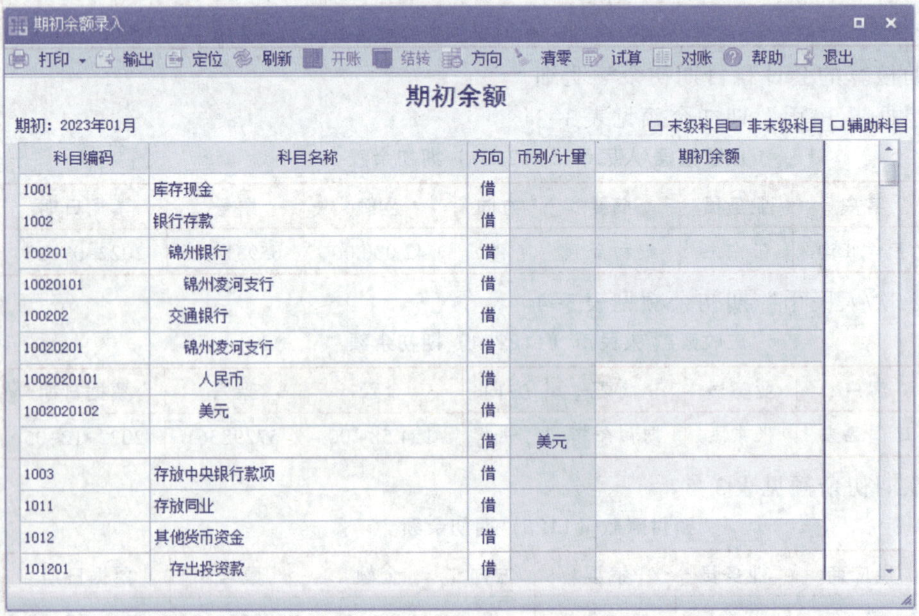

图3-5 原图

图3-5 “期初余额录入”窗口

（3）“期初余额”那一列单元格有三种颜色。

①灰色单元格对应的科目设有明细科目，待末级科目输入完成后其期初余额自动汇总生成，无须手工输入。

②白色单元格对应的科目为末级科目，直接输入数据即可。比如，库存现金5 721、银行存款/锦州银行/锦州凌河支行4 857 201.59等。

③黄色单元格对应的科目设有辅助核算。以“应收票据/人民币”为例，双击该科目，打开“辅助期初余额”窗口，单击工具栏的“往来明细”按钮，进入“期初往来明细”窗口。

单击“增行”按钮，根据实验资料，“日期”选择“2022-07-25”，“客户”选择“营口旺淘”，“业务员”选择“张东杰”，“摘要”输入“期初余额”，“金额”输入“42000”，“票号”输入“65931435”，“票据日期”选择“2022-07-25”，如图3-6所示。

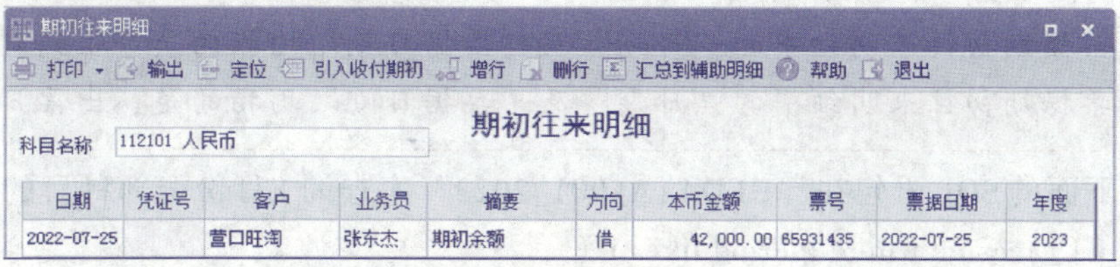

图3-6 期初往来明细

输入完毕，单击“汇总到辅助明细”按钮，系统弹出“完成了往来明细到辅助期初表的汇总!”提示框，单击“确定”后顺序退出“期初往来明细”“辅助期初余额”窗口。

【提示】

录入期初往来明细时，在当前行最后一栏回车后系统将自动新增一空行记录。如果输入过程中发现某项输入错误，可按［Esc］键取消当前项输入，将光标移到需要修改的编辑项上，直接修改即可。如果想放弃整行增加数据，在取消当前输入后，再按［Esc］键即可。

在“辅助期初余额”窗口，点击“科目名称”下拉框可选择相同辅助核算的其他科目录入期初余额。若为项目核算科目则可选择相同项目大类的其他科目录入期初余额。

在新建账套或年度账未记账且启用了应收、应付系统（其期初余额已经录入）的前提下，通过图3-6中的“引入收付期初”功能，可将应收、应付系统的期初余额引入总账对应科目期初往来明细中。

（4）按照上述方法继续录入剩余科目的期初余额。

（5）录入完毕，单击工具栏的“试算”按钮，系统进行试算平衡，结果如图3-7所示。单击“确定”按钮后退出“期初余额录入”窗口。

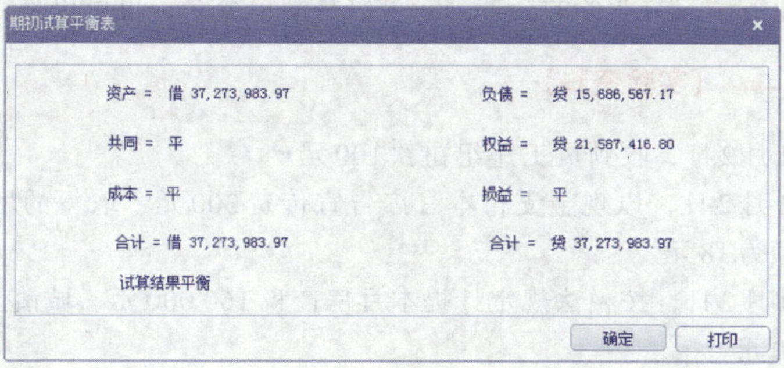

图3-7 期初试算平衡表

【提示】

如果是年中启用系统，还可以录入年初至建账月份的借贷方累计发生额，年初余额由系统自动计算生成。

在“期初余额录入”窗口，单击“对账”按钮，可检查总账、明细账、辅助账的期初余额是否相符。

如果期初余额试算不平衡，系统将不能记账，但可以填制凭证。

若系统已经记账，则不能录入、修改期初余额。

如果所录明细科目的余额方向与总账科目相反，则明细科目的余额用负数表示。

应收票据期初往来明细中的“日期”及“票据日期”均指的是“收到日期”。

应付票据期初往来明细中的“日期”及“票据日期”均指的是“出票日期”。

可使用下面的SQL语句在“UFDATA_001_2023”库查询1月份全部科目的期初余额：

```
select * from GL_accsum where iperiod like ´1´
```

可使用下面的SQL语句在“UFDATA_001_2023”库查询1月份带辅助核算会计科目的期初余额：

```
select * from GL_accass where iperiod like ´1´
```

3.3 日常业务处理

记账凭证是所有数据查询最主要的来源，其取得方式主要有以下几种：

①直接在总账系统手工填制凭证；

②通过总账系统的“冲销凭证”功能生成；

③通过总账系统的“常用凭证”功能生成；

④通过总账系统的“转账生成”功能生成；

⑤由各业务系统（如固定资产、薪资管理、应收、应付以及存货核算等）生成并传递至总账系统。

3.3.1 填制凭证

1.普通日常业务

这里的普通日常业务是指其会计分录借贷方不含银行存款、数量核算、外币核算以及辅助核算的经济业务。该类业务的会计分录可以是简单分录，也可以是复合分录。

【实验资料】

（1）2023年1月2日，收到员工违纪罚款100元。

（2）2023年1月2日，以现金支付本月广告宣传费300元，取得的增值税专用发票上注明的增值税税额为18元。

（3）2023年1月2日，按税法规定计提本月房产税160 000元、城镇土地使用税45 000元、车船税38 000元。

【实验过程】

普通日常业务

（1）2023年1月2日，由王家宝（W02）登录U8企业应用平台。

（2）在U8企业应用平台，依次单击“业务工作→财务会计→总账→凭证→填制凭证”菜单，打开“填制凭证”窗口，如图3-8所示。

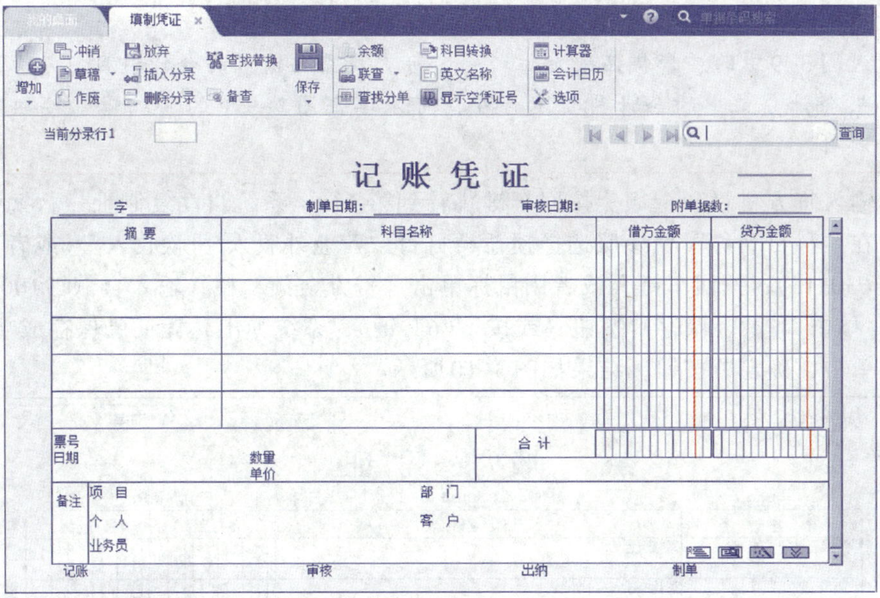

图 3-8 “填制凭证”窗口

（3）单击工具栏的“ ”（增加）按钮（或按［F5］键），增加一张新凭证。

（4）选择凭证类别。单击“ ”按钮（或按［F2］键）参照选择“收款凭证”类别（或直接输入凭证类别字“收”），确定后按回车键，系统自动生成凭证编号。否则，需手工编号。

（5）输入制单日期。首次填制凭证，系统取登录U8企业应用平台时输入的操作日期作为记账凭证的填制日期，可修改或单击“ ”按钮（或按［F2］键）参照输入。

（6）附单据数为非必输项。“附单据数”上方两行为凭证自定义项，单击后直接进行输入即可，系统对这些信息只保存不校验。

（7）输入摘要。每笔分录均由摘要、科目、发生额构成，缺一不可。在“摘要”栏直接输入“收到员工违纪罚款”（如果存在恰当的常用摘要（图2-32），可单击“ ”按钮（或按［F2］键）参照选择常用摘要），按回车键。

（8）输入借方科目和金额。在“科目名称”栏，单击“ ”按钮（或按［F2］键），打开“科目参照”窗口，如图3-9所示，选择资产类科目“库存现金”（或者直接输入科目编码1001），单击“确定”按钮，按回车键，或者用鼠标单击“借方金额”栏，录入金额“100”。

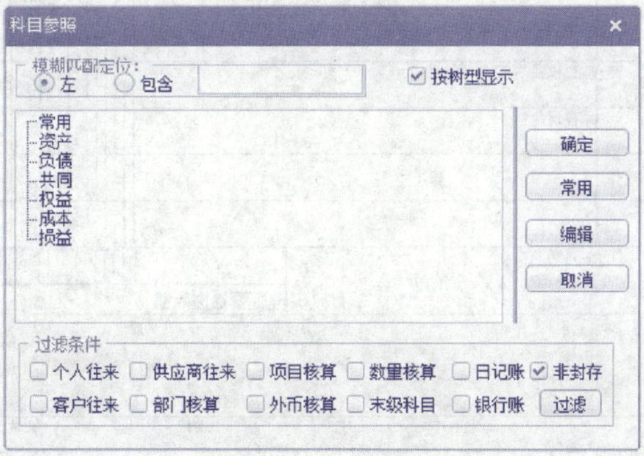

图 3-9 “科目参照”窗口

【提示】

通过图3-9中的“模糊匹配定位”栏，可查找需要输入的会计科目。

如果会计分录中的会计科目不存在，可以单击图3-9中的“编辑”按钮直接新增会计科目。

（9）输入贷方科目和金额。按回车键跳转到第2行，系统自动复制上一行摘要。再按回车键，在“科目名称”栏参照选择损益类科目“营业外收入/罚款收入”（或者直接输入科目编码630113），按回车键，或者用鼠标单击“贷方金额”栏，输入金额“100”。

（10）单击“💾”（保存）按钮（或按［F6］键），系统弹出“凭证已保存成功！”信息提示框，单击“确定”按钮，结果如图3-10所示。

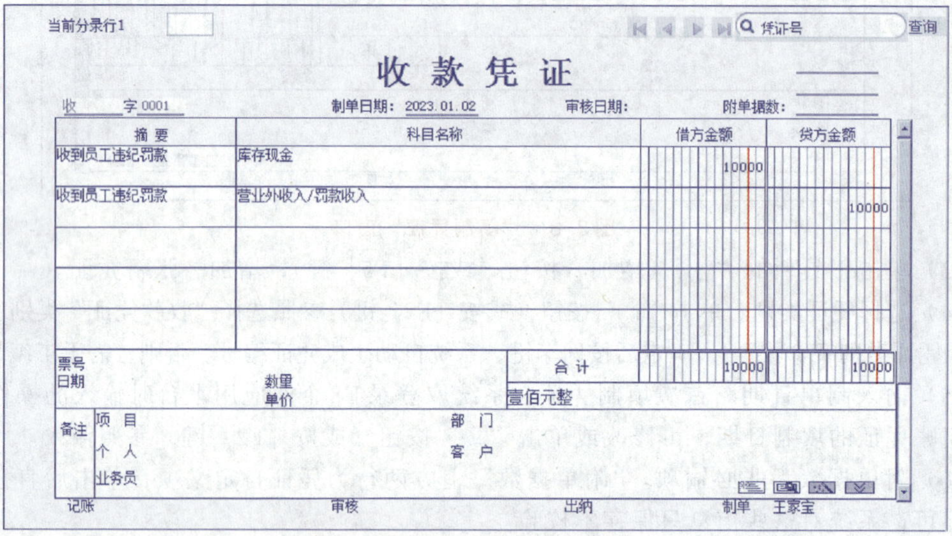

当前分录行1　　凭证号　查询

收款凭证

收 字 0001　制单日期：2023.01.02　审核日期：　附单据数：

摘要	科目名称	借方金额	贷方金额
收到员工违纪罚款	库存现金	10000	
收到员工违纪罚款	营业外收入/罚款收入		10000
票号 日期	数量 单价 合计 壹佰元整	10000	10000

备注　项目　部门　个人　客户　业务员

记账　审核　出纳　制单　王家宝

图3-10　第（1）笔业务记账凭证

（11）参照步骤（1）～（10），填制第（2）、（3）笔业务的记账凭证，结果如图3-11、图3-12所示。

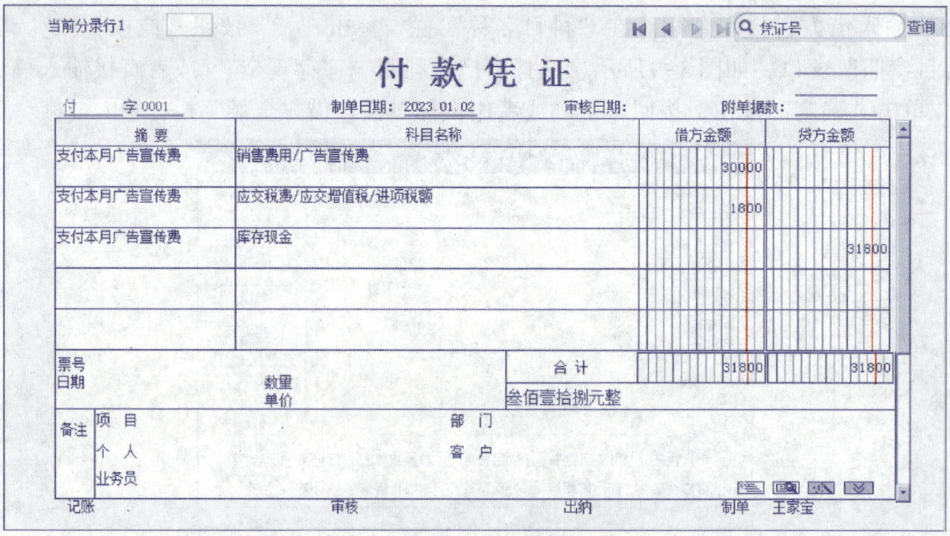

当前分录行1　　凭证号　查询

付款凭证

付 字 0001　制单日期：2023.01.02　审核日期：　附单据数：

摘要	科目名称	借方金额	贷方金额
支付本月广告宣传费	销售费用/广告宣传费	30000	
支付本月广告宣传费	应交税费/应交增值税/进项税额	1800	
支付本月广告宣传费	库存现金		31800
票号 日期	数量 单价 合计 叁佰壹拾捌元整	31800	31800

备注　项目　部门　个人　客户　业务员

记账　审核　出纳　制单　王家宝

图3-11　第（2）笔业务记账凭证

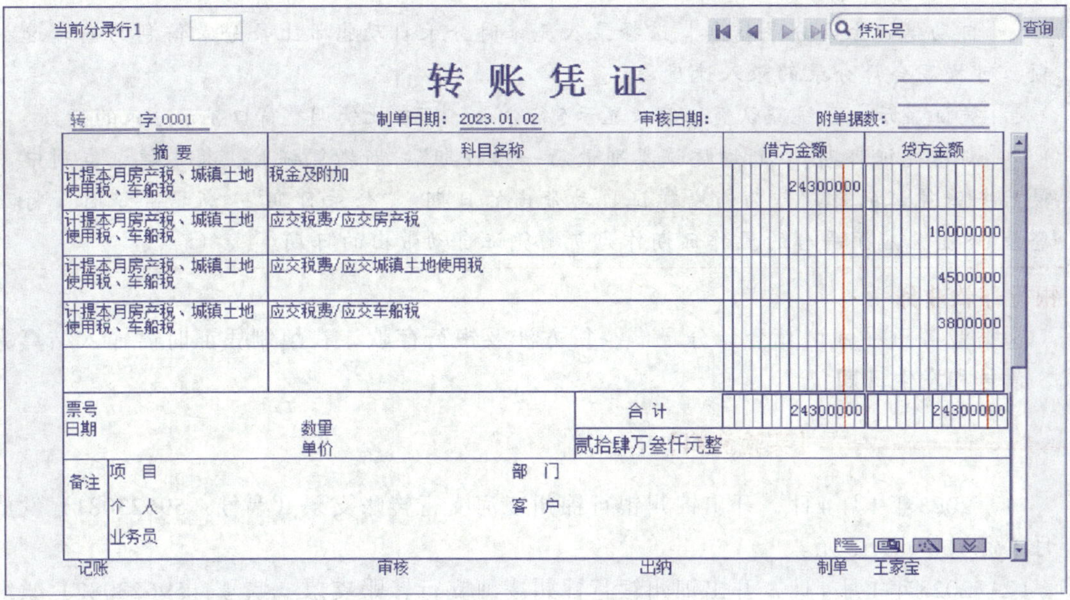

图 3-12 第（3）笔业务记账凭证

【提示】

如果会计分录的金额方向错误，可按空格键调整金额方向。

如果会计分录的金额为负数，录入金额之前或之后按“-”（减号）键，当金额为红字时即表示负数。

在图 3-8 的“填制凭证”窗口，单击工具栏的“选项”按钮，调出“凭证选项设置”窗口，如图 3-13 所示。

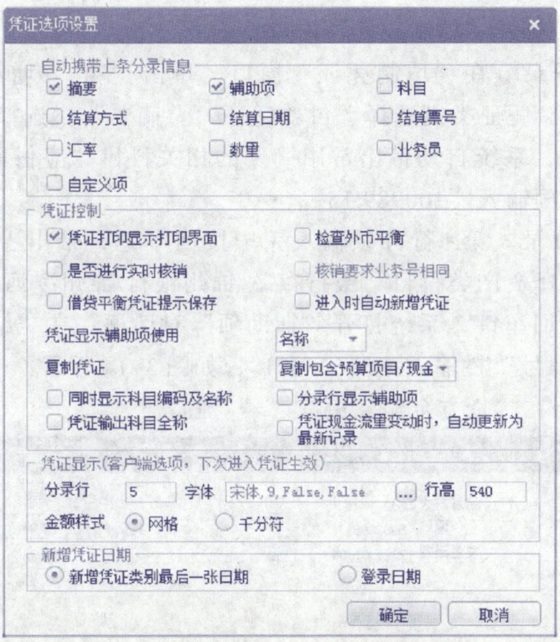

图 3-13 凭证选项设置

［自动携带上条分录信息］选择录入凭证时分录自动携带上条分录信息的内容选项，可提高会计分录的录入速度。

［凭证显示］系统默认凭证窗口显示5行分录，可在此处调整窗口显示分录的行数。

［新增凭证日期］“新增凭证类别最后一张日期”：新增凭证时，将本凭证类别中最后一张凭证的日期作为新增凭证自动带出的日期。“登录日期”：新增凭证时，将登录U8企业应用平台的操作日期作为新增凭证自动带出的日期。

2.银行存款业务

这类业务重在强调其会计分录借、贷方涉及银行存款，在填制凭证时需输入结算方式、票号和发生日期。

【实验资料】

（1）2023年1月4日，开出锦州银行锦州凌河支行转账支票（票号：59623081）发放上月工资100 989.15元。

（2）2023年1月4日，开出锦州银行锦州凌河支行转账支票（票号：59623082）缴纳上月税费502 483.02元。其中，增值税252 365.45元，企业所得税219 683.27元，个人所得税150.45元，城市维护建设税17 665.58元，教育费附加7 570.96元，地方教育附加5 047.31元。

【实验过程】

银行存款业务

（1）2023年1月4日，由王家宝（W02）登录U8企业应用平台。

（2）在U8企业应用平台，依次单击“业务工作→财务会计→总账→凭证→填制凭证”菜单，打开“填制凭证”窗口。

（3）输入第1行分录。在“填制凭证”窗口，单击“ ”（增加）按钮（或按［F5］键），增加一张新凭证。凭证类别选择“付款凭证”，“摘要”栏选择03号常用摘要（发放上月工资），按回车键，系统自动带出常用摘要的相关科目“应付职工薪酬/工资”（科目编码221101），借方金额输入“100989.15”。

（4）输入第2行分录。第1行分录输入完毕按回车键，带出上一行分录的摘要。在“科目名称”栏参照选择资产类科目“银行存款/锦州银行/锦州凌河支行”（或直接输入科目编码10020101）。按回车键，系统打开“辅助项”对话框。在“结算方式”栏选择“转账支票”（即202），“票号”栏输入“59623081”，如图3-14所示。单击“确定”按钮，返回“填制凭证”窗口，在“贷方金额”栏按“=”键。

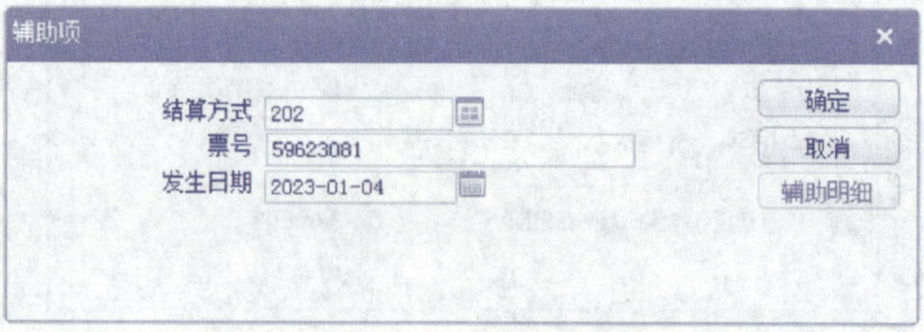

图3-14 “辅助项”对话框

【提示】

若“银行存款”未被指定为银行科目，则填制凭证时将不弹出如图3-14所示的对话框。

（5）单击“💾”（保存）按钮（或按［F6］键），系统弹出“凭证已保存成功！”信息提示框，单击“确定”按钮，结果如图3-15所示。

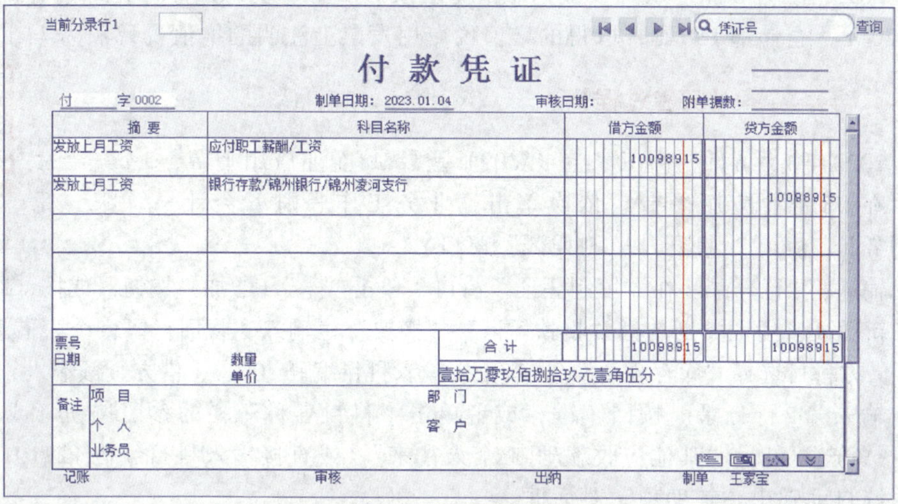

图3-15　第（1）笔业务记账凭证

（6）参照步骤（1）~（5），填制第（2）笔业务的记账凭证，结果如图3-16所示。填制凭证时，录入会计科目后按“Ctrl+Y”组合键可查询当前科目的最新余额。

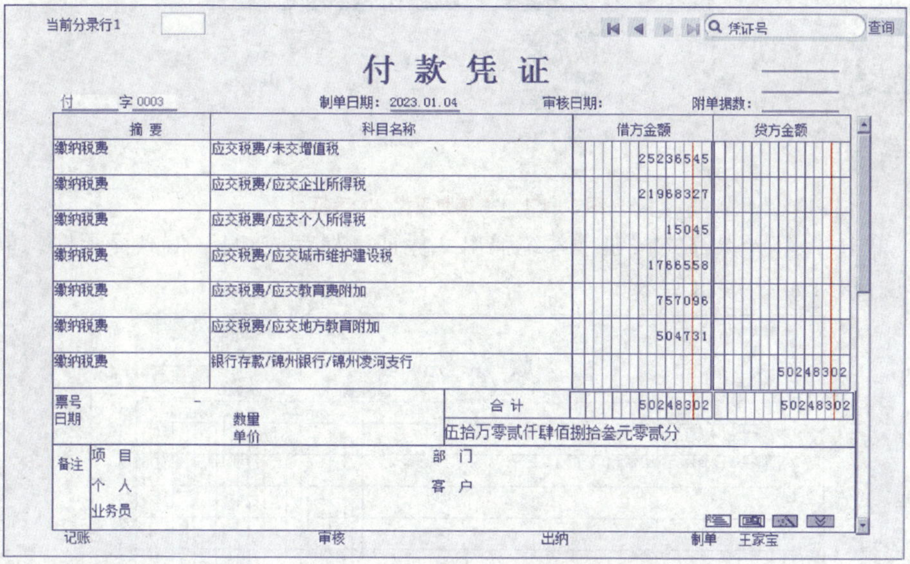

图3-16　第（2）笔业务记账凭证

3.辅助核算业务

这类业务的典型特征是其会计分录借方或贷方涉及辅助核算，即部门核算、个人往来、项目核算、客户往来以及供应商往来等。当然这类业务也可能涉及货币资金的收付。若输入的会计科目已设置辅助核算，系统根据科目属性要求在“辅助项”窗口输入相应的辅助信息。但是，如果设置客户往来、供应商往来的会计科目同时也关联了受控系统，那么包含该科目的记账凭证只能由应收、应付系统生成并传递至总账。

【实验资料】

（1）2023年1月6日，收到采购部肖子豪交来现金3 000元，用于归还上月个人借款。

（2）2023年1月6日，以现金报销本月办公费，其中，行政部100元，财务部200元，采购部120元，仓储部150元，取得的增值税专用发票上注明的增值税税额为74.1元。

【实验过程】

辅助核算业务

（1）2023年1月6日，由王家宝（W02）登录U8企业应用平台。

（2）在U8企业应用平台，依次单击“业务工作→财务会计→总账→凭证→填制凭证”菜单，打开“填制凭证”窗口。

（3）输入第1行分录。在“填制凭证”窗口，单击“ ”（增加）按钮（或按［F5］键），增加一张新凭证。凭证类别选择“收款凭证”，“摘要”栏输入“收回肖子豪个人借款”后按回车键，借方科目选择“库存现金”（或者直接输入科目编码1001），借方金额输入“3000”。

（4）输入第2行分录。按回车键，或者单击“科目名称”栏的参照按钮（或按［F2］键），选择资产类科目“其他应收款/职工个人往来”（或直接输入科目编码122101），按回车键，系统自动弹出“辅助项”对话框。

单击“个人”栏参照按钮，选择“肖子豪”，系统自动带出其所属部门，如图3-17所示。单击“确定”按钮，返回“填制凭证”窗口，在“贷方金额”栏按“=”键。

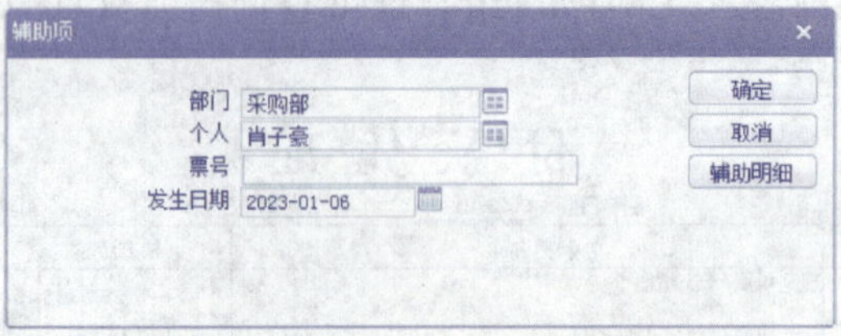

图3-17 “辅助项”对话框

（5）单击“ ”（保存）按钮，系统弹出“凭证已保存成功！”信息提示框，单击“确定”按钮，结果如图3-18所示。

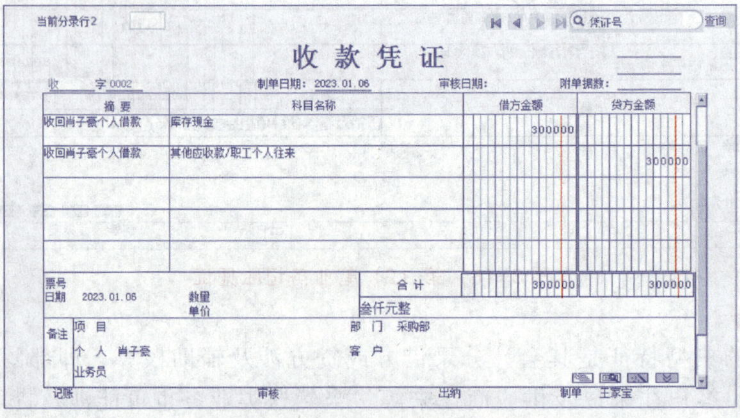

图3-18 第（1）笔业务记账凭证

【提示】

在“辅助项”窗口录入的辅助信息将在凭证下方的“备注”栏显示。

(6) 继续填制第(2)笔业务的记账凭证。在“填制凭证”窗口，单击“ ”(增加)按钮(或按［F5］键)，增加一张新凭证。凭证类别选择“付款凭证”，“摘要”栏输入“报销办公费”(或选择01号常用摘要)，借方科目选择损益类科目“管理费用/办公费”科目(或直接输入科目编码660205)，按回车键，弹出“辅助项”对话框，如图3-19所示。单击“辅助明细”按钮，打开“分录合并录入”窗口。

图3-19 “辅助项”对话框

(7) 在“分录合并录入”窗口，单击“增加”按钮，根据实验资料录入各部门办公费，结果如图3-20所示。

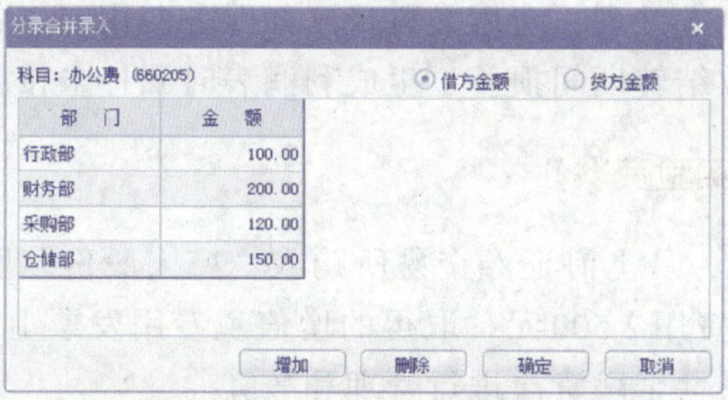

图3-20 “分录合并录入”窗口

(8) 单击“确定”按钮，如图3-21所示。连续按两次回车键，录入第5行和贷方的科目及金额。录入完毕单击“保存”按钮，系统弹出“凭证已保存成功!”信息提示框，单击“确定”按钮，结果如图3-22所示。

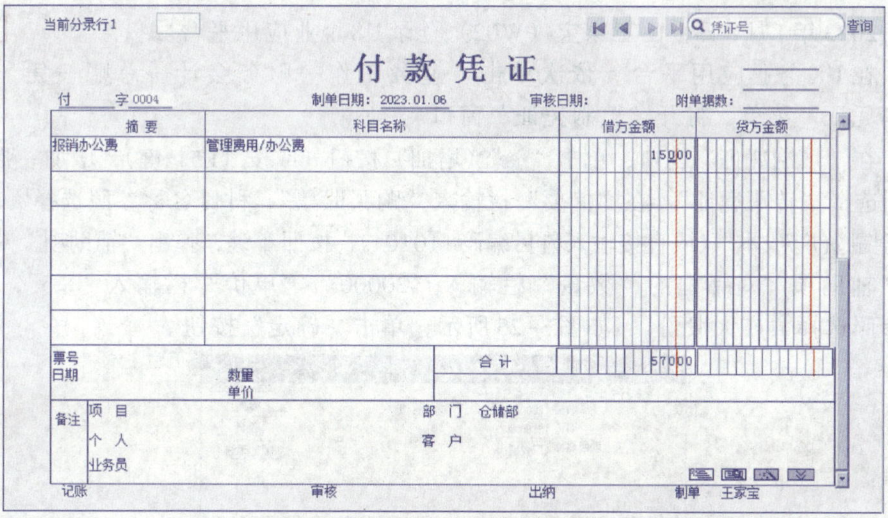

图3-21 借方辅助项录入完毕

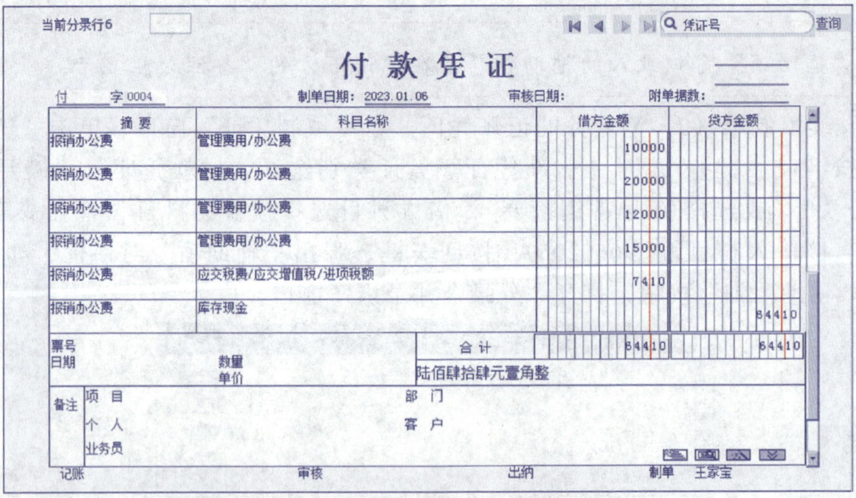

图 3-22　第（2）笔业务记账凭证

4. 负向损益业务

本类业务重在强调如何正确处理负向的损益类科目。U8系统要求收入类科目（如投资收益等）的发生额在贷方处理，费用类科目（如财务费用等）的发生额在借方处理。如果不按要求处理，将导致结转期间损益、生成利润表时漏掉未按要求处理科目的发生额。

【实验资料】

（1）2023年1月8日，从上海证券交易所购入“广大股份”股票20 000股，每股售价8.5元。另支付相关交易费用2 500元，取得的增值税专用发票上注明的增值税税额为150元。公司将其划分为交易性金融资产进行管理和核算。

（2）2023年1月8日，本月锦州银行锦州凌河支行的活期存款利息为200元，已自动存入该账户。

【实验过程】

负向损益业务

（1）2023年1月8日，由王家宝（W02）登录U8企业应用平台。

（2）在U8企业应用平台，依次单击“业务工作→财务会计→总账→凭证→填制凭证”菜单，打开“填制凭证”窗口。

（3）在“填制凭证”窗口，单击“ ”（增加）按钮（或按［F5］键），增加一张新凭证。凭证类别选择“转账凭证”。在“摘要”栏输入“购买股票”，科目名称参照选择资产类科目“交易性金融资产/成本”（或直接输入科目编码110101），按回车键，弹出“辅助项”对话框。

在“辅助项”对话框的“数量”栏输入“20000”，“单价”栏输入“8.5”，“项目名称”栏参照选择“广大股份”，如图3-23所示，单击“确定”按钮。

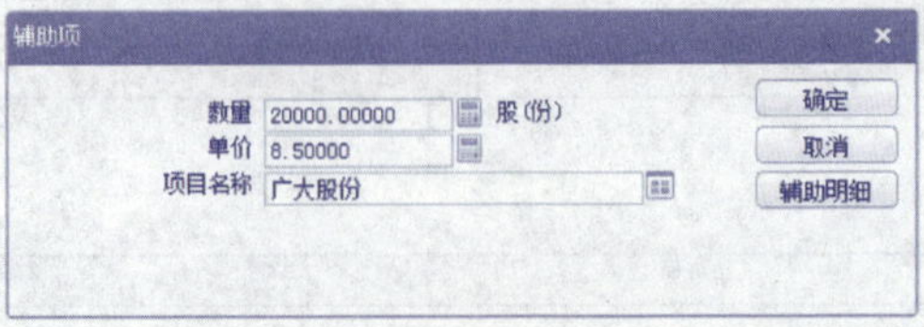

图 3-23　“辅助项”对话框

（4）按回车键，第2行科目名称参照选择损益类科目“投资收益”，在“贷方金额”栏输入“2500”，并按“-”键。继续完成第3、4行会计分录的输入。

分录输入完毕，单击“💾”（保存）按钮，系统弹出“凭证已保存成功！”信息提示框，单击“确定”按钮，结果如图3-24所示。

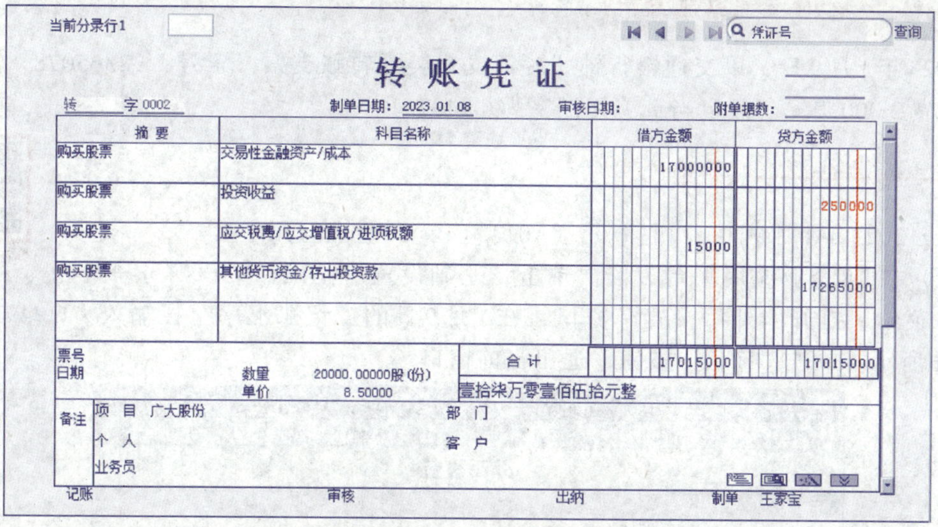

图3-24　第（1）笔业务记账凭证

（5）继续填制第（2）笔业务的记账凭证。在“填制凭证”窗口，单击“ ”（增加）按钮（或按［F5］键），增加一张新凭证。凭证类别选择“收款凭证”，“摘要”栏输入“活期存款利息”，科目名称参照选择资产类科目“银行存款/锦州银行/锦州凌河支行”（或直接输入科目编码10020101），按回车键，弹出“辅助项”对话框。在“结算方式”栏选择“其他”，单击“确定”按钮，返回“填制凭证”窗口，在“借方金额”栏输入“200”。

（6）按回车键，第2行科目名称参照选择损益类科目“财务费用/利息支出”，在“借方金额”栏输入“200”，并按“-”键。单击“保存”按钮，系统弹出“凭证已保存成功！”信息提示框，单击“确定”按钮，结果如图3-25所示。

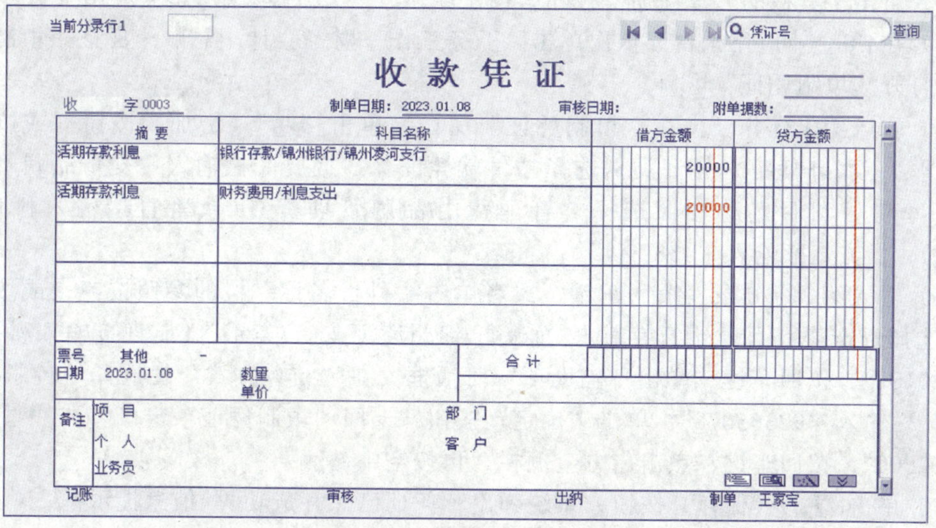

图3-25　第2笔业务记账凭证

5.外币核算业务

本类业务重在处理外币核算会计科目。如果在记账凭证中输入外币核算会计科目，系统自动将凭证格式改为外币式。

【实验资料】

2023年1月9日，以交通银行锦州凌河支行美元转账支票（票号：92365078）支付品牌管理费2 000美元。假定当日美元汇率为6.9497。

【实验过程】

外币核算业务

（1）2023年1月9日，由赵海元（A01）登录U8企业应用平台。

（2）在U8企业应用平台，依次单击“基础设置→基础档案→财务→外币设置”菜单，打开“外币设置”窗口，在1月9日的“记账汇率”栏输入“6.9497”，如图3-26所示。单击“确认”按钮，退出当前窗口。

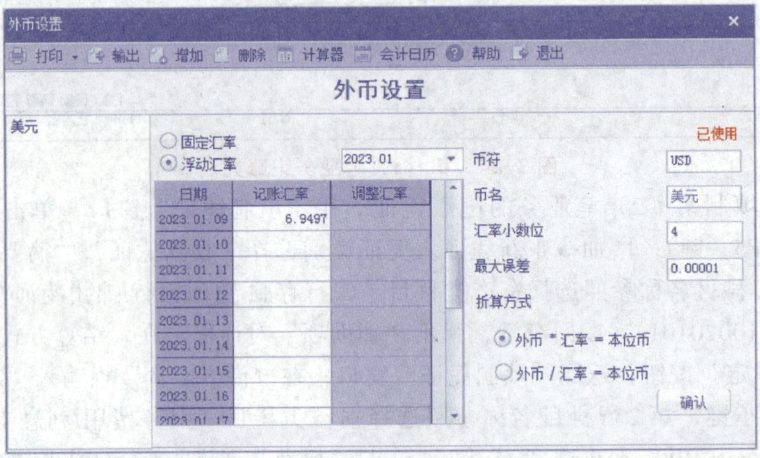

图3-26 外币设置

（3）点击工具栏的“重注册”按钮，由王家宝（W02）登录U8企业应用平台。

（4）在U8企业应用平台，依次单击“业务工作→财务会计→总账→凭证→填制凭证”菜单，打开“填制凭证”窗口。

（5）输入第1行分录。在“填制凭证”窗口，单击“ ”（增加）按钮（或按［F5］键），增加一张新凭证。凭证类别选择“付款凭证”，“摘要”栏输入“支付品牌管理费”后按回车键，科目名称参照选择“管理费用/品牌管理费”（或者直接输入科目编码660207），借方金额输入“13899.4”。

（6）输入第2行分录。按回车键，或者单击“科目名称”栏的参照按钮（或按［F2］键），选择资产类科目“银行存款/交通银行/锦州凌河支行/美元”（或直接输入科目编码1002020102），按回车键，弹出“辅助项”对话框。在“结算方式”栏选择“转账支票”，“票号”栏输入“92365078”，单击“确定”按钮，返回“填制凭证”窗口。在“原币”栏输入“2000”，按回车键，点击借方金额栏，再按空格键。

（7）单击“ ”（保存）按钮，系统弹出“凭证已保存成功！”信息提示框，单击“确定”按钮，结果如图3-27所示。

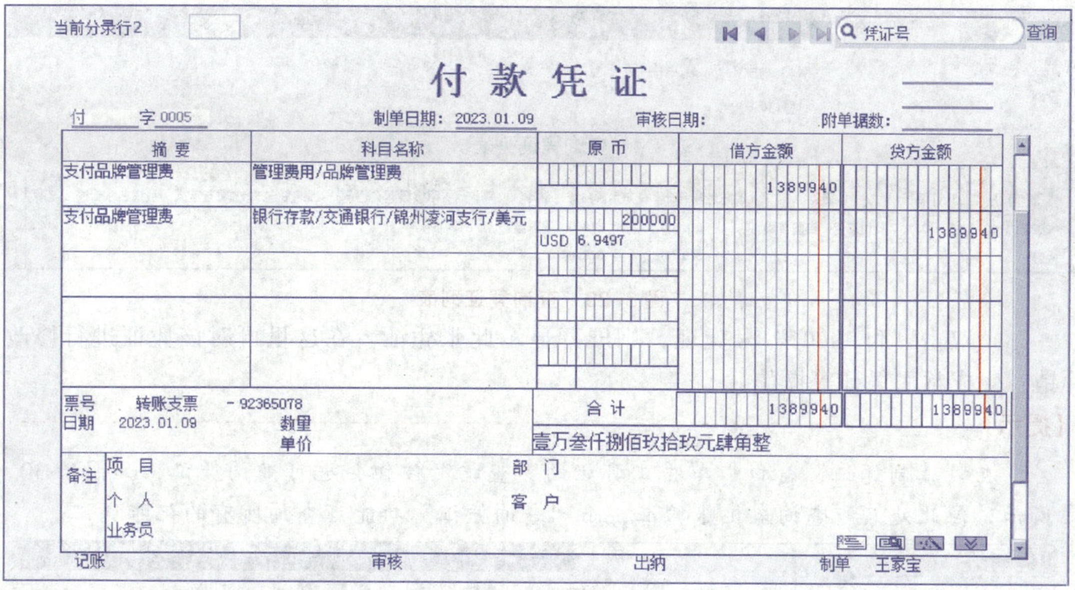

图 3-27 记账凭证

3.3.2 查询凭证

【实验资料】

2023年1月9日，查询1月份第1号付款凭证。

【实验过程】

（1）在U8企业应用平台，依次单击“业务工作→财务会计→总账→凭证→查询凭证”菜单，打开“凭证查询”对话框，根据实验资料录入查询条件，如图3-28所示。

查询凭证

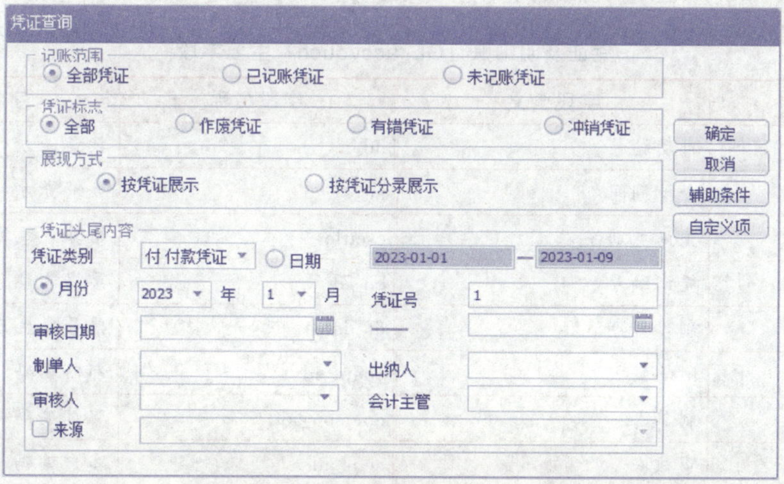

图 3-28 “凭证查询”对话框

（2）单击“确定”按钮，屏幕显示查询凭证列表，如图3-29所示。

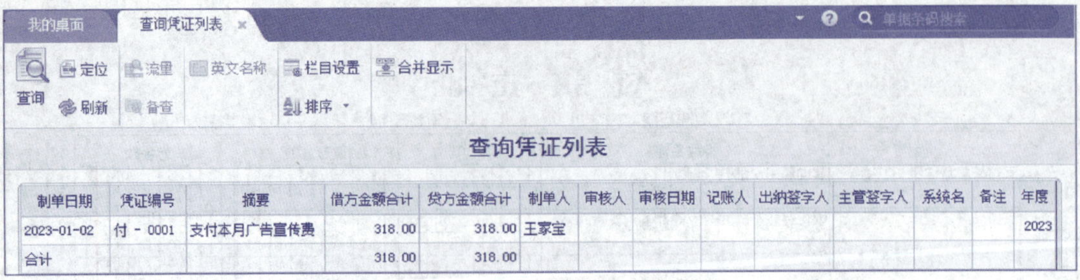

图 3-29　查询凭证列表

（3）双击“付-0001”号凭证，则屏幕显示此张凭证。在这里可对该凭证进行修改、冲销、生成常用凭证等操作。

【提示】

在“填制凭证”窗口，单击工具栏的“查询”按钮，也可查询凭证，如图 3-30 所示。但此处只能查询未记账凭证，而“查询凭证”功能可查询所有的记账凭证。

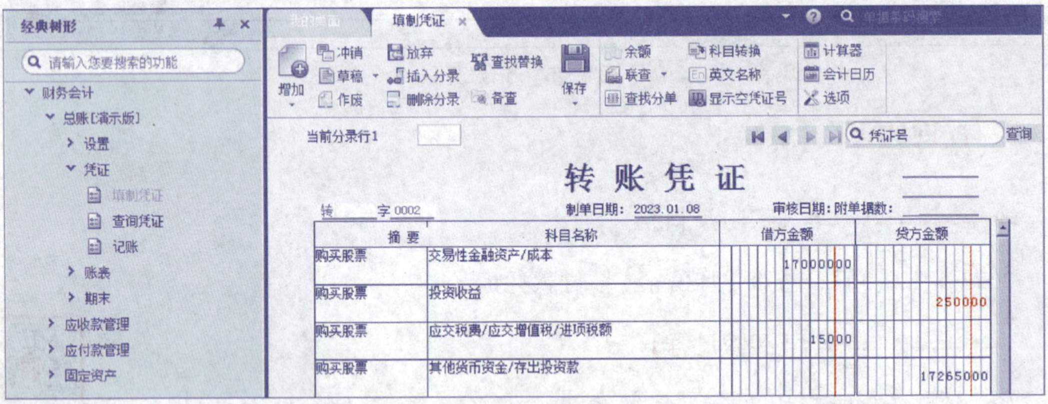

图 3-30　另一种查询方式

所有记账凭证均存于 SQL 数据库的 GL_accvouch 表中，该表共有 100 个字段，主要字段见表 3-10。

表 3-10　凭证及明细账（GL_accvouch）主要字段

字段名称	字段含义	字段名称	字段含义
i_id	自动编号	nd_s	数量借方
iperiod	会计期间	nc_s	数量贷方
csign	凭证类别字	csettle	结算方式编码
ino_id	凭证编号	cn_id	票据号
dbill_date	制单日期	dt_date	票号发生日期
idoc	附单据数	cdept_id	部门编码
cbill	制单人	cperson_id	职员编码
ccheck	审核人	ccus_id	客户编码
cbook	记账人	csup_id	供应商编码
ccashier	出纳签字人	citem_id	项目编码

续表

字段名称	字段含义	字段名称	字段含义
cdigest	摘要	citem_class	项目大类编码
ccode	科目编码	cname	业务员
cexch_name	币种名称	ccode_equal	对方科目编码
md	借方金额	coutsysname	外部凭证系统名称
mc	贷方金额	coutsign	外部凭证业务类型
md_f	外币借方金额	doutdate	外部凭证单据日期
mc_f	外币贷方金额	coutbillsign	外部凭证单据类型
nfrat	汇率	coutid	外部凭证单据号

3.3.3 出纳签字

【实验资料】

2023年1月9日，根据权限分工，由范英晨（W03）对1月份所有收付款记账凭证进行出纳签字。

【实验过程】

出纳签字

（1）2023年1月9日，由范英晨（W03）登录U8企业应用平台。

（2）在U8企业应用平台，依次单击"业务工作→财务会计→总账→凭证→出纳签字"菜单，打开"出纳签字"对话框，单击"确定"按钮，打开"出纳签字列表"窗口，如图3-31所示。

出纳签字列表

□	制单日期	凭证编号	摘要	借方金额合计	贷方金额合计	制单人	审核人	审核日期	记账人	出纳签字人	主管签字人	系统名	备注	年度
□	2023-01-02	收 - 0001	收到员工违纪罚款	100.00	100.00	王家宝								2023
□	2023-01-06	收 - 0002	收回肖子豪个人借款	3,000.00	3,000.00	王家宝								2023
□	2023-01-08	收 - 0003	活期存款利息	0.00	0.00	王家宝								2023
□	2023-01-02	付 - 0001	支付本月广告宣传费	318.00	318.00	王家宝								2023
□	2023-01-04	付 - 0002	发放上月工资	100,989.15	100,989.15	王家宝								2023
□	2023-01-04	付 - 0003	缴纳税费	502,483.02	502,483.02	王家宝								2023
□	2023-01-06	付 - 0004	报销办公费	644.10	644.10	王家宝								2023
□	2023-01-09	付 - 0005	支付品牌管理费	13,899.40	13,899.40	王家宝								2023
合计				621,433.67	621,433.67									

图3-31 出纳签字列表

【提示】

如果提示"不存在符合条件的凭证"，表明未指定现金科目、银行科目。

如果出纳签字的操作日期（即登录日期）小于记账凭证的制单日期，则该记账凭证将不显示在"出纳签字列表"中，也不能被签字。

（3）双击第1张待签字凭证，即可打开该凭证。单击工具栏的"签字"按钮，凭证下方"出纳"右侧将显示出纳员范英晨的名字，如图3-32所示，完成本张凭证的出纳签字。

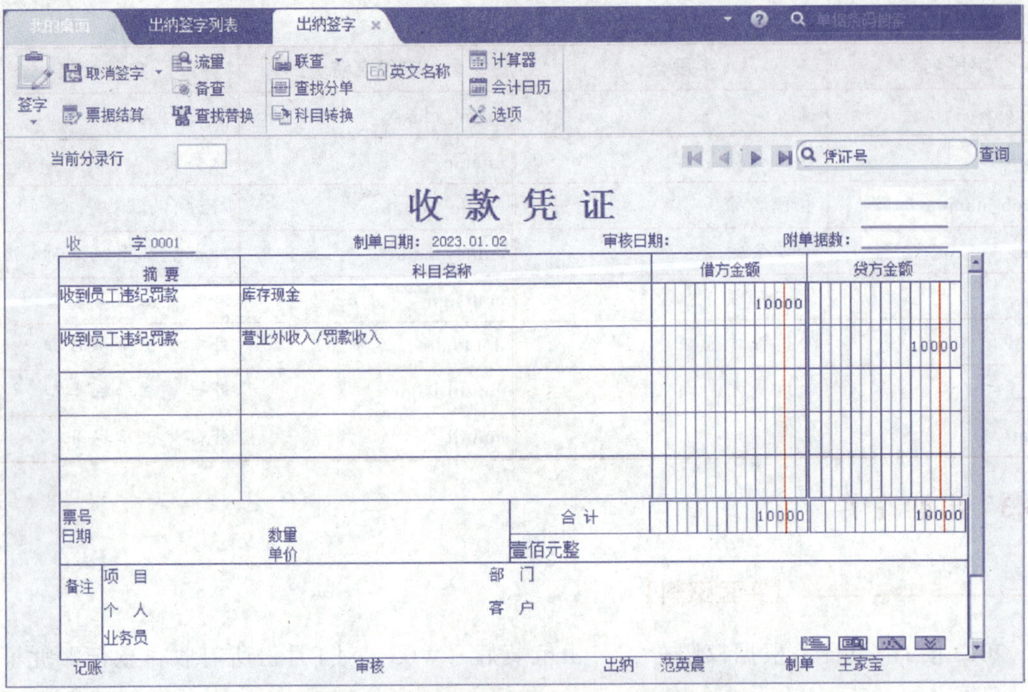

图 3-32　单张出纳签字

（4）选择工具栏的“签字→成批出纳签字”命令，如图3-33所示。系统提示有7张凭证成功进行了批量签字。单击“确定”，系统提示“是否重新刷新凭证列表数据”，单击“是”，完成出纳签字。

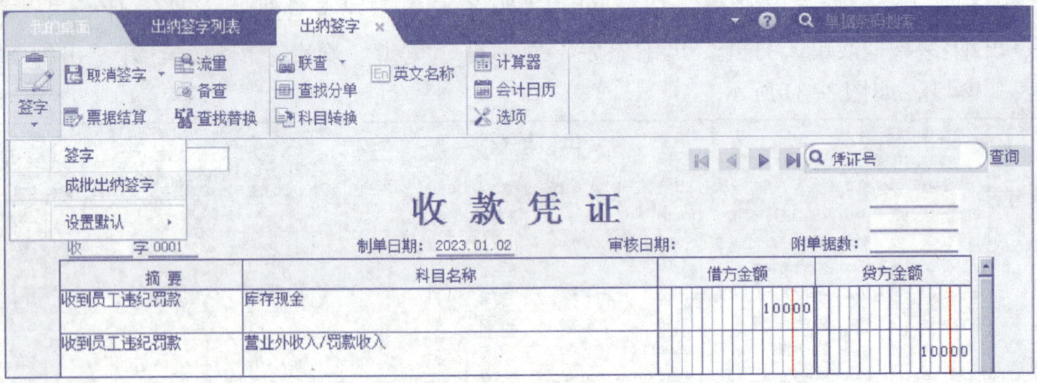

图 3-33　成批出纳签字

【提示】

出纳签字完毕，系统自动将登录U8企业应用平台的操作员作为签字人。

记账凭证一经签字，就不能修改、删除，只有取消签字后才可以进行修改或删除。单击“签字”按钮右侧的“取消签字”按钮可取消签字。取消签字只能由出纳员自己进行。

填制记账凭证后，如果该凭证是出纳凭证，且在总账系统选项的“权限”页签中选择“出纳凭证必须经由出纳签字”，则出纳凭证由出纳员签字后才能记账；如果不勾选此项，出纳凭证不签字也可进行审核、记账。

3.3.4 审核凭证

【实验资料】

2023年1月9日，根据权限分工，由李峻峰（W01）对本月记账凭证进行审核。

【实验过程】

审核凭证

（1）2023年1月9日，由李峻峰（W01）登录U8企业应用平台。

（2）在U8企业应用平台，依次单击“业务工作→财务会计→总账→凭证→审核凭证”菜单，打开“凭证审核”对话框，单击“确定”按钮，打开“凭证审核列表”窗口，如图3-34所示。

凭证审核列表

□	制单日期	凭证编号	摘要	借方金额合计	贷方金额合计	制单人	审核人	审核日期	记账人	出纳签字人	主管签字人	系统名	备注	年度
□	2023-01-02	收 - 0001	收到员工违纪罚款	100.00	100.00	王家宝				范英晨				2023
□	2023-01-06	收 - 0002	收回肖子豪个人借款	3,000.00	3,000.00	王家宝				范英晨				2023
□	2023-01-08	收 - 0003	活期存款利息	0.00	0.00	王家宝				范英晨				2023
□	2023-01-02	付 - 0001	支付本月广告宣传费	318.00	318.00	王家宝				范英晨				2023
□	2023-01-04	付 - 0002	发放上月工资	100,989.15	100,989.15	王家宝				范英晨				2023
□	2023-01-04	付 - 0003	缴纳税费	502,483.02	502,483.02	王家宝				范英晨				2023
□	2023-01-06	付 - 0004	报销办公费	644.10	644.10	王家宝				范英晨				2023
□	2023-01-09	付 - 0005	支付品牌管理费	13,899.40	13,899.40	王家宝				范英晨				2023
□	2023-01-02	转 - 0001	计提本月房产税、城镇土地使用税、车船税	243,000.00	243,000.00	王家宝								2023
□	2023-01-08	转 - 0002	购买股票	170,150.00	170,150.00	王家宝								2023
合计				1,034,583.67	1,034,583.67									

图3-34　凭证审核列表

【提示】

如果审核凭证的操作日期（即登录日期）小于记账凭证的制单日期，则该记账凭证将不显示在“凭证审核列表”中，也不能被审核。

（3）双击第1张待审核凭证，即可打开该凭证，如图3-35所示。单击工具栏的“审核”按钮，凭证下方“审核”右侧将显示审核人李峻峰（W01）的名字，同时系统自动跳转到下一张待审核凭证。

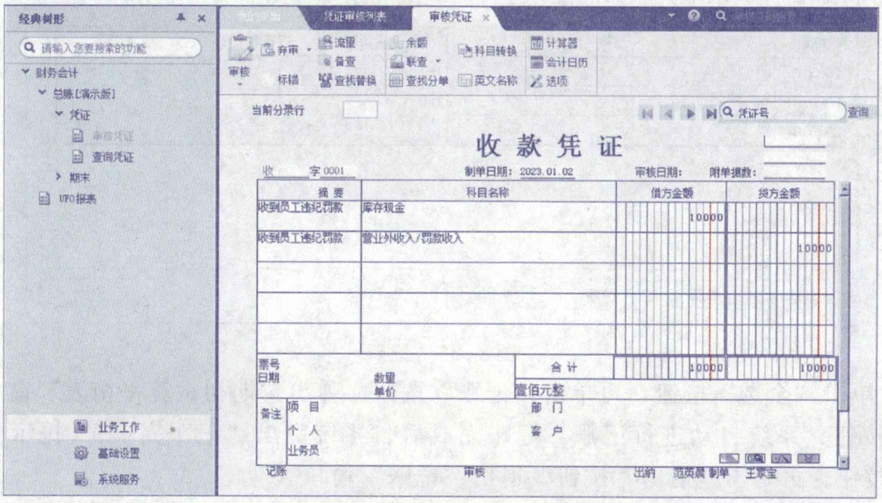

图3-35　待审核凭证

（4）选择工具栏的“审核→成批审核凭证”命令，系统提示有9张凭证成功进行了批量审核。单击“确定”，系统提示“是否重新刷新凭证列表数据”，单击“是”，完成审核。

【提示】

凭证审核完毕，系统自动将登录U8企业应用平台的操作员作为审核人，操作日期作为审核日期。

凭证一经审核，就不能修改、删除，只有取消审核签字后才可以进行修改或删除。单击“审核”按钮右侧的“弃审”按钮可取消审核签字。取消审核只能由审核人自己进行。

审核人必须具有系统管理中“审核凭证”（GL1024）的功能权限（参考知识点1.3.3），还须具有对制单人所制凭证进行“审核”的数据权限（参考知识点2.3.2）。

制单人与审核人不能是同一人。出纳签字与审核凭证在操作上没有先后顺序。作废凭证不能被审核，也不能被标错。已标错的凭证不能被审核。

3.3.5 记账

【实验资料】

2023年1月9日，根据权限分工，由王家宝（W02）对本月记账凭证进行记账。

【实验过程】

记账

（1）2023年1月9日，由王家宝（W02）登录U8企业应用平台。

（2）在U8企业应用平台，依次单击“业务工作→财务会计→总账→凭证→记账”菜单，打开“记账”窗口，如图3-36所示。

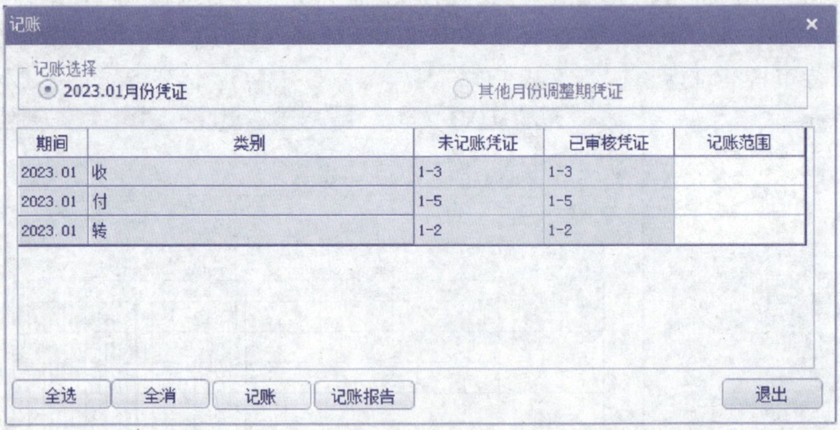

图3-36 记账

（3）单击“全选”按钮，再单击“记账”按钮，弹出“期初试算平衡表”窗口，单击“确定”按钮，系统自动进行记账。记账完成后，系统弹出“记账完毕！”提示框，单击“确定”按钮，再单击“退出”按钮，退出“记账”窗口。

【提示】

如果不选择记账范围，系统将对所有符合条件的凭证进行记账。

期初余额试算平衡和凭证已经审核是记账的两个最基本条件。连续使用系统的情况下，上月已结账本月才可以记账。

记账过程一旦因断电或其他原因造成中断后，系统将自动调用“恢复记账前状态”功能恢复数据，如图3-37所示，恢复完成后再重新记账。

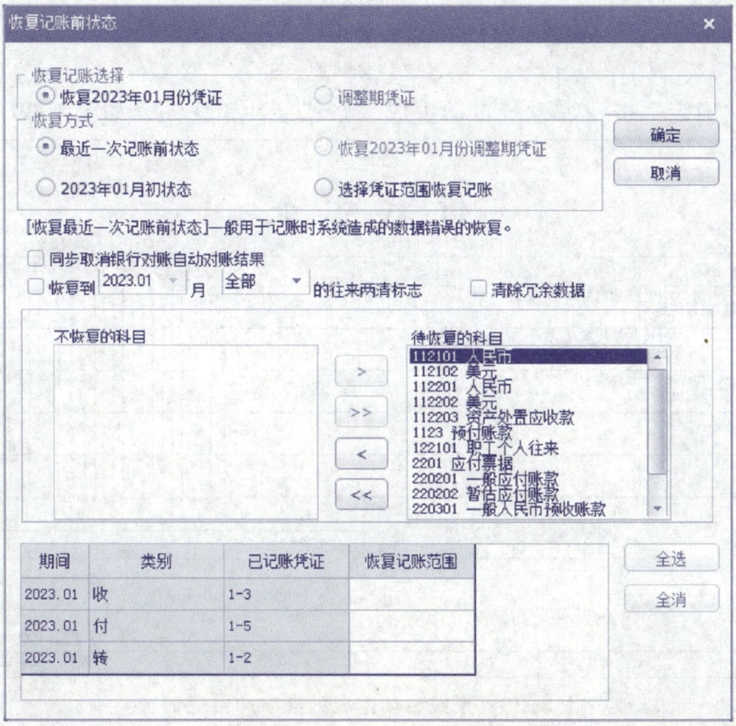

图3-37　恢复记账前状态

只有账套主管才能恢复至月初的记账前状态。已结账的月份，不能恢复至记账前状态。

3.3.6　冲销凭证

【实验资料】

2023年1月10日，冲销本月第1号付款凭证。

【实验过程】

冲销凭证

（1）2023年1月10日，由王家宝（W02）登录U8企业应用平台。

（2）在U8企业应用平台，依次单击“业务工作→财务会计→总账→凭证→填制凭证”菜单，打开“填制凭证”窗口。单击工具栏的“冲销”按钮，打开“冲销凭证”对话框。根据实验资料，“凭证类别”选择“付款凭证”，“凭证号”录入“1”，如图3-38所示。

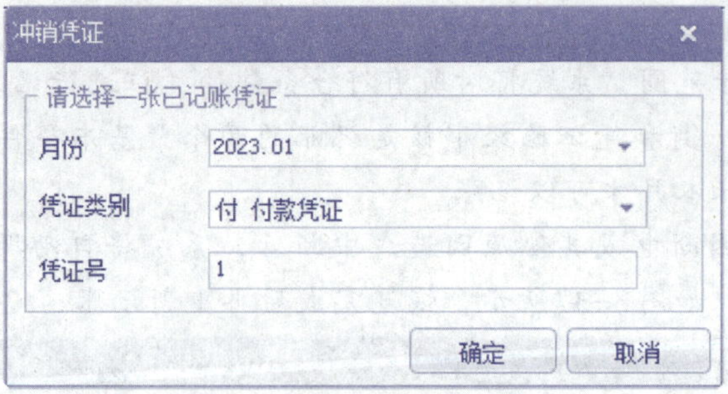

图 3-38　冲销凭证

（3）单击“确定”按钮，系统自动生成一张红字冲销凭证，如图 3-39 所示。

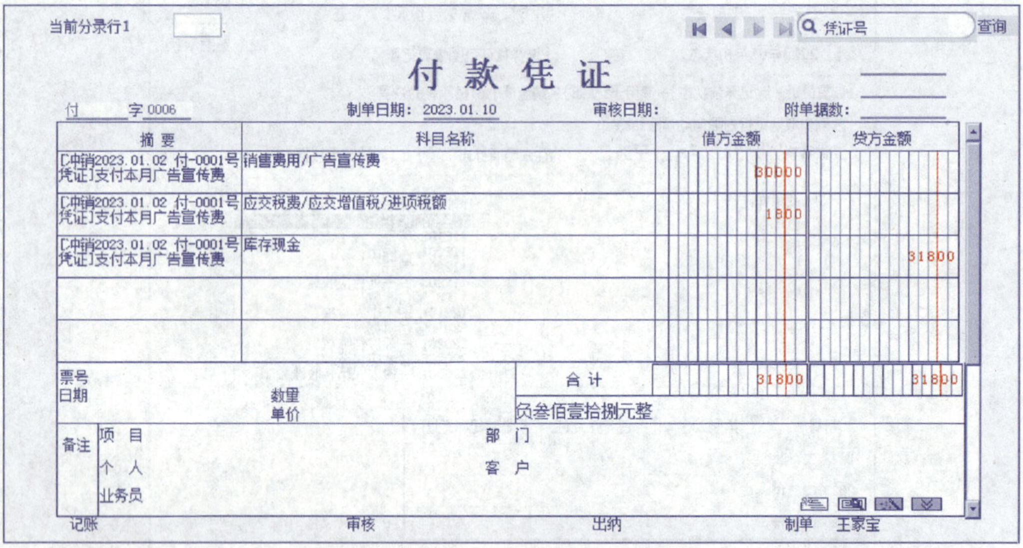

图 3-39　系统自动生成的红字冲销凭证

【提示】

冲销凭证只能冲销已记账凭证。系统自动生成的红字冲销凭证视为普通凭证，可进行修改、删除等操作，仍需进行后续的审核、出纳签字、记账。

3.3.7　常用凭证处理

1.第一种处理方式

【实验资料】

（1）设置常用凭证。

根据表 3-11 设置常用凭证。

表 3-11　　常用凭证（GL_bfreq）

编码（c_id）	说明（ctext）	凭证类别（csign）	详细信息
01	从银行提取现金	付款凭证	借：库存现金 贷：银行存款/锦州银行/锦州凌河支行（现金支票）

（2）调用常用凭证。

2023年1月10日，出纳员范英晨以现金支票（票号：62093507）从锦州银行锦州凌河支行提取现金900元。

【实验过程】

第一种处理方式

（1）设置常用凭证。

①2023年1月10日，由王家宝（W02）登录U8企业应用平台。

②在U8企业应用平台，依次单击“业务工作→财务会计→总账→设置→常用凭证”菜单，打开“常用凭证”窗口。单击“增加”按钮，根据实验资料，“编码”录入“01”，“说明”录入“从银行提取现金”，“凭证类别”选择“付款凭证”，如图3-40所示。

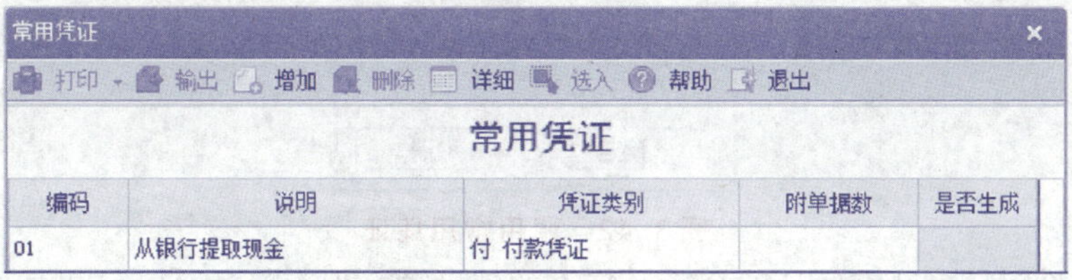

图3-40 “常用凭证”窗口

③单击“详细”按钮，打开“常用凭证-付款凭证”窗口。单击“增分”按钮，“科目名称”输入“1001”（库存现金）。再单击“增分”按钮，在第2行“科目名称”栏输入“10020101”（银行存款/锦州银行/锦州凌河支行），按回车键，弹出“辅助信息”对话框。“结算方式”选择“201 现金支票”，如图3-41所示，单击“确定”按钮。退出该窗口。

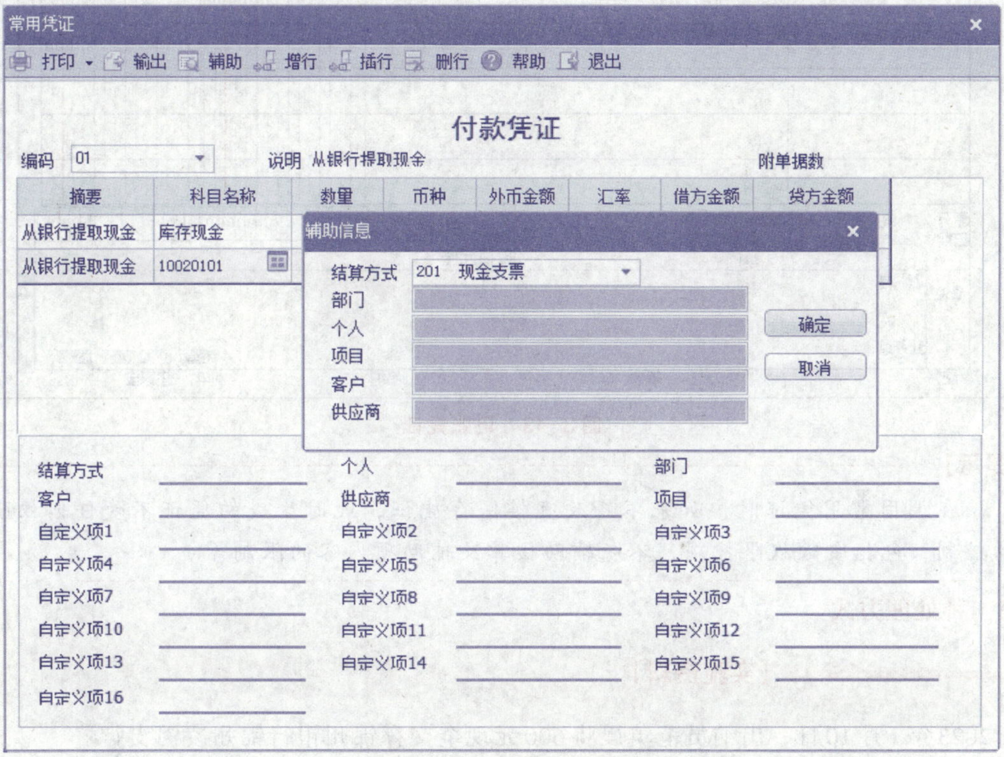

图3-41 设置常用凭证

【提示】

图3-41中摘要和科目名称为必输项，会计科目可以录入非末级科目，借贷方金额或辅助信息可暂不输入，调用常用凭证后保存前再进行输入。

（2）调用常用凭证。

①在U8企业应用平台，依次单击“业务工作→财务会计→总账→凭证→填制凭证”菜单，打开“填制凭证”窗口。选择工具栏的“增加→调用常用凭证”命令，打开“调用常用凭证”对话框，输入常用凭证代号“01”，如图3-42所示，单击“确定”按钮，系统将该常用凭证“复制”到“填制凭证”窗口。

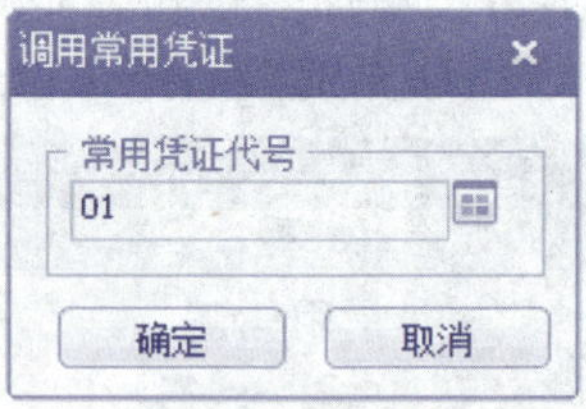

图3-42　调用常用凭证

②根据实验资料，补充凭证的金额及贷方的辅助项。保存该凭证，结果如图3-43所示。

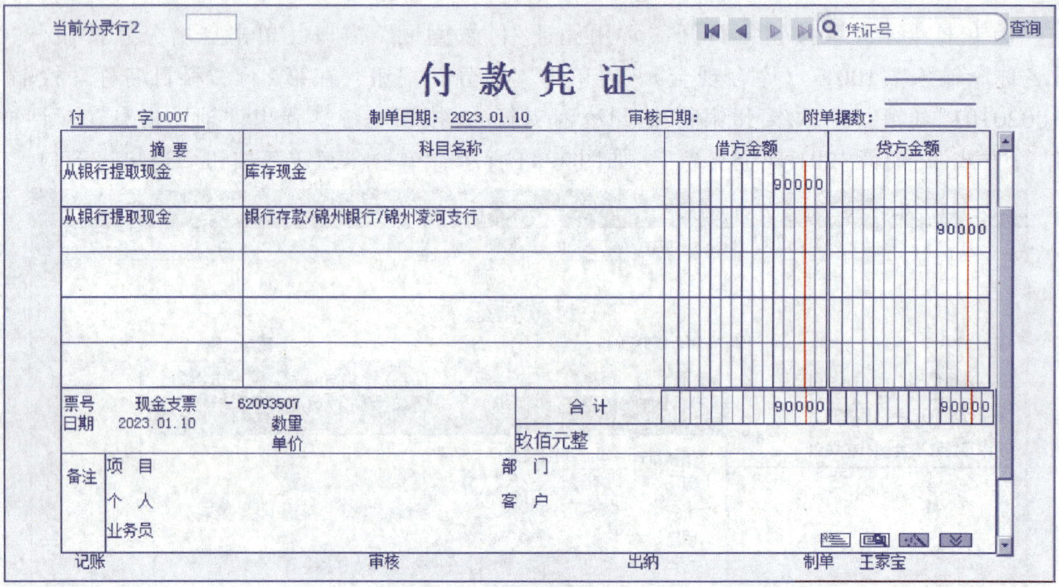

图3-43　记账凭证

【提示】

在调用常用凭证时，如果不修改直接保存凭证，此时生成的凭证不受任何权限的控制，包括金额权限控制，不受辅助核算及辅助项内容的限制等。

2.第二种处理方式

【实验资料】

2023年1月10日，出纳员范英晨将600元现金交存锦州银行锦州凌河支行。

将该凭证设置为常用凭证。代号：02；说明：现金存银行。

【实验过程】

第二种处理方式

①2023年1月10日，由王家宝（W02）登录U8企业应用平台。

②在U8企业应用平台，依次单击“业务工作→财务会计→总账→凭证→填制凭证”菜单，打开“填制凭证”窗口。根据实验资料填制一张付款凭证并保存，结果如图3-44所示。

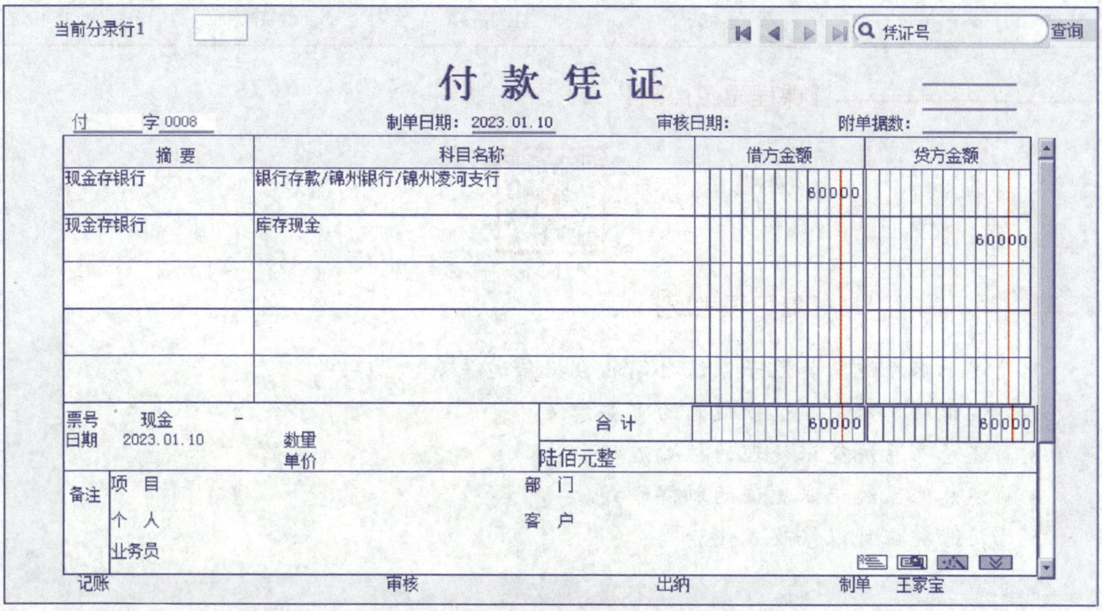

图3-44 记账凭证

③选择工具栏的“保存→生成常用凭证”命令，打开“常用凭证生成”窗口，“代号”输入“02”，“说明”输入“现金存银行”，结果如图3-45所示。单击“确认”，成功生成常用凭证。

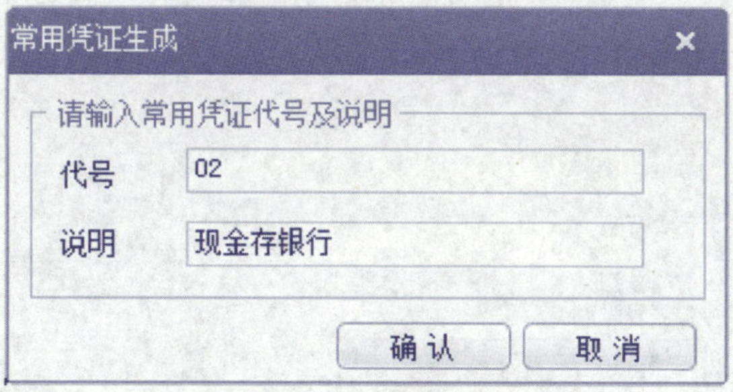

图3-45 生成常用凭证

【提示】

生成常用凭证后，以后再发生同类业务可调用这张常用凭证，以提高工作效率。

3.4 本章常见数据表

本章常见数据表见表3-12。

表 3-12　　本章常见数据表

序号	系统编码（SystemID）	系统名称（SystemName）	表名称（TableName）	表定义（TableDefine）	备注
1	AS	公共	AccInformation	系统参数	表 3-1
2	GL	总账	GL_accvouch	凭证及明细账	表 3-10
3	GL	总账	GL_bfreq	常用凭证	表 3-11

【课程思政点睛】

【复习思考题】

1. 简述总账系统与其他子系统之间的数据传递关系。
2. 举例说明总账系统选项设置的重要意义。
3. 简述总账系统凭证处理的核心流程。
4. 简述总账系统记账凭证的取得方式。
5. 已记账凭证可以修改或删除吗？

4 第4章 固定资产系统

4.1 概述

固定资产系统主要完成企业固定资产日常业务的核算和管理。固定资产系统与其他系统的关系如下：

①固定资产系统与总账系统。固定资产系统将资产增加、资产处置、资产盘点、资产减值等业务生成的凭证传递至总账系统。固定资产系统可随时与总账系统进行对账。

②固定资产系统与供应链管理系统。若启用供应链管理系统，固定资产采购业务的入库单传递到固定资产系统后结转生成采购资产卡片（详见知识点9.2.6）。

③固定资产系统与UFO报表系统。固定资产系统为UFO报表系统提供数据支持。

本章主要包括以下内容：

1. 系统初始化

首次使用该系统，需完成以下系统初始化工作：建立固定资产账套、设置系统参数、设置部门对应折旧科目、设置资产类别、设置增减方式以及录入原始卡片。

2. 业务处理

业务处理以固定资产卡片为核心，包括以下业务活动：资产增加、计提折旧、资产减少、计提减值准备以及资产盘点等。业务处理不应违背企业会计准则，注意计提折旧与其他业务活动处理的先后顺序。

本章总体流程如图4-1所示。

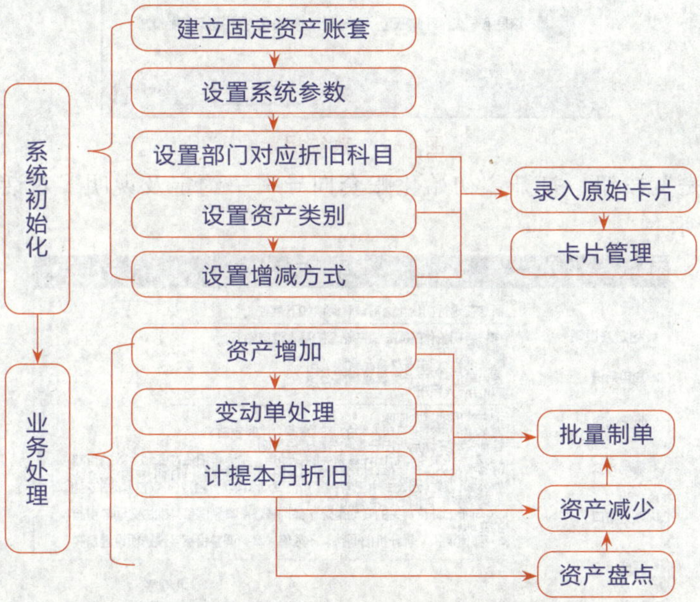

图4-1 本章总体流程

4.2 系统初始化

4.2.1 建立固定资产账套

【实验资料】

2023年1月1日，根据表4-1建立固定资产账套，其他项默认。

表4-1 固定资产系统建账向导

建账向导	参数设置
约定及说明	我同意
启用月份	2023.01
折旧信息	采用“平均年限法（一）”计提折旧
编码方式	固定资产类别编码方式为“2-1-1-2” 固定资产编码方式采用“类别编号+序号”的自动编码方式，其序号长度为3
账务接口	固定资产对账科目为“1601，固定资产” 累计折旧对账科目为“1602，累计折旧”

【实验过程】

建立固定资产账套

（1）2023年1月1日，由王家宝（W02）登录U8企业应用平台。

（2）在U8企业应用平台，依次单击“业务工作→财务会计→固定资产”菜单，系统提示是否进行初始化，如图4-2所示。

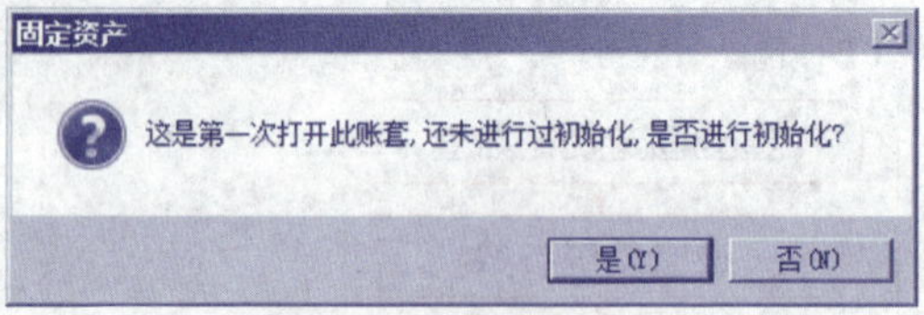

图4-2 系统提示

（3）单击“是”按钮，打开“初始化账套向导——约定及说明”对话框，选择“我同意”，如图4-3所示。

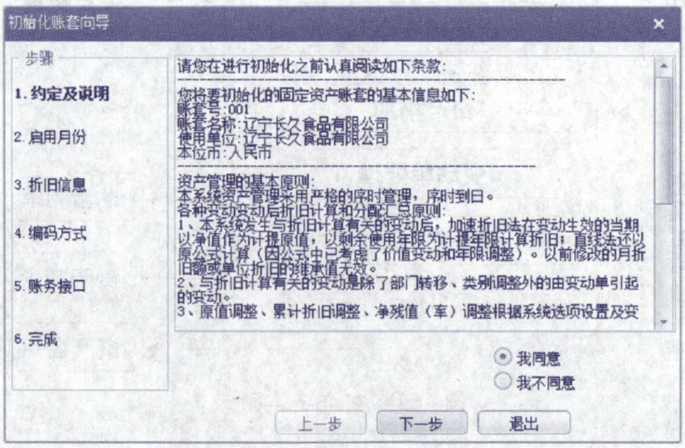

图4-3 “初始化账套向导——约定及说明”对话框

（4）单击“下一步”按钮，打开“初始化账套向导——启用月份”对话框。系统默认账套启用月份为“2023.01”，如图4-4所示。

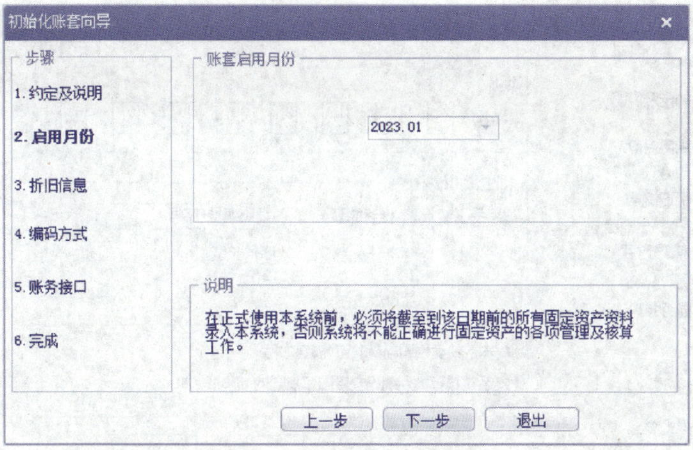

图4-4 “初始化账套向导——启用月份”对话框

【提示】

固定资产账套启用月份只能查看，不可修改。

（5）单击“下一步”按钮，打开“初始化账套向导——折旧信息”对话框，从“主要折旧方法”下拉框中选择“平均年限法（一）”，如图4-5所示。

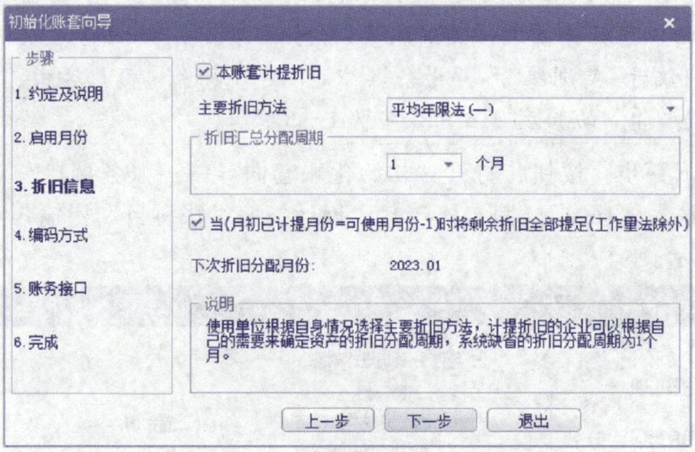

图4-5 “初始化账套向导——折旧信息”对话框

【提示】

［本账套计提折旧］在初始化时一经设置，不能修改。如果不选择“本账套计提折旧”，则主要折旧方法为“不提折旧”，且账套内与折旧有关的功能将不可用。

［主要折旧方法］系统提供以下6种折旧方法：平均年限法（一）、平均年限法（二）、工作量法、年数总和法、双倍余额递减法（一）、双倍余额递减法（二）。选择折旧方法后，在新增资产类别时系统自动带出该折旧方法。

［折旧汇总分配周期］一般企业按月计提折旧。如果按季、半年或年计提折旧，可在此设置折旧周期，此时每个会计月均计提折旧，但折旧的汇总分配按这里设定的周期进行，把该周期内各会计月计提的折旧汇总分配。

（6）单击“下一步”按钮，打开“初始化账套向导——编码方式”对话框。固定资产编码方式选择“自动编码”及“类别编号+序号”，序号长度为“3”，如图4-6所示。

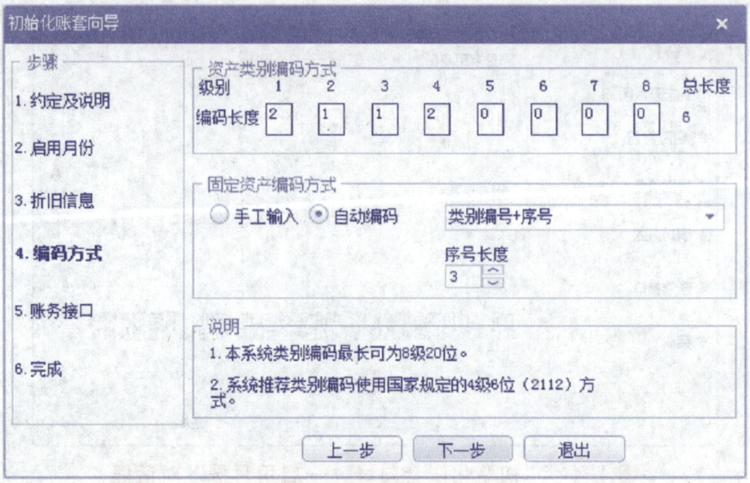

图4-6 “初始化账套向导——编码方式”对话框

【提示】

［资产类别编码方式］一旦新增某一级资产类别，则该级的类别编码长度不能修改。未使用的类别编码长度可以修改。

［固定资产编码方式］系统提供两种固定资产编码方式：手工输入和自动编码。自动编码又包括以下具体方式：类别编号+序号、部门编号+序号、类别编号+部门编号+序号、部门编号+类别编号+序号。其中，“类别编号”的长度由“资产类别编码方式”决定；“序号”的长度可自由设定为1～5位。

（7）单击“下一步”按钮，打开“初始化账套向导——账务接口”对话框。“固定资产对账科目”栏输入“1601”（固定资产），“累计折旧对账科目”栏输入“1602”（累计折旧），如图4-7所示。

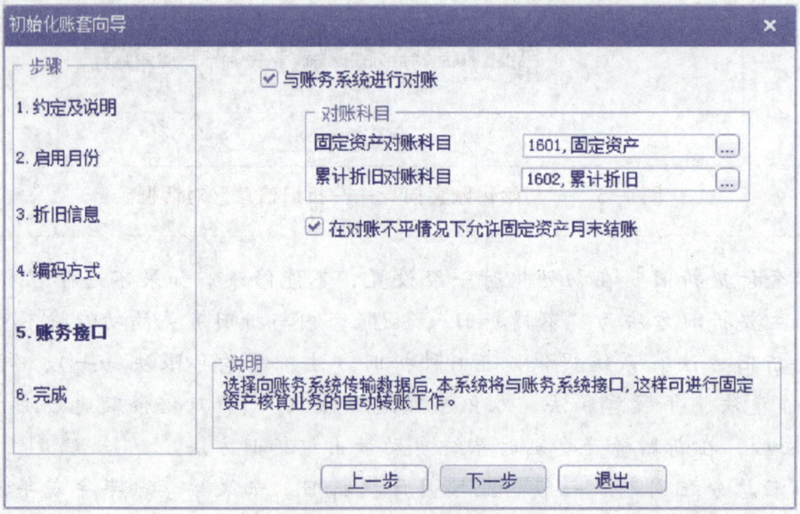

图4-7 “初始化账套向导——账务接口”对话框

【提示】

这里的对账是指将固定资产系统的原值、累计折旧与总账系统固定资产科目和累计折旧科目的余额相核对。

[在对账不平情况下允许固定资产月末结账] 系统默认勾选此项，表示本系统与总账系统对账不平时固定资产系统也可结账。如果不勾选此项，表示对账不平时不允许结账，在月末结账时自动执行一次对账，给出对账结果；如果不平，表明两系统存在偏差，应予以调整。

(8) 单击“下一步”按钮，打开“初始化账套向导——完成”对话框，如图4-8所示。

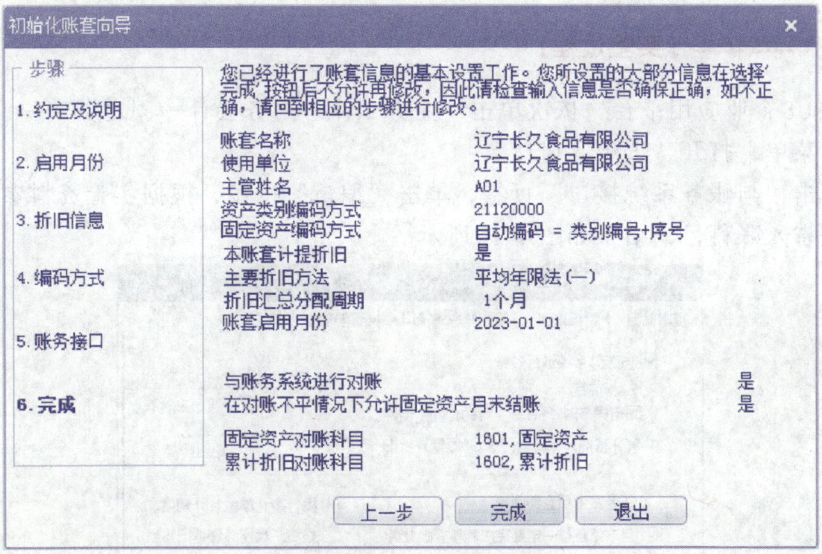

图4-8 “初始化账套向导——完成”对话框

(9) 单击“完成”按钮，系统弹出提示框，如图4-9所示。

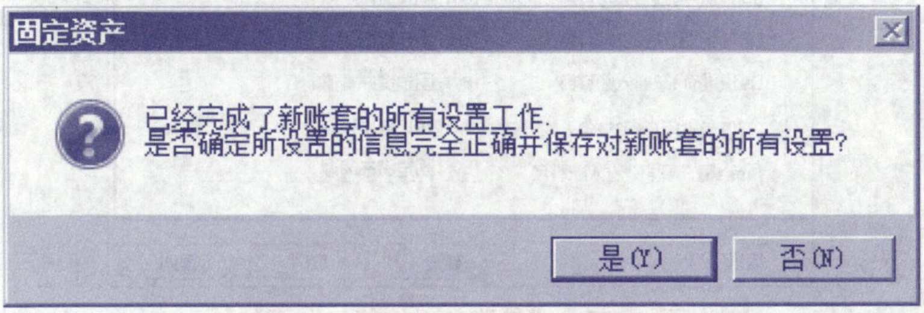

图4-9 固定资产系统初始化确认

(10) 单击“是”按钮，系统提示“已成功初始化本固定资产账套!”，单击“确定”按钮，固定资产建账完成。

4.2.2 初始设置

1. 设置系统参数

【实验资料】

根据表4-2设置固定资产系统参数。

表 4-2 系统参数（AccInformation）

系统名称	选项卡	选项设置
固定资产	与账务系统接口	固定资产缺省入账科目：1601 累计折旧缺省入账科目：1602 减值准备缺省入账科目：1603 增值税进项税额缺省入账科目：22210101 固定资产清理缺省入账科目：1606
	其它	已发生资产减少的卡片 10 年后可删除 卡片金额型数据显示千分位格式

【实验过程】

设置固定资产系统参数

（1）在U8企业应用平台，依次单击“业务工作→财务会计→固定资产→设置→选项”菜单，打开“选项”窗口。

（2）单击“与账务系统接口”页签，单击“编辑”按钮，根据实验资料参照选择固定资产等的缺省入账科目，结果如图 4-10 所示。

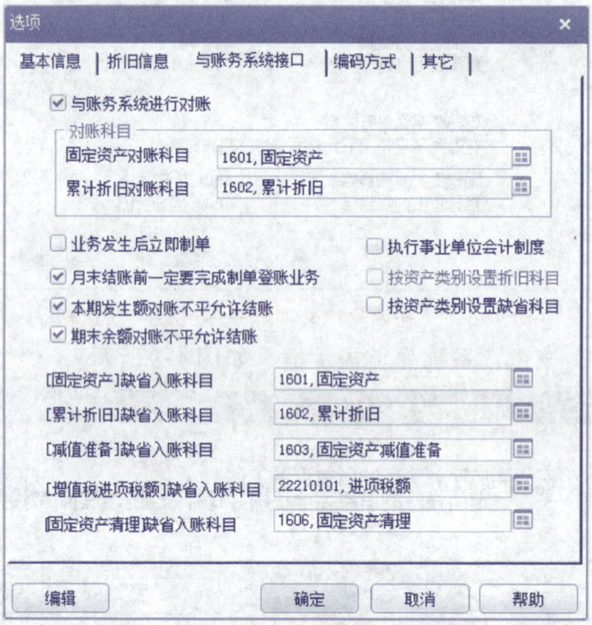

图 4-10 “与账务系统接口”页签

【提示】

［按资产类别设置缺省科目］若勾选此项，则“固定资产对账科目”和“累计折旧对账科目”可以多选，但最多能选10个；同时，可以在“资产类别”菜单中录入“缺省入账科目”。

系统制单时，系统首先带出卡片所属末级资产类别的缺省入账科目；若在资产类别中没有设置缺省入账科目，则带出选项中设置的缺省入账科目；若在选项中没有设置缺省入账科目，则弹出的记账凭证中相关科目为空，此时需手工参照选择相关科目。

（3）单击“其它”页签，修改“已发生资产减少卡片可删除时限”为“10年”，勾选“卡片金额型数据显示千分位格式”，如图4-11所示，单击“确定”按钮，完成选项设置。

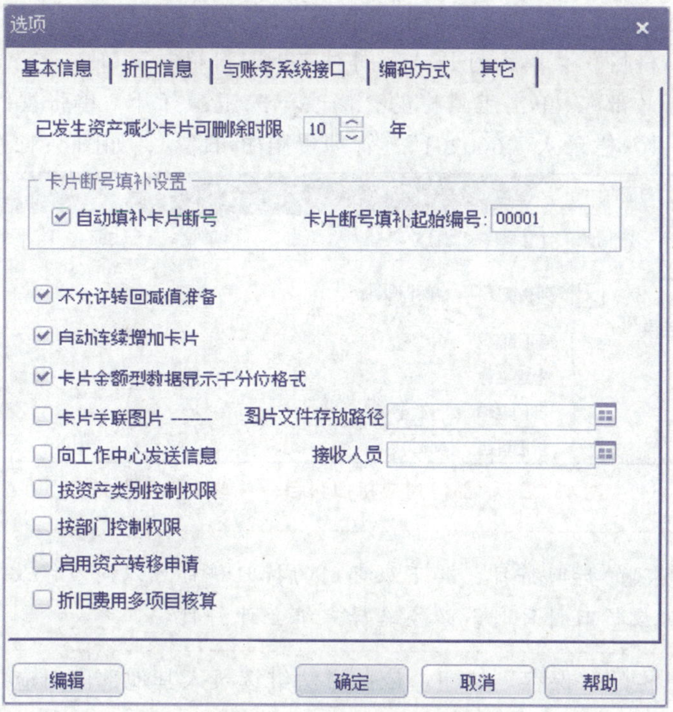

图4-11 “其它”页签

【提示】

［已发生资产减少卡片可删除时限］根据《会计档案管理办法》的规定，固定资产报废清理后，其资产卡片最低保管期限为5年，即大于等于5年。所以系统设置了该时限的默认值为5年。超过该时限后才能将相关资产的卡片和变动单删除。

2.设置部门对应折旧科目

【实验资料】

根据表4-3设置部门对应折旧科目。

表4-3 部门对应折旧科目（fa_Departments）

部门名称（sName）	折旧科目编码（sSubjectNum）	折旧科目名称（sSubjectName）
行政部	660201	管理费用/折旧费
财务部	660201	管理费用/折旧费
批发科	660101	销售费用/折旧费
零售科	660101	销售费用/折旧费
采购部	660201	管理费用/折旧费
一车间	510101	制造费用/折旧费
二车间	510101	制造费用/折旧费
仓储部	660201	管理费用/折旧费

【实验过程】

设置部门对应折旧科目

（1）在U8企业应用平台，依次单击“业务工作→财务会计→固定资产→设置→部门对应折旧科目”菜单，打开“部门对应折旧科目”窗口。

（2）点击“行政部”，单击工具栏的“修改”按钮，打开“单张视图”窗口。根据实验资料，“折旧科目”栏录入“660201”（管理费用/折旧费），如图4-12所示。

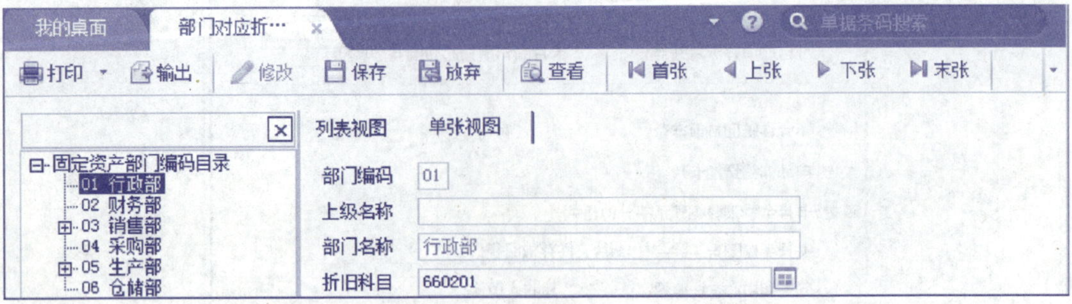

图4-12 “部门对应折旧科目——单张视图”窗口

【提示】

修改本级部门的折旧科目，其下级部门的折旧科目可以同步修改。

设置部门对应折旧科目时，必须选择末级会计科目。

（3）单击工具栏的“保存”按钮。依此方法继续录入其他部门对应折旧科目，结果如图4-13所示。

图4-13 “部门对应折旧科目——列表视图”窗口

【提示】

根据受益原则，按使用部门或资产类别将固定资产折旧计入成本费用。若按使用部门归集，则在此处设置对应的折旧入账科目。录入固定资产卡片时，该科目自动显示在卡片中。在生成部门折旧分配表时，每一部门按折旧科目汇总，生成记账凭证。

3.设置资产类别

【实验资料】

根据表4-4设置固定资产类别，其中全部资产的计提属性均为“正常计提”。

表 4-4　　固定资产类别（fa_AssetTypes）

类别编码（sNum）	类别名称（sName）	使用年限（iLife）	净残值率（dblBVRate）	折旧方法（sDeprMethodNum）	卡片样式（sModelID）
01	房屋及建筑物	20	4%	平均年限法（一）	含税卡片样式
02	生产设备	10	4%	平均年限法（一）	含税卡片样式
03	运输设备	4	4%	平均年限法（一）	含税卡片样式
031	轿车	4	4%	平均年限法（一）	含税卡片样式
032	货车	4	4%	平均年限法（一）	含税卡片样式
04	管理设备	5	4%	平均年限法（一）	含税卡片样式
041	电脑	5	4%	平均年限法（一）	含税卡片样式
042	复印机	5	4%	平均年限法（一）	含税卡片样式
043	打印机	5	4%	平均年限法（一）	含税卡片样式

【实验过程】

设置资产类别

（1）在U8企业应用平台，依次单击“业务工作→财务会计→固定资产→设置→资产类别”菜单，打开“资产类别”窗口。

（2）单击“增加”按钮，打开“资产类别——单张视图”窗口，根据实验资料，录入“类别名称”“使用年限”“净残值率”等信息，“卡片样式”栏参照选择“含税卡片样式”，单击工具栏的“保存”按钮，结果如图4-14所示。

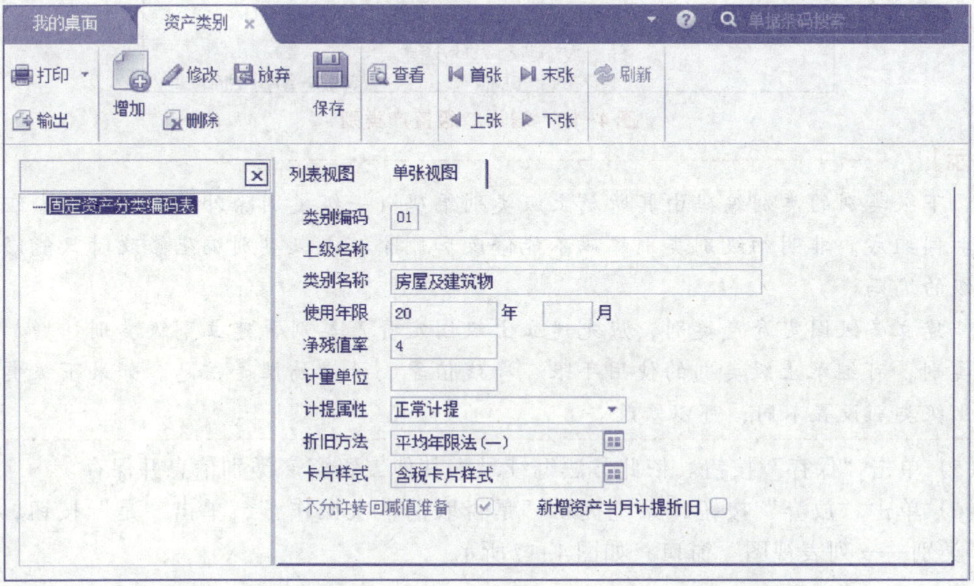

图 4-14　增加一级资产类别

【提示】

［类别名称］该项资产类别名称不可与同级资产类别同名。

［计提属性］系统提供三个计提属性：正常计提、总提折旧和总不提折旧。计提属性一经选择并使用，不允许修改。

［卡片样式］从卡片样式目录中选择该资产类别对应的卡片样式。

（3）依此方法继续录入其他一级资产类别信息并保存。最后一个一级资产类别信息保存完毕，单击工具栏的“放弃”按钮，系统提示“是否取消本次操作?”，单击“是”按钮，返回“资产类别——列表视图”窗口，如图4-15所示。

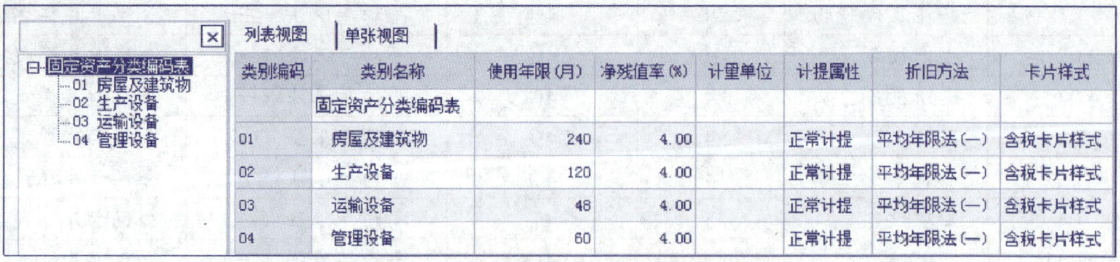

图4-15 “资产类别——列表视图”窗口

（4）点击“运输设备”资产类别，单击“增加”按钮，输入“类别名称”为“轿车”，如图4-16所示。

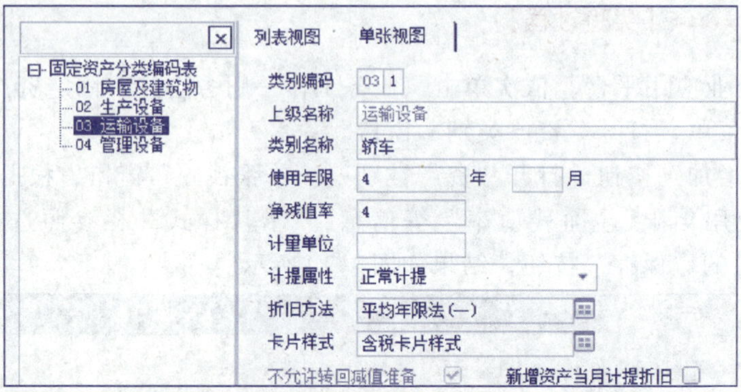

图4-16 增加二级资产类别

【提示】

下级类别的类别编码由其所属上级类别编码（一级类别除外）和输入的本级编码共同组成。非明细级别类别编码不能修改和删除，末级类别编码修改时只能修改本级的编码。

建立多级固定资产类别，应先建立上级固定资产类别再建立下级类别。增加下级类别，可继承上级类别的使用年限、净残值率、计提属性等信息。如果下级类别与上级类别设置不同，可以修改。

（5）单击“保存”按钮。依此方法继续录入其他二级资产类别信息并保存。

（6）单击“放弃”按钮，系统提示“是否取消本次操作?”，单击“是”按钮，返回“资产类别——列表视图”窗口，如图4-17所示。

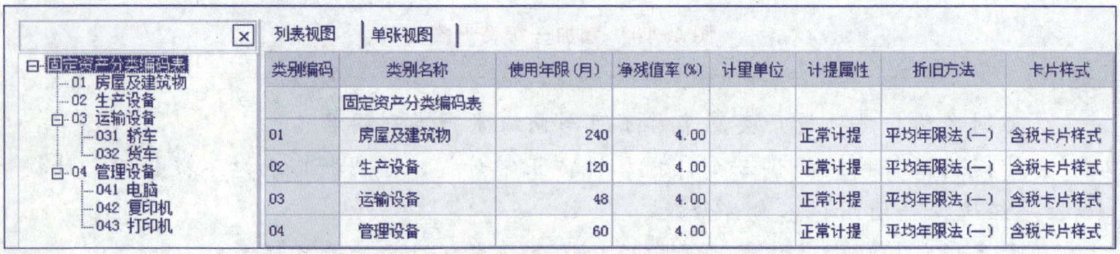

图4-17 “资产类别——列表视图”窗口

【提示】

根据企业所得税法律制度规定，固定资产计算折旧的最低年限见表4-5。

表 4-5 企业所得税法关于最低折旧年限的规定

资产大类	最低折旧年限
房屋、建筑物	20 年
飞机、火车、轮船、机器、机械和其他生产设备	10 年
与生产经营活动有关的器具、工具、家具等	5 年
飞机、火车、轮船以外的运输工具	4 年
电子设备	3 年

4.设置增减方式

【实验资料】

根据表4-6设置增减方式的对应入账科目。

表 4-6 固定资产增减方式（fa_Origins）

增减方式类别	增减方式名称（sName）	对应入账科目编码（sSubjectNum）	对应入账科目名称
增加方式	直接购入	10020101	银行存款/锦州银行/锦州凌河支行
	投资者投入	4001	实收资本
	捐赠	630102	营业外收入/捐赠利得
	盘盈	6901	以前年度损益调整
	在建工程转入	1604	在建工程
减少方式	出售	1606	固定资产清理
	盘亏	190102	待处理财产损溢/待处理固定资产损溢
	投资转出	1606	固定资产清理
	捐赠转出	1606	固定资产清理
	报废	1606	固定资产清理

【实验过程】

设置增减方式

（1）在U8企业应用平台，依次单击“业务工作→财务会计→固定资产→设置→增减方式”菜单，打开“增减方式”窗口。

（2）选中增加方式下的“直接购入”，单击“修改”按钮，打开“增减方式——单张视图”窗口，在“对应入账科目”栏录入“10020101”，如图4-18所示，单击“保存”按钮。

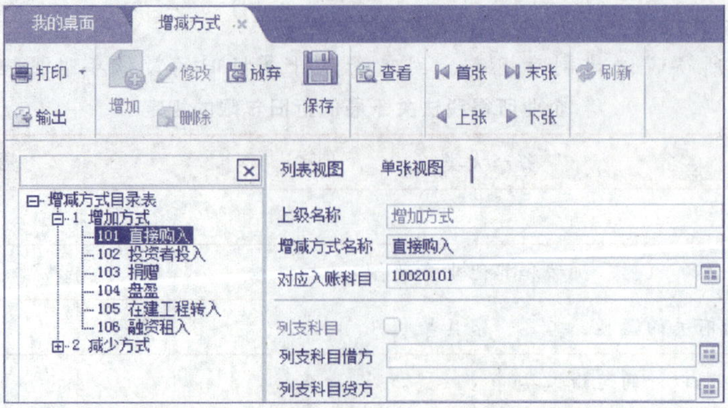

图 4-18 “增减方式——单张视图”窗口

（3）按照上述方法继续设置其他增减方式的对应入账科目，结果如图4-19所示。

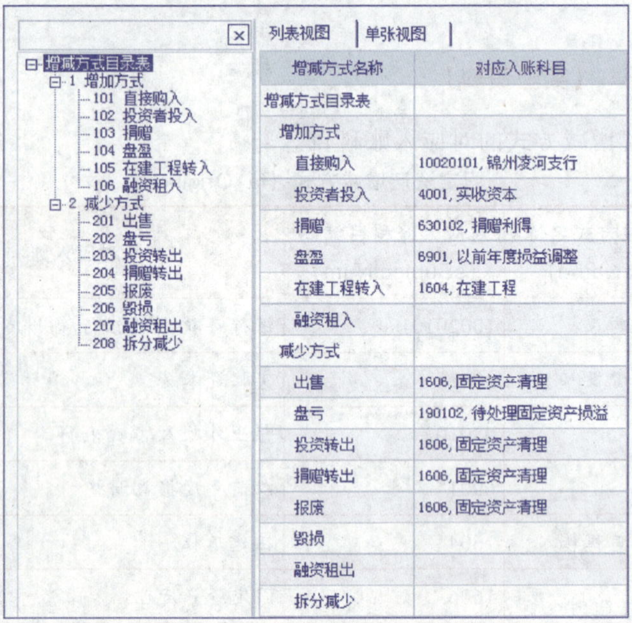

图 4-19 “增减方式——列表视图”窗口

【提示】

系统缺省的增减方式中“盘盈”“盘亏”“毁损”不能修改和删除。

“资产增加”“资产减少”等业务处理制单时将带出这里所设置的入账科目。

非明细级的增减方式和已使用的增减方式不能删除。

4.2.3 录入原始卡片

【实验资料】

（1）根据表4-7录入固定资产原始卡片。多部门使用的固定资产平均分摊折旧费用。除第01类资产（房屋及建筑物）的增加方式为“在建工程转入”外，其他类资产的增加方式均为“直接购入”。各项资产的使用状况均为“在用”。

表 4-7　　　　　　　　　　　固定资产原始卡片（fa_Cards）

类别编号（sTypeNum）	固定资产名称（sAssetName）	使用部门（sDeptNames）	开始使用日期（dStartdate）	原值（dblValue）	累计折旧
01	综合楼	行政部、财务部、批发科、零售科、采购部	2021-09-13	13 000 000.00	780 000.00
01	一车间厂房	一车间	2021-10-25	2 500 000.00	140 000.00
01	二车间厂房	二车间	2021-10-25	2 500 000.00	140 000.00
01	原料及辅料仓	仓储部	2021-10-16	2 000 000.00	112 000.00
01	包装材料仓	仓储部	2021-10-16	2 000 000.00	112 000.00
01	产成品仓	仓储部	2021-10-16	2 000 000.00	112 000.00
02	全自动饺子机	一车间	2021-10-22	180 000.00	20 160.00
02	全自动汤圆机	二车间	2021-10-22	180 000.00	20 160.00
031	宝马轿车	行政部、财务部	2021-09-03	580 000.00	174 000.00
031	吉利轿车	批发科、采购部	2021-09-05	100 000.00	30 000.00
041	华硕电脑	行政部	2021-09-11	4 800.00	1 152.00
041	华硕电脑	财务部	2021-09-11	4 800.00	1 152.00
041	华硕电脑	批发科、零售科	2021-09-11	4 800.00	1 152.00
041	华硕电脑	采购部	2021-09-11	4 800.00	1 152.00
041	华硕电脑	仓储部	2021-09-11	4 800.00	1 152.00
042	佳能复印机	行政部、财务部、批发科、零售科、采购部	2021-09-12	3 200.00	768.00
043	戴尔打印机	行政部、财务部、批发科、零售科、采购部	2021-09-12	3 700.00	888.00
合计				25 070 900.00	1 647 736.00

（2）与总账系统进行期初对账。

【实验过程】

录入原始卡片

（1）在U8企业应用平台，依次单击“业务工作→财务会计→固定资产→卡片→录入原始卡片”菜单，打开“固定资产类别档案”窗口，如图4-20所示。

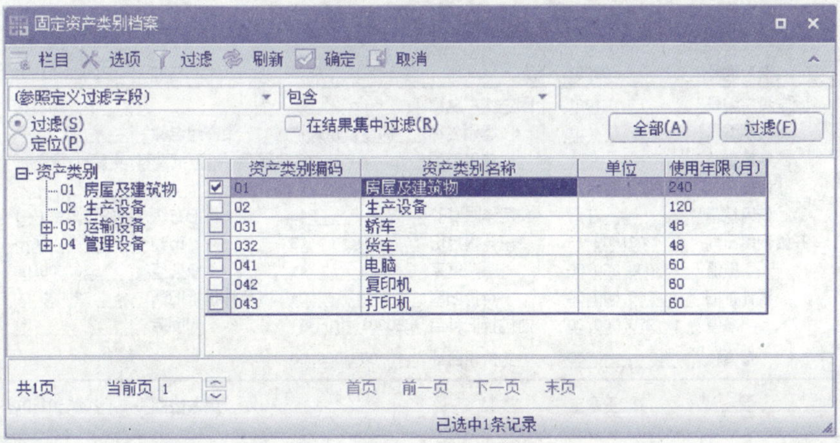

图 4-20　“固定资产类别档案”窗口

（2）系统默认已选择“房屋及建筑物”类别的复选框，单击“确定”按钮，进入“固定资产卡片”窗口。

（3）根据实验资料，在“固定资产名称”栏录入“综合楼”，单击“使用部门”，打开“固定资产”对话框，选择“多部门使用”单选框，单击“确定”按钮，打开“使用部门”对话框。

（4）单击“增加”按钮，根据实验资料参照选择“使用部门”并输入“使用比例”，结果如图4-21所示，单击“确定”按钮，退出“使用部门”对话框，返回“固定资产卡片”窗口。

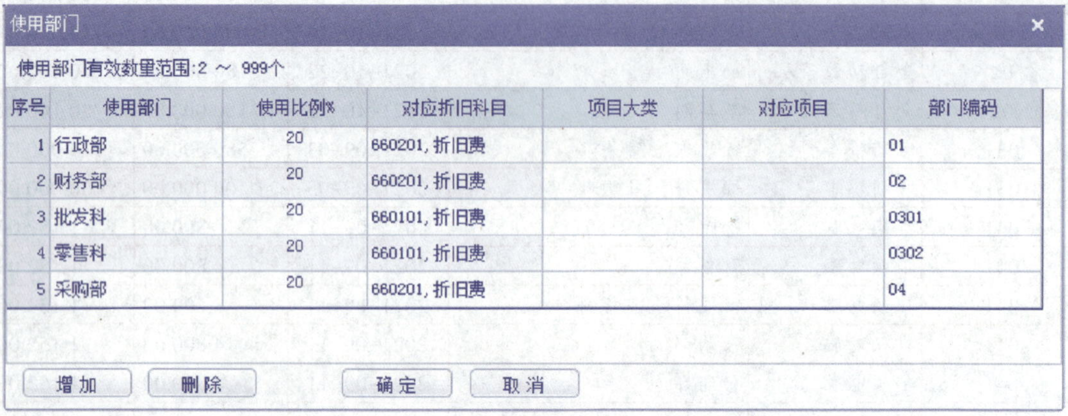
使用部门

使用部门有效数量范围:2 ～ 999个

序号	使用部门	使用比例%	对应折旧科目	项目大类	对应项目	部门编码
1	行政部	20	660201，折旧费			01
2	财务部	20	660201，折旧费			02
3	批发科	20	660101，折旧费			0301
4	零售科	20	660101，折旧费			0302
5	采购部	20	660201，折旧费			04

图4-21　多部门使用分摊比例设置

（5）单击“增加方式”，打开“固定资产增加方式”对话框，选择“在建工程转入”，单击“确定”按钮。

（6）单击“使用状况”，打开“使用状况参照”对话框，选择“在用”，单击“确定”按钮。

（7）在“开始使用日期”栏输入“2021-09-13”，在“原值”栏录入“13000000”，“累计折旧”栏输入“780000”，其他选项默认，如图4-22所示。

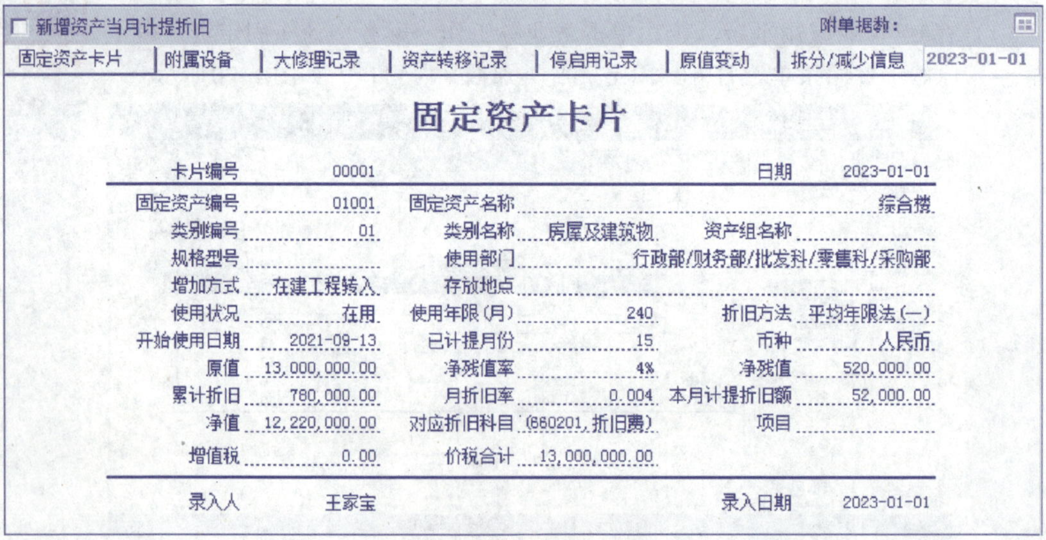

固定资产卡片

卡片编号 00001　日期 2023-01-01

固定资产编号 01001　固定资产名称 综合楼

类别编号 01　类别名称 房屋及建筑物　资产组名称

规格型号　使用部门 行政部/财务部/批发科/零售科/采购部

增加方式 在建工程转入　存放地点

使用状况 在用　使用年限（月） 240　折旧方法 平均年限法（一）

开始使用日期 2021-09-13　已计提月份 15　币种 人民币

原值 13,000,000.00　净残值率 4%　净残值 520,000.00

累计折旧 780,000.00　月折旧率 0.004　本月计提折旧额 52,000.00

净值 12,220,000.00　对应折旧科目 （660201，折旧费）　项目

增值税 0.00　价税合计 13,000,000.00

录入人 王家宝　录入日期 2023-01-01

图4-22　固定资产原始卡片

【提示】

卡片下方的录入人自动显示为当前操作员，录入日期为当前登录日期。

资产的主卡录入后，单击其他页签，输入附属设备等信息。其他页签上的信息只供参考，不参与计算。

（8）单击“保存”按钮，系统提示“数据成功保存！”。

（9）单击“确认”按钮，按照上述方法继续录入其他固定资产卡片。其中，“华硕电脑”可通过“复制”功能进行批量录入。

（10）查询录入结果。在固定资产系统，双击“卡片→卡片管理”菜单，打开“查询条件-卡片管理”窗口，单击“确定”按钮，即可查询所有原始卡片信息，结果如图4-23所示。

按部门查询

固定资产部门编码目录
- 01 行政部
- 02 财务部
- 03 销售部
  - 0301 批发科
  - 0302 零售科
- 04 采购部
- 05 生产部
  - 0501 一车间
  - 0502 二车间
- 06 仓储部

快捷信息

卡片项目	项目值
卡片编号	00013
固定资...	041003
固定资...	华硕电脑
开始使...	2021.0...
使用部门	批发科...
原值	4,800.00

在役资产

卡片编号	固定资产编号	固定资产名称	开始使用日期	使用部门	原值	累计折旧
00001	01001	综合楼	2021.09.13	行政部/财务部/批发科/零售科/采购部	13,000,000.00	780,000.00
00002	01002	一车间厂房	2021.10.25	一车间	2,500,000.00	140,000.00
00003	01003	二车间厂房	2021.10.25	二车间	2,500,000.00	140,000.00
00004	01004	原料及辅料仓	2021.10.16	仓储部	2,000,000.00	112,000.00
00005	01005	包装材料仓	2021.10.16	仓储部	2,000,000.00	112,000.00
00006	01006	产成品仓	2021.10.16	仓储部	2,000,000.00	112,000.00
00007	02001	全自动饺子机	2021.10.22	一车间	180,000.00	20,160.00
00008	02002	全自动汤圆机	2021.10.22	二车间	180,000.00	20,160.00
00009	031001	宝马轿车	2021.09.03	行政部/财务部	580,000.00	174,000.00
00010	031002	吉利轿车	2021.09.05	批发科/采购部	100,000.00	30,000.00
00011	041001	华硕电脑	2021.09.11	行政部	4,800.00	1,152.00
00012	041002	华硕电脑	2021.09.11	财务部	4,800.00	1,152.00
00013	041003	华硕电脑	2021.09.11	批发科/零售科	4,800.00	1,152.00
00014	041004	华硕电脑	2021.09.11	采购部	4,800.00	1,152.00
00015	041005	华硕电脑	2021.09.11	仓储部	4,800.00	1,152.00
00016	042001	佳能复印机	2021.09.12	行政部/财务部/批发科/零售科/采购部	3,200.00	768.00
00017	043001	戴尔打印机	2021.09.12	行政部/财务部/批发科/零售科/采购部	3,700.00	888.00
合计：(共计卡片17张)					25,070,900.00	1,647,736.00

图4-23　固定资产原始卡片列表

【提示】

通过“卡片管理”查询原始卡片时，查询条件的“开始使用日期”应小于等于最早开始使用资产的“开始使用日期”。

在“卡片管理”窗口，点击工具栏的“编辑→列头编辑”按钮，可打开“表头设定”窗口。在该窗口，可设定原始卡片结果列表需要显示的项目。

（11）与总账系统进行期初对账。在固定资产系统，单击“资产对账→对账”菜单，弹出“对账条件”对话框，勾选“1601 固定资产”“1602 累计折旧”，单击“确定”按钮，打开“与总账对账结果”窗口，结果如图4-24所示。

与总账对账结果

☐ 对账不平

科目		固定资产				总账				对账差异			
编码	名称	期初余额	借方金额	贷方金额	期末余额	期初余额	借方金额	贷方金额	期末余额	期初余额	借方金额	贷方金额	期末余额
1601	固定资产	25070900.00	0.00	0.00	25070900.00	25070900.00	0.00	0.00	25070900.00	0.00	0.00	0.00	0.00
1602	累计折旧	1647736.00	0.00	0.00	1647736.00	1647736.00	0.00	0.00	1647736.00	0.00	0.00	0.00	0.00

图4-24　与总账系统对账结果

【提示】

若上述对账结果不平衡，应分别检查总账期初余额（固定资产、累计折旧）和固定资产系统中每张原始卡片的原值及累计折旧。

4.2.4 卡片管理

【实验资料】

假定因操作失误，吉利轿车（卡片编号：00010）的使用状况应为“大修理停用”，要求对该固定资产卡片进行修改。

【实验过程】

卡片管理

（1）在U8企业应用平台，依次单击“业务工作→财务会计→固定资产→卡片→卡片管理”菜单，打开“查询条件-卡片管理”窗口，单击“确定”按钮，打开固定资产原始卡片列表。

（2）双击卡片编号“00010”，打开“固定资产卡片”窗口，点击工具栏的“修改”按钮，将吉利轿车的“使用状况”栏改为“大修理停用”，单击“保存”按钮，结果如图4-25所示。

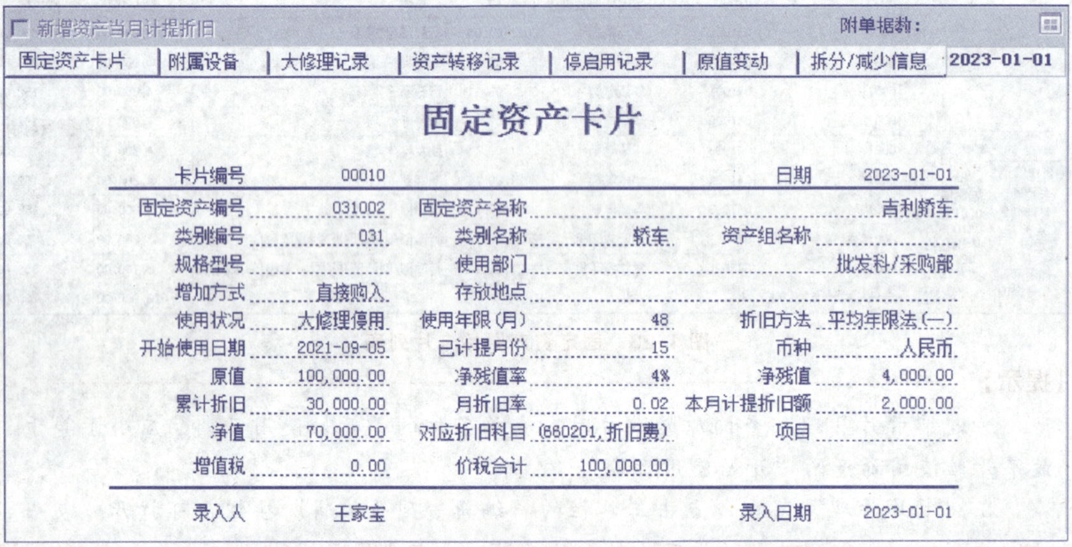
新增资产当月计提折旧　附单据数：

固定资产卡片 | 附属设备 | 大修理记录 | 资产转移记录 | 停启用记录 | 原值变动 | 拆分/减少信息　2023-01-01

固定资产卡片

卡片编号	00010			日期	2023-01-01
固定资产编号	031002	固定资产名称			吉利轿车
类别编号	031	类别名称	轿车	资产组名称	
规格型号		使用部门			批发科/采购部
增加方式	直接购入	存放地点			
使用状况	大修理停用	使用年限(月)	48	折旧方法	平均年限法(一)
开始使用日期	2021-09-05	已计提月份	15	币种	人民币
原值	100,000.00	净残值率	4%	净残值	4,000.00
累计折旧	30,000.00	月折旧率	0.02	本月计提折旧额	2,000.00
净值	70,000.00	对应折旧科目	(660201，折旧费)	项目	
增值税	0.00	价税合计	100,000.00		
录入人	王家宝			录入日期	2023-01-01

图4-25　修改固定资产卡片

【提示】

卡片管理可实现包括卡片修改、卡片删除、卡片打印、卡片查询在内的综合管理功能。

已经生成记账凭证的卡片，若其原值或累计折旧出现录入错误，删除记账凭证后才能修改卡片。

已经做过变动单且变动单已经生成记账凭证的卡片，如果发现错误，删除记账凭证、变动单后才能修改卡片。

月末结账后，原值、使用部门、使用状况、累计折旧、净残值（率）、折旧方法、使用年限、资产类别各项目将不能通过卡片修改功能改变，只能通过变动单或评估单调整。

关于卡片删除。卡片删除是把卡片信息从系统内彻底清除，而非资产减少。以下情况可使用该功能：

①录入当月发现卡片有错误，需删除该卡片。

②通过“资产减少”功能减少的卡片，其保留年限超过了系统选项设定的禁止删除年限。

4.3 业务处理

4.3.1 资产增加

【实验资料】

2023年1月13日，采购部肖子豪以转账支票（票号：59623084）购入一台“智能打包机”并交付一车间、二车间共同使用。取得的增值税专用发票上注明价款为88 700元，增值税进项税额为11 531元。

【实验过程】

资产增加

（1）2023年1月13日，由王家宝（W02）登录U8企业应用平台。

（2）在U8企业应用平台，依次单击“业务工作→财务会计→固定资产→卡片→资产增加”，打开“固定资产类别档案”窗口，选择“02”（生产设备），单击“确定”，进入“固定资产卡片”窗口。

（3）根据实验资料录入固定资产卡片，结果如图4-26所示。

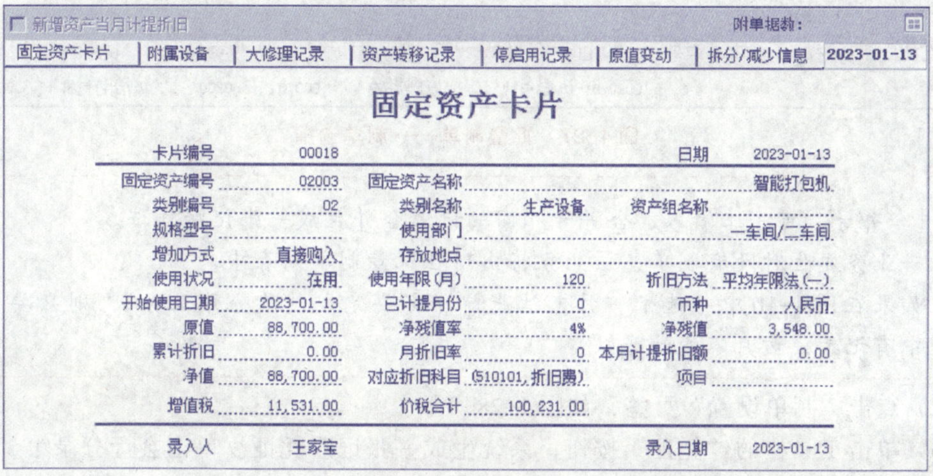
新增资产当月计提折旧　附单据数：

固定资产卡片 | 附属设备 | 大修理记录 | 资产转移记录 | 停启用记录 | 原值变动 | 拆分/减少信息 | 2023-01-13

固定资产卡片

卡片编号	00018			日期	2023-01-13
固定资产编号	02003	固定资产名称			智能打包机
类别编号	02	类别名称	生产设备	资产组名称	
规格型号		使用部门			一车间/二车间
增加方式	直接购入	存放地点			
使用状况	在用	使用年限(月)	120	折旧方法	平均年限法(一)
开始使用日期	2023-01-13	已计提月份	0	币种	人民币
原值	88,700.00	净残值率	4%	净残值	3,548.00
累计折旧	0.00	月折旧率	0	本月计提折旧额	0.00
净值	88,700.00	对应折旧科目	(510101,折旧费)	项目	
增值税	11,531.00	价税合计	100,231.00		
录入人	王家宝			录入日期	2023-01-13

图4-26　资产增加

（4）单击工具栏的“保存”按钮，提示“数据成功保存！”。

【提示】

录入原始卡片与资产增加的联系与区别：

从操作方法角度，两者都是录入资产卡片。至于通过哪种方式录入，取决于资产的“开始使用日期”。

原始卡片是指卡片记录的资产开始使用日期的月份小于其录入系统的月份，即已使用过并已计提折旧的固定资产卡片。

资产增加，也称新卡片录入，即新增加固定资产卡片。当固定资产开始使用日期的会计期间等于录入会计期间时，才能通过“资产增加”录入。

除资产增加功能外，还可通过供应链管理系统完成固定资产的采购处理，具体内容详见知识点9.2.6。

4.3.2 批量制单

【实验资料】

2023年1月13日，生成资产增加的记账凭证。

【实验过程】

批量制单

（1）在U8企业应用平台，依次单击“业务工作→财务会计→固定资产→凭证处理→批量制单”菜单，打开“查询条件-批量制单”对话框，单击“确定”按钮，打开“批量制单”窗口，双击第1行的“选择”栏，在“凭证类别”下拉框中选择“付款凭证”，如图4-27所示。

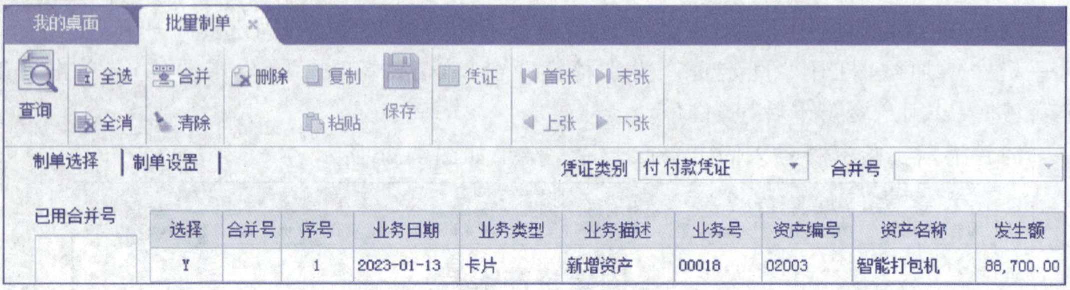

图4-27　批量制单——制单选择

【提示】

［合并号］可手工输入，合并号相同的记录合并生成一张记账凭证。

若业务发生时没有制单，该业务将出现在批量制单列表中。

如果在图4-10中勾选了“月末结账前一定要完成制单登账业务”，则只要制单列表中有记录，该月不能结账。

（2）点击“制单设置”页签，如图4-28所示。

（3）单击工具栏的“凭证”按钮，系统生成一张记账凭证。单击会计分录第3行任意位置，同时按“Ctrl+S”组合键，调出“辅助项”对话框。录入“结算方式”、“票号”及“发生日期”，结果如图4-29所示，单击“确定”按钮，再单击“保存”按钮。

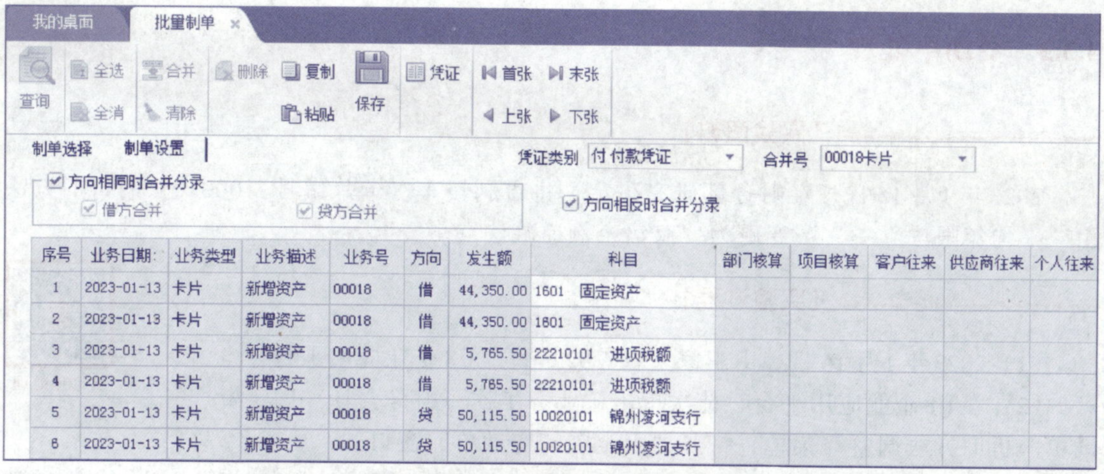

图 4-28　批量制单——制单设置

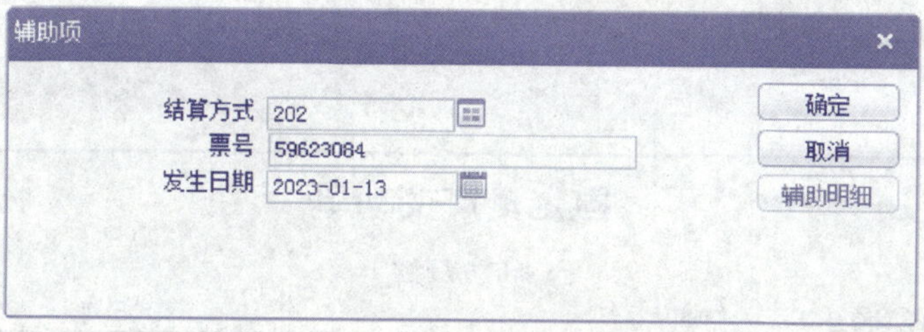

图 4-29　“辅助项”对话框

借：固定资产　　88 700.00

　　应交税费/应交增值税/进项税额　　11 531.00

　贷：银行存款/锦州银行/锦州凌河支行　　100 231.00

说明：为了节省篇幅，本书后面章节的记账凭证仅体现其中的会计分录。

【提示】

批量制单的业务类型有：计提折旧、新增资产、减少资产、原值增加、原值减少、累计折旧调整、类别调整、计提减值准备、转回减值准备、增值税调整和评估资产。

如果在图 4-10 中的选项中设置了“业务发生后立即制单”，则在发生上述业务类型的业务后，自动生成记账凭证；如果没有设置，可到“批量制单”中制单或单击对应业务工具栏上的“凭证”按钮制单。

凭证保存后可到“固定资产→处理→凭证查询”中进行查询、删除等操作。已经生成凭证的业务类型不允许删除或恢复。若想删除或恢复，必须先删除对应的记账凭证。

若启用供应链系统，卡片菜单下“采购资产”功能录入的卡片在应付系统中制单，不在本系统制单。

可使用下面的SQL语句在“UFDATA_001_2023”库查询固定资产系统生成的凭证：

```
select * from GL_accvouch where coutsysname like 'fa'
```

4.3.3 变动单处理

【实验资料】

2023年1月15日，经财务部研究决定，将吉利轿车（卡片编号：00010）的折旧方法由“平均年限法（一）”变更为“双倍余额递减法（一）”。

【实验过程】

变动单处理

（1）2023年1月15日，由王家宝（W02）登录U8企业应用平台。

（2）在U8企业应用平台，依次单击“业务工作→财务会计→固定资产→变动单→折旧方法调整”菜单，打开“固定资产变动单”窗口。

（3）在“卡片编号”栏选择“00010”，在“变动后折旧方法”栏选择“双倍余额递减法（一）”，“变动原因”栏输入“会计估计变更”，结果如图4-30所示。

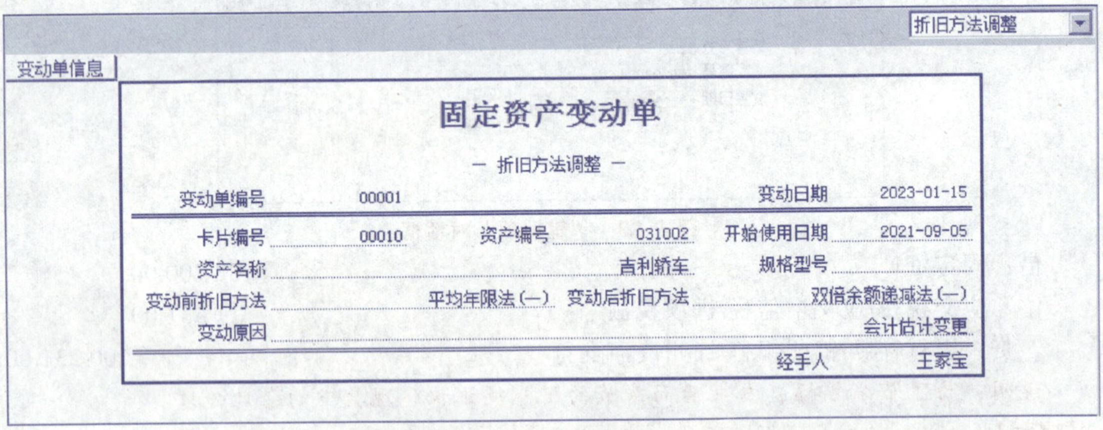

图4-30 变动单——折旧方法调整

（4）单击“保存”按钮，提示“数据成功保存！”，单击“确定”。

【提示】

根据企业会计准则，固定资产的预计使用寿命与净残值、固定资产的折旧方法属于会计估计，其变更应当采用未来适用法，即在变更当期及以后期间采用新的会计估计。

注意区分因录入错误导致的卡片修改与正常的资产变动。前者到卡片管理中完成；后者通过变动单处理。

4.3.4 计提减值准备

【实验资料】

2023年1月31日，经减值测试，产成品仓（卡片编号：00006）发生减值50 000元，请进行计提减值准备处理。

【实验过程】

计提减值准备

（1）2023年1月31日，由王家宝（W02）登录U8企业应用平台。

（2）在U8企业应用平台，依次选择“业务工作→财务会计→固定资产→减值准备→计提减值准备”，打开“固定资产变动单”窗口。

（3）在“卡片编号”栏选择“00006”，在“减值准备金额”栏录入“50000”，在“变动原因”栏录入“资产减值”，单击“保存”按钮，系统提示“数据成功保存！”，单击“确定”按钮，结果如图4-31所示。

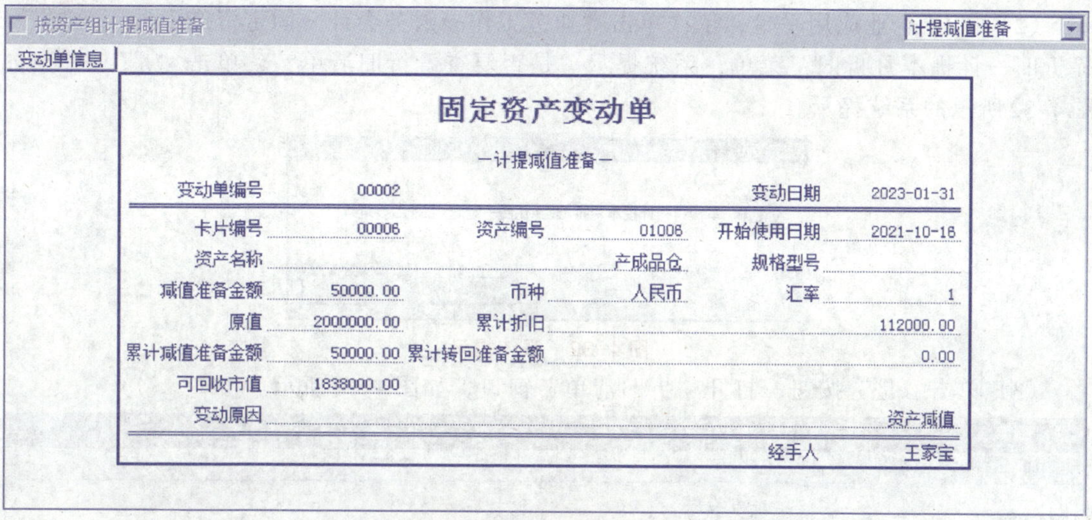

图4-31 计提减值准备

（4）单击工具栏的“凭证”按钮，系统生成一张记账凭证，将“凭证类别”修改为“转账凭证”，借方科目参照选择“6701资产减值损失”。单击工具栏的“保存”按钮，单击“确定”按钮。

借：资产减值损失　　50 000.00

　　贷：固定资产减值准备　　50 000.00

【提示】

根据企业会计准则，企业在资产负债表日应当判断资产是否存在可能发生减值的迹象。存在减值迹象的，应当估计其可收回金额，然后将可收回金额与其账面价值相比较。资产的可收回金额低于其账面价值的，应当将资产的账面价值减记至可收回金额，减记的金额确认为资产减值损失，计入当期损益。固定资产减值损失一经确认，在以后会计期间不得转回。

以下六种变动单均须生成凭证：原值增加、原值减少、累计折旧调整、类别调整、计提减值准备、增值税调整。

如果想取消“计提减值准备”，到变动单菜单下的“变动单管理”中删除该变动单即可。如果已经制单，应先删除凭证再删除变动单。

可使用下面的SQL语句在“UFDATA_001_2023”库查询固定资产系统的变动单：

```
select * from fa_Vouchers
```

4.3.5 计提折旧

【实验资料】

2023年1月31日，计提本月固定资产折旧。

【实验过程】

计提折旧

（1）2023年1月31日，由王家宝（W02）登录U8企业应用平台。

（2）在U8企业应用平台，依次单击“业务工作→财务会计→固定资产→计提折旧→计提本月折旧”菜单，系统提示“是否要查看折旧清单？”，单击“是”，弹出如图4-32所示的系统提示。

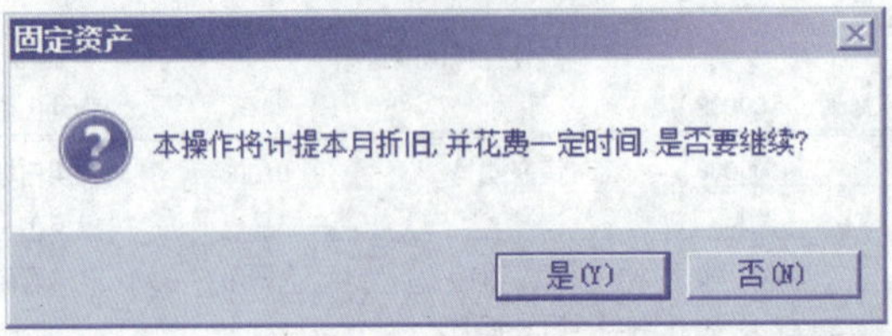

图4-32　系统提示

（3）单击“是”按钮，打开“折旧清单”窗口，如图4-33所示。

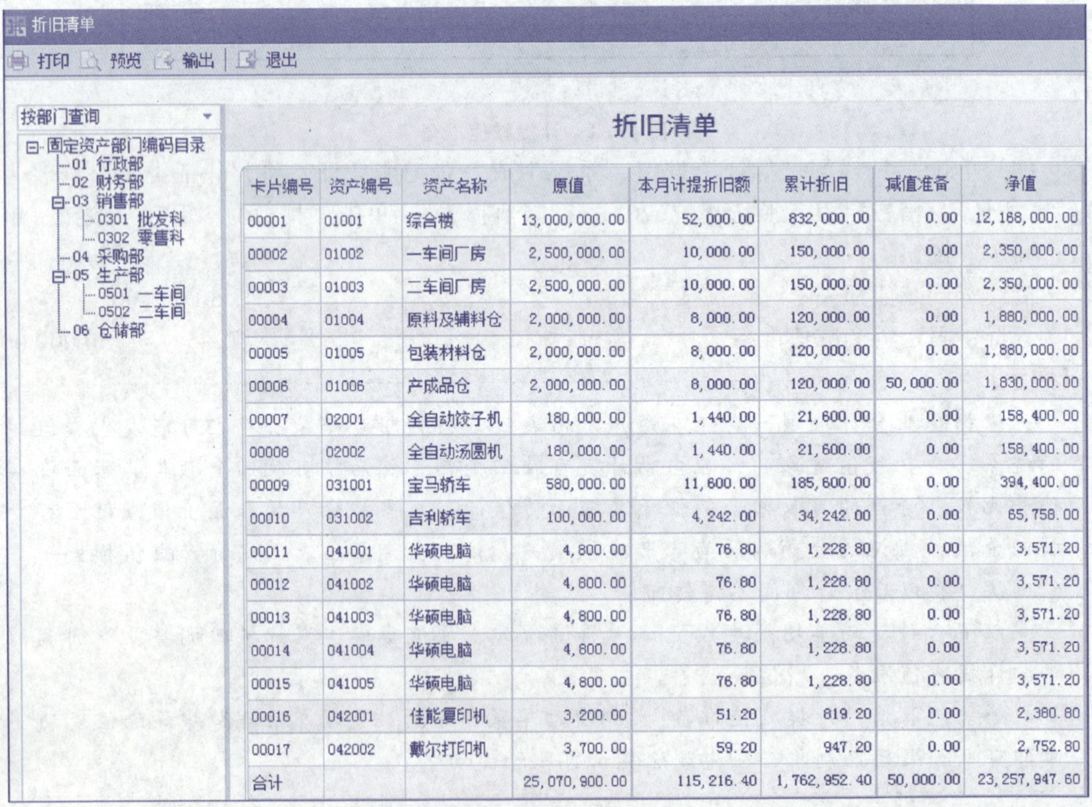

折旧清单

卡片编号	资产编号	资产名称	原值	本月计提折旧额	累计折旧	减值准备	净值
00001	01001	综合楼	13,000,000.00	52,000.00	832,000.00	0.00	12,168,000.00
00002	01002	一车间厂房	2,500,000.00	10,000.00	150,000.00	0.00	2,350,000.00
00003	01003	二车间厂房	2,500,000.00	10,000.00	150,000.00	0.00	2,350,000.00
00004	01004	原料及辅料仓	2,000,000.00	8,000.00	120,000.00	0.00	1,880,000.00
00005	01005	包装材料仓	2,000,000.00	8,000.00	120,000.00	0.00	1,880,000.00
00006	01006	产成品仓	2,000,000.00	8,000.00	120,000.00	50,000.00	1,830,000.00
00007	02001	全自动饺子机	180,000.00	1,440.00	21,600.00	0.00	158,400.00
00008	02002	全自动汤圆机	180,000.00	1,440.00	21,600.00	0.00	158,400.00
00009	031001	宝马轿车	580,000.00	11,600.00	185,600.00	0.00	394,400.00
00010	031002	吉利轿车	100,000.00	4,242.00	34,242.00	0.00	65,758.00
00011	041001	华硕电脑	4,800.00	76.80	1,228.80	0.00	3,571.20
00012	041002	华硕电脑	4,800.00	76.80	1,228.80	0.00	3,571.20
00013	041003	华硕电脑	4,800.00	76.80	1,228.80	0.00	3,571.20
00014	041004	华硕电脑	4,800.00	76.80	1,228.80	0.00	3,571.20
00015	041005	华硕电脑	4,800.00	76.80	1,228.80	0.00	3,571.20
00016	042001	佳能复印机	3,200.00	51.20	819.20	0.00	2,380.80
00017	042002	戴尔打印机	3,700.00	59.20	947.20	0.00	2,752.80
合计			25,070,900.00	115,216.40	1,762,952.40	50,000.00	23,257,947.60

图4-33　折旧清单

（4）单击“退出”按钮，系统提示“计提折旧完成！”，如图4-34所示。

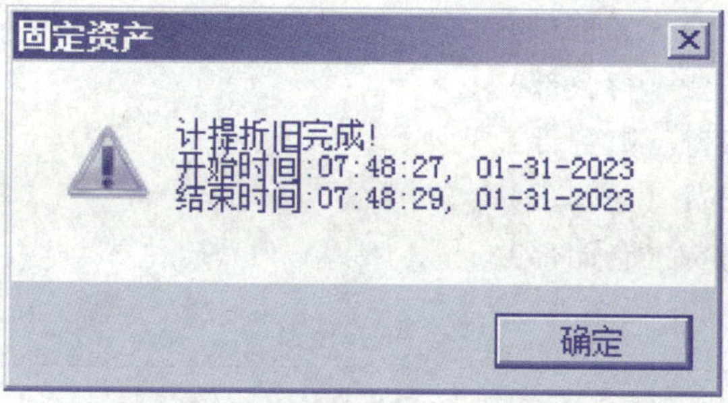

图 4-34 “计提折旧完成！”提示框

（5）在固定资产系统，依次双击“凭证处理→批量制单”菜单，打开“查询条件-批量制单”对话框，单击“确定”按钮，打开“批量制单”窗口，双击第1行的“选择”栏，如图4-35所示。

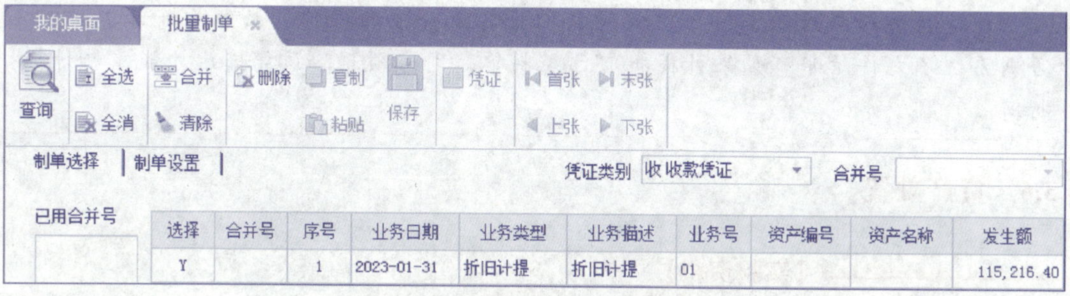

图 4-35 批量制单——制单选择

（6）点击“制单设置”页签，“凭证类别”下拉框选择“转账凭证”，如图4-36所示。

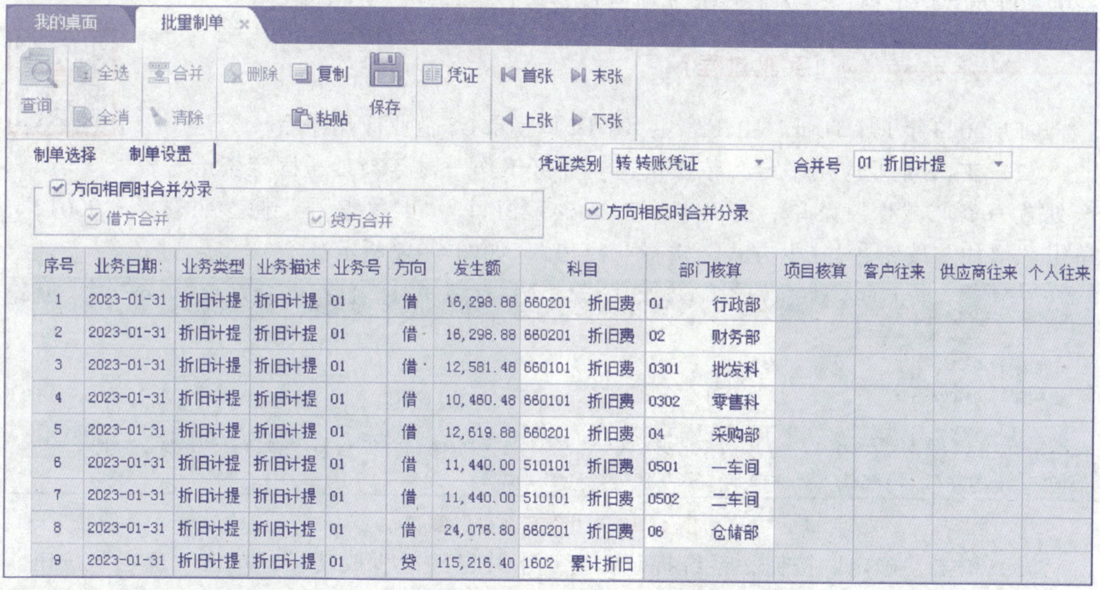

图 4-36 批量制单——制单设置

（7）单击工具栏的“凭证”按钮，系统生成一张记账凭证，单击“保存”按钮。

借：制造费用/折旧费（一车间）	11 440.00
制造费用/折旧费（二车间）	11 440.00
销售费用/折旧费（批发科）	12 581.48

借：销售费用/折旧费（零售科）　　10 460.48

　　管理费用/折旧费（行政部）　　16 298.88

　　管理费用/折旧费（财务部）　　16 298.88

　　管理费用/折旧费（采购部）　　12 619.88

　　管理费用/折旧费（仓储部）　　24 076.80

　贷：累计折旧　　115 216.40

【提示】

根据企业会计准则，当月新增的固定资产当月不提折旧，下月开始计提折旧；当月减少的固定资产当月照提折旧，下月停止计提折旧。

本系统在一个期间内可以多次计提折旧，每次计提折旧后，只是将计提的折旧累加到月初的累计折旧，不会重复累计。

计提折旧后又对账套进行了影响折旧计算或分配的操作，必须重新计提折旧，否则系统不允许结账。如果计提折旧已经制单，则必须删除该凭证后才能重新计提折旧。

4.3.6 资产处置

【实验资料】

2023年1月31日，将财务部使用的华硕电脑（卡片编号：00012）出售。实际出售价格为900元，增值税税率为13%，款项以现金收讫。

【实验过程】

资产处置

（1）2023年1月31日，由王家宝（W02）登录U8企业应用平台。

（2）在U8企业应用平台，依次单击“业务工作→财务会计→固定资产→资产处置→资产减少”菜单，打开“资产减少”窗口。“卡片编号”栏参照选择“00012”，单击“增加”按钮；“减少方式”选择“出售”，如图4-37所示。

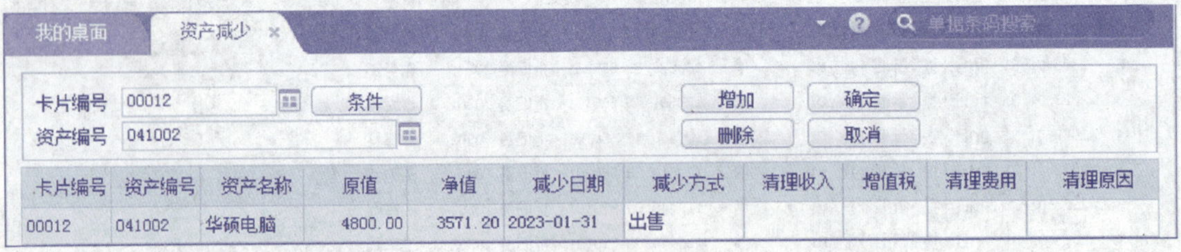

图4-37　“资产减少”窗口

（3）单击“确定”按钮，系统提示“所选卡片已经减少成功！”，单击“确定”按钮。

（4）在固定资产系统，依次双击“凭证处理→批量制单”菜单，打开“查询条件-批量制单”对话框，单击“确定”按钮，打开“批量制单”窗口，双击第1行的“选择”栏，如图4-38所示。

（5）点击“制单设置”页签，“凭证类别”下拉框选择“转账凭证”，如图4-39所示。

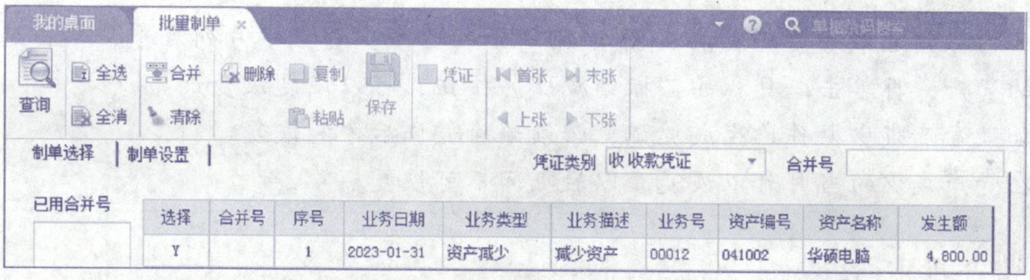

图 4-38　批量制单——制单选择

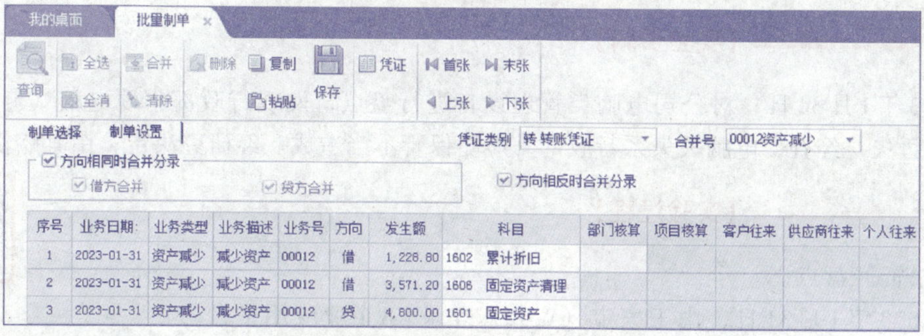

图 4-39　批量制单——制单设置

（6）单击工具栏的“凭证”按钮，系统生成一张记账凭证，单击“保存”按钮。

借：固定资产清理　　3 571.20

　　累计折旧　　1 228.80

　贷：固定资产　　4 800.00

（7）在总账系统，依次双击“凭证→填制凭证”菜单，打开“填制凭证”窗口，填制收到价税款、结转清理损失的记账凭证并保存。

借：库存现金　　1 017.00

　贷：固定资产清理　　900.00

　　　应交税费/应交增值税/销项税额　　117.00

　贷：固定资产清理　　2 671.20

　贷：资产处置损益　　-2 671.20

【提示】

如何查看已减少资产的卡片？在固定资产系统，单击“卡片→卡片管理”菜单，进入“卡片管理”窗口，从卡片列表上边的下拉框中选择“已减少资产”，如图 4-40 所示，可查看该资产的卡片。

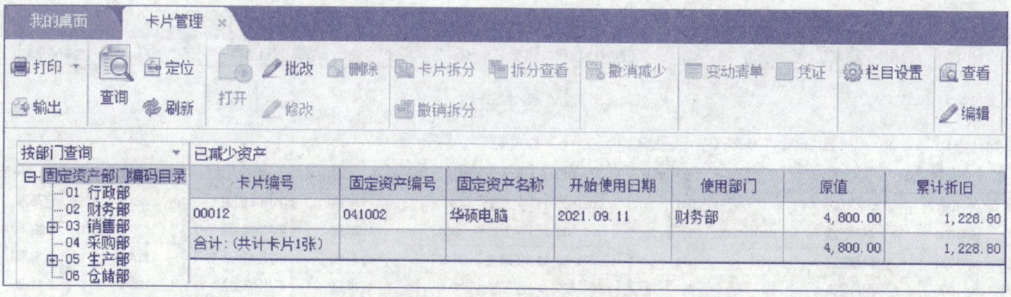

图 4-40　查看已减少资产的卡片

如何撤销已减少资产？在如图4-40所示的已减少资产卡片列表中，单击选中要恢复的资产，再单击工具栏的“撤销减少”按钮，可以恢复该资产。

如果资产减少操作已生成凭证，必须删除凭证后才能恢复。

在资产减少的当月可以恢复，以后期间不可恢复。

4.3.7 资产盘点

【实验资料】

2023年1月31日，对公司电脑类管理设备进行盘点，发现行政部华硕电脑（卡片编号：00011）丢失。经查，电脑丢失系行政部马斯蔓保管不当造成。经研究决定，由其赔偿损失。

【实验过程】

资产盘点

（1）资产盘点。

①2023年1月31日，由王家宝（W02）登录U8企业应用平台。

②在U8企业应用平台，依次单击“业务工作→财务会计→固定资产→资产盘点→资产盘点”菜单，打开“资产盘点”窗口。单击“增加”按钮，打开“新增盘点单-数据录入”窗口。单击“范围”按钮，打开“盘点范围设置”对话框。“资产类别”选择“041”（电脑），如图4-41所示。

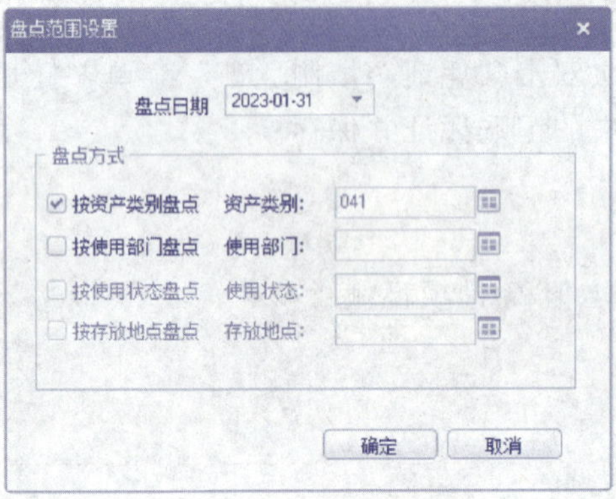

图4-41 盘点范围设置

③单击“确定”按钮，显示所有电脑类资产。双击“041001”号资产的“选择”栏，如图4-42所示。

选择	固定资产编号	固定资产名称	部门编号	类别编号	开始使用日期	录入人	原值	净残值率	类别名称	折旧方法	累计折旧	净值	使用部门
Y	041001	华硕电脑	01	041	2021-09-11	王家宝	4800	.04	电脑	平均年限法（一）	1228.8	3571.2	行政部
	041003	华硕电脑	0301/0302	041	2021-09-11	王家宝	4800	.04	电脑	平均年限法（一）	1228.8	3571.2	批发科/零售科
	041004	华硕电脑	04	041	2021-09-11	王家宝	4800	.04	电脑	平均年限法（一）	1228.8	3571.2	采购部
	041005	华硕电脑	06	041	2021-09-11	王家宝	4800	.04	电脑	平均年限法（一）	1228.8	3571.2	仓储部

图4-42 新增盘点单——数据录入

④单击“盘亏删除”按钮，删除“041001”号资产。单击“退出”，系统提示“本盘点单数据已变更，是否保存?”，单击“是”，提示“盘点单保存成功!”，单击“确定”按钮，完成资产盘点，如图4-43所示。

图4-43 盘点单

⑤双击“00001”号盘点单的“汇总选择”栏，单击工具栏的“汇总”按钮，系统弹出“汇总盘点单”窗口。单击“保存”按钮，再单击窗口中的“核对”按钮，系统弹出“盘点结果清单”窗口，如图4-44所示。单击工具栏的“保存”按钮，再退出当前窗口。关闭“资产盘点”窗口。

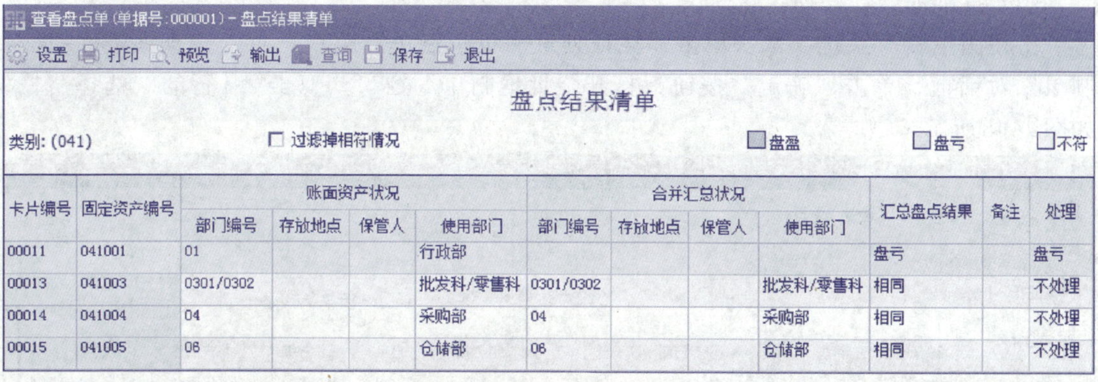

盘点结果清单

类别: (041)　　☐过滤掉相符情况　　☐盘盈　　☐盘亏　　☐不符

卡片编号	固定资产编号	账面资产状况				合并汇总状况				汇总盘点结果	备注	处理
		部门编号	存放地点	保管人	使用部门	部门编号	存放地点	保管人	使用部门			
00011	041001	01			行政部					盘亏		盘亏
00013	041003	0301/0302			批发科/零售科	0301/0302			批发科/零售科	相同		不处理
00014	041004	04			采购部	04			采购部	相同		不处理
00015	041005	06			仓储部	06			仓储部	相同		不处理

图4-44 盘点结果清单

(2) 汇总结果确认。

①在固定资产系统，单击“资产盘点→汇总结果确认”菜单，打开“汇总结果确认”窗口。双击“041001”号资产的“选择”栏，“审核”栏选择“同意”，“处理意见”栏输入“由行政部马斯蔓赔偿”，如图4-45所示。

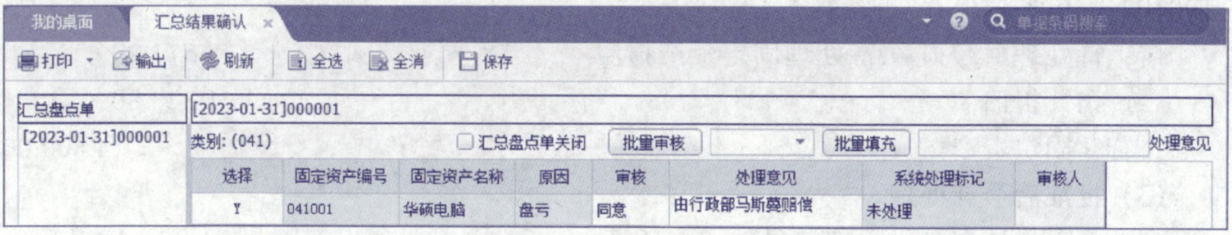

图4-45 汇总结果确认

②单击“保存”，提示“保存成功!”，单击“确定”。关闭“汇总结果确认”窗口。

(3) 资产盘亏。

①在固定资产系统，单击“资产盘点→资产盘亏”菜单，打开“资产盘亏”窗口。双击“041001”号资产的“选择”栏，如图4-46所示。

②单击工具栏的“盘亏处理”命令，系统打开“资产减少”窗口，如图4-47所示。单击“确定”，系统提示“所选卡片已经减少成功!”，单击“确定”按钮。关闭当前窗口。

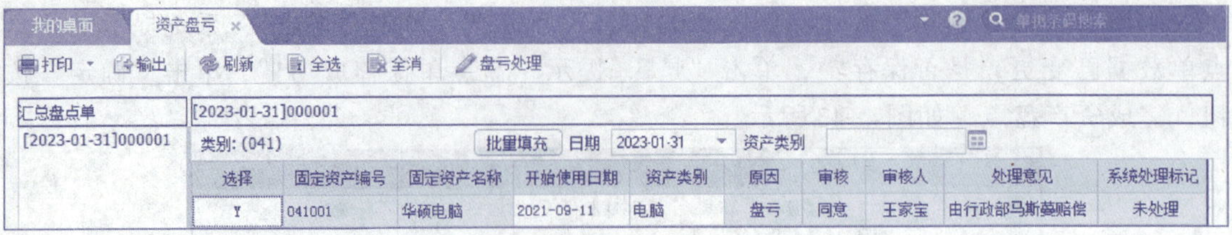

图4-46　资产盘亏

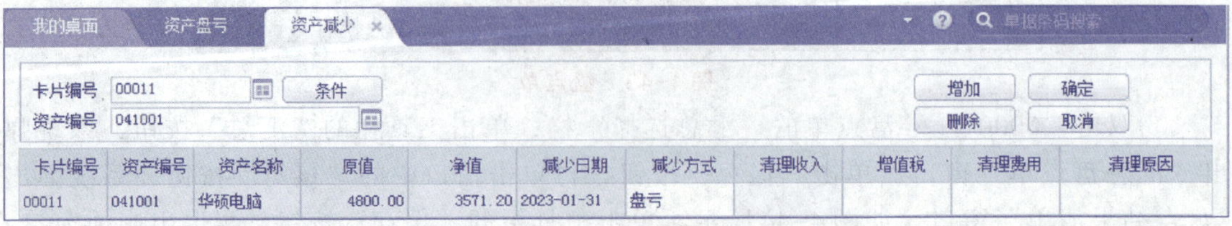

图4-47　资产减少

（4）批准前会计处理。

①在固定资产系统，依次单击“凭证处理→批量制单”菜单，打开“查询条件-批量制单”对话框，单击“确定”按钮，打开“批量制单”窗口，双击第1行的“选择”栏，如图4-48所示。

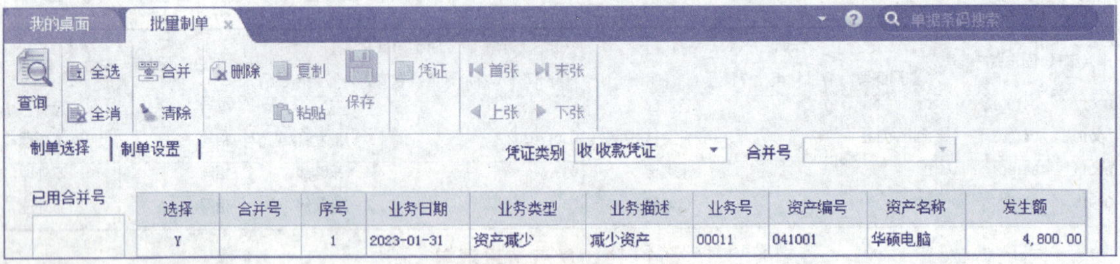

图4-48　批量制单——制单选择

②点击“制单设置”页签，“凭证类别”下拉框选择“转账凭证”。

③单击工具栏的“凭证”按钮，系统生成一张记账凭证，在“摘要”栏输入“资产盘亏”，将科目“固定资产清理”（1606）修改为“待处理财产损溢/待处理固定资产损溢”（190102），单击“保存”按钮。

借：待处理财产损溢/待处理固定资产损溢	3 571.20	
累计折旧	1 228.80	
贷：固定资产		4 800.00

（5）批准后会计处理。

在总账系统填制盘亏处理结果的记账凭证。

借：其他应收款/职工个人往来（马斯蔓）	4 035.46	
贷：待处理财产损溢/待处理固定资产损溢		3 571.20
应交税费/应交增值税/进项税额转出		464.26

【提示】

资产盘亏前应先计提折旧。

本例进项税额转出的计算过程：3 571.2×13%=464.26（元）。此处应按购入该资产时（2021年9月）适用的税率转出，而非盘亏日的税率。

4.3.8 账证查询

【实验资料】

（1）查询类别构成分析表；

（2）查询固定资产总账；

（3）查询1月份生成的记账凭证。

【实验过程】

账证查询

（1）2023年1月31日，由王家宝（W02）登录U8企业应用平台。在U8企业应用平台，依次单击“业务工作→财务会计→固定资产→账表→我的账表”菜单，打开“报表”窗口。

双击分析表中的“类别构成分析表”，打开“条件-类别构成分析表”对话框，单击“确定”，结果如图4-49所示。关闭“类别构成分析表”窗口。

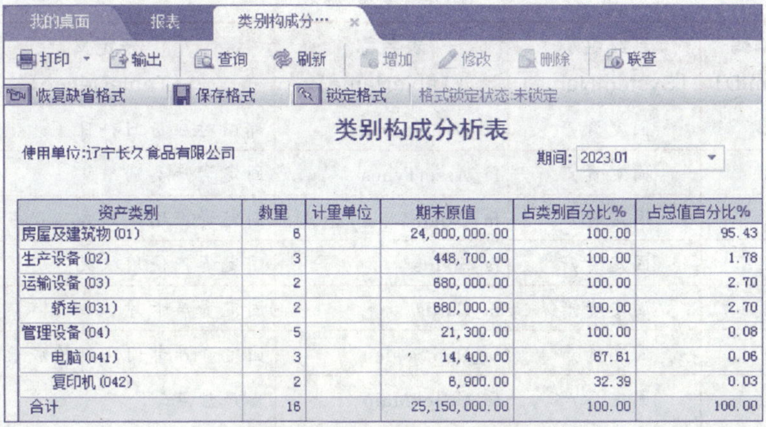

资产类别	数量	计量单位	期末原值	占类别百分比%	占总值百分比%
房屋及建筑物(01)	6		24,000,000.00	100.00	95.43
生产设备(02)	3		448,700.00	100.00	1.78
运输设备(03)	2		680,000.00	100.00	2.70
轿车(031)	2		680,000.00	100.00	2.70
管理设备(04)	5		21,300.00	100.00	0.08
电脑(041)	3		14,400.00	67.61	0.06
复印机(042)	2		6,900.00	32.39	0.03
合计	16		25,150,000.00	100.00	100.00

图4-49 类别构成分析表

（2）在“报表”窗口，双击账簿中的“固定资产总账”，打开“条件-固定资产总账”对话框，单击“确定”，结果如图4-50所示。

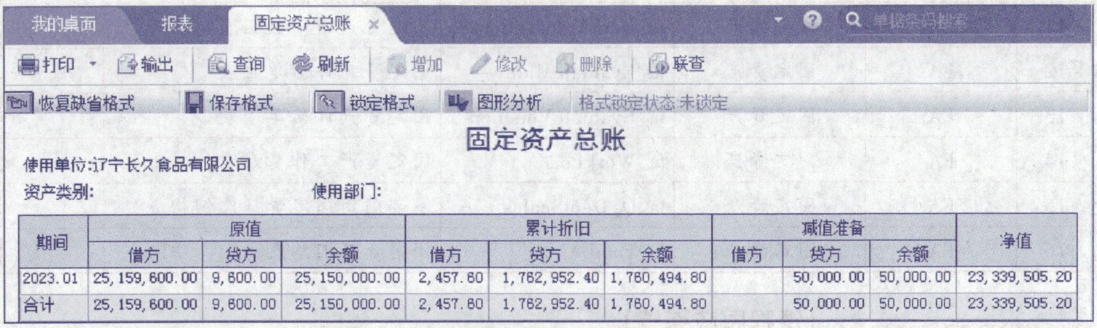

期间	原值			累计折旧			减值准备			净值
	借方	贷方	余额	借方	贷方	余额	借方	贷方	余额	
2023.01	25,159,600.00	9,600.00	25,150,000.00	2,457.60	1,762,952.40	1,760,494.80		50,000.00	50,000.00	23,339,505.20
合计	25,159,600.00	9,600.00	25,150,000.00	2,457.60	1,762,952.40	1,760,494.80		50,000.00	50,000.00	23,339,505.20

图4-50 固定资产总账

（3）在固定资产系统，依次双击“凭证处理→凭证查询”菜单，打开“查询凭证”窗口，如图4-51所示。在这里可以对记账凭证进行删除、编辑、冲销等处理。

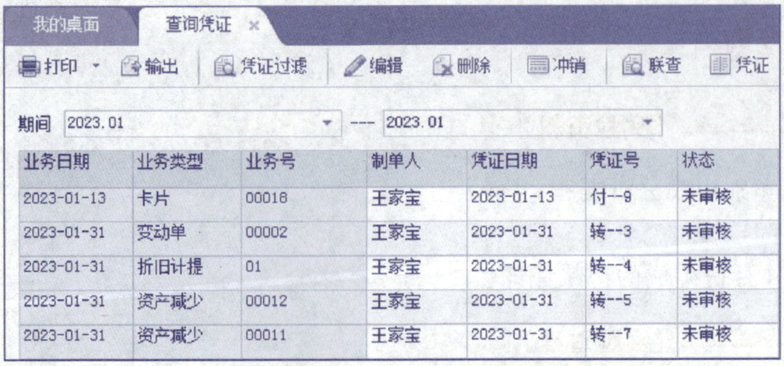

图 4-51　查询凭证

4.4　本章常见数据表

本章常见数据表见表 4-8。

表 4-8　本章常见数据表

序号	系统编码（SystemID）	系统名称（SystemName）	表名称（TableName）	表定义（TableDefine）	备注
1	FA	固定资产	fa_Departments	部门对应折旧科目	表 4-3
2	FA	固定资产	fa_AssetTypes	固定资产类别	表 4-4
3	FA	固定资产	fa_Origins	固定资产增减方式	表 4-6
4	FA	固定资产	fa_Status	固定资产使用状况	
5	FA	固定资产	fa_Cards	固定资产卡片	表 4-7
6	FA	固定资产	fa_DeptScale	固定资产部门比例构成表	
7	FA	固定资产	fa_CheckMain	资产盘点	
8	FA	固定资产	FA_CheckLists	盘点盈亏确认	
9	FA	固定资产	fa_CardsSheets	资产减少	
10	FA	固定资产	fa_Vouchers	固定资产变动单	
11	FA	固定资产	fa_DeprTransactions	固定资产折旧数据表	
12	FA	固定资产	fa_EvaluateMain	固定资产评估单主表	
13	FA	固定资产	fa_EvaluateVouchers	固定资产评估单子表	
14	FA	固定资产	fa_WorkLoad	固定资产工作量表	
15	FA	固定资产	fa_Q_DeptScales	多部门用固定资产比例构成	
16	FA	固定资产	fa_Total	固定资产汇总表	

【课程思政点睛】

【复习思考题】

1. 简述录入原始卡片与资产增加的区别。
2. 哪些变动单需要进行批量制单处理?
3. 简述计提本月折旧与其他功能的关系。
4. 简述资产盘点的处理流程。
5. 简述固定资产系统期末对账不平衡的原因及解决方法。

第5章 薪资管理系统

5.1 概述

薪资管理系统主要用于各类企业、行政事业单位进行工资计算、工资发放、工资费用分摊、工资统计分析和个人所得税核算等。薪资管理系统与其他系统的关系如下：

①薪资管理系统与总账系统。薪资管理系统将工资计提、分摊结果自动生成记账凭证，传递到总账系统。

②薪资管理系统与UFO报表系统。薪资管理系统向UFO报表系统传递数据。

③薪资管理系统与计件工资系统。计件工资系统从薪资管理系统获取工资类别及计件相关参数和工资人员档案，并将计件工资汇总的结果传递到薪资管理系统。

本章重难点内容：工资项目及其公式设置；工资变动处理；工资分摊。

本章总体流程如图5-1所示。

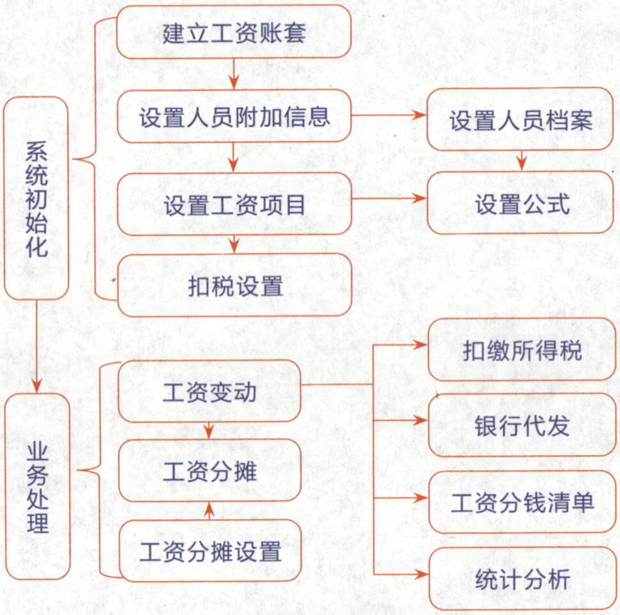

图5-1 本章总体流程

5.2 系统初始化

5.2.1 建立工资账套

【实验资料】

2023年1月1日，根据表5-1建立工资账套，其他项默认。

表 5-1 工资账套建账向导

建账向导	参数设置
参数设置	单个工资类别
扣税设置	从工资中代扣个人所得税
扣零设置	扣零设置且扣零至元
人员编码	本系统人员编码与公共平台的人员编码一致

【实验过程】

建立工资账套

（1）2023年1月1日，由王家宝（W02）登录U8企业应用平台。

（2）在U8企业应用平台，依次单击“业务工作→人力资源→薪资管理”菜单，打开“建立工资套——参数设置”对话框，如图5-2所示。

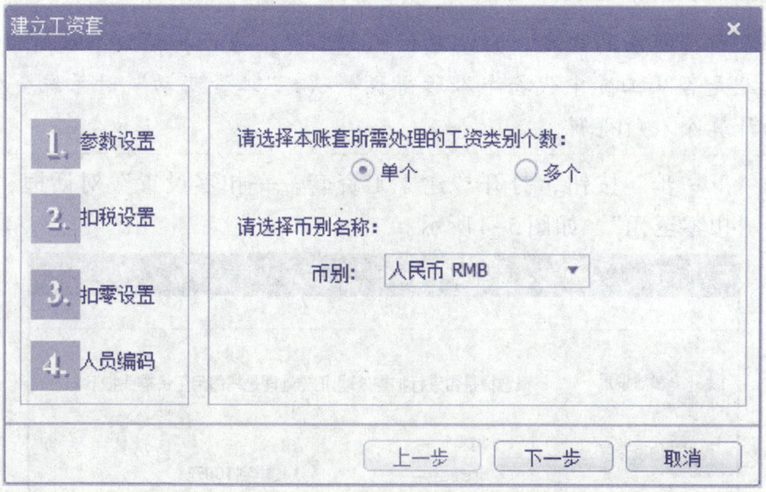

图 5-2 建立工资套——参数设置

【提示】

首次使用薪资管理系统，系统将自动进入建账向导。

工资类别个数：单个或多个。如果企业所有人员统一工资核算，则此处选择单个类别。以下情况可考虑采用多个类别：

①企业同时存在在职人员、离退休人员；

②企业同时存在正式工、非正式工；

③企业每月工资分多次发放；

④企业存在多个工厂或分支机构等。

每个工资账套中，可建立999个工资类别（含发放次数，第998、999号为系统使用）。

（3）单击“下一步”按钮，打开“建立工资套——扣税设置”对话框，勾选“是否从工资中代扣个人所得税”项，如图5-3所示。

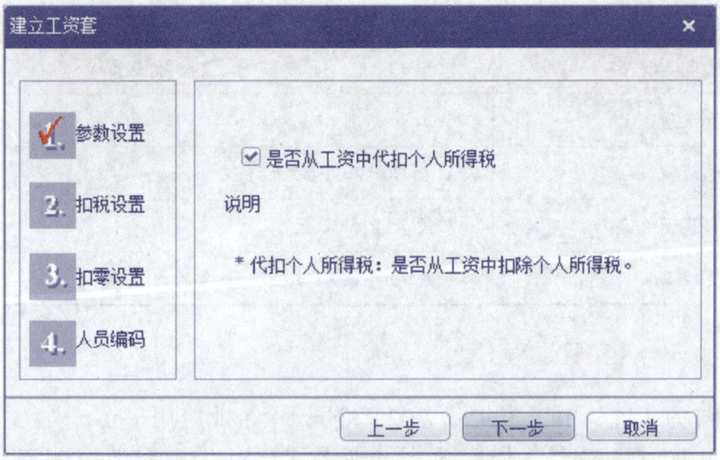

图 5-3　建立工资套——扣税设置

【提示】

根据个人所得税法的规定，企业支付职工工资，应预扣预缴个人所得税。

若勾选“是否从工资中代扣个人所得税”项，“工资变动”时系统会根据预设的税率表自动计算个人所得税。

（4）单击“下一步”按钮，打开“建立工资套——扣零设置”对话框，勾选“扣零”项，同时选择“扣零至元”，如图 5-4 所示。

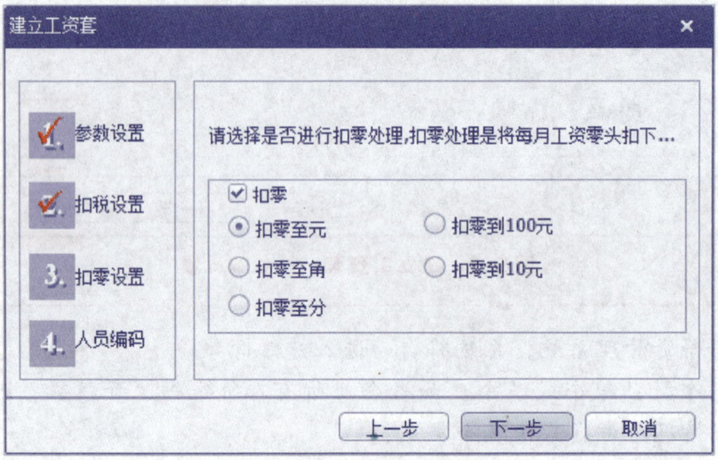

图 5-4　建立工资套——扣零设置

【提示】

若勾选“扣零”设置，系统在计算工资时将依据所选择的扣零类型将零头扣下，并在累计成整时发放。本例选择“扣零至元”，则发放工资时暂不发 10 元以下的元、角、分，包括 5 元、1 元，该人累计够 10 元时才予以发放。

在实务中，如果企业采用现金发放工资，则在系统中应选择“扣零”；如果采用转账方式发放工资，则在系统中可不选择“扣零”。

（5）单击“下一步”按钮，打开“建立工资套——人员编码”对话框，如图 5-5 所示，单击“完成”按钮，结束建账向导。

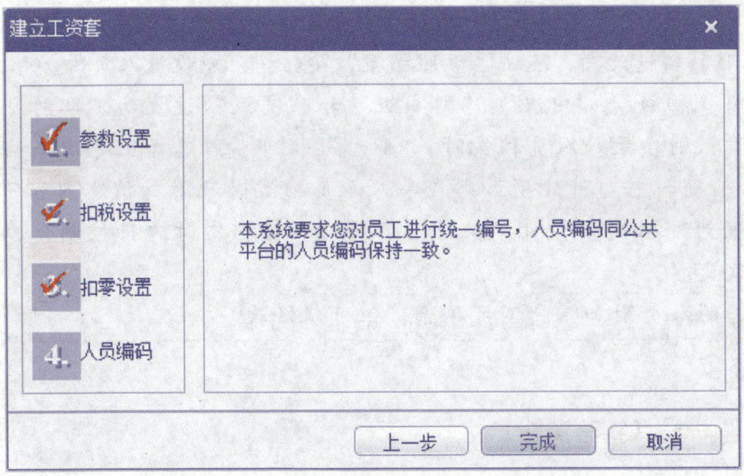

图 5-5　建立工资套——人员编码

【提示】

根据向导建账的过程中设置的部分参数可以在系统选项中修改。

5.2.2　系统初始设置

1. 设置人员附加信息

【实验资料】

2023年1月1日，增加“职称”和“学历”两项人员附加信息。

【实验过程】

设置人员附加信息

（1）2023年1月1日，由王家宝（W02）登录U8企业应用平台。

（2）在U8企业应用平台，依次单击“业务工作→人力资源→薪资管理→设置→人员附加信息设置”菜单，打开“人员附加信息设置”对话框。单击“增加”按钮，在“信息名称”栏输入“职称”，再单击“增加”按钮。在“信息名称”栏输入“学历”，再单击“增加”按钮，结果如图5-6所示。单击“确定”按钮。

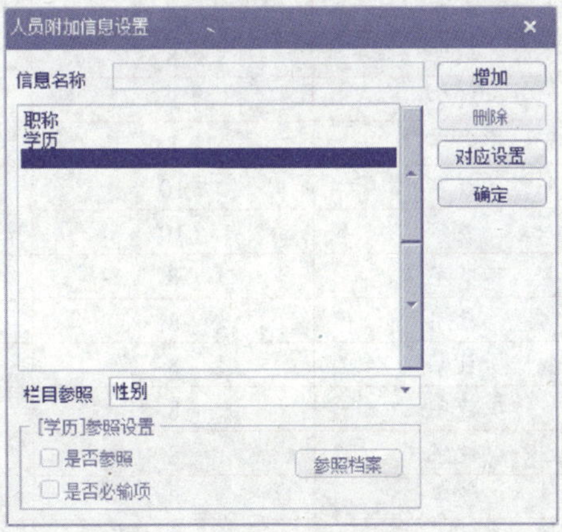

图 5-6　人员附加信息

【提示】

［是否参照］勾选此项，点击“参照档案”按钮，可以设置人员附加信息的参照值。例如，将“初级”、“中级”、“副高级”和“高级”设置为“职称”这一附加信息的参照档案，则在录入人员档案时，“职称”栏可参照选择上述四个档案之一。

［是否必输项］若勾选此项，则在录入人员档案时此附加信息内容不能为空。当一个字段设置为“必输项”时，仅对以后增改人员档案时进行控制，以前已经存在的记录不做改变。

已使用过的人员附加信息不可删除，但可以修改。

2.设置工资项目

【实验资料】

2023年1月1日，根据表5-2增加工资项目。

表5-2　　工资项目（WA_Gztblset）

工资项目名称（cSetGZItemName）	类型（iSetGZItemStyle）	长度（iSetGZItemLenth）	小数（iDecimal）	增减项（iSetGZItemProp）
基本工资	数字	8	2	增项
岗位工资	数字	8	2	
奖金	数字	8	2	
交通补贴	数字	8	2	
工龄津贴	数字	8	2	
加班津贴	数字	8	2	
病假扣款	数字	8	2	减项
事假扣款	数字	8	2	
个人养老保险	数字	8	2	
个人医疗保险	数字	8	2	
个人失业保险	数字	8	2	
个人住房公积金	数字	8	2	
上月累计预扣预缴税额	数字	8	2	
企业养老保险	数字	8	2	其它
企业医疗保险	数字	8	2	
企业失业保险	数字	8	2	
企业工伤保险	数字	8	2	
企业住房公积金	数字	8	2	
四险一金工资基数	数字	8	2	
应付工资	数字	10	2	
累计应付工资	数字	10	2	
累计减除费用	数字	8	2	
累计专项附加扣除	数字	8	2	
累计预扣预缴应纳税所得额	数字	8	2	
日工资	数字	8	2	
加班天数	数字	8	1	
病假天数	数字	8	1	
事假天数	数字	8	1	

【实验过程】

设置工资项目

(1) 在U8企业应用平台，依次单击“业务工作→人力资源→薪资管理→设置→工资项目设置”菜单，打开“工资项目设置”窗口，如图5-7所示。

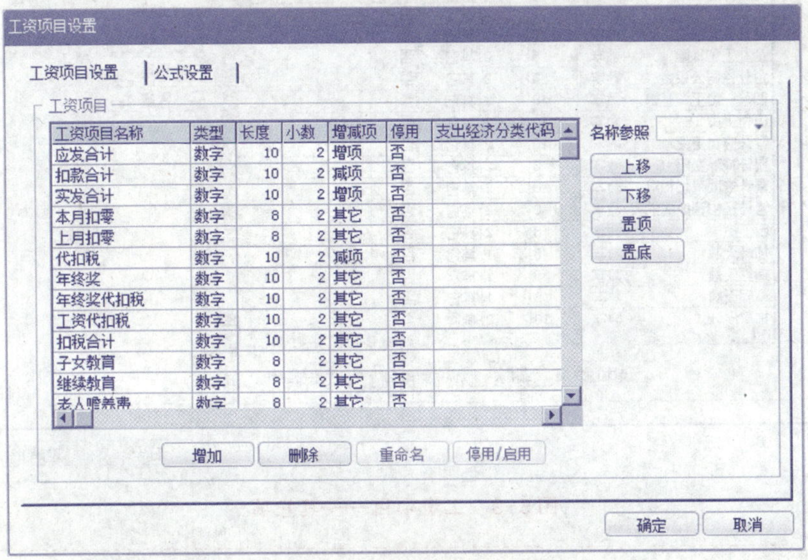

工资项目名称	类型	长度	小数	增减项	停用	支出经济分类代码
应发合计	数字	10	2	增项	否	
扣款合计	数字	10	2	减项	否	
实发合计	数字	10	2	增项	否	
本月扣零	数字	8	2	其它	否	
上月扣零	数字	8	2	其它	否	
代扣税	数字	10	2	减项	否	
年终奖	数字	10	2	其它	否	
年终奖代扣税	数字	10	2	其它	否	
工资代扣税	数字	10	2	其它	否	
扣税合计	数字	10	2	其它	否	
子女教育	数字	8	2	其它	否	
继续教育	数字	8	2	其它	否	
老人赡养费	数字	8	2	其它	否	

图5-7 工资项目设置

【提示】

首次打开该窗口，工资项目列表所显示的是系统提供的固定工资项目，这些项目不可修改、删除。

(2) 单击“应发合计”项，再单击“增加”按钮，根据实验资料逐项添加工资项目，结果如图5-8、图5-9所示。

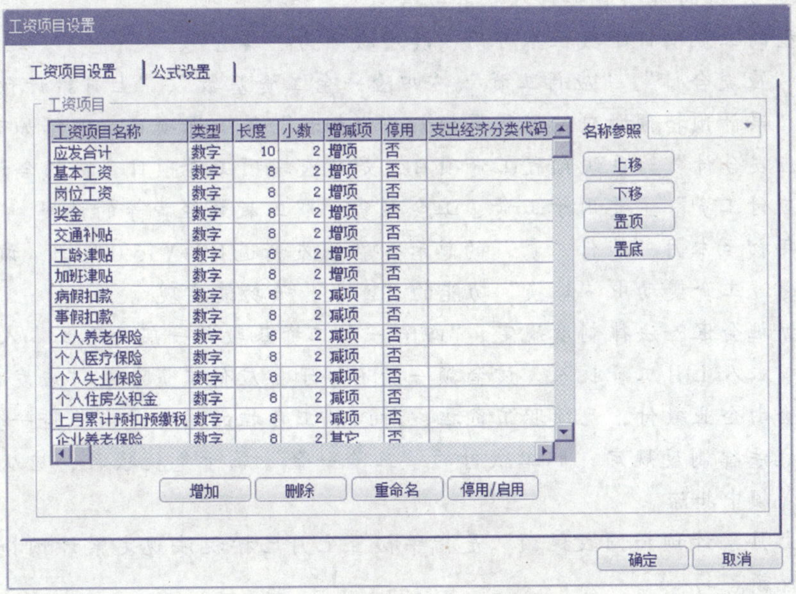

工资项目名称	类型	长度	小数	增减项	停用	支出经济分类代码
应发合计	数字	10	2	增项	否	
基本工资	数字	8	2	增项	否	
岗位工资	数字	8	2	增项	否	
奖金	数字	8	2	增项	否	
交通补贴	数字	8	2	增项	否	
工龄津贴	数字	8	2	增项	否	
加班津贴	数字	8	2	增项	否	
病假扣款	数字	8	2	减项	否	
事假扣款	数字	8	2	减项	否	
个人养老保险	数字	8	2	减项	否	
个人医疗保险	数字	8	2	减项	否	
个人失业保险	数字	8	2	减项	否	
个人住房公积金	数字	8	2	减项	否	
上月累计预扣预缴税	数字	8	2	减项	否	
企业养老保险	数字	8	2	其它	否	

图5-8 工资项目——增项、减项

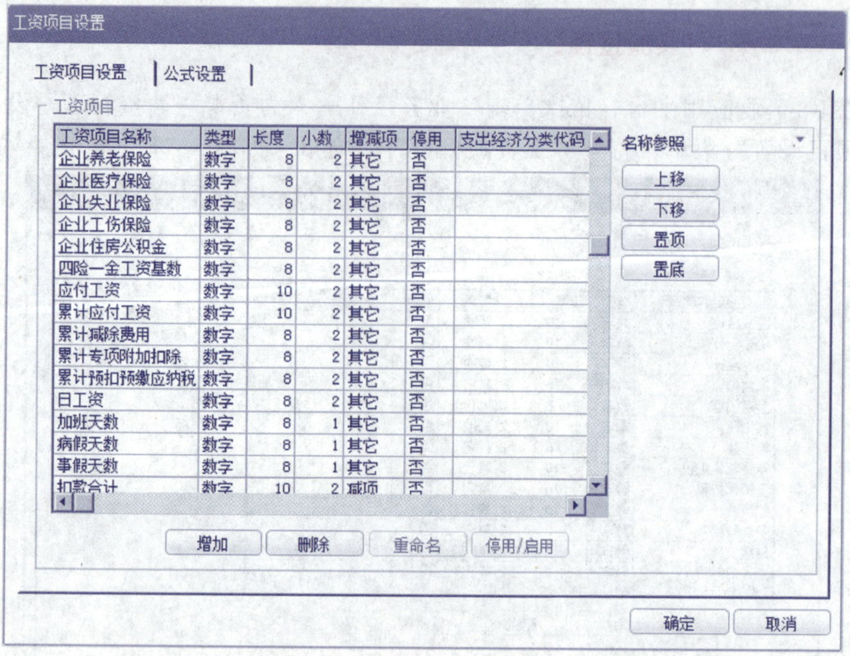

图5-9　工资项目——其它项

【提示】

工资项目设置合理与否，将对后续公式设置、工资分摊设置等产生直接影响。

工资项目名称必须唯一，可参照“名称参照”录入工资项目名称。

已使用的工资项目不可删除，不能修改数据类型。

利用界面上的“上移”“下移”按钮可调整工资项目的排列顺序。

[增项] 所有的增项直接计入“应发合计”。

[减项] 所有的减项直接计入“扣款合计”。

字符型的工资项目小数位不可用，其增减项为“其它”。

关于“应发合计”、“应付工资”、“四险一金工资基数”、“上月累计预扣预缴税额”以及“累计预扣预缴应纳税所得额”、“代扣税”等工资项目，解释如下：

①“应发合计”为系统预置工资项目，是所有增项工资项目金额的合计。

②“应付工资”主要用于工资、工会经费、职工教育经费等的计提。“累计应付工资”是年初至本月“应付工资”的总和，在用友新道U8+V15.0版中，该数据需手工输入或通过工资变动中“替换”功能的“函数”子功能实现。

③根据社会保险法律制度规定，“四险一金工资基数”一般为职工本人上一年度平均工资或本人上月工资收入。该金额一般不等于“应付工资”或“应发合计”。由于工伤保险由企业缴付，无须职工负担，所以职工负担的实际是“三险一金”。根据个人所得税法律制度规定，职工缴付的“三险一金”属于免税项目，应从纳税人的应纳税所得额中扣除。

④“上月累计预扣预缴税额”是指年初至上月已按税法规定累计预扣预缴的个人所得税税额。

⑤根据个人所得税法律制度规定，累计预扣预缴应纳税所得额=累计收入-累计免税收入-累计减除费用-累计专项扣除-累计专项附加扣除-累计依法确定的其他扣除。

注：公式中的“累计收入”对应表5-2中的“累计应付工资”。根据个人所得税法律制度规定，公司预扣预缴个人所得税，费用减除标准为5 000元/月，即60 000元/年。公式中的“累计专项扣除”是指职工负担的累计的“三险一金”。

⑥本期应预扣预缴税额=（累计预扣预缴应纳税所得额×预扣率-速算扣除数）-累计减免税额-上月累计预扣预缴税额。在用友新道U8+V15.0版中，该金额等于“代扣税”与“上月累计预扣预缴税额”的差额。

举例说明如下：

假定李某2023年每月基本工资9 000元，1月份请病假1天（根据该公司规定，请假1天扣100元），则李某1月份的“应付工资”为：9 000-100=8 900（元），该金额就是月末计提工资时应贷记“应付职工薪酬——工资”的金额。而李某1月份的“应发合计”仍是9 000元。

假定公司所在地四险一金工资基数为5 800元/月，当地职工负担的“三险一金”缴费比例合计为20.5%，则李某本人应负担的“三险一金”合计为：5 800×20.5%=1 189（元）。

假定李某除工资收入外，当年未取得劳务报酬所得、稿酬所得和特许权使用费所得，李某享受子女教育、赡养老人两项专项附加扣除共计2 000元/月，无其他专项附加扣除事项。

李某1月份的“累计预扣预缴应纳税所得额”为：9 000-100-5 000-1 189-2 000=711（元）。

李某1月份的“本期应预扣预缴税额”为：711×3%=21.33（元）。

李某1月份实发工资为：9 000-100-1 189-21.33=7 689.67（元）。

李某2月份满勤，其“累计预扣预缴应纳税所得额”为：18 000-100-10 000-2 378-4 000=1 522（元）。

李某2月份的“本期应预扣预缴税额”为：1 522×3%-21.33=24.33（元）。

李某2月份实发工资为：9 000-1 189-24.33=7 786.67（元）。

3.设置人员档案

【实验资料】

2023年1月1日，根据表5-3添加在岗人员档案，所有职工的开户银行均为锦州银行。

表5-3

人员档案（WA_psn）

薪资部门名称	人员编号（cPsn_Num）	人员姓名（cPsn_Name）	人员类别	银行账号（cAccount）	职称（M1）	学历（M2）
行政部	A01	赵海元	企业管理人员	6923227169281356301	高级	研究生
行政部	A02	马斯蔓	企业管理人员	6923227169281356302	初级	本科
财务部	W01	李峻峰	企业管理人员	6923227169281356303	高级	本科

续表

薪资部门名称	人员编号 (cPsn_Num)	人员姓名 (cPsn_Name)	人员类别	银行账号 (cAccount)	职称 (M1)	学历 (M2)
财务部	W02	王家宝	企业管理人员	6923227169281356304	中级	研究生
财务部	W03	范英晨	企业管理人员	6923227169281356305	初级	本科
批发科	X01	张东杰	销售人员	6923227169281356306	中级	本科
零售科	X02	韩佳辉	销售人员	6923227169281356307	初级	专科
采购部	G01	刘美玲	采购人员	6923227169281356308	中级	本科
采购部	G02	肖子豪	采购人员	6923227169281356309	初级	本科
一车间	S11	张春鹏	车间管理人员	6923227169281356310	初级	本科
一车间	S12	季晓坤	生产人员	6923227169281356311	初级	专科
一车间	S13	李明德	生产人员	6923227169281356312	初级	专科
二车间	S21	孙绍阳	车间管理人员	6923227169281356313	中级	本科
二车间	S22	周文治	生产人员	6923227169281356314	初级	专科
二车间	S23	赵静雅	生产人员	6923227169281356315	初级	专科
仓储部	C01	孟梓楠	企业管理人员	6923227169281356316	初级	专科

【实验过程】

批增人员档案

（1）在U8企业应用平台，依次单击“业务工作→人力资源→薪资管理→设置→人员档案”菜单，打开“人员档案”窗口。

（2）单击工具栏的“批增”按钮，打开“人员批量增加”对话框，单击对话框右上方的“查询”按钮，如图5-10所示，单击“确定”按钮，人员添加成功并返回“人员档案”窗口。

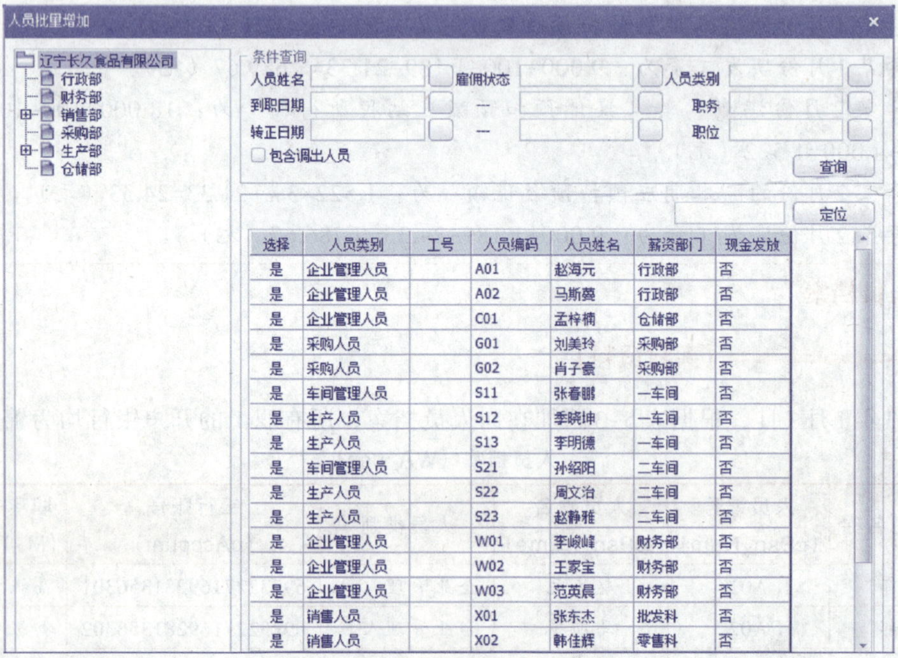

图5-10　批量增加人员档案

（3）补充每个职员的银行名称、银行账号、职称、学历。在“人员档案”窗口，双击“赵海元”所在行，打开“人员档案明细”窗口，根据实验资料，“银行名称”选择“锦州银行”，“银行账号”输入“6923227169281356301”，如图5-11所示。

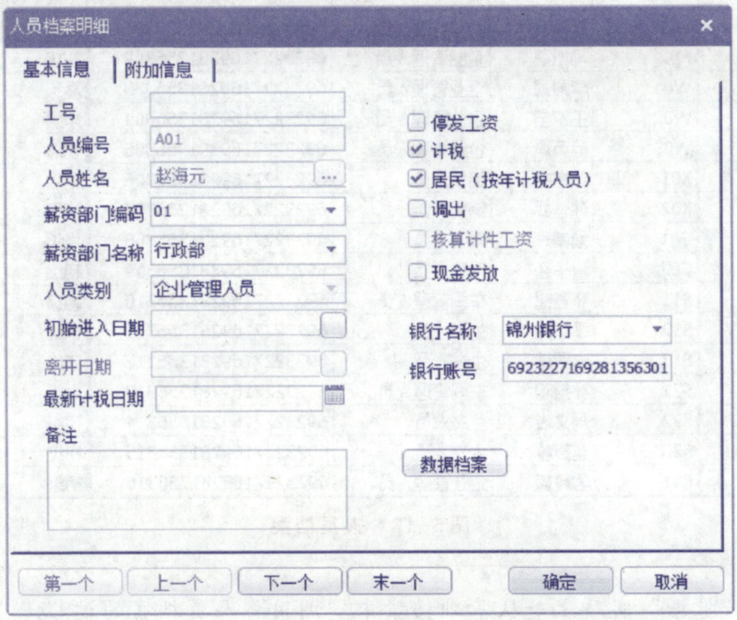

图5-11　人员档案明细——基本信息

（4）点击“附加信息”页签，“职称”栏输入“高级”，“学历”栏输入“研究生”，如图5-12所示。单击“确定”按钮，系统提示“写入该人员档案信息吗？”，单击“确定”按钮。

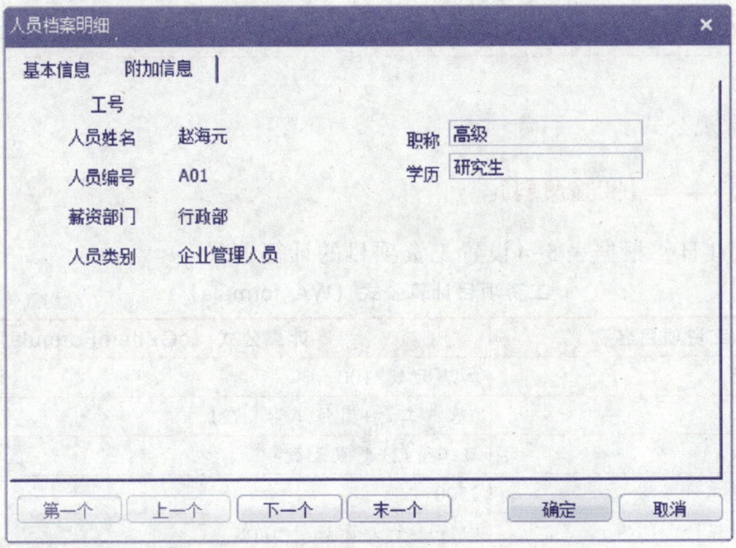

图5-12　人员档案明细——附加信息

（5）继续完成后续人员基本信息及附加信息的录入。录入完毕关闭“人员档案明细”窗口，返回“人员档案”窗口，结果如图5-13所示。

人员档案

总人数：16

选择	薪资部门名称	人员编号	人员姓名	人员类别	账号	职称	学历
	行政部	A01	赵海元	企业管理人员	6923227169281356301	高级	研究生
	行政部	A02	马斯蔓	企业管理人员	6923227169281356302	初级	本科
	财务部	W01	李峻峰	企业管理人员	6923227169281356303	高级	本科
	财务部	W02	王家宝	企业管理人员	6923227169281356304	中级	研究生
	财务部	W03	范英晨	企业管理人员	6923227169281356305	初级	本科
	批发科	X01	张东杰	销售人员	6923227169281356306	中级	本科
	零售科	X02	韩佳辉	销售人员	6923227169281356307	初级	专科
	采购部	G01	刘美玲	采购人员	6923227169281356308	中级	本科
	采购部	G02	肖子豪	采购人员	6923227169281356309	初级	本科
	一车间	S11	张春鹏	车间管理人员	6923227169281356310	初级	本科
	一车间	S12	季晓坤	生产人员	6923227169281356311	初级	专科
	一车间	S13	李明德	生产人员	6923227169281356312	初级	专科
	二车间	S21	孙绍阳	车间管理人员	6923227169281356313	中级	本科
	二车间	S22	周文治	生产人员	6923227169281356314	初级	专科
	二车间	S23	赵静雅	生产人员	6923227169281356315	初级	专科
	仓储部	C01	孟梓楠	企业管理人员	6923227169281356316	初级	专科

图5-13　人员档案

【提示】

这里的“批增”实质上是从基础档案中“调用”人员档案的过程。

除本例所展示的批量增加人员档案的方法外，还可以通过点击“批量”按钮右侧的“增加”按钮，逐个增加人员档案。

若在“基础设置→基础档案→收付结算→银行档案”中选择了账号定长，则输入银行账号时必须按所定长度输入。

删除的人员档案信息不可恢复。

4.设置公式

（1）定义常规公式。

【实验资料】

2023年1月1日，根据表5-4设置工资项目的计算公式。

表5-4　工资项目计算公式（WA_formula）

序号	工资项目名称	计算公式（cGZItemFormula）
1	加班津贴	加班天数*100
2	日工资	（基本工资+岗位工资）/21
3	事假扣款	日工资/2*事假天数
4	四险一金工资基数	3500
5	个人养老保险	四险一金工资基数*0.08
6	个人医疗保险	四险一金工资基数*0.02
7	个人失业保险	四险一金工资基数*0.005
8	个人住房公积金	四险一金工资基数*0.1
9	企业养老保险	四险一金工资基数*0.16

续表

序号	工资项目名称	计算公式（cGZItemFormula）
10	企业医疗保险	四险一金工资基数*0.07
11	企业失业保险	四险一金工资基数*0.005
12	企业工伤保险	四险一金工资基数*0.005
13	企业住房公积金	四险一金工资基数*0.1
14	应付工资	基本工资+岗位工资+奖金+交通补贴+工龄津贴+加班津贴-病假扣款-事假扣款
15	累计减除费用	5000*month（）
16	累计专项附加扣除	2000*month（）
17	累计预扣预缴应纳税所得额	累计应付工资-累计减除费用-（个人养老保险+个人医疗保险+个人失业保险+个人住房公积金）*month（）-累计专项附加扣除

【实验过程】

定义常规公式

①设置“加班津贴”的计算公式。在U8企业应用平台，依次单击“业务工作→人力资源→薪资管理→设置→工资项目设置”菜单，打开“工资项目设置”窗口，单击“公式设置”页签，如图5-14所示。

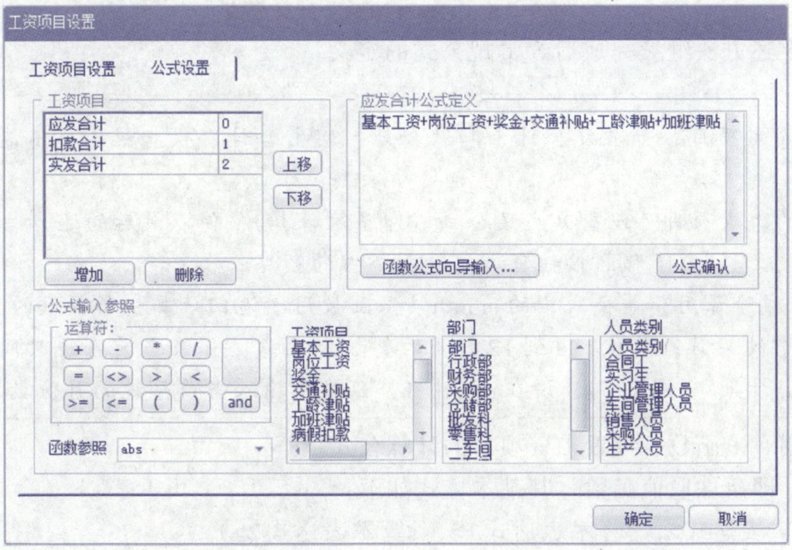

图5-14 “工资项目设置——公式设置”窗口

【提示】

应发合计、扣款合计和实发合计的计算公式由系统根据定义的增减项自动设置，无须在此修改。

②单击“增加”按钮，从窗口左上方工资项目下拉列表中选择“加班津贴”，进行“加班津贴”项目的公式定义。单击公式定义区，从窗口下方的“工资项目”中选择“加班天数”，然后输入“*100”。定义完毕单击“公式确认”按钮，系统将对该公式进行合法性判断后保存，结果如图5-15所示。

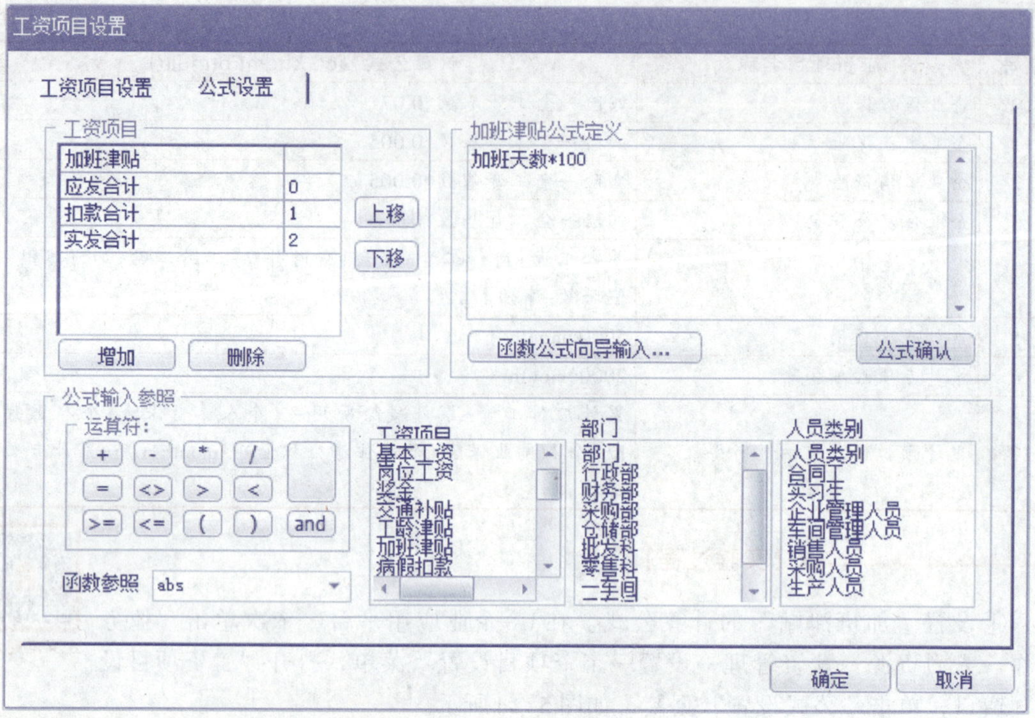

图5-15 “加班津贴”计算公式

③参照上述方法继续完成后续常规公式的定义。

【提示】

系统固定项目，如应发合计、扣款合计、实发合计、代扣税等，不能设置取数公式。

相同的工资项目可以重复定义公式（即多次计算），但以最后的运行结果为准。

利用“上移”“下移”按钮可调整计算公式的顺序。

“累计减除费用”等公式中的month（）函数用于返回计算机所提供的系统日期，表示一年中的某月，其值为1到12之间的整数。注意，如果当前系统时间非本账套的“启用会计期”（图1-5），请在month（）函数中输入当前系统的月份数。

（2）使用“iff函数”设置工资项目的计算公式。

iff函数，即条件取值函数，其基本格式如下：

iff（<逻辑表达式>，<算术表达式1>，<算术表达式2>）

其基本含义是：根据逻辑表达式的值，真时取<算术表达式1>的计算结果，假时取<算术表达式2>的计算结果。返回结果均为数值。

逻辑表达式：任何可以产生真或假结果的数值或表达式。

算术表达式1：逻辑表达式结果为真时，所取的值或表达式。

算术表达式2：逻辑表达式结果为假时，所取的值或表达式。

【实验资料】

2023年1月1日，根据表5-5设置工资项目的计算公式。

表 5-5　工资项目计算公式

序号	工资项目名称	计算公式描述
1	交通补贴	企业管理人员的交通补贴为 300 元，其他人员类别的交通补贴为 500 元
2	岗位工资	企业管理人员的岗位工资为 800 元，销售人员的岗位工资为 600 元，其他人员类别的岗位工资为 400 元
3	病假扣款	如果病假天数<=2 天，病假扣款=日工资*病假天数*0.2; 如果病假天数>2 天且<=7 天，病假扣款=日工资*病假天数*0.4; 如果病假天数>7 天，病假扣款=日工资*病假天数

【实验过程】

使用iff函数设置公式

①设置“交通补贴”的计算公式。

a.在U8企业应用平台，依次单击“业务工作→人力资源→薪资管理→设置→工资项目设置”菜单，打开“工资项目设置”窗口，单击“公式设置”页签。单击“增加”按钮，从下拉列表中选择“交通补贴”，点击“函数公式向导输入…”按钮，打开“函数向导——步骤之1”对话框，单击选中“iff”，如图5-16所示。

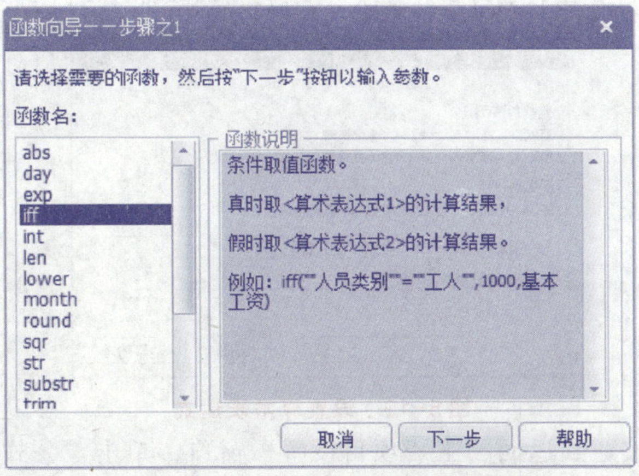

图 5-16　函数向导——步骤之 1

b.单击“下一步”按钮，打开“函数向导——步骤之2”对话框，如图5-17所示。

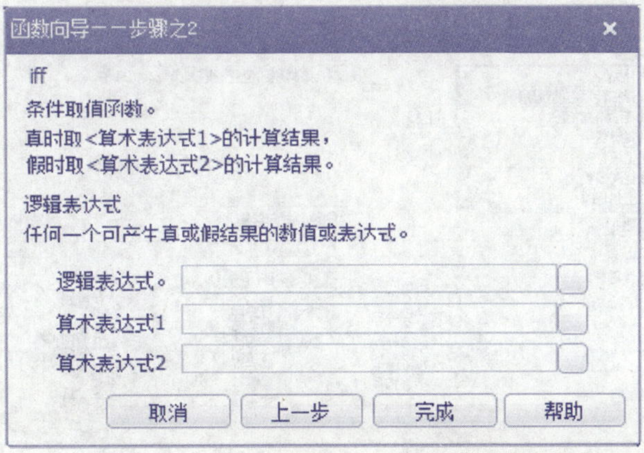

图 5-17　函数向导——步骤之 2

c.单击“逻辑表达式。”栏右侧的“□”参照按钮，打开“参照”对话框。“参照列表”选择“人员类别”，然后从下面的人员类别列表中选择“企业管理人员”，如图5-18所示。

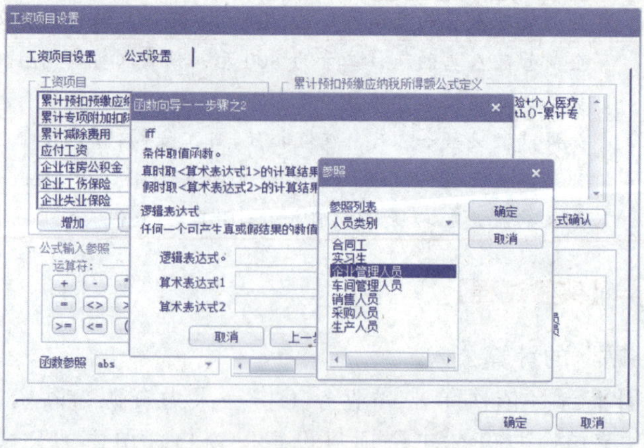

图5-18　设置逻辑表达式

d.单击“确定”按钮，返回“函数向导——步骤之2”对话框，在“算术表达式1”栏输入“300”，在“算术表达式2”栏输入“500”，结果如图5-19所示。

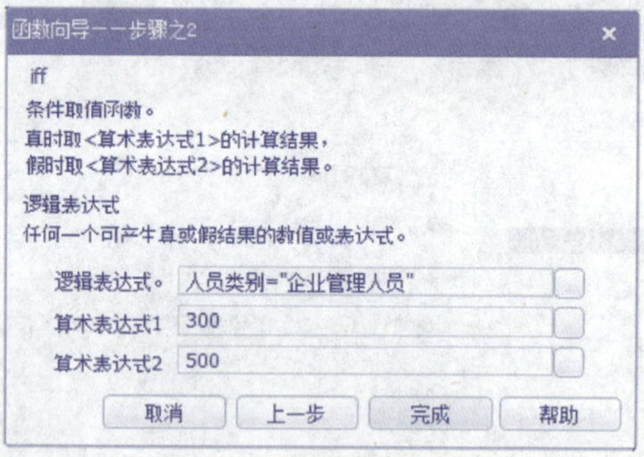

图5-19　设置算术表达式

e.单击“完成”按钮，返回“工资项目设置”窗口，单击“公式确认”按钮，结果如图5-20所示。

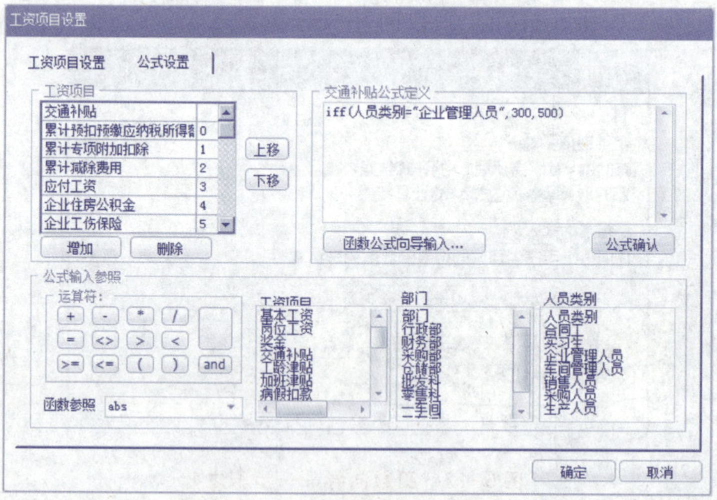

图5-20　“交通补贴”计算公式

【提示】

函数公式向导只支持系统提供的函数。如果熟悉SQL语法和SQL函数，还可以定义符合SQL语法且函数公式向导中没有列出的SQL函数计算公式。

②设置“岗位工资”的计算公式。

a.在“工资项目设置”窗口，单击“公式设置”页签。单击“增加”按钮，从下拉列表中选择“岗位工资”，点击“函数公式向导输入…”按钮，打开“函数向导——步骤之1”对话框，单击选中“iff”。

b.单击“下一步”按钮，打开“函数向导——步骤之2”对话框。

c.单击“逻辑表达式。”栏右侧的“□”参照按钮，打开“参照”对话框。“参照列表”选择“人员类别”，然后从下面的人员类别列表中选择“企业管理人员”。单击“确定”按钮，返回“函数向导——步骤之2”对话框，在“算术表达式1”栏输入“800”，“算术表达式2”栏暂不输入，结果如图5-21所示。

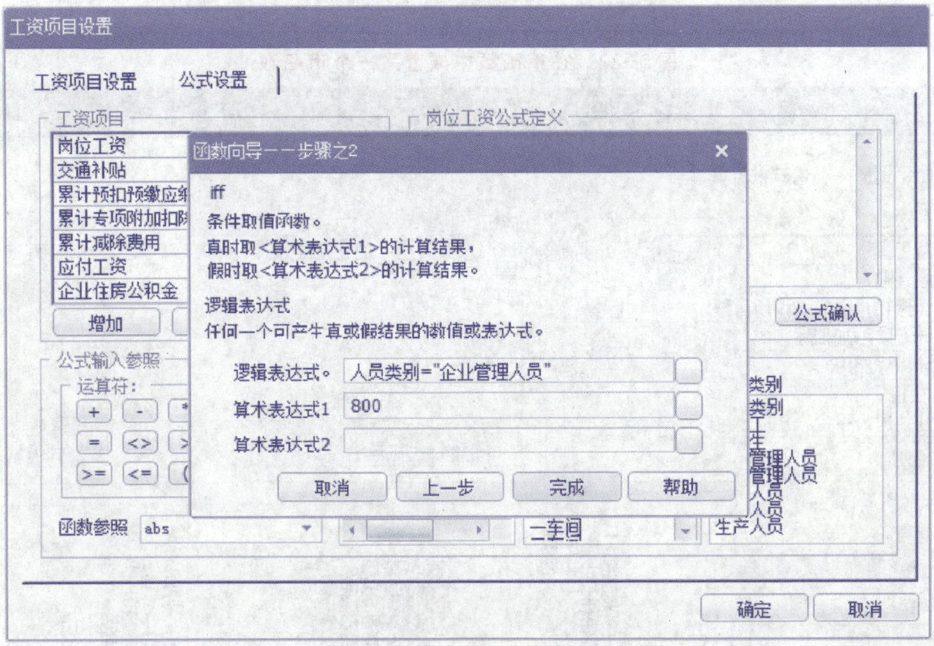

图5-21　设置算术表达式

d.单击“完成”按钮，返回“工资项目设置”窗口，点击公式定义区“）”的左侧。继续点击“函数公式向导输入…”按钮，打开“函数向导——步骤之1”对话框，单击选中“iff”。

e.单击“下一步”按钮，打开“函数向导——步骤之2”对话框。

f.单击“逻辑表达式。”栏右侧的“□”参照按钮，打开“参照”对话框。“参照列表”选择“人员类别”，然后从下面的人员类别列表中选择“销售人员”。单击“确定”按钮，返回“函数向导——步骤之2”对话框，在“算术表达式1”栏输入“600”，在“算术表达式2”栏输入“400”，结果如图5-22所示。

g.单击“完成”按钮，返回“工资项目设置”窗口，单击“公式确认”按钮，结果如图5-23所示。

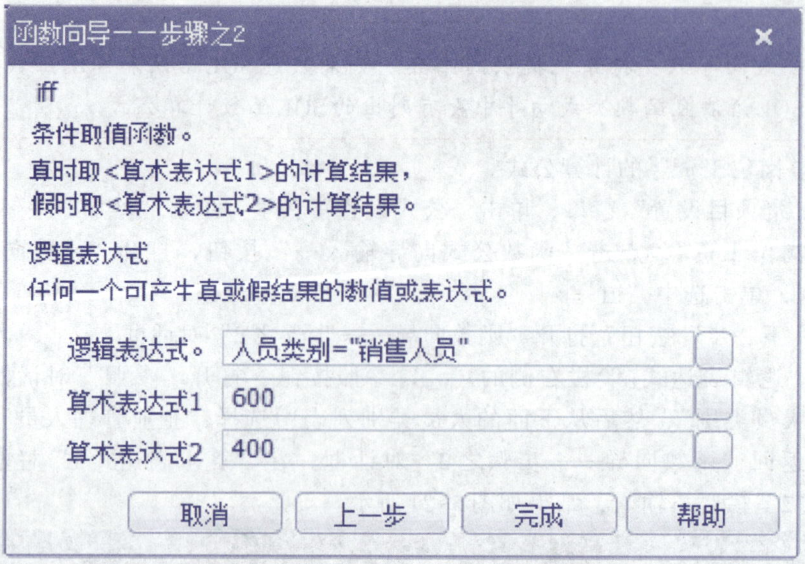

图 5-22　在 iff 函数中嵌套另一个 iff 函数

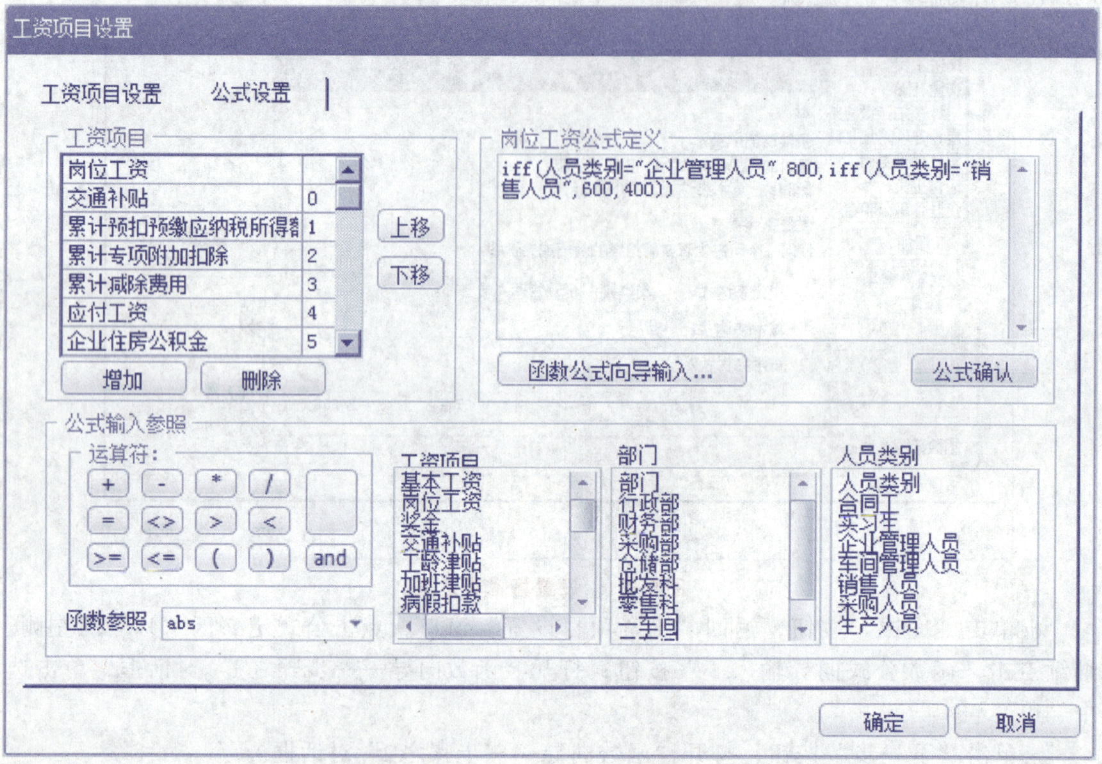

图 5-23　“岗位工资”计算公式

③设置“病假扣款”的计算公式。

参照前述方法可完成“病假扣款”的计算公式，结果如图 5-24 所示。注意“and”前后需各加一个空格。

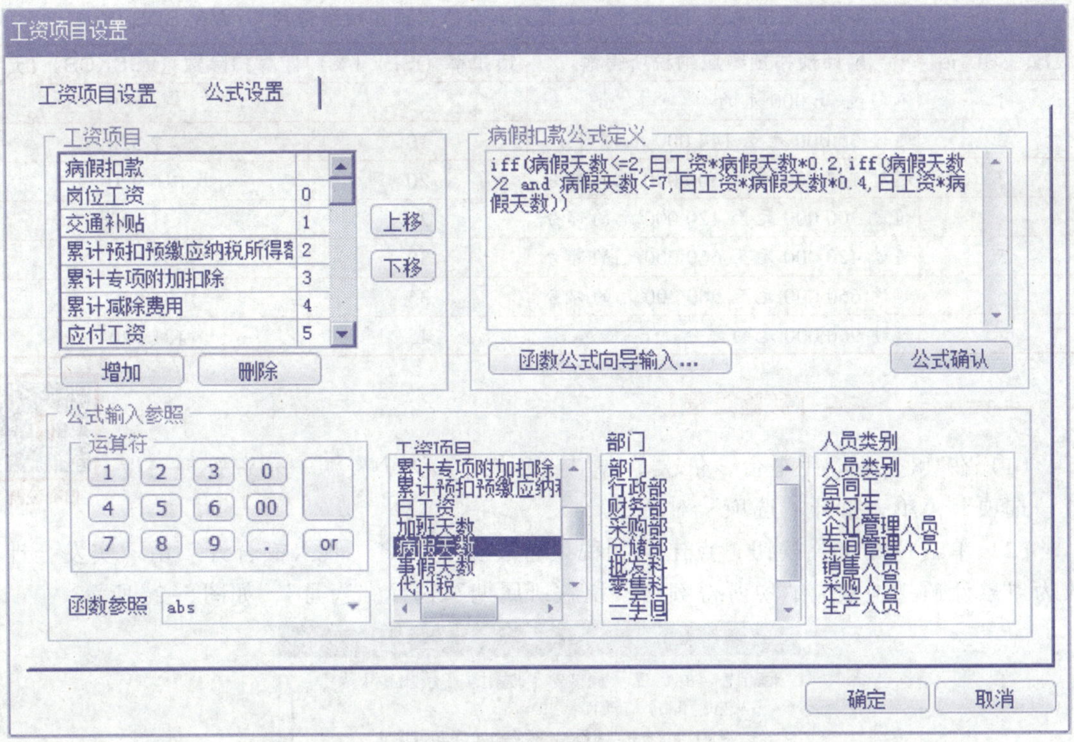

图 5-24　“病假扣款”计算公式

【提示】

这里“病假扣款”的计算公式有多种设置方式，以下几种方式也可得出同样的结果：

第一种方式：iff(病假天数<=2,日工资*病假天数*0.2,iff(病假天数>7,日工资*病假天数,日工资*病假天数*0.4))

第二种方式：iff(病假天数>2 and 病假天数<=7,日工资*病假天数*0.4,iff(病假天数<=2,日工资*病假天数*0.2,日工资*病假天数))

第三种方式：iff(病假天数>2 and 病假天数<=7,日工资*病假天数*0.4,iff(病假天数>7,日工资*病假天数,日工资*病假天数*0.2))

第四种方式：iff(病假天数>7,日工资*病假天数,iff(病假天数<=2,日工资*病假天数*0.2,日工资*病假天数*0.4))

第五种方式：iff(病假天数>7,日工资*病假天数,iff(病假天数>2 and 病假天数<=7,日工资*病假天数*0.4,日工资*病假天数*0.2))

5.扣税设置

【实验资料】

2023年1月1日，按照个人所得税法规定的累计预扣法，设置征税依据为“累计预扣预缴应纳税所得额”工资项，将税率表中的“基数”和“附加费用”暂设为零。根据表5-6将税率表调整为预扣率表。

表 5-6　个人所得税预扣率表（居民个人工资、薪金所得预扣预缴适用）(WA_SDS_SL)

级数（iSL_id）	累计预扣预缴应纳税所得额	预扣率（iSL）(%)	速算扣除数（ySSKCS）(元)
1	不超过 36 000 元的	3	0
2	超过 36 000 元至 144 000 元的部分	10	2 520
3	超过 144 000 元至 300 000 元的部分	20	16 920
4	超过 300 000 元至 420 000 元的部分	25	31 920
5	超过 420 000 元至 660 000 元的部分	30	52 920
6	超过 660 000 元至 960 000 元的部分	35	85 920
7	超过 960 000 元的部分	45	181 920

【实验过程】

扣税设置

（1）在U8企业应用平台，依次单击“业务工作→人力资源→薪资管理→设置→选项”菜单，打开“选项”对话框。

（2）单击“编辑”按钮，点击“扣税设置”页签，将“收入额合计”由“实发合计”改为“累计预扣预缴应纳税所得额”，“税款所属期”选择“当月”，如图5-25所示。

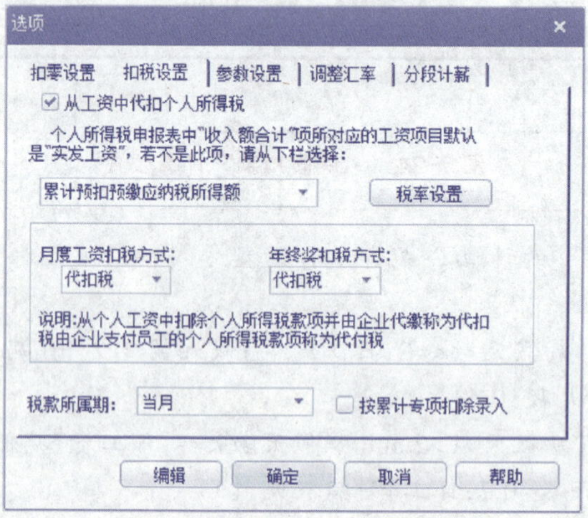

图5-25　选项——扣税设置

（3）单击“税率设置”按钮，打开“个人所得税申报表——税率表”对话框，根据表5-6将税率表调整为预扣率表，结果如图5-26所示。

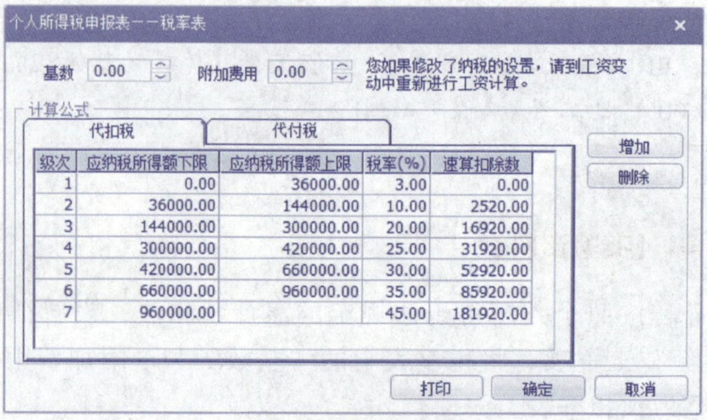

图5-26　个人所得税预扣率表——税率表

【提示】

根据最新税收法规，可以调整“基数”、“附加费用”、“应纳税所得额上限”、“税率”和“速算扣除数”，也可增加或删除级次。

调整某一级“应纳税所得额上限”，则其下一级“应纳税所得额下限”将随之改变。

系统已预设速算扣除数，可修改。

若删除级次，必须从最末级开始删除，不能跨级删除。当税率表中只剩一级时，该级不能删除。

修改税率表或重新选择“收入额合计”项后，需到“工资变动”中再次执行计算功能，否则系统仍保留修改前的数据。

修改税率不影响以前期间的税率设置。

6.分摊类型设置

【实验资料】

2023年1月31日，根据以下资料进行分摊类型设置：

（1）计提工资（见表5-7）。

表5-7 计提工资

<table>
<tr><th>部门名称</th><th>人员类别</th><th>工资项目</th><th>借方科目及项目</th><th>贷方科目</th></tr>
<tr><td>行政部、财务部、仓储部</td><td>企业管理人员</td><td rowspan="6">应付工资</td><td>管理费用/职工薪酬（660202）</td><td rowspan="6">应付职工薪酬/工资（221101）</td></tr>
<tr><td>批发科、零售科</td><td>销售人员</td><td>销售费用/职工薪酬（660102）</td></tr>
<tr><td>采购部</td><td>采购人员</td><td>管理费用/职工薪酬（660202）</td></tr>
<tr><td>一车间、二车间</td><td>车间管理人员</td><td>制造费用/职工薪酬（510102）</td></tr>
<tr><td>一车间</td><td>生产人员</td><td>生产成本/直接人工（500102）
借方项目：饺子共用</td></tr>
<tr><td>二车间</td><td>生产人员</td><td>生产成本/直接人工（500102）
借方项目：汤圆共用</td></tr>
</table>

（2）预扣个人所得税（见表5-8）。

表5-8 预扣个人所得税

<table>
<tr><th>部门名称</th><th>人员类别</th><th>工资项目</th><th>借方科目</th><th>贷方科目</th></tr>
<tr><td>行政部、财务部、仓储部</td><td>企业管理人员</td><td rowspan="5">代扣税</td><td>应付职工薪酬/工资（221101）</td><td rowspan="10">应交税费/应交个人所得税（222123）</td></tr>
<tr><td>批发科、零售科</td><td>销售人员</td><td>应付职工薪酬/工资（221101）</td></tr>
<tr><td>采购部</td><td>采购人员</td><td>应付职工薪酬/工资（221101）</td></tr>
<tr><td>一车间、二车间</td><td>车间管理人员</td><td>应付职工薪酬/工资（221101）</td></tr>
<tr><td>一车间、二车间</td><td>生产人员</td><td>应付职工薪酬/工资（221101）</td></tr>
<tr><td>行政部、财务部、仓储部</td><td>企业管理人员</td><td rowspan="5">上月累计预扣预缴税额</td><td>应付职工薪酬/工资（221101）</td></tr>
<tr><td>批发科、零售科</td><td>销售人员</td><td>应付职工薪酬/工资（221101）</td></tr>
<tr><td>采购部</td><td>采购人员</td><td>应付职工薪酬/工资（221101）</td></tr>
<tr><td>一车间、二车间</td><td>车间管理人员</td><td>应付职工薪酬/工资（221101）</td></tr>
<tr><td>一车间、二车间</td><td>生产人员</td><td>应付职工薪酬/工资（221101）</td></tr>
</table>

（3）代扣职工负担的三险一金（见表5-9）。

表 5-9 代扣职工负担的三险一金

部门名称	人员类别	工资项目	借方科目	贷方科目
行政部、财务部、仓储部	企业管理人员	个人医疗保险	应付职工薪酬/工资（221101）	其他应付款/代扣职工三险一金/代扣医疗保险（22410101）
批发科、零售科	销售人员		应付职工薪酬/工资（221101）	
采购部	采购人员		应付职工薪酬/工资（221101）	
一车间、二车间	车间管理人员		应付职工薪酬/工资（221101）	
一车间、二车间	生产人员		应付职工薪酬/工资（221101）	
行政部、财务部、仓储部	企业管理人员	个人养老保险	应付职工薪酬/工资（221101）	其他应付款/代扣职工三险一金/代扣养老保险（22410102）
批发科、零售科	销售人员		应付职工薪酬/工资（221101）	
采购部	采购人员		应付职工薪酬/工资（221101）	
一车间、二车间	车间管理人员		应付职工薪酬/工资（221101）	
一车间、二车间	生产人员		应付职工薪酬/工资（221101）	
行政部、财务部、仓储部	企业管理人员	个人失业保险	应付职工薪酬/工资（221101）	其他应付款/代扣职工三险一金/代扣失业保险（22410103）
批发科、零售科	销售人员		应付职工薪酬/工资（221101）	
采购部	采购人员		应付职工薪酬/工资（221101）	
一车间、二车间	车间管理人员		应付职工薪酬/工资（221101）	
一车间、二车间	生产人员		应付职工薪酬/工资（221101）	
行政部、财务部、仓储部	企业管理人员	个人住房公积金	应付职工薪酬/工资（221101）	其他应付款/代扣职工三险一金/代扣住房公积金（22410104）
批发科、零售科	销售人员		应付职工薪酬/工资（221101）	
采购部	采购人员		应付职工薪酬/工资（221101）	
一车间、二车间	车间管理人员		应付职工薪酬/工资（221101）	
一车间、二车间	生产人员		应付职工薪酬/工资（221101）	

（4）计提企业负担的四险一金（见表5-10）。

表 5-10 计提企业负担的四险一金

部门名称	人员类别	工资项目	借方科目	贷方科目
行政部、财务部、仓储部	企业管理人员	企业医疗保险	管理费用/职工薪酬（660202）	应付职工薪酬/社会保险费/基本医疗保险费（22110201）
批发科、零售科	销售人员		销售费用/职工薪酬（660102）	
采购部	采购人员		管理费用/职工薪酬（660202）	
一车间、二车间	车间管理人员		制造费用/职工薪酬（510102）	
一车间	生产人员		生产成本/直接人工（500102） 借方项目：饺子共用	
二车间	生产人员		生产成本/直接人工（500102） 借方项目：汤圆共用	

续表

部门名称	人员类别	工资项目	借方科目	贷方科目
行政部、财务部、仓储部	企业管理人员	企业养老保险	管理费用/职工薪酬（660202）	应付职工薪酬/设定提存计划/基本养老保险费（22110301）
批发科、零售科	销售人员		销售费用/职工薪酬（660102）	
采购部	采购人员		管理费用/职工薪酬（660202）	
一车间、二车间	车间管理人员		制造费用/职工薪酬（510102）	
一车间	生产人员		生产成本/直接人工（500102） 借方项目：饺子共用	
二车间	生产人员		生产成本/直接人工（500102） 借方项目：汤圆共用	
行政部、财务部、仓储部	企业管理人员	企业失业保险	管理费用/职工薪酬（660202）	应付职工薪酬/设定提存计划/失业保险费（22110302）
批发科、零售科	销售人员		销售费用/职工薪酬（660102）	
采购部	采购人员		管理费用/职工薪酬（660202）	
一车间、二车间	车间管理人员		制造费用/职工薪酬（510102）	
一车间	生产人员		生产成本/直接人工（500102） 借方项目：饺子共用	
二车间	生产人员		生产成本/直接人工（500102） 借方项目：汤圆共用	
行政部、财务部、仓储部	企业管理人员	企业工伤保险	管理费用/职工薪酬（660202）	应付职工薪酬/社会保险费/工伤保险费（22110202）
批发科、零售科	销售人员		销售费用/职工薪酬（660102）	
采购部	采购人员		管理费用/职工薪酬（660202）	
一车间、二车间	车间管理人员		制造费用/职工薪酬（510102）	
一车间	生产人员		生产成本/直接人工（500102） 借方项目：饺子共用	
二车间	生产人员		生产成本/直接人工（500102） 借方项目：汤圆共用	
行政部、财务部、仓储部	企业管理人员	企业住房公积金	管理费用/职工薪酬（660202）	应付职工薪酬/住房公积金（221104）
批发科、零售科	销售人员		销售费用/职工薪酬（660102）	
采购部	采购人员		管理费用/职工薪酬（660202）	
一车间、二车间	车间管理人员		制造费用/职工薪酬（510102）	
一车间	生产人员		生产成本/直接人工（500102） 借方项目：饺子共用	
二车间	生产人员		生产成本/直接人工（500102） 借方项目：汤圆共用	

分摊类型设置

【实验过程】

（1）在U8企业应用平台，依次单击“业务工作→人力资源→薪资管理→设置→分摊类型设置”菜单，打开“分摊类型设置”窗口，如图5-27所示。

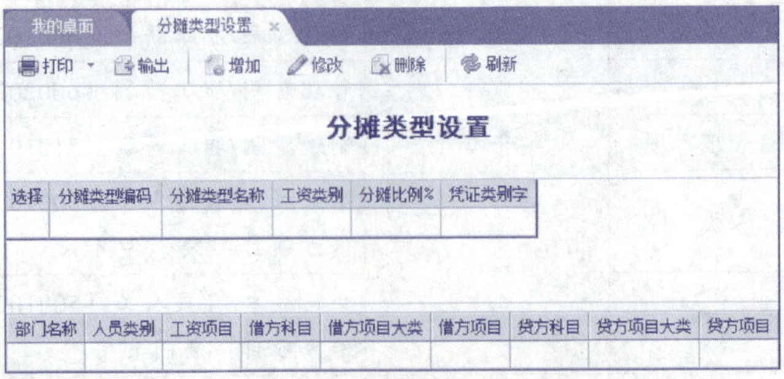

图5-27　“分摊类型设置”窗口

（2）单击“增加”按钮，“分摊类型名称”输入“计提工资”，“凭证类别字”选择“转”（转账凭证），图5-28所示。

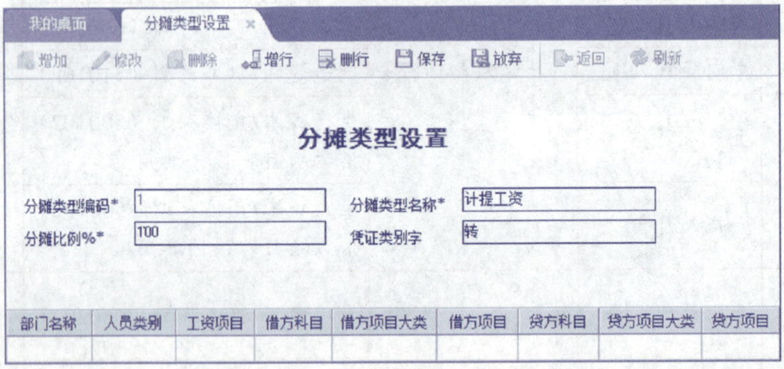

图5-28　增加工资分摊类型

【提示】

如果计提工会经费、职工教育经费，应在此处调整“分摊比例”。

（3）根据实验资料，录入“部门名称”“人员类别”等栏目，结果如图5-29所示。

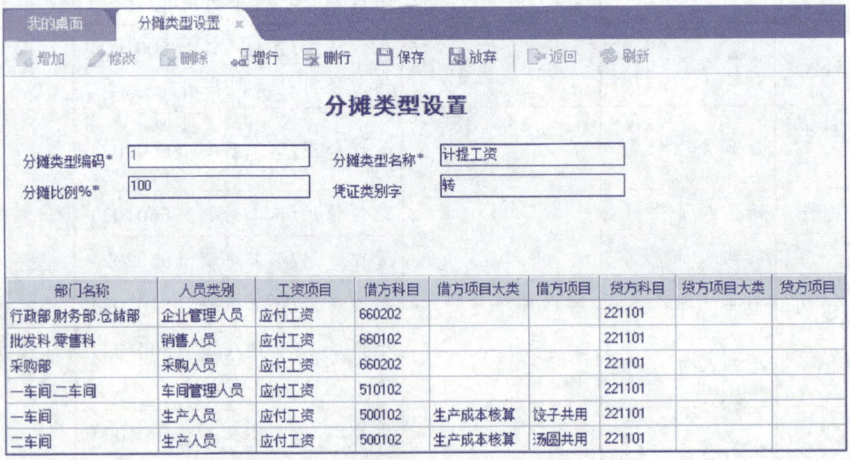

部门名称	人员类别	工资项目	借方科目	借方项目大类	借方项目	贷方科目	贷方项目大类	贷方项目
行政部,财务部,仓储部	企业管理人员	应付工资	660202			221101		
批发科,零售科	销售人员	应付工资	660102			221101		
采购部	采购人员	应付工资	660202			221101		
一车间,二车间	车间管理人员	应付工资	510102			221101		
一车间	生产人员	应付工资	500102	生产成本核算	饺子共用	221101		
二车间	生产人员	应付工资	500102	生产成本核算	汤圆共用	221101		

图5-29　“计提工资”分摊类型设置

【提示】

［部门名称］一次可选择多个部门。不同部门，相同人员类别可设置不同分摊科目。

［工资项目］每个人员类别可选择多个工资项目。工资项目包括工资类别中所有的增项、减项和其它项。

（4）单击“保存”按钮，系统返回“分摊类型设置”窗口。

（5）参照步骤（2）~（4）完成“预扣个人所得税”的分摊类型设置，结果如图5-30所示。

部门名称	人员类别	工资项目	借方科目	借方项目大类	借方项目	贷方科目	贷方项目大类	贷方项目
行政部,财务部,仓储部	企业管理人员	代扣税	221101			222123		
批发科,零售科	销售人员	代扣税	221101			222123		
采购部	采购人员	代扣税	221101			222123		
一车间,二车间	车间管理人员	代扣税	221101			222123		
一车间,二车间	生产人员	代扣税	221101			222123		
行政部,财务部,仓储部	企业管理人员	上月累计预扣预缴税额	221101			222123		
批发科,零售科	销售人员	上月累计预扣预缴税额	221101			222123		
采购部	采购人员	上月累计预扣预缴税额	221101			222123		
一车间,二车间	车间管理人员	上月累计预扣预缴税额	221101			222123		
一车间,二车间	生产人员	上月累计预扣预缴税额	221101			222123		

图5-30 “预扣个人所得税”分摊类型设置

（6）参照步骤（2）~（4）完成“代扣职工负担的三险一金”的分摊类型设置，结果如图5-31所示。

部门名称	人员类别	工资项目	借方科目	借方项目大类	借方项目	贷方科目	贷方项目大类	贷方项目
行政部,财务部,仓储部	企业管理人员	个人医疗保险	221101			22410101		
批发科,零售科	销售人员	个人医疗保险	221101			22410101		
采购部	采购人员	个人医疗保险	221101			22410101		
一车间,二车间	车间管理人员	个人医疗保险	221101			22410101		
一车间,二车间	生产人员	个人医疗保险	221101			22410101		
行政部,财务部,仓储部	企业管理人员	个人养老保险	221101			22410102		
批发科,零售科	销售人员	个人养老保险	221101			22410102		
采购部	采购人员	个人养老保险	221101			22410102		
一车间,二车间	车间管理人员	个人养老保险	221101			22410102		
一车间,二车间	生产人员	个人养老保险	221101			22410102		
行政部,财务部,仓储部	企业管理人员	个人失业保险	221101			22410103		
批发科,零售科	销售人员	个人失业保险	221101			22410103		
采购部	采购人员	个人失业保险	221101			22410103		
一车间,二车间	车间管理人员	个人失业保险	221101			22410103		
一车间,二车间	生产人员	个人失业保险	221101			22410103		
行政部,财务部,仓储部	企业管理人员	个人住房公积金	221101			22410104		
批发科,零售科	销售人员	个人住房公积金	221101			22410104		
采购部	采购人员	个人住房公积金	221101			22410104		
一车间,二车间	车间管理人员	个人住房公积金	221101			22410104		
一车间,二车间	生产人员	个人住房公积金	221101			22410104		

图5-31 “代扣职工负担的三险一金”分摊类型设置

（7）参照步骤（2）~（4）完成“计提企业负担的四险一金”的分摊类型设置，结果如图5-32所示。

部门名称	人员类别	工资项目	借方科目	借方项目大类	借方项目	贷方科目	贷方项目大类	贷方项目
行政部,财务部,仓储部	企业管理人员	企业医疗保险	660202			22110201		
批发科,零售科	销售人员	企业医疗保险	660102			22110201		
采购部	采购人员	企业医疗保险	660202			22110201		
一车间,二车间	车间管理人员	企业医疗保险	510102			22110201		
一车间	生产人员	企业医疗保险	500102	生产成本核算	饺子共用	22110201		
二车间	生产人员	企业医疗保险	500102	生产成本核算	汤圆共用	22110201		
行政部,财务部,仓储部	企业管理人员	企业养老保险	660202			22110301		
批发科,零售科	销售人员	企业养老保险	660102			22110301		
采购部	采购人员	企业养老保险	660202			22110301		
一车间,二车间	车间管理人员	企业养老保险	510102			22110301		
一车间	生产人员	企业养老保险	500102	生产成本核算	饺子共用	22110301		
二车间	生产人员	企业养老保险	500102	生产成本核算	汤圆共用	22110301		
行政部,财务部,仓储部	企业管理人员	企业失业保险	660202			22110302		
批发科,零售科	销售人员	企业失业保险	660102			22110302		
采购部	采购人员	企业失业保险	660202			22110302		
一车间,二车间	车间管理人员	企业失业保险	510102			22110302		
一车间	生产人员	企业失业保险	500102	生产成本核算	饺子共用	22110302		
二车间	生产人员	企业失业保险	500102	生产成本核算	汤圆共用	22110302		
行政部,财务部,仓储部	企业管理人员	企业工伤保险	660202			22110202		
批发科,零售科	销售人员	企业工伤保险	660102			22110202		
采购部	采购人员	企业工伤保险	660202			22110202		
一车间,二车间	车间管理人员	企业工伤保险	510102			22110202		
一车间	生产人员	企业工伤保险	500102	生产成本核算	饺子共用	22110202		
二车间	生产人员	企业工伤保险	500102	生产成本核算	汤圆共用	22110202		
行政部,财务部,仓储部	企业管理人员	企业住房公积金	660202			221104		
批发科,零售科	销售人员	企业住房公积金	660102			221104		
采购部	采购人员	企业住房公积金	660202			221104		
一车间,二车间	车间管理人员	企业住房公积金	510102			221104		
一车间	生产人员	企业住房公积金	500102	生产成本核算	饺子共用	221104		
二车间	生产人员	企业住房公积金	500102	生产成本核算	汤圆共用	221104		

图5-32 “计提企业负担的四险一金”分摊类型设置

5.3 业务处理

5.3.1 工资变动

【实验资料】

2023年1月31日，根据以下资料计算本月职工工资：

（1）全体职工的奖金为2 500元。

（2）除奖金外，1月份职工工资数据见表5-11。

（3）通过“替换”功能批量录入“累计应付工资”。

表 5-11 工资数据（WA_GZData）

人员（cPsn_Name）	部门	基本工资（F_8）	工龄津贴（F_12）	加班天数（F_33）	病假天数（F_34）	事假天数（F_35）
赵海元	行政部	8 000.00	1 000.00			
马斯蔓	行政部	3 500.00	700.00		1	
李峻峰	财务部	6 000.00	900.00			4
王家宝	财务部	4 100.00	800.00	2		
范英晨	财务部	3 900.00	700.00			3
张东杰	批发科	4 900.00	900.00	3		
韩佳辉	零售科	4 600.00	700.00		1	1
刘美玲	采购部	4 900.00	900.00			
肖子豪	采购部	4 000.00	700.00		3	
张春鹏	一车间	3 800.00	900.00			
季晓坤	一车间	3 200.00	700.00	6		
李明德	一车间	3 200.00	500.00			
孙绍阳	二车间	3 900.00	900.00			2
周文治	二车间	3 400.00	600.00		2	
赵静雅	二车间	3 400.00	500.00	4		2
孟梓楠	仓储部	3 400.00	500.00	5		
合计		68 200.00	11 900.00	20	7	12

【实验过程】

工资变动

（1）2023年1月31日，由王家宝（W02）登录U8企业应用平台。

（2）在U8企业应用平台，依次单击“业务工作→人力资源→薪资管理→业务处理→工资变动”菜单，打开“工资变动”窗口。

（3）录入全体职工的奖金。单击工具栏的“全选”按钮，再单击“替换”按钮，打开“工资项数据替换”对话框，从“工资项目列表”中选择“奖金”项，在“替换成”栏输入“2500”，如图5-33所示。单击“确定”按钮，系统弹出“数据替换后将不可恢复。是否继续？”提示框，单击“是”，系统提示“16条记录被替换，是否重新计算？”，单击“是”。

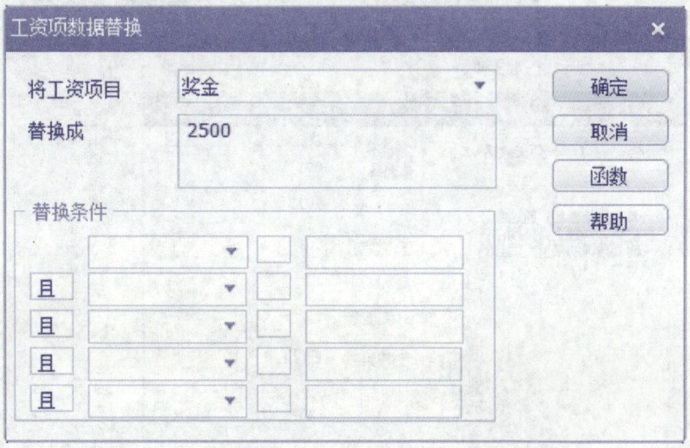

图 5-33 工资项数据替换

（4）根据表5-11直接录入工资数据，结果如图5-34所示。录入完毕，单击工具栏的“计算”“汇总”按钮。

工资变动

过滤器 □定位器 □录入期初

选择	人员编号	姓名	部门	人员类别	基本工资	工龄津贴	加班天数	病假天数	事假天数
	A01	赵海元	行政部	企业管理人员	8,000.00	1,000.00			
	A02	马斯蔓	行政部	企业管理人员	3,500.00	700.00		1.0	
	W01	李峻峰	财务部	企业管理人员	6,000.00	900.00			4.0
	W02	王家宝	财务部	企业管理人员	4,100.00	800.00	2.0		
	W03	范英晨	财务部	企业管理人员	3,900.00	700.00			3.0
	X01	张东杰	批发科	销售人员	4,900.00	900.00	3.0		
	X02	韩佳辉	零售科	销售人员	4,600.00	700.00		1.0	1.0
	G01	刘美玲	采购部	采购人员	4,900.00	900.00			
	G02	肖子豪	采购部	采购人员	4,000.00	700.00		3.0	
	S11	张春鹏	一车间	车间管理人员	3,800.00	900.00			
	S12	季晓坤	一车间	生产人员	3,200.00	700.00	6.0		
	S13	李明德	一车间	生产人员	3,200.00	500.00			
	S21	孙绍阳	二车间	车间管理人员	3,900.00	900.00			2.0
	S22	周文治	二车间	生产人员	3,400.00	600.00		2.0	
	S23	赵静雅	二车间	生产人员	3,400.00	500.00	4.0		2.0
	C01	孟梓楠	仓储部	企业管理人员	3,400.00	500.00	5.0		
合计					68,200.00	11,900.00	20.0	7.0	12.0

图5-34　录入工资数据

【提示】

可使用“过滤器”功能选择某些项目进行录入。

可使用工具栏的“过滤”按钮筛选符合某些条件的人员进行录入。

以下情况需在工资变动中再次进行“计算”和“汇总”：

①重新设置了工资项目的计算公式；

②重新进行了扣税设置；

③修改了工资变动表中的部分数据。

（5）批量录入“累计应付工资”。单击工具栏的“全选”，再单击“替换”，打开“工资项数据替换”对话框。从工资项目列表中选择“累计应付工资”，单击右侧的“函数”按钮，打开“系统函数”对话框。从右下角工资项目列表中选择“应付工资”，如图5-35所示。

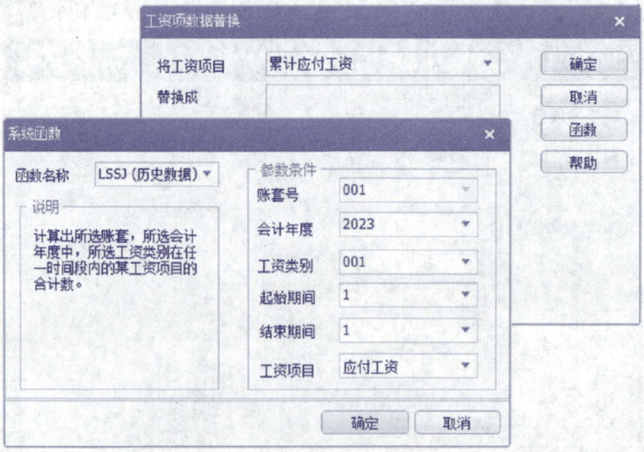

图5-35　“LSSJ”函数

（6）单击“确定”，返回“工资项数据替换”对话框，结果如图5-36所示。单击“确定”，系统弹出“数据替换后将不可恢复。是否继续？”提示框，单击“是”，系统提示“16条记录被替换，是否重新计算？”，单击“是”。最终工资变动计算结果如图5-37所示。

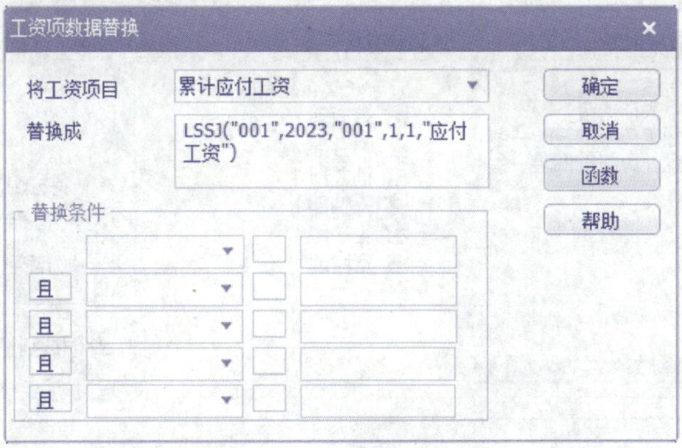

图5-36　工资项数据替换

工资变动

过滤器 所有项目　　定位器　　录入期初

选择	人员编号	姓名	部门	人员类别	应发合计	四险一金工资基数	应付工资	累计应付工资	累计预扣预缴应纳税所得额	扣款合计	实发合计	本月扣零	代扣税
	A01	赵海元	行政部	企业管理人员	12,600.00	3,500.00	12,600.00	12,600.00	4,882.50	863.98	11,730.00	6.02	146.48
	A02	马斯燚	行政部	企业管理人员	7,800.00	3,500.00	7,759.05	7,759.05	41.55	759.70	7,040.00	0.30	1.25
	W01	李峻峰	财务部	企业管理人员	10,500.00	3,500.00	9,852.38	9,852.38	2,134.88	1,429.17	9,070.00	0.83	64.05
	W02	王家宝	财务部	企业管理人员	8,700.00	3,500.00	8,700.00	8,700.00	982.50	746.98	7,950.00	3.02	29.48
	W03	范英晨	财务部	企业管理人员	8,200.00	3,500.00	7,864.28	7,864.28	146.78	1,057.62	7,140.00	2.38	4.40
	X01	张东杰	批发科	销售人员	9,700.00	3,500.00	9,700.00	9,700.00	1,982.50	776.98	8,920.00	3.02	59.48
	X02	韩佳辉	零售科	销售人员	8,900.00	3,500.00	8,726.67	8,726.67	1,009.17	921.11	7,970.00	8.89	30.28
	G01	刘美玲	采购部	采购人员	9,200.00	3,500.00	9,200.00	9,200.00	1,482.50	761.98	8,430.00	8.02	44.48
	G02	肖子豪	采购部	采购人员	8,100.00	3,500.00	7,848.58	7,848.58	131.08	972.85	7,120.00	7.15	3.93
	S11	张春鹏	一车间	车间管理人员	8,100.00	3,500.00	8,100.00	8,100.00	382.50	728.98	7,370.00	1.02	11.48
	S12	季晓坤	一车间	生产人员	7,900.00	3,500.00	7,900.00	7,900.00	182.50	722.98	7,170.00	7.02	5.48
	S13	李明德	一车间	生产人员	7,100.00	3,500.00	7,100.00	7,100.00	-617.50	717.50	6,380.00	2.50	
	S21	孙绍阳	二车间	车间管理人员	8,200.00	3,500.00	7,995.24	7,995.24	277.74	930.59	7,260.00	9.41	8.33
	S22	周文治	二车间	生产人员	7,400.00	3,500.00	7,327.62	7,327.62	-389.88	789.88	6,610.00	0.12	
	S23	赵静雅	二车间	生产人员	7,700.00	3,500.00	7,519.05	7,519.05	-198.45	898.45	6,800.00	1.55	
	C01	孟梓楠	仓储部	企业管理人员	8,000.00	3,500.00	8,000.00	8,000.00	282.50	725.98	7,270.00	4.02	8.48
合计					138,100.00	56,000.00	136,192.87	136,192.87	12,712.87	13,804.73	124,230.00	65.27	417.60

图5-37　工资计算结果

【提示】

2月及以后月份的“累计应付工资”“上月累计预扣预缴税额”均通过“替换”中的“函数”功能处理，且后者每月需“替换”两次。

5.3.2　工资分摊

【实验资料】

2023年1月31日，按分摊类型逐个生成记账凭证，其中，生产人员的工资费用按本月各产品投产量分配计入。各产品投产量详见知识点8.2.2、知识点10.3.4。

【实验过程】

工资分摊

（1）在U8企业应用平台，依次单击“业务工作→人力资源→薪资管理→业务处理→工资分摊”菜单，打开“工资分摊”窗口。勾选“计提工资”计提费用类型，勾选所有核算部门，勾选“明细到工资项目”“按项目核算”，如图5-38所示。

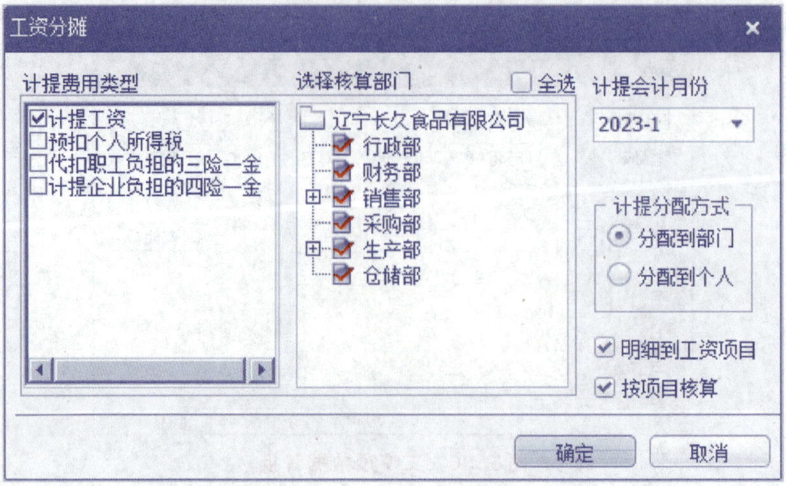

图5-38　“工资分摊”窗口

（2）单击“确定”按钮，打开“工资分摊明细”窗口，勾选“合并科目相同、辅助项相同的分录”，如图5-39所示。

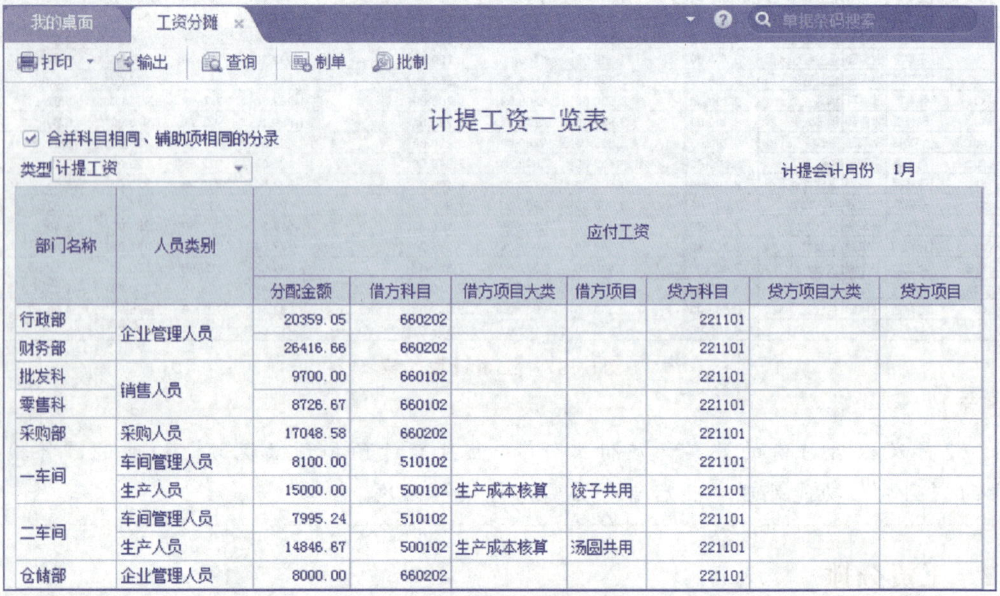

计提工资一览表

部门名称	人员类别	应付工资						
		分配金额	借方科目	借方项目大类	借方项目	贷方科目	贷方项目大类	贷方项目
行政部	企业管理人员	20359.05	660202			221101		
财务部		26416.66	660202			221101		
批发科	销售人员	9700.00	660102			221101		
零售科		8726.67	660102			221101		
采购部	采购人员	17048.58	660202			221101		
一车间	车间管理人员	8100.00	510102			221101		
	生产人员	15000.00	500102	生产成本核算	饺子共用	221101		
二车间	车间管理人员	7995.24	510102			221101		
	生产人员	14846.67	500102	生产成本核算	汤圆共用	221101		
仓储部	企业管理人员	8000.00	660202			221101		

图5-39　工资分摊明细

（3）本月一车间生产人员工资15 000元，根据各种饺子投产量分配。以猪肉饺子为例，本月应分配工资=15 000÷28 700×18 000=9 407.67（元）。同理，可计算羊肉饺子本月应分配工资2 456.44元，牛肉饺子本月应分配工资3 135.89元。本月二车间生产人员工资14 846.67元，按各种汤圆投产量分配计算，果酱汤圆应分配工资5 072.17元，豆沙汤圆应分配工资5 547.69元，黑芝麻汤圆应分配工资4 226.81元。

单击工具栏的“制单”按钮，进入填制凭证界面。“凭证类别”选择“转账凭证”，根据上述计算结果，对前两行会计分录进行“插分”。插分完毕，单击“保存”按钮。

借：生产成本/直接人工（牛肉饺子）	3 135.89	
生产成本/直接人工（羊肉饺子）	2 456.44	
生产成本/直接人工（猪肉饺子）	9 407.67	
生产成本/直接人工（黑芝麻汤圆）	4 226.81	
生产成本/直接人工（豆沙汤圆）	5 547.69	
生产成本/直接人工（果酱汤圆）	5 072.17	
管理费用/职工薪酬（行政部）	20 359.05	
管理费用/职工薪酬（财务部）	26 416.66	
销售费用/职工薪酬（批发科）	9 700.00	
销售费用/职工薪酬（零售科）	8 726.67	
管理费用/职工薪酬（采购部）	17 048.58	
制造费用/职工薪酬（一车间）	8 100.00	
制造费用/职工薪酬（二车间）	7 995.24	
管理费用/职工薪酬（仓储部）	8 000.00	
贷：应付职工薪酬/工资		136 192.87

（4）参照步骤（1）~（3）生成“预扣个人所得税”的转账凭证。注意，“计提分配方式”应选择“分配到个人”。

借：应付职工薪酬/工资	417.60	
贷：应交税费/应交个人所得税		417.60

（5）参照步骤（1）~（3）生成“代扣职工负担的三险一金”的转账凭证。

借：应付职工薪酬/工资	11 480.00	
贷：其他应付款/代扣职工三险一金/代扣医疗保险		1 120.00
其他应付款/代扣职工三险一金/代扣养老保险		4 480.00
其他应付款/代扣职工三险一金/代扣失业保险		280.00
其他应付款/代扣职工三险一金/代扣住房公积金		5 600.00

（6）参照步骤（1）~（3）生成“计提企业负担的四险一金”的转账凭证。注意，本月一车间、二车间生产人员的社会保险费及住房公积金仍需按各产品投产量进行分配。

借：生产成本/直接人工（牛肉饺子）	497.56
生产成本/直接人工（羊肉饺子）	389.76
生产成本/直接人工（猪肉饺子）	1 492.68
生产成本/直接人工（黑芝麻汤圆）	677.58
生产成本/直接人工（豆沙汤圆）	889.32
生产成本/直接人工（果酱汤圆）	813.10
管理费用/职工薪酬（行政部）	2 380.00
管理费用/职工薪酬（财务部）	3 570.00
销售费用/职工薪酬（批发科）	1 190.00
销售费用/职工薪酬（零售科）	1 190.00
管理费用/职工薪酬（采购部）	2 380.00
制造费用/职工薪酬（一车间）	1 190.00

借：制造费用/职工薪酬（二车间） 1 190.00
　　管理费用/职工薪酬（仓储部） 1 190.00
　贷：应付职工薪酬/社会保险费/基本医疗保险费 3 920.00
　　　应付职工薪酬/社会保险费/工伤保险费 280.00
　　　应付职工薪酬/设定提存计划/基本养老保险费 8 960.00
　　　应付职工薪酬/设定提存计划/失业保险费 280.00
　　　应付职工薪酬/住房公积金 5 600.00

【提示】

在实务中，关于“代扣职工负担的三险一金”，除上述方法外，还可按以下方法处理：月末不通过“其他应付款”账户进行核算，下月缴纳时直接从“应付职工薪酬/工资”账户中冲销。这两种处理方法并无本质上的差别，但前后各期应保持一致。

可使用下面的SQL语句在“UFDATA_001_2023”库查询薪资管理系统生成的记账凭证：

```
select * from GL_accvouch where coutsysname like 'WA'
```

5.3.3 扣缴所得税

【实验资料】

2023年1月31日，查询1月份扣缴个人所得税报表。

【实验过程】

扣缴所得税

（1）在U8企业应用平台，依次单击“业务工作→人力资源→薪资管理→业务处理→扣缴所得税”菜单，打开“个人所得税申报模板”窗口。单击“扣缴个人所得税报表”报表类型，如图5-40所示。

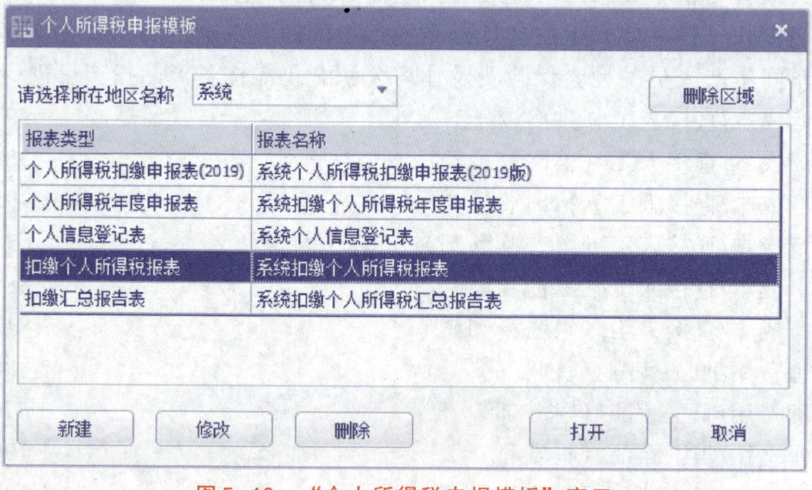

图5-40　“个人所得税申报模板”窗口

（2）单击“打开”按钮，打开“所得税申报”对话框，单击“确定”按钮，打开“系统扣缴个人所得税报表”，如图5-41所示。

系统扣缴个人所得税报表

2023年1月 – 2023年1月

总人数：16

序号	纳税义务人姓名	所得期间	收入额	应纳税所得额	税率	应扣税额	已扣税额	备注
1	赵海元	1	12600.00	4882.50	3	146.48	146.48	
2	马斯蔓	1	7800.00	41.55	3	1.25	1.25	
3	孟梓楠	1	8000.00	282.50	3	8.48	8.48	
4	刘美玲	1	9200.00	1482.50	3	44.48	44.48	
5	肖子豪	1	8100.00	131.08	3	3.93	3.93	
6	张春鹏	1	8100.00	382.50	3	11.48	11.48	
7	季晓坤	1	7900.00	182.50	3	5.48	5.48	
8	李明德	1	7100.00	0.00	0	0.00	0.00	
9	孙绍阳	1	8200.00	277.74	3	8.33	8.33	
10	周文治	1	7400.00	0.00	0	0.00	0.00	
11	赵静雅	1	7700.00	0.00	0	0.00	0.00	
12	李峻峰	1	10500.00	2134.88	3	64.05	64.05	
13	王家宝	1	8700.00	982.50	3	29.48	29.48	
14	范英晨	1	8200.00	146.78	3	4.40	4.40	
15	张东杰	1	9700.00	1982.50	3	59.48	59.48	
16	韩佳辉	1	8900.00	1009.17	3	30.28	30.28	
合计			138100.00	13918.70		417.60	417.60	

图5-41　系统扣缴个人所得税报表

【提示】

可将扣缴个人所得税报表输出，另存为Excel格式，结合申报软件完成纳税申报工作。

根据个人所得税法律制度的规定，居民个人取得综合所得，按年计算个人所得税；有扣缴义务人的，由扣缴义务人按月或者按次预扣预缴税款；需要办理汇算清缴的，应当在取得所得的次年3月1日至6月30日内办理汇算清缴。

按月预扣预缴时的系统处理方法如下：

①直接在总账系统填制记账凭证；

②通过常用凭证处理；

③通过自定义转账或对应结转处理；

④通过薪资管理的工资分摊处理。

5.3.4　银行代发

【实验资料】

2023年1月31日，查询1月份的银行代发一览表。

【实验过程】

银行代发

（1）在U8企业应用平台，依次单击“业务工作→人力资源→薪资管理→业务处理→银行代发”菜单，打开“请选择部门范围”对话框。选中所有部门（含二级部门），单击“确定”按钮，打开“银行文件格式设置”窗口，从“银行模板”下拉列表中选择“锦州银行”，将“账号”的“总长度”修改为“19”，如图5-42所示。

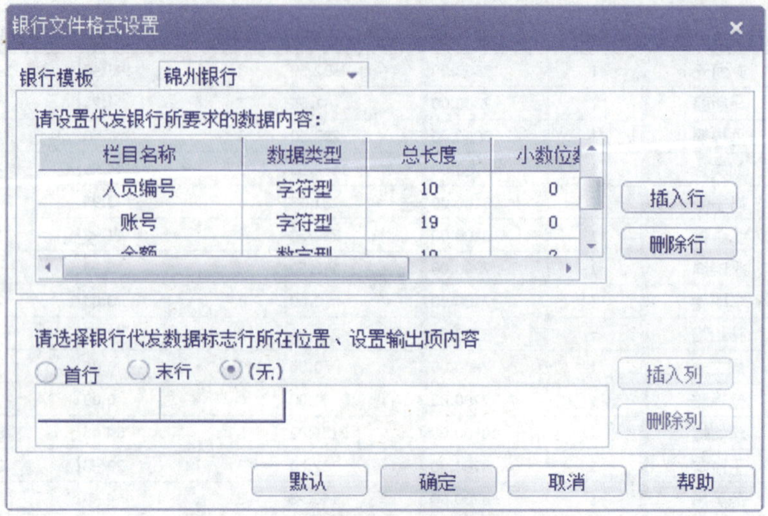

图5-42 “银行文件格式设置”窗口

（2）单击“确定”按钮，系统提示“确认设置的银行文件格式?”，单击“是”按钮，打开“银行代发”窗口，如图5-43所示。

银行代发一览表

名称：锦州银行　　人数：16

单位编号	人员编号	账号	金额	录入日期
1234934325	A01	6923227169281356301	11730.00	20230131
1234934325	A02	6923227169281356302	7040.00	20230131
1234934325	C01	6923227169281356316	7270.00	20230131
1234934325	G01	6923227169281356308	8430.00	20230131
1234934325	G02	6923227169281356309	7120.00	20230131
1234934325	S11	6923227169281356310	7370.00	20230131
1234934325	S12	6923227169281356311	7170.00	20230131
1234934325	S13	6923227169281356312	6380.00	20230131
1234934325	S21	6923227169281356313	7260.00	20230131
1234934325	S22	6923227169281356314	6610.00	20230131
1234934325	S23	6923227169281356315	6800.00	20230131
1234934325	W01	6923227169281356303	9070.00	20230131
1234934325	W02	6923227169281356304	7950.00	20230131
1234934325	W03	6923227169281356305	7140.00	20230131
1234934325	X01	6923227169281356306	8920.00	20230131
1234934325	X02	6923227169281356307	7970.00	20230131
合计			124,230.00	

图5-43 银行代发一览表

【提示】

银行代发一览表也可输出。

现金发放人员不进行银行代发。

银行代发工资时的系统处理方法同扣缴个人所得税的处理方法。

5.3.5 查询与分析

【实验资料】

（1）查询一级部门工资汇总表。

（2）查询1月份薪资管理系统生成的所有记账凭证。

【实验过程】

查询与分析

（1）在U8企业应用平台，依次单击“业务工作→人力资源→薪资管理→账表→工资表”菜单，打开“工资表”窗口。单击“部门工资汇总表”，再单击“查看”按钮，弹出“请选择若干部门”对话框，选中所有部门，单击“确定”按钮，取消勾选“二级部门”，再单击“确定”按钮，打开“部门工资汇总表”窗口，如图5-44所示。

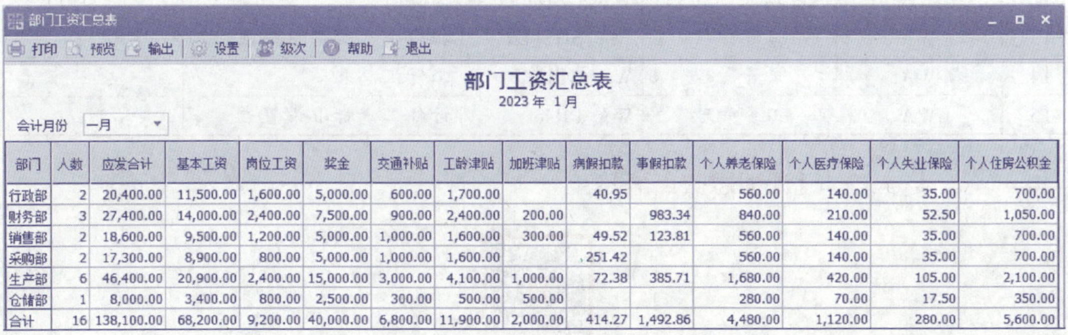

部门	人数	应发合计	基本工资	岗位工资	奖金	交通补贴	工龄津贴	加班津贴	病假扣款	事假扣款	个人养老保险	个人医疗保险	个人失业保险	个人住房公积金
行政部	2	20,400.00	11,500.00	1,600.00	5,000.00	600.00	1,700.00		40.95		560.00	140.00	35.00	700.00
财务部	3	27,400.00	14,000.00	2,400.00	7,500.00	900.00	2,400.00	200.00		983.34	840.00	210.00	52.50	1,050.00
销售部	2	18,600.00	9,500.00	1,200.00	5,000.00	1,000.00	1,600.00	300.00	49.52	123.81	560.00	140.00	35.00	700.00
采购部	2	17,300.00	8,900.00	800.00	5,000.00	1,000.00	1,600.00		251.42		560.00	140.00	35.00	700.00
生产部	6	46,400.00	20,900.00	2,400.00	15,000.00	3,000.00	4,100.00	1,000.00	72.38	385.71	1,680.00	420.00	105.00	2,100.00
仓储部	1	8,000.00	3,400.00	800.00	2,500.00	300.00	500.00	500.00			280.00	70.00	17.50	350.00
合计	16	138,100.00	68,200.00	9,200.00	40,000.00	6,800.00	11,900.00	2,000.00	414.27	1,492.86	4,480.00	1,120.00	280.00	5,600.00

图5-44　一级部门工资汇总表

（2）在薪资管理系统单击“凭证查询→凭证查询”菜单，系统弹出“凭证查询条件”对话框，单击“确定”按钮，打开“凭证查询”窗口，如图5-45所示。

业务日期	业务类型	业务号	制单人	凭证日期	凭证号	标志
2023-01-31	计提工资	1	王家宝	2023-01-31	转-9	未审核
2023-01-31	预扣个人所得税	2	王家宝	2023-01-31	转-10	未审核
2023-01-31	代扣职工负担的三险一金	3	王家宝	2023-01-31	转-11	未审核
2023-01-31	计提企业负担的四险一金	4	王家宝	2023-01-31	转-12	未审核

图5-45　凭证查询

5.4 本章常见数据表

本章常见数据表见表5-12。

表 5-12　　本章常见数据表

序号	系统编码 (SystemID)	系统名称 (SystemName)	表名称 (TableName)	表定义 (TableDefine)	备注
1	WA	工资管理	WA_account	工资账套	
2	WA	工资管理	WA_PsnMsg	工资人员附加信息表	
3	WA	工资管理	WA_GZtblset	工资项目	表 5-2
4	WA	工资管理	WA_psn	人员档案	表 5-3
5	WA	工资管理	WA_dept	工资类别部门设置表	
6	WA	工资管理	WA_grade	工资人员类别表	
7	WA	工资管理	WA_formula	工资项目计算公式	表 5-4、表 5-5
8	WA	工资管理	WA_SDS_SL	个人所得税预扣率表	表 5-6
9	WA	工资管理	WA_SDS_p	所得税设置表	
10	WA	工资管理	WA_FTName	计提类型名称	表 5-7 至表 5-10
11	WA	工资管理	WA_GZFT	工资分摊表	表 5-7 至表 5-10
12	WA	工资管理	WA_GZData	工资数据	表 5-11
13	WA	工资管理	WA_SDS_Ex	扣缴个人所得税报表	
14	WA	工资管理	WA_GZHZB	工资汇总表	
15	WA	工资管理	WA_PRset	计件工资标准设置表	

【课程思政点睛】

【复习思考题】

1. 简述累计预扣法下薪资管理系统业务处理的核心关键点。

2. 为什么表5-2中职工负担的“三险一金”设为“减项”，而企业负担的“四险一金”设为“其它”？

3. 如何正确理解“iff”函数？

4. 简述工资分摊设置时部门名称与人员类别的关系。

第三篇

供应链管理

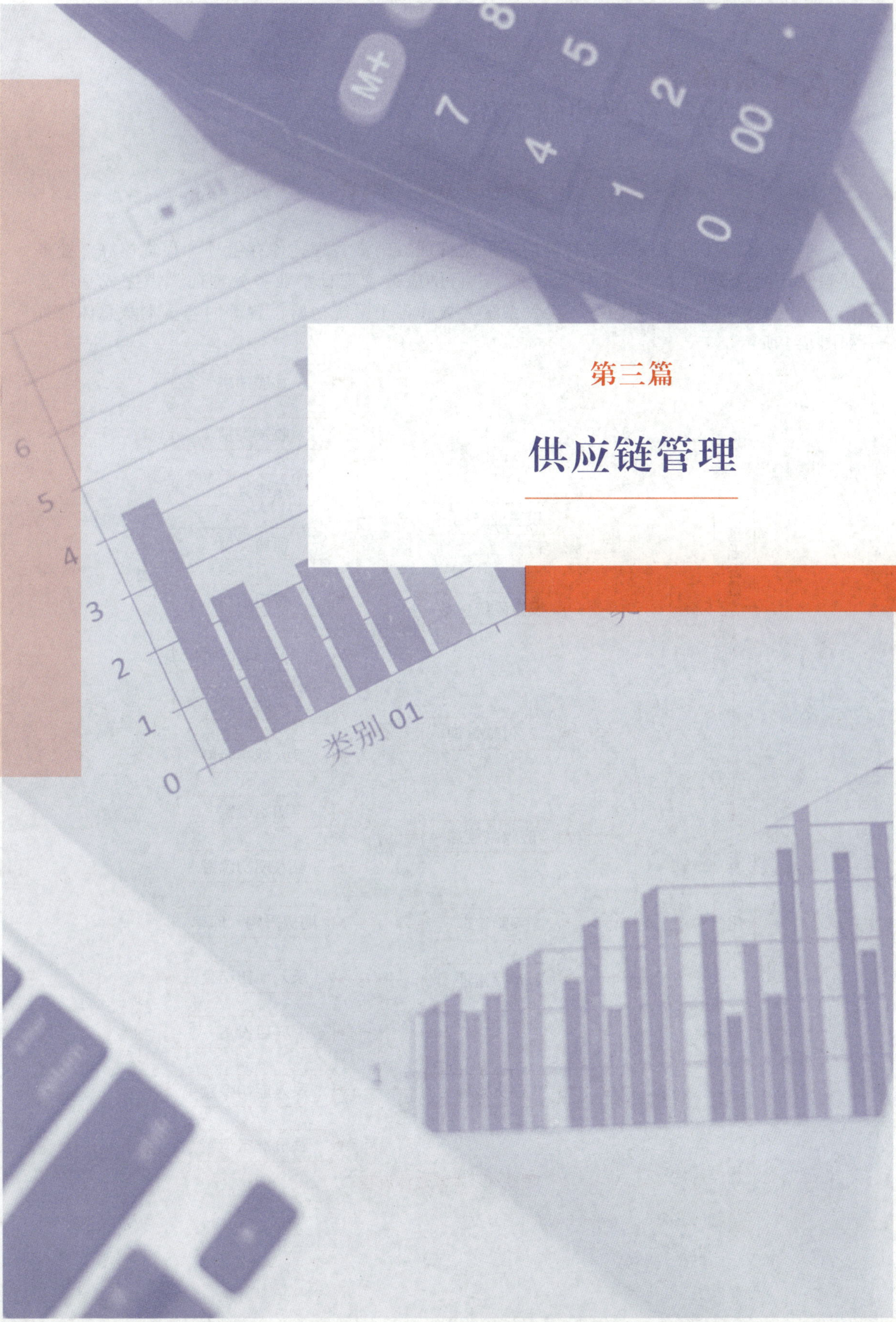

6 第6章 供应链管理基础工作

6.1 概述

本书的供应链管理系统主要包括：采购管理、销售管理、库存管理和存货核算。业务处理时还会涉及应付、应收两个系统。进行供应链管理日常业务处理前，需完成基础工作，这主要包括设置业务档案、设置系统参数和各子系统初始设置等内容。本章总体流程如图6-1所示。

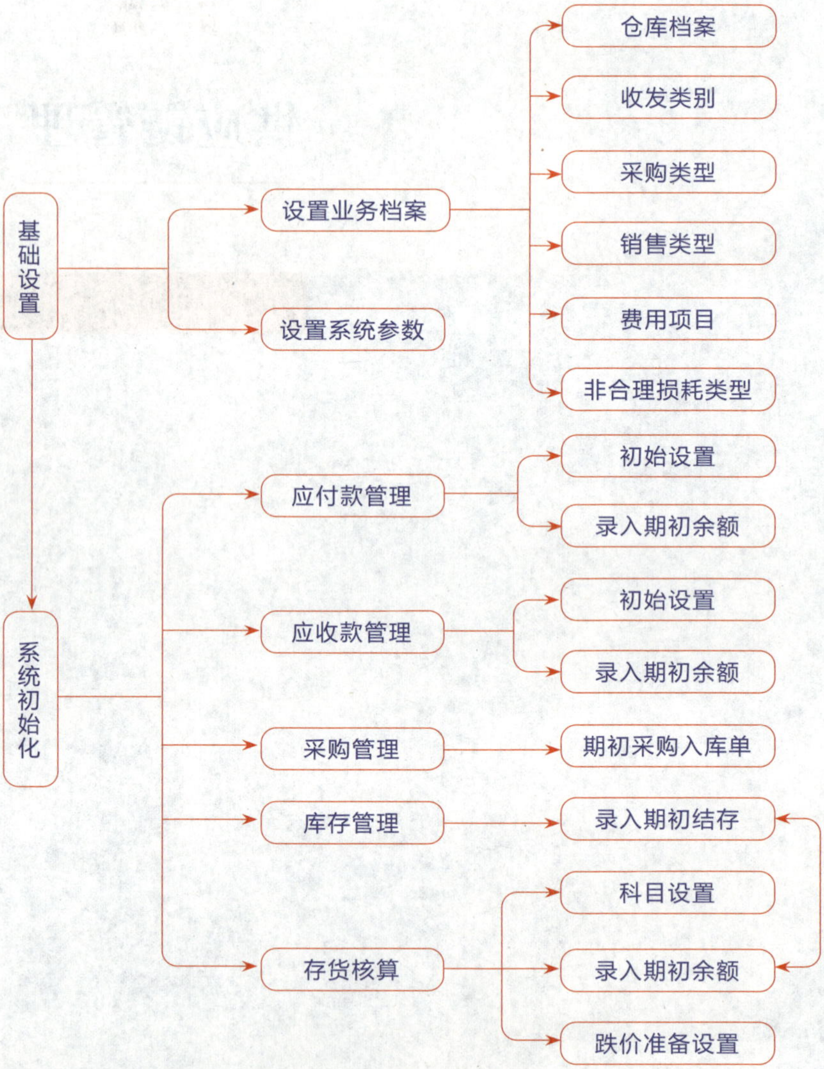

图6-1 本章总体流程

6.2 基础设置

2023年1月1日，由赵海元（A01）登录U8企业应用平台，完成本节任务。

6.2.1 设置业务档案

1.设置仓库档案

【实验资料】

根据表6-1设置仓库档案。

表6-1 仓库档案（Warehouse）

仓库编码（cWhCode）	仓库名称（cWhName）	计价方式（cWhValueStyle）	备注
01	原料及辅料仓	全月平均法	
02	周转材料仓	全月平均法	
03	产成品仓	全月平均法	
08	固定资产仓	先进先出法	勾选“资产仓”

【实验过程】

在U8企业应用平台，依次单击“基础设置”页签中的“基础档案→业务→仓库档案”菜单，打开“仓库档案”窗口，单击“增加”，根据表6-1添加仓库档案，其他项默认，结果如图6-2所示。

设置仓库档案

☑ 打印序号(N)

仓库档案

序号	仓库编码	仓库名称	计价方式	参与需求计划运算	资产仓	记入成本	代管仓
1	01	原料及辅料仓	全月平均法	是	否	是	否
2	02	周转材料仓	全月平均法	是	否	是	否
3	03	产成品仓	全月平均法	是	否	是	否
4	08	固定资产仓	全月平均法	否	是	否	否

图6-2 仓库档案

【提示】

仓库编码、仓库名称是必输项。仓库档案一旦被使用，将不能被删除。

[计价方式] 建账时企业类型选择“工业”（图1-7）的账套，系统提供六种计价方式：计划价法、全月平均法、移动平均法、先进先出法、后进先出法、个别计价法。每个仓库必须选择一种计价方式。

全月平均法：该种方法通过“期末处理”功能计算全月加权平均单价，并将该单价自动填入已记账单据。

先进先出法：该种方法下，出库单据记账时自动计算出库成本。

[资产仓] 它与“代管仓”“记入成本”“参与需求计划运算”互斥。

2. 设置收发类别

【实验资料】

根据表6-2设置收发类别。

表6-2　　　　收发类别（Rd_Style）

一级类别		收发标志	二级类别	
编码（cRdCode）	名称（cRdName）	（bRdFlag）	编码（cRdCode）	名称（cRdName）
01	入库	收	0101	采购入库
			0102	产成品入库
			0103	盘盈入库
			0104	直运采购
			0105	调拨入库
			0106	代管入库
			0129	其他入库
02	出库	发	0201	材料领用出库
			0202	销售出库
			0203	盘亏出库
			0204	直运销售
			0205	调拨出库
			0206	代管出库
			0207	委托代销出库
			0208	分期收款销售出库
			0229	其他出库

【实验过程】

在U8企业应用平台，依次单击“基础设置”页签中的“基础档案→业务→收发类别”菜单，打开“收发类别”窗口，单击“增加”，根据表6-2添加收发类别信息，结果如图6-3所示。

设置收发类别

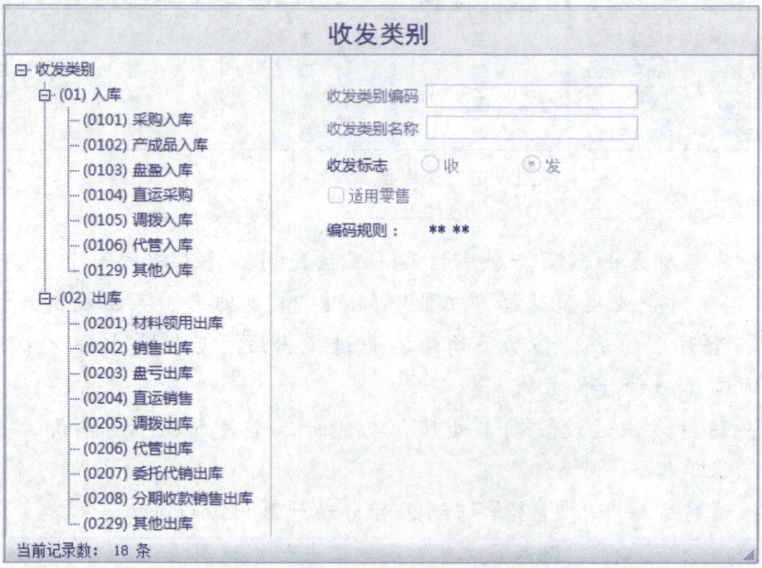

图6-3　收发类别

【提示】

[收发类别编码] 必输项，最多可分三级，最大位数为5位。

[收发类别名称] 必输项，最大位数为12位。相同级次且上级级次相同的类别名称不可以相同。

[收发标志] 必选项，系统提供两种收发标志，即收和发。

收发类别的主要用途：①对存货的出入库情况进行分类统计；②根据收发类别设置存货核算系统的“对方科目”，进而可按不同收发类别生成记账凭证。

3.设置采购类型

【实验资料】

根据表6-3设置采购类型。

表6-3 采购类型（PurchaseType）

采购类型编码（cPTCode）	采购类型名称（cPTName）	入库类别
01	正常采购	0101采购入库
02	直运采购	0104直运采购
05	代管采购	0106代管入库

【实验过程】

设置采购类型

在U8企业应用平台，依次单击“基础设置”页签中的“基础档案→业务→采购类型”菜单，打开“采购类型”窗口，单击“增加”按钮，根据表6-3添加采购类型信息，结果如图6-4所示。

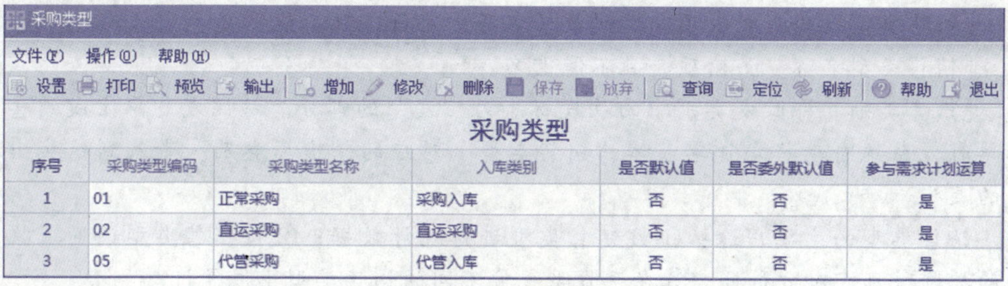

图6-4 采购类型

【提示】

[采购类型编码] 必输项，编码最多占两个字符，且不能重复。

[采购类型名称] 必输项，且不能重名。

[入库类别] 即收发类别中的收发标志为“收”的部分。参照到货单生成采购入库单时，系统自动将到货单表体“采购类型”对应的“入库类别”带入到采购入库单的表头。

采购类型的主要用途：①按采购类型进行统计数据；②按采购类型设置应付系统的控制科目或对方科目。

4.设置销售类型

【实验资料】

根据表6-4设置销售类型。

表6-4　　　　销售类型（SaleType）

销售类型编码（cSTCode）	销售类型名称（cSTName）	出库类别
01	正常销售	0202销售出库
02	直运销售	0204直运销售
03	委托代销	0207委托代销出库
04	分期收款销售	0208分期收款销售出库

【实验过程】

在U8企业应用平台，依次单击“基础设置”页签中的“基础档案→业务→销售类型”菜单，打开“销售类型”窗口，单击“增加”，根据表6-4添加销售类型信息，结果如图6-5所示。

设置销售类型

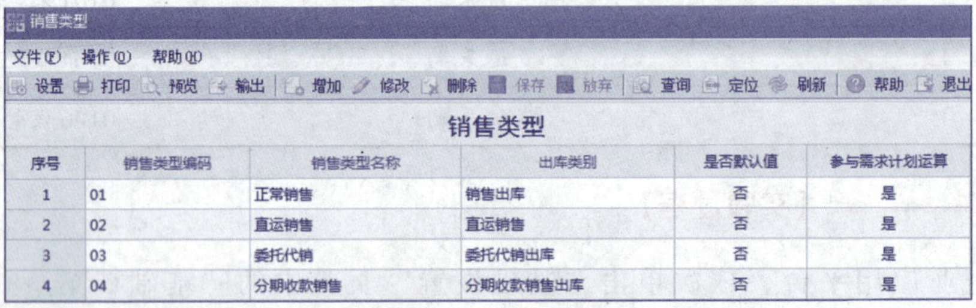

图6-5　销售类型

【提示】

[销售类型编码]必输项，编码最多占两个字符，且不能重复。

[销售类型名称]必输项，且不能重名。

[出库类别]即收发类别中的收发标志为“发”的部分。参照发货单生成销售出库单时，系统自动将发货单表体“销售类型”对应的“出库类别”带入到销售出库单的表头。

销售类型的主要用途：①按销售类型进行统计数据；②按销售类型设置应收系统的控制科目或对方科目；③在存货系统按不同的销售类型生成凭证。

5.设置费用项目

【实验资料】

根据表6-5设置费用项目。

表6-5　　　　费用项目（ExpenseItem）

费用项目编码（cExpCode）	费用项目名称（cExpName）	方向（Direction）	费用项目分类编码（cExpCCode）	费用项目分类名称（cExpCName）
01	代销手续费	支出	1	日常费用
02	运输费	支出	1	日常费用

【实验过程】

（1）在U8企业应用平台，依次单击“基础设置”页签中的“基础档案→业务→费用项目分类”菜单，打开“费用项目分类”窗口，单击“增加”，根据表6-5添加费用项目分类信息。

设置费用项目

（2）在U8企业应用平台，依次单击“基础设置”页签中的“基础档案→业务→费用项目”菜单，打开“费用项目”窗口，单击“增加”，根据表6-5添加费用项目信息，结果如图6-6所示。

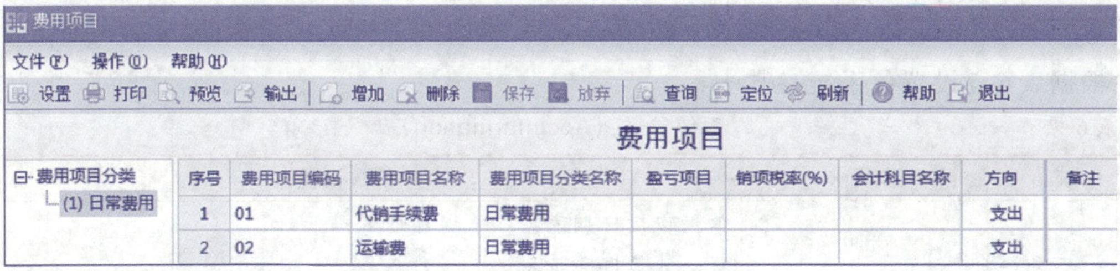

图6-6　费用项目

【提示】

在填制销售管理系统的代垫费用单、销售费用支出单时，需使用这里的费用项目。

6.设置非合理损耗类型

【实验资料】

根据表6-6设置非合理损耗类型。

表6-6　非合理损耗类型（Wastage）

非合理损耗类型编码（CWSTCode）	非合理损耗类型名称（CWSTName）	是否默认值（bDefault）
01	运输单位责任	否
02	保险公司责任	否
03	员工个人责任	否

【实验过程】

在U8企业应用平台，依次单击“基础设置”页签中的“基础档案→业务→非合理损耗类型”菜单，打开“非合理损耗类型”窗口，单击“增加”，根据表6-6添加费用项目分类信息，结果如图6-7所示。添加完毕退出该窗口。

设置非合理损耗类型

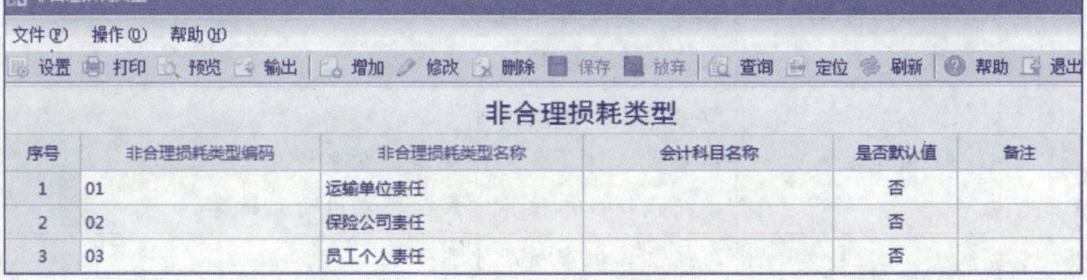

图6-7　非合理损耗类型

【提示】

企业采购货物过程中，如果发生非合理损耗，需要根据不同原因做出处理。从系统应用角度，非合理损耗的采购业务，在采购结算时需选择“非合理损耗类型”。在存货核算系统设置非合理损耗科目，采购结算单制单时，系统自动带出采购结算时所选“非合理损耗类型”对应的会计科目。

6.2.2 设置系统参数

【实验资料】

根据表6-7设置各系统参数。

表6-7 系统参数（AccInformation）

系统	选项卡	参数设置
应付款管理	常规	单据审核日期依据：单据日期 自动计算现金折扣
	凭证	受控科目制单方式：明细到单据 凭证合并规则：票据号
应收款管理	常规	单据审核日期依据：单据日期 坏账处理方式：应收余额百分比法 自动计算现金折扣
	凭证	受控科目制单方式：明细到单据 凭证合并规则：票据号
销售管理	业务控制	有零售日报业务 有委托代销业务 有分期收款业务 有直运销售业务
库存管理	通用设置	采购入库审核时改现存量 销售出库审核时改现存量 产成品入库审核改现存量 材料出库审核时改现存量 其他出入库审核时改现存量 勾选“是否库存生成销售出库单”
	专用设置	勾选“超采购到货单入库” 勾选“超发货单出库” 入库单成本：按计价方式取单价
存货核算	核算方式	暂估方式：单到回冲 销售成本核算方式：按销售发票核算 委托代销成本核算方式：按发出商品核算
	控制方式	勾选“单据审核后才能记账” 勾选“结算单价与暂估单价不一致是否调整出库成本”

【实验过程】

在U8企业应用平台，依次单击“基础设置”页签中的“业务参数→财务会计→应付款管理”菜单，打开“账套参数设置”窗口，单击窗口下方的“编辑”按钮，根据表6-7进行应付系统选项设置，如图6-8所示。设置完毕关闭该窗口。按此方法完成其他页签及其他系统的参数设置。

设置系统参数

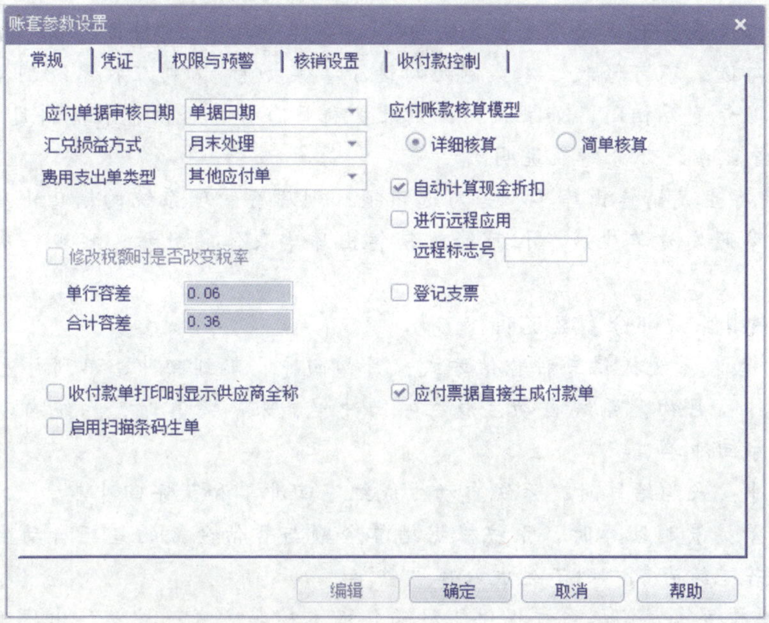

图6-8　应付系统选项设置——“常规”页签

【提示】

1.应付款管理系统部分参数说明

[应付单据审核日期] 系统提供两种确认单据审核日期的依据：单据日期和业务日期。如果选择“单据日期”，则在单据审核时，系统自动将该单据的单据日期作为单据的审核日期（即入账日期）。如果选择“业务日期”，则在单据审核时，系统自动将当前业务日期（即登录日期）作为单据的审核日期（即入账日期）。本规则同样适用于应收系统。

[受控科目制单方式] 系统提供两种受控科目制单方式：明细到供应商和明细到单据。

明细到供应商：将一个供应商的多笔业务合并生成一张凭证时，如果这些业务的控制科目相同，则系统自动将其合并成一条分录。

明细到单据：将一个供应商的多笔业务合并生成一张凭证时，系统将每一笔业务形成一条分录。

2.应收款管理系统部分参数说明

[坏账处理方式] 系统提供以下四种坏账处理方式：应收余额百分比法、销售收入百分比法、账龄分析法和直接转销法。前三种方式统称为备抵法。

采用备抵法，需在初始设置中进行坏账准备设置等，才能在坏账处理中进行后续操作。

采用直接转销法，初始设置中无“坏账准备设置”项，坏账发生时，直接到“坏账处理→坏账发生”中将应收账款转为损失即可。

[自动计算现金折扣] 若勾选此项，系统会在核销界面自动计算可享受折扣。

[凭证合并规则] 系统提供以下几种合并规则：科目、辅助项、摘要、结算方式、票据号以及表头自定义项1至表头自定义项16。其中，“科目”和“辅助项”系统默认已经勾选，不可修改。本案例还勾选了“票据号”，则应收系统制单时，系统自动判断票据号是否相同，如果相同，则表头科目合并，否则，表头科目不合并。

3.库存管理系统部分参数说明

[是否库存生成销售出库单] 若勾选该项，则库存管理系统的销售出库单不可手工填制，须参照发货单生成，但可修改销售出库单表体的数量，实现一次发货多次出库。

4.存货核算系统部分参数说明

[暂估方式] 系统提供三种暂估方式：月初回冲、单到回冲、单到补差。

月初回冲：月初，系统自动生成红字回冲单，采购结算时，系统自动根据结算金额生成蓝字回冲单。

单到回冲：采购结算时，系统自动生成红字回冲单和蓝字回冲单。

单到补差：采购结算时，系统根据结算金额与暂估金额的差额自动生成一张入库调整单，若差额为零，则不生成入库调整单。

[销售成本核算方式] 系统提供三种销售成本核算方式：按销售出库单核算、按销售发票核算、按发出商品核算。

[委托代销成本核算方式] 系统提供三种委托代销成本核算方式：按销售出库单核算、按销售发票核算、按发出商品核算。

按销售出库单核算：发出商品时不进行发出商品记账也不进行正常单据记账，办理委托代销结算后，根据销售出库单进行正常单据记账。

按销售发票核算：发出商品时不进行发出商品记账也不进行正常单据记账，办理委托代销结算后，根据销售专用发票进行正常单据记账。

按发出商品核算：发出商品时根据委托代销发货单进行发出商品记账，办理委托代销结算后，根据销售专用发票进行第二次发出商品记账。

[单据审核后才能记账] 若勾选该项，则库存管理系统的采购入库单、产成品入库单、其他入库单、销售出库单、材料出库单、其他出库单这六种单据必须审核，才能在存货核算的正常单据记账列表中显示。

[结算单价与暂估单价不一致是否调整出库成本] 若勾选该项，则在先进先出法、个别计价法下，结算成本处理时，除了生成入库调整单，还将生成出库调整单。

各系统参数设置情况均存于“UFDATA_001_2023”库的AccInformation表中，以应付系统为例，可通过以下SQL语句查询该系统参数设置情况：

```
select * from AccInformation where cSysID like 'AP'
```

6.3 系统初始化

2023年1月1日，由赵海元（A01）登录U8企业应用平台，完成本节任务。

6.3.1 应付款管理初始化

1.初始设置

【实验资料】

（1）设置基本科目。

根据表6-8设置应付系统基本科目。

表6-8 基本科目（Ap_InputCode）

基础科目种类（cNote_f）	科目编码（cApCode）	科目名称	币种（cApCodeName）
应付科目	220201	应付账款/一般应付账款	人民币
预付科目	1123	预付账款	人民币
采购科目	1402	在途物资	人民币
税金科目	22210101	应交税费/应交增值税/进项税额	人民币
汇兑损益科目	660302	财务费用/汇兑损益	人民币
商业承兑科目	2201	应付票据	人民币
银行承兑科目	2201	应付票据	人民币
票据利息科目	660301	财务费用/利息支出	人民币
现金折扣科目	660304	财务费用/现金折扣	人民币
固定资产采购科目	1601	固定资产	人民币

（2）设置结算方式科目。

根据表6-9设置应付系统结算方式科目。

表6-9 结算方式科目（Ap_SStyleCode）

结算方式（cSettleStyle）	币种（cexch_name）	本单位账号（cBAccount）	科目编码（cCode）	科目名称
现金	人民币	6220857126490138597	1001	库存现金
现金支票	人民币	6220857126490138597	10020101	银行存款/锦州银行/锦州凌河支行
转账支票	人民币	6220857126490138597	10020101	银行存款/锦州银行/锦州凌河支行
银行汇票	人民币	6220857126490138597	101202	其他货币资金/银行汇票
电汇	人民币	6220857126490138597	10020101	银行存款/锦州银行/锦州凌河支行
信汇	人民币	6220857126490138597	10020101	银行存款/锦州银行/锦州凌河支行
委托收款	人民币	6220857126490138597	10020101	银行存款/锦州银行/锦州凌河支行
托收承付	人民币	6220857126490138597	10020101	银行存款/锦州银行/锦州凌河支行
其他	人民币	6220857126490138597	10020101	银行存款/锦州银行/锦州凌河支行

【实验过程】

（1）在U8企业应用平台，依次单击“业务工作→财务会计→应付款管理→设置→科目设置→基本科目”菜单，打开“应付基本科目”窗口。单击工具栏的“增行”按钮，根据表6-8设置应付系统的基本科目，结果如图6-9所示。关闭该窗口。

应付系统初始设置

我的桌面　应付基本科目

打印　输出　增行　删除

基本科目

基本科目种类	科目	币种
应付科目	220201	人民币
预付科目	1123	人民币
采购科目	1402	人民币
税金科目	22210101	人民币
汇兑损益科目	660302	人民币
商业承兑科目	2201	人民币
银行承兑科目	2201	人民币
票据利息科目	660301	人民币
现金折扣科目	660304	人民币
固定资产采购科目	1601	人民币

图6-9　应付系统基本科目

（2）在应付款管理系统，依次单击“设置→科目设置→结算科目”菜单，打开“应付结算科目”窗口。单击工具栏的“增行”按钮，根据表6-9设置应付系统的结算科目，结果如图6-10所示。关闭该窗口。

我的桌面　应付结算科目

打印　输出　增行　删除

结算方式科目

结算方式	币　种	本单位账号	科　目
1 现金	人民币	6220857126490138597	1001
201 现金支票	人民币	6220857126490138597	10020101
202 转账支票	人民币	6220857126490138597	10020101
301 银行汇票	人民币	6220857126490138597	101202
401 电汇	人民币	6220857126490138597	10020101
402 信汇	人民币	6220857126490138597	10020101
5 委托收款	人民币	6220857126490138597	10020101
6 托收承付	人民币	6220857126490138597	10020101
9 其他	人民币	6220857126490138597	10020101

图6-10　应付系统结算方式科目

【提示】

"商业承兑汇票"和"银行承兑汇票"这两种结算方式的入账科目已在"基本科目设置"的"商业承兑科目"和"银行承兑科目"中设置，不在"结算方式科目设置"中设置。

基本科目、控制科目、对方科目、结算科目制单时的选取规则：

单据上科目→控制科目、对方科目或结算科目→基本科目→手工输入科目。

以采购发票制单为例，系统先判断控制科目是否设置，若设置则取该科目。同时判断对方科目是否设置，若设置则取该科目。若没有设置控制科目或对方科目，则取"基本科目设置"中设置的应付科目、采购科目和税金科目。若没有设置基本科目，则弹出记账凭证的"科目名称"栏为空，须手工输入科目。若单据上有科目，则优先使用该科目。

2.录入期初余额

【实验资料】

（1）根据表6-10录入期初应付账款对应的采购专用发票，业务员为刘美玲。

表6-10　应付账款期初余额

单据类型	发票号	开票日期	供应商	科目	存货编码	数量	单价	价税合计（元）
采购专用发票	48519962	2022-12-27	鞍山友邦	220201	01005	200	57.5	12 535.00

（2）根据表6-11录入应付票据期初余额，承兑银行为锦州银行，业务员为肖子豪。

表6-11　应付票据期初余额

单据名称	单据类型	票据编号	收票单位	科目	票据面值	签发日期	到期日
应付票据	银行承兑汇票	15379236	锦州绿源	2201	30 000.00	2022-10-10	2023-01-10

（3）根据表6-12录入预付账款期初余额，业务员为肖子豪。

表6-12　预付账款期初余额

单据名称	单据类型	日期	供应商名称	结算方式	金额	票据号	科目
预付款	付款单	2022-12-30	上海贝通	电汇	4 000.00	30952630	1123

（4）应付系统与总账系统进行对账。

【实验过程】

（1）在应付款管理系统，依次单击"期初余额→期初余额"菜单，系统弹出"期初余额-查询"对话框，单击"确定"按钮，打开"期初余额"窗口。单击工具栏的"增加"按钮，根据表6-10填制期初采购专用发票，根据表6-11填制期初应付票据，根据表6-12填制期初预付款单，结果如图6-11、图6-12、图6-13所示。

录入应付系统期初余额

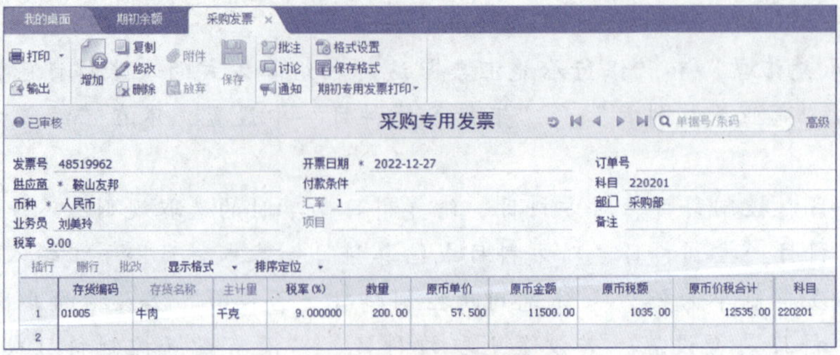

图 6-11 期初采购专用发票

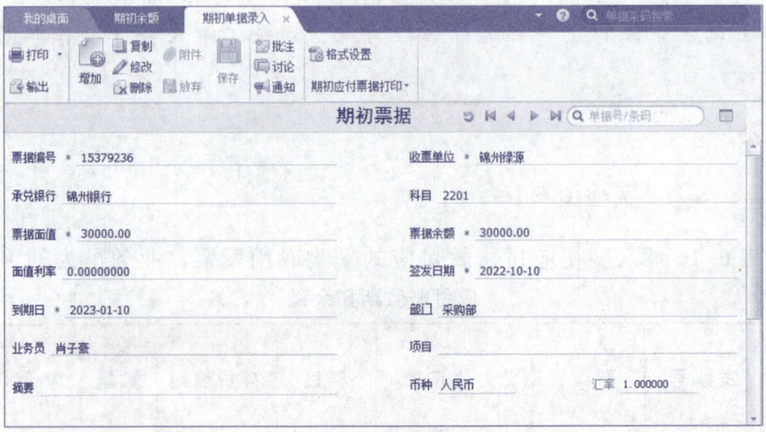

图 6-12 期初应付票据

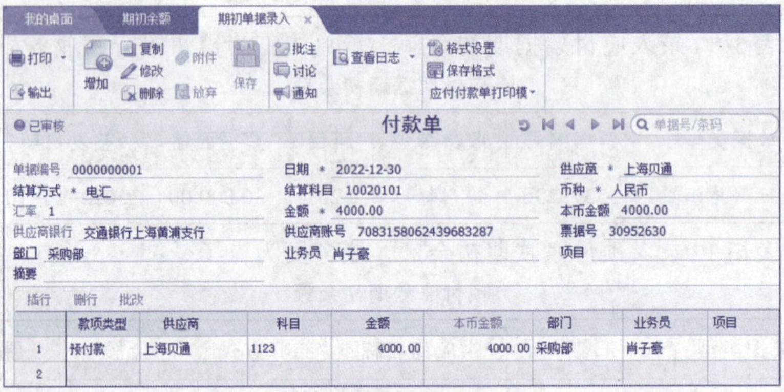

图 6-13 期初预付款单

（2）在“期初余额”窗口，先单击工具栏的“刷新”按钮，再单击“对账”按钮，打开“期初对账”对话框，结果如图 6-14 所示。

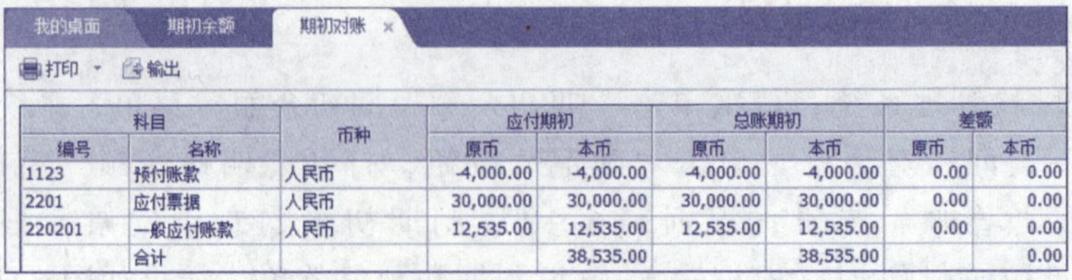

科目		币种	应付期初		总账期初		差额	
编号	名称		原币	本币	原币	本币	原币	本币
1123	预付账款	人民币	-4,000.00	-4,000.00	-4,000.00	-4,000.00	0.00	0.00
2201	应付票据	人民币	30,000.00	30,000.00	30,000.00	30,000.00	0.00	0.00
220201	一般应付账款	人民币	12,535.00	12,535.00	12,535.00	12,535.00	0.00	0.00
	合计			38,535.00		38,535.00		0.00

图 6-14 对账结果

【提示】

对于采购发票以外其他情况形成的应付账款期初余额，可填制期初其他应付单。

6.3.2 应收款管理初始化

1.初始设置

【实验资料】

（1）基本科目设置。

根据表6-13设置应收系统的基本科目。

表6-13 基本科目（Ap_InputCode）

基础科目种类（cNote_f）	科目编码（cArCode）	科目名称	币种（cArCodeName）
应收科目	112201	应收账款/人民币	人民币
应收科目	112202	应收账款/美元	美元
预收科目	220301	预收账款/一般人民币预收账款	人民币
预收科目	220302	预收账款/一般美元预收账款	美元
出口销售收入科目	6001	主营业务收入	人民币
汇兑损益科目	660302	财务费用/汇兑损益	人民币
商业承兑科目	112101	应收票据/人民币	人民币
商业承兑科目	112102	应收票据/美元	美元
银行承兑科目	112101	应收票据/人民币	人民币
银行承兑科目	112102	应收票据/美元	美元
票据利息科目	660301	财务费用/利息支出	人民币
票据费用科目	660305	财务费用/票据贴现	人民币
收支费用科目	660105	销售费用/办公费	人民币
现金折扣科目	660304	财务费用/现金折扣	人民币
税金科目	22210106	应交税费/应交增值税/销项税额	人民币
销售收入科目	6001	主营业务收入	人民币
销售退回科目	6001	主营业务收入	人民币
销售定金科目	220303	预收账款/销售定金	人民币

（2）对方科目设置。

根据表6-14设置应收系统的对方科目。

表6-14 对方科目（AP_OppCodeSet）

类别编码（cInvCCode）	类别名称	销售收入科目编码、销售退回科目编码（cSaIncomeCode、cSaRetCode）	科目名称
01	原料及辅料	605101	其他业务收入/出售原材料收入
0201	包装物	605102	其他业务收入/出售包装物收入

（3）结算方式科目设置。

根据表6-15设置应收系统的结算方式科目。

表6-15　　结算方式科目（Ap_SStyleCode）

结算方式（cSettleStyle）	币种（cexch_name）	本单位账号（cBAccount）	科目编码（cCode）	科目名称
现金	人民币	6220857126490138597	1001	库存现金
现金支票	人民币	6220857126490138597	10020101	银行存款/锦州银行/锦州凌河支行
转账支票	人民币	6220857126490138597	10020101	银行存款/锦州银行/锦州凌河支行
转账支票	美元	6235985107156422988	1002020102	银行存款/交通银行/锦州凌河支行/美元
银行汇票	人民币	6220857126490138597	10020101	银行存款/锦州银行/锦州凌河支行
电汇	人民币	6220857126490138597	10020101	银行存款/锦州银行/锦州凌河支行
电汇	美元	6235985107156422988	1002020102	银行存款/交通银行/锦州凌河支行/美元
信汇	人民币	6220857126490138597	10020101	银行存款/锦州银行/锦州凌河支行
委托收款	人民币	6220857126490138597	10020101	银行存款/锦州银行/锦州凌河支行
托收承付	人民币	6220857126490138597	10020101	银行存款/锦州银行/锦州凌河支行
其他	人民币	6220857126490138597	10020101	银行存款/锦州银行/锦州凌河支行

（4）坏账准备设置。

根据表6-16进行坏账准备设置。

表6-16　　坏账准备设置（Ar_BadPara）

提取比率（nJtRate）	坏账准备期初余额（nQcYe）	坏账准备科目编码（cHzCode）	坏账准备科目名称	对方科目编码（cDyCode）	对方科目名称
0.500%	772.92	1231	坏账准备	6702	信用减值损失

【实验过程】

（1）在U8企业应用平台，依次单击“业务工作→财务会计→应收款管理→设置→科目设置→基本科目”菜单，打开“应收基本科目”窗口。单击工具栏的“增行”按钮，根据表6-13设置应收系统的基本科目，结果如图6-15所示。关闭该窗口。

应收系统初始设置

基本科目

基本科目种类	科目	币种
应收科目	112201	人民币
应收科目	112202	美元
预收科目	220301	人民币
预收科目	220302	美元
出口销售收入科目	6001	人民币
汇兑损益科目	660302	人民币
商业承兑科目	112101	人民币
商业承兑科目	112102	美元
银行承兑科目	112101	人民币
银行承兑科目	112102	美元
票据利息科目	660301	人民币
票据费用科目	660305	人民币
收支费用科目	660105	人民币
现金折扣科目	660304	人民币
税金科目	22210106	人民币
销售收入科目	6001	人民币
销售退回科目	6001	人民币
销售定金科目	220303	人民币

图6-15　应收系统基本科目

（2）在应收款管理系统，依次单击“设置→科目设置→对方科目”菜单，打开“应收对方科目”窗口。单击工具栏的“增行”按钮，根据表6-14设置应收系统的对方科目，结果如图6-16所示。关闭该窗口。

应收对方科目

序号	存货分类编码	存货分类名称	客户分类编码	客户分类名称	销售类型编码	销售类型名称	销售收入科目编码	销售收入科目名称	销售退回科目编码	销售退回科目名称
1	01	原料及辅料					605101	出售原材料收入	605101	出售原材料收入
2	0201	包装物					605102	出售包装物收入	605102	出售包装物收入

图6-16　应收系统对方科目

（3）在应收款管理系统，依次单击“设置→科目设置→结算科目”菜单，打开“应收结算科目”窗口。单击工具栏的“增行”按钮，根据表6-15设置应收系统的结算科目，结果如图6-17所示。关闭该窗口。

结算方式科目

结算方式	币　种	本单位账号	科　目
1 现金	人民币	6220857126490138597	1001
201 现金支票	人民币	6220857126490138597	10020101
202 转账支票	人民币	6220857126490138597	10020101
202 转账支票	美元	6235985107156422988	1002020102
301 银行汇票	人民币	6220857126490138597	10020101
401 电汇	人民币	6220857126490138597	10020101
401 电汇	美元	6235985107156422988	1002020102
402 信汇	人民币	6220857126490138597	10020101
5 委托收款	人民币	6220857126490138597	10020101
6 托收承付	人民币	6220857126490138597	10020101
9 其他	人民币	6220857126490138597	10020101

图6-17　应收系统结算方式科目

【提示】

"商业承兑汇票"和"银行承兑汇票"这两种结算方式的入账科目已在"基本科目设置"的"商业承兑科目"和"银行承兑科目"中设置，不在"结算方式科目设置"中设置。

（4）在应收款管理系统，依次单击"设置→初始设置"菜单，打开"初始设置"窗口。单击窗口左侧的"坏账准备设置"，根据表6-16进行坏账准备设置，设置完毕单击"确定"按钮，结果如图6-18所示。

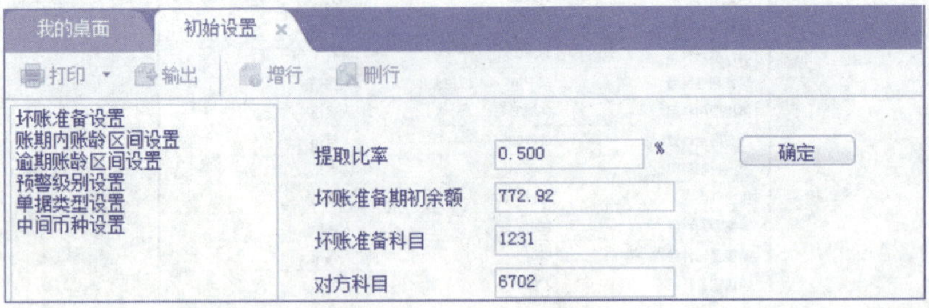

图6-18　坏账准备设置

【提示】

（1）关于科目设置

基本科目、控制科目、对方科目、结算科目制单时的选取规则：

单据上科目→控制科目、对方科目或结算科目→基本科目→手工输入科目。

以销售发票制单为例，系统先判断控制科目是否设置，若设置则取该科目。同时判断对方科目是否设置，若设置则取该科目。若没有设置控制科目或对方科目，则取"基本科目设置"中设置的应收科目、销售收入科目和税金科目。若没有设置基本科目，则弹出记账凭证的"科目名称"栏为空，须手工输入科目。若单据上有科目，则优先使用该科目。

（2）关于坏账准备设置

坏账准备设置根据应收系统选项中所设置的坏账处理方式的不同而不同。如果选择"直接转销法"，则在初始设置中不显示"坏账准备设置"功能。

进行坏账处理（计提坏账准备、坏账发生、坏账收回）后，该参数将不能修改。

根据企业会计准则，坏账处理后应考虑该事项的所得税影响。

2.录入期初余额

【实验资料】

（1）根据表6-17录入期初应收账款对应的销售专用发票，业务员为批发科张东杰。

表6-17　应收账款期初余额

开票日期	发票号	客户	科目	存货编码	数量	无税单价	价税合计（元）
2022-12-05	57298361	辽阳福来	112201	03003	1 200	114.00	154 584.00

（2）根据表6-18录入期初应收票据，承兑银行为兴业银行，业务员为批发科张东杰。

表6-18 应收票据期初余额

单据类型	票据编号	开票单位	票据面值	科目	签发日期	收到日期	到期日
银行承兑汇票	65931435	营口旺润	42 000.00	112101	2022-07-22	2022-07-25	2023-01-22

（3）应收系统与总账系统进行对账。

【实验过程】

（1）在应收款管理系统，依次单击“期初余额→期初余额”菜单，系统弹出“期初余额-查询”对话框，单击“确定”按钮，打开“期初余额”窗口。单击工具栏的“增加”按钮，根据表6-17填制期初销售专用发票，根据表6-18填制期初应收票据，结果如图6-19、图6-20所示。

录入应收系统期初余额

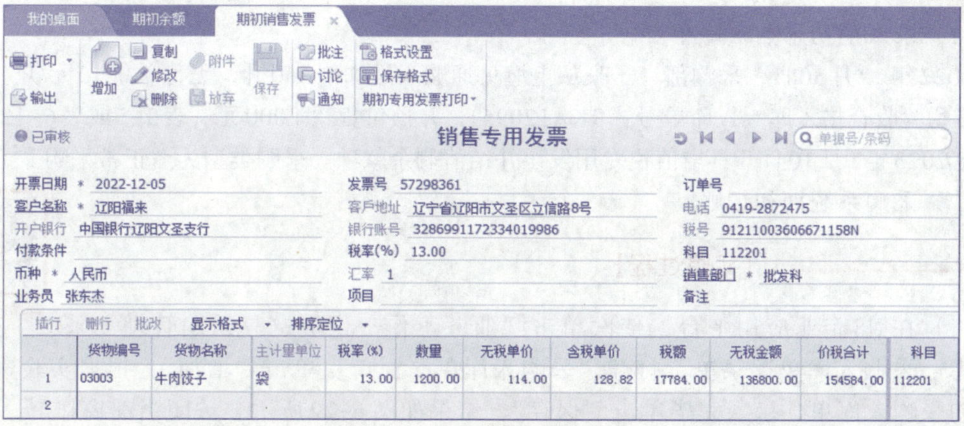

图6-19 期初销售专用发票

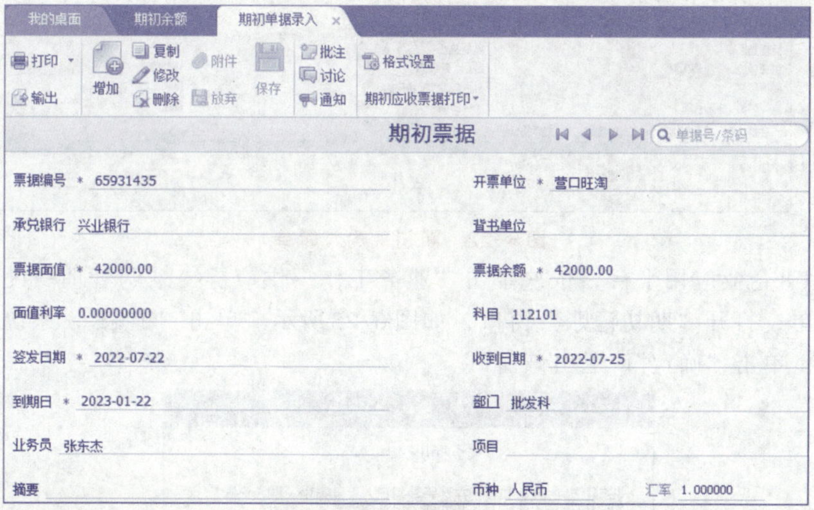

图6-20 期初应收票据

（2）在“期初余额”窗口，先单击工具栏的“刷新”按钮，再单击“对账”按钮，打开“期初对账”对话框，结果如图6-21所示。

我的桌面　期初余额　期初对账

打印　输出

科目		币种	应收期初		总账期初		差额	
编号	名称		原币	本币	原币	本币	原币	本币
112101	人民币	人民币	42,000.00	42,000.00	42,000.00	42,000.00	0.00	0.00
112201	人民币	人民币	154,584.00	154,584.00	154,584.00	154,584.00	0.00	0.00
	合计			196,584.00		196,584.00		0.00

图 6-21　对账结果

【提示】

对于销售发票以外其他情况形成的应收账款期初余额，可填制期初其他应收单。

6.3.3　采购管理初始化

【实验资料】

（1）录入期初采购入库单。

2022年12月30日，采购部肖子豪从上海贝通购入添加剂360升，无税单价13元/升。当日全部货物验收合格入库（入库单号：RKA12095），并预付货款4 000元（表3-5或表6-12）。合同约定2023年1月10日开具增值税专用发票并结清剩余款项。采购类型为“正常采购”。

（2）采购系统期初记账。

采购管理初始化

【实验过程】

（1）在U8企业应用平台，依次单击“业务工作→供应链→采购管理→采购入库→采购入库单”菜单，打开“采购入库单”窗口。单击“增加”，根据实验资料填制期初采购入库单，录入完毕单击“保存”，结果如图6-22所示。关闭当前窗口。

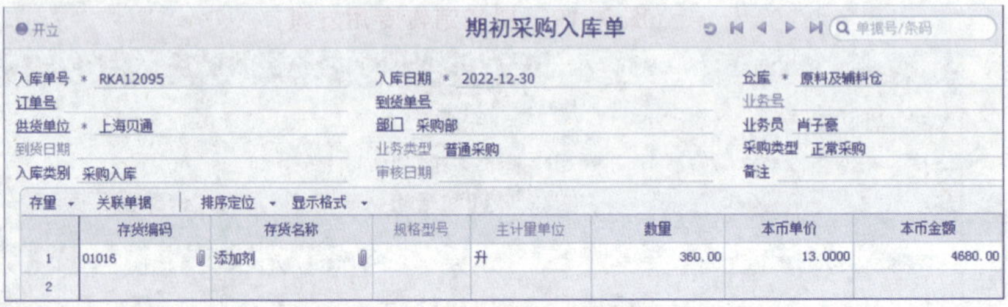

图 6-22　期初采购入库单

（2）在U8企业应用平台，依次单击“业务工作→供应链→采购管理→设置→采购期初记账”菜单，打开“期初记账”窗口，如图6-23所示。单击“记账”，系统提示“期初记账完毕！”，单击“确定”。退出该窗口。

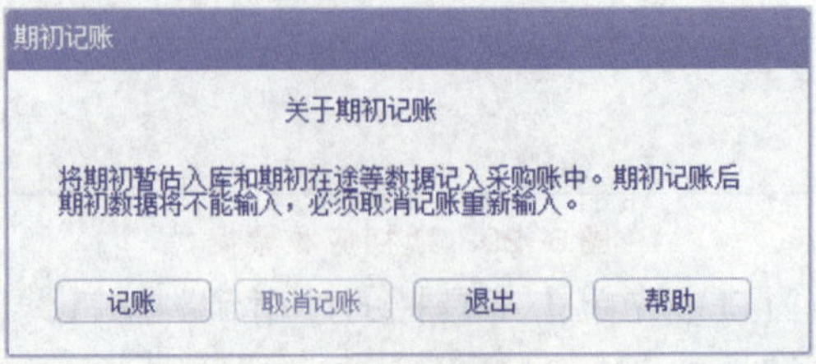

图 6-23　采购系统期初记账

【提示】

期初记账是将期初采购入库单、期初采购专用发票等期初数据记账，以保证业务的连贯性，并开始新的日常业务处理。即使没有期初数据，也应进行期初记账。

以下情况不允许取消采购期初记账：①采购管理系统已进行了月末结账；②采购管理系统已经进行了采购结算；③存货核算系统已经进行了期初记账。

6.3.4 库存管理初始化

【实验资料】

根据表6-19录入库存管理系统期初数据。其中，原料及辅料仓、周转材料仓的入库类别为“采购入库”，部门为“采购部”；产成品仓的入库类别为“产成品入库”，饺子的部门为“一车间”，汤圆的部门为“二车间”。

表6-19 期初结存

仓库	存货编码及名称	数量	单位	单价（元）	金额（元）	存货科目
原料及辅料仓	01001 面粉	9 600	千克	4.20	40 320.00	1403 原材料
	01002 水磨粉	8 600	千克	5.20	44 720.00	1403 原材料
	01003 猪肉	3 200	千克	45.50	145 600.00	1403 原材料
	01004 羊肉	2 430	千克	63.00	153 090.00	1403 原材料
	01005 牛肉	2 300	千克	57.50	132 250.00	1403 原材料
	01006 蔬菜馅料	9 700	千克	11.50	111 550.00	1403 原材料
	01007 味精	500	千克	5.50	2 750.00	1403 原材料
	01008 食盐	1 700	千克	2.00	3 400.00	1403 原材料
	01009 酱油	850	千克	10.00	8 500.00	1403 原材料
	01010 果酱	9 800	千克	7.50	73 500.00	1403 原材料
	01011 白砂糖	950	千克	7.60	7 220.00	1403 原材料
	01012 鸡蛋	800	千克	7.50	6 000.00	1403 原材料
	01013 植物油	3 500	千克	35.00	122 500.00	1403 原材料
	01014 黑芝麻	8 500	千克	12.00	102 000.00	1403 原材料
	01015 豆沙	7 900	千克	15.00	118 500.00	1403 原材料
	01016 添加剂	360	升	13.00	4 680.00	1403 原材料
小 计		70 690			1 076 580.00	
周转材料仓	02001 包装箱	13 000	个	2.00	26 000.00	141101 周转材料/包装物
	02002 包装盒	7 900	个	0.80	6 320.00	141101 周转材料/包装物
	02003 猪肉饺子包装袋	95 000	个	0.07	6 650.00	141101 周转材料/包装物
	02004 羊肉饺子包装袋	98 000	个	0.07	6 860.00	141101 周转材料/包装物
	02005 牛肉饺子包装袋	96 000	个	0.07	6 720.00	141101 周转材料/包装物
	02006 果酱汤圆包装袋	98 000	个	0.07	6 860.00	141101 周转材料/包装物
	02007 豆沙汤圆包装袋	97 000	个	0.07	6 790.00	141101 周转材料/包装物
	02008 黑芝麻汤圆包装袋	93 000	个	0.07	6 510.00	141101 周转材料/包装物
小 计		597 900			72 710.00	
产成品仓	03001 猪肉饺子	8 200	袋	14.08	115 456.00	1405 库存商品
	03002 羊肉饺子	6 500	袋	34.05	221 325.00	1405 库存商品
	03003 牛肉饺子	7 300	袋	28.05	204 765.00	1405 库存商品
	03101 果酱汤圆	7 500	袋	10.85	81 375.00	1405 库存商品
	03102 豆沙汤圆	6 800	袋	11.20	76 160.00	1405 库存商品
	03103 黑芝麻汤圆	5 600	袋	14.18	79 408.00	1405 库存商品
小 计		41 900			778 489.00	
合 计		710 490			1 927 779.00	

【实验过程】

库存管理初始化

(1) 在U8企业应用平台，依次单击“业务工作→供应链→库存管理→设置→期初结存”菜单，打开“库存期初数据录入”窗口。在窗口右上方选择“原料及辅料仓”，单击工具栏的“修改”按钮，根据实验资料录入原料及辅料仓的期初库存、入库类别、部门等信息，录入完毕单击“保存”，再单击“批审”，结果如图6-24所示。

库存期初　　仓库 (01)原料及辅料仓

审核　弃审　货位　条码扫描　排序定位　显示格式

	仓库	存货编码	存货名称	主计量单位	数量	单价	金额	入库类别	部门	制单人	审核人	审核日期
1	原料及辅料仓	01001	面粉	千克	9600.00	4.2000	40320.00	采购入库	采购部	赵海元	赵海元	2023-01-01
2	原料及辅料仓	01002	水磨粉	千克	8600.00	5.2000	44720.00	采购入库	采购部	赵海元	赵海元	2023-01-01
3	原料及辅料仓	01003	猪肉	千克	3200.00	45.5000	145600.00	采购入库	采购部	赵海元	赵海元	2023-01-01
4	原料及辅料仓	01004	羊肉	千克	2430.00	63.0000	153090.00	采购入库	采购部	赵海元	赵海元	2023-01-01
5	原料及辅料仓	01005	牛肉	千克	2300.00	57.5000	132250.00	采购入库	采购部	赵海元	赵海元	2023-01-01
6	原料及辅料仓	01006	蔬菜馅料	千克	9700.00	11.5000	111550.00	采购入库	采购部	赵海元	赵海元	2023-01-01
7	原料及辅料仓	01007	味精	千克	500.00	5.5000	2750.00	采购入库	采购部	赵海元	赵海元	2023-01-01
8	原料及辅料仓	01008	食盐	千克	1700.00	2.0000	3400.00	采购入库	采购部	赵海元	赵海元	2023-01-01
9	原料及辅料仓	01009	酱油	千克	850.00	10.0000	8500.00	采购入库	采购部	赵海元	赵海元	2023-01-01
10	原料及辅料仓	01010	果酱	千克	9800.00	7.5000	73500.00	采购入库	采购部	赵海元	赵海元	2023-01-01
11	原料及辅料仓	01011	白砂糖	千克	950.00	7.6000	7220.00	采购入库	采购部	赵海元	赵海元	2023-01-01
12	原料及辅料仓	01012	鸡蛋	千克	800.00	7.5000	6000.00	采购入库	采购部	赵海元	赵海元	2023-01-01
13	原料及辅料仓	01013	植物油	千克	3500.00	35.0000	122500.00	采购入库	采购部	赵海元	赵海元	2023-01-01
14	原料及辅料仓	01014	黑芝麻	千克	8500.00	12.0000	102000.00	采购入库	采购部	赵海元	赵海元	2023-01-01
15	原料及辅料仓	01015	豆沙	千克	7900.00	15.0000	118500.00	采购入库	采购部	赵海元	赵海元	2023-01-01
16	原料及辅料仓	01016	添加剂	升	360.00	13.0000	4680.00	采购入库	采购部	赵海元	赵海元	2023-01-01
合计					70690.00		1076580.00					

图6-24　原料及辅料仓期初库存

(2) 将“库存期初数据录入”窗口右上角的仓库改为“周转材料仓”，单击工具栏的“修改”按钮，根据实验资料录入周转材料仓的期初库存、入库类别、部门等信息，录入完毕保存并批审，结果如图6-25所示。

库存期初　　仓库 (02)周转材料仓

审核　弃审　货位　条码扫描　排序定位　显示格式

	仓库	存货编码	存货名称	主计量单位	数量	单价	金额	入库类别	部门	制单人	审核人	审核日期
1	周转材料仓	02001	包装箱	个	13000.00	2.0000	26000.00	采购入库	采购部	赵海元	赵海元	2023-01-01
2	周转材料仓	02002	包装盒	个	7900.00	0.8000	6320.00	采购入库	采购部	赵海元	赵海元	2023-01-01
3	周转材料仓	02003	猪肉饺子包装袋	个	95000.00	0.0700	6650.00	采购入库	采购部	赵海元	赵海元	2023-01-01
4	周转材料仓	02004	羊肉饺子包装袋	个	98000.00	0.0700	6860.00	采购入库	采购部	赵海元	赵海元	2023-01-01
5	周转材料仓	02005	牛肉饺子包装袋	个	96000.00	0.0700	6720.00	采购入库	采购部	赵海元	赵海元	2023-01-01
6	周转材料仓	02006	果酱汤圆包装袋	个	98000.00	0.0700	6860.00	采购入库	采购部	赵海元	赵海元	2023-01-01
7	周转材料仓	02007	豆沙汤圆包装袋	个	97000.00	0.0700	6790.00	采购入库	采购部	赵海元	赵海元	2023-01-01
8	周转材料仓	02008	黑芝麻汤圆包装袋	个	93000.00	0.0700	6510.00	采购入库	采购部	赵海元	赵海元	2023-01-01
合计					597900.00		72710.00					

图6-25　周转材料仓期初库存

(3) 将“库存期初数据录入”窗口右上角的仓库改为“产成品仓”，单击工具栏的“修改”按钮，根据实验资料录入产成品仓的期初库存、入库类别、部门等信息，录入完毕保存并批审，结果如图6-26所示。

库存期初　　仓库 (03)产成品仓

审核　弃审　货位　条码扫描　排序定位　显示格式

	仓库	存货编码	存货名称	主计量单位	数量	单价	金额	入库类别	部门	制单人	审核人	审核日期
1	产成品仓	03001	猪肉饺子	袋	8200.00	14.0800	115456.00	产成品入库	一车间	赵海元	赵海元	2023-01-01
2	产成品仓	03002	羊肉饺子	袋	6500.00	34.0500	221325.00	产成品入库	一车间	赵海元	赵海元	2023-01-01
3	产成品仓	03003	牛肉饺子	袋	7300.00	28.0500	204765.00	产成品入库	一车间	赵海元	赵海元	2023-01-01
4	产成品仓	03101	果酱汤圆	袋	7500.00	10.8500	81375.00	产成品入库	二车间	赵海元	赵海元	2023-01-01
5	产成品仓	03102	豆沙汤圆	袋	6800.00	11.2000	76160.00	产成品入库	二车间	赵海元	赵海元	2023-01-01
6	产成品仓	03103	黑芝麻汤圆	袋	5600.00	14.1800	79408.00	产成品入库	二车间	赵海元	赵海元	2023-01-01
合计					41900.00		778489.00					

图 6-26　产成品仓期初库存

【提示】

库存管理系统的期初结存数据也可从存货核算系统取数。

6.3.5　存货核算初始化

1.科目设置

【实验资料】

（1）存货科目设置。

根据表6-20进行存货科目设置。

表 6-20　存货科目（IA_HeadSet）

存货分类编码（cInvCCode）	存货科目编码（cInvHead）	分期收款发出商品科目编码（cOutHead）	委托代销发出商品科目编码（cEnDispHead）	直运科目编码（czyHead）
01	1403	1406	1406	1402
02	141101	1406	1406	1402
03	1405	1406	1406	1402

（2）对方科目设置。

根据表6-21进行对方科目设置。

表 6-21　对方科目（IA_OppHead）

收发类别编码（cRdCode）	存货分类编码（cInvCCode）	项目大类编码（cItem_class）	项目编码（cItemCode）	对方科目编码（cOppHead）	暂估科目编码（cEstHead）
0101				1402	220202
0102	03			500199	
0103				190101	
0104				1402	
0105				1405	
0201		00	03001	500101	
0201		00	03002	500101	
0201		00	03003	500101	
0201		00	03101	500101	
0201		00	03102	500101	
0201		00	03103	500101	
0202	01			6402	
0202	02			6402	
0202	03			6401	
0203				190101	
0204	01			6402	
0204	02			6402	
0204	03			6401	
0205				1405	
0207				6401	
0208				6401	

【实验过程】

（1）在U8企业应用平台，依次单击“业务工作→供应链→存货核算→设置→存货科目”菜单，打开“存货科目”窗口。单击“增行”按钮，根据表6-20录入存货科目，录入完毕单击“保存”按钮，结果如图6-27所示。

科目设置

我的桌面　存货科目

打印　输出　定位　增行　插行　删行　保存　栏目设置

存货科目

存货分类编码	存货分类名称	存货科目编码	存货科目名称	分期收款发出商品科目编码	委托代销发出商品科目编码	直运科目编码
01	原料及辅料	1403	原材料	1406	1406	1402
02	周转材料	141101	包装物	1406	1406	1402
03	产成品	1405	库存商品	1406	1406	1402

图6-27　存货科目

（2）在存货核算系统，依次单击“设置→对方科目”菜单，打开“对方科目”窗口。单击“增行”，根据表6-21录入对方科目，录入完毕单击“保存”按钮，结果如图6-28所示。

我的桌面　对方科目

打印　输出　定位　增行　插行　删行　保存　栏目设置

对方科目

收发类别编码	收发类别名称	存货分类编码	存货分类名称	项目大类编码	项目编码	对方科目编码	对方科目名称	暂估科目编码
0101	采购入库					1402	在途物资	220202
0102	产成品入库	03	产成品			500199	共同产品	
0103	盘盈入库					190101	待处理流动资产损溢	
0104	直运采购					1402	在途物资	
0105	调拨入库					1405	库存商品	
0201	材料领用出库			00	03001	500101	直接材料	
0201	材料领用出库			00	03002	500101	直接材料	
0201	材料领用出库			00	03003	500101	直接材料	
0201	材料领用出库			00	03101	500101	直接材料	
0201	材料领用出库			00	03102	500101	直接材料	
0201	材料领用出库			00	03103	500101	直接材料	
0202	销售出库	01	原料及辅料			6402	其他业务成本	
0202	销售出库	02	周转材料			6402	其他业务成本	
0202	销售出库	03	产成品			6401	主营业务成本	
0203	盘亏出库					190101	待处理流动资产损溢	
0204	直运销售	01	原料及辅料			6402	其他业务成本	
0204	直运销售	02	周转材料			6402	其他业务成本	
0204	直运销售	03	产成品			6401	主营业务成本	
0205	调拨出库					1405	库存商品	
0207	委托代销出库					6401	主营业务成本	
0208	分期收款销售出库					6401	主营业务成本	

图6-28　对方科目

【提示】

（1）普通采购业务科目设置

采购入库单制单时，借方取存货科目，贷方取收发类别所对应的对方科目。

采购结算制单时，借方取存货科目、税金科目，贷方取结算科目或应付科目。

（2）生产业务科目设置

材料出库单制单时，借方取收发类别所对应的对方科目，贷方取存货科目。

产成品入库单制单时，借方取存货科目，贷方取收发类别所对应的对方科目。

（3）普通销售业务科目设置

销售出库单或销售发票结转成本制单时，借方取收发类别所对应的对方科目，贷方取存货科目。

（4）特殊业务科目设置

直运业务：①直运采购发票制单时，借方取存货科目中设置的直运科目、税金科目，贷方取应付科目或结算科目。②直运销售发票制单时，借方取对方科目，贷方取存货科目中设置的直运科目。

分期收款业务：①发货单制单时，借方取分期收款发出商品科目，贷方取存货科目。②发票制单时，借方取收发类别对应的科目，贷方取分期收款发出商品科目。

委托代销业务：①发货单制单时，借方取委托代销发出商品科目，贷方取存货科目。②发票制单时，借方取收发类别对应的科目，贷方取委托代销发出商品科目。

调拨业务制单时，借方取入库存货的存货科目，贷方取出库存货的存货科目。

盘点业务：①盘盈业务制单时，借方取存货科目，贷方取对方科目。②盘亏业务制单时，借方取对方科目，贷方取存货科目。

2.录入期初余额

【实验资料】

期初余额与库存管理系统期初结存数据一致，从库存管理系统取数至存货核算系统。取数完毕对存货明细账进行期初记账。

【实验过程】

（1）在U8企业应用平台，依次单击“业务工作→供应链→存货核算→设置→期初余额”菜单，打开“期初余额”窗口。仓库选择“原料及辅料仓”，单击“取数”按钮，系统自动从库存管理系统取期初结存数据至存货核算系统，结果如图6-29所示。

录入存货核算系统期初余额

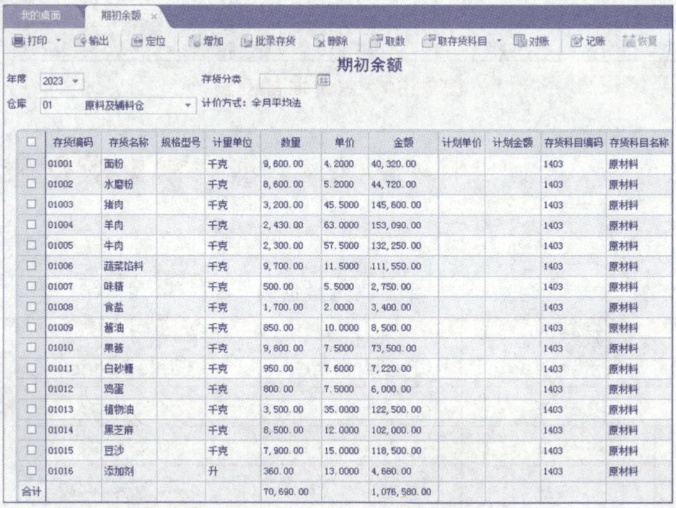

	存货编码	存货名称	规格型号	计量单位	数量	单价	金额	计划单价	计划金额	存货科目编码	存货科目名称
□	01001	面粉		千克	9,600.00	4.2000	40,320.00			1403	原材料
□	01002	水磨粉		千克	8,600.00	5.2000	44,720.00			1403	原材料
□	01003	猪肉		千克	3,200.00	45.5000	145,600.00			1403	原材料
□	01004	羊肉		千克	2,430.00	63.0000	153,090.00			1403	原材料
□	01005	牛肉		千克	2,300.00	57.5000	132,250.00			1403	原材料
□	01006	蔬菜馅料		千克	9,700.00	11.5000	111,550.00			1403	原材料
□	01007	味精		千克	500.00	5.5000	2,750.00			1403	原材料
□	01008	食盐		千克	1,700.00	2.0000	3,400.00			1403	原材料
□	01009	酱油		千克	850.00	10.0000	8,500.00			1403	原材料
□	01010	果酱		千克	9,800.00	7.5000	73,500.00			1403	原材料
□	01011	白砂糖		千克	950.00	7.6000	7,220.00			1403	原材料
□	01012	鸡蛋		千克	800.00	7.5000	6,000.00			1403	原材料
□	01013	植物油		千克	3,500.00	35.0000	122,500.00			1403	原材料
□	01014	黑芝麻		千克	8,500.00	12.0000	102,000.00			1403	原材料
□	01015	豆沙		千克	7,900.00	15.0000	118,500.00			1403	原材料
□	01016	添加剂		升	360.00	13.0000	4,680.00			1403	原材料
合计					70,690.00		1,076,580.00				

图6-29　原料及辅料仓期初余额

（2）参照上述方法，依次完成“周转材料仓”“产成品仓”的“取数”处理。三个仓库取数完毕，单击“记账”按钮，系统提示“期初记账成功!”，单击“确定”。

【提示】

由于本案例启用了分期收款业务和委托代销业务，系统要求对“设置”菜单下的期初分期收款发出商品和期初委托代销发出商品进行“取数”操作，否则存货核算系统不允许期初记账。

期初数据录入完毕，必须期初记账。即使没有期初数据，也必须进行期初记账。

期初记账后，系统选项“核算方式”“暂估方式”将不能修改。

3.跌价准备设置

【实验资料】

根据表6-22进行跌价准备设置。

表6-22　　跌价准备（IA_DecReadyHead）

存货分类编码（cInvCCode）	跌价准备科目（cDecHead）	计提费用科目（cFyHead）
01	1471 存货跌价准备	6701 资产减值损失
02	1471 存货跌价准备	6701 资产减值损失
03	1471 存货跌价准备	6701 资产减值损失

【实验过程】

在U8企业应用平台，依次单击“业务工作→供应链→存货核算→跌价准备→跌价准备设置”菜单，打开“跌价准备设置”窗口。单击“增加”按钮，根据表6-22设置存货的跌价准备科目和计提费用科目，结果如图6-30所示。

跌价准备设置

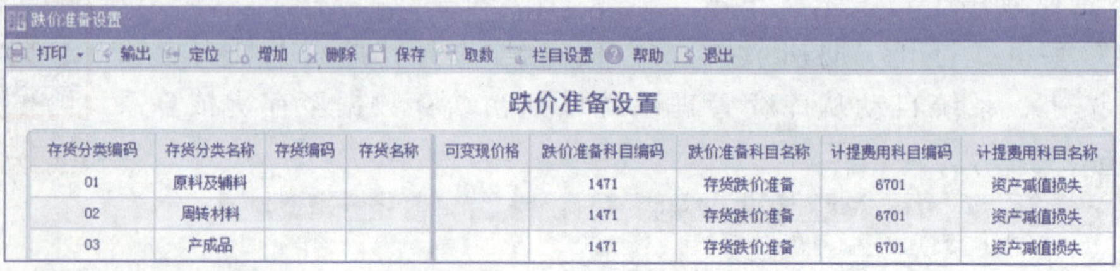

存货分类编码	存货分类名称	存货编码	存货名称	可变现价格	跌价准备科目编码	跌价准备科目名称	计提费用科目编码	计提费用科目名称
01	原料及辅料				1471	存货跌价准备	6701	资产减值损失
02	周转材料				1471	存货跌价准备	6701	资产减值损失
03	产成品				1471	存货跌价准备	6701	资产减值损失

图6-30　跌价准备设置

6.4　本章常见数据表

本章常见数据表见表6-23。

表6-23　　本章常见数据表

序号	系统编码（SystemID）	系统名称（SystemName）	表名称（TableName）	表定义（TableDefine）	备注
1	AS	公共	Warehouse	仓库档案	表6-1
2	AS	公共	Rd_Style	收发类别	表6-2
3	AS	公共	PurchaseType	采购类型	表6-3
4	AS	公共	SaleType	销售类型	表6-4

续表

序号	系统编码（SystemID）	系统名称（SystemName）	表名称（TableName）	表定义（TableDefine）	备注
5	AS	公共	ExpenseItem	费用项目	表6-5
6	AS	公共	ExpItemClass	费用项目分类	表6-5
7	AS	公共	ShippingChoice	发运方式档案	
8	AS	公共	Wastage	非合理损耗类型	表6-6
9	RP	应收应付	Ap_InputCode	基本科目	表6-8、表6-13
10	RP	应收应付	AP_OppCodeSet	对方科目设置表	表6-14
11	RP	应收应付	Ap_SStyleCode	结算方式科目设置表	表6-9、表6-15
12	AR	应收	Ar_BadPara	坏账准备设置表	表6-16
13	ST	库存管理	rdrecord34	期初结存主表	表6-19
14	ST	库存管理	rdrecords34	期初结存子表	表6-19
15	IA	存货核算	IA_HeadSet	存货科目	表6-20
16	IA	存货核算	IA_OppHead	对方科目	表6-21
17	IA	存货核算	IA_DecReadyHead	跌价准备	表6-22

【课程思政点睛】

【复习思考题】

1. 简述收发类别、采购类型与销售类型在供应链管理系统中的重要作用。
2. 简述应收系统、应付系统与存货核算系统中科目设置的关系。
3. 简述存货核算系统期初记账的作用。
4. 简述库存管理系统与存货核算系统的关系。

7 第7章 采购业务

7.1 概述

供应链管理系统的采购业务具有单据多、系统多、岗位多以及处理流程复杂等特点。参与采购业务处理的岗位有采购管理系统操作员、库存管理系统操作员、存货核算系统操作员以及应付系统操作员，其中，后两个岗位一般由一人完成。采购业务常用单据见表7-1。

表7-1 采购业务常用单据

序号	单据名称	处理系统	操作员
1	采购订单	采购管理	G01 刘美玲
2	到货单	采购管理	G01 刘美玲
3	退货单	采购管理	G01 刘美玲
4	到货拒收单	采购管理	G01 刘美玲
5	采购入库单	库存管理	C01 孟梓楠
6	采购专用发票	采购管理	G01 刘美玲
7	其他应付单	应付款管理	W02 王家宝
8	采购结算单	采购管理	G01 刘美玲
9	收付款单	应付款管理	W03 范英晨
10	商业汇票	应付款管理	W03 范英晨

采购管理系统各单据的表头均有"业务类型"栏，且为必输栏。系统提供五种业务类型：普通采购、直运采购、固定资产、代管采购和受托代销，本章只涉及"普通采购"业务类型。围绕表7-1所列单据，普通采购业务主要包含以下业务处理环节：

1. 采购订货

企业与供应商之间为了达成货物交易，通常需要签订购销合同，以明确双方的权利、义务。在供应链管理系统，根据购销合同填制采购订单。除此以外，采购订单还有以下几种取得方式：①参照请购单、销售订单等生成；②批量生单；③齐套生单；④配额生单。已审核未关闭的采购订单可以参照生成到货单、入库单、采购发票等。

2. 采购到货

采购到货是采购订货和采购入库的中间环节。此时，参照采购订单生成到货单。已审核的到货单可以参照生成退货单、到货拒收单和采购入库单。系统提供根据采购订单批量生成到货单的功能。

3. 采购退货

对于入库后的退货业务，需生成采购退货单。采购退货单是到货单的红字单据，它可参照采购订单、原到货单生成。已审核的采购退货单可以参照生成负向的采购入库单。

4. 到货拒收

对于已到货但尚未入库的商品，如果质检出不合格品，可通过到货拒收单处理。到货拒收单只能参照已审核的到货单生成。一张到货单，允许多次进行拒收处理。如果在到货时能够直接确定是否拒收，可将拒收数量填入到货单的“拒收数量”栏，参照到货单的拒收数量生成到货拒收单；如果不能够确定是否拒收，则不录入拒收数量，参照到货单（到货数量-已入库数量）生成到货拒收单。

5.采购入库

对于质检合格的货物，应办理入库手续。采购入库单参照到货单签收的实收数量生成，它可以参照生成采购专用发票。对于入库后的退货业务，可参照采购退货单生成负向的采购入库单。

6.采购发票

供应商应根据合同约定开具增值税专用发票，它是确认采购成本的直接依据，也是支付货款的直接依据。采购发票可以参照采购订单、采购入库单生成，也可以拷贝其他采购发票生成。系统提供了根据采购入库单批量生成采购发票的功能。采购专用发票保存后自动传递至应付系统，并在应付系统审核。

根据现行的增值税政策，交通运输业执行9%的增值税税率，开具增值税专用发票。此时，系统中的“运费发票”功能不可用，应使用采购专用发票处理运费业务。若运输劳务由货物供应商同时提供，则填制发票时，表头的“供应商”“代垫单位”均为货物供应商。若运输劳务由第三方运输单位提供，则填制发票时，表头的“供应商”“代垫单位”均为运输单位。若运输劳务由第三方运输单位提供，但是合同约定由货物供应商先行垫付，则填制发票时，“供应商”填运输单位，“代垫单位”填货物供应商。

7.其他应付单

除采购发票外，非采购业务形成的应付账款均通过其他应付单处理。销售管理系统的销售费用支出单的“单据流向”可以是其他应付单（详见知识点8.3.4）。

其他应付单实质上是一张记账凭证，表头反映贷方信息，表体反映借方信息：

借：××××（表体项目中的“科目”）

　贷：应付系统受控科目（表头项目中的“科目”，必须是受控科目）

若其他应付单表体信息不输入，则保存单据时系统会自动形成一条方向相反、金额相等的记录，但该记录可修改。

采购发票和其他应付单统称为应付单据，均在应付系统审核。已审核的应付单据不允许修改或删除。不能在已结账月份进行审核处理或弃审处理。应付单据的后续处理，如生成凭证、核销处理、选择付款、转账处理等，都是基于该单据已经审核。也就是说，如果应付单据未经审核，这些后续操作都不能做。

如果已审核的应付单据已做过前述后续处理，则该应付单据不能弃审、修改或删除。但是，系统对所有的处理都提供了逆向操作功能，通过逆向操作把后续处理全部取消，此时该应付单据即可弃审、修改或删除。

8.采购结算

采购结算也称采购报账，是采购业务中十分重要的环节，是指采购核算人员根据采购发票、采购入库单核算采购入库成本的过程。这里的采购结算与采购付款无关。

如果没有完成采购期初记账，则不能进行采购结算。月末结账后，将不能再进行该月的采购结算处理，只能在下个月做。如果采购结算确实应在已结账月份处理，那么应先取消该月的月末结账，然后再做采购结算。采购结算不限制业务发生日期，可以进行跨月采购结算。

采购结算的结果是生成采购结算单。通过删除采购结算单能够实现取消采购结算的操作，但是以下两种情况不允许取消结算：①结算的采购入库单已在存货核算系统记账；②先暂估再结算的入库单，已在存货核算系统做结算成本处理。

（1）发票、商品是否在同一个月收到。

①采购发票和商品同在一个月收到。

若发票数量等于入库单数量，且没有应税劳务发生，则采购发票可参照入库单生成，此时可直接单击采购发票工具栏的“结算”按钮，完成采购结算。

若发票数量不等于入库单数量，则采购发票参照采购订单生成，此时应到“采购结算”菜单下进行手工结算。如果同时还有应税劳务发生，手工结算前应先进行费用分摊处理。

②本月收到商品，下月收到发票。

本月收到商品时做暂估入库处理，下月收到发票时，进行结算成本处理，根据系统参数设置情况，可进行月初回冲、单到回冲（本书采用）或单到补差处理。

a.月初回冲。暂估入库月份的下月，存货系统自动生成与暂估的采购入库单相同但方向相反的“红字回冲单”，将其生成记账凭证。收到增值税专用发票后，参照生成采购发票，并与暂估的采购入库单进行采购结算。到存货系统进行结算成本处理，自动生成“蓝字回冲单”，将其生成记账凭证。

b.单到回冲。暂估入库月份的下月不做处理。收到增值税专用发票后，参照生成采购发票，并与暂估的采购入库单进行采购结算。到应付系统审核发票后对其生成凭证。到存货系统进行结算成本处理，自动生成“红字回冲单”“蓝字回冲单”，将其生成记账凭证。

c.单到补差。暂估入库月份的下月不做处理。收到增值税专用发票后，参照生成采购发票，并与暂估的采购入库单进行采购结算。到应付系统审核发票后对其生成凭证。到存货系统进行“结算成本处理”，自动生成“入库调整单”（如果发票金额与暂估金额相等，则不生成入库调整单，但结算成本处理应正常做），将其生成记账凭证。

③本月收到发票，下月收到商品。

本月先对采购发票进行审核、制单，即做在途物资处理。下月收到商品时进行正常的手工采购结算即可。

（2）应税劳务的处理。

如果收到货物采购发票的同时收到应税劳务（如运输费）的采购发票，在手工采购结算前先进行费用分摊处理。

应税劳务的采购发票也可以单独进行费用折扣结算。该发票可以与已结算、未结算或部分结算的入库单同时结算，也可以与存货直接结算。可以将一张或多张应税劳务发票分摊到多个仓库多张入库单的多个存货上。一张入库单可以多次分摊应税劳务。

（3）发票数量不等于入库单数量的处理。

企业购进货物在运输途中发生的短缺或溢余，应分别情况进行处理。

发生的溢余按不含税的价款记入“待处理财产损溢”科目的贷方，查明原因后进行转销，此时待处理财产溢余的处理一般不考虑增值税的问题。

发生的短缺和毁损，即发票数量大于入库单数量，应根据造成短缺或毁损的原因分别处理，不能全部计入外购材料的采购成本。对于定额内的合理损耗，计入材料的采购成本。对于非合理损耗，进一步分两种情况：

①能确定由供应单位、运输单位、保险公司或其他过失人赔偿的，应向有关单位或责任人索赔，自“在途物资”科目转入“应付账款”或“其他应收款”科目。

②尚待查明原因和需要报经批准才能转销处理的损失，应将损失从“在途物资”科目转入“待处理财产损溢”科目，查明原因后再分别处理：

a.供货单位少发货。此时，只对实收部分的存货进行采购结算。少发货部分的发票金额做在途物资处理，待实际收到少发部分的存货，再进行采购结算。

b.属于自然灾害或意外事故造成的损失，应按扣除残料价值和保险公司赔偿后的净损失，从“待处理财产损溢”科目转入“营业外支出——非常损失”科目。

c.应由运输单位、保险公司或其他过失人负责赔偿的，将损失从“待处理财产损溢”科目转入“其他应收款”科目。

d.属于无法收回的其他损失，报经批准后，将其从“待处理财产损溢”科目转入“管理费用”科目。

在上述c和d两种情况下，短缺和毁损的材料所负担的增值税进项税额随同“待处理财产损溢”科目一并转入对方科目。

9.正常单据记账

正常单据记账是指将采购入库单等单据的存货信息登记到存货明细账。如果单据没有记账，将不能进行后续的生成凭证处理。

入库成本按入库单上的单价、金额记账。当入库单没有成本时，系统将根据存货核算系统选项中“入库单成本选择”的设置方式进行处理：如果选择“手工输入”（本书即采用这种设置方式），系统将不允许记账；如果选择其他方式，如“上次入库成本”，系统将参照上次入库成本进行记账。如果记账前采购入库单已部分结算，则该采购入库单将分为结算和暂估两部分记入明细账。

10.生成凭证

“生成凭证”是存货核算系统的专门制作记账凭证的平台，对本月已记账单据生成记账凭证，所生成凭证自动传递至总账系统。一张单据必须所有要核算成本的记录全部记账且金额不为空，才能生成凭证。

涉及非合理损耗业务的采购发票，在应付系统审核凭证，但不在应付系统制单，到存货核算系统制单，勾选“已结算采购入库单自动选择全部结算单上单据（包括入库单、发票、付款单），非本月采购入库单按蓝字报销单制单”选项，通过采购结算单生成凭证。

如果在“存货核算→科目设置”下没有设置存货科目和对方科目，则所生成的凭证没有科目和辅助项信息。此时，须手工录入科目、辅助项信息，否则系统将不允许保存凭证。

11.支付货款

（1）收到发票同时支付货款。

若收到发票的同时支付货款（商业汇票除外），则可以直接单击采购发票工具栏的“现付”按钮，完成款项支付。该功能支持全额现付和部分现付。“现付”自动生成未审核、未核销的付款单，现付的发票审核后自动完成核销处理。已审核的发票不能再进行现付处理。

在普通采购业务中，“现付”与“采购结算”之间没有先后顺序。但是，在受托代销业务中，必须先“受托代销结算”才可以“现付”。

（2）支付前欠货款——付款单。

如果支付前欠货款（商业汇票除外），到应付系统的“付款单据录入”或“选择付款”中处理。如果启用了付款申请业务，则点击工具栏的“生单”按钮可参照生成付款单。

系统通过付款单表体的款项类型来区分不同的款项用途：应付款、预付款、其他费用。不同款项类型的后续业务处理不尽相同。若一张付款单具有不同的用途款项，应在表体分行处理。三种款项类型的用途如下：

a.应付款。该类型的付款单用于冲销应付账款，表体对应的科目为受控科目。

b.预付款。该类型的付款单用于形成预付账款，表体对应的科目为受控科目。

c.其他费用。该类型的付款单表体对应的科目为非受控科目。

付款单审核即对付款单据登记应付明细账，并在单据填写审核日期、审核人的过程。系统将单据日期作为审核日期，将当前操作员作为审核人。系统提供三种审核方式：自动批审、批量审核、单张审核。付款单审核后才能进行后续处理，如核销、红票对冲等。

只有款项类型为“应付款”和“预付款”的付款单才可以与采购发票、其他应付单进行核销处理。

应付、预付用途的收款单可与应付、预付用途的付款单进行“红票对冲”操作。

应付、预付用途的收款单可与应付、预付用途的付款单或红字应付单据进行核销操作。

如果付款单已做过后续处理，如审核、制单、核销、预付冲应付、红票对冲等，则该付款单不能进行修改或删除。但是，系统对所有的处理都提供了逆向操作功能，通过逆向操作把后续处理全部取消，此时该付款单即可进行修改或删除。

（3）支付前欠货款——选择付款。

选择付款功能可以实现一次对单个或多个供应商的单笔或多笔款项的付款核销处理。选择付款后系统自动生成已审核、已核销的付款单，该付款单的制单人、审核人和核销人均为同一人。该功能也可以处理有现金折扣的付款业务。如果只支付某单据的部分金额，可手工输入“付款金额”。

（4）商业汇票。

不管是收到发票的同时支付货款，还是偿还前欠货款，凡是通过商业汇票付款的，必须到应付系统的“票据管理”中处理。

①出票。

如果应付系统参数选择“应付票据直接生成付款单”，则商业汇票保存完毕，系统自动生成一张未审核、未核销的付款单，可对该付款单进行后续处理。该付款单的后续处理与手工填制的付款单相同。如果启用付款申请业务，在票据录入界面，点击“生单”按钮，可参照已经审核的付款申请单生成票据。

如果商业汇票出票作为预付款，则保存票据后到“付款单据录入”中，找到该汇票自动生成的付款单，将表体的“款项类型”改为“预付款”即可。

②计息。

对于带息商业汇票，通过“计息”功能自动计算票据利息，计算结果可修改。计息日期应大于已经结账月、小于等于当前业务月日期。

③结算。

这里的“结算”是指商业汇票到期日，付款人向持票人支付票款的行为。

在票据列表界面或票据填制界面，单击“删除”或“修改”按钮，可对商业汇票进行修改或删除。但以下几种情况不能修改或删除：

a.票据自动生成的付款单已经进行核销、转账等后续处理；

b.出票日期所在月份已经结账的票据；

c.已经进行计息、结算、转出等处理的票据。

12.核销处理

通过核销功能可将付款单与发票或应付单相关联，冲减本期应付，减少企业债务。款项类型为应付款或预付款的付款单均可进行核销。未审核的或者原币余额为零的单据记录均不显示在收付款单、被核销单据列表中。红字单据整条记录金额、余额均以正数显示，单据类型为收款单。

若付款单数额等于原有单据数额，付款单与原有单据完全核销；若付款单数额大于原有单据数额，部分核销原有单据，部分形成预付款；若付款单数额小于原有单据数额，原有单据仅得到部分核销。

13.转账处理

（1）应付冲应付。

应付冲应付也称并账，指将应付款在供应商、部门、业务员、项目和合同之间进行转移，实现应付业务的调整。以下情况可能需要使用该功能：①操作性错误。如所填制的应付单据供应商选择错误且无法修改。②实际工作需要。如债权债务转移、部门合并、分管某供应商的业务员离职等。每一笔应付款的并账金额应大于零、小于等于其原币余额。

（2）预付冲应付。

预付冲应付就是将预付款与应付款进行勾对。每一笔预付款、应付款的转账金额不能大于其自身余额。预付款的转账金额合计应等于应付款的转账金额合计，且不能超过两者金额的较小者。红字预付款也可冲销红字应付款，此时“预付款”页签中的“类型”应为收款单。蓝字预付款冲销蓝字应付款与红字预付款冲销红字应付款不能同时进行。预付款与应付款之间也可通过“核销”进行勾对。

（3）红票对冲。

红票对冲就是用某供应商的红字发票与其蓝字发票进行冲抵。系统提供两种对冲方式：手工对冲和自动对冲。如果红字单据中有对应单据号，则可使用自动对冲，否则应使用手工对冲。对冲金额合计不能大于红票金额。红票对冲同样应遵循核销规则。

14.生成凭证

“生成凭证”是应付系统专门的制作记账凭证的平台，包括以下11种制单类型：发票制单、应付单制单、收付款单制单、核销制单、票据处理制单、汇兑损益制单、应付冲应付制单、预付冲应付制单、应付冲应收制单、红票对冲制单、现结制单。

系统默认将登录日期作为制单日期。制单日期应大于等于所选单据的最大日期，但小于等于系统当前日期。如果应付系统与总账系统集成使用，制单日期应该满足总账制单要求。

15.取消操作

以下8种操作类型可以取消：核销、选择付款、汇兑损益、票据处理、应付冲应付、应付冲应收、预付冲应付和红票对冲。如果某操作类型已经生成凭证，在取消操作前，应先到“单据查询→凭证查询”中将该记账凭证删除，再进行取消操作。

取消选择付款，则核销处理被自动取消，同时选择付款生成的付款单也一并删除，应付单据恢复原状。

以下情况不允许取消票据处理：①票据日期所在月份已经结账。②票据计息和票据结算后又进行了其他处理。③票据转出后所生成的应付单已经进行了核销等处理。

如果转账处理（应付冲应付、预付冲应付等）发生月份已经结账，则不能被恢复。

本章总体流程如图7-1所示。

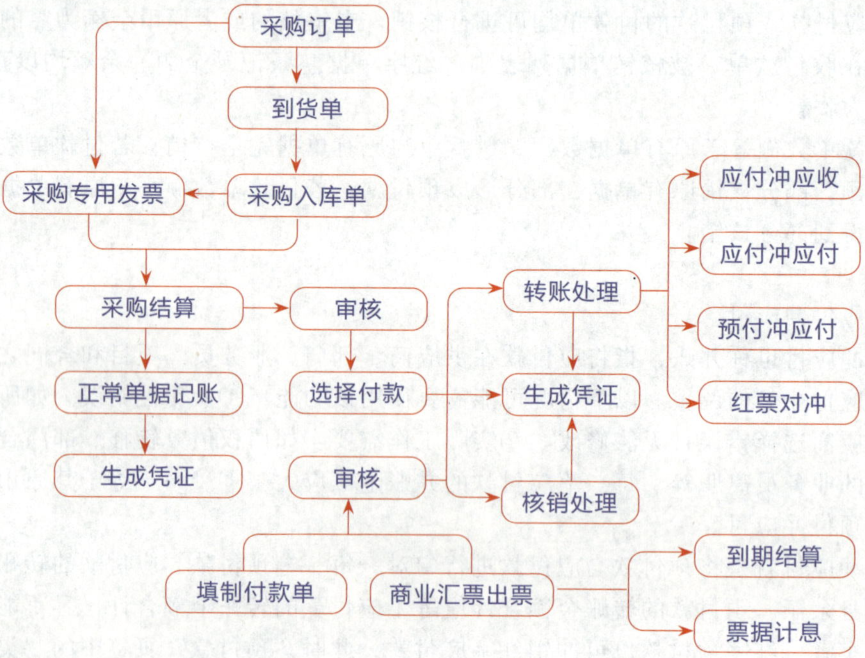

图7-1 本章总体流程

7.2 日常采购业务

7.2.1 典型采购业务

【实验资料】

2023年1月1日，采购部刘美玲与北京美泰签订购销合同（合同编号：CG01001），采购面粉1 000千克，单价4.4元/千克，采购味精80千克，单价5.8元/千克，全部货物价税合计5 320.32元。合同约定1月2日钱货两清。

2023年1月2日，公司收到北京美泰发来的货物（入库单号：RKA01001）及增值税专用发票（票号：17655810），货物经验收合格全部入库。辽宁长久当日支付全部货款5 320.32元，结算方式为电汇（票据号：30952631）。

【实验过程】

1.填制采购订单

2023年1月1日，由刘美玲（G01）登录U8企业应用平台。

（1）在U8企业应用平台，依次单击“业务工作→供应链→采购管理→采购订货→采购订单”菜单，打开“采购订单”窗口。单击工具栏的“增加”按钮，根据实验资料填制采购订单。

典型采购业务

①填写表头信息。修改表头的“订单编号”（即合同编号）为“CG01001”，“采购类型”为“正常采购”，“供应商”为“北京美泰”，“业务员”为“刘美玲”，其他项默认。

【提示】

当一张单据需要同时选择“部门”和“业务员”信息时，可直接选择“业务员”，则系统自动将该业务员所在“部门”的信息带出。

②填写表体信息。在第1行，选择“存货编码”为“01001”（面粉），输入“数量”为“1000”，“原币单价”为“4.4”，“计划到货日期”为“2023-01-02”；按此方法录入第2行的货物信息。

（2）单击工具栏的“保存”按钮，再单击工具栏的“审核”按钮，结果如图7-2所示。退出“采购订单”窗口。

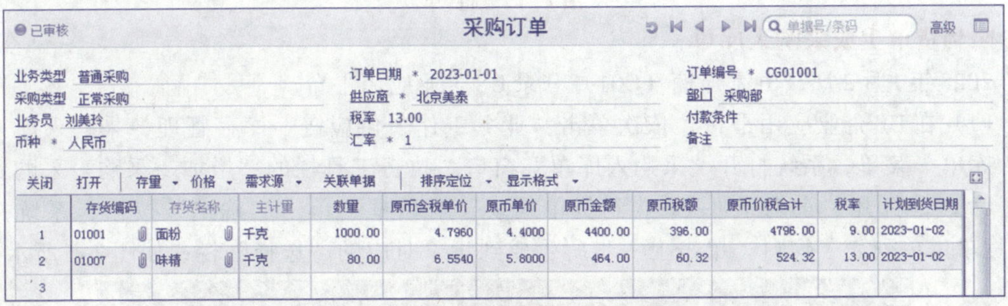

已审核　采购订单　单据号/条码　高级

业务类型　普通采购　订单日期 * 2023-01-01　订单编号 * CG01001

采购类型　正常采购　供应商 * 北京美泰　部门　采购部

业务员　刘美玲　税率　13.00　付款条件

币种 * 人民币　汇率 * 1　备注

关闭　打开　存量　价格　需求源　关联单据　排序定位　显示格式

	存货编码	存货名称	主计量	数量	原币含税单价	原币单价	原币金额	原币税额	原币价税合计	税率	计划到货日期
1	01001	面粉	千克	1000.00	4.7960	4.4000	4400.00	396.00	4796.00	9.00	2023-01-02
2	01007	味精	千克	80.00	6.5540	5.8000	464.00	60.32	524.32	13.00	2023-01-02
3											

图7-2　采购订单

说明：为了完整显示关键信息，本教材对部分单据或窗口的单元格所在列进行了隐藏。下同。

2.参照采购订单生成到货单

2023年1月2日，由刘美玲（G01）登录U8企业应用平台。

（1）在U8企业应用平台，依次单击“业务工作→供应链→采购管理→采购到货→到货单”菜单，打开“到货单”窗口。执行工具栏的“增加→采购订单”命令，打开“查询条件-单据列表过滤”对话框，单击“确定”按钮，系统打开“拷贝并执行”窗口。勾选“到货单拷贝订单表头列表”中CG01001号订单最左侧的“选择”栏，如图7-3所示。单击“确定”按钮，系统返回“到货单”窗口，生成一张到货单。

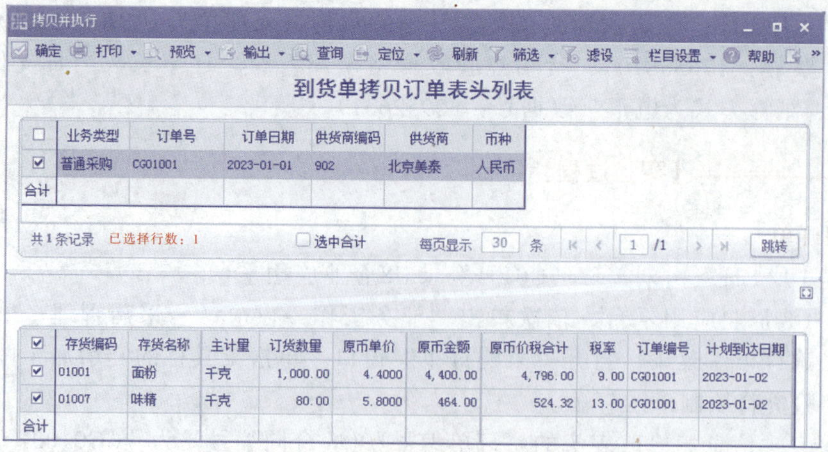

拷贝并执行

到货单拷贝订单表头列表

	业务类型	订单号	订单日期	供货商编码	供货商	币种
☑	普通采购	CG01001	2023-01-01	902	北京美泰	人民币
合计						

共1条记录 已选择行数：1 选中合计 每页显示 30 条 1 /1 跳转

	存货编码	存货名称	主计量	订货数量	原币单价	原币金额	原币价税合计	税率	订单编号	计划到达日期
☑	01001	面粉	千克	1,000.00	4.4000	4,400.00	4,796.00	9.00	CG01001	2023-01-02
☑	01007	味精	千克	80.00	5.8000	464.00	524.32	13.00	CG01001	2023-01-02
合计										

图7-3 “拷贝并执行”窗口

（2）单击工具栏的“保存”按钮，再单击工具栏的“审核”按钮，结果如图7-4所示。关闭并退出该窗口。

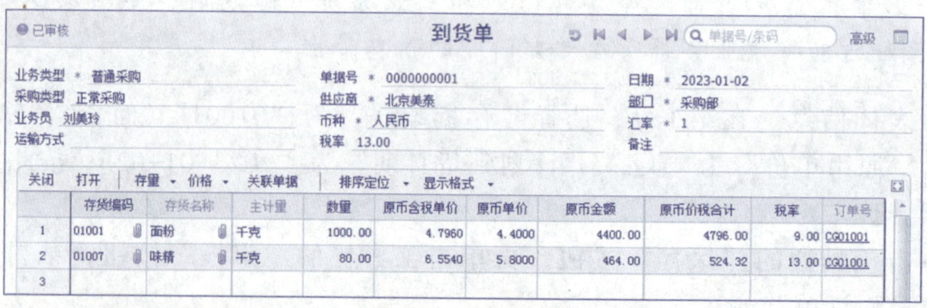

已审核 到货单

业务类型 * 普通采购 单据号 * 0000000001 日期 * 2023-01-02
采购类型 正常采购 供应商 * 北京美泰 部门 * 采购部
业务员 刘美玲 币种 * 人民币 汇率 * 1
运输方式 税率 13.00 备注

	存货编码	存货名称	主计量	数量	原币含税单价	原币单价	原币金额	原币价税合计	税率	订单号
1	01001	面粉	千克	1000.00	4.7960	4.4000	4400.00	4796.00	9.00	CG01001
2	01007	味精	千克	80.00	6.5540	5.8000	464.00	524.32	13.00	CG01001
3										

图7-4 到货单

3.参照到货单生成采购入库单

2023年1月2日，由孟梓楠（C01）登录U8企业应用平台。

（1）在U8企业应用平台，依次单击“业务工作→供应链→库存管理→采购入库→采购入库单”菜单，系统打开“采购入库单”窗口。执行工具栏的“增加→采购→采购到货单”命令，打开“查询条件-采购到货单列表”对话框，单击“确定”按钮，系统打开“到货单生单列表”窗口。单击上一步所生成到货单对应的“选择”栏，如图7-5所示。

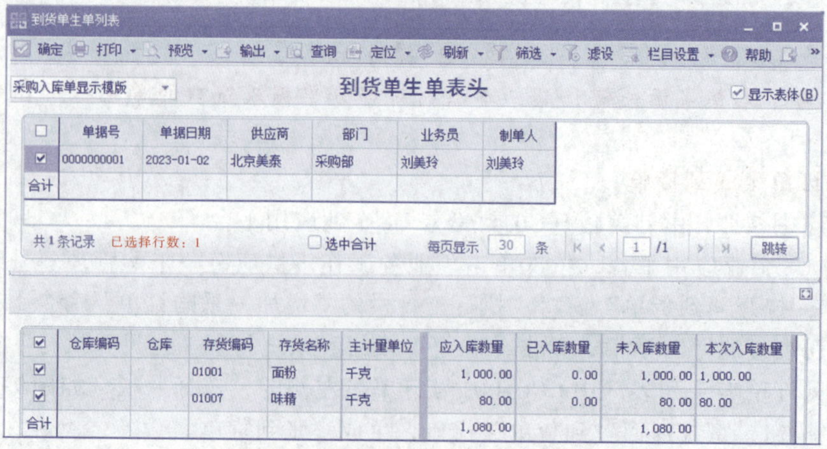

到货单生单列表

到货单生单表头

	单据号	单据日期	供应商	部门	业务员	制单人
☑	0000000001	2023-01-02	北京美泰	采购部	刘美玲	刘美玲
合计						

共1条记录 已选择行数：1 选中合计 每页显示 30 条 1 /1 跳转

	仓库编码	仓库	存货编码	存货名称	主计量单位	应入库数量	已入库数量	未入库数量	本次入库数量
☑			01001	面粉	千克	1,000.00	0.00	1,000.00	1,000.00
☑			01007	味精	千克	80.00	0.00	80.00	80.00
合计						1,080.00		1,080.00	

图7-5 “到货单生单列表”窗口

单击工具栏的“确定”按钮，系统返回“采购入库单”窗口。根据实验资料，将采购入库单表头项目“入库单号”修改为“RKA01001”，“仓库”选择“原料及辅料仓”，其他项默认。

（2）单击工具栏的“保存”按钮，再单击“审核”按钮，系统提示“该单据审核成功!”，单击“确定”按钮，结果如图7-6所示。退出该窗口。

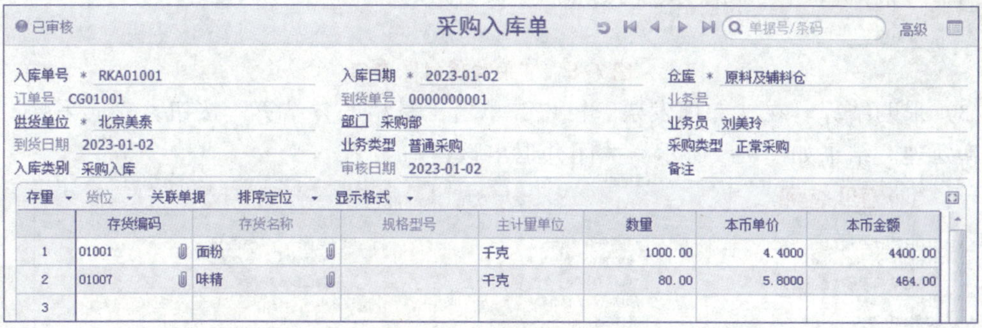
已审核 采购入库单

入库单号 * RKA01001　入库日期 * 2023-01-02　仓库 * 原料及辅料仓
订单号 CG01001　到货单号 0000000001　业务号
供货单位 * 北京美泰　部门 采购部　业务员 刘美玲
到货日期 2023-01-02　业务类型 普通采购　采购类型 正常采购
入库类别 采购入库　审核日期 2023-01-02　备注

	存货编码	存货名称	规格型号	主计量单位	数量	本币单价	本币金额
1	01001	面粉		千克	1000.00	4.4000	4400.00
2	01007	味精		千克	80.00	5.8000	464.00
3							

图7-6　采购入库单

4.参照采购入库单生成采购专用发票

2023年1月2日，由刘美玲（G01）登录U8企业应用平台。

（1）在U8企业应用平台，依次单击“业务工作→供应链→采购管理→采购发票→专用采购发票”菜单，打开“专用发票”窗口。执行工具栏的“增加→入库单”命令，打开“查询条件-单据列表过滤”对话框，单击“确定”按钮。

在“拷贝并执行”窗口，单击RKA01001号入库单对应的“选择”栏，如图7-7所示，再单击工具栏的“确定”按钮，返回“专用发票”窗口。根据实验资料，表头“发票号”填入“17655810”，其他项默认，依次单击工具栏的“保存”“复核”按钮。

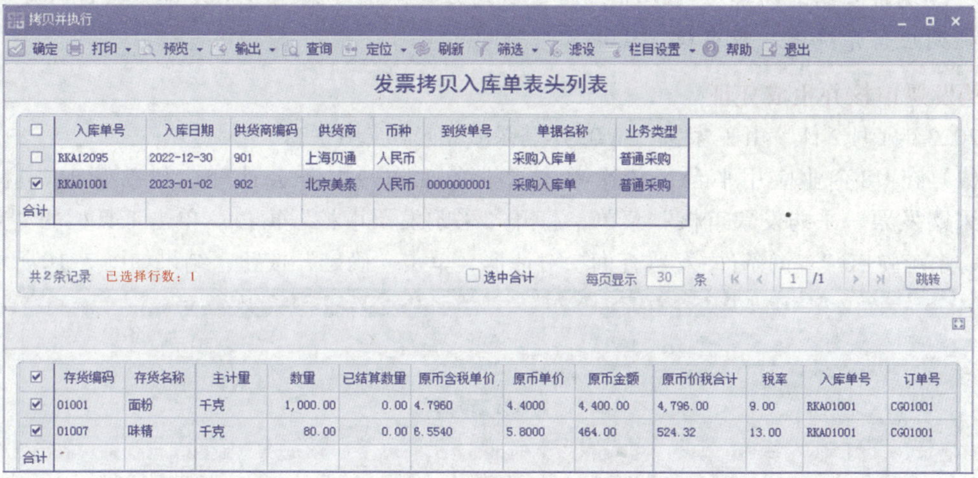
拷贝并执行

发票拷贝入库单表头列表

选择	入库单号	入库日期	供货商编码	供货商	币种	到货单号	单据名称	业务类型
☐	RKA12095	2022-12-30	901	上海贝通	人民币		采购入库单	普通采购
☑	RKA01001	2023-01-02	902	北京美泰	人民币	0000000001	采购入库单	普通采购
合计								

共2条记录　已选择行数：1

选择	存货编码	存货名称	主计量	数量	已结算数量	原币含税单价	原币单价	原币金额	原币价税合计	税率	入库单号	订单号
☑	01001	面粉	千克	1,000.00	0.00	4.7960	4.4000	4,400.00	4,796.00	9.00	RKA01001	CG01001
☑	01007	味精	千克	80.00	0.00	6.5540	5.8000	464.00	524.32	13.00	RKA01001	CG01001
合计												

图7-7　“拷贝并执行”窗口

（2）现付。单击工具栏的“现付”按钮，打开“采购现付”窗口。根据实验资料，“结算方式”选择“电汇”，“原币金额”输入“5320.32”，“票据号”输入“30952631”，结果如图7-8所示。单击“确定”按钮，系统返回“专用发票”窗口。

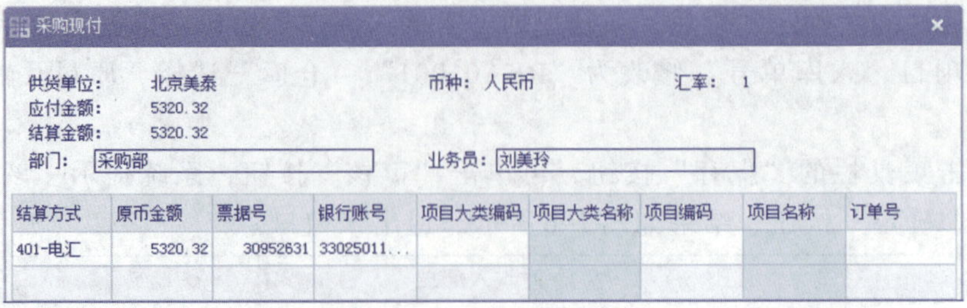

图7-8 “采购现付”窗口

（3）采购结算。在“专用发票”窗口，单击工具栏的“结算”按钮，完成采购专用发票结算处理。结果如图7-9所示。关闭并退出该窗口。

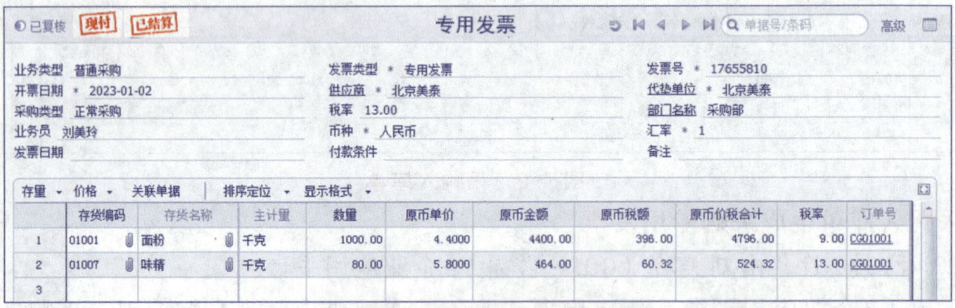

图7-9 采购专用发票

【提示】

普通采购业务中，采购专用发票工具栏的“复核”“现付”“结算”之间的关系：

①现付可以在复核前或复核后、结算前或结算后进行；

②采购专用发票必须先复核，才可以结算；

③现付、结算为非必要环节，而复核是必要环节。采购专用发票必须进行复核，才能到应付系统进一步审核、生成凭证等。

5.采购发票审核并生成凭证

2023年1月2日，由王家宝（W02）登录U8企业应用平台。

（1）在U8企业应用平台，依次单击“业务工作→财务会计→应付款管理→应付处理→采购发票→采购发票审核”菜单，打开“采购发票审核”窗口。单击工具栏的“查询”按钮，系统弹出“查询条件-发票查询”对话框，单击“确定”按钮，结果如图7-10所示。

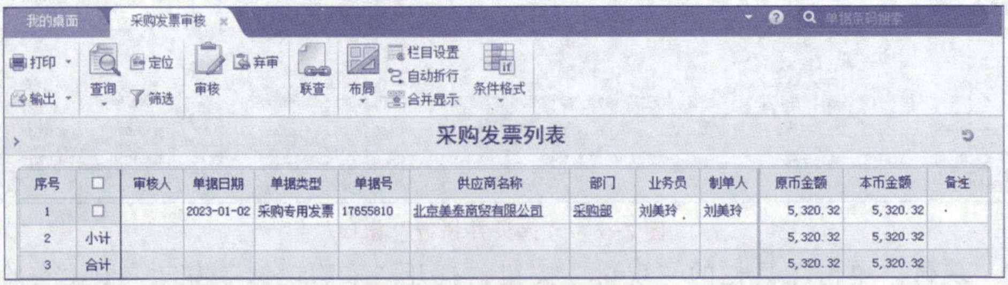

图7-10 采购发票列表

（2）双击“17655810”号发票所在行“选择”栏右侧任意单元格，打开要审核的发票，单击工具栏的“审核”按钮，系统提示“是否立即制单?”，单击“是”，系统自动打开“填制凭证”窗口，将“凭证类别”改为“付款凭证”，单击工具栏的“保存”按钮。

退出当前窗口。

借：在途物资　　4 864.00

　　应交税费/应交增值税/进项税额　　456.32

　贷：银行存款/锦州银行/锦州凌河支行　　5 320.32

6.正常单据记账，生成凭证

（1）正常单据记账。在存货核算系统，依次单击“记账→正常单据记账”菜单，系统打开“未记账单据一览表”窗口，单击工具栏的“查询”按钮，系统打开“查询条件”对话框，单击“确定”按钮，系统显示正常单据记账列表，如图7-11所示。

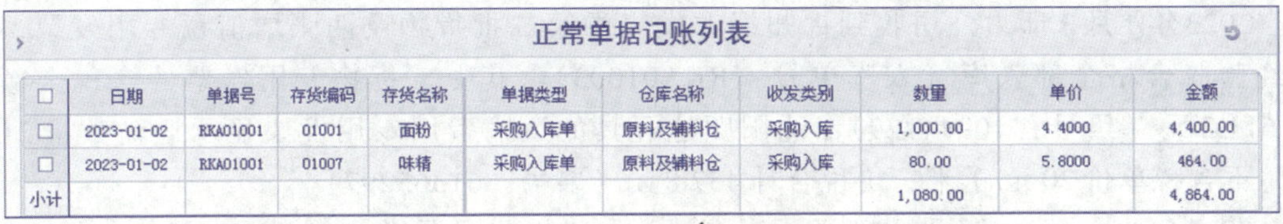

□	日期	单据号	存货编码	存货名称	单据类型	仓库名称	收发类别	数量	单价	金额
□	2023-01-02	RKA01001	01001	面粉	采购入库单	原料及辅料仓	采购入库	1,000.00	4.4000	4,400.00
□	2023-01-02	RKA01001	01007	味精	采购入库单	原料及辅料仓	采购入库	80.00	5.8000	464.00
小计								1,080.00		4,864.00

图7-11　正常单据记账列表

单击RKA01001号入库单两行记录的“选择”栏，再单击工具栏的“记账”按钮，系统提示记账成功，单击“确定”按钮。关闭当前窗口。

（2）生成凭证。在存货核算系统，依次单击“凭证处理→生成凭证”菜单，系统打开“生成凭证”窗口。单击工具栏的“选单”按钮，系统弹出“查询条件-生成凭证查询条件”对话框，单击“确定”按钮，系统打开“选择单据”窗口，如图7-12所示。

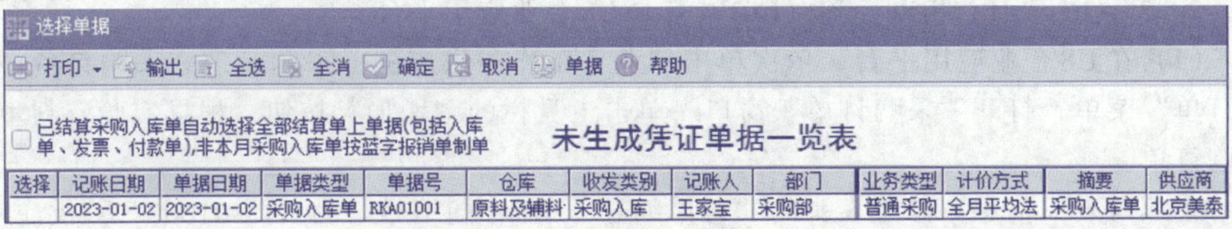

选择	记账日期	单据日期	单据类型	单据号	仓库	收发类别	记账人	部门	业务类型	计价方式	摘要	供应商
	2023-01-02	2023-01-02	采购入库单	RKA01001	原料及辅料	采购入库	王家宝	采购部	普通采购	全月平均法	采购入库单	北京美泰

图7-12　未生成凭证单据一览表

单击工具栏的“全选”按钮，再单击“确定”按钮，系统自动关闭“选择单据”窗口返回“生成凭证”窗口，如图7-13所示。

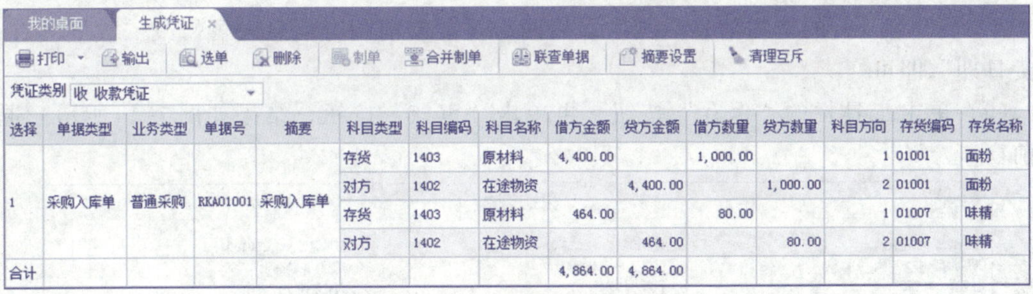

选择	单据类型	业务类型	单据号	摘要	科目类型	科目编码	科目名称	借方金额	贷方金额	借方数量	贷方数量	科目方向	存货编码	存货名称
1	采购入库单	普通采购	RKA01001	采购入库单	存货	1403	原材料	4,400.00		1,000.00		1	01001	面粉
					对方	1402	在途物资		4,400.00		1,000.00	2	01001	面粉
					存货	1403	原材料	464.00		80.00		1	01007	味精
					对方	1402	在途物资		464.00		80.00	2	01007	味精
合计								4,864.00	4,864.00					

图7-13　“生成凭证”窗口

将“凭证类别”改为“转账凭证”，单击工具栏的“合并制单”按钮，系统打开“填制凭证”窗口。单击工具栏的“保存”按钮，保存此凭证。

借：原材料　　4 864.00

　贷：在途物资　　4 864.00

7.2.2 分批次入库且买方承担运费的采购业务

【实验资料】

2023年1月2日，采购部肖子豪与锦州绿源签订购销合同（合同编号：CG01002），采购酱油500千克，单价12元/千克，采购蔬菜馅料900千克，单价13.6元/千克，全部货物价税合计20 611.2元。合同约定分两批发货，当天发出两种货物的40%，第二天发出两种货物的60%。当日收到第一批货物并全部办理入库（入库单号：RKA01002）。

2023年1月3日，公司收到锦州绿源发来的第二批货物及两张增值税专用发票，货物经验收合格全部入库（入库单号：RKA01003）。其中，货物专用发票的含税金额为20 611.2元（票号：10944729），沈阳顺达开具的运输费用专用发票显示运输数量21千米，不含税单价20元/千米，价税合计457.8元（票号：61365297）。

2023年1月4日，经采购部肖子豪申请，支付锦州绿源货款20 611.2元，结算方式为转账支票（票据号：59623083），支付沈阳顺达运输费457.8元，结算方式为电汇（票据号：30952632）。

分批次入库且买方承担运费的采购业务

【实验过程】

1.填制采购订单

2023年1月2日，由刘美玲（G01）登录U8企业应用平台。

（1）在U8企业应用平台，依次单击“业务工作→供应链→采购管理→采购订货→采购订单”菜单，打开“采购订单”窗口。单击工具栏的“增加”按钮，根据实验资料填制采购订单。

①填写表头信息。修改表头的“订单编号”（即合同编号）为“CG01002”，“供应商”为“锦州绿源”，“业务员”为“肖子豪”，“采购类型”为“正常采购”，其他项默认。

②填写表体信息。在第1行，选择“存货编码”为“01009”（酱油），输入“数量”为“200”，“原币单价”为“12”，“计划到货日期”为“2023-01-02”；按此方法录入第2行、第3行、第4行的货物信息。其中，后两行可复制前两行信息，再修改“数量”“计划到货日期”即可。

（2）单击工具栏的“保存”按钮，再单击“审核”按钮，结果如图7-14所示。退出当前窗口。

已审核　　采购订单　　单据号/条码　　高级

业务类型　普通采购	订单日期 * 2023-01-02	订单编号 * CG01002
采购类型　正常采购	供应商 * 锦州绿源	部门　采购部
业务员　肖子豪	税率　13.00	付款条件
币种 * 人民币	汇率 * 1	备注

关闭　打开　存量　价格　需求源　关联单据　排序定位　显示格式

	存货编码	存货名称	主计量	数量	原币含税单价	原币单价	原币金额	原币税额	原币价税合计	税率	计划到货日期
1	01009	酱油	千克	200.00	13.5600	12.0000	2400.00	312.00	2712.00	13.00	2023-01-02
2	01006	蔬菜馅料	千克	360.00	15.3680	13.6000	4896.00	636.48	5532.48	13.00	2023-01-02
3	01009	酱油	千克	300.00	13.5600	12.0000	3600.00	468.00	4068.00	13.00	2023-01-03
4	01006	蔬菜馅料	千克	540.00	15.3680	13.6000	7344.00	954.72	8298.72	13.00	2023-01-03
5											

图7-14　采购订单

2.参照采购订单生成第一批货物的到货单

说明：若无特别提示，本步骤无须重新登录，仍由上一步操作员完成。下同。

在采购管理系统，单击“采购到货→到货单”菜单，打开“到货单”窗口。执行工具栏的“增加→采购订单”命令，打开“查询条件-单据列表过滤”对话框，单击“确定”按钮，系统弹出“拷贝并执行”窗口。单击“到货单拷贝订单表头列表”CG01002号订单的“选择”栏，然后取消勾选窗口下方的第3、4行，如图7-15所示。

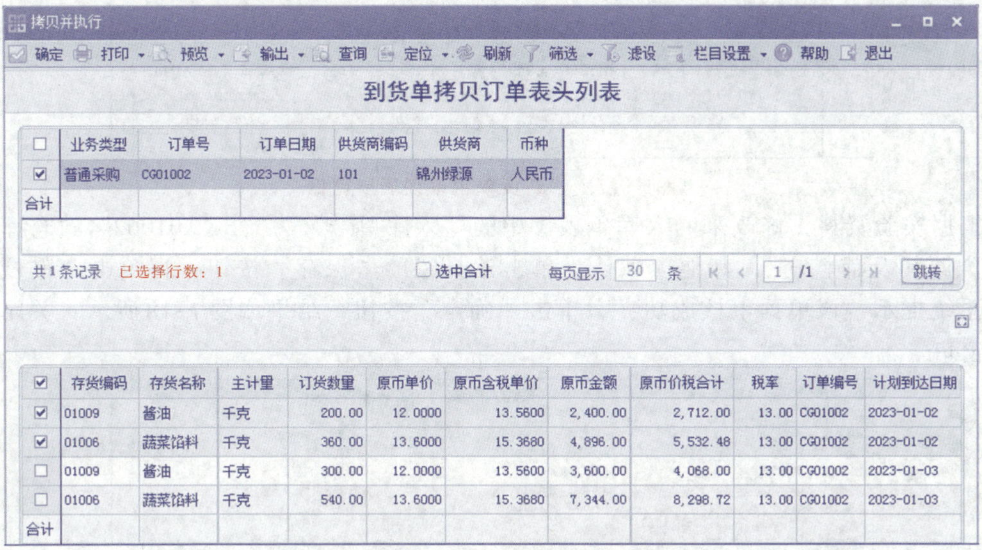

☐	业务类型	订单号	订单日期	供货商编码	供货商	币种
☑	普通采购	CG01002	2023-01-02	101	锦州绿源	人民币
合计						

☑	存货编码	存货名称	主计量	订货数量	原币单价	原币含税单价	原币金额	原币价税合计	税率	订单编号	计划到达日期
☑	01009	酱油	千克	200.00	12.0000	13.5600	2,400.00	2,712.00	13.00	CG01002	2023-01-02
☑	01006	蔬菜馅料	千克	360.00	13.6000	15.3680	4,896.00	5,532.48	13.00	CG01002	2023-01-02
☐	01009	酱油	千克	300.00	12.0000	13.5600	3,600.00	4,068.00	13.00	CG01002	2023-01-03
☐	01006	蔬菜馅料	千克	540.00	13.6000	15.3680	7,344.00	8,298.72	13.00	CG01002	2023-01-03
合计											

图7-15 “拷贝并执行”窗口

单击“确定”按钮，系统返回“到货单”窗口，生成一张到货单。单击工具栏的“保存”按钮，再单击“审核”按钮，结果如图7-16所示。退出当前窗口。

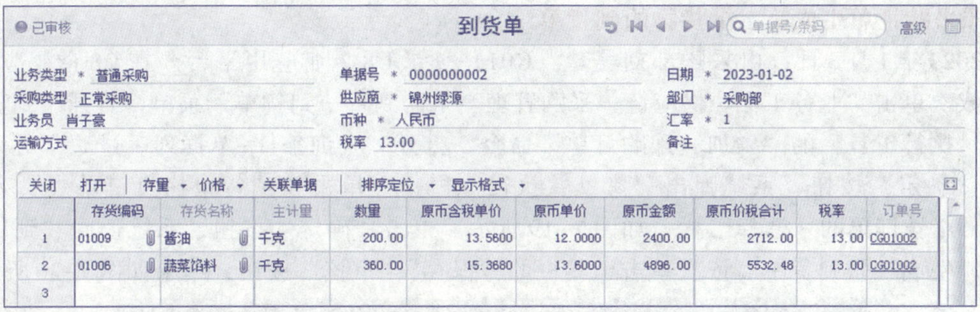

	存货编码	存货名称	主计量	数量	原币含税单价	原币单价	原币金额	原币价税合计	税率	订单号
1	01009	酱油	千克	200.00	13.5600	12.0000	2400.00	2712.00	13.00	CG01002
2	01006	蔬菜馅料	千克	360.00	15.3680	13.6000	4896.00	5532.48	13.00	CG01002
3										

图7-16 到货单

3.参照到货单生成第一批货物的采购入库单

2023年1月2日，由孟梓楠（C01）登录U8企业应用平台。在U8企业应用平台，依次单击“业务工作→供应链→库存管理→采购入库→采购入库单”菜单，系统打开“采购入库单”窗口。执行工具栏的“增加→采购→采购到货单”命令，打开“查询条件-采购到货单列表”对话框，单击“确定”按钮，系统打开“到货单生单列表”窗口。单击上一步所生成到货单对应的“选择”栏，如图7-17所示，再单击工具栏的“确定”按钮，系统返回“采购入库单”窗口。

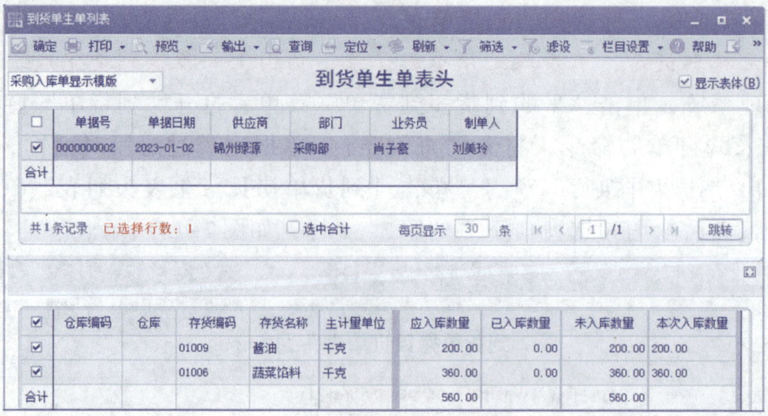

图7-17 “到货单生单列表”窗口

根据实验资料，修改采购入库单表头中的“入库单号”为“RKA01002”，“仓库”选择为“原料及辅料仓”，其他项默认。单击工具栏的“保存”按钮，再单击“审核”按钮，系统提示“该单据审核成功！”，单击“确定”按钮，结果如图7-18所示。关闭并退出该窗口。

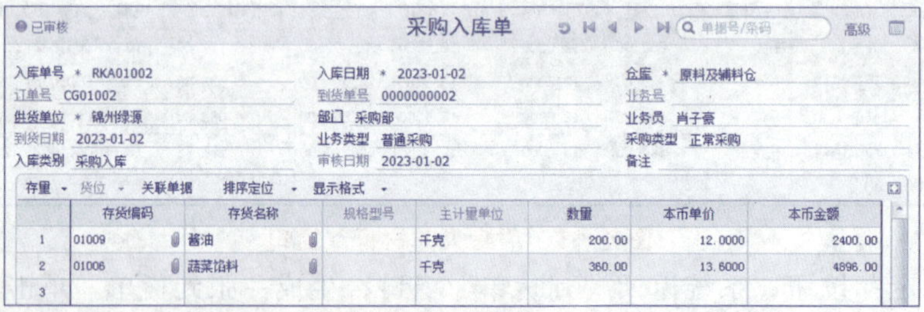

图7-18 采购入库单

4.参照采购订单生成第二批货物的到货单

2023年1月3日，由采购部刘美玲（G01）登录U8企业应用平台。在U8企业应用平台，依次单击“业务工作→供应链→采购管理→采购到货→到货单”菜单，打开“到货单”窗口。执行工具栏的“增加→采购订单”命令，打开“查询条件-单据列表过滤”对话框，单击“确定”按钮，系统弹出“拷贝并执行”窗口。单击“到货单拷贝订单表头列表”CG01002号订单的“选择”栏，如图7-19所示。单击“确定”按钮，系统返回“到货单”窗口，生成一张到货单。依次单击工具栏的“保存”“审核”按钮，结果如图7-20所示。

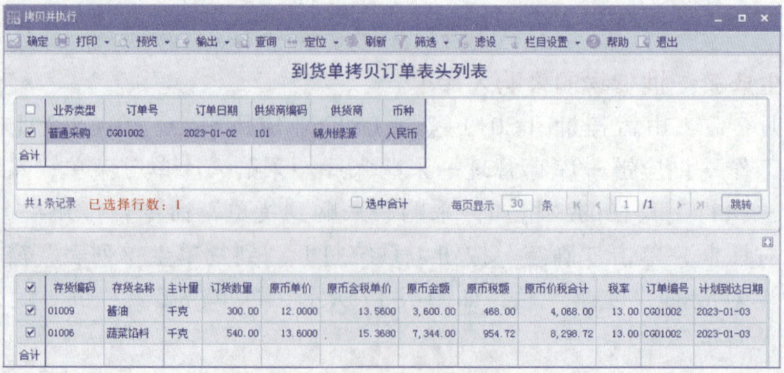

图7-19 “拷贝并执行”窗口

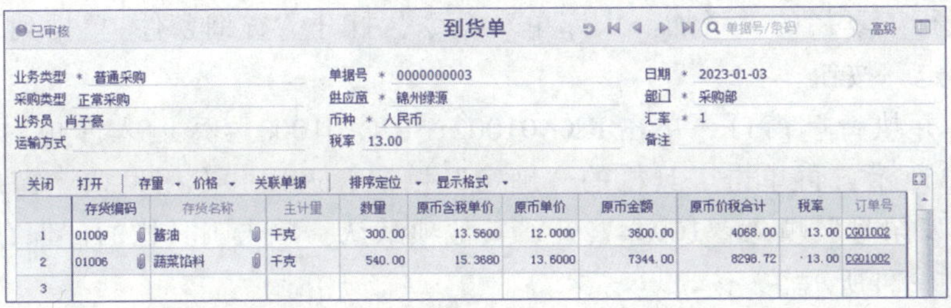

图7-20　到货单

5.参照到货单生成第二批货物的采购入库单

2023年1月3日，由孟梓楠（C01）登录U8企业应用平台。在U8企业应用平台，依次单击“业务工作→供应链→库存管理→采购入库→采购入库单”菜单，系统打开“采购入库单”窗口。执行工具栏的“增加→采购→采购到货单”命令，打开“查询条件-采购到货单列表”对话框，单击“确定”按钮，系统打开“到货单生单列表”窗口。单击上一步所生成到货单对应的“选择”栏，如图7-21所示，再单击工具栏的“确定”按钮，系统返回“采购入库单”窗口。

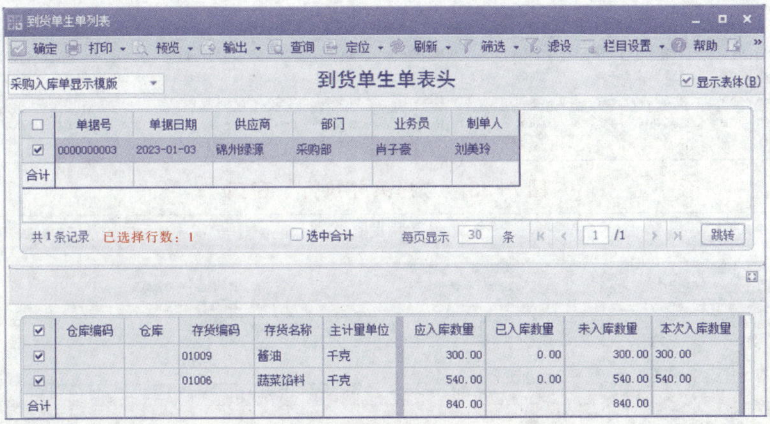

图7-21　“到货单生单列表”窗口

根据实验资料，修改采购入库单表头中的“入库单号”为“RKA01003”，“仓库”选择“原料及辅料仓”，其他项默认。单击工具栏的“保存”按钮，再单击“审核”按钮，系统提示“该单据审核成功!”，单击“确定”按钮，结果如图7-22所示。退出当前窗口。

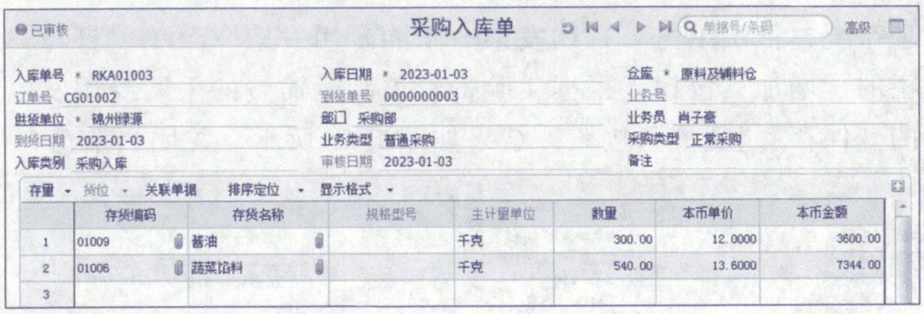

图7-22　采购入库单

6.参照采购入库单生成采购专用发票

2023年1月3日，由刘美玲（G01）登录U8企业应用平台。在U8企业应用平台，依次单击“业务工作→供应链→采购管理→采购发票→专用采购发票”菜单，打开“专用发票”窗口。执行工具栏的“增加→入库单”命令，打开“查询条件-单据列表过滤”对话框，单击“确定”按钮。

在“拷贝并执行”窗口，单击RKA01002、RKA01003号采购入库单对应的“选择”栏，如图7-23所示。再单击工具栏的“确定”按钮，返回“专用发票”窗口。根据实验资料，表头“发票号”填入“10944729”，其他项默认。单击工具栏的“保存”“复核”按钮，结果如图7-24所示。

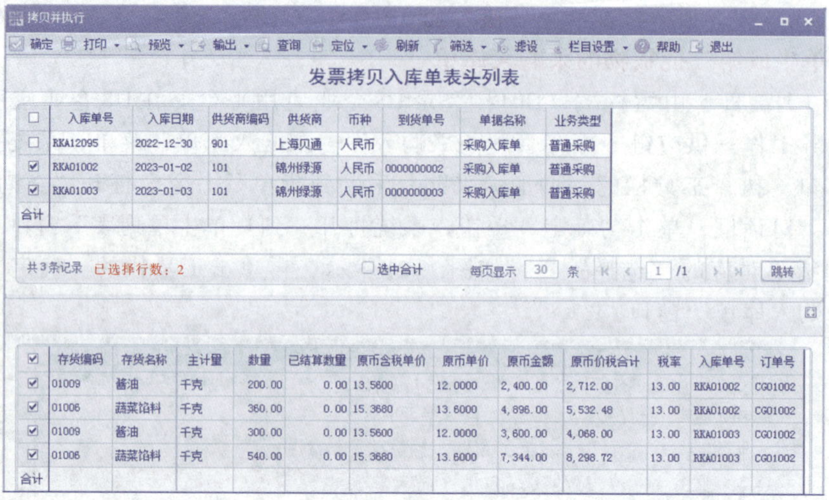

☐	入库单号	入库日期	供货商编码	供货商	币种	到货单号	单据名称	业务类型
☐	RKA12095	2022-12-30	901	上海贝通	人民币		采购入库单	普通采购
☑	RKA01002	2023-01-02	101	锦州绿源	人民币	0000000002	采购入库单	普通采购
☑	RKA01003	2023-01-03	101	锦州绿源	人民币	0000000003	采购入库单	普通采购
合计								

☑	存货编码	存货名称	主计量	数量	已结算数量	原币含税单价	原币单价	原币金额	原币价税合计	税率	入库单号	订单号
☑	01009	酱油	千克	200.00	0.00	13.5600	12.0000	2,400.00	2,712.00	13.00	RKA01002	CG01002
☑	01006	蔬菜馅料	千克	360.00	0.00	15.3680	13.6000	4,896.00	5,532.48	13.00	RKA01002	CG01002
☑	01009	酱油	千克	300.00	0.00	13.5600	12.0000	3,600.00	4,068.00	13.00	RKA01003	CG01002
☑	01006	蔬菜馅料	千克	540.00	0.00	15.3680	13.6000	7,344.00	8,298.72	13.00	RKA01003	CG01002
合计												

图7-23 “拷贝并执行”窗口

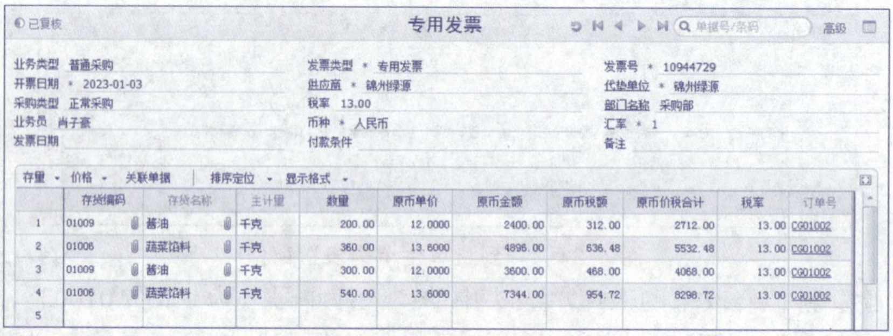

	存货编码	存货名称	主计量	数量	原币单价	原币金额	原币税额	原币价税合计	税率	订单号
1	01009	酱油	千克	200.00	12.0000	2400.00	312.00	2712.00	13.00	CG01002
2	01006	蔬菜馅料	千克	360.00	13.6000	4896.00	636.48	5532.48	13.00	CG01002
3	01009	酱油	千克	300.00	12.0000	3600.00	468.00	4068.00	13.00	CG01002
4	01006	蔬菜馅料	千克	540.00	13.6000	7344.00	954.72	8298.72	13.00	CG01002
5										

图7-24 采购专用发票

7.填制运费专用发票

在采购管理系统，依次单击“采购发票→采购专用发票”菜单，打开“专用发票”窗口。单击工具栏的“增加”按钮，根据实验资料填制运输费的采购专用发票。填制完毕依次单击工具栏的“保存”“复核”按钮，结果如图7-25所示。关闭当前窗口。

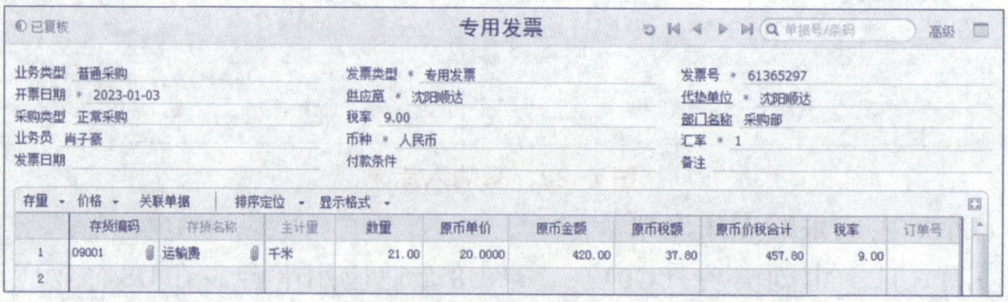

	存货编码	存货名称	主计量	数量	原币单价	原币金额	原币税额	原币价税合计	税率	订单号
1	09001	运输费	千米	21.00	20.0000	420.00	37.80	457.80	9.00	
2										

图7-25 采购专用发票

8. 手工采购结算

在采购管理系统，依次单击“采购结算→手工结算”，打开“手工结算”窗口，如图 7-26 所示。

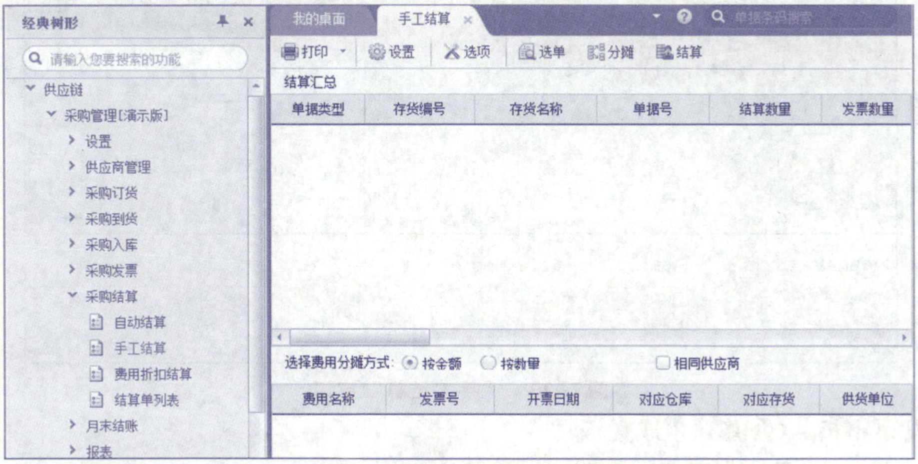

图 7-26 “手工结算”窗口

单击工具栏的“选单”按钮，打开“结算选单”窗口。单击“查询”按钮，打开“查询条件-采购手工结算”对话框，点击“确定”按钮。选中本业务涉及的采购专用发票和采购入库单，如图 7-27 所示。单击“确定”按钮，系统返回“手工结算”窗口。

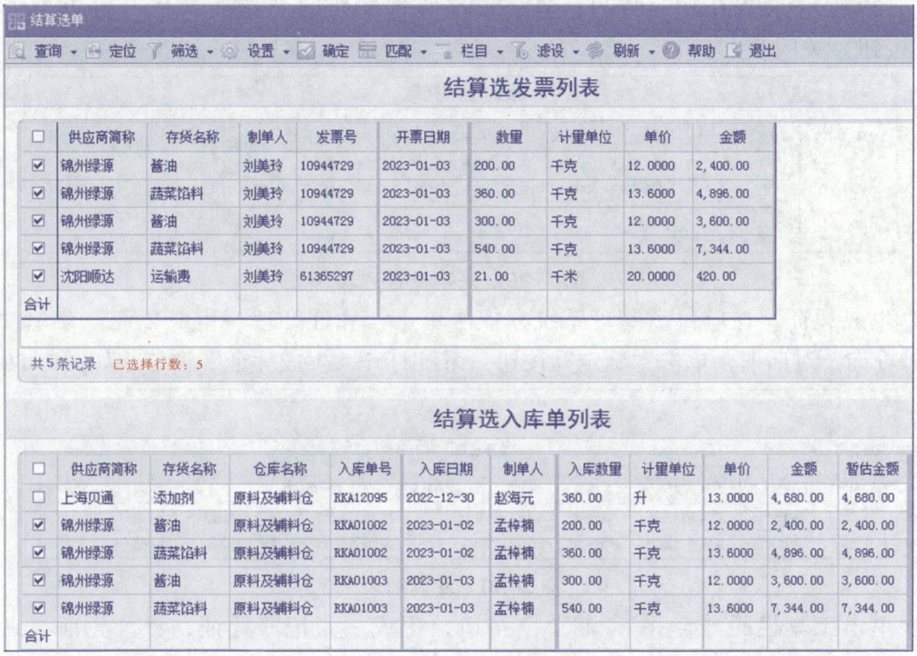

结算选发票列表

☐	供应商简称	存货名称	制单人	发票号	开票日期	数量	计量单位	单价	金额
☑	锦州绿源	酱油	刘美玲	10944729	2023-01-03	200.00	千克	12.0000	2,400.00
☑	锦州绿源	蔬菜馅料	刘美玲	10944729	2023-01-03	360.00	千克	13.6000	4,896.00
☑	锦州绿源	酱油	刘美玲	10944729	2023-01-03	300.00	千克	12.0000	3,600.00
☑	锦州绿源	蔬菜馅料	刘美玲	10944729	2023-01-03	540.00	千克	13.6000	7,344.00
☑	沈阳顺达	运输费	刘美玲	61365297	2023-01-03	21.00	千米	20.0000	420.00
合计									

共5条记录 已选择行数：5

结算选入库单列表

☐	供应商简称	存货名称	仓库名称	入库单号	入库日期	制单人	入库数量	计量单位	单价	金额	暂估金额
☐	上海贝通	添加剂	原料及辅料仓	RKA12095	2022-12-30	赵海元	360.00	升	13.0000	4,680.00	4,680.00
☑	锦州绿源	酱油	原料及辅料仓	RKA01002	2023-01-02	孟梓楠	200.00	千克	12.0000	2,400.00	2,400.00
☑	锦州绿源	蔬菜馅料	原料及辅料仓	RKA01002	2023-01-02	孟梓楠	360.00	千克	13.6000	4,896.00	4,896.00
☑	锦州绿源	酱油	原料及辅料仓	RKA01003	2023-01-03	孟梓楠	300.00	千克	12.0000	3,600.00	3,600.00
☑	锦州绿源	蔬菜馅料	原料及辅料仓	RKA01003	2023-01-03	孟梓楠	540.00	千克	13.6000	7,344.00	7,344.00
合计											

图 7-27 结算选单

在“手工结算”窗口，费用分摊方式选择“按数量”，单击“分摊”按钮，系统提示“选择按数量分摊，是否开始计算？”，单击“是”，分摊费用完毕，结果如图 7-28 所示，再单击“结算”按钮，系统提示“完成结算！”，单击“确定”按钮。

我的桌面　手工结算 ×

打印 · 设置　选项　选单　分摊　结算

结算汇总

单据类型	存货编号	存货名称	单据号	结算数量	发票数量	分摊费用	暂估单价	暂估金额	发票单价	发票金额
采购发票	01006	蔬菜馅料	10944729		360.00	0.00		0.00	13.6000	4896.00
采购发票			10944729		540.00	0.00		0.00	13.6000	7344.00
采购入库单			RKA01002	360.00		108.00	13.6000	4896.00		
采购入库单			RKA01003	540.00		162.00	13.6000	7344.00		
		合计		900.00	900.00	270.00		12240.00		12240.00
采购发票	01009	酱油	10944729		200.00	0.00		0.00	12.0000	2400.00
采购发票			10944729		300.00	0.00		0.00	12.0000	3600.00
采购入库单			RKA01002	200.00		60.00	12.0000	2400.00		
采购入库单			RKA01003	300.00		90.00	12.0000	3600.00		
		合计		500.00	500.00	150.00		6000.00		6000.00

选择费用分摊方式：○按金额　⊙按数量　□相同供应商

费用名称	发票号	开票日期	供货单位	代垫单位	计量单位	数量	单价	金额
运输费	61365297	2023-01-03	沈阳顺达	沈阳顺达	千米	21.00	20.0000	420.00
合计	---	---	---		---	21.00	---	420.00

图 7-28　“手工结算”窗口

9.采购发票审核，（合并）生成凭证

2023年1月3日，由王家宝（W02）登录U8企业应用平台。

（1）采购发票审核。在U8企业应用平台，依次单击“业务工作→财务会计→应付款管理→应付处理→采购发票→采购发票审核”菜单，打开“采购发票审核”窗口。单击工具栏的“查询”按钮，系统弹出“查询条件-发票查询”对话框，单击“确定”按钮，结果如图7-29所示。单击10944729、61365297两张发票的“选择”栏，再单击工具栏的“审核”按钮。关闭当前窗口。

采购发票列表

序号	□	审核人	单据日期	单据类型	单据号	供应商名称	部门	业务员	制单人	原币金额	本币金额	备注
1	□		2023-01-03	采购专用发票	10944729	锦州绿源食品有限公司	采购部	肖子豪	刘美玲	20,611.20	20,611.20	
2	□		2023-01-03	采购专用发票	61365297	沈阳顺达物流有限公司	采购部	肖子豪	刘美玲	457.80	457.80	
3	小计									21,069.00	21,069.00	
4	合计									21,069.00	21,069.00	

图 7-29　采购发票列表

（2）生成凭证。在应付款管理系统，依次单击“凭证处理→生成凭证”菜单，系统弹出“制单查询”对话框，单击“确定”按钮，系统打开“生成凭证”窗口，如图7-30所示。

发票列表

凭证类别　收款凭证　　制单日期　2023-01-03　　共 2 条

选择标志	凭证类别	单据类型	单据号	日期	供应商编码	供应商名称	部门	业务员	金额
	收款凭证	采购专用发票	10944729	2023-01-03	101	锦州绿源食品有限公司	采购部	肖子豪	20,611.20
	收款凭证	采购专用发票	61365297	2023-01-03	301	沈阳顺达物流有限公司	采购部	肖子豪	457.80

图 7-30　发票列表

依次单击工具栏的“合并”“制单”按钮，生成一张记账凭证，将“凭证类别”改为“转账凭证”，单击“保存”按钮。

借：在途物资	18 660.00	
应交税费/应交增值税/进项税额	2 409.00	
贷：应付账款/一般应付账款（锦州绿源）		20 611.20
应付账款/一般应付账款（沈阳顺达）		457.80

10.正常单据记账，生成凭证

（1）正常单据记账。在存货核算系统，依次单击“记账→正常单据记账”菜单，系统打开“未记账单据一览表”窗口，单击工具栏的“查询”按钮，系统打开“查询条件”对话框，单击“确定”按钮，系统显示正常单据记账列表。

单击RKA01002、RKA01003号采购入库单四行记录的“选择”栏，如图7-31所示，再单击工具栏的“记账”按钮，系统提示记账成功，单击“确定”按钮。关闭当前窗口。

正常单据记账列表

☑	日期	单据号	存货编码	存货名称	单据类型	仓库名称	收发类别	数量	单价	金额	供应商简称	计量单位
☑	2023-01-02	RKA01002	01009	酱油	采购入库单	原料及辅料仓	采购入库	200.00	12.3000	2,460.00	锦州绿源	千克
☑	2023-01-02	RKA01002	01006	蔬菜馅料	采购入库单	原料及辅料仓	采购入库	360.00	13.9000	5,004.00	锦州绿源	千克
☑	2023-01-03	RKA01003	01009	酱油	采购入库单	原料及辅料仓	采购入库	300.00	12.3000	3,690.00	锦州绿源	千克
☑	2023-01-03	RKA01003	01006	蔬菜馅料	采购入库单	原料及辅料仓	采购入库	540.00	13.9000	7,506.00	锦州绿源	千克
小计								1,400.00		18,660.00		

图7-31　正常单据记账列表

（2）生成凭证。在存货核算系统，依次单击“凭证处理→生成凭证”菜单，系统打开“生成凭证”窗口。单击工具栏的“选单”按钮，系统弹出“查询条件-生成凭证查询条件”对话框，单击“确定”按钮，系统打开“选择单据”窗口。

单击工具栏的“全选”按钮，选中已记账的RKA01002、RKA01003号两张采购入库单，再单击“确定”按钮，系统自动关闭“选择单据”窗口返回“生成凭证”窗口，如图7-32所示。

我的桌面　生成凭证 ×

打印 ▾　输出　选单　删除　制单　合并制单　联查单据　摘要设置　清理互斥

凭证类别　收 收款凭证

选择	单据类型	业务类型	单据号	摘要	科目类型	科目编码	科目名称	借方金额	贷方金额	借方数量	贷方数量	存货编码	存货名称
1	采购入库单	普通采购	RKA01002	采购入库单	存货	1403	原材料	2,460.00		200.00		01009	酱油
					对方	1402	在途物资		2,460.00		200.00	01009	酱油
					存货	1403	原材料	5,004.00		360.00		01006	蔬菜馅料
					对方	1402	在途物资		5,004.00		360.00	01006	蔬菜馅料
			RKA01003		存货	1403	原材料	3,690.00		300.00		01009	酱油
					对方	1402	在途物资		3,690.00		300.00	01009	酱油
					存货	1403	原材料	7,506.00		540.00		01006	蔬菜馅料
					对方	1402	在途物资		7,506.00		540.00	01006	蔬菜馅料
合计								18,660.00	18,660.00				

图7-32　“生成凭证”窗口

将“凭证类别”改为“转账凭证”，单击工具栏的“合并制单”按钮，系统打开“填制凭证”窗口。单击工具栏的“保存”按钮。

借：原材料　　18 660.00

　贷：在途物资　　18 660.00

11.选择付款

2023年1月4日，由范英晨（W03）登录U8企业应用平台。在U8企业应用平台，依次单击“业务工作→财务会计→应付款管理→付款处理→选择付款”菜单，打开“选择付款-条件”对话框，供应商选择“锦州绿源”“沈阳顺达”，如图7-33所示。单击“确定”，打开“选择付款-单据”窗口，如图7-34所示。

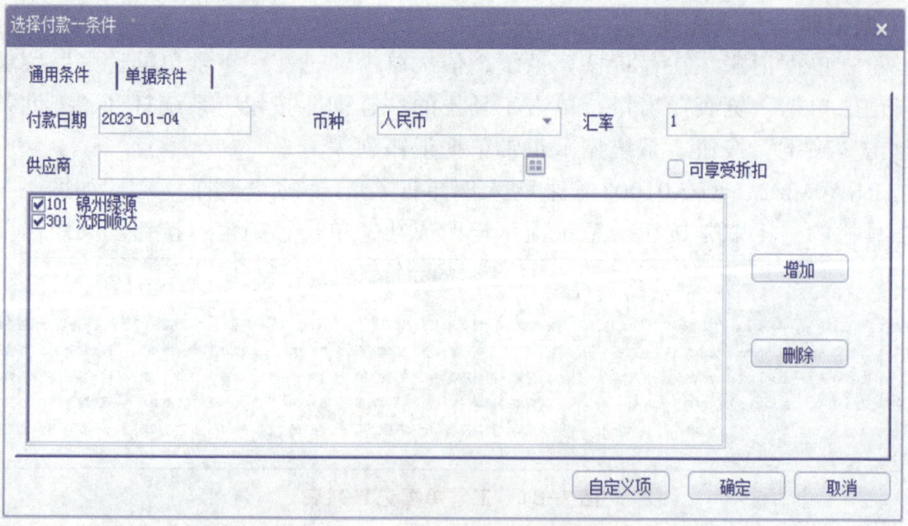

图 7-33　“选择付款-条件”对话框

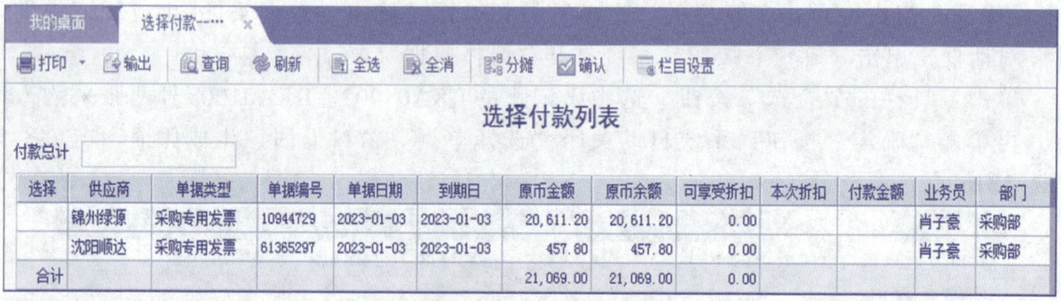

选择	供应商	单据类型	单据编号	单据日期	到期日	原币金额	原币余额	可享受折扣	本次折扣	付款金额	业务员	部门
	锦州绿源	采购专用发票	10944729	2023-01-03	2023-01-03	20,611.20	20,611.20	0.00			肖子豪	采购部
	沈阳顺达	采购专用发票	61365297	2023-01-03	2023-01-03	457.80	457.80	0.00			肖子豪	采购部
合计						21,069.00	21,069.00	0.00				

图 7-34　选择付款列表

单击工具栏的“全选”按钮，再单击“确认”按钮，打开“选择付款-付款单”窗口，根据实验资料选择“结算方式”，输入“票据号”，如图 7-35 所示，单击“确定”。关闭当前窗口。

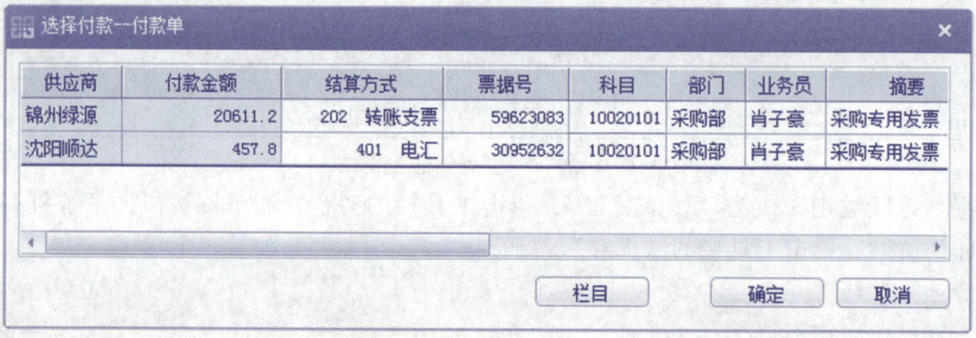

供应商	付款金额	结算方式	票据号	科目	部门	业务员	摘要
锦州绿源	20611.2	202　转账支票	59623083	10020101	采购部	肖子豪	采购专用发票
沈阳顺达	457.8	401　电汇	30952632	10020101	采购部	肖子豪	采购专用发票

图 7-35　“选择付款-付款单”窗口

12.（合并）生成凭证

2023 年 1 月 4 日，由王家宝（W02）登录 U8 企业应用平台。在 U8 企业应用平台，依次单击“业务工作→财务会计→应付款管理→凭证处理→生成凭证”菜单，打开“制单查询”窗口，依次勾选“收付款单”“核销”，单击“确定”，打开“生成凭证”窗口，如图 7-36 所示。

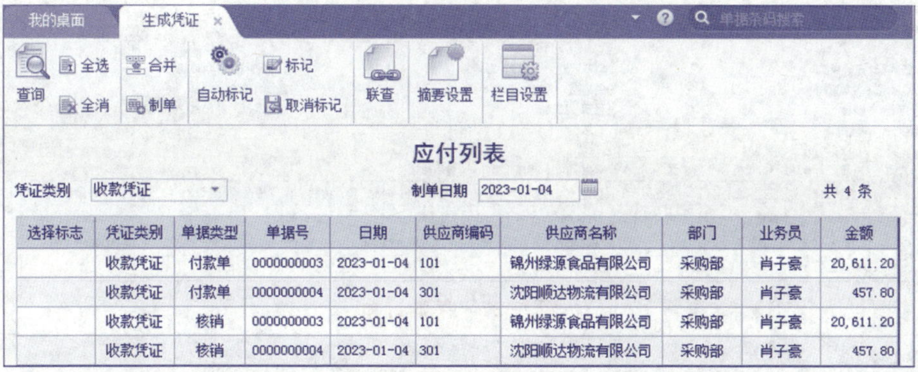

选择标志	凭证类别	单据类型	单据号	日期	供应商编码	供应商名称	部门	业务员	金额
	收款凭证	付款单	0000000003	2023-01-04	101	锦州绿源食品有限公司	采购部	肖子豪	20,611.20
	收款凭证	付款单	0000000004	2023-01-04	301	沈阳顺达物流有限公司	采购部	肖子豪	457.80
	收款凭证	核销	0000000003	2023-01-04	101	锦州绿源食品有限公司	采购部	肖子豪	20,611.20
	收款凭证	核销	0000000004	2023-01-04	301	沈阳顺达物流有限公司	采购部	肖子豪	457.80

图 7-36　应付列表

依次单击工具栏的“合并”“制单”按钮，系统生成一张记账凭证，将“凭证类别”改为“付款凭证”，单击工具栏的“保存”按钮。退出当前窗口。

借：应付账款/一般应付账款（锦州绿源）　　20 611.20

　　应付账款/一般应付账款（沈阳顺达）　　457.80

　贷：银行存款/锦州银行/锦州凌河支行　　20 611.20

　　　银行存款/锦州银行/锦州凌河支行　　457.80

7.2.3　分仓库入库且包含现金折扣的采购业务

【实验资料】

2023年1月4日，采购部刘美玲与锦州昌盛签订购销合同（合同编号：CG01003），采购水磨粉1 200千克，单价5.8元/千克，采购包装盒800个，单价0.85元/个，全部货物价税合计8 354.8元。合同约定的付款条件为：2/10，1/20，n/30。

当日收到全部货物及增值税专用发票（票号：68952261），货物全部验收合格入库（水磨粉入库单号：RKA01004；包装盒入库单号：RKA01005）。

2023年1月5日，经采购部刘美玲申请，公司出具一张由锦州银行锦州凌河支行承兑的6个月银行承兑汇票（票据编号：15379237）给锦州昌盛，票面金额为8 202元，结清货款。

分仓库入库且包含现金折扣的采购业务

【实验过程】

1.填制采购订单并生成到货单

2023年1月4日，由刘美玲（G01）登录U8企业应用平台。

（1）填制采购订单。在U8企业应用平台，依次单击“业务工作→供应链→采购管理→采购订货→采购订单”菜单，打开“采购订单”窗口。单击工具栏的“增加”按钮，根据实验资料填制采购订单。填制完毕，依次单击工具栏的“保存”“审核”按钮，结果如图7-37所示。

（2）生成到货单。在“采购订单”窗口，单击工具栏的“到货”按钮，系统自动参照采购订单生成到货单。依次单击工具栏的“保存”“审核”按钮，结果如图7-38所示。退出当前窗口。

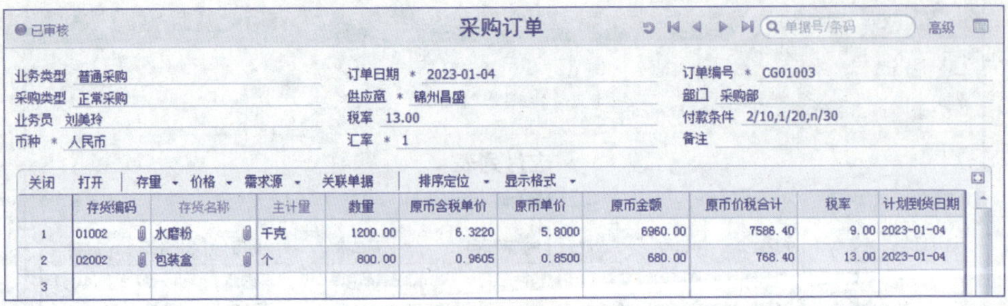

已审核 采购订单

业务类型 普通采购 订单日期 * 2023-01-04 订单编号 * CG01003
采购类型 正常采购 供应商 * 锦州昌盛 部门 采购部
业务员 刘美玲 税率 13.00 付款条件 2/10,1/20,n/30
币种 * 人民币 汇率 * 1 备注

	存货编码	存货名称	主计量	数量	原币含税单价	原币单价	原币金额	原币价税合计	税率	计划到货日期
1	01002	水磨粉	千克	1200.00	6.3220	5.8000	6960.00	7586.40	9.00	2023-01-04
2	02002	包装盒	个	800.00	0.9605	0.8500	680.00	768.40	13.00	2023-01-04
3										

图 7-37 采购订单

已审核 到货单

业务类型 * 普通采购 单据号 * 0000000004 日期 * 2023-01-04
采购类型 正常采购 供应商 * 锦州昌盛 部门 * 采购部
业务员 刘美玲 币种 * 人民币 汇率 * 1
运输方式 税率 13.00 备注

	存货编码	存货名称	主计量	数量	原币含税单价	原币单价	原币金额	原币价税合计	税率	订单号
1	01002	水磨粉	千克	1200.00	6.3220	5.8000	6960.00	7586.40	9.00	CG01003
2	02002	包装盒	个	800.00	0.9605	0.8500	680.00	768.40	13.00	CG01003
3										

图 7-38 到货单

2.参照到货单批量生成采购入库单

2023年1月4日，由孟梓楠（C01）登录U8企业应用平台。在U8企业应用平台，依次单击“业务工作→供应链→库存管理→采购入库→采购到货批量入库”菜单，系统弹出“查询条件-采购到货单列表”对话框，单击“确定”按钮，打开“到货单生单列表”窗口。

单击上一步所生成到货单对应的“选择”栏。在窗口下方“水磨粉”的仓库选择“原料及辅料仓”，“包装盒”的仓库选择“周转材料仓”，如图7-39所示。

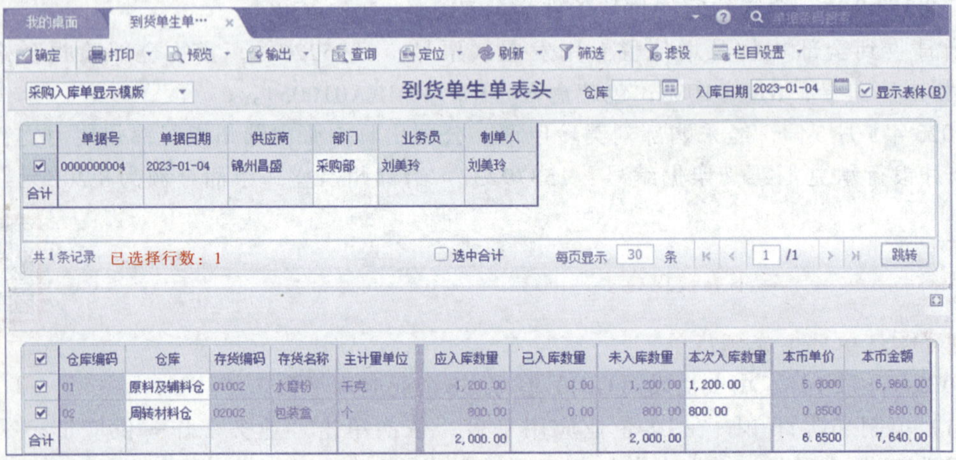

到货单生单表头 仓库 入库日期 2023-01-04 显示表体(B)

	单据号	单据日期	供应商	部门	业务员	制单人
☑	0000000004	2023-01-04	锦州昌盛	采购部	刘美玲	刘美玲
合计						

共1条记录 已选择行数：1

	仓库编码	仓库	存货编码	存货名称	主计量单位	应入库数量	已入库数量	未入库数量	本次入库数量	本币单价	本币金额
☑	01	原料及辅料仓	01002	水磨粉	千克	1,200.00	0.00	1,200.00	1,200.00	5.8000	6,960.00
☑	02	周转材料仓	02002	包装盒	个	800.00	0.00	800.00	800.00	0.8500	680.00
合计						2,000.00		2,000.00		6.6500	7,640.00

图 7-39 “到货单生单列表”窗口

单击工具栏的“确定”按钮，系统提示“生单成功！”，单击“确定”按钮，系统提示“是否查看生成单据的列表？”，单击“是”按钮，系统打开“采购入库单列表”窗口。双击水磨粉的“入库单号”栏，打开该采购入库单。根据实验资料，单击“修改”按钮，将采购入库单的“入库单号”改为“RKA01004”，保存并审核该入库单，结果如图7-40所示。

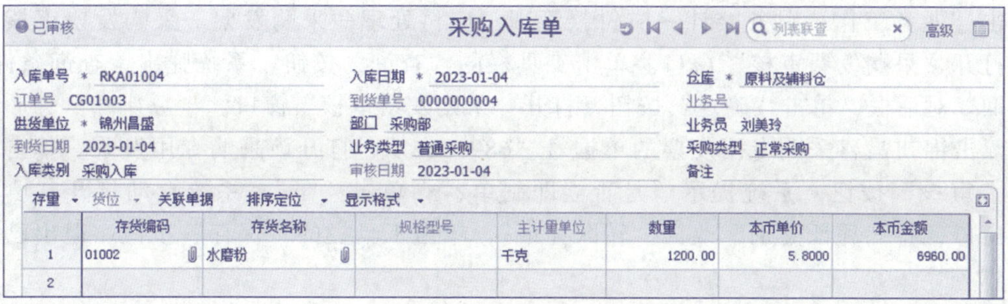

已审核　采购入库单

入库单号 * RKA01004　入库日期 * 2023-01-04　仓库 * 原料及辅料仓
订单号 CG01003　到货单号 0000000004　业务号
供货单位 * 锦州昌盛　部门 采购部　业务员 刘美玲
到货日期 2023-01-04　业务类型 普通采购　采购类型 正常采购
入库类别 采购入库　审核日期 2023-01-04　备注

	存货编码	存货名称	规格型号	主计量单位	数量	本币单价	本币金额
1	01002	水磨粉		千克	1200.00	5.8000	6960.00
2							

图 7-40　采购入库单

单击工具栏的“▶”（下张）按钮，根据实验资料，单击“修改”，将包装盒采购入库单的“入库单号”改为“RKA01005”，保存并审核该入库单，结果如图 7-41 所示。

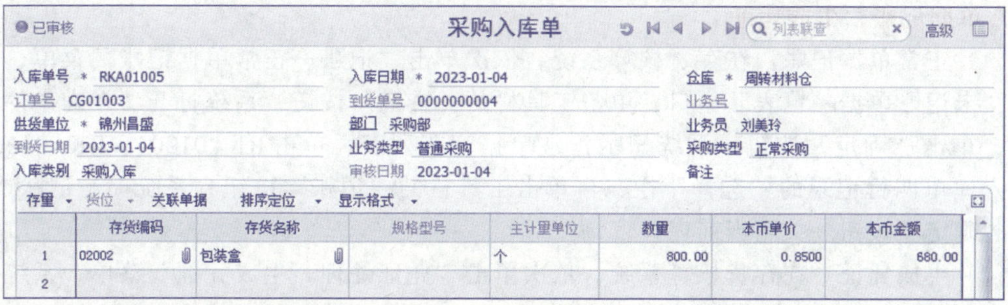

已审核　采购入库单

入库单号 * RKA01005　入库日期 * 2023-01-04　仓库 * 周转材料仓
订单号 CG01003　到货单号 0000000004　业务号
供货单位 * 锦州昌盛　部门 采购部　业务员 刘美玲
到货日期 2023-01-04　业务类型 普通采购　采购类型 正常采购
入库类别 采购入库　审核日期 2023-01-04　备注

	存货编码	存货名称	规格型号	主计量单位	数量	本币单价	本币金额
1	02002	包装盒		个	800.00	0.8500	680.00
2							

图 7-41　采购入库单

3. 参照采购入库单生成采购专用发票

2023 年 1 月 4 日，由刘美玲（G01）登录 U8 企业应用平台。在 U8 企业应用平台，依次单击“业务工作→供应链→采购管理→采购发票→专用采购发票”菜单，打开“专用发票”窗口。执行工具栏的“增加→入库单”命令，打开“查询条件-单据列表过滤”对话框，单击“确定”按钮。

在“拷贝并执行”窗口，单击 RKA01004、RKA01005 号采购入库单对应的“选择”栏，再单击工具栏的“确定”按钮，返回“专用发票”窗口。根据实验资料，表头“发票号”填入“68952261”，其他项默认。单击工具栏的“保存”“复核”按钮，再单击“结算”按钮，结果如图 7-42 所示。

已复核　已结算　专用发票

业务类型 普通采购　发票类型 * 专用发票　发票号 * 68952261
开票日期 * 2023-01-04　供应商 * 锦州昌盛　代垫单位 * 锦州昌盛
采购类型 正常采购　税率 13.00　部门名称 采购部
业务员 刘美玲　币种 * 人民币　汇率 * 1
发票日期　付款条件 2/10,1/20,n/30　备注

	存货编码	存货名称	主计量	数量	原币单价	原币金额	原币税额	原币价税合计	税率	订单号
1	01002	水磨粉	千克	1200.00	5.8000	6960.00	626.40	7586.40	9.00	CG01003
2	02002	包装盒	个	800.00	0.8500	680.00	88.40	768.40	13.00	CG01003
3										

图 7-42　采购专用发票

4. 采购发票审核并生成凭证

2023 年 1 月 4 日，由王家宝（W02）登录 U8 企业应用平台。在 U8 企业应用平台，依

次单击“业务工作→财务会计→应付款管理→应付处理→采购发票→采购发票审核”菜单，打开“采购发票审核”窗口。单击工具栏的“查询”按钮，系统弹出“查询条件-发票查询”对话框，单击“确定”按钮，打开“采购发票审核”窗口。

双击锦州昌盛采购专用发票的单据号“68952261”，打开该采购专用发票。单击工具栏的“审核”按钮，系统提示“是否立即制单?”，单击“是”，系统自动打开“填制凭证”窗口，将“凭证类别”改为“转账凭证”，单击工具栏的“保存”按钮。退出已打开窗口。

借：在途物资　　7 640.00

　　应交税费/应交增值税/进项税额　　714.80

　　贷：应付账款/一般应付账款（锦州昌盛）　　8 354.80

5.正常单据记账，生成凭证

（1）正常单据记账。在存货核算系统，依次单击“记账→正常单据记账”菜单，系统打开“未记账单据一览表”窗口，单击工具栏的“查询”按钮，系统打开“查询条件”对话框，单击“确定”按钮，系统显示正常单据记账列表。单击RKA01004、RKA01005号采购入库单四行记录的“选择”栏，再单击工具栏的“记账”按钮，系统提示记账成功，单击“确定”按钮。关闭当前窗口。

（2）生成凭证。在存货核算系统，依次单击“凭证处理→生成凭证”菜单，系统打开“生成凭证”窗口。单击工具栏的“选单”按钮，系统弹出“查询条件-生成凭证查询条件”对话框，单击“确定”按钮，系统打开“选择单据”窗口。单击工具栏的“全选”按钮，选中已记账的RKA01004、RKA01005号张采购入库单，再单击“确定”按钮，系统自动关闭“选择单据”窗口返回“生成凭证”窗口，如图7-43所示。

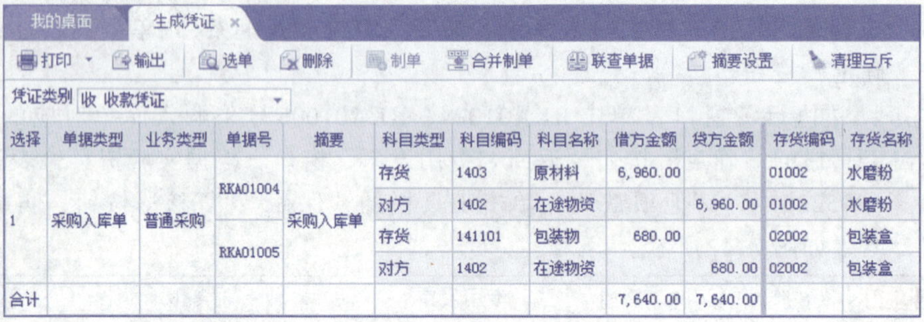

选择	单据类型	业务类型	单据号	摘要	科目类型	科目编码	科目名称	借方金额	贷方金额	存货编码	存货名称
1	采购入库单	普通采购	RKA01004	采购入库单	存货	1403	原材料	6,960.00		01002	水磨粉
					对方	1402	在途物资		6,960.00	01002	水磨粉
			RKA01005		存货	141101	包装物	680.00		02002	包装盒
					对方	1402	在途物资		680.00	02002	包装盒
合计								7,640.00	7,640.00		

图7-43　“生成凭证”窗口

单击工具栏的“合并制单”按钮，系统打开“填制凭证”窗口并自动生成凭证。将“凭证类别”改为“转账凭证”，单击工具栏的“保存”按钮。关闭当前窗口。

借：原材料　　6 960.00

　　周转材料/包装物　　680.00

　　贷：在途物资　　7 640.00

6.填制银行承兑汇票

2023年1月5日，由范英晨（W03）登录U8企业应用平台。在U8企业应用平台，依次单击“业务工作→财务会计→应付款管理→票据管理→票据录入”菜单，打开“应付票据录入”窗口。单击“增加”按钮，根据实验资料填制银行承兑汇票并保存，结果如图7-44所示。

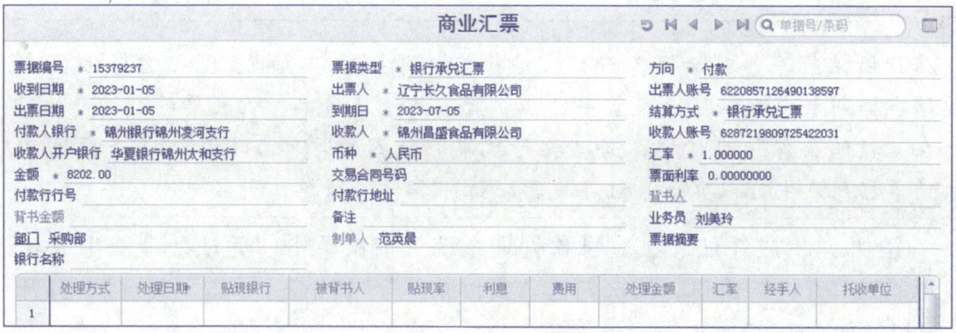

商业汇票

票据编号 * 15379237
收到日期 * 2023-01-05
出票日期 * 2023-01-05
付款人银行 * 锦州银行锦州凌河支行
收款人开户银行 华夏银行锦州太和支行
金额 * 8202.00
付款行行号
背书金额
部门 采购部
银行名称
票据类型 * 银行承兑汇票
出票人 * 辽宁长久食品有限公司
到期日 * 2023-07-05
收款人 * 锦州昌盛食品有限公司
币种 * 人民币
交易合同号码
付款行地址
备注
制单人 范英晨
方向 * 付款
出票人账号 6220857126490138597
结算方式 * 银行承兑汇票
收款人账号 6287219809725422031
汇率 * 1.000000
票面利率 0.00000000
背书人
业务员 刘美玲
票据摘要

	处理方式	处理日期	贴现银行	被背书人	贴现率	利息	费用	处理金额	汇率	经手人	托收单位
1											

图 7-44 商业汇票

7. 付款单据审核

2023年1月5日，由王家宝（W02）登录U8企业应用平台。在U8企业应用平台，依次单击“业务工作→财务会计→应付款管理→付款处理→付款单据审核”菜单，打开“付款单据审核”窗口。单击工具栏的“查询”按钮，系统打开“查询条件-收付款单过滤”对话框，单击“确定”按钮，系统返回“付款单据审核”窗口，如图7-45所示。选中支付锦州昌盛货款的付款单并审核。

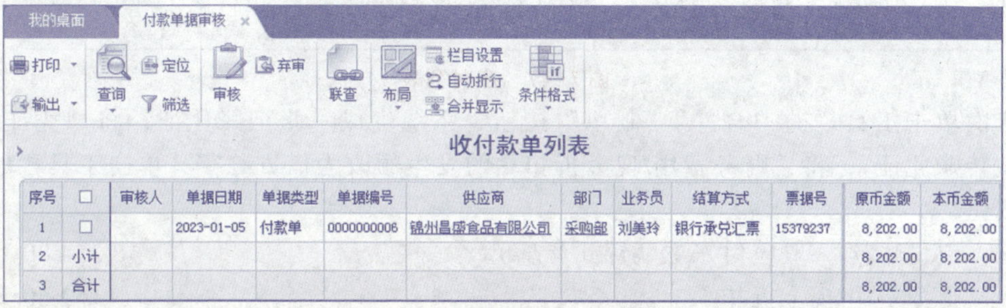

收付款单列表

序号	□	审核人	单据日期	单据类型	单据编号	供应商	部门	业务员	结算方式	票据号	原币金额	本币金额
1	□		2023-01-05	付款单	0000000006	锦州昌盛食品有限公司	采购部	刘美玲	银行承兑汇票	15379237	8,202.00	8,202.00
2	小计										8,202.00	8,202.00
3	合计										8,202.00	8,202.00

图 7-45 收付款单列表

8. 手工核销处理，（合并）生成凭证

（1）手工核销处理。在应付款管理系统，依次单击“核销处理→手工核销”菜单，打开“核销条件”对话框，供应商选择“锦州昌盛”，单击“确定”按钮，打开“手工核销”窗口。在68952261号采购专用发票的“本次折扣”栏输入“152.8”（7 640×0.02），“本次结算”栏输入“8202”，如图7-46所示，单击“确认”按钮。关闭当前窗口。

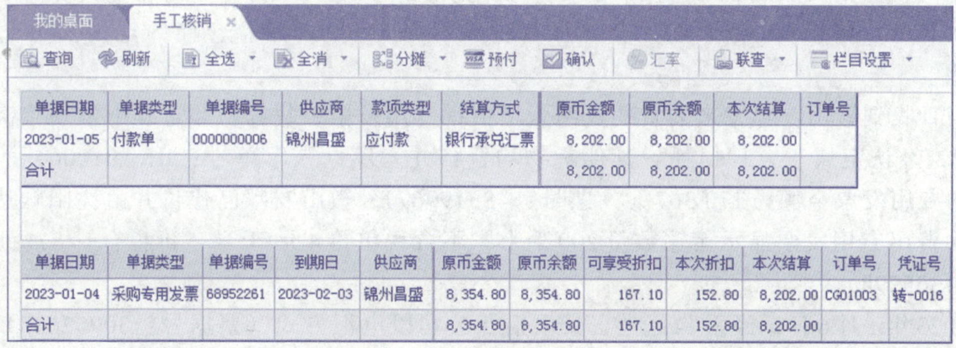

单据日期	单据类型	单据编号	供应商	款项类型	结算方式	原币金额	原币余额	本次结算	订单号
2023-01-05	付款单	0000000006	锦州昌盛	应付款	银行承兑汇票	8,202.00	8,202.00	8,202.00	
合计						8,202.00	8,202.00	8,202.00	

单据日期	单据类型	单据编号	到期日	供应商	原币金额	原币余额	可享受折扣	本次折扣	本次结算	订单号	凭证号
2023-01-04	采购专用发票	68952261	2023-02-03	锦州昌盛	8,354.80	8,354.80	167.10	152.80	8,202.00	CG01003	转-0016
合计					8,354.80	8,354.80	167.10	152.80	8,202.00		

图 7-46 “手工核销”窗口

【提示】

在“核销条件”对话框，若“收付款单”页签的“单据类型”选择付款单，则被核销单据列表中可以显示：蓝字发票、蓝字其他应付单、收款单。

在“核销条件”对话框，若“收付款单”页签的“单据类型”选择收款单，则被核销单据列表中可以显示：红字发票、红字其他应付单、付款单。

（2）（合并）生成凭证。在应付款管理系统，依次单击“凭证处理→生成凭证”菜单，打开“制单查询”窗口，依次勾选“收付款单”“核销”，单击“确定”，打开“生成凭证”窗口，如图7-47所示。

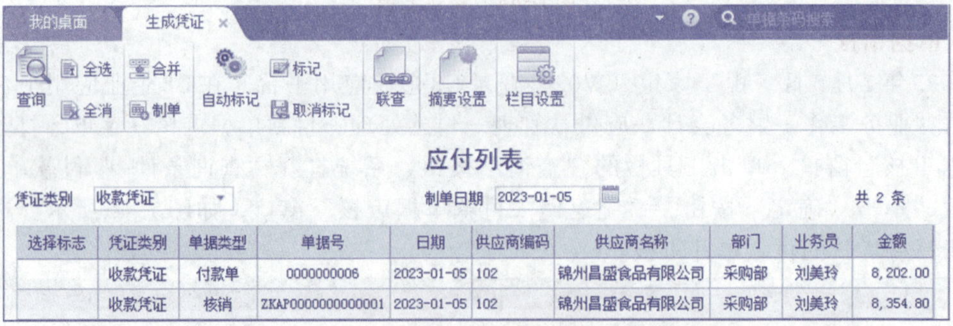

选择标志	凭证类别	单据类型	单据号	日期	供应商编码	供应商名称	部门	业务员	金额
	收款凭证	付款单	0000000006	2023-01-05	102	锦州昌盛食品有限公司	采购部	刘美玲	8,202.00
	收款凭证	核销	ZKAP0000000000001	2023-01-05	102	锦州昌盛食品有限公司	采购部	刘美玲	8,354.80

图7-47 应付列表

依次单击工具栏的“合并”“制单”按钮，系统生成一张记账凭证，将“凭证类别”改为“转账凭证”，将“财务费用/现金折扣”的发生额改为借方红字，单击工具栏的“保存”按钮。

借：应付账款/一般应付账款（锦州昌盛）	8 354.80	
财务费用/现金折扣	−152.80	
贷：应付票据（锦州昌盛）		8 202.00

7.2.4 发生合理损耗且卖方代垫运费的采购业务

【实验资料】

2023年1月5日，采购部肖子豪与鞍山友邦签订购销合同（合同编号：CG01004），采购猪肉900千克，单价48.5元/千克，采购羊肉800千克，单价67.5元/千克，采购牛肉850千克，单价69元/千克，全部货物价税合计170 367元。合同约定由卖方垫付运输费用。

当日收到鞍山友邦发来的货物及两张增值税专用发票，货物检验过程中发现猪肉短缺2千克，经认定属于合理损耗，其他货物均合格并入库（入库单号：RKA01006）。其中，货物的专用发票金额为170 367元（票号：48519967），鞍山友邦已垫付并由沈阳顺达开具的运输费用专用发票显示运输数量200千米，不含税单价4元/千米，价税合计872元（票号：61365298）。

2023年1月6日，经采购部肖子豪申请，公司以电汇方式（票据号：30952633）结清鞍山友邦期初欠款、代垫运费款及本期货款，金额合计183 774元。

【实验过程】

发生合理损耗且卖方代垫运费的采购业务

1.填制采购订单并生成到货单

2023年1月5日，由刘美玲（G01）登录U8企业应用平台。

（1）填制采购订单。在U8企业应用平台，依次单击“业务工作→供应链→采购管理→采购订货→采购订单”菜单，打开“采购订单”窗口。单击工具栏的“增加”按钮，根据实验资料填制采购订单。填制完毕，依次单击工具栏的“保存”“审核”按钮，结果如图7-48所示。

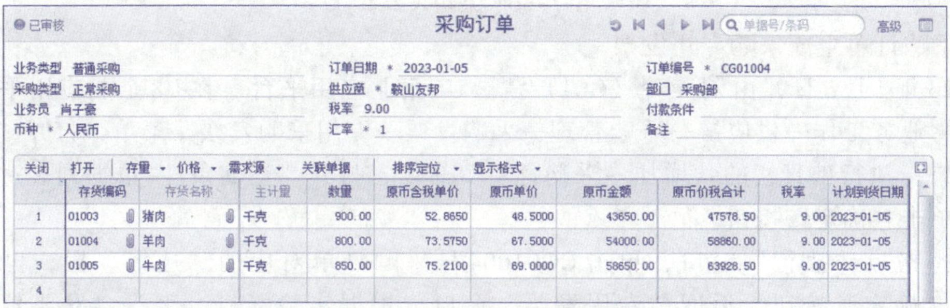
已审核　采购订单　单据号/条码　高级

业务类型 普通采购　订单日期 * 2023-01-05　订单编号 * CG01004
采购类型 正常采购　供应商 * 鞍山友邦　部门 采购部
业务员 肖子豪　税率 9.00　付款条件
币种 * 人民币　汇率 * 1　备注

关闭　打开　存量　价格　需求源　关联单据　排序定位　显示格式

	存货编码	存货名称	主计量	数量	原币含税单价	原币单价	原币金额	原币价税合计	税率	计划到货日期
1	01003	猪肉	千克	900.00	52.8650	48.5000	43650.00	47578.50	9.00	2023-01-05
2	01004	羊肉	千克	800.00	73.5750	67.5000	54000.00	58860.00	9.00	2023-01-05
3	01005	牛肉	千克	850.00	75.2100	69.0000	58650.00	63928.50	9.00	2023-01-05
4										

图7-48　采购订单

（2）生成到货单。在“采购订单”窗口，单击工具栏的“到货”按钮，系统自动参照采购订单生成到货单。依次单击工具栏的“保存”“审核”按钮，结果如图7-49所示。退出当前窗口。

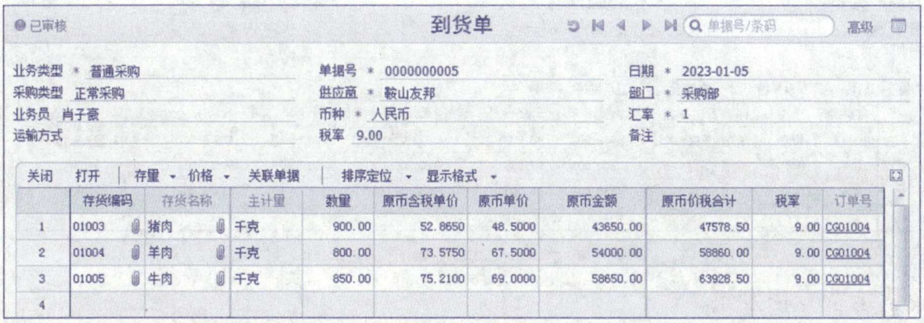
已审核　到货单　单据号/条码　高级

业务类型 * 普通采购　单据号 * 0000000005　日期 * 2023-01-05
采购类型 正常采购　供应商 * 鞍山友邦　部门 * 采购部
业务员 肖子豪　币种 * 人民币　汇率 * 1
运输方式　税率 9.00　备注

关闭　打开　存量　价格　关联单据　排序定位　显示格式

	存货编码	存货名称	主计量	数量	原币含税单价	原币单价	原币金额	原币价税合计	税率	订单号
1	01003	猪肉	千克	900.00	52.8650	48.5000	43650.00	47578.50	9.00	CG01004
2	01004	羊肉	千克	800.00	73.5750	67.5000	54000.00	58860.00	9.00	CG01004
3	01005	牛肉	千克	850.00	75.2100	69.0000	58650.00	63928.50	9.00	CG01004
4										

图7-49　到货单

2.参照到货单生成采购入库单

2023年1月5日，由孟梓楠（C01）登录U8企业应用平台。在U8企业应用平台，依次单击“业务工作→供应链→库存管理→采购入库→采购入库单”菜单，系统打开“采购入库单”窗口。执行工具栏的“增加→采购→采购到货单”命令，打开“查询条件-采购到货单列表”对话框，单击“确定”按钮，系统打开“到货单生单列表”窗口。单击上一步所生成到货单对应的“选择”栏，再单击工具栏的“确定”按钮，系统返回“采购入库单”窗口。

根据实验资料，将采购入库单表头中的“入库单号”修改为“RKA01006”，“仓库”选择“原料及辅料仓”。将表体“猪肉”的“数量”改为“898”。依次单击工具栏的“保存”“审核”按钮，系统提示“该单据审核成功！”，单击“确定”按钮，结果如图7-50所示。退出当前窗口。

● 已审核　　采购入库单

入库单号 * RKA01006　　入库日期 * 2023-01-05　　仓库 * 原料及辅料仓
订单号 CG01004　　到货单号 0000000005　　业务号
供货单位 * 鞍山友邦　　部门 采购部　　业务员 肖子豪
到货日期 2023-01-05　　业务类型 普通采购　　采购类型 正常采购
入库类别 采购入库　　审核日期 2023-01-05　　备注

	存货编码	存货名称	规格型号	主计量单位	数量	本币单价	本币金额
1	01003	猪肉		千克	898.00	48.5000	43553.00
2	01004	羊肉		千克	800.00	67.5000	54000.00
3	01005	牛肉		千克	850.00	69.0000	58650.00
4							

图 7-50　采购入库单

3.参照采购订单生成采购专用发票

2023年1月5日，由刘美玲（G01）登录U8企业应用平台。在U8企业应用平台，依次单击"业务工作→供应链→采购管理→采购发票→专用采购发票"菜单，打开"专用发票"窗口。执行工具栏的"增加→采购订单"命令，打开"查询条件-单据列表过滤"对话框，单击"确定"按钮。

在"拷贝并执行"窗口，单击CG01004号采购订单对应的"选择"栏，再单击工具栏的"确定"按钮，返回"专用发票"窗口。根据实验资料，表头"发票号"填入"48519967"，其他项默认。单击工具栏的"保存""复核"按钮，结果如图7-51所示。

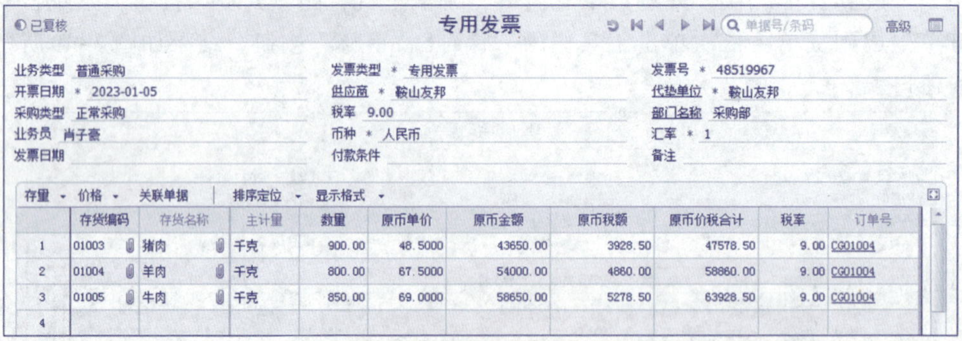
● 已复核　　专用发票

业务类型 普通采购　　发票类型 * 专用发票　　发票号 * 48519967
开票日期 * 2023-01-05　　供应商 * 鞍山友邦　　代垫单位 * 鞍山友邦
采购类型 正常采购　　税率 9.00　　部门名称 采购部
业务员 肖子豪　　币种 * 人民币　　汇率 * 1
发票日期　　付款条件　　备注

	存货编码	存货名称	主计量	数量	原币单价	原币金额	原币税额	原币价税合计	税率	订单号
1	01003	猪肉	千克	900.00	48.5000	43650.00	3928.50	47578.50	9.00	CG01004
2	01004	羊肉	千克	800.00	67.5000	54000.00	4860.00	58860.00	9.00	CG01004
3	01005	牛肉	千克	850.00	69.0000	58650.00	5278.50	63928.50	9.00	CG01004
4										

图 7-51　采购专用发票

4.填制代垫运费专用发票

在采购管理系统，依次单击"采购发票→采购专用发票"菜单，打开"专用发票"窗口。单击工具栏的"增加"按钮，根据实验资料填制代垫运费的采购专用发票。注意，发票表头"供应商"选择"沈阳顺达"，"代垫单位"选择"鞍山友邦"。填制完毕依次单击工具栏的"保存""复核"按钮，结果如图7-52所示。关闭当前窗口。

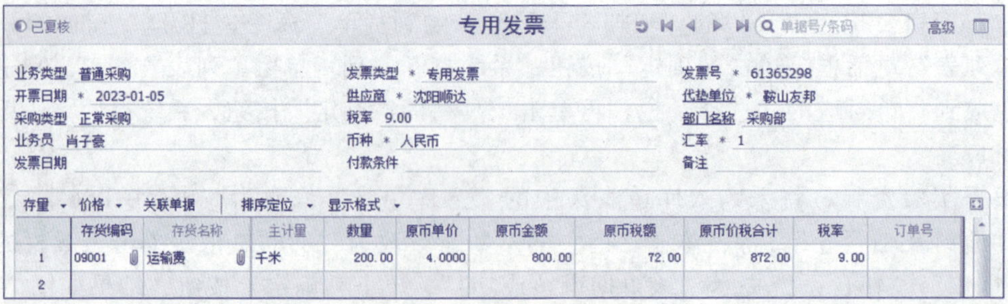
● 已复核　　专用发票

业务类型 普通采购　　发票类型 * 专用发票　　发票号 * 61365298
开票日期 * 2023-01-05　　供应商 * 沈阳顺达　　代垫单位 * 鞍山友邦
采购类型 正常采购　　税率 9.00　　部门名称 采购部
业务员 肖子豪　　币种 * 人民币　　汇率 * 1
发票日期　　付款条件　　备注

	存货编码	存货名称	主计量	数量	原币单价	原币金额	原币税额	原币价税合计	税率	订单号
1	09001	运输费	千米	200.00	4.0000	800.00	72.00	872.00	9.00	
2										

图 7-52　采购专用发票

5. 手工采购结算

在采购管理系统，依次单击“采购结算→手工结算”，打开“手工结算”窗口。单击工具栏的“选单”按钮，打开“结算选单”窗口。单击“查询”按钮，打开“查询条件-采购手工结算”对话框，点击“确定”按钮。选中鞍山友邦的采购专用发票和采购入库单，如图7-53所示，单击“确定”按钮，系统返回“手工结算”窗口。

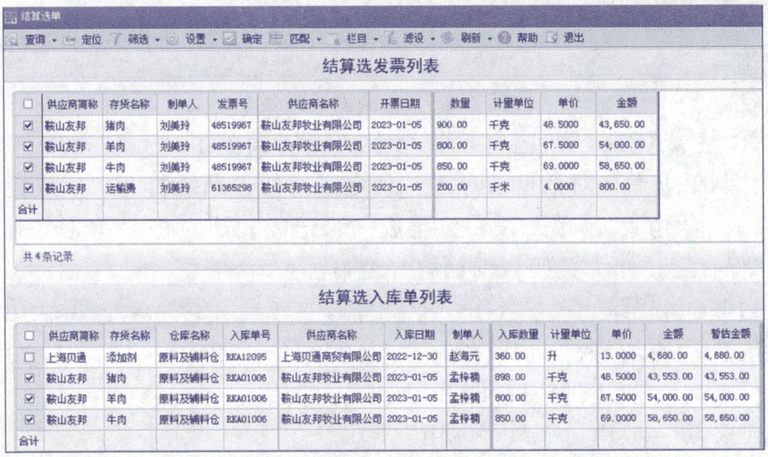

☐	供应商简称	存货名称	制单人	发票号	供应商名称	开票日期	数量	计量单位	单价	金额
☑	鞍山友邦	猪肉	刘美玲	48519967	鞍山友邦牧业有限公司	2023-01-05	900.00	千克	48.5000	43,650.00
☑	鞍山友邦	羊肉	刘美玲	48519967	鞍山友邦牧业有限公司	2023-01-05	800.00	千克	67.5000	54,000.00
☑	鞍山友邦	牛肉	刘美玲	48519967	鞍山友邦牧业有限公司	2023-01-05	850.00	千克	69.0000	58,650.00
☑	鞍山友邦	运输费	刘美玲	61365298	鞍山友邦牧业有限公司	2023-01-05	200.00	千米	4.0000	800.00
合计										

共4条记录

结算选入库单列表

☐	供应商简称	存货名称	仓库名称	入库单号	供应商名称	入库日期	制单人	入库数量	计量单位	单价	金额	暂估金额
☐	上海贝通	添加剂	原料及辅料仓	RKA12095	上海贝通商贸有限公司	2022-12-30	赵海元	360.00	升	13.0000	4,680.00	4,680.00
☑	鞍山友邦	猪肉	原料及辅料仓	RKA01006	鞍山友邦牧业有限公司	2023-01-05	孟梓楠	898.00	千克	48.5000	43,553.00	43,553.00
☑	鞍山友邦	羊肉	原料及辅料仓	RKA01006	鞍山友邦牧业有限公司	2023-01-05	孟梓楠	800.00	千克	67.5000	54,000.00	54,000.00
☑	鞍山友邦	牛肉	原料及辅料仓	RKA01006	鞍山友邦牧业有限公司	2023-01-05	孟梓楠	850.00	千克	69.0000	58,650.00	58,650.00
合计												

图7-53　结算选单

在猪肉的“合理损耗数量”栏输入“2”，费用分摊方式选择“按数量”，单击“分摊”按钮，系统提示“选择按数量分摊，是否开始计算？”，单击“是”，分摊费用完毕，结果如图7-54所示。再单击“结算”按钮，系统显示“完成结算”，单击“确定”按钮。

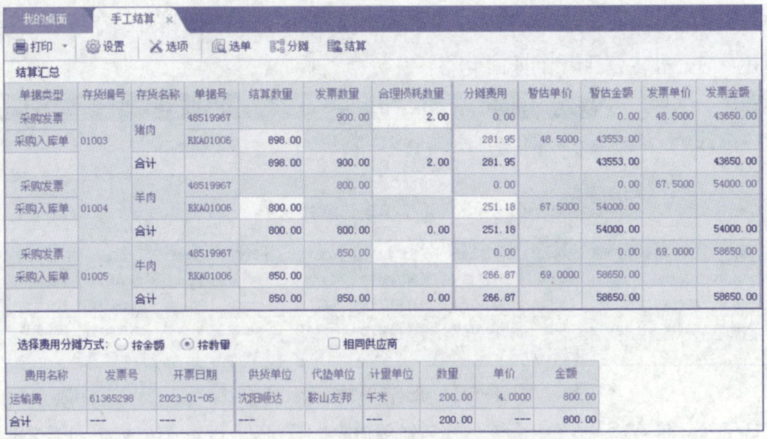

单据类型	存货编号	存货名称	单据号	结算数量	发票数量	合理损耗数量	分摊费用	暂估单价	暂估金额	发票单价	发票金额
采购发票		猪肉	48519967		900.00	2.00	0.00		0.00	48.5000	43650.00
采购入库单	01003		RKA01006	898.00			281.95	48.5000	43553.00		
		合计		898.00	900.00	2.00	281.95		43553.00		43650.00
采购发票		羊肉	48519967		800.00		0.00		0.00	67.5000	54000.00
采购入库单	01004		RKA01006	800.00			251.18	67.5000	54000.00		
		合计		800.00	800.00	0.00	251.18		54000.00		54000.00
采购发票		牛肉	48519967		850.00		0.00		0.00	69.0000	58650.00
采购入库单	01005		RKA01006	850.00			266.87	69.0000	58650.00		
		合计		850.00	850.00	0.00	266.87		58650.00		58650.00

选择费用分摊方式：○按金额　⦿按数量　　☐相同供应商

费用名称	发票号	开票日期	供货单位	代垫单位	计量单位	数量	单价	金额
运输费	61365298	2023-01-05	沈阳顺达	鞍山友邦	千米	200.00	4.0000	800.00
合计	---	---	---		---	200.00	---	800.00

图7-54　“手工结算”窗口

6. 采购发票审核，（合并）生成凭证

2023年1月5日，由王家宝（W02）登录U8企业应用平台。

（1）采购发票审核。在U8企业应用平台，依次单击“业务工作→财务会计→应付款管理→应付处理→采购发票→采购发票审核”菜单，打开“采购发票审核”窗口。单击工具栏的“查询”按钮，系统弹出“查询条件-发票查询”对话框，单击“确定”按钮，如图7-55所示。单击工具栏的“全选”按钮，再单击“审核”按钮，系统完成审核并给出审核报告，单击“确定”按钮。关闭当前窗口。

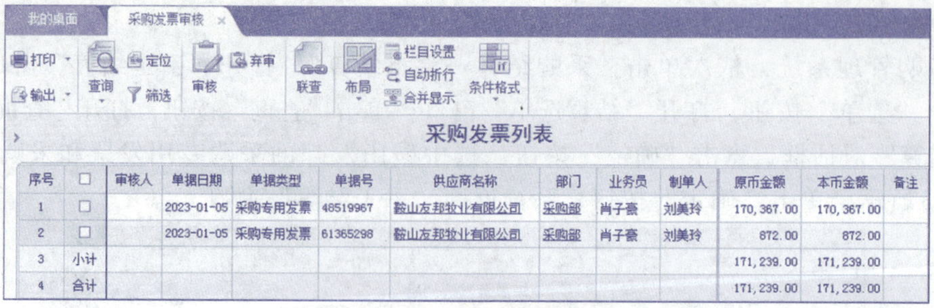

序号	□	审核人	单据日期	单据类型	单据号	供应商名称	部门	业务员	制单人	原币金额	本币金额	备注
1	□		2023-01-05	采购专用发票	48519967	鞍山友邦牧业有限公司	采购部	肖子豪	刘美玲	170,367.00	170,367.00	
2	□		2023-01-05	采购专用发票	61365298	鞍山友邦牧业有限公司	采购部	肖子豪	刘美玲	872.00	872.00	
3	小计									171,239.00	171,239.00	
4	合计									171,239.00	171,239.00	

图7-55　采购发票列表

（2）（合并）生成凭证。在应付款管理系统，依次单击“凭证处理→生成凭证”菜单，系统弹出“制单查询”对话框，单击“确定”按钮，系统打开“生成凭证”窗口。依次单击工具栏的“合并”“制单”按钮，生成一张记账凭证，将“凭证类别”改为“转账凭证”，单击“保存”按钮。关闭当前已打开窗口。

借：在途物资	157 100.00	
应交税费/应交增值税/进项税额	14 139.00	
贷：应付账款/一般应付账款（鞍山友邦）		170 367.00
应付账款/一般应付账款（鞍山友邦）		872.00

7.正常单据记账，生成凭证

（1）正常单据记账。在存货核算系统，依次单击“记账→正常单据记账”菜单，系统打开“未记账单据一览表”窗口，单击工具栏的“查询”按钮，系统打开“查询条件”对话框，单击“确定”按钮，系统显示正常单据记账列表，如图7-56所示。单击RKA01006号采购入库单三行记录的“选择”栏，再单击工具栏的“记账”按钮，系统提示记账成功，单击“确定”按钮。关闭当前窗口。

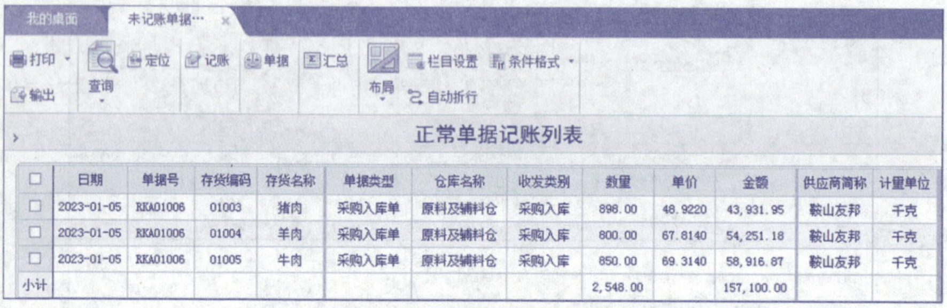

□	日期	单据号	存货编码	存货名称	单据类型	仓库名称	收发类别	数量	单价	金额	供应商简称	计量单位
□	2023-01-05	RKA01006	01003	猪肉	采购入库单	原料及辅料仓	采购入库	898.00	48.9220	43,931.95	鞍山友邦	千克
□	2023-01-05	RKA01006	01004	羊肉	采购入库单	原料及辅料仓	采购入库	800.00	67.8140	54,251.18	鞍山友邦	千克
□	2023-01-05	RKA01006	01005	牛肉	采购入库单	原料及辅料仓	采购入库	850.00	69.3140	58,916.87	鞍山友邦	千克
小计								2,548.00		157,100.00		

图7-56　正常单据记账列表

（2）生成凭证。在存货核算系统，依次单击“凭证处理→生成凭证”菜单，系统打开“生成凭证”窗口。单击工具栏的“选单”按钮，系统弹出“查询条件-生成凭证查询条件”对话框，单击“确定”按钮，系统打开“选择单据”窗口。单击工具栏的“全选”按钮，选中已记账的RKA01006号采购入库单，再单击“确定”按钮，系统自动关闭“选择单据”窗口返回“生成凭证”窗口。

单击工具栏的“合并制单”按钮，系统打开“填制凭证”窗口并自动生成凭证。将“凭证类别”改为“转账凭证”，单击工具栏的“保存”按钮。

借：原材料	157 100.00	
贷：在途物资		157 100.00

8. 填制付款单

2023年1月6日，由范英晨（W03）登录U8企业应用平台。在U8企业应用平台，依次单击“业务工作→财务会计→应付款管理→付款处理→付款单据录入”菜单，打开“付款单据录入”窗口。根据实验资料填制付款单，填制完毕单击工具栏的“保存”按钮，结果如图7-57所示。

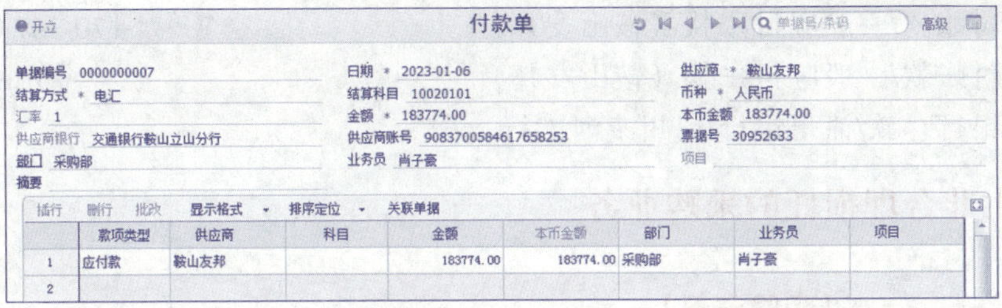

	款项类型	供应商	科目	金额	本币金额	部门	业务员	项目
1	应付款	鞍山友邦		183774.00	183774.00	采购部	肖子豪	
2								

图7-57　付款单

9. 付款单据审核

2023年1月6日，由王家宝（W02）登录U8企业应用平台。在U8企业应用平台，依次单击“业务工作→财务会计→应付款管理→付款处理→付款单据审核”菜单，打开“付款单据审核”窗口。单击工具栏的“查询”按钮，系统打开“查询条件-收付款单过滤”对话框，单击“确定”按钮，系统返回“付款单据审核”窗口，如图7-58所示。选中支付鞍山友邦货款及代垫运费的付款单并审核。

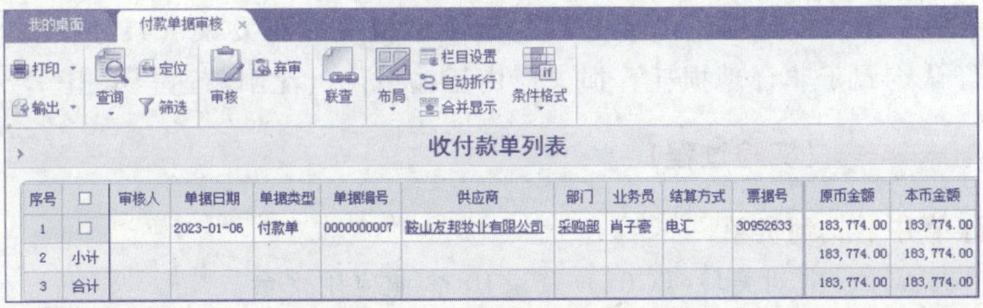

序号	☐	审核人	单据日期	单据类型	单据编号	供应商	部门	业务员	结算方式	票据号	原币金额	本币金额
1	☐		2023-01-06	付款单	0000000007	鞍山友邦牧业有限公司	采购部	肖子豪	电汇	30952633	183,774.00	183,774.00
2	小计										183,774.00	183,774.00
3	合计										183,774.00	183,774.00

图7-58　收付款单列表

10. 手工核销处理，（合并）生成凭证

（1）手工核销处理。在应付款管理系统，依次单击“核销处理→手工核销”菜单，打开“核销条件”对话框，供应商选择“鞍山友邦”，单击“确定”按钮，打开“手工核销”窗口。在三张发票的“本次结算”栏输入各自的“原币余额”，如图7-59所示，单击“确认”按钮。关闭当前窗口。

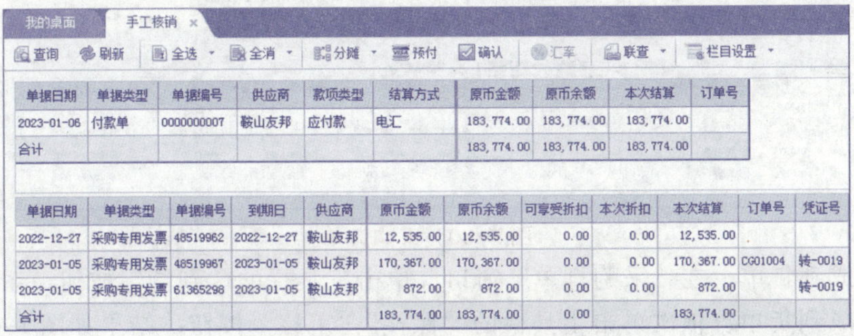

单据日期	单据类型	单据编号	供应商	款项类型	结算方式	原币金额	原币余额	本次结算	订单号
2023-01-06	付款单	0000000007	鞍山友邦	应付款	电汇	183,774.00	183,774.00	183,774.00	
合计						183,774.00	183,774.00	183,774.00	

单据日期	单据类型	单据编号	到期日	供应商	原币金额	原币余额	可享受折扣	本次折扣	本次结算	订单号	凭证号
2022-12-27	采购专用发票	48519962	2022-12-27	鞍山友邦	12,535.00	12,535.00	0.00	0.00	12,535.00		
2023-01-05	采购专用发票	48519967	2023-01-05	鞍山友邦	170,367.00	170,367.00	0.00	0.00	170,367.00	CG01004	转-0019
2023-01-05	采购专用发票	61365298	2023-01-05	鞍山友邦	872.00	872.00	0.00	0.00	872.00		转-0019
合计					183,774.00	183,774.00	0.00		183,774.00		

图7-59　“手工核销”窗口

（2）生成凭证。在应付款管理系统，依次单击“凭证处理→生成凭证”菜单，打开“制单查询”窗口，依次勾选“收付款单”“核销”，单击“确定”，打开“生成凭证”窗口。依次单击工具栏的“合并”“制单”按钮，系统生成一张记账凭证，将“凭证类别”改为“付款凭证”，单击工具栏的“保存”按钮。关闭当前窗口。

借：应付账款/一般应付账款（鞍山友邦）	12 535.00	
应付账款/一般应付账款（鞍山友邦）	170 367.00	
应付账款/一般应付账款（鞍山友邦）	872.00	
贷：银行存款/锦州银行/锦州凌河支行		183 774.00

7.2.5 发生非合理损耗的采购业务

【实验资料】

2023年1月6日，采购部刘美玲与锦州昌盛签订购销合同（合同编号：CG01005），采购食盐500千克，单价2.5元/千克，采购添加剂180升，单价15元/升，采购植物油1 200千克，单价36元/千克，采购鸡蛋700千克，单价9.5元/千克，全部货物价税合计60 478元。合同约定下月支付货款，卖方承担运输费。

当日收到锦州昌盛发来的货物，货物检验过程中发现添加剂短缺20升，其他货物均合格并入库（入库单号：RKA01007）。

2023年1月7日，收到锦州昌盛开具的全额增值税专用发票（票号：68952267）。短缺的添加剂经认定属于非合理损耗，损失应由运输单位（沈阳顺达）承担。

【实验过程】

发生非合理损耗的采购业务

1.填制采购订单并生成到货单

2023年1月6日，由刘美玲（G01）登录U8企业应用平台。

（1）填制采购订单。在U8企业应用平台，依次单击“业务工作→供应链→采购管理→采购订货→采购订单”菜单，打开“采购订单”窗口。单击工具栏的“增加”按钮，根据实验资料填制采购订单。填制完毕，依次单击工具栏的“保存”“审核”按钮，结果如图7-60所示。

已审核

采购订单

业务类型 普通采购　订单日期 * 2023-01-06　订单编号 * CG01005
采购类型 正常采购　供应商 * 锦州昌盛　部门 采购部
业务员 刘美玲　税率 13.00　付款条件
币种 * 人民币　汇率 * 1　备注

	存货编码	存货名称	主计量	数量	原币含税单价	原币单价	原币金额	原币价税合计	税率	计划到货日期
1	01008	食盐	千克	500.00	2.7250	2.5000	1250.00	1362.50	9.00	2023-01-06
2	01016	添加剂	升	180.00	16.9500	15.0000	2700.00	3051.00	13.00	2023-01-06
3	01013	植物油	千克	1200.00	40.6800	36.0000	43200.00	48816.00	13.00	2023-01-06
4	01012	鸡蛋	千克	700.00	10.3550	9.5000	6650.00	7248.50	9.00	2023-01-06
5										

图7-60　采购订单

（2）生成到货单。在“采购订单”窗口，单击工具栏的“到货”按钮，系统自动参照采购订单生成到货单。依次单击工具栏的“保存”“审核”按钮，结果如图7-61所示。关闭当前窗口。

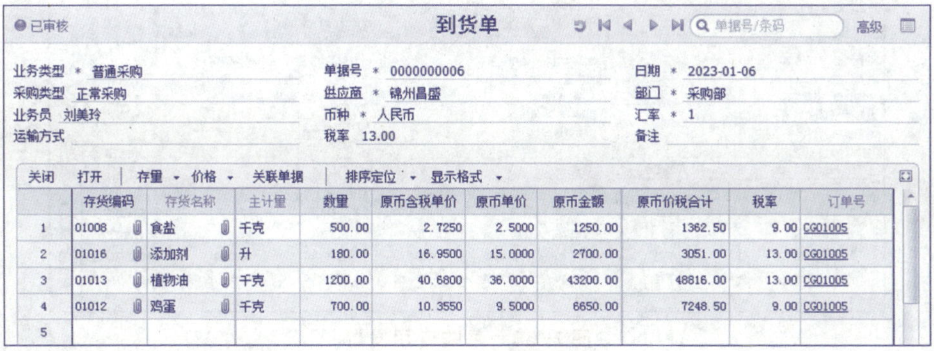
已审核　到货单

业务类型 * 普通采购　单据号 * 0000000006　日期 * 2023-01-06
采购类型 正常采购　供应商 * 锦州昌盛　部门 * 采购部
业务员 刘美玲　币种 * 人民币　汇率 * 1
运输方式　税率 13.00　备注

	存货编码	存货名称	主计量	数量	原币含税单价	原币单价	原币金额	原币价税合计	税率	订单号
1	01008	食盐	千克	500.00	2.7250	2.5000	1250.00	1362.50	9.00	CG01005
2	01016	添加剂	升	180.00	16.9500	15.0000	2700.00	3051.00	13.00	CG01005
3	01013	植物油	千克	1200.00	40.6800	36.0000	43200.00	48816.00	13.00	CG01005
4	01012	鸡蛋	千克	700.00	10.3550	9.5000	6650.00	7248.50	9.00	CG01005
5										

图 7-61　到货单

2. 参照到货单生成采购入库单

2023年1月6日，由孟梓楠（C01）登录U8企业应用平台。在U8企业应用平台，依次单击“业务工作→供应链→库存管理→采购入库→采购入库单”菜单，系统打开“采购入库单”窗口。执行工具栏的“增加→采购→采购到货单”命令，打开“查询条件-采购到货单列表”对话框，单击“确定”按钮，系统打开“到货单生单列表”窗口。单击上一步所生成到货单对应的“选择”栏，再单击工具栏的“确定”按钮，系统返回“采购入库单”窗口。

根据实验资料，将采购入库单表头中的“入库单号”修改为“RKA01007”，“仓库”选择“原料及辅料仓”。将表体“添加剂”的“数量”改为“160”。依次单击工具栏的“保存”“审核”按钮，系统提示“该单据审核成功！”，单击“确定”按钮，结果如图7-62所示。关闭当前窗口。

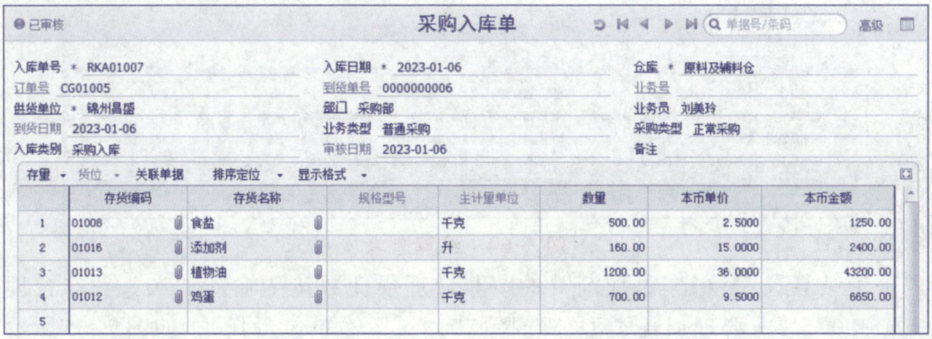
已审核　采购入库单

入库单号 * RKA01007　入库日期 * 2023-01-06　仓库 * 原料及辅料仓
订单号 CG01005　到货单号 0000000006　业务号
供货单位 * 锦州昌盛　部门 采购部　业务员 刘美玲
到货日期 2023-01-06　业务类型 普通采购　采购类型 正常采购
入库类别 采购入库　审核日期 2023-01-06　备注

	存货编码	存货名称	规格型号	主计量单位	数量	本币单价	本币金额
1	01008	食盐		千克	500.00	2.5000	1250.00
2	01016	添加剂		升	160.00	15.0000	2400.00
3	01013	植物油		千克	1200.00	36.0000	43200.00
4	01012	鸡蛋		千克	700.00	9.5000	6650.00
5							

图 7-62　采购入库单

3. 参照采购订单生成采购专用发票

2021年1月7日，由刘美玲（G01）登录U8企业应用平台。在U8企业应用平台，依次单击“业务工作→供应链→采购管理→采购发票→专用采购发票”菜单，打开“专用发票”窗口。执行工具栏的“增加→采购订单”命令，打开“查询条件-单据列表过滤”对话框，单击“确定”按钮。

在“拷贝并执行”窗口，单击CG01005号采购订单对应的“选择”栏，再单击工具栏的“确定”按钮，返回“专用发票”窗口。根据实验资料，表头“发票号”填入“68952267”，其他项默认。单击工具栏的“保存”“复核”按钮，结果如图7-63所示。关闭当前窗口。

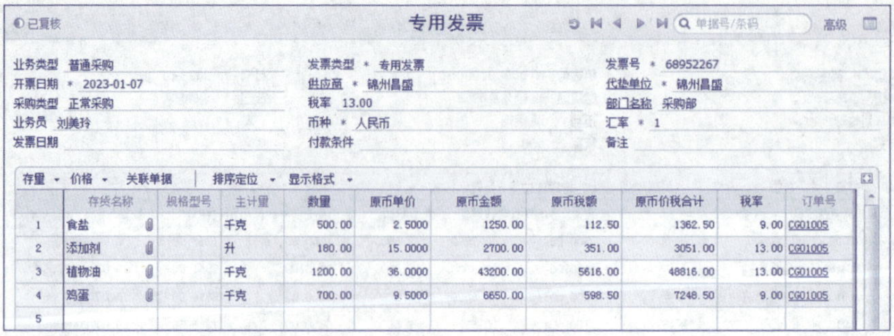

专用发票

业务类型	普通采购
开票日期 *	2023-01-07
采购类型	正常采购
业务员	刘美玲
发票日期	
发票类型 *	专用发票
供应商 *	锦州昌盛
税率	13.00
币种 *	人民币
付款条件	
发票号 *	68952267
代垫单位 *	锦州昌盛
部门名称	采购部
汇率 *	1
备注	

	存货名称	规格型号	主计量	数量	原币单价	原币金额	原币税额	原币价税合计	税率	订单号
1	食盐		千克	500.00	2.5000	1250.00	112.50	1362.50	9.00	CG01005
2	添加剂		升	180.00	15.0000	2700.00	351.00	3051.00	13.00	CG01005
3	植物油		千克	1200.00	36.0000	43200.00	5616.00	48816.00	13.00	CG01005
4	鸡蛋		千克	700.00	9.5000	6650.00	598.50	7248.50	9.00	CG01005
5										

图 7-63　采购专用发票

4.手工采购结算

在采购管理系统，依次单击“采购结算→手工结算”，打开“手工结算”窗口。单击工具栏的“选单”按钮，打开“结算选单”窗口。单击“查询”按钮，打开“查询条件-采购手工结算”对话框，点击“确定”按钮。选中锦州昌盛的采购专用发票和采购入库单，如图 7-64 所示，单击“确定”按钮，系统返回“手工结算”窗口。

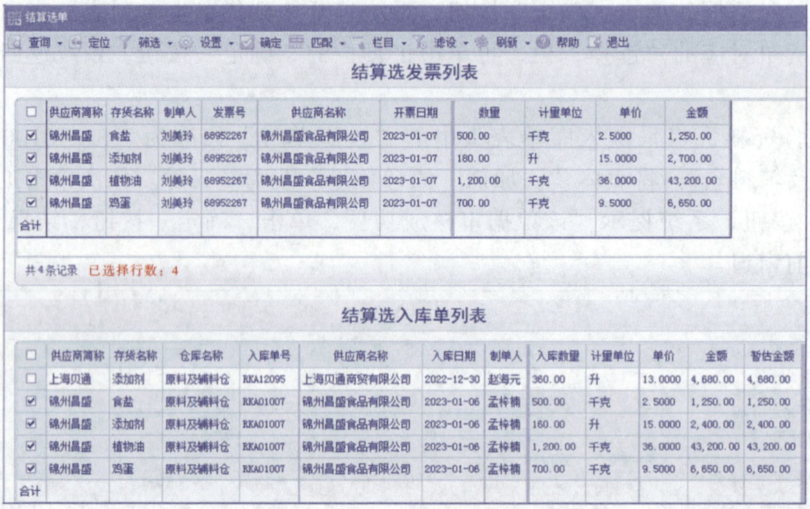

结算选单

结算选发票列表

☐	供应商简称	存货名称	制单人	发票号	供应商名称	开票日期	数量	计量单位	单价	金额
☑	锦州昌盛	食盐	刘美玲	68952267	锦州昌盛食品有限公司	2023-01-07	500.00	千克	2.5000	1,250.00
☑	锦州昌盛	添加剂	刘美玲	68952267	锦州昌盛食品有限公司	2023-01-07	180.00	升	15.0000	2,700.00
☑	锦州昌盛	植物油	刘美玲	68952267	锦州昌盛食品有限公司	2023-01-07	1,200.00	千克	36.0000	43,200.00
☑	锦州昌盛	鸡蛋	刘美玲	68952267	锦州昌盛食品有限公司	2023-01-07	700.00	千克	9.5000	6,650.00
合计										

共4条记录　已选择行数：4

结算选入库单列表

☐	供应商简称	存货名称	仓库名称	入库单号	供应商名称	入库日期	制单人	入库数量	计量单位	单价	金额	暂估金额
☐	上海贝通	添加剂	原料及辅料仓	RKA12095	上海贝通商贸有限公司	2022-12-30	赵海元	360.00	升	13.0000	4,680.00	4,680.00
☑	锦州昌盛	食盐	原料及辅料仓	RKA01007	锦州昌盛食品有限公司	2023-01-06	孟梓楠	500.00	千克	2.5000	1,250.00	1,250.00
☑	锦州昌盛	添加剂	原料及辅料仓	RKA01007	锦州昌盛食品有限公司	2023-01-06	孟梓楠	160.00	升	15.0000	2,400.00	2,400.00
☑	锦州昌盛	植物油	原料及辅料仓	RKA01007	锦州昌盛食品有限公司	2023-01-06	孟梓楠	1,200.00	千克	36.0000	43,200.00	43,200.00
☑	锦州昌盛	鸡蛋	原料及辅料仓	RKA01007	锦州昌盛食品有限公司	2023-01-06	孟梓楠	700.00	千克	9.5000	6,650.00	6,650.00
合计												

图 7-64　结算选单

在“手工结算”窗口，“添加剂”的“非合理损耗数量”输入“20”，“非合理损耗金额”输入“300”，“非合理损耗类型”选择“01”（运输单位责任），如图 7-65 所示。单击“结算”按钮，系统提示完成结算。

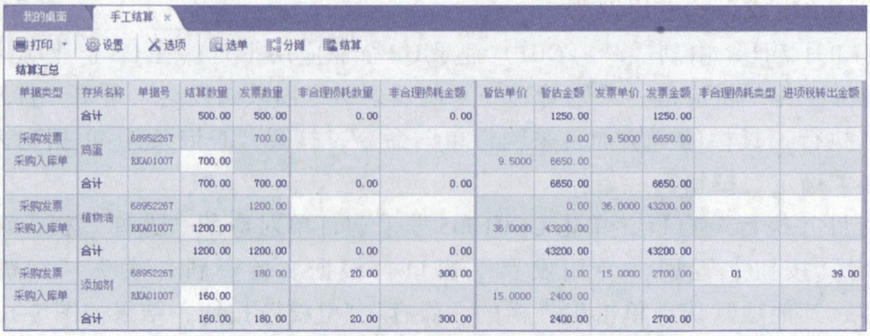

结算汇总

单据类型	存货名称	单据号	结算数量	发票数量	非合理损耗数量	非合理损耗金额	暂估单价	暂估金额	发票单价	发票金额	非合理损耗类型	进项税转出金额
	合计		500.00	500.00	0.00	0.00		1250.00		1250.00		
采购发票	鸡蛋	68952267		700.00				0.00	9.5000	6650.00		
采购入库单		RKA01007	700.00				9.5000	6650.00				
	合计		700.00	700.00	0.00	0.00		6650.00		6650.00		
采购发票	植物油	68952267		1200.00				0.00	36.0000	43200.00		
采购入库单		RKA01007	1200.00				36.0000	43200.00				
	合计		1200.00	1200.00	0.00	0.00		43200.00		43200.00		
采购发票	添加剂	68952267		180.00	20.00	300.00		0.00	15.0000	2700.00	01	39.00
采购入库单		RKA01007	160.00				15.0000	2400.00				
	合计		160.00	180.00	20.00	300.00		2400.00		2700.00		

图 7-65　“手工结算”窗口

5. 采购发票审核

2023年1月7日，由王家宝（W02）登录U8企业应用平台。在U8企业应用平台，依次单击“业务工作→财务会计→应付款管理→应付处理→采购发票→采购发票审核”菜单，打开“采购发票审核”窗口。单击工具栏的“查询”按钮，系统弹出“查询条件-发票查询”对话框，单击“确定”按钮。依次单击工具栏的“全选”“审核”按钮。68952267号发票审核完毕，关闭当前窗口。

6. 正常单据记账，采购结算单制单

（1）正常单据记账。在存货核算系统，依次单击“记账→正常单据记账”菜单，系统打开“未记账单据一览表”窗口，单击工具栏的“查询”按钮，系统打开“查询条件”对话框，单击“确定”按钮，系统显示正常单据记账列表。单击RKA01007号采购入库单两行记录的“选择”栏，再单击工具栏的“记账”按钮，系统提示记账成功，单击“确定”按钮。关闭当前窗口。

（2）采购结算单制单。在存货核算系统，依次单击“凭证处理→生成凭证”菜单，系统打开“生成凭证”窗口。单击工具栏的“选单”按钮，系统弹出“查询条件-生成凭证查询条件”对话框，单击“确定”按钮，系统打开“选择单据”窗口。单击工具栏的“全选”按钮，选中已记账的RKA01007号采购入库单，单击工具栏的“全选”按钮，勾选“已结算采购入库单自动选择全部结算单上单据（包括入库单、发票、付款单），非本月采购入库单按蓝字报销单制单”，如图7-66所示。

选择单据

打印 ▾ 输出 全选 全消 确定 取消 单据 帮助

☑ 已结算采购入库单自动选择全部结算单上单据(包括入库单、发票、付款单),非本月采购入库单按蓝字报销单制单

未生成凭证单据一览表

选择	记账日期	单据日期	单据类型	单据号	仓库	收发类别	记账人	部门	业务类型	计价方式	摘要	供应商
	2023-01-07	2023-01-06	采购入库单	RKA01007	原料及辅料仓	采购入库	王家宝	采购部	普通采购	全月平均法	采购入库单	锦州昌盛食

图7-66 未生成凭证单据一览表

单击“确定”按钮，系统自动关闭“选择单据”窗口返回“生成凭证”窗口。科目类型“损耗”对应的科目编码输入“190101”（待处理财产损溢/待处理流动资产损溢），如图7-67所示。

凭证类别 收 收款凭证

选择	单据类型	业务类型	单据号	摘要	科目类型	科目编码	科目名称	借方金额	贷方金额	存货编码	存货名称
1	采购结算单	普通采购	000000000000005	采购结算单	存货	1403	原材料	1,250.00		01008	食盐
					存货	1403	原材料	6,650.00		01012	鸡蛋
					存货	1403	原材料	43,200.00		01013	植物油
					存货	1403	原材料	2,400.00		01016	添加剂
					进项税转出	22210108	进项税额转出	-39.00		01016	添加剂
					税金	22210101	进项税额	112.50		01008	食盐
					税金	22210101	进项税额	351.00		01016	添加剂
					税金	22210101	进项税额	5,616.00		01013	植物油
					税金	22210101	进项税额	598.50		01012	鸡蛋
					损耗	190101	待处理流动资产损溢	339.00		01016	添加剂
					应付	220201	一般应付账款		1,362.50	01008	食盐
					应付	220201	一般应付账款		3,051.00	01016	添加剂
					应付	220201	一般应付账款		48,816.00	01013	植物油
					应付	220201	一般应付账款		7,248.50	01012	鸡蛋
合计								60,478.00	60,478.00		

图7-67 “生成凭证”窗口

单击工具栏的“合并制单”按钮，系统打开“填制凭证”窗口并自动生成凭证。将“凭证类别”改为“转账凭证”，保存该凭证。关闭当前已打开窗口。

借：原材料	53 500.00	
待处理财产损溢/待处理流动资产损溢	339.00	
应交税费/应交增值税/进项税额	6 678.00	
应交税费/应交增值税/进项税额转出	−39.00	
贷：应付账款/一般应付账款（锦州昌盛）		60 478.00

7.填制记账凭证

在U8企业应用平台，依次单击“业务工作→财务会计→总账→凭证→填制凭证”菜单，填制处理非合理损耗的记账凭证。

借：其他应收款/沈阳顺达物流有限公司	339.00	
贷：待处理财产损溢/待处理流动资产损溢		339.00

7.3 采购退货业务

7.3.1 入库后退货业务

【实验资料】

2023年1月7日，采购部肖子豪与鞍山友邦签订购销合同（合同编号：CG01006），采购牛肉200千克，单价70元/千克，价税合计15 260元。当日，收到鞍山友邦发来的货物（入库单号：RKA01008），全部办理入库。

2023年1月8日，对CG01006号合同的货物进行抽检，发现有40千克牛肉存在隐蔽质量问题，经与对方协商当日办理了退货（入库单号：RKA01009）。

2023年1月9日，收到鞍山友邦开具的增值税专用发票（票号：48519973），公司当日结清货款12 208元，结算方式为电汇（票据号：30952634）。

【实验过程】

入库后退货业务

1.填制采购订单并生成到货单

2023年1月7日，由刘美玲（G01）登录U8企业应用平台。

（1）填制采购订单。在U8企业应用平台，依次单击“业务工作→供应链→采购管理→采购订货→采购订单”菜单，打开“采购订单”窗口。单击工具栏的“增加”按钮，根据实验资料填制采购订单。填制完毕，依次单击工具栏的“保存”“审核”按钮，结果如图7-68所示。

（2）生成到货单。在“采购订单”窗口，单击工具栏的“到货”按钮，系统自动参照采购订单生成到货单。依次单击工具栏的“保存”“审核”按钮，结果如图7-69所示。关闭当前窗口。

●已审核 采购订单 单据号/条码 高级

业务类型 普通采购 | 订单日期 * 2023-01-07 | 订单编号 * CG01006
采购类型 正常采购 | 供应商 * 鞍山友邦 | 部门 采购部
业务员 肖子豪 | 税率 9.00 | 付款条件
币种 * 人民币 | 汇率 * 1 | 备注

关闭 打开 存量 价格 需求源 关联单据 排序定位 显示格式

	存货编码	存货名称	主计量	数量	原币含税单价	原币单价	原币金额	原币税额	原币价税合计	税率	计划到货日期
1	01005	牛肉	千克	200.00	76.3000	70.0000	14000.00	1260.00	15260.00	9.00	2023-01-07
2											

图 7-68　采购订单

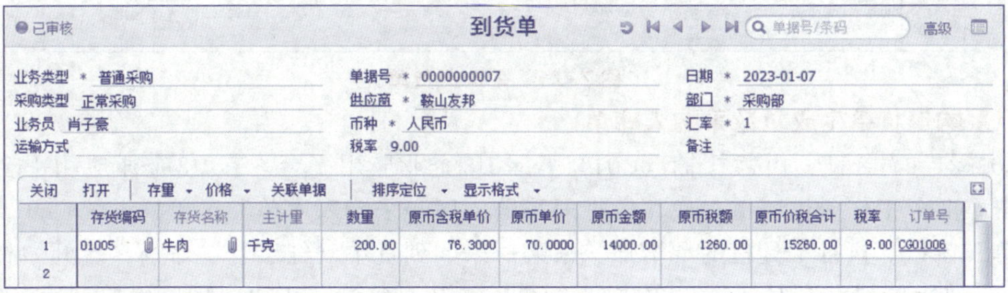

●已审核 到货单 单据号/条码 高级

业务类型 * 普通采购 | 单据号 * 0000000007 | 日期 * 2023-01-07
采购类型 正常采购 | 供应商 * 鞍山友邦 | 部门 * 采购部
业务员 肖子豪 | 币种 * 人民币 | 汇率 * 1
运输方式 | 税率 9.00 | 备注

关闭 打开 存量 价格 关联单据 排序定位 显示格式

	存货编码	存货名称	主计量	数量	原币含税单价	原币单价	原币金额	原币税额	原币价税合计	税率	订单号
1	01005	牛肉	千克	200.00	76.3000	70.0000	14000.00	1260.00	15260.00	9.00	CG01006
2											

图 7-69　到货单

2.参照到货单生成采购入库单

2023年1月7日，由孟梓楠（C01）登录U8企业应用平台。在U8企业应用平台，依次单击“业务工作→供应链→库存管理→采购入库→采购入库单”菜单，系统打开“采购入库单”窗口。执行工具栏的“增加→采购→采购到货单”命令，打开“查询条件-采购到货单列表”对话框，单击“确定”按钮，系统打开“到货单生单列表”窗口。单击上一步所生成到货单对应的“选择”栏，再单击工具栏的“确定”按钮，系统返回“采购入库单”窗口。

根据实验资料，将采购入库单表头中的“入库单号”修改为“RKA01008”，“仓库”选择“原料及辅料仓”。依次单击工具栏的“保存”“审核”按钮，系统提示“该单据审核成功!”，单击“确定”按钮，结果如图7-70所示。关闭当前窗口。

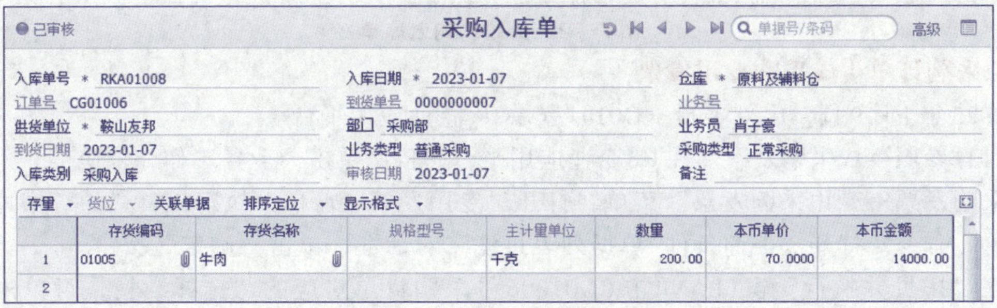

●已审核 采购入库单 单据号/条码 高级

入库单号 * RKA01008 | 入库日期 * 2023-01-07 | 仓库 * 原料及辅料仓
订单号 CG01006 | 到货单号 0000000007 | 业务号
供货单位 * 鞍山友邦 | 部门 采购部 | 业务员 肖子豪
到货日期 2023-01-07 | 业务类型 普通采购 | 采购类型 正常采购
入库类别 采购入库 | 审核日期 2023-01-07 | 备注

存量 货位 关联单据 排序定位 显示格式

	存货编码	存货名称	规格型号	主计量单位	数量	本币单价	本币金额
1	01005	牛肉		千克	200.00	70.0000	14000.00
2							

图 7-70　采购入库单

3.参照采购订单生成采购退货单

2023年1月8日，由刘美玲（G01）登录U8企业应用平台。在U8企业应用平台，依次单击“业务工作→供应链→采购管理→采购到货→采购退货单”菜单，打开“采购退货单”窗口。执行工具栏的“增加→采购订单”命令，打开“查询条件-单据列表过滤”对话框，单击“确定”按钮，系统打开“拷贝并执行”窗口。

勾选“到货单拷贝订单表头列表”中CG01006号订单最左侧的“选择”栏。单击“确定”按钮，系统返回“到货单”窗口，生成一张到货单。将采购退货单表体的“数量”改为“-40”，其他项默认。保存并审核该退货单，结果如图7-71所示。

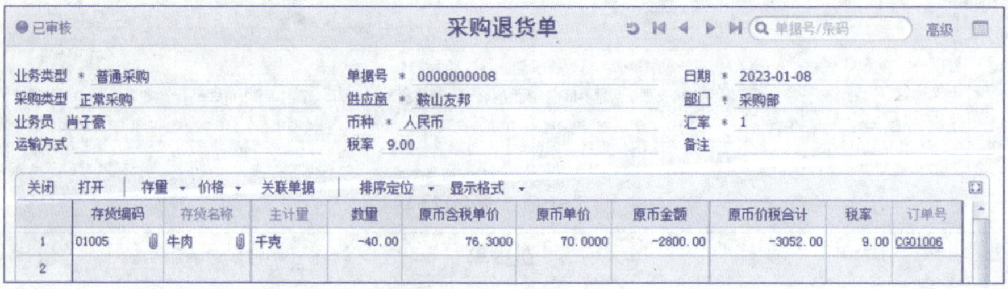

图7-71 采购退货单

4.参照采购退货单生成负数采购入库单

2023年1月8日，由孟梓楠（C01）登录U8企业应用平台。在U8企业应用平台，依次单击“业务工作→供应链→库存管理→采购入库→采购入库单”菜单，系统打开“采购入库单”窗口。执行工具栏的“增加→采购→采购到货单（红字）”命令，打开“查询条件-采购到货单列表”对话框，单击“确定”按钮，系统打开“到货单生单列表”窗口。单击上一步所生成采购退货单对应的“选择”栏，再单击工具栏的“确定”按钮，系统返回“采购入库单”窗口。

根据实验资料，将采购入库单表头中的“入库单号”修改为“RKA01009”，“仓库”选择“原料及辅料仓”。保存并审核该负数采购入库单，结果如图7-72所示。

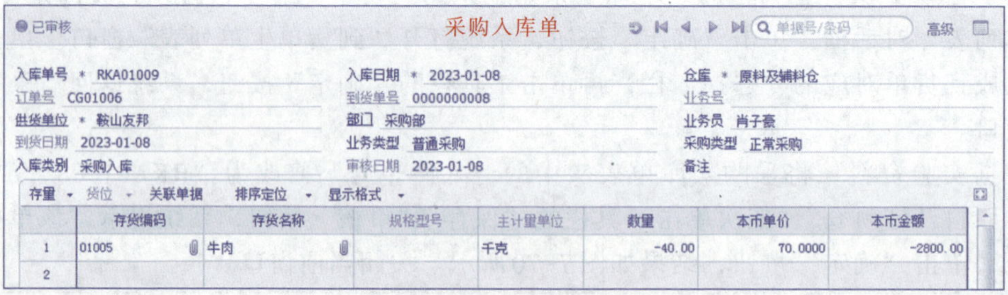

图7-72 负数采购入库单

5.参照采购订单生成采购专用发票

2023年1月9日，由刘美玲（G01）登录U8企业应用平台。

（1）参照生成采购发票。在U8企业应用平台，依次单击“业务工作→供应链→采购管理→采购发票→专用采购发票”菜单，打开“专用发票”窗口。执行工具栏的“增加→采购订单”命令，打开“查询条件-单据列表过滤”对话框，单击“确定”按钮。

在“拷贝并执行”窗口，单击CG01006号采购订单对应的“选择”栏，再单击工具栏的“确定”按钮，返回“专用发票”窗口。根据实验资料，表头“发票号”输入“48519973”，将发票表体的“数量”改为“160”，其他项默认。单击工具栏的“保存”“复核”按钮。

（2）现付。单击工具栏的“现付”按钮，打开“采购现付”窗口。根据实验资料，输入“结算方式”、“原币金额”和“票据号”。输入完毕单击“确定”按钮，结果如图7-73所示。关闭当前窗口。

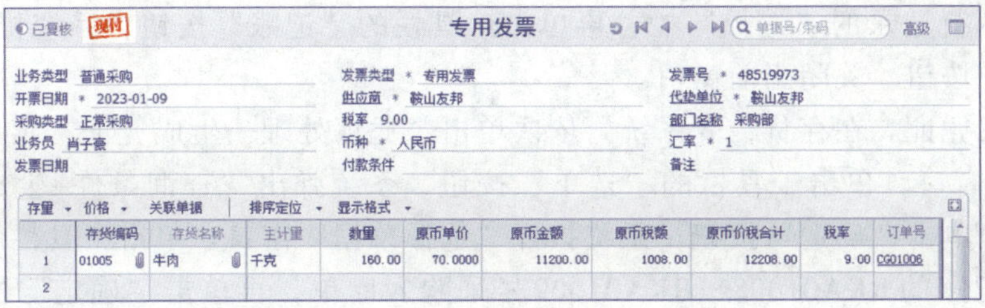

专用发票

业务类型 普通采购	发票类型 * 专用发票	发票号 * 48519973
开票日期 * 2023-01-09	供应商 * 鞍山友邦	代垫单位 * 鞍山友邦
采购类型 正常采购	税率 9.00	部门名称 采购部
业务员 肖子豪	币种 * 人民币	汇率 * 1
发票日期	付款条件	备注

	存货编码	存货名称	主计量	数量	原币单价	原币金额	原币税额	原币价税合计	税率	订单号
1	01005	牛肉	千克	160.00	70.0000	11200.00	1008.00	12208.00	9.00	CG01006
2										

图 7-73 采购专用发票

6. 手工采购结算

在采购管理系统，依次单击“采购结算→手工结算”，打开“手工结算”窗口。单击工具栏的“选单”按钮，打开“结算选单”窗口。单击“查询”按钮，打开“查询条件-采购手工结算”对话框，点击“确定”按钮。选中鞍山友邦的48519973号采购专用发票和RKA01008、RKA01009号两张采购入库单，单击“确定”按钮，系统返回“手工结算”窗口，如图7-74所示。单击“结算”按钮，系统提示完成结算。

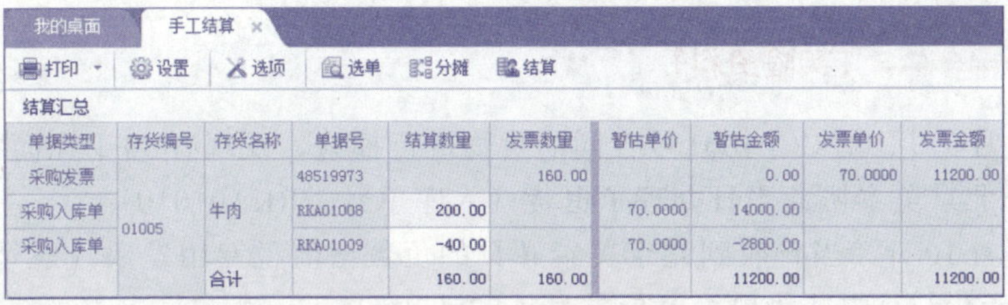

结算汇总

单据类型	存货编号	存货名称	单据号	结算数量	发票数量	暂估单价	暂估金额	发票单价	发票金额
采购发票	01005	牛肉	48519973		160.00		0.00	70.0000	11200.00
采购入库单			RKA01008	200.00		70.0000	14000.00		
采购入库单			RKA01009	-40.00		70.0000	-2800.00		
		合计		160.00	160.00		11200.00		11200.00

图 7-74 “手工结算”窗口

7. 采购发票审核并生成凭证

2023年1月9日，由王家宝（W02）登录U8企业应用平台。在U8企业应用平台，依次单击“业务工作→财务会计→应付款管理→应付处理→采购发票→采购发票审核”菜单，打开“采购发票审核”窗口。单击工具栏的“查询”按钮，系统弹出“查询条件-发票查询”对话框，单击“确定”按钮，如图7-75所示。

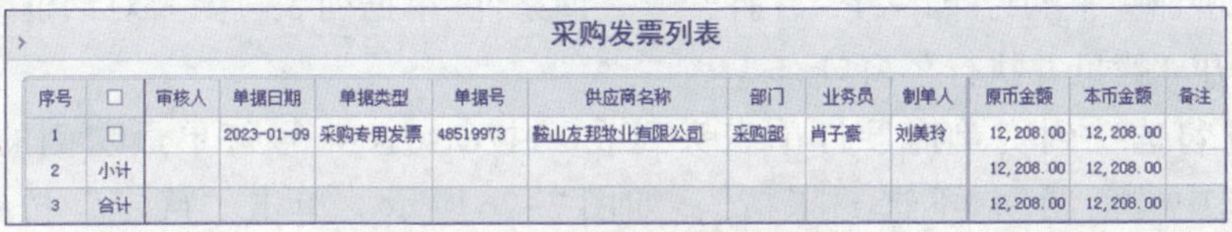

采购发票列表

序号	□	审核人	单据日期	单据类型	单据号	供应商名称	部门	业务员	制单人	原币金额	本币金额	备注
1	□		2023-01-09	采购专用发票	48519973	鞍山友邦牧业有限公司	采购部	肖子豪	刘美玲	12,208.00	12,208.00	
2	小计									12,208.00	12,208.00	
3	合计									12,208.00	12,208.00	

图 7-75 采购发票列表

双击鞍山友邦采购发票的单据号“48519973”，系统打开该发票，单击工具栏的“审核”按钮，系统提示“是否立即制单？”，单击“是”，系统自动打开“填制凭证”窗口。将“凭证类别”改为“付款凭证”，单击工具栏的“保存”按钮。关闭当前窗口。

借：在途物资	11 200.00	
应交税费/应交增值税/进项税额	1 008.00	
贷：银行存款/锦州银行/锦州凌河支行		12 208.00

8. 正常单据记账，生成凭证

（1）正常单据记账。在存货核算系统，依次单击“记账→正常单据记账”菜单，系统打开“未记账单据一览表”窗口，单击工具栏的“查询”按钮，系统打开“查询条件”对话框，单击“确定”按钮，系统显示正常单据记账列表。单击RKA01008、RKA01009号采购入库单两行记录的“选择”栏，再单击工具栏的“记账”按钮，系统提示记账成功，单击“确定”按钮。关闭当前窗口。

（2）生成凭证。在存货核算系统，依次单击“凭证处理→生成凭证”菜单，系统打开“生成凭证”窗口。单击工具栏的“选单”按钮，系统弹出“查询条件-生成凭证查询条件”对话框，单击“确定”按钮，系统打开“选择单据”窗口。单击工具栏的“全选”按钮，选中已记账的RKA01008、RKA01009号采购入库单，再单击“确定”按钮，系统返回“生成凭证”窗口。

单击工具栏的“合并制单”按钮，打开“填制凭证”窗口并自动生成凭证。将“凭证类别”改为“转账凭证”，单击工具栏的“保存”按钮。

借：原材料	11 200.00	
贷：在途物资		11 200.00

7.3.2 结算后退货业务

【实验资料】

2023年1月9日，对CG01001号合同的货物进行抽检，发现有50千克面粉存在隐蔽质量问题。经与北京美泰协商当日办理了退货（入库单号：RKA01010）。

2023年1月10日，当日收到北京美泰开具的负数增值税专用发票（票号：17655829）及货款239.8元，结算方式为电汇（票据号：23583070）。

结算后退货业务

【实验过程】

1.参照采购订单生成采购退货单

2023年1月9日，由刘美玲（G01）登录U8企业应用平台。在U8企业应用平台，依次单击“业务工作→供应链→采购管理→采购到货→采购退货单”菜单，打开“采购退货单”窗口。执行工具栏的“增加→采购订单”命令，打开“查询条件-单据列表过滤”对话框，单击“确定”按钮，系统打开“拷贝并执行”窗口。

窗口上方勾选“到货单拷贝订单表头列表”中CG01001号订单最左侧的“选择”栏，窗口下方只选中“面粉”，不选“味精”，如图7-76所示。单击“确定”按钮，系统返回“采购退货单”窗口。将表体“面粉”的“数量”改为“-50”，保存并审核该退货单，结果如图7-77所示。

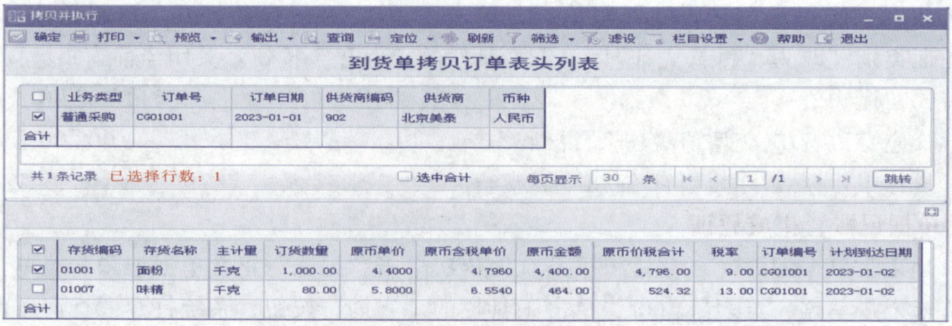

☐	业务类型	订单号	订单日期	供货商编码	供货商	币种
☑	普通采购	CG01001	2023-01-01	902	北京美泰	人民币
合计						

共1条记录 已选择行数：1　选中合计　每页显示 30 条　1 /1　跳转

☑	存货编码	存货名称	主计量	订货数量	原币单价	原币含税单价	原币金额	原币价税合计	税率	订单编号	计划到达日期
☑	01001	面粉	千克	1,000.00	4.4000	4.7960	4,400.00	4,796.00	9.00	CG01001	2023-01-02
☐	01007	味精	千克	80.00	5.8000	6.5540	464.00	524.32	13.00	CG01001	2023-01-02
合计											

图7-76 “拷贝并执行”窗口

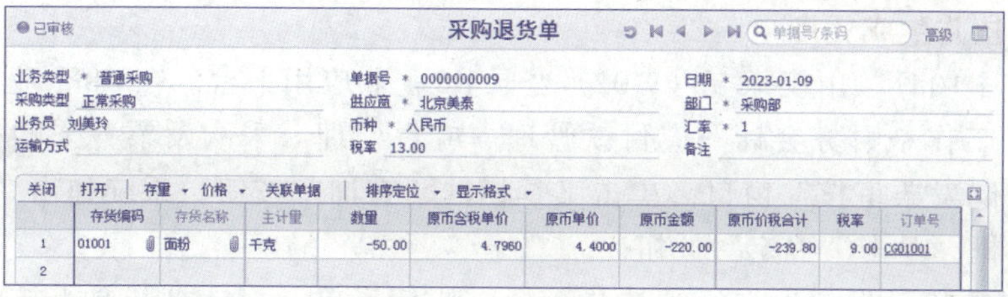

图 7-77　采购退货单

2.参照采购退货单生成负数采购入库单

2023年1月9日，由孟梓楠（C01）登录U8企业应用平台。在U8企业应用平台，依次单击“业务工作→供应链→库存管理→采购入库→采购入库单”菜单，系统打开“采购入库单”窗口。执行工具栏的“增加→采购→采购到货单（红字）”命令，打开“查询条件-采购到货单列表”对话框，单击“确定”按钮，系统打开“到货单生单列表”窗口。单击上一步所生成采购退货单对应的“选择”栏，再单击工具栏的“确定”按钮，系统返回“采购入库单”窗口。

根据实验资料，将采购入库单表头中的“入库单号”修改为“RKA01010”，“仓库”选择“原料及辅料仓”。保存并审核该负数采购入库单，结果如图7-78所示。

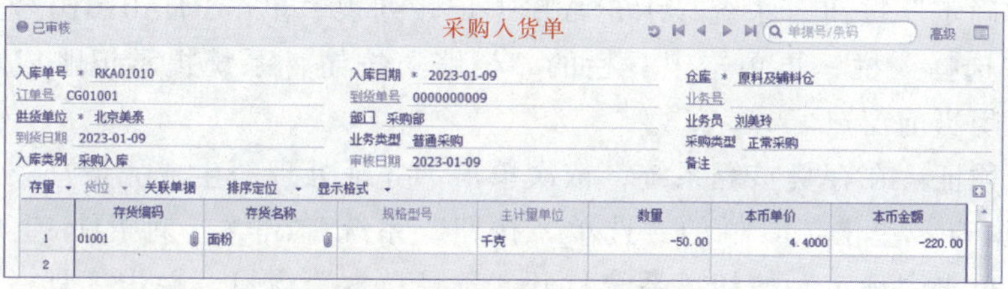

图 7-78　负数采购入库单

3.参照负数采购入库单生成红字采购专用发票

2023年1月10日，由刘美玲（G01）登录U8企业应用平台。

（1）生成红字采购专用发票。在U8企业应用平台，依次单击“业务工作→供应链→采购管理→采购发票→红字专用采购发票”菜单，打开“专用发票”窗口。执行工具栏的“增加→入库单”命令，打开“查询条件-单据列表过滤”对话框，单击“确定”按钮。

在“拷贝并执行”窗口，单击RKA01010号采购入库单对应的“选择”栏。再单击工具栏的“确定”按钮，返回“专用发票”窗口。根据实验资料，表头“发票号”填入“17655829”，其他项默认。依次单击工具栏的“保存”“复核”“结算”按钮。

（2）现付。单击工具栏的“现付”按钮，打开“采购现付”窗口。根据实验资料，“结算方式”选择“电汇”，“原币金额”输入“-239.8”，“票据号”输入“23583070”，单击“确定”按钮，返回“专用发票”窗口，结果如图7-79所示。

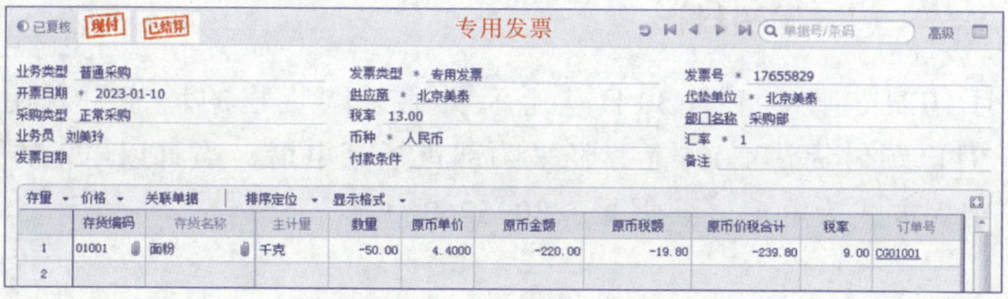

图 7-79　红字采购专用发票

4.采购发票审核并生成凭证

2023年1月10日，由王家宝（W02）登录U8企业应用平台。在U8企业应用平台，依次单击“业务工作→财务会计→应付款管理→应付处理→采购发票→采购发票审核”菜单，打开“采购发票审核”窗口。单击工具栏的“查询”按钮，系统弹出“查询条件-发票查询”对话框，单击“确定”按钮。

双击17655829号发票所在行“选择”栏右侧任意单元格，打开要审核的发票，单击工具栏的“审核”按钮，系统提示“是否立即制单?”，单击“是”，系统自动打开“填制凭证”窗口，将“凭证类别”改为“付款凭证”，单击工具栏的“保存”按钮。退出当前窗口。

借：在途物资	-220.00	
应交税费/应交增值税/进项税额	-19.80	
贷：银行存款/锦州银行/锦州凌河支行		-239.80

5.正常单据记账，生成凭证

（1）正常单据记账。在存货核算系统，依次单击“记账→正常单据记账”菜单，系统打开“未记账单据一览表”窗口，单击工具栏的“查询”按钮，系统打开“查询条件”对话框，单击“确定”按钮，系统显示正常单据记账列表。单击RKA01010号采购入库单那一行记录的“选择”栏，再单击工具栏的“记账”按钮，系统提示记账成功，单击“确定”按钮。关闭当前窗口。

（2）生成凭证。在存货核算系统，依次单击“凭证处理→生成凭证”菜单，系统打开“生成凭证”窗口。单击工具栏的“选单”按钮，系统弹出“查询条件-生成凭证查询条件”对话框，单击“确定”按钮，系统打开“选择单据”窗口。单击工具栏的“全选”按钮，选中已记账的RKA01010号采购入库单，再单击“确定”按钮，系统自动关闭“选择单据”窗口返回“生成凭证”窗口。

单击工具栏的“合并制单”按钮，打开“填制凭证”窗口并自动生成凭证。将“凭证类别”改为“转账凭证”，单击工具栏的“保存”按钮。

借：原材料	-220.00	
贷：在途物资		-220.00

7.4 暂估业务

7.4.1 单到回冲业务

【实验资料】

2023年1月10日，收到上月30日从上海贝通采购货物的增值税专用发票（票号：28892164）。上月已预付货款4 000元，经采购部肖子豪申请，当日以电汇方式支付剩余货款1 288.4元，结算方式为电汇（票据号：30952635）。

【实验过程】

单到回冲业务

1.参照期初入库单生成采购专用发票

2023年1月10日，由刘美玲（G01）登录U8企业应用平台。在U8企业应用平台，依次单击“业务工作→供应链→采购管理→采购发票→专用采购发票”菜单，打开“专用发票”窗口。执行工具栏的“增加→入库单”命令，打开“查询条件-单据列表过滤”对话框，单击“确定”按钮。

在“拷贝并执行”窗口，单击RKA12095号采购入库单对应的“选择”栏，再单击工具栏的“确定”按钮，返回“专用发票”窗口。根据实验资料，表头“发票号”输入“28892164”，其他项默认。依次单击工具栏的“保存”“复核”“结算”按钮，结果如图7-80所示。

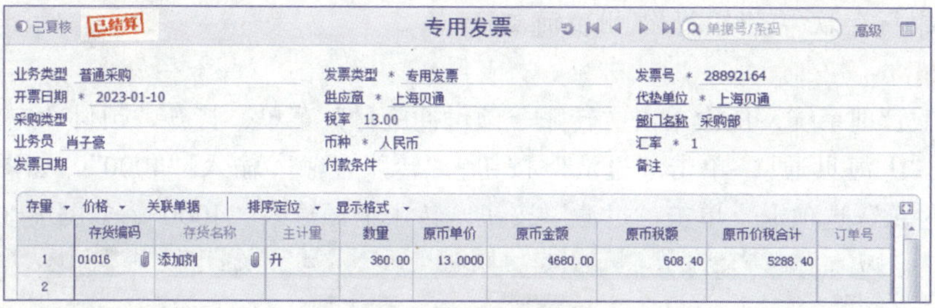

图7-80 采购专用发票

2.采购发票审核并生成凭证

2023年1月10日，由王家宝（W02）登录U8企业应用平台。在U8企业应用平台，依次单击“业务工作→财务会计→应付款管理→应付处理→采购发票→采购发票审核”菜单，打开“采购发票审核”窗口。单击工具栏的“查询”按钮，系统弹出“查询条件-发票查询”对话框，单击“确定”按钮。

双击上海贝通采购发票的单据号“28892164”，系统打开该发票，单击工具栏的“审核”按钮，系统提示“是否立即制单？”，单击“是”，系统自动打开“填制凭证”窗口。将“凭证类别”改为“转账凭证”，单击工具栏的“保存”按钮。退出当前已打开窗口。

借：在途物资	4 680.00
应交税费/应交增值税/进项税额	608.40
贷：应付账款/一般应付账款（上海贝通）	5 288.40

3.选择付款

2023年1月10日，由范英晨（W03）登录企业应用平台。在U8企业应用平台，依次单击“业务工作→财务会计→应付款管理→付款处理→选择付款”菜单，打开“选择付款-条件”对话框，供应商选择“上海贝通”，单击“确定”，打开“选择付款-单据”窗口，如图7-81所示。

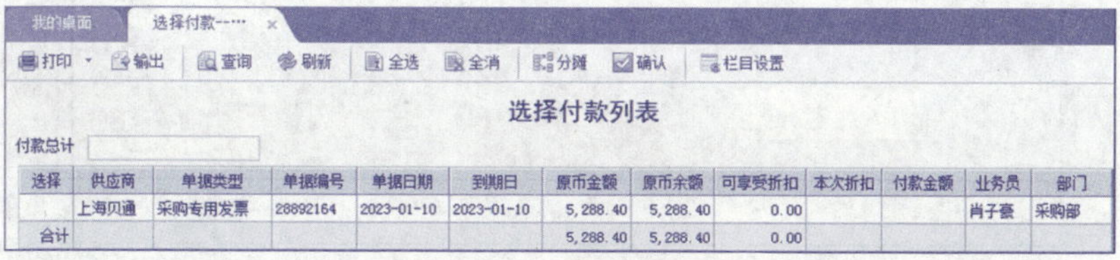

图7-81 选择付款列表

在“付款金额”栏输入“1288.4”，再单击“确认”按钮，打开“选择付款-付款单”窗口。根据实验资料，“结算方式”选择“电汇”，“票据号”输入“30952635”，单击“确定”。关闭当前窗口。

4.（合并）生成凭证

2023年1月10日，由王家宝（W02）登录U8企业应用平台。在U8企业应用平台，依次单击“业务工作→财务会计→应付款管理→凭证处理→生成凭证”菜单，打开“制单查询”窗口，依次勾选“收付款单”“核销”，单击“确定”，打开“生成凭证”窗口。依次单击工具栏的“合并”“制单”按钮，系统生成一张记账凭证，将“凭证类别”改为“付款凭证”，单击工具栏的“保存”按钮。退出当前窗口。

借：应付账款/一般应付账款（上海贝通）　　　　1 288.40

　贷：银行存款/锦州银行/锦州凌河支行　　　　1 288.40

5.预付冲应付

在应付款管理系统，依次单击“转账→预付冲应付”菜单，打开“预付冲应付”对话框，供应商选择“上海贝通”，单击“过滤”按钮，“转账金额”输入“4000”，如图7-82所示。再单击“应付款”选项卡，单击“过滤”按钮，转账金额输入“4000”，如图7-83所示。

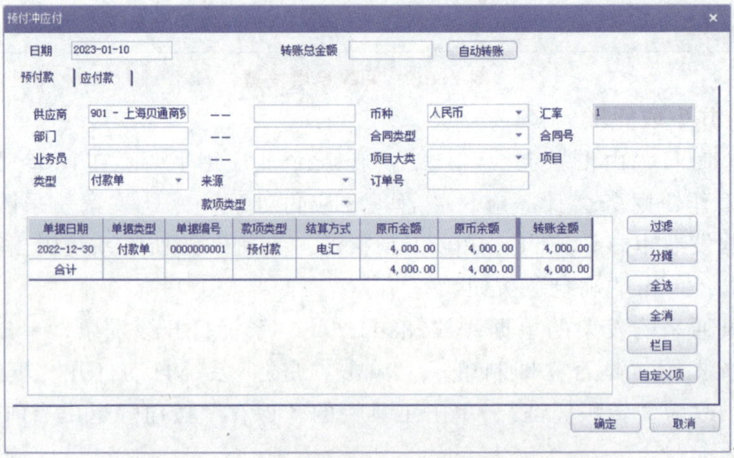

图7-82　预付冲应付——“预付款”页签

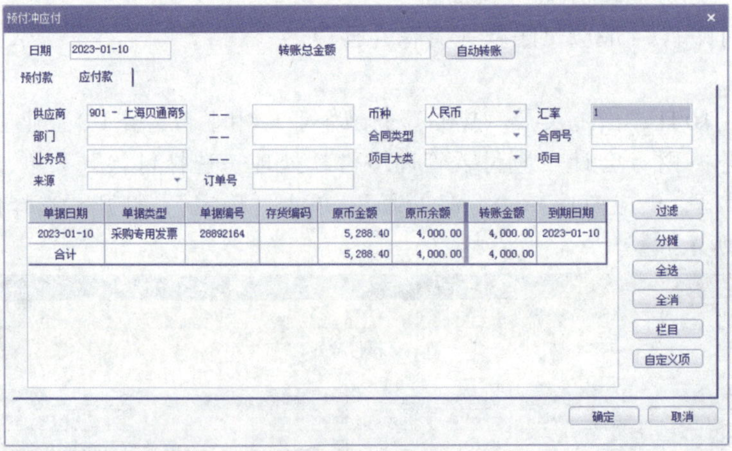

图7-83　预付冲应付——“应付款”页签

单击“确定”按钮，系统提示“是否立即制单”，单击“是”按钮，将“凭证类别”改为“转账凭证”，单击“保存”按钮。关闭当前窗口。

借：预付账款（上海贝通） -4 000.00

借：应付账款/一般应付账款（上海贝通） 4 000.00

6.结算成本处理

在存货核算系统，依次单击“记账→结算成本处理”菜单，系统打开“结算成本处理”对话框。仓库选择“原料及辅料仓”，单击“确定”，打开“结算成本处理”窗口，如图7-84所示。选中添加剂的结算记录，再单击工具栏的“结算处理”按钮，系统提示“结算成本处理完成”，单击“确定”按钮，完成结算成本处理。关闭当前窗口。

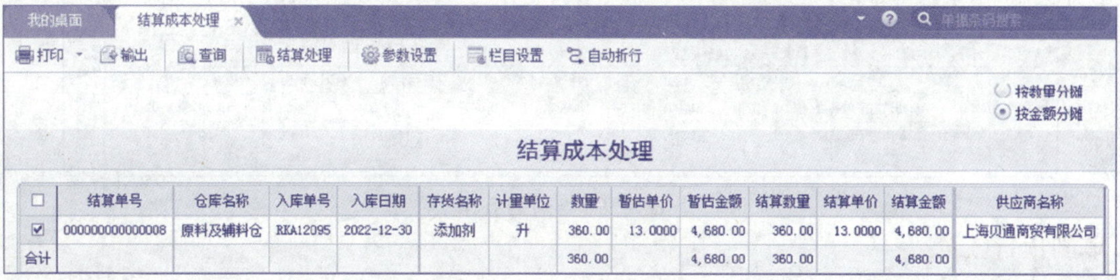

☐	结算单号	仓库名称	入库单号	入库日期	存货名称	计量单位	数量	暂估单价	暂估金额	结算数量	结算单价	结算金额	供应商名称
☑	00000000000008	原料及辅料仓	RKA12095	2022-12-30	添加剂	升	360.00	13.0000	4,680.00	360.00	13.0000	4,680.00	上海贝通商贸有限公司
合计							360.00		4,680.00	360.00		4,680.00	

图7-84 结算成本处理

7.生成凭证

在存货核算系统，依次单击“凭证处理→生成凭证”菜单，系统打开“生成凭证”窗口。单击工具栏的“选单”按钮，系统弹出“查询条件-生成凭证查询条件”对话框，单击“确定”按钮，系统打开“选择单据”窗口。依次单击工具栏的“全选”“确定”按钮，系统自动关闭“选择单据”窗口并返回“生成凭证”窗口。

单击工具栏的“合并制单”按钮，打开“填制凭证”窗口并自动生成凭证。将“凭证类别”改为“转账凭证”，单击工具栏的“保存”按钮。关闭当前窗口。

贷：在途物资 4 680.00

贷：应付账款/暂估应付账款（上海贝通） -4 680.00

7.4.2 暂估入库业务

【实验资料】

2023年1月10日，采购部刘美玲与朝阳永固签订购销合同（合同编号：CG01007），采购猪肉饺子包装袋10 000个，单价0.08元/个，采购羊肉饺子包装袋20 000个，单价0.08元/个，全部货物价税合计2 712元。合同约定签订合同当日买方预付订金1 000元，运输费用由买方承担，卖方2月5日开具货物的增值税专用发票。

当日以电汇方式预付订金（票据号：30952636），收到朝阳永固发来的货物，全部验收合格入库（入库单号：RKA01011）。收到沈阳顺达开具的含税金额为654元的运输费用专用发票（票号：61365302）。处理本月暂估入库业务。

暂估入库业务

【实验过程】

1.填制采购订单

2023年1月10日，由刘美玲（G01）登录U8企业应用平台。在U8企业应用平台，依次单击“业务工作→供应链→采购管理→采购订货→采购订单”菜单，打开“采购订单”窗口。单击工具栏的“增加”按钮，根据实验资料填制采购订单。填制完毕，依次单击工具栏的“保存”“审核”按钮，结果如图7-85所示。

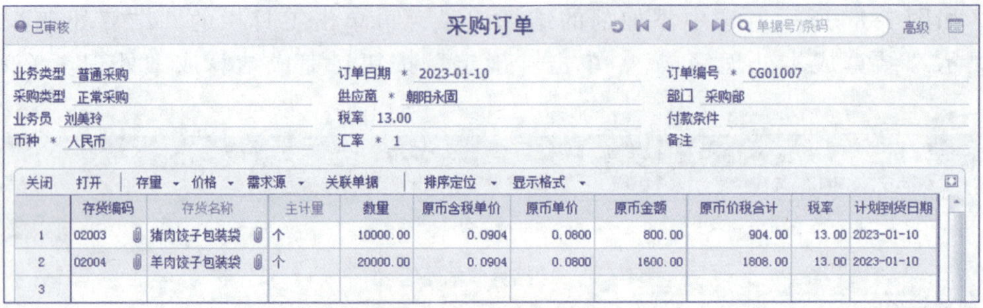

已审核　采购订单

业务类型 普通采购　订单日期 * 2023-01-10　订单编号 * CG01007
采购类型 正常采购　供应商 * 朝阳永固　部门 采购部
业务员 刘美玲　税率 13.00　付款条件
币种 * 人民币　汇率 * 1　备注

关闭　打开　存量　价格　需求源　关联单据　排序定位　显示格式

	存货编码	存货名称	主计量	数量	原币含税单价	原币单价	原币金额	原币价税合计	税率	计划到货日期
1	02003	猪肉饺子包装袋	个	10000.00	0.0904	0.0800	800.00	904.00	13.00	2023-01-10
2	02004	羊肉饺子包装袋	个	20000.00	0.0904	0.0800	1600.00	1808.00	13.00	2023-01-10
3										

图7-85　采购订单

2.填制预付款单

2023年1月10日，由范英晨（W03）登录U8企业应用平台。在U8企业应用平台，依次单击“业务工作→财务会计→应付款管理→付款处理→付款单据录入”菜单，打开“付款单据录入”窗口。根据实验资料填制付款单，并将表体第1行的“款项类型”改为“预付款”。填制完毕单击工具栏的“保存”按钮，结果如图7-86所示。

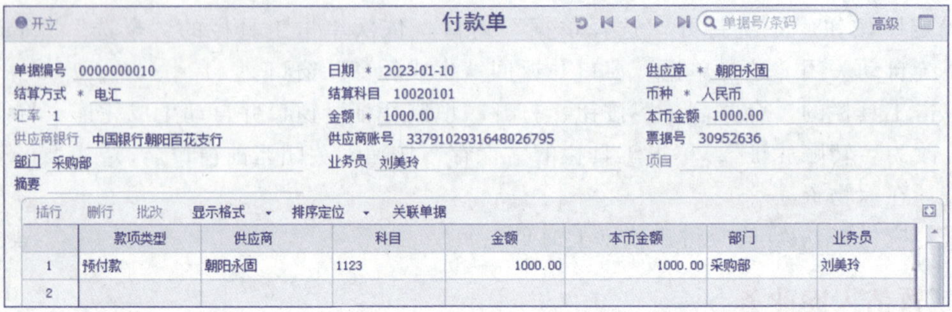

开立　付款单

单据编号 0000000010　日期 * 2023-01-10　供应商 * 朝阳永固
结算方式 * 电汇　结算科目 10020101　币种 * 人民币
汇率 1　金额 * 1000.00　本币金额 1000.00
供应商银行 中国银行朝阳百花支行　供应商账号 3379102931648026795　票据号 30952636
部门 采购部　业务员 刘美玲　项目
摘要

插行　删行　批改　显示格式　排序定位　关联单据

	款项类型	供应商	科目	金额	本币金额	部门	业务员
1	预付款	朝阳永固	1123	1000.00	1000.00	采购部	刘美玲
2							

图7-86　预付款单

3.付款单据审核并生成凭证

2023年1月10日，由王家宝（W02）登录U8企业应用平台。在U8企业应用平台，依次单击“业务工作→财务会计→应付款管理→付款处理→付款单据审核”菜单，打开“付款单据审核”窗口。单击工具栏的“查询”按钮，系统打开“查询条件-收付款单过滤”对话框，单击“确定”按钮，系统返回“付款单据审核”窗口。

双击朝阳永固付款单的“单据编号”栏，打开该付款单。单击工具栏的“审核”按钮，系统提示是否立即制单，单击“是”，系统打开“填制凭证”窗口并生成一张记账凭证，将“凭证类别”改为“付款凭证”，单击“保存”按钮。关闭当前窗口。

借：预付账款（朝阳永固）	1 000.00
贷：银行存款/锦州银行/锦州凌河支行	1 000.00

4.参照采购订单生成到货单

2023年1月10日，由刘美玲（G01）登录U8企业应用平台。

在U8企业应用平台，依次单击“业务工作→供应链→采购管理→采购到货→到货单”菜单，打开“到货单”窗口。执行工具栏的“增加→采购订单”命令，打开“查询条件-单据列表过滤”对话框，单击“确定”按钮，系统打开“拷贝并执行”窗口。勾选“到货单拷贝订单表头列表”中CG01007号采购订单最左侧的“选择”栏。单击“确定”按钮，系统返回“到货单”窗口，生成一张到货单。保存并审核该到货单，结果如图7-87所示。

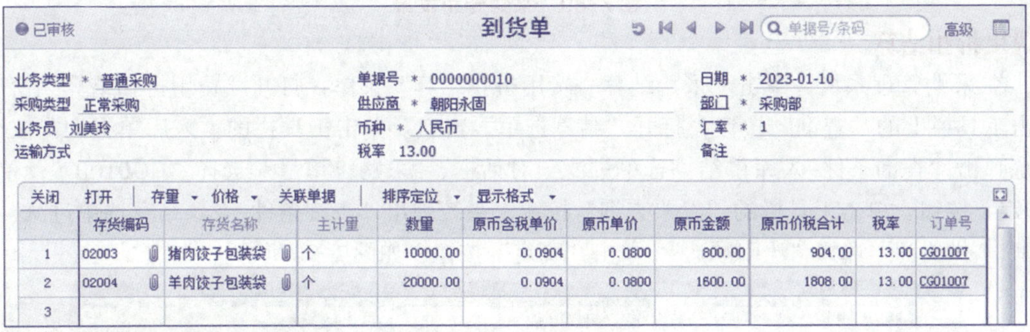
已审核　到货单　单据号/条码　高级

业务类型 * 普通采购　单据号 * 0000000010　日期 * 2023-01-10
采购类型 正常采购　供应商 * 朝阳永固　部门 * 采购部
业务员 刘美玲　币种 * 人民币　汇率 * 1
运输方式　税率 13.00　备注

关闭　打开　存量　价格　关联单据　排序定位　显示格式

	存货编码	存货名称	主计量	数量	原币含税单价	原币单价	原币金额	原币价税合计	税率	订单号
1	02003	猪肉饺子包装袋	个	10000.00	0.0904	0.0800	800.00	904.00	13.00	CG01007
2	02004	羊肉饺子包装袋	个	20000.00	0.0904	0.0800	1600.00	1808.00	13.00	CG01007
3										

图7-87　到货单

5.参照到货单生成采购入库单

2023年1月10日，由孟梓楠（C01）登录U8企业应用平台。在U8企业应用平台，依次单击“业务工作→供应链→库存管理→采购入库→采购入库单”菜单，系统打开“采购入库单”窗口。执行工具栏的“增加→采购→采购到货单”命令，打开“查询条件-采购到货单列表”对话框，单击“确定”按钮，系统打开“到货单生单列表”窗口。单击上一步所生成到货单对应的“选择”栏，再单击工具栏的“确定”按钮，系统返回“采购入库单”窗口。

根据实验资料，将采购入库单表头中的“入库单号”修改为“RKA01011”，“仓库”选择为“周转材料仓”。保存并审核该采购入库单，结果如图7-88所示。

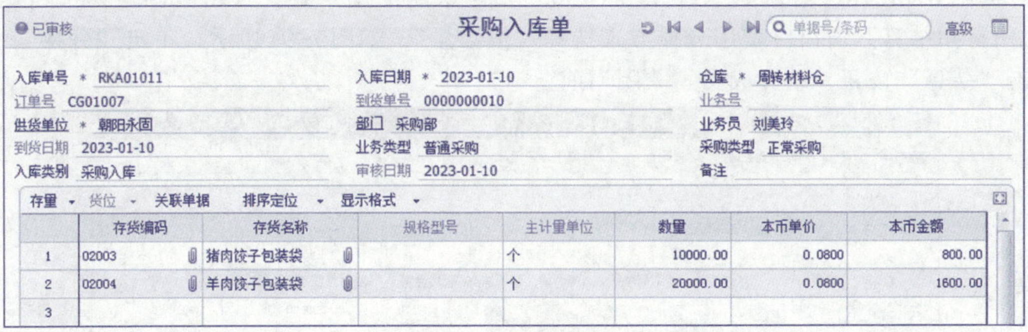
已审核　采购入库单　单据号/条码　高级

入库单号 * RKA01011　入库日期 * 2023-01-10　仓库 * 周转材料仓
订单号 CG01007　到货单号 0000000010　业务号
供货单位 * 朝阳永固　部门 采购部　业务员 刘美玲
到货日期 2023-01-10　业务类型 普通采购　采购类型 正常采购
入库类别 采购入库　审核日期 2023-01-10　备注

存量　货位　关联单据　排序定位　显示格式

	存货编码	存货名称	规格型号	主计量单位	数量	本币单价	本币金额
1	02003	猪肉饺子包装袋		个	10000.00	0.0800	800.00
2	02004	羊肉饺子包装袋		个	20000.00	0.0800	1600.00
3							

图7-88　采购入库单

6.填制采购专用发票

2023年1月10日，由刘美玲（G01）登录U8企业应用平台。在U8企业应用平台，依次单击“业务工作→供应链→采购管理→采购发票→采购专用发票”菜单，打开“专用发票”窗口。单击工具栏的“增加”按钮，根据实验资料填制运输费的采购专用发票。填制完毕依次单击工具栏的“保存”“复核”按钮，结果如图7-89所示。关闭当前窗口。

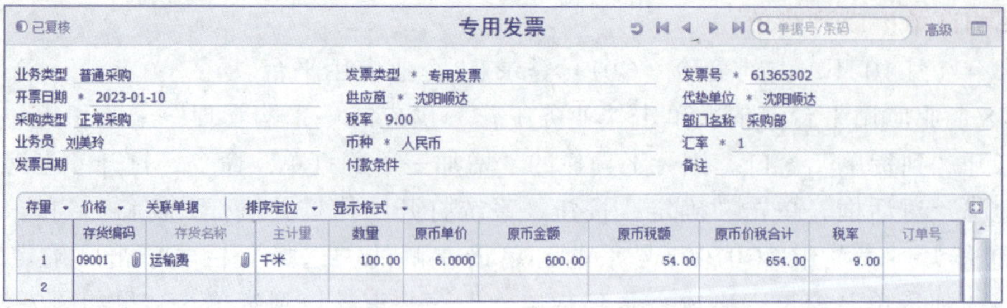

图7-89 采购专用发票

7.费用折扣结算

在采购管理系统，单击“采购结算→费用折扣结算”菜单，打开“费用折扣结算”窗口。单击工具栏上的“查询”按钮，打开“结算选单”窗口。单击工具栏的“入库单查询”按钮，系统弹出“查询条件-入库单结算选单过滤”对话框，“采购订单号”选择“CG01007”，单击“确定”按钮。单击工具栏的“发票查询”按钮，系统弹出“查询条件-发票结算选单过滤”对话框，“供应商”选择“沈阳顺达”，单击“确定”按钮，如图7-90所示。

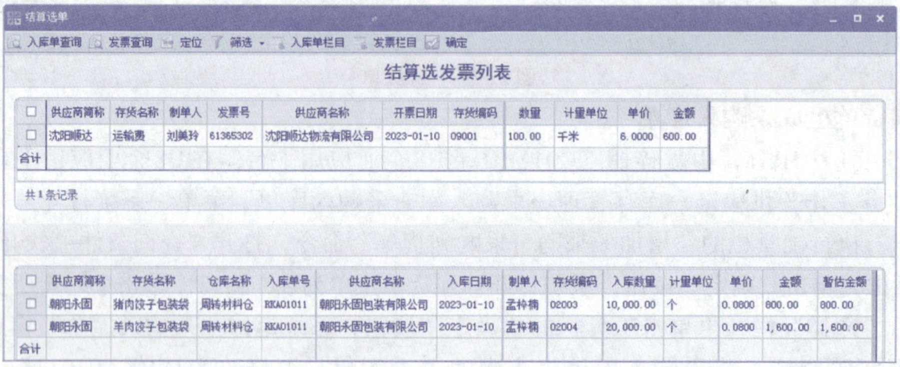

图7-90 结算选单

选中RKA01011号采购入库单和61365302号采购专用发票，单击“确定”按钮返回“费用折扣结算”窗口。费用分摊方式选择“按数量”，如图7-91所示，单击“分摊”，再单击“结算”按钮，结算成功。关闭当前窗口。

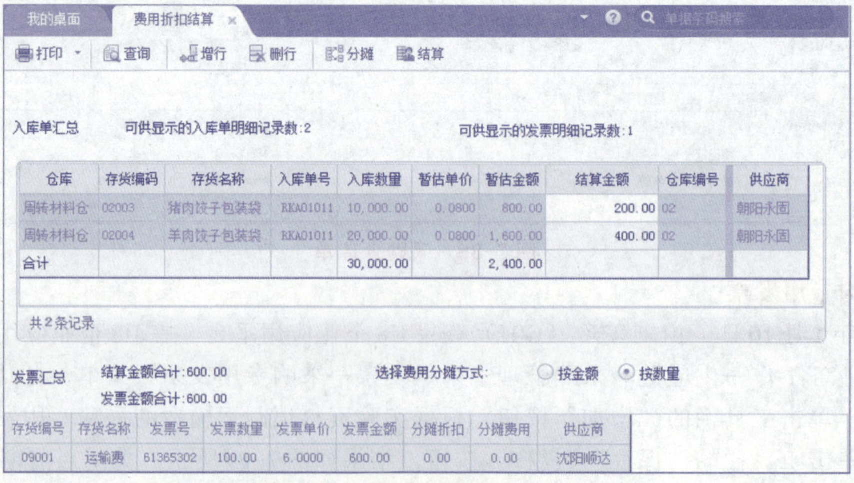

图7-91 “费用折扣结算”窗口

8.采购发票审核并生成凭证

2023年1月10日，由王家宝（W02）登录U8企业应用平台。在U8企业应用平台，依次单击“业务工作→财务会计→应付款管理→应付处理→采购发票→采购发票审核”菜单，打开“采购发票审核”窗口。单击工具栏的“查询”按钮，系统弹出“查询条件-发票查询”对话框，单击“确定”按钮。

双击沈阳顺达采购发票的单据号“61365302”，系统打开该发票，单击工具栏的“审核”按钮，系统提示“是否立即制单?”，单击“是”，系统自动打开“填制凭证”窗口。将“凭证类别”改为“转账凭证”，单击工具栏的“保存”按钮。关闭当前窗口。

借：在途物资	600.00	
应交税费/应交增值税/进项税额	54.00	
贷：应付账款/一般应付账款（沈阳顺达）		654.00

9.正常单据记账

在存货核算系统，依次单击“记账→正常单据记账”菜单，系统打开“未记账单据一览表”窗口，单击工具栏的“查询”按钮，系统打开“查询条件”对话框，单击“确定”按钮，系统显示正常单据记账列表。单击RKA01011号采购入库单两行记录的“选择”栏，再单击工具栏的“记账”按钮，系统提示记账成功，单击“确定”按钮。关闭当前窗口。

10.结算成本处理

在存货核算系统，依次单击“记账→结算成本处理”菜单，系统打开“结算成本处理”对话框。仓库选择“周转材料仓”，单击“确定”，打开“结算成本处理”窗口，如图7-92所示。选中RKA01011号采购入库单的两行结算记录，再单击工具栏的“结算处理”按钮，系统提示“结算成本处理完成”，单击“确定”，完成结算成本处理。关闭当前窗口。结算成本处理结束后，系统自动生成两张入库调整单。

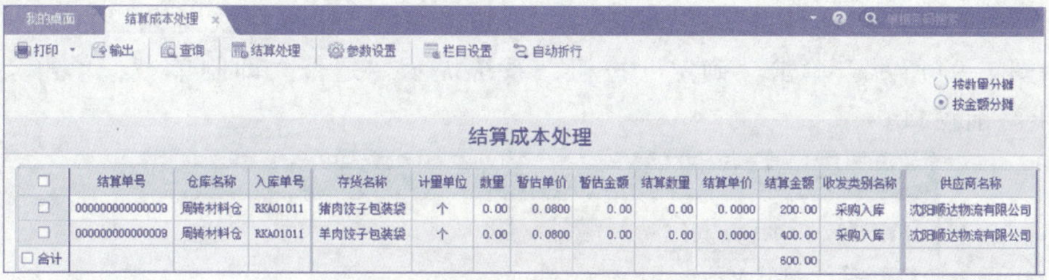

	结算单号	仓库名称	入库单号	存货名称	计量单位	数量	暂估单价	暂估金额	结算数量	结算单价	结算金额	收发类别名称	供应商名称
	00000000000009	周转材料仓	RKA01011	猪肉饺子包装袋	个	0.00	0.0800	0.00	0.00	0.0000	200.00	采购入库	沈阳顺达物流有限公司
	00000000000009	周转材料仓	RKA01011	羊肉饺子包装袋	个	0.00	0.0800	0.00	0.00	0.0000	400.00	采购入库	沈阳顺达物流有限公司
合计											600.00		

图7-92　结算成本处理

11.生成凭证

在存货核算系统，依次单击“凭证处理→生成凭证”菜单，系统打开“生成凭证”窗口。单击工具栏的“选单”按钮，系统弹出“查询条件-生成凭证查询条件”对话框，单击“确定”按钮，系统打开“选择单据”窗口。单击工具栏的“全选”按钮，选中已记账的RKA01011号采购入库单及两张入库调整单，如图7-93所示。

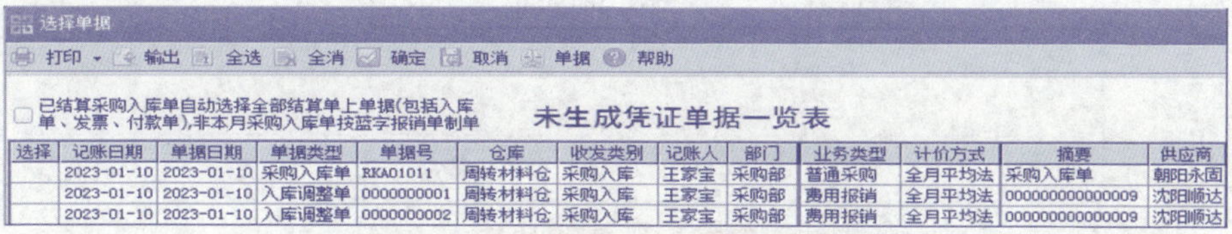

选择	记账日期	单据日期	单据类型	单据号	仓库	收发类别	记账人	部门	业务类型	计价方式	摘要	供应商
	2023-01-10	2023-01-10	采购入库单	RKA01011	周转材料仓	采购入库	王家宝	采购部	普通采购	全月平均法	采购入库单	朝阳永固
	2023-01-10	2023-01-10	入库调整单	0000000001	周转材料仓	采购入库	王家宝	采购部	费用报销	全月平均法	00000000000009	沈阳顺达
	2023-01-10	2023-01-10	入库调整单	0000000002	周转材料仓	采购入库	王家宝	采购部	费用报销	全月平均法	00000000000009	沈阳顺达

图7-93　未生成凭证单据一览表

再单击“确定”按钮，系统自动关闭“选择单据”窗口返回“生成凭证”窗口。单击工具栏的“合并制单”按钮，打开“填制凭证”窗口并自动生成凭证。将“凭证类别”改为“转账凭证”，单击工具栏的“保存”按钮。

借：周转材料/包装物	3 000.00
贷：在途物资	600.00
应付账款/暂估应付账款（朝阳永固）	2 400.00

7.5　应付系统业务

7.5.1　票据管理

【实验资料】

2023年1月10日，收到锦州银行锦州凌河支行通知，15379236号银行承兑汇票到期，已于当日支付票款。

【实验过程】

（1）票据结算。2023年1月10日，由范英晨（W03）登录U8企业应用平台。在U8企业应用平台，依次单击“业务工作→财务会计→应付款管理→票据管理→票据列表”菜单，打开“应付票据列表”窗口。单击工具栏的“查询”按钮，系统弹出“查询条件”对话框，单击“确定”按钮。

票据管理

单击15379236号商业汇票的“选择”栏，再单击工具栏的“结算”按钮，弹出“票据结算”对话框，“结算科目”栏参照选择“10020101”（银行存款/锦州银行/锦州凌河支行），如图7-94所示。单击“确定”按钮，系统提示“是否立即制单?”，单击“否”按钮。退出当前窗口。

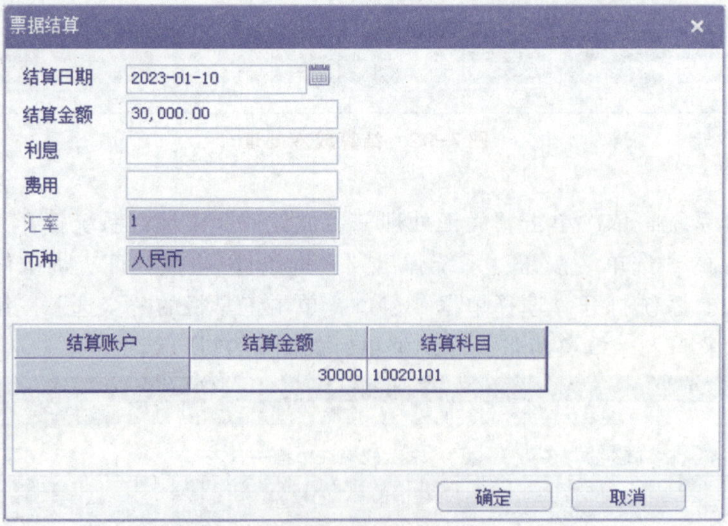

图7-94　票据结算

（2）生成凭证。2023年1月10日，由王家宝（W02）登录U8企业应用平台。在U8企业应用平台，依次单击“业务工作→财务会计→应付款管理→凭证处理→生成凭证”菜单，系统弹出“制单查询”对话框，勾选“票据处理”，单击“确定”按钮，系统打开“生成凭证”窗口。

依次单击工具栏的“全选”“制单”按钮，系统生成一张记账凭证，将“凭证类别”改为“付款凭证”，单击“保存”按钮。退出当前窗口。

借：应付票据（锦州绿源）　　30 000.00

　贷：银行存款/锦州银行/锦州凌河支行　　30 000.00

7.5.2 转账处理

【实验资料】

2023年1月11日，经三方协商一致，将本月10日形成的应付沈阳顺达的运费款654元转为应付锦州昌盛的往来款。

转账处理

【实验过程】

2023年1月11日，由王家宝（W02）登录U8企业应用平台。在应付款管理系统，依次单击“转账→应付冲应付”菜单，打开“应付冲应付”窗口。“转出”的“供应商”选择“沈阳顺达”，“转入”的“供应商”栏选择“锦州昌盛”，单击窗口右侧的“查询”按钮。在“61365302”号发票的“并账金额”栏输入“654”，如图7-95所示。

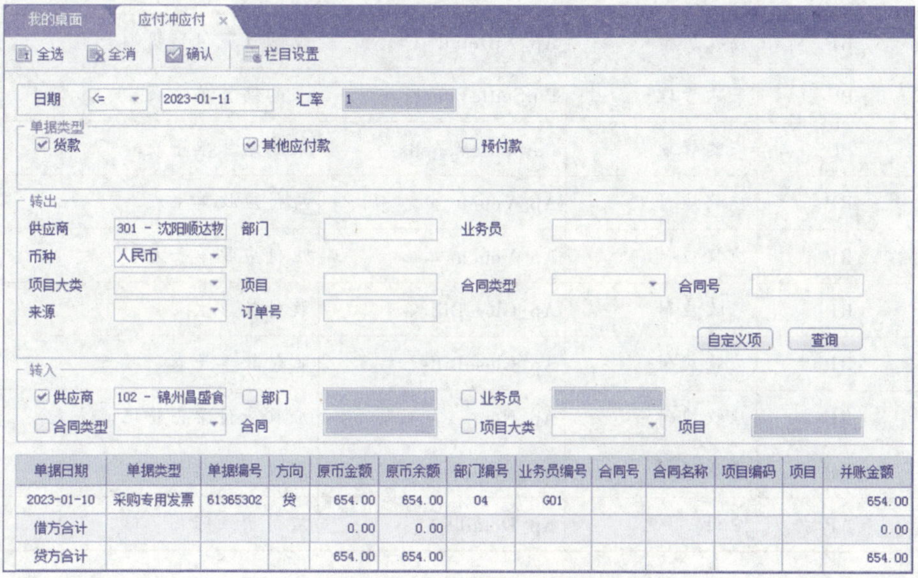

图7-95　应付冲应付

单击“确认”按钮，系统提示“是否立即制单”，单击“是”，进入填制凭证界面，将“凭证类别”改为“转账凭证”，单击“保存”按钮。关闭当前窗口。

贷：应付账款/一般应付账款（沈阳顺达）　　-654.00

贷：应付账款/一般应付账款（锦州昌盛）　　654.00

7.6 本章常见数据表

本章常见数据表见表7-2。

表7-2 本章常见数据表

序号	系统编码（SystemID）	系统名称（SystemName）	表名称（TableName）	表定义（TableDefine）	备注
1	PU	采购管理	PU_AppVouch	采购请购单主表	
2	PU	采购管理	PU_AppVouchs	采购请购单子表	
3	PU	采购管理	PO_Pomain	采购订单主表	
4	PU	采购管理	PO_Podetails	采购订单子表	
5	PU	采购管理	PU_ArrivalVouch	采购到货单主表	
6	PU	采购管理	PU_ArrivalVouchs	采购到货单子表	
7	ST	库存管理	RdRecord01	采购入库单主表	
8	ST	库存管理	rdrecords01	采购入库单子表	
9	PU	采购管理	PurBillVouch	采购发票主表	
10	PU	采购管理	PurBillVouchs	采购发票子表	
11	RP	应收应付	Ap_XjDetail	现结（现付）明细	
12	PU	采购管理	PurSettleVouch	采购结算单主表	
13	PU	采购管理	PurSettleVouchs	采购结算单子表	
14	RP	应收应付	Ap_Vouch	应付应收单主表	
15	RP	应收应付	Ap_Vouchs	应付应收单子表	
16	RP	应收应付	Ap_CloseBill	收付款单主表	
17	RP	应收应付	Ap_CloseBills	收付款单子表	
18	RP	应收应付	Ap_Note	应收应付票据登记簿主表	
19	RP	应收应付	Ap_Note_Sub	应收应付票据登记簿子表	
20	AP	应付	Ap_Detail	应付明细账	

【课程思政点睛】

【复习思考题】

1. 简述采购业务中各系统之间的数据传递关系。
2. 采购订单有几种生成方式？
3. 什么是采购结算，其作用是什么？
4. 如何正确理解多次结算与跨期结算？
5. 试述采购结算、结算成本处理与暂估成本录入的关系。
6. 简述采购过程中发生运输费的处理思路。
7. 什么是核销，其作用是什么？
8. 采购付款时有几种处理方式，各有什么不同？
9. 简述票据管理的主要功能。
10. 试比较三种暂估方式。

第8章 生产业务与销售业务

8.1 概述

与采购业务相同，供应链管理系统的生产业务和销售业务也具有单据多、系统多、岗位多以及处理流程复杂等特点。参与生产业务、销售业务处理的岗位有销售管理系统操作员、库存管理系统操作员、存货核算系统操作员以及应收系统操作员，其中后两个岗位一般由一人完成。生产业务、销售业务常见单据见表8-1。

表8-1 生产业务和销售业务常用单据

序号	单据名称	处理系统	操作员
1	材料出库单	库存管理	C01孟梓楠
2	产成品入库单	库存管理	C01孟梓楠
3	销售订单	销售管理	X01张东杰
4	发货单	销售管理	X01张东杰
5	退货单	销售管理	X01张东杰
6	销售出库单	库存管理	C01孟梓楠
7	采购专用发票	销售管理	X01张东杰
8	代垫费用单	销售管理	X01张东杰
9	销售费用支出单	销售管理	X01张东杰
10	其他应收单	应收款管理	W02王家宝
11	收付款单	应收款管理	W03范英晨
12	商业汇票	应收款管理	W03范英晨

销售管理系统各单据的表头均有“业务类型”栏，且为必输栏。系统提供四种业务类型：普通销售、委托代销、直运销售和分期收款。本章只涉及“普通销售”业务类型。在普通销售业务中，并存两种处理流程不同的业务模式，即先发货后开票模式和开票直接发货模式。两种模式的关键区别是先生成发货单还是先生成销售发票。围绕表8-1所列单据，生产业务、普通采购业务主要包含以下业务处理环节：

1.车间领料

对于工业企业，车间领用材料时需取得材料出库单。材料出库单的取得方式主要有以下几种：①手工填制（本书采用）；②通过配比出库生成；③根据限额领料单生成；④根据领料申请单生成；⑤根据采购入库单等生成；⑥启用生产订单系统的情况下，参照生产订单用料表或补料申请单生成；⑦启用委外管理系统的情况下，参照委外订单用料表生成。

手工填制的材料出库单审核后，可到存货核算系统进行正常单据记账。全月平均法下，通过“期末处理”功能计算出平均单价后，材料出库单才能生成记账凭证。

2.产成品入库

企业生产的产品经过车间加工生产，达到完工程度后需办理验收入库手续，此时需取得产成品入库单。根据企业会计准则的规定，产成品的单位成本或总成本须按照一定的成本计算方法取得，所以填制产成品入库单时一般只填数量。全月平均法下，产成品入库单没有单价不允许正常单据记账。

3.销售订货

企业与客户之间为了达成货物交易，通常需要签订购销合同，以明确双方的权利、义务。在供应链管理系统，销售订单有以下几种取得方式：①根据购销合同手工填制销售订单（本书采用）；②参照销售报价单生单；③参照销售预订单生单；④参照销售类合同生单；⑤参照进口订单生单。参照已审核未关闭的销售订单可生成发货单或销售发票。

4.先发货后开票

先发货后开票模式，是根据销售订单或其他销售合同，向客户发出货物，发货之后根据发货单开票并结算。参照销售订单生成发货单，一张销售订单可多次发货，多张订单也可一次发货。参照发货单生成销售发票，多张发货单可以汇总开票，一张发货单也可拆单生成多张销售发票。该模式除了适用于普通销售业务外，还适用于分期收款业务、委托代销业务。

5.开票直接发货

开票直接发货模式，是根据销售订单或其他销售合同，向客户开具销售发票，客户根据发票到指定仓库提货。参照销售订单生成销售发票，发票一经复核，自动生成已审核的发货单。一张销售订单可多次开票。一张销售发票生成一张与之对应的发货单。该模式只适用于普通销售业务。

虽然销售系统存在开票直接发货模式，但是采购系统并没有“开票直接到货模式”，也就是说参照采购订单生成采购发票，并不能自动生成到货单。

6.销售出库

销售出库单是自动生成还是手工参照生成，由销售管理系统的“销售生成出库单”参数或库存管理系统的“库存生成销售出库单”参数决定。

①两参数的设置是互斥关系。即当勾选销售管理系统的“销售生成出库单”参数时，库存管理系统的“库存生成销售出库单”参数自动取消勾选。反之，当勾选库存管理系统的“库存生成销售出库单”参数时（本书采用），销售管理系统的“销售生成出库单”参数自动取消勾选。

②两参数生成销售出库单的方式不同。当勾选销售管理系统的“销售生成出库单”参数时，销售出库单根据已审核的发货单自动生成。该销售出库单处于未审核状态，但出库数量不可修改。当勾选库存管理系统的“库存生成销售出库单”参数时，销售出库单须手工参照已审核的发货单生成。此时，出库数量可以修改，常见于分批出库业务。

上述两个参数与前述两种业务模式组合，可得到四种具体的业务流程，总结见表8-2。

表 8-2　　四种销售业务流程总结

模式	参数	发货单	发票	出库单
先发货后开票	销售生成出库单	参照订单生成，未审核	参照发货单生成	自动生成，未审核
	库存生成销售出库单	参照订单生成，未审核	参照发货单生成	参照发货单生成，未审核
开票直接发货	销售生成出库单	自动生成，已审核	参照订单生成	自动生成，未审核
	库存生成销售出库单	自动生成，已审核	参照订单生成	参照发货单生成，未审核

7.销售退货

销售退货业务也应遵循两种业务模式处理。在先发货后开票模式的退货业务中，参照销售订单生成退货单，参照退货单生成红字销售发票。在开票直接发货模式的退货业务中，参照销售订单生成红字销售发票，发票复核后系统自动生成已审核的退货单。

销售过程中如果发生销售折让，则需要填制红字销售发票。此时红字销售发票表体“仓库名称”栏为空，“数量”栏输入“0”，“无税金额”栏输入负数，“退补标志”选择“退补”。

8.其他应收单

在销售货物的过程中同时发生的代垫运费需在销售管理系统中填制代垫费用单。该单据审核后自动生成其他应收单并自动传递至应收系统。其他涉及“应收账款”科目的业务也可考虑使用其他应收单。

应收单实质上是一张记账凭证，表头反映借方信息，表体反映贷方信息，如下所示：

借：应收系统受控科目（表头项目中的“科目”，必须是受控科目）

　贷：××××（表体项目中的“科目”）

其他应收单表体信息可以不输入；若不输入，保存单据时系统会自动形成一条方向相反、金额相等的记录，该记录可修改。

销售发票和其他应收单统称为应收单据。它们都需要在应收系统审核，且销售发票还需在销售管理系统先行复核。已审核的应收单据不允许修改或删除。不能在已结账月份进行审核处理或弃审处理。应收单据的后续处理，如生成凭证、核销处理、选择收款、转账处理、坏账处理等，都是基于该单据已经审核。也就是说，如果应收单据未经审核，这些后续操作都不能做。

如果已审核的应收单据已做过前述后续处理，则该应收单据不能弃审、修改或删除。但是，系统对所有的处理都提供了逆向操作功能，通过逆向操作把后续处理全部取消，此时该应收单据即可弃审、修改或删除。

9.应税劳务

销售货物的过程中经常发生应税劳务。以运输费为例，一般有三种情况：①客户自担；②由客户承担，但是先由我公司垫付；③由我公司负担。

第一种情况，此时我公司无须做任何处理；第二种情况，可到销售管理系统填制代垫费用单；第三种情况，如果对方开具的是增值税普通发票，可到销售管理系统填制销售费用支出单；如果对方开具的是增值税专用发票，可到采购管理系统填制采购专用发票。

10. 正常单据记账

根据存货核算系统“销售成本核算方式”参数设置的不同，已销商品成本的确认标准可选择按销售出库单，也可选择按销售发票（本书采用）。

全月平均法下，出库单的记账不受限制，只是在记账完毕后不能体现存货的出库成本，而必须经过期末处理以后才能得到存货的出库成本。红字出库单没有成本时，单据记账处理方式同蓝字出库单。如果在出库单的单价和金额中输入了“0”，系统将其视为零成本出库。

11. 生成凭证

全月平均法下，在没有通过期末处理功能计算出加权平均单价前，材料出库单和销售出库单都不允许生成凭证。期末处理前，入库单和出库单是否允许记账、生成凭证总结见表8-3。

表8-3　　入库单和出库单是否允许记账、生成凭证总结

序号	单据名称	正常单据记账	生成凭证
1	采购入库单	允许	允许
2	材料出库单	允许	不允许
3	产成品入库单	不允许	不允许
4	销售出库单	允许	不允许

12. 收取货款

（1）开具发票同时收取货款。

若开具发票的同时收取货款（商业汇票除外），则可以直接单击发票工具栏的“现结”按钮，完成款项收取。该功能支持全额现结和部分现结。“现结”自动生成未审核、未核销的收款单，现结的发票审核后自动完成核销处理。

虽然普通采购业务中“现付”与“采购结算”没有先后顺序，但是，在普通销售业务中必须先“现结”后“复核”再“审核”。已复核或已审核的发票不能再进行现结处理。

（2）收取前欠货款——收款单。

如果收取前欠货款（商业汇票除外），到应收系统的“收款单据录入”或“选择收款”中处理。一张发票可以多次收款，同时多张发票也可以一次收款。

系统通过收款单表体的款项类型来区分不同的款项用途：应收款、预收款、其他费用、现款结算、销售定金等。不同的款项类型后续业务处理不尽相同。若一张付款单具有不同的用途款项，应在表体分行处理。

①应收款：该类型的收款单用于冲销应收账款，表体对应的科目为受控科目。

②预收款：该类型的收款单用于形成预收账款，表体对应的科目为受控科目。

③其他费用：该类型的收款单表体对应的科目为非受控科目。

④销售定金：该类型的收款单是为了完成销售定金业务，表体对应的科目为非受控科目。

a. 该收款单在“转货款”时，可以生成款项类型为“应收款”的收款单；

b. 该收款单在“转营业外收入”时，生成款项类型为“其他费用”的收款单；

c.该收款单在“退回”时，生成款项类型为“销售定金”的付款单。

⑤现款结算：该类型的收款单用于核销现款结算的发票，表体对应的科目为受控科目。该收款单只能在对应发票审核时核销。

只有应收款、预收款、现款结算性质的收款单才能与销售发票、应收单进行核销勾对。

应收、预收用途的付款单可与应收、预收用途的收款单进行“红票对冲”操作。

应收、预收用途的付款单可与应收、预收用途的收款单或红字应收单据进行核销操作。

收款单审核是对收款单登记应收明细账，并在单据上填写审核日期、审核人的过程。系统将单据日期作为审核日期，将当前操作员作为审核人。系统提供三种审核方式：自动批审、批量审核、单张审核。

收款单审核后才能进行后续处理，如审核、制单、核销、预收冲应收、红票对冲等。如果收款单已做过后续处理，则该收款单不能修改或删除。但是，系统对所有的处理都提供了逆向操作功能，通过逆向操作把后续处理全部取消，此时收款单即可修改或删除。

（3）收取前欠货款——选择收款。

选择收款功能可以实现一次对单个或多个客户的单笔或多笔款项的收款核销处理。选择收款后系统自动生成已审核、已核销的收款单，该付款单的制单人、审核人和核销人均为同一人。该功能也可以处理有现金折扣的收款核销业务。如果只收取某单据的部分金额，可手工输入“收款金额”。

（4）商业汇票。

不管是开具发票的同时收到货款，还是收取前欠货款，凡是通过商业汇票收款的，必须到应收系统的“票据管理”中处理。

①收票。

如果应收系统参数选择“应收票据直接生成收款单”（系统缺省值为勾选此项），则商业汇票保存完毕，系统自动生成一张未审核、未核销的收款单，可对该收款单进行后续处理。该收款单的后续处理与在收款单据录入中填制的收款单相同。

如果所收商业汇票作为预收款，则保存票据后到“收款单据录入”中，找到该汇票自动生成的收款单，将表体的“款项类型”改为“预收款”即可。

②背书。

票据背书本质上是一种付款行为，须到应收系统的票据管理中完成。系统提供“冲销应付账款”和“其他”两种背书方式，默认值为前者。当背书方式为“冲销应付账款”时，如果背书金额大于应付账款，则将剩余金额记为供应商的预付款，并结清该张票据。如果背书金额小于等于应付账款，则只能按背书金额冲销。当背书方式为“其他”时，对应科目为应付系统不受控的相关科目。票据背书后，将不能再对其进行其他处理。

需要注意的是，除了“票据背书”功能权限，操作员还应拥有“应收冲应付”权限，且背书月份应付系统未结账。

③贴现。

贴现是指票据持票人在票据未到期前为获得现金向银行贴付一定利息而发生的票据转

让行为。贴现日期是向银行申请办理贴现的日期，该日期应大于已结账月以及票据出票日、小于等于票据到期日。如果贴现净额小于票据余额，系统自动将其差额作为费用。如果贴现净额大于票据余额，系统自动将其差额作为利息。

④计息。

对于带息商业汇票，通过“计息”功能自动计算票据利息，计算结果可修改。计息日期应大于等于出票日期、小于等于当前业务月日期。

⑤结算。

这里的“结算”是指商业汇票到期日，持票人向承兑人收取票款的行为。

在票据列表界面或票据填制界面，单击“删除”或“修改”按钮，可对商业汇票进行修改或删除。但以下几种情况不能修改或删除：

a.票据自动生成的收款单已经进行核销、转账等后续处理；

b.收到日期所在月份已经结账；

c.已经进行背书、贴现、计息、结算等后续处理。

13.核销处理

通过核销功能可将收款单与发票或应收单相关联，冲减本期应收，减少企业债权。未审核的或者原币余额为零的单据记录均不显示在收付款单、被核销单据列表中。红字单据整条记录金额、余额均以正数显示，单据类型为付款单。

若收款单数额等于原有单据数额，付款单与原有单据完全核销。若收款单数额大于原有单据数额，原有单据全部被核销，收款单数额与原有单据数额的差额形成预收款。若收款单数额小于原有单据数额，原有单据仅得到部分核销。

14.转账处理

（1）应收冲应收。

应收冲应收也称并账，指将应收款在客户、部门、业务员、项目和合同之间进行转移，实现应收业务的调整。以下情况可能需要使用该功能：①操作性错误，如所填制的应收单据客户选择错误且无法修改。②实际工作需要，如债权债务转移、部门合并、分管某客户的业务员离职等。每一笔应收款的并账金额应大于零、小于等于其原币余额。

（2）应收冲应付。

应收冲应付是用某客户的应收款冲抵某供应商的应付款。以下情况可能需要使用该功能：①某公司既是客户又是供应商；②本单位与供应商、客户之间存在“三角债”。每一笔应付款的转账金额应大于零、小于等于其原币余额。应付款的转账金额合计一般应等于应收款的转账金额合计。

“应收冲应付”与应付系统的“应付冲应收”相比，除所生成记账凭证的来源不同外，两者的操作方法、处理结果均一致，可等效使用。

（3）预收冲应收。

预收冲应收就是将预收款与应收款进行对冲。每一笔预收款、应收款的转账金额不能大于其自身余额。预收款的转账金额合计应等于应收款的转账金额合计，且不能超过两者金额的较小者。红字预收款也可冲销红字应收款，此时“预收款”页签中的“类型”应为付款单。蓝字预收款冲销蓝字应收款与红字预收款冲销红字应收款不能同时进行。预收款与应收款之间也可通过“核销”进行勾对。

（4）红票对冲。

红票对冲就是用某客户的红字发票冲抵其蓝字发票。系统提供两种对冲方式：手工对冲和自动对冲。如果红字单据中有对应单据号，则可使用自动对冲，否则应使用手工对冲。对冲金额合计不能大于红票金额。红票对冲同样应遵循核销规则。

15.坏账处理

（1）坏账发生。

通过“坏账发生”功能可以将某项应收款确认为坏账，同时冲销坏账准备。

（2）坏账收回。

在使用该功能收回坏账前，应先手工填制一张收款单。注意，收回坏账的收款单不审核。

（3）计提坏账准备。

系统提供三种计提坏账的方法：应收余额百分比法（本书采用）、销售收入百分比法和账龄分析法。用户可在应收系统选项“坏账处理方式”栏进行选择。应收余额百分比法下，应收账款总额为本会计年度最后一天的所有未结算完的发票和应收单余额之和减去预收款数额。

根据会计学原理，资产负债表债务法下，计提坏账准备后应考虑该事项对企业所得税的影响，即递延所得税问题。

16.生成凭证

“生成凭证”是应收系统的专门制作记账凭证的平台，包括以下12种制单类型：发票制单、应收单制单、收付款单制单、核销制单、票据处理制单、汇兑损益制单、应收冲应收制单、预收冲应收制单、应收冲应付制单、红票对冲制单、现结制单、坏账处理制单。

系统默认将登录日期作为制单日期。制单日期应大于等于所选单据的最大日期，但小于等于系统当前日期。如果应收系统与总账系统集成使用，制单日期应该满足总账制单要求。

17.取消操作

以下10种操作类型可以取消：核销、选择收款、定金处理、坏账处理、汇兑损益、票据处理、应收冲应收、应收冲应付、预收冲应收和红票对冲。如果某操作类型已经生成凭证，在取消操作前，应先到“单据查询→凭证查询”中将该记账凭证删除，再进行取消操作。

取消选择收款，则核销处理被取消，同时选择收款生成的收款单也一并删除，应收单据恢复原状。

以下情况不允许取消票据处理：①票据日期所在月份已经结账。②票据背书方式为“冲销应付账款”，且应付系统已经结账。③票据计息后又进行了贴现等处理。④票据转出后所生成的应收单已经进行了核销等处理。

如果转账处理（应收冲应收、预收冲应收、应收冲应付等）发生月份已经结账，则不能被恢复。

本章总体流程如图8-1所示。

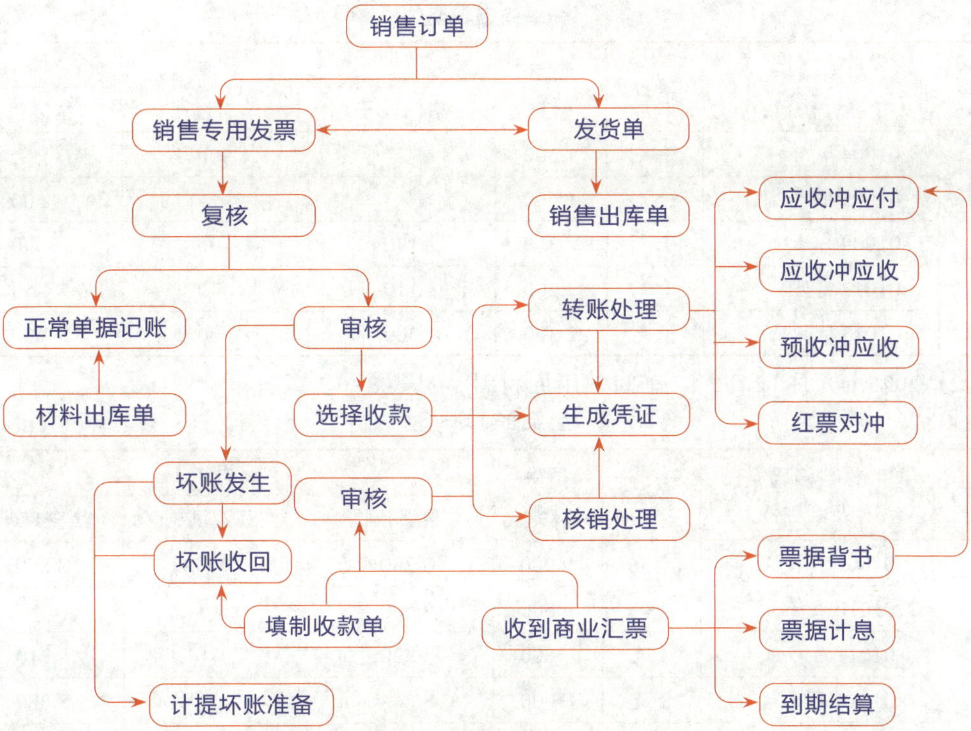

图 8-1　本章总体流程

8.2　日常生产业务

8.2.1　领用材料业务

【实验资料】

（1）2023年1月12日，一车间领用原材料，见表8-4、表8-5。

表 8-4　　一车间领料明细　　单号：CKA01001

仓库	材料编码及名称	单位	领用数量	用途		
				猪肉饺子	羊肉饺子	牛肉饺子
原料及辅料仓	01001 面粉	千克	10 000	4 000	3 000	3 000
	01003 猪肉	千克	3 000	3 000		
	01006 蔬菜馅料	千克	10 000	4 000	3 000	3 000
	01007 味精	千克	300	160	70	70
	01008 食盐	千克	1 500	700	400	400

表 8-5　　一车间领料明细　　单号：CKA01002

仓库	材料编码及名称	单位	领用数量	用途		
				猪肉饺子	羊肉饺子	牛肉饺子
原料及辅料仓	01004 羊肉	千克	1 500		1 500	
	01005 牛肉	千克	1 600			1 600
	01009 酱油	千克	350	170	90	90
	01012 鸡蛋	千克	200	110	40	50
	01013 植物油	千克	2 300	1 300	400	600

（2）2023年1月12日，二车间领用原材料，见表8-6。

表 8-6　　二车间领料明细　　单号：CKA01003

仓库	材料编码及名称	单位	领用数量	用途		
				果酱汤圆	豆沙汤圆	黑芝麻汤圆
原料及辅料仓	01002 水磨粉	千克	9 000	3 200	3 000	2 800
	01010 果酱	千克	9 500	9 500		
	01011 白砂糖	千克	800	320	270	210
	01014 黑芝麻	千克	8 000			8 000
	01015 豆沙	千克	7 000		7 000	
	01016 添加剂	升	150	60	50	40

（3）2023年1月12日，一车间、二车间领用包装材料，见表8-7、表8-8。

表 8-7　　一车间领料明细　　单号：CKA01004

仓库	材料编码及名称	单位	领用数量	用途
周转材料仓	02003 猪肉饺子包装袋	个	18 000	
	02004 羊肉饺子包装袋	个	4 700	
	02005 牛肉饺子包装袋	个	6 000	

表 8-8　　二车间领料明细　　单号：CKA01005

仓库	材料编码及名称	单位	领用数量	用途
周转材料仓	02006 果酱汤圆包装袋	个	9 600	
	02007 豆沙汤圆包装袋	个	10 500	
	02008 黑芝麻汤圆包装袋	个	8 000	

【实验过程】

1.填制材料出库单

2023年1月12日，由孟梓楠（C01）登录U8企业应用平台。在U8企业应用平台，依次单击“业务工作→供应链→库存管理→材料出库→材料出库单”菜单，系统打开“材料出库单”窗口。

领用材料业务

单击工具栏的“增加”按钮，根据实验资料，将表头项目“出库单号”改为“CKA01001”，“仓库”选择“原料及辅料仓”，“出库类别”选择“材料领用出库”，“部门”选择“一车间”，其他项默认。

在表体第1行，“材料编码”选择“01001”（面粉），“数量”输入“4000”，“项目大类编码”选择“00”（生产成本核算），“项目编码”选择“03001”（猪肉饺子）；按此方法继续录入其他各行的信息。填制完毕依次单击工具栏的“保存”“审核”按钮，结果如图8-2所示。参照上述方法填制后面4张材料出库单并审核。

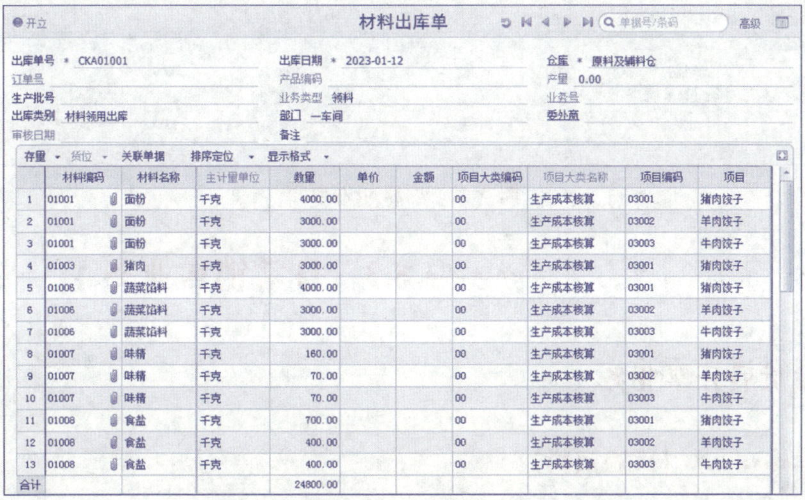

开立　材料出库单　单据号/条码　高级

出库单号 * CKA01001　出库日期 * 2023-01-12　仓库 * 原料及辅料仓
订单号　产品编码　产量 0.00
生产批号　业务类型 领料　业务号
出库类别 材料领用出库　部门 一车间　委外商
审核日期　备注

存量　货位　关联单据　排序定位　显示格式

	材料编码	材料名称	主计量单位	数量	单价	金额	项目大类编码	项目大类名称	项目编码	项目
1	01001	面粉	千克	4000.00			00	生产成本核算	03001	猪肉饺子
2	01001	面粉	千克	3000.00			00	生产成本核算	03002	羊肉饺子
3	01001	面粉	千克	3000.00			00	生产成本核算	03003	牛肉饺子
4	01003	猪肉	千克	3000.00			00	生产成本核算	03001	猪肉饺子
5	01006	蔬菜馅料	千克	4000.00			00	生产成本核算	03001	猪肉饺子
6	01006	蔬菜馅料	千克	3000.00			00	生产成本核算	03002	羊肉饺子
7	01006	蔬菜馅料	千克	3000.00			00	生产成本核算	03003	牛肉饺子
8	01007	味精	千克	160.00			00	生产成本核算	03001	猪肉饺子
9	01007	味精	千克	70.00			00	生产成本核算	03002	羊肉饺子
10	01007	味精	千克	70.00			00	生产成本核算	03003	牛肉饺子
11	01008	食盐	千克	700.00			00	生产成本核算	03001	猪肉饺子
12	01008	食盐	千克	400.00			00	生产成本核算	03002	羊肉饺子
13	01008	食盐	千克	400.00			00	生产成本核算	03003	牛肉饺子
合计				24800.00						

图8-2　材料出库单

2.正常单据记账

2023年1月12日，由王家宝（W02）登录U8企业应用平台。在存货核算系统，依次单击“记账→正常单据记账”菜单，系统打开“未记账单据一览表”窗口，单击工具栏的“查询”按钮，系统打开“查询条件”对话框，单击“确定”按钮，系统显示正常单据记账列表。选中CKA01001至CKA01005五张材料出库单并记账。记账完毕退出该窗口。

8.2.2　产成品入库业务

【实验资料】

（1）2023年1月13日，月初至本日生产的饺子完工入库（入库单号：RKB01001），其中，猪肉饺子入库8 000袋，羊肉饺子入库2 500袋，牛肉饺子入库3 000袋。

（2）2023年1月13日，月初至本日生产的汤圆完工入库（入库单号：RKB01002），其中，果酱汤圆入库4 500袋，豆沙汤圆入库5 000袋，黑芝麻汤圆入库3 000袋。

【实验过程】

2023年1月13日，由孟梓楠（C01）登录U8企业应用平台。在U8企业应用平台，依次单击“业务工作→供应链→库存管理→生产入库→产成品入库单”菜单，系统打开“产成品入库单”窗口。单击“增加”按钮，根据实验资料，将表头“入库单号”改为“RKB01001”，“仓库”选择“产成品仓”，“部

产成品入库业务

门”选择“一车间”，“入库类别”选择“产成品入库”，其他项默认。

在表体第1行，“产品编码”选择“03001”（猪肉饺子），“数量”输入“8000”。继续录入羊肉饺子、牛肉饺子的入库信息。填制完毕依次单击工具栏的“保存”“审核”按钮，结果如图8-3所示。参照上述方法填制二车间汤圆的产成品入库单并审核。

	产品编码	产品名称	主计量单位	库存单位	件数	数量	单价	金额
1	03001	猪肉饺子	袋	盒	1600.00	8000.00		
2	03002	羊肉饺子	袋	盒	500.00	2500.00		
3	03003	牛肉饺子	袋	盒	600.00	3000.00		
4								

图8-3　产成品入库单

8.3　日常销售业务

8.3.1　先发货后开票业务

【实验资料】

2023年1月14日，批发科张东杰与营口旺淘签订购销合同（合同编号：XS01001），销售猪肉饺子1 000袋，不含税单价40元/袋，销售豆沙汤圆1 200袋，不含税单价30元/袋，全部货物价税合计85 880元。当日发出全部货物（出库单号：CKB01001）。合同约定下月支付货款。

2023年1月15日，公司开具增值税专用发票（票号：57298362）。

先发货后开票业务

【实验过程】

1.填制销售订单

（1）2023年1月14日，由张东杰（X01）登录U8企业库用平台。在U8企业应用平台，依次单击“业务工作→供应链→销售管理→销售订货→销售订单”菜单，打开“销售订单”窗口。单击工具栏的“增加”按钮，根据实验资料填制销售订单。

①填写表头信息。修改表头的“订单号”（即合同编号）为“XS01001”，“销售类型”选择“正常销售”，“客户简称”选择“营口旺淘”，“业务员”选择“张东杰”，其他项默认。

②填制表体信息。在第1行，“存货编码”选择“03001”（猪肉饺子），“数量”输入“1000”，“无税单价”为“40”，“预发货日期”为当日；在第2行，“存货编码”选择“03102”（豆沙汤圆），“数量”输入“1200”，“无税单价”为“30”，“预发货日期”为当日。

（2）单击工具栏的“保存”按钮，再单击“审核”按钮，结果如图8-4所示。退出当前窗口。

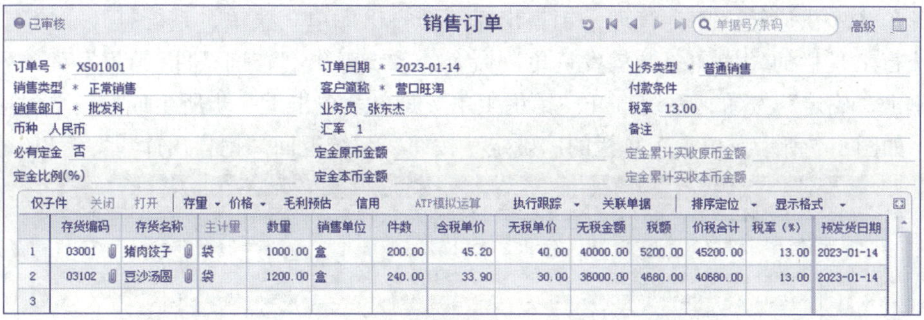

● 已审核　　销售订单

订单号 * XS01001　订单日期 * 2023-01-14　业务类型 * 普通销售
销售类型 * 正常销售　客户简称 * 营口旺淘　付款条件
销售部门 * 批发科　业务员 张东杰　税率 13.00
币种 人民币　汇率 1　备注
必有定金 否　定金原币金额　定金累计实收原币金额
定金比例(%)　定金本币金额　定金累计实收本币金额

	存货编码	存货名称	主计量	数量	销售单位	件数	含税单价	无税单价	无税金额	税额	价税合计	税率（%）	预发货日期
1	03001	猪肉饺子	袋	1000.00	盒	200.00	45.20	40.00	40000.00	5200.00	45200.00	13.00	2023-01-14
2	03102	豆沙汤圆	袋	1200.00	盒	240.00	33.90	30.00	36000.00	4680.00	40680.00	13.00	2023-01-14
3													

图8-4　销售订单

2.参照销售订单生成发货单

在U8企业应用平台，依次单击“业务工作→供应链→销售发货→发货单”菜单，打开“发货单”窗口。执行工具栏的“增加→订单”命令，打开“查询条件-参照订单”对话框，单击“确定”按钮，打开“参照生单”窗口。选中窗口上方的XS01001号销售订单，如图8-5所示，再单击工具栏的“确定”按钮，系统返回“发货单”窗口。

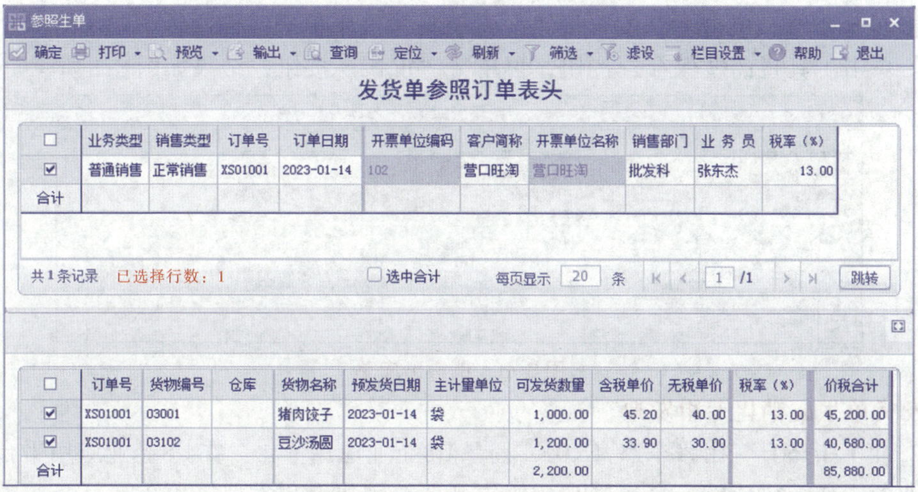

参照生单

发货单参照订单表头

☐	业务类型	销售类型	订单号	订单日期	开票单位编码	客户简称	开票单位名称	销售部门	业务员	税率（%）
☑	普通销售	正常销售	XS01001	2023-01-14	102	营口旺淘	营口旺淘	批发科	张东杰	13.00
合计										

共1条记录　已选择行数：1　选中合计　每页显示 20 条　1 /1　跳转

☐	订单号	货物编号	仓库	货物名称	预发货日期	主计量单位	可发货数量	含税单价	无税单价	税率（%）	价税合计
☑	XS01001	03001		猪肉饺子	2023-01-14	袋	1,000.00	45.20	40.00	13.00	45,200.00
☑	XS01001	03102		豆沙汤圆	2023-01-14	袋	1,200.00	33.90	30.00	13.00	40,680.00
合计							2,200.00				85,880.00

图8-5　“参照生单”窗口

在“发货单”窗口，发货单表体第1行、第2行的“仓库名称”选择“产成品仓”。单击工具栏的“保存”按钮，再单击“审核”按钮，结果如图8-6所示。退出当前窗口。

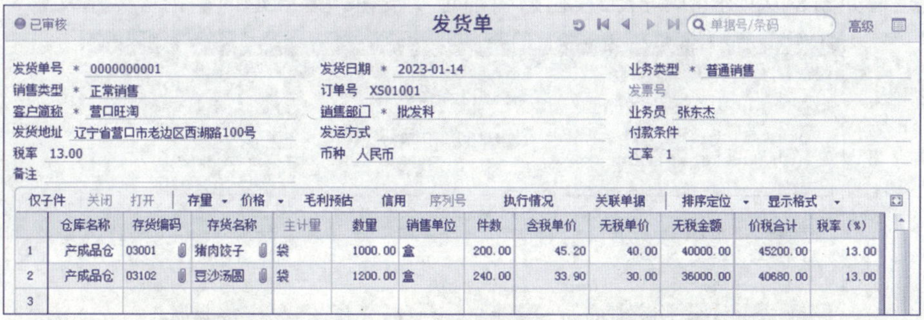

● 已审核　　发货单

发货单号 * 0000000001　发货日期 * 2023-01-14　业务类型 * 普通销售
销售类型 * 正常销售　订单号 XS01001　发票号
客户简称 * 营口旺淘　销售部门 * 批发科　业务员 张东杰
发货地址 辽宁省营口市老边区西湖路100号　发运方式　付款条件
税率 13.00　币种 人民币　汇率 1
备注

	仓库名称	存货编码	存货名称	主计量	数量	销售单位	件数	含税单价	无税单价	无税金额	价税合计	税率（%）
1	产成品仓	03001	猪肉饺子	袋	1000.00	盒	200.00	45.20	40.00	40000.00	45200.00	13.00
2	产成品仓	03102	豆沙汤圆	袋	1200.00	盒	240.00	33.90	30.00	36000.00	40680.00	13.00
3												

图8-6　发货单

3.参照发货单生成销售出库单

2023年1月14日，由孟梓楠（C01）登录U8企业应用平台。在U8企业应用平台，依次单击“业务工作→供应链→库存管理→销售出库→销售出库单”菜单，系统打开“销售出库单”窗口。执行工具栏的“增加→销售发货单”命令，系统弹出“查询条件-销售发货单列表”对话框，单击“确定”按钮，系统打开“销售生单”窗口。单击上一步所生成发货单对应的“选择”栏，如图8-7所示。单击工具栏的“确定”按钮，系统返回“销售出库单”窗口。

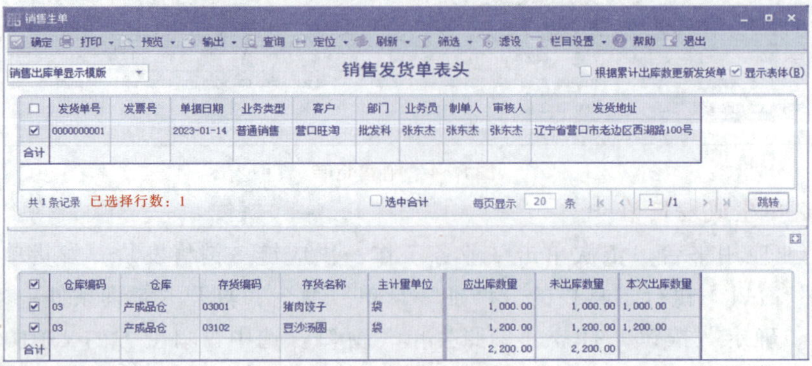

图8-7　“销售生单”窗口

根据实验资料，单击“修改”按钮，将表头“出库单号”修改为“CKB01001”，其他项默认。单击工具栏的“保存”按钮，再单击“审核”按钮，结果如图8-8所示。

图8-8　销售出库单

4.参照发货单生成销售专用发票

2023年1月15日，由张东杰（X01）登录U8企业应用平台。在U8企业应用平台，依次单击“业务工作→供应链→销售管理→销售开票→销售专用发票”菜单，打开“销售专用发票”窗口。执行工具栏的“增加→发货单”命令，系统弹出“查询条件-发票参照发货单”对话框，单击“确定”按钮。在“参照生单”窗口，单击14日营口旺淘发货单对应的“选择”栏，如图8-9所示。单击工具栏的“确定”按钮，系统返回“销售专用发票”窗口。

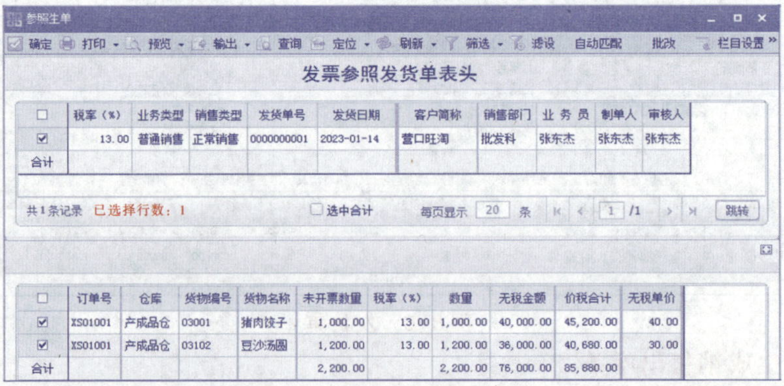

图8-9　“参照生单”窗口

根据实验资料，表头“发票号”填入“57298362”，其他项默认。依次单击工具栏的“保存”“复核”按钮，结果如图8-10所示。

已复核 销售专用发票

发票号 * 57298362　开票日期 * 2023-01-15　业务类型 普通销售
销售类型 * 正常销售　订单号 XS01001　发货单号 0000000001
客户简称 * 营口旺淘　销售部门 * 批发科　业务员 张东杰
付款条件　客户地址 辽宁省营口市老边区西湖路100号　联系电话 0417-3383358
开户银行 兴业银行营口老边支行　账号 8193273052457379937　税号 91210811764456034P
币种 人民币　汇率 1　税率 13.00
备注

	仓库名称	存货编码	存货名称	主计量	数量	销售单位	件数	含税单价	无税单价	无税金额	税额	价税合计	税率（%）
1	产成品仓	03001	猪肉饺子	袋	1000.00	盒	200.00	45.20	40.00	40000.00	5200.00	45200.00	13.00
2	产成品仓	03102	豆沙汤圆	袋	1200.00	盒	240.00	33.90	30.00	36000.00	4680.00	40680.00	13.00
3													

图8-10　销售专用发票

5.销售发票审核并生成凭证

2023年1月15日，由王家宝（W02）登录U8企业应用平台。在U8企业应用平台，依次单击“业务工作→财务会计→应收款管理→应收处理→销售发票→销售发票审核”菜单，打开“销售发票审核”窗口。单击工具栏的“查询”按钮，系统弹出“查询条件-发票查询”对话框，单击“确定”按钮，结果如图8-11所示。

销售发票列表

序号	☐	审核人	单据日期	单据类型	单据号	客户名称	部门	业务员	制单人	原币金额	本币金额	备注
1	☐		2023-01-15	销售专用发票	57298362	营口旺淘商贸有限公司	批发科	张东杰	张东杰	85,880.00	85,880.00	
2	小计									85,880.00	85,880.00	
3	合计									85,880.00	85,880.00	

图8-11　销售发票列表

双击营口旺淘销售专用发票的单据号“57298362”，系统打开该发票，单击工具栏的“审核”按钮，系统提示“是否立即制单?”，单击“是”，系统自动打开“填制凭证”窗口。将“凭证类别”改为“转账凭证”，单击工具栏的“保存”按钮。关闭当前窗口。

借：应收账款/人民币（营口旺淘）	85 880.00
贷：主营业务收入	76 000.00
应交税费/应交增值税/销项税额	9 880.00

6.正常单据记账

在存货核算系统，依次单击“记账→正常单据记账”菜单，系统打开“未记账单据一览表”窗口，单击工具栏的“查询”按钮，系统打开“查询条件”对话框，单击“确定”按钮，系统显示正常单据记账列表，如图8-12所示。单击选中57298362号发票两行记录的“选择”栏，再单击工具栏的“记账”按钮，系统提示记账成功，单击“确定”按钮。关闭当前窗口。

正常单据记账列表

☐	日期	单据号	存货编码	存货名称	单据类型	仓库名称	收发类别	数量	单价	金额	计量单位
☐	2023-01-13	RKB01001	03001	猪肉饺子	产成品入库单	产成品仓	产成品入库	8,000.00			袋
☐	2023-01-13	RKB01001	03002	羊肉饺子	产成品入库单	产成品仓	产成品入库	2,500.00			袋
☐	2023-01-13	RKB01001	03003	牛肉饺子	产成品入库单	产成品仓	产成品入库	3,000.00			袋
☐	2023-01-13	RKB01002	03101	果酱汤圆	产成品入库单	产成品仓	产成品入库	4,500.00			袋
☐	2023-01-13	RKB01002	03102	豆沙汤圆	产成品入库单	产成品仓	产成品入库	5,000.00			袋
☐	2023-01-13	RKB01002	03103	黑芝麻汤圆	产成品入库单	产成品仓	产成品入库	3,000.00			袋
☑	2023-01-15	57298362	03001	猪肉饺子	专用发票	产成品仓	销售出库	1,000.00			袋
☑	2023-01-15	57298362	03102	豆沙汤圆	专用发票	产成品仓	销售出库	1,200.00			袋
小计								28,200.00			

图8-12　正常单据记账列表

8.3.2 开票直接发货业务

【实验资料】

2023年1月15日，批发科张东杰与辽阳福来签订购销合同（合同编号：XS01002），销售羊肉饺子1 500袋，不含税单价90元/袋，销售牛肉饺子600袋，不含税单价120元/袋，销售果酱汤圆1 200袋，不含税单价40元/袋，全部货物价税合计288 150元。合同约定由卖方垫付运输费用。

当日开具增值税专用发票（票号：57298363）并发出全部货物（出库单号：CKB01002），以电汇方式（票据号：30952637）支付代垫运费1 090元。

2023年1月16日，收到辽阳福来出票并经中国银行辽阳文圣支行承兑的银行承兑汇票一张（票据号：67329165），票面金额443 824元，票据到期日2023年7月16日，用于支付期初欠款、本期货款及代垫运费。

【实验过程】

1.填制销售订单

2023年1月15日，由张东杰（X01）登录U8企业应用平台。在U8企业应用平台，依次单击“业务工作→供应链→销售管理→销售订货→销售订单”菜单，打开“销售订单”窗口。单击工具栏的“增加”按钮，根据实验资料填制销售订单。填制完毕，依次单击工具栏的“保存”“审核”按钮，结果如图8-13所示。

开票直接发货业务

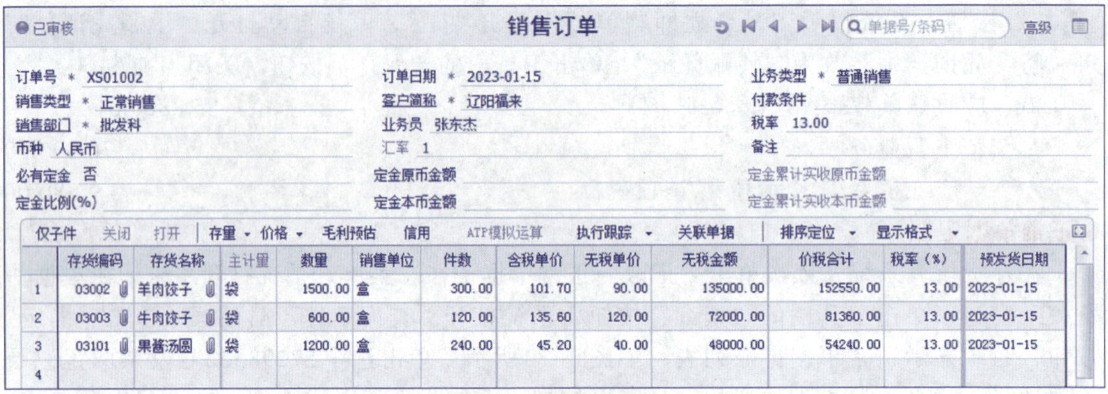

已审核　销售订单

订单号 * XS01002　订单日期 * 2023-01-15　业务类型 * 普通销售
销售类型 * 正常销售　客户简称 * 辽阳福来　付款条件
销售部门 * 批发科　业务员 张东杰　税率 13.00
币种 人民币　汇率 1　备注
必有定金 否　定金原币金额　定金累计实收原币金额
定金比例(%)　定金本币金额　定金累计实收本币金额

	存货编码	存货名称	主计量	数量	销售单位	件数	含税单价	无税单价	无税金额	价税合计	税率（%）	预发货日期
1	03002	羊肉饺子	袋	1500.00	盒	300.00	101.70	90.00	135000.00	152550.00	13.00	2023-01-15
2	03003	牛肉饺子	袋	600.00	盒	120.00	135.60	120.00	72000.00	81360.00	13.00	2023-01-15
3	03101	果酱汤圆	袋	1200.00	盒	240.00	45.20	40.00	48000.00	54240.00	13.00	2023-01-15
4												

图8-13　销售订单

2.参照销售订单生成销售专用发票，代垫费用处理

在销售管理系统，依次单击“销售开票→销售专用发票”菜单，打开“销售专用发票”窗口。执行工具栏的“增加→销售订单”命令，系统弹出“查询条件-单据列表过滤”对话框，单击“确定”按钮。在“参照生单”窗口，单击XS01002号销售订单对应的“选择”栏，如图8-14所示，再单击工具栏的“确定”按钮，系统返回“销售专用发票”窗口。根据实验资料，修改“发票号”为“57298363”，修改表体“仓库名称”为“产成品仓”，单击“保存”按钮。

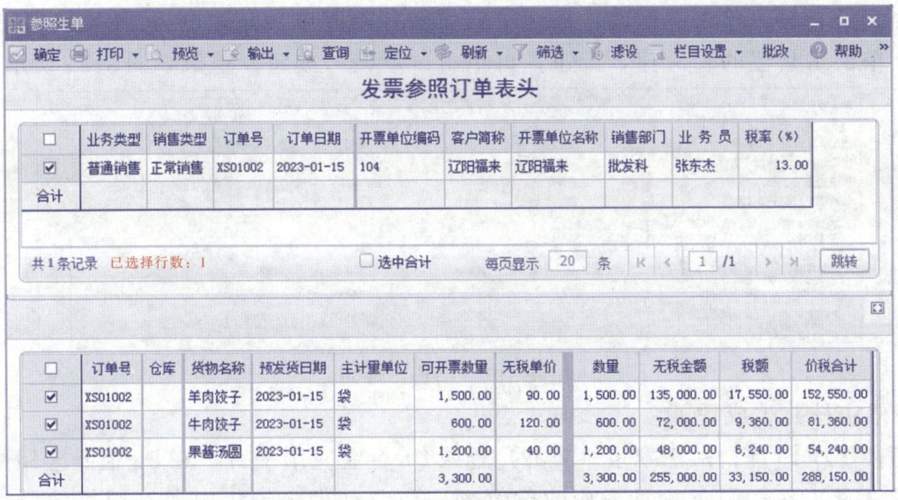

参照生单

确定 打印 预览 输出 查询 定位 刷新 筛选 滤设 栏目设置 批改 帮助

发票参照订单表头

□	业务类型	销售类型	订单号	订单日期	开票单位编码	客户简称	开票单位名称	销售部门	业 务 员	税率（%）
☑	普通销售	正常销售	XS01002	2023-01-15	104	辽阳福来	辽阳福来	批发科	张东杰	13.00
合计										

共1条记录 已选择行数：1 □选中合计 每页显示 20 条 1 /1 跳转

□	订单号	仓库	货物名称	预发货日期	主计量单位	可开票数量	无税单价	数量	无税金额	税额	价税合计
☑	XS01002		羊肉饺子	2023-01-15	袋	1,500.00	90.00	1,500.00	135,000.00	17,550.00	152,550.00
☑	XS01002		牛肉饺子	2023-01-15	袋	600.00	120.00	600.00	72,000.00	9,360.00	81,360.00
☑	XS01002		果酱汤圆	2023-01-15	袋	1,200.00	40.00	1,200.00	48,000.00	6,240.00	54,240.00
合计						3,300.00		3,300.00	255,000.00	33,150.00	288,150.00

图8-14 “参照生单”窗口

在“销售专用发票”窗口，单击“代垫”按钮，打开“代垫费用单”窗口。根据实验资料，输入费用项目和代垫金额，保存并审核该代垫费用单，结果如图8-15所示。

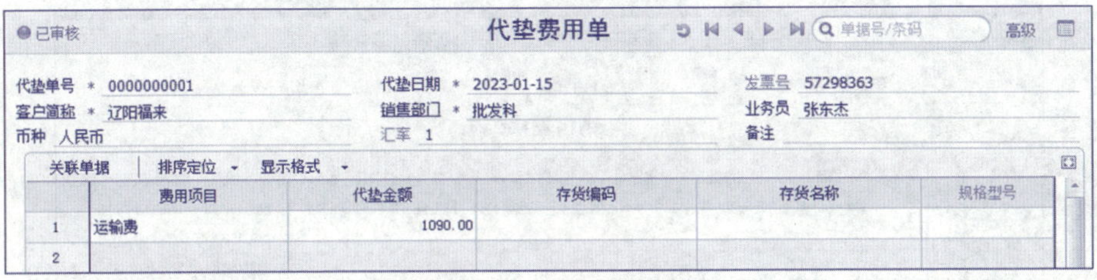

已审核 代垫费用单 单据号/条码 高级

代垫单号 * 0000000001　代垫日期 * 2023-01-15　发票号 57298363

客户简称 * 辽阳福来　销售部门 * 批发科　业务员 张东杰

币种 人民币　汇率 1　备注

关联单据 排序定位 显示格式

	费用项目	代垫金额	存货编码	存货名称	规格型号
1	运输费	1090.00			
2					

图8-15 代垫费用单

关闭“代垫费用单”窗口，在“销售专用发票”窗口，单击“复核”按钮，结果如图8-16所示。退出当前窗口。

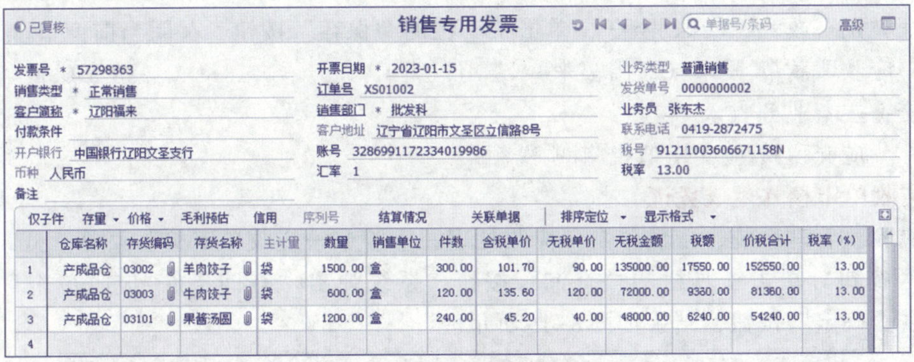

已复核 销售专用发票 单据号/条码 高级

发票号 * 57298363　开票日期 * 2023-01-15　业务类型 普通销售

销售类型 * 正常销售　订单号 XS01002　发货单号 0000000002

客户简称 * 辽阳福来　销售部门 * 批发科　业务员 张东杰

付款条件　客户地址 辽宁省辽阳市文圣区立信路8号　联系电话 0419-2872475

开户银行 中国银行辽阳文圣支行　账号 3286991172334019986　税号 91211003606671158N

币种 人民币　汇率 1　税率 13.00

备注

仅子件 存量 价格 毛利预估 信用 序列号 结算情况 关联单据 排序定位 显示格式

	仓库名称	存货编码	存货名称	主计量	数量	销售单位	件数	含税单价	无税单价	无税金额	税额	价税合计	税率（%）
1	产成品仓	03002	羊肉饺子	袋	1500.00	盒	300.00	101.70	90.00	135000.00	17550.00	152550.00	13.00
2	产成品仓	03003	牛肉饺子	袋	600.00	盒	120.00	135.60	120.00	72000.00	9360.00	81360.00	13.00
3	产成品仓	03101	果酱汤圆	袋	1200.00	盒	240.00	45.20	40.00	48000.00	6240.00	54240.00	13.00
4													

图8-16 销售专用发票

3.参照发货单生成销售出库单

2023年1月15日，由孟梓楠（C01）登录U8企业应用平台。在U8企业应用平台，依次单击“业务工作→供应链→库存管理→销售出库→销售出库单”菜单，系统打开“销售出库单”窗口。执行工具栏的“增加→销售发货单”命令，系统弹出“查询条件-销售发货单列表”对话框，单击“确定”按钮，系统打开“销售生单”窗口。单击上一步所生成发货单对应的“选择”栏。单击工具栏的“确定”按钮，系统返回“销售出库单”窗口。

根据实验资料，单击“修改”按钮，将表头“出库单号”修改为“CKB01002”，其他项默认。单击工具栏的“保存”按钮，再单击“审核”按钮，结果如图8-17所示。

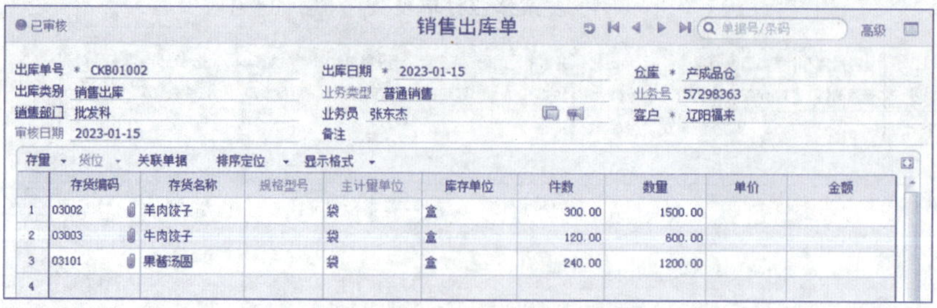

	存货编码	存货名称	规格型号	主计量单位	库存单位	件数	数量	单价	金额
1	03002	羊肉饺子		袋	盒	300.00	1500.00		
2	03003	牛肉饺子		袋	盒	120.00	600.00		
3	03101	果酱汤圆		袋	盒	240.00	1200.00		
4									

图8-17 销售出库单

4.销售发票审核并生成凭证

2023年1月15日，由王家宝（W02）登录U8企业应用平台。在U8企业应用平台，依次单击“业务工作→财务会计→应收款管理→应收处理→销售发票→销售发票审核”菜单，打开“销售发票审核”窗口。单击工具栏的“查询”按钮，系统弹出“查询条件-发票查询”对话框，单击“确定”按钮，结果如图8-18所示。

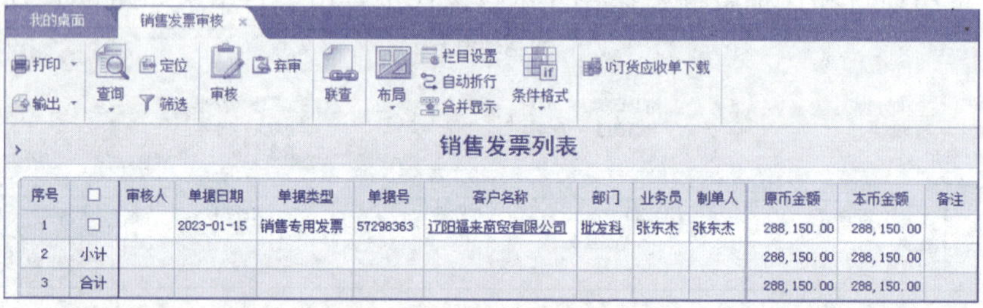

序号	☐	审核人	单据日期	单据类型	单据号	客户名称	部门	业务员	制单人	原币金额	本币金额	备注
1	☐		2023-01-15	销售专用发票	57298363	辽阳福来商贸有限公司	批发科	张东杰	张东杰	288, 150.00	288, 150.00	
2	小计									288, 150.00	288, 150.00	
3	合计									288, 150.00	288, 150.00	

图8-18 销售发票列表

双击辽阳福来销售发票的单据号“57298363”，系统打开该发票，单击工具栏的“审核”按钮，系统提示“是否立即制单？”，单击“是”，系统自动打开“填制凭证”窗口。将“凭证类别”改为“转账凭证”，单击工具栏的“保存”按钮。关闭当前窗口。

借：应收账款/人民币（辽阳福来）	288 150.00	
贷：主营业务收入		255 000.00
应交税费/应交增值税/销项税额		33 150.00

5.其他应收单审核并生成凭证

在应收款管理系统，依次单击“应收处理→应收单→应收单审核”菜单，打开“应收单审核”窗口。单击工具栏的“查询”按钮，系统弹出“查询条件-应收单查询”对话框，单击“确定”按钮，结果如图8-19所示。

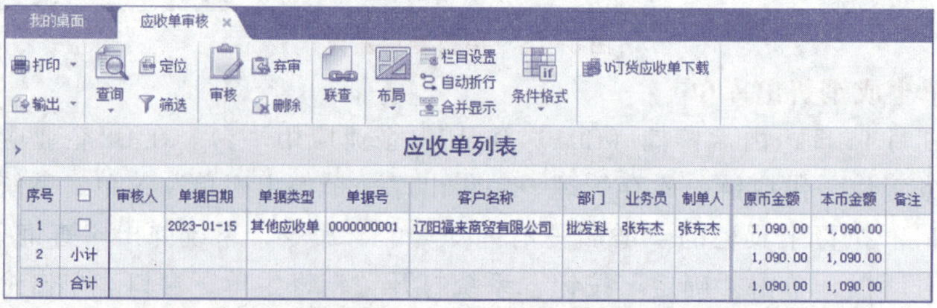

序号	☐	审核人	单据日期	单据类型	单据号	客户名称	部门	业务员	制单人	原币金额	本币金额	备注
1	☐		2023-01-15	其他应收单	0000000001	辽阳福来商贸有限公司	批发科	张东杰	张东杰	1, 090.00	1, 090.00	
2	小计									1, 090.00	1, 090.00	
3	合计									1, 090.00	1, 090.00	

图8-19 应收单列表

双击15日辽阳福来其他应收单那一行任意单元格，系统打开该应收单，单击工具栏的“审核”按钮，系统提示“是否立即制单?”，单击“是”，系统自动打开“填制凭证”窗口。将“凭证类别”改为“付款凭证”，第2行分录补充会计科目“银行存款/锦州银行/锦州凌河支行”，同时补充结算方式及票据号，单击“保存”按钮。

借：应收账款/人民币（辽阳福来）	1 090.00	
贷：银行存款/锦州银行/锦州凌河支行		1 090.00

6.正常单据记账

在存货核算系统，依次单击“记账→正常单据记账”菜单，系统打开“未记账单据一览表”窗口，单击工具栏的“查询”按钮，系统打开“查询条件”对话框，单击“确定”按钮，系统显示正常单据记账列表。单击57298363号发票三行记录的“选择”栏，再单击工具栏的“记账”按钮，系统提示记账成功，单击“确定”按钮。关闭当前窗口。

7.填制银行承兑汇票

2023年1月16日，由范英晨（W03）登录U8企业应用平台。在U8企业应用平台，依次单击“业务工作→财务会计→应收款管理→票据管理→票据录入”菜单，打开“应收票据录入”窗口。单击“增加”按钮，根据实验资料填制银行承兑汇票并保存，结果如图8-20所示。

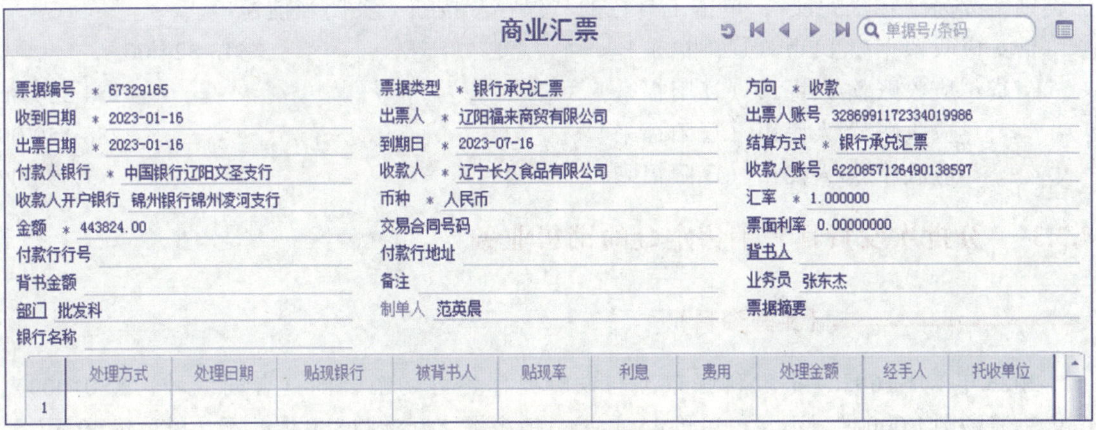
商业汇票

单据号/条码

票据编号 * 67329165	票据类型 * 银行承兑汇票	方向 * 收款
收到日期 * 2023-01-16	出票人 * 辽阳福来商贸有限公司	出票人账号 3286991172334019986
出票日期 * 2023-01-16	到期日 * 2023-07-16	结算方式 * 银行承兑汇票
付款人银行 * 中国银行辽阳文圣支行	收款人 * 辽宁长久食品有限公司	收款人账号 6220857126490138597
收款人开户银行 锦州银行锦州凌河支行	币种 * 人民币	汇率 * 1.000000
金额 * 443824.00	交易合同号码	票面利率 0.00000000
付款行行号	付款行地址	背书人
背书金额	备注	业务员 张东杰
部门 批发科	制单人 范英晨	票据摘要
银行名称		

	处理方式	处理日期	贴现银行	被背书人	贴现率	利息	费用	处理金额	经手人	托收单位
1										

图8-20 商业汇票

8.收款单据审核

2023年1月16日，由王家宝（W02）登录U8企业应用平台。在U8企业应用平台，依次单击“业务工作→财务会计→应收款管理→收款处理→收款单据审核”菜单，打开“收款单据审核”窗口。单击工具栏的“查询”按钮，系统打开“查询条件-收付款单过滤”对话框，单击“确定”按钮，系统返回“收款单据审核”窗口。依次单击“全选”“审核”按钮，系统提示审核成功，单击“确定”。关闭当前窗口。

9.手工核销处理，（合并）生成凭证

（1）手工核销处理。在应收款管理系统，依次单击“核销处理→手工核销”菜单，打开“核销条件”对话框，客户选择“辽阳福来”，单击“确定”按钮，打开“手工核销”窗口。输入本次结算金额，如图8-21所示，单击“确认”按钮。关闭当前窗口。

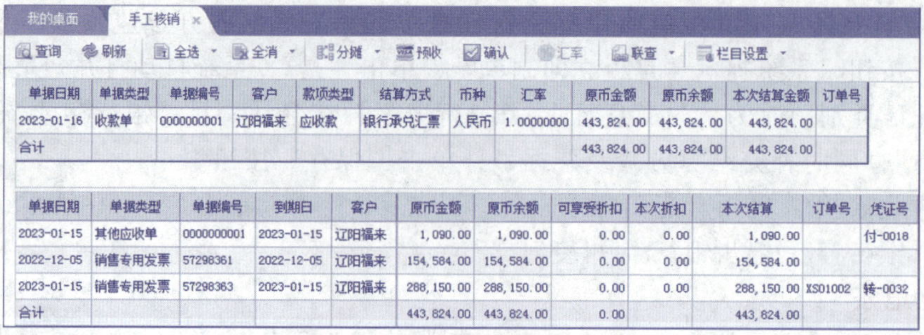

单据日期	单据类型	单据编号	客户	款项类型	结算方式	币种	汇率	原币金额	原币余额	本次结算金额	订单号
2023-01-16	收款单	0000000001	辽阳福来	应收款	银行承兑汇票	人民币	1.00000000	443,824.00	443,824.00	443,824.00	
合计								443,824.00	443,824.00	443,824.00	

单据日期	单据类型	单据编号	到期日	客户	原币金额	原币余额	可享受折扣	本次折扣	本次结算	订单号	凭证号
2023-01-15	其他应收单	0000000001	2023-01-15	辽阳福来	1,090.00	1,090.00	0.00	0.00	1,090.00		付-0018
2022-12-05	销售专用发票	57298361	2022-12-05	辽阳福来	154,584.00	154,584.00	0.00	0.00	154,584.00		
2023-01-15	销售专用发票	57298363	2023-01-15	辽阳福来	288,150.00	288,150.00	0.00	0.00	288,150.00	XS01002	转-0032
合计					443,824.00	443,824.00	0.00		443,824.00		

图 8-21 “手工核销”窗口

【提示】

在“核销条件”对话框，若“收付款单”页签的“单据类型”选择收款单，则被核销单据列表中可以显示：蓝字发票、蓝字其他应收单、付款单。

在“核销条件”对话框，若“收付款单”页签的“单据类型”选择付款单，则被核销单据列表中可以显示：红字发票、红字其他应收单、收款单。

（2）（合并）生成凭证。在应收款管理系统，依次单击“凭证处理→生成凭证”菜单，打开“制单查询”窗口，依次勾选“收付款单”“核销”，单击“确定”，打开“生成凭证”窗口。依次单击工具栏的“合并”“制单”按钮，系统生成一张记账凭证，将“凭证类别”改为“转账凭证”，单击工具栏的“保存”按钮。关闭当前窗口。

借：应收票据/人民币（辽阳福来）　　443 824.00
　贷：应收账款/人民币（辽阳福来）　　154 584.00
　　　应收账款/人民币（辽阳福来）　　288 150.00
　　　应收账款/人民币（辽阳福来）　　1 090.00

8.3.3 分批次发货且有销售定金的销售业务

【实验资料】

2023年1月16日，批发科张东杰与铁岭兆伟签订购销合同（合同编号：XS01003），销售果酱汤圆1 000袋，不含税单价45元/袋，销售黑芝麻汤圆800袋，不含税单价60元/袋，全部货物价税合计105 090元。合同约定签订合同当日买方支付20%销售定金，卖方发出两种货物各40%，1月17日发出剩余货物，月底前结清货款。

当日收到销售定金21 018元，结算方式为电汇（票据号：31478698），发出第一批货物（出库单号：CKB01003）。

2023年1月17日，发出第二批货物（出库单号：CKB01004），开具增值税专用发票（票号：57298364）。

分批次发货且有销售定金的销售业务

【实验过程】

1.填制销售订单

2023年1月16日，由张东杰（X01）登录U8企业应用平台。在U8企业应用平台，依次单击“业务工作→供应链→销售管理→销售订货→销售订单”菜单，打开“销售订单”

窗口。单击工具栏的“增加”按钮，根据实验资料填制销售订单。其中，订单表头“必有定金”选择“是”，“定金比例（%）”输入“20”；因本业务是分批发货的销售业务，所以订单表体需拆分成两行。填制完毕，单击工具栏的“保存”按钮，结果如图8-22所示。注意，销售定金收款单未生成之前，本销售订单暂不能审核。

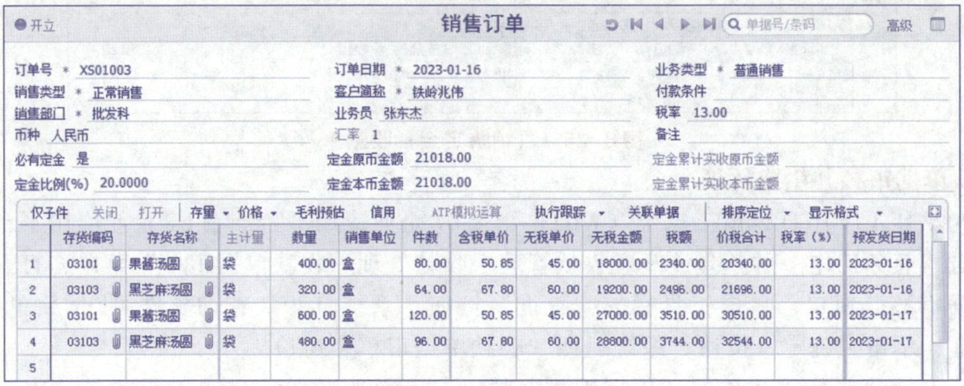

	存货编码	存货名称	主计量	数量	销售单位	件数	含税单价	无税单价	无税金额	税额	价税合计	税率（%）	预发货日期
1	03101	果酱汤圆	袋	400.00	盒	80.00	50.85	45.00	18000.00	2340.00	20340.00	13.00	2023-01-16
2	03103	黑芝麻汤圆	袋	320.00	盒	64.00	67.80	60.00	19200.00	2496.00	21696.00	13.00	2023-01-16
3	03101	果酱汤圆	袋	600.00	盒	120.00	50.85	45.00	27000.00	3510.00	30510.00	13.00	2023-01-17
4	03103	黑芝麻汤圆	袋	480.00	盒	96.00	67.80	60.00	28800.00	3744.00	32544.00	13.00	2023-01-17
5													

图8-22　销售订单

2.填制款项类型为“销售定金”的收款单

2023年1月16日，由范英晨（W03）登录U8企业应用平台。在U8企业应用平台，依次单击“业务工作→财务会计→应收款管理→收款处理→收款单据录入”菜单，打开“收款单据录入”窗口。执行“增加→销售定金”命令，如图8-23所示。系统弹出“查询条件-参照订单”对话框，单击“确定”按钮，打开“拷贝并执行”窗口，如图8-24所示。

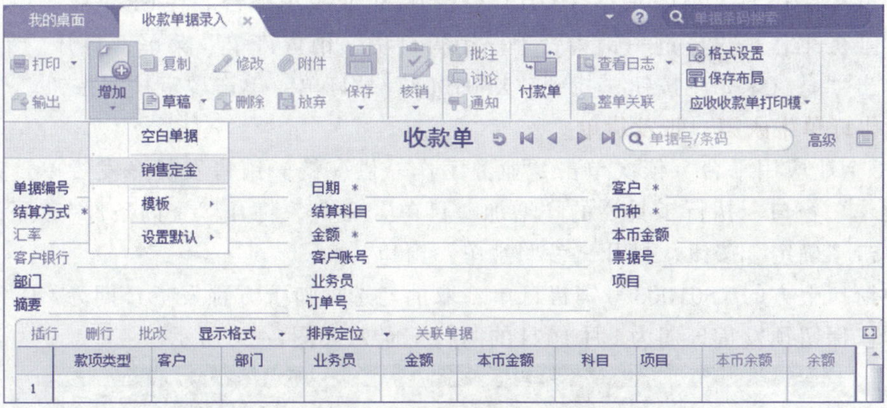

图8-23　“收款单据录入”窗口

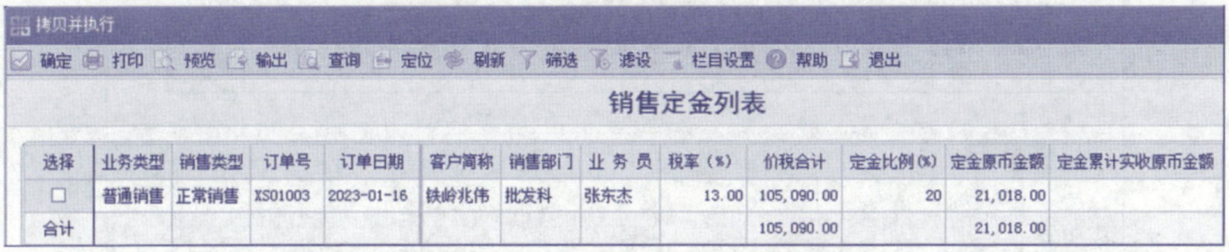

选择	业务类型	销售类型	订单号	订单日期	客户简称	销售部门	业务员	税率（%）	价税合计	定金比例(%)	定金原币金额	定金累计实收原币金额
□	普通销售	正常销售	XS01003	2023-01-16	铁岭兆伟	批发科	张东杰	13.00	105,090.00	20	21,018.00	
合计									105,090.00		21,018.00	

图8-24　“拷贝并执行”窗口

选中XS01003号销售订单所在行的“选择”栏，单击“确定”按钮，返回“收款单据录入”窗口。根据实验资料，补充收款单表头“结算方式”为“电汇”，“票据号”输入“31478698”，单击“保存”，结果如图8-25所示。

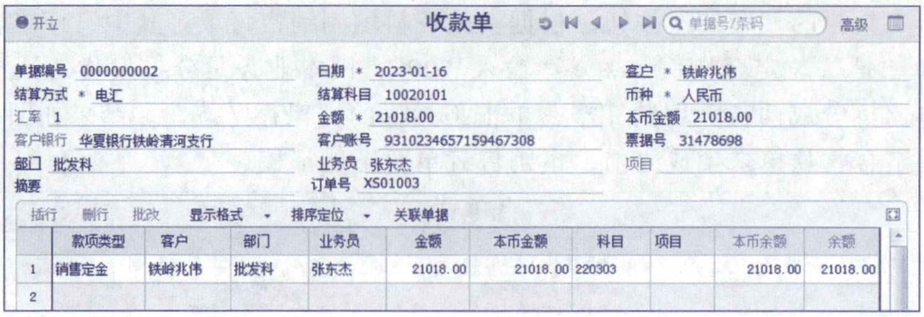

图 8-25 （销售定金）收款单

3. 收款单据审核并生成凭证

2023年1月16日，由王家宝（W02）登录U8企业应用平台。在U8企业应用平台，依次单击“业务工作→财务会计→应收款管理→收款处理→收款单据审核”菜单，打开“收款单据审核”窗口。单击工具栏的“查询”按钮，系统打开“查询条件-收付款单过滤”对话框，单击“确定”按钮，系统返回“收款单据审核”窗口。

双击铁岭兆伟收款单的“单据编号”栏，打开该收款单。单击工具栏的“审核”按钮，系统提示是否立即制单，单击“是”，系统打开“填制凭证”窗口并生成一张记账凭证，将“凭证类别”改为“收款凭证”，单击“保存”按钮。

借：银行存款/锦州银行/锦州凌河支行	21 018.00	
贷：预收账款/销售定金（铁岭兆伟）		21 018.00

4. 审核销售订单

2023年1月16日，由张东杰（X01）登录U8企业应用平台。在U8企业应用平台，依次单击“业务工作→供应链→销售管理→销售订货→销售订单”菜单，打开“销售订单”窗口。单击“▶”（末张）按钮，找到“XS01003”号订单，单击“审核”按钮。

5. 参照销售订单生成第一张发货单

在U8企业应用平台，依次单击“业务工作→供应链→销售发货→发货单”菜单，打开“发货单”窗口。执行工具栏的“增加→订单”命令，打开“查询条件-参照订单”对话框，单击“确定”按钮，打开“参照生单”窗口。

选中窗口上方的XS01003号销售订单，取消勾选窗口下方预发货日期为1月17日的两行记录，仅保留预发货日期为1月16日的两行记录，如图8-26所示。

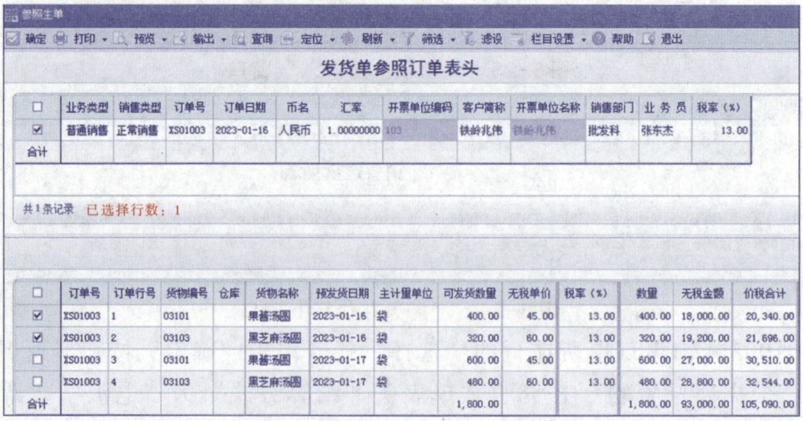

图 8-26 “参照生单”窗口

单击工具栏的“确定”按钮，系统返回“发货单”窗口。发货单表体“仓库名称”选择“产成品仓”。保存并审核该发货单，结果如图8-27所示。

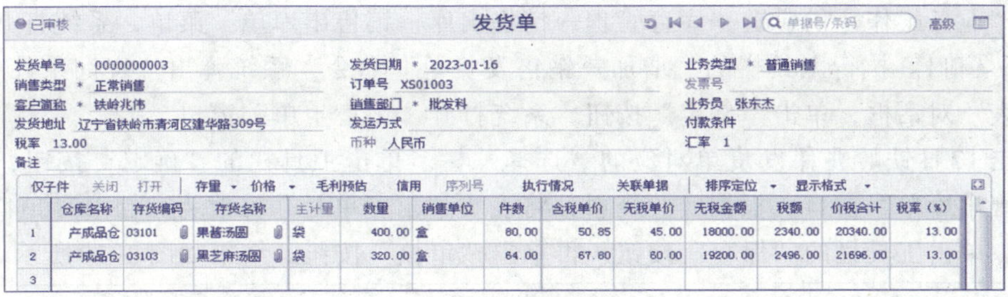

已审核　发货单

发货单号 * 0000000003　发货日期 * 2023-01-16　业务类型 * 普通销售
销售类型 * 正常销售　订单号 XS01003　发票号
客户简称 * 铁岭兆伟　销售部门 * 批发科　业务员 张东杰
发货地址 辽宁省铁岭市清河区建华路309号　发运方式　付款条件
税率 13.00　币种 人民币　汇率 1
备注

	仓库名称	存货编码	存货名称	主计量	数量	销售单位	件数	含税单价	无税单价	无税金额	税额	价税合计	税率（%）
1	产成品仓	03101	果酱汤圆	袋	400.00	盒	80.00	50.85	45.00	18000.00	2340.00	20340.00	13.00
2	产成品仓	03103	黑芝麻汤圆	袋	320.00	盒	64.00	67.80	60.00	19200.00	2496.00	21696.00	13.00
3													

图8-27　发货单

6.参照发货单生成销售出库单

2023年1月16日，由孟梓楠（C01）登录U8企业应用平台。在U8企业应用平台，依次单击“业务工作→供应链→库存管理→销售出库→销售出库单”菜单，系统打开“销售出库单”窗口。执行工具栏的“增加→销售发货单”命令，系统弹出“查询条件-销售发货单列表”对话框，单击“确定”按钮，系统打开“销售生单”窗口。

单击16日铁岭兆伟发货单对应的“选择”栏。单击工具栏的“确定”按钮，系统返回“销售出库单”窗口。根据实验资料，将表头“出库单号”修改为“CKB01003”，其他项默认。单击工具栏的“保存”按钮，再单击“审核”按钮，结果如图8-28所示。

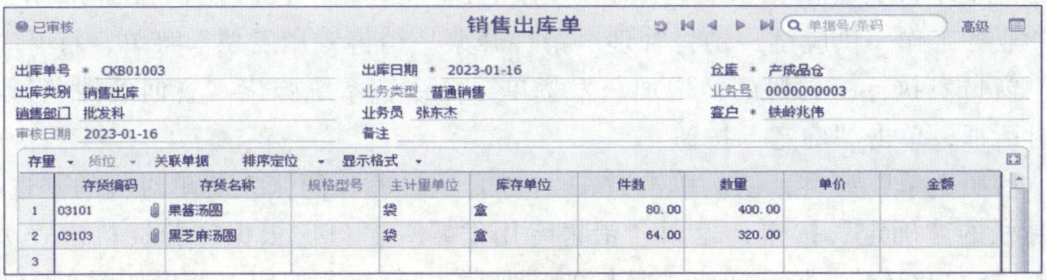

已审核　销售出库单

出库单号 * CKB01003　出库日期 * 2023-01-16　仓库 * 产成品仓
出库类别 销售出库　业务类型 普通销售　业务号 0000000003
销售部门 批发科　业务员 张东杰　客户 * 铁岭兆伟
审核日期 2023-01-16　备注

	存货编码	存货名称	规格型号	主计量单位	库存单位	件数	数量	单价	金额
1	03101	果酱汤圆		袋	盒	80.00	400.00		
2	03103	黑芝麻汤圆		袋	盒	64.00	320.00		
3									

图8-28　销售出库单

7.参照销售订单生成第二张发货单

2023年1月17日，由张东杰（X01）登录U8企业应用平台。在U8企业应用平台，依次单击“业务工作→供应链→销售管理→销售发货→发货单”菜单，打开“发货单”窗口。选择工具栏的“增加→订单”命令，打开“查询条件-参照订单”对话框，单击“确定”按钮，打开“参照生单”窗口。选中XS01003号销售订单的“选择”栏，单击“确定”按钮，系统返回“发货单”窗口。发货单表体“仓库名称”选择“产成品仓”。保存并审核该发货单，结果如图8-29所示。

已审核　发货单

发货单号 * 0000000004　发货日期 * 2023-01-17　业务类型 * 普通销售
销售类型 * 正常销售　订单号 XS01003　发票号
客户简称 * 铁岭兆伟　销售部门 * 批发科　业务员 张东杰
发货地址 辽宁省铁岭市清河区建华路309号　发运方式　付款条件
税率 13.00　币种 人民币　汇率 1
备注

	仓库名称	存货编码	存货名称	主计量	数量	销售单位	件数	含税单价	无税单价	无税金额	税额	价税合计	税率（%）
1	产成品仓	03101	果酱汤圆	袋	600.00	盒	120.00	50.85	45.00	27000.00	3510.00	30510.00	13.00
2	产成品仓	03103	黑芝麻汤圆	袋	480.00	盒	96.00	67.80	60.00	28800.00	3744.00	32544.00	13.00
3													

图8-29　发货单

8.参照发货单生成销售出库单

2023年1月17日，由孟梓楠（C01）登录U8企业应用平台。在U8企业应用平台，依次单击“业务工作→供应链→库存管理→销售出库→销售出库单”菜单，系统打开“销售出库单”窗口。执行工具栏的“增加→销售发货单”命令，系统弹出“查询条件-销售发货单列表”对话框，单击“确定”按钮，系统打开“销售生单”窗口。

单击17日铁岭兆伟发货单对应的“选择”栏。单击工具栏的“确定”按钮，系统返回“销售出库单”窗口。根据实验资料，将表头“出库单号”修改为“CKB01004”，其他项默认。单击工具栏的“保存”按钮，再单击“审核”按钮，结果如图8-30所示。

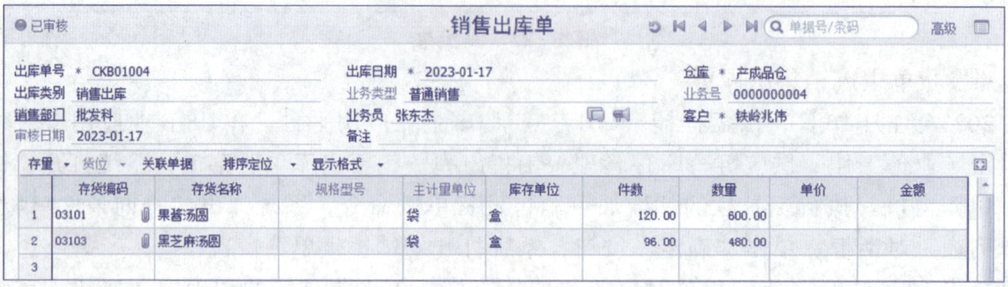

已审核 销售出库单 单据号/条码 高级

出库单号 * CKB01004　出库日期 * 2023-01-17　仓库 * 产成品仓
出库类别 销售出库　业务类型 普通销售　业务号 0000000004
销售部门 批发科　业务员 张东杰　客户 * 铁岭兆伟
审核日期 2023-01-17　备注

存量 货位 关联单据 排序定位 显示格式

	存货编码	存货名称	规格型号	主计量单位	库存单位	件数	数量	单价	金额
1	03101	果酱汤圆		袋	盒	120.00	600.00		
2	03103	黑芝麻汤圆		袋	盒	96.00	480.00		
3									

图8-30　销售出库单

9.参照发货单生成销售专用发票

2023年1月17日，由张东杰（X01）登录U8企业应用平台。在U8企业应用平台，依次单击“业务工作→供应链→销售管理→销售开票→销售专用发票”菜单，打开“销售专用发票”窗口。执行工具栏的“增加→发货单”命令，系统弹出“查询条件-发票参照发货单”对话框，单击“确定”按钮。

在“参照生单”窗口，依次单击16日、17日铁岭兆伟两张发货单对应的“选择”栏。单击工具栏的“确定”按钮，返回“销售专用发票”窗口。根据实验资料，表头“发票号”填入“57298364”。依次单击工具栏的“保存”“复核”按钮，结果如图8-31所示。

已复核 销售专用发票 单据号/条码 高级

发票号 * 57298364　开票日期 * 2023-01-17　业务类型 普通销售
销售类型 * 正常销售　订单号 XS01003　发货单号 0000000003，0000000004
客户简称 * 铁岭兆伟　销售部门 * 批发科　业务员 张东杰
付款条件　客户地址 辽宁省铁岭市清河区建华路309号　联系电话 024-76312289
开户银行 华夏银行铁岭清河支行　账号 9310234657159467308　税号 91211204523160500E
币种 人民币　汇率 1　税率 13.00
备注

仅子件 存量 价格 毛利预估 信用 序列号 结算情况 关联单据 排序定位 显示格式

	仓库名称	存货编码	存货名称	主计量	数量	销售单位	件数	含税单价	无税单价	无税金额	税额	价税合计	税率（%）
1	产成品仓	03101	果酱汤圆	袋	400.00	盒	80.00	50.85	45.00	18000.00	2340.00	20340.00	13.00
2	产成品仓	03103	黑芝麻汤圆	袋	320.00	盒	64.00	67.80	60.00	19200.00	2496.00	21696.00	13.00
3	产成品仓	03101	果酱汤圆	袋	600.00	盒	120.00	50.85	45.00	27000.00	3510.00	30510.00	13.00
4	产成品仓	03103	黑芝麻汤圆	袋	480.00	盒	96.00	67.80	60.00	28800.00	3744.00	32544.00	13.00
5													

图8-31　销售专用发票

10.定金转货款，生成款项类型为“应收款”的收款单

2023年1月17日，由范英晨（W03）登录U8企业应用平台。在U8企业应用平台，依次单击“业务工作→财务会计→应收款管理→收款处理→收款单据录入”菜单，打开“收款单据录入”窗口。单击“▶|”（末张）按钮，找到“铁岭兆伟”的定金收款单。

选择工具栏的“转出→转货款”命令，如图8-32所示，打开“销售定金转出”对话框，如图8-33所示。单击“确定”按钮，系统提示“转出成功生成1张收款单”，单击“确定”按钮。

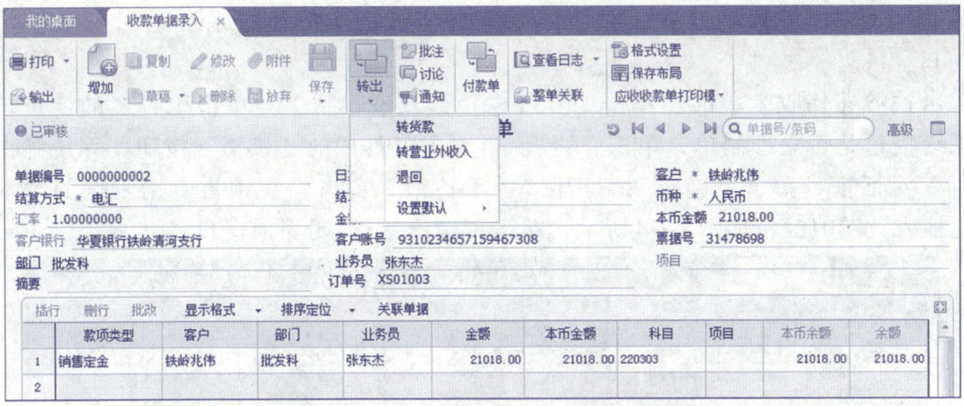

图8-32 “收款单据录入”窗口

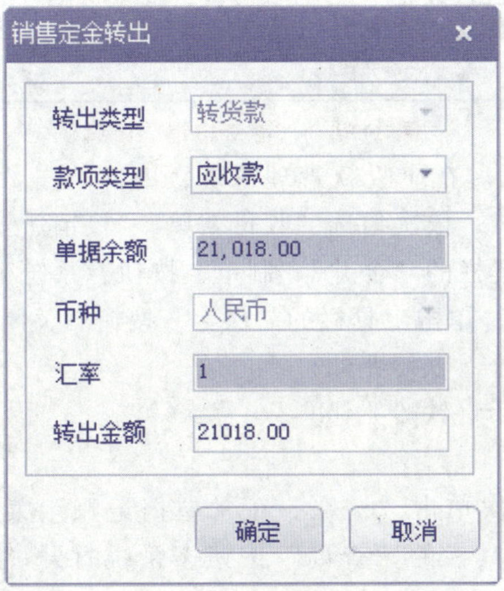

图8-33 销售定金转出

11.销售发票审核并生成凭证

2023年1月17日，由王家宝（W02）登录U8企业应用平台。在U8企业应用平台，依次单击“业务工作→财务会计→应收款管理→应收处理→销售发票→销售发票审核”菜单，打开“销售发票审核”窗口。单击工具栏的“查询”按钮，系统弹出“查询条件-发票查询”对话框，单击“确定”按钮。

双击铁岭兆伟销售发票的单据号“57298364”，系统打开该发票，单击工具栏的“审核”按钮，系统提示“是否立即制单?”，单击“是”，系统自动打开“填制凭证”窗口。将“凭证类别”改为“转账凭证”，单击工具栏的“保存”按钮。关闭当前已打开窗口。

借：应收账款/人民币（铁岭兆伟）	105 090.00	
贷：主营业务收入		93 000.00
应交税费/应交增值税/销项税额		12 090.00

12.收款单据审核并手工核销处理，（合并）生成凭证

（1）收款单据审核并手工核销处理。在应收款管理系统，依次单击“收款处理→收款单据审核”菜单，打开“收款单据审核”窗口。单击工具栏的“查询”按钮，系统打开“查询条件-收付款单过滤”对话框，单击“确定”按钮，系统返回“收款单据审核”窗口。

双击铁岭兆伟收款单的“单据编号”栏，打开该收款单。单击工具栏的“审核”按钮，系统提示是否立即制单，单击“否”。再单击工具栏的“核销”按钮，系统弹出“核销条件”对话框，单击“确定”，打开“手工核销”窗口。在销售专用发票的“本次结算”栏输入“21018”，如图8-34所示，单击“确认”。关闭当前窗口。

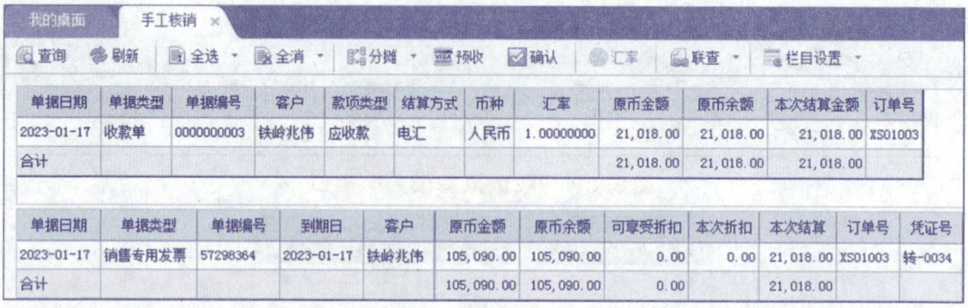

单据日期	单据类型	单据编号	客户	款项类型	结算方式	币种	汇率	原币金额	原币余额	本次结算金额	订单号
2023-01-17	收款单	0000000003	铁岭兆伟	应收款	电汇	人民币	1.00000000	21,018.00	21,018.00	21,018.00	XS01003
合计								21,018.00	21,018.00	21,018.00	

单据日期	单据类型	单据编号	到期日	客户	原币金额	原币余额	可享受折扣	本次折扣	本次结算	订单号	凭证号
2023-01-17	销售专用发票	57298364	2023-01-17	铁岭兆伟	105,090.00	105,090.00	0.00	0.00	21,018.00	XS01003	转-0034
合计					105,090.00	105,090.00	0.00		21,018.00		

图8-34 “手工核销”窗口

（2）（合并）生成凭证。在应收款管理系统，依次单击“凭证处理→生成凭证”菜单，打开“制单查询”窗口，依次勾选“收付款单”“核销”，单击“确定”，打开“生成凭证”窗口。依次单击工具栏的“合并”“制单”按钮，系统生成一张记账凭证，将“凭证类别”改为“转账凭证”，单击工具栏的“保存”按钮。关闭当前窗口。

借：预收账款/销售定金（铁岭兆伟）　　21 018.00

　贷：应收账款/人民币（铁岭兆伟）　　21 018.00

13.正常单据记账

在存货核算系统，依次单击“记账→正常单据记账”菜单，系统打开“未记账单据一览表”窗口，单击工具栏的“查询”按钮，系统打开“查询条件”对话框，单击“确定”按钮，系统显示正常单据记账列表。单击57298364号发票四行记录的“选择”栏，再单击工具栏的“记账”按钮，系统提示记账成功，单击“确定”按钮。关闭当前窗口。

8.3.4　分仓库出库且有现金折扣的销售业务

【实验资料】

2023年1月17日，批发科张东杰与沈阳万鑫签订购销合同（合同编号：XS01004），销售猪肉饺子1 000袋，不含税单价50元/袋，销售包装箱20个，不含税单价5元/个，全部货物价税合计56 613元；合同约定卖方承担运费；付款条件：2/10，1/20，n/30。

当日开具增值税专用发票（票号：57298365）并发出全部货物（包装箱出库单号：CKB01005；猪肉饺子出库单号：CKB01006）。收到沈阳顺达开具的金额为872元的运费增值税普通发票，发票显示运输数量200千米，含税单价4.36元/千米。

2023年1月18日，收到沈阳万鑫货款55 611元，结算方式为电汇（票据号：52431396）。

【实验过程】

1.填制销售订单

2023年1月17日，由张东杰（X01）登录U8企业应用平台。在U8企业应用平台，依次单击“业务工作→供应链→销售管理→销售订货→销售订单”菜单，打开“销售订单”窗口。单击工具栏的“增加”按钮，根据实验资料填制销售订单。注意，订单表头的“付款条件”选择“2/10，1/20，n/30”。填制完毕，依次单击工具栏的“保存”“审核”按钮，结果如图8-35所示。

分仓库出库且有现金折扣的销售业务

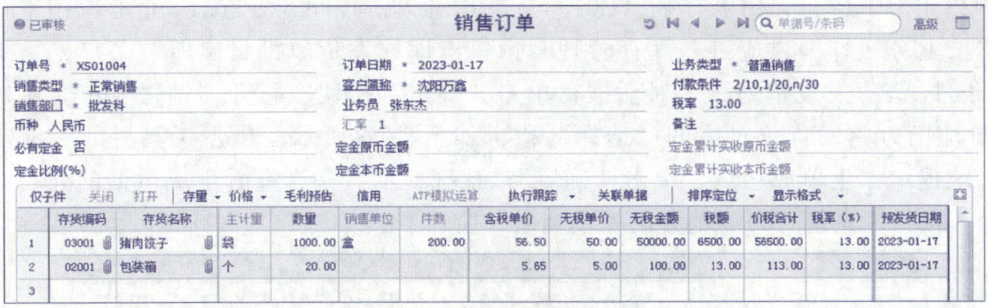

已审核 销售订单

订单号 * XS01004　订单日期 * 2023-01-17　业务类型 * 普通销售
销售类型 * 正常销售　客户简称 * 沈阳万鑫　付款条件 2/10,1/20,n/30
销售部门 * 批发科　业务员 张东杰　税率 13.00
币种 人民币　汇率 1　备注
必有定金 否　定金原币金额　定金累计实收原币金额
定金比例(%)　定金本币金额　定金累计实收本币金额

	存货编码	存货名称	主计量	数量	销售单位	件数	含税单价	无税单价	无税金额	税额	价税合计	税率（%）	预发货日期
1	03001	猪肉饺子	袋	1000.00	盒	200.00	56.50	50.00	50000.00	6500.00	56500.00	13.00	2023-01-17
2	02001	包装箱	个	20.00			5.65	5.00	100.00	13.00	113.00	13.00	2023-01-17
3													

图8-35　销售订单

2.参照销售订单生成销售专用发票

在销售管理系统，依次单击“销售开票→销售专用发票”菜单，打开“销售专用发票”窗口。选中工具栏的“增加→订单”命令，打开“查询条件-参照订单”窗口，单击“确定”按钮，打开“参照生单”窗口。选中XS01004号销售订单，单击“确定”，系统返回“销售专用发票”窗口。根据实验资料，表头“发票号”填入“57298365”，表体第1行“仓库名称”选择“产成品仓”，第2行“仓库名称”选择“周转材料仓”。单击工具栏的“保存”按钮。

在“销售专用发票”窗口，单击“支出”按钮，打开“销售费用支出单”窗口。根据实验资料，表头“费用供货商名称”选择“沈阳顺达”，“单据流向”选择“其他应付单”；表体“费用项目”选择“运输费”，“支出金额”输入“872”。保存并审核该销售费用支出单，结果如图8-36所示。

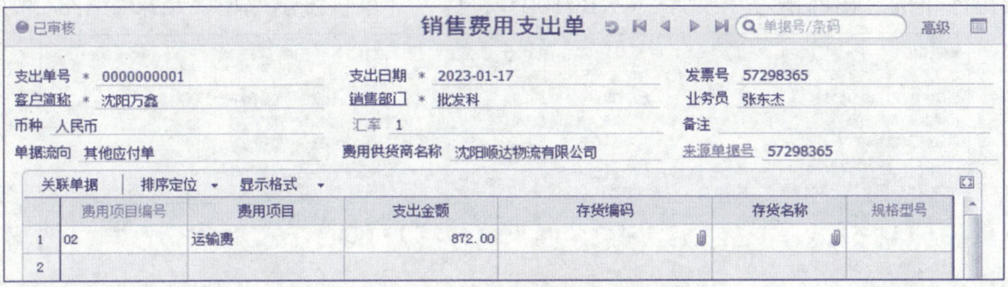

已审核 销售费用支出单

支出单号 * 0000000001　支出日期 * 2023-01-17　发票号 57298365
客户简称 * 沈阳万鑫　销售部门 * 批发科　业务员 张东杰
币种 人民币　汇率 1　备注
单据流向 其他应付单　费用供货商名称 沈阳顺达物流有限公司　来源单据号 57298365

	费用项目编号	费用项目	支出金额	存货编码	存货名称	规格型号
1	02	运输费	872.00			
2						

图8-36　销售费用支出单

退出“销售费用支出单”窗口，在“销售专用发票”窗口，单击工具栏的“复核”按钮，结果如图8-37所示。

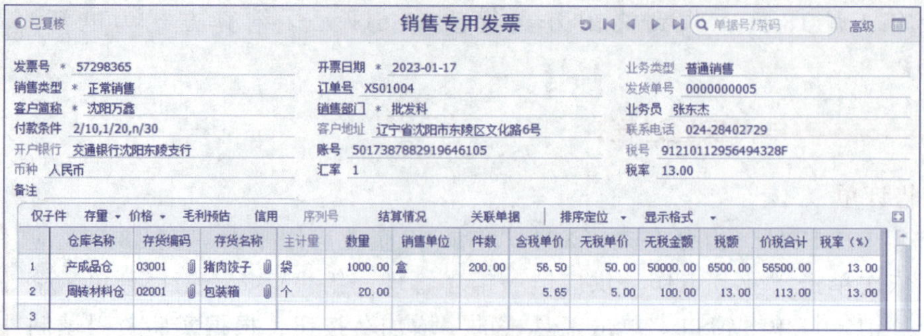

已复核

销售专用发票

发票号 * 57298365	开票日期 * 2023-01-17	业务类型 普通销售
销售类型 * 正常销售	订单号 XS01004	发货单号 0000000005
客户简称 * 沈阳万鑫	销售部门 * 批发科	业务员 张东杰
付款条件 2/10,1/20,n/30	客户地址 辽宁省沈阳市东陵区文化路6号	联系电话 024-28402729
开户银行 交通银行沈阳东陵支行	账号 5017387882919646105	税号 91210112956494328F
币种 人民币	汇率 1	税率 13.00
备注		

	仓库名称	存货编码	存货名称	主计量	数量	销售单位	件数	含税单价	无税单价	无税金额	税额	价税合计	税率(%)
1	产成品仓	03001	猪肉饺子	袋	1000.00	盒	200.00	56.50	50.00	50000.00	6500.00	56500.00	13.00
2	周转材料仓	02001	包装箱	个	20.00			5.65	5.00	100.00	13.00	113.00	13.00
3													

图 8-37 销售专用发票

3.批量生成销售出库单

2023年1月17日，由孟梓楠（C01）登录U8企业应用平台。在U8企业应用平台，依次单击“业务工作→供应链→库存管理→销售出库→发货单批量出库”菜单，系统弹出“查询条件-销售发货单列表”对话框，单击“确定”按钮，打开“销售生单”窗口。单击17日沈阳万鑫发货单对应的“选择”栏，如图8-38所示。单击工具栏的“确定”按钮，系统提示“生单成功!”，单击“确定”，系统提示“是否查看生成单据的列表?”，单击“是”按钮，系统打开“销售出库单列表”窗口。

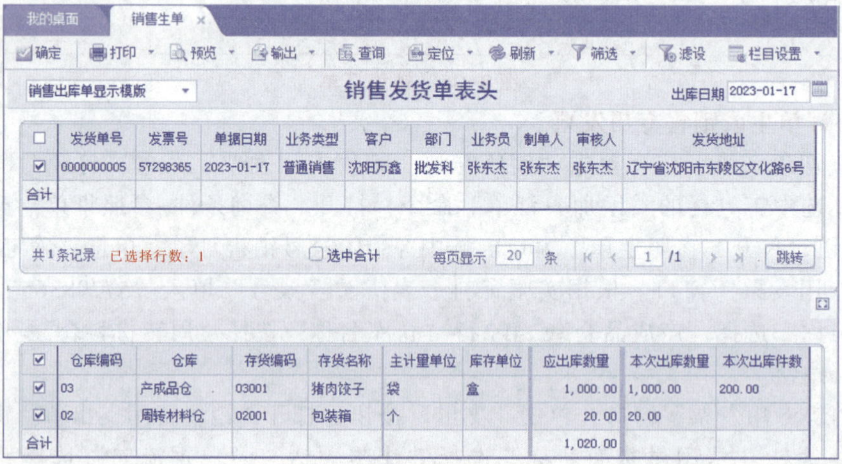

销售生单

销售发货单表头　出库日期 2023-01-17

☐	发货单号	发票号	单据日期	业务类型	客户	部门	业务员	制单人	审核人	发货地址
☑	0000000005	57298365	2023-01-17	普通销售	沈阳万鑫	批发科	张东杰	张东杰	张东杰	辽宁省沈阳市东陵区文化路6号
合计										

共1条记录 已选择行数：1

☑	仓库编码	仓库	存货编码	存货名称	主计量单位	库存单位	应出库数量	本次出库数量	本次出库件数
☑	03	产成品仓	03001	猪肉饺子	袋	盒	1,000.00	1,000.00	200.00
☑	02	周转材料仓	02001	包装箱	个		20.00	20.00	
合计							1,020.00		

图 8-38 “销售生单”窗口

双击包装箱的“出库单号”栏，打开该销售出库单。根据实验资料，单击“修改”按钮，将销售出库单的“出库单号”改为“CKB01005”，保存并审核该出库单，结果如图8-39所示。

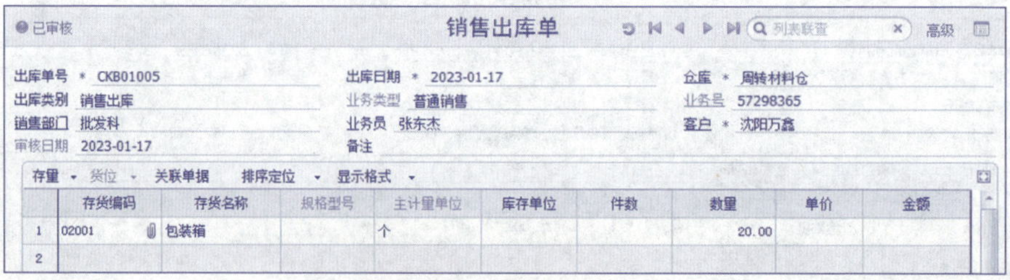

已审核

销售出库单

出库单号 * CKB01005	出库日期 * 2023-01-17	仓库 * 周转材料仓
出库类别 销售出库	业务类型 普通销售	业务号 57298365
销售部门 批发科	业务员 张东杰	客户 * 沈阳万鑫
审核日期 2023-01-17	备注	

	存货编码	存货名称	规格型号	主计量单位	库存单位	件数	数量	单价	金额
1	02001	包装箱		个			20.00		
2									

图 8-39 销售出库单

单击工具栏的“▶”（下张）按钮，根据实验资料，单击“修改”，将猪肉饺子销售出库单的“出库单号”改为“CKB01006”，保存并审核该销售出库单，结果如图8-40所示。

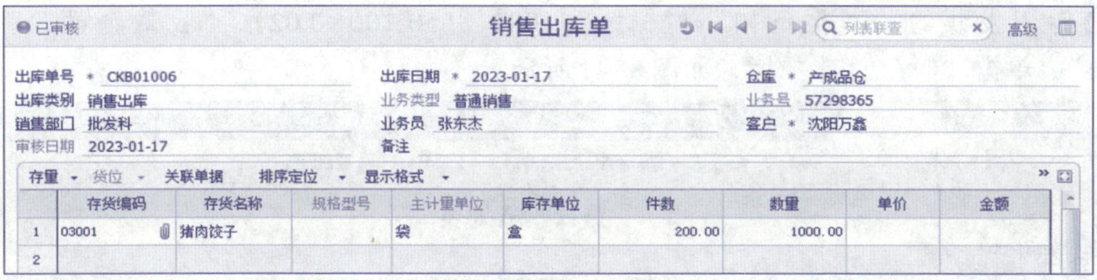

图 8-40　销售出库单

4.销售发票审核并生成凭证

2023年1月17日，由王家宝（W02）登录U8企业应用平台。在U8企业应用平台，依次单击“业务工作→财务会计→应收款管理→应收处理→销售发票→销售发票审核”菜单，打开“销售发票审核”窗口。单击工具栏的“查询”按钮，系统弹出“查询条件-发票查询”对话框，单击“确定”按钮。

双击沈阳万鑫销售发票的单据号“57298365”，系统打开该发票，单击工具栏的“审核”按钮，系统提示“是否立即制单?”，单击“是”，系统自动打开“填制凭证”窗口。将“凭证类别”改为“转账凭证”，单击工具栏的“保存”按钮。关闭当前已打开窗口。

借：应收账款/人民币（沈阳万鑫）	56 613.00	
贷：主营业务收入		50 000.00
其他业务收入/出售包装物收入		100.00
应交税费/应交增值税/销项税额		6 513.00

5.应付单审核并生成凭证

2023年1月17日，由王家宝（W02）登录U8企业应用平台。在U8企业应用平台，依次单击“业务工作→财务会计→应付款管理→应付处理→应付单→应付单审核”菜单，打开“应付单审核”窗口。单击工具栏的“查询”按钮，系统弹出“查询条件-应付单查询”对话框，单击“确定”按钮，系统返回“应付单审核”窗口。

双击沈阳顺达其他应付单那一行任意单元格，系统打开该应付单，单击工具栏的“审核”按钮，系统提示“是否立即制单?”，单击“是”，系统自动打开“填制凭证”窗口。将“凭证类别”改为“转账凭证”，将会计分录第1行的“科目名称”修改为“销售费用/运输费”，单击工具栏的“保存”按钮。关闭当前已打开窗口。

借：销售费用/运输费	872.00	
贷：应付账款/一般应付账款（沈阳顺达）		872.00

6.正常单据记账

在存货核算系统，依次单击“记账→正常单据记账”菜单，系统打开“未记账单据一览表”窗口，单击工具栏的“查询”按钮，系统打开“查询条件”对话框，单击“确定”按钮，系统显示正常单据记账列表。单击57298365号发票两行记录的“选择”栏，再单击工具栏的“记账”按钮，系统提示记账成功，单击“确定”按钮。关闭当前窗口。

7.选择收款

2023年1月18日，由范英晨（W03）登录U8企业应用平台。在U8企业应用平台，依次单击“业务工作→财务会计→应收款管理→收款处理→选择收款”菜单，打开“选择收款-条件”对话框，客户选择“沈阳万鑫”，单击“确定”，打开“选择收款-单据”窗口。

在销售专用发票的“本次折扣”栏输入“1002”（50 100×0.02），“收款金额”栏输入“55611”，单击“收款总计”栏，如图8-41所示。

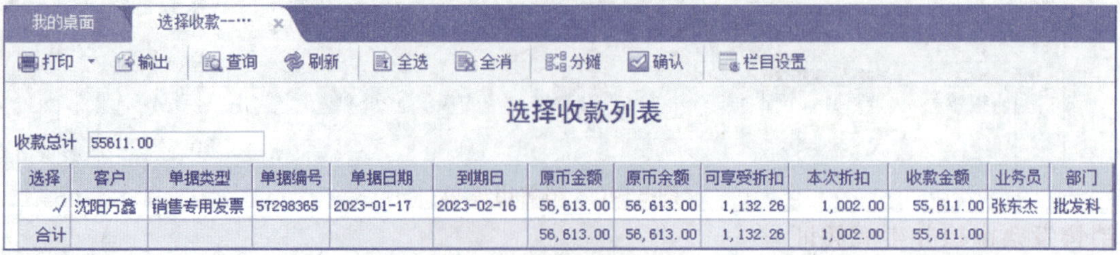

选择	客户	单据类型	单据编号	单据日期	到期日	原币金额	原币余额	可享受折扣	本次折扣	收款金额	业务员	部门
√	沈阳万鑫	销售专用发票	57298365	2023-01-17	2023-02-16	56,613.00	56,613.00	1,132.26	1,002.00	55,611.00	张东杰	批发科
合计						56,613.00	56,613.00	1,132.26	1,002.00	55,611.00		

图8-41 选择收款列表

单击工具栏的“确认”按钮，打开“选择收款-收款单”窗口。根据实验资料，“结算方式”选择“电汇”，“票据号”输入“52431396”，单击“确定”，关闭当前窗口。

8.（合并）生成凭证

2023年1月18日，由王家宝（W02）登录U8企业应用平台。在U8企业应用平台，依次单击“业务工作→财务会计→应收款管理→凭证处理→生成凭证”菜单，打开“制单查询”窗口，勾选“收付款单”“核销”，单击“确定”，打开“生成凭证”窗口。依次单击工具栏的“合并”“制单”按钮，系统生成一张记账凭证，将“凭证类别”改为“收款凭证”，单击工具栏的“保存”按钮。关闭当前窗口。

借：财务费用/现金折扣	1 002.00	
银行存款/锦州银行/锦州凌河支行	55 611.00	
贷：应收账款/人民币（沈阳万鑫）		56 613.00

8.4 销售退货业务

8.4.1 先发货后开票的退货业务

【实验资料】

2023年1月19日，根据XS01001号购销合同销售给营口旺淘的货物中有100袋猪肉饺子存在质量问题。经协商，辽宁长久同意退货，并于当日收到所退货物（出库单号：CKB01007）。

2023年1月20日，公司开具红字增值税专用发票（票号：57298366）。

先发货后开票的退货业务

【实验过程】

1.参照销售订单生成退货单

2023年1月19日，由张东杰（X01）登录U8企业应用平台。在U8企业应用平台，依次单击“业务工作→供应链→销售管理→销售发货→退货单”菜单，打开“退货单”窗口。选择工具栏的“增加→订单”命令，打开“查询条件-参照订单”对话框，单击“确定”按钮，打开“参照生单”窗口。选中XS01001号销售订单的“选择”栏，单击“确定”按钮，系统返回“退货单”窗口。

根据实验资料，删除表体豆沙汤圆那一行，表体猪肉饺子的“仓库名称”选择“产成品仓”，“数量”改为“-100”。保存并审核该退货单，结果如图8-42所示。

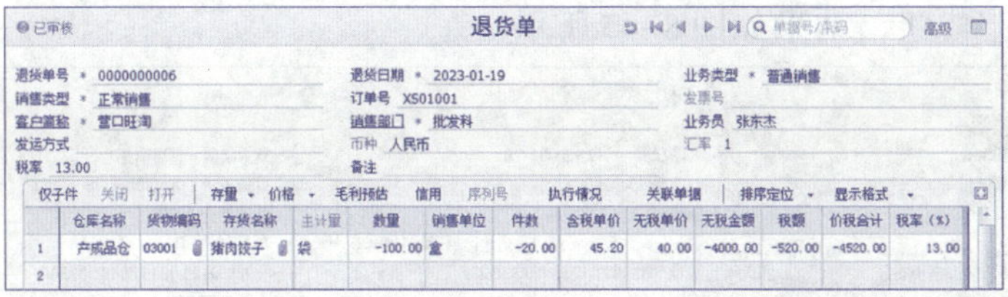

图8-42　退货单

2.参照退货单生成负数销售出库单

2023年1月19日，由孟梓楠（C01）登录U8企业应用平台。在U8企业应用平台，依次单击“业务工作→供应链→库存管理→销售出库→销售出库单”菜单，系统打开“销售出库单”窗口。执行工具栏的“增加→销售发货单”命令，打开“查询条件-销售发货单列表”对话框，单击“确定”按钮，系统打开“销售生单”窗口。单击营口旺淘退货单对应的“选择”栏，再单击工具栏的“确定”按钮，系统返回“销售出库单”窗口。

根据实验资料，将销售出库单表头中的“出库单号”修改为“CKB01007”。保存并审核该负数销售出库单，结果如图8-43所示。

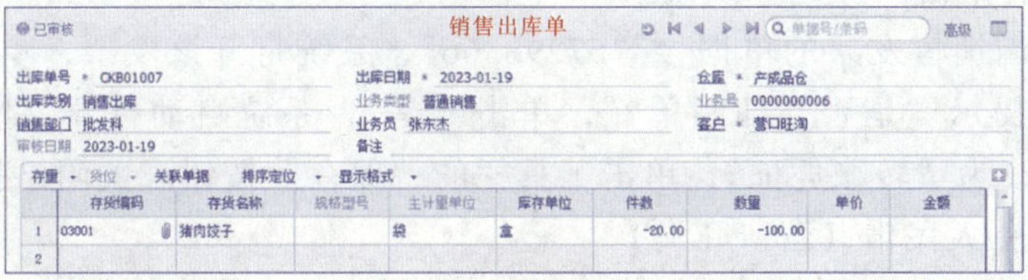

图8-43　负数销售出库单

3.参照退货单生成红字销售专用发票

2023年1月20日，由张东杰（X01）登录U8企业应用平台。在U8企业应用平台，依次单击“业务工作→供应链→销售管理→销售开票→红字专用销售发票”菜单，打开“红字专用销售发票”窗口。选中工具栏的“增加→发货单”命令，系统弹出“查询条件-发票参照发货单”对话框，“发货单类型”选择“红字记录”，如图8-44所示，单击“确定”按钮，打开“参照生单”窗口。

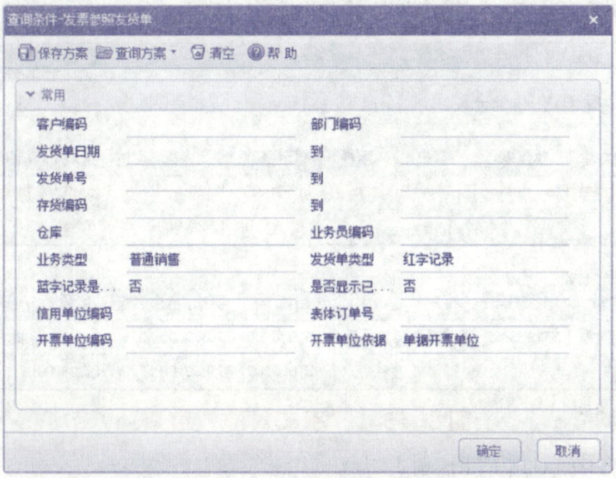

图8-44　“查询条件-发票参照发货单”窗口

选中19日营口旺淘的退货单，单击“确定”，系统返回“红字专用销售发票”窗口。根据实验资料，表头“发票号”填入“57298366”。单击工具栏的“保存”按钮，再单击工具栏的“复核”按钮，结果如图8-45所示。

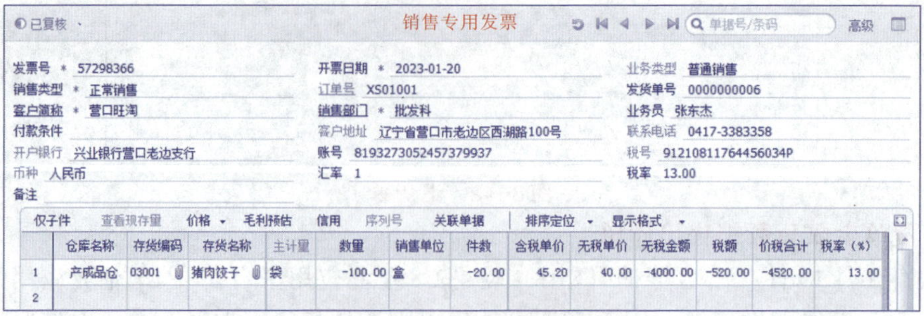

图8-45　红字销售专用发票

4.销售发票审核并生成凭证

2023年1月20日，由王家宝（W02）登录U8企业应用平台。在U8企业应用平台，依次单击“业务工作→财务会计→应收款管理→应收处理→销售发票→销售发票审核”菜单，打开“销售发票审核”窗口。单击工具栏的“查询”按钮，系统弹出“查询条件-发票查询”对话框，单击“确定”按钮。

双击营口旺淘销售发票的单据号“57298366”，系统打开该发票，单击工具栏的“审核”按钮，系统提示“是否立即制单?”，单击“是”，系统自动打开“填制凭证”窗口。将“凭证类别”改为“转账凭证”，单击工具栏的“保存”按钮。关闭已打开窗口。

借：应收账款/人民币（营口旺淘）	−4 520.00
贷：主营业务收入	−4 000.00
应交税费/应交增值税/销项税额	−520.00

5.红票对冲

在应收款管理系统，依次单击“转账→红票对冲→手工对冲”菜单，系统打开“红票对冲条件”窗口，客户选择“营口旺淘”，单击“确定”，打开“手工对冲”窗口。

在营口旺淘销售专用发票的“对冲金额”栏输入“4520”，如图8-46所示。单击“确认”，系统提示是否立即制单，单击“是”，系统自动生成一张记账凭证，将“凭证类别”改为“转账凭证”，单击“保存”按钮。关闭当前窗口。

单据日期	单据类型	单据编号	客户	币种	原币金额	原币余额	对冲金额	部门	业务员	合同名称
2023-01-20	销售专用发票	57298366	营口旺淘	人民币	4,520.00	4,520.00	4,520.00	批发科	张东杰	
合计					4,520.00	4,520.00	4,520.00			

单据日期	单据类型	单据编号	客户	币种	原币金额	原币余额	对冲金额	部门	业务员	合同名称
2023-01-15	销售专用发票	57298362	营口旺淘	人民币	85,880.00	85,880.00	4,520.00	批发科	张东杰	
合计					85,880.00	85,880.00	4,520.00			

图8-46　“手工对冲”窗口

借：应收账款/人民币（营口旺淘）	−4 520.00
借：应收账款/人民币（营口旺淘）	4 520.00

6.正常单据记账

在存货核算系统，依次单击“记账→正常单据记账”菜单，系统打开“未记账单据一览表”窗口，单击工具栏的“查询”按钮，系统打开“查询条件”对话框，单击“确定”按钮，系统显示正常单据记账列表。单击57298366号发票那一行记录的“选择”栏，再单击工具栏的“记账”按钮，系统提示记账成功，单击“确定”按钮。关闭当前窗口。

8.4.2 开票直接发货的退货业务

【实验资料】

2023年1月21日，根据XS01002号购销合同卖给辽阳福来的货物中有150袋羊肉饺子存在质量问题。经协商，辽宁长久同意退货。

当日，辽宁长久收到所退货物（出库单号：CKB01008），开具了红字增值税专用发票（票号：57298367），并支付退货款15 255元，结算方式为电汇（票据号：30952638）。

【实验过程】

开票直接发货的退货业务

1.参照销售订单生成红字销售专用发票

2023年1月21日，由张东杰（X01）登录U8企业应用平台。

（1）生成红字销售专用发票。在U8企业应用平台，依次单击“业务工作→供应链→销售管理→销售开票→红字专用销售发票”菜单，打开“红字专用销售发票”窗口。选中工具栏的“增加→订单”命令，打开“查询条件-参照订单”窗口，单击“确定”按钮，打开“参照生单”窗口。选中XS01002号销售订单，单击“确定”，系统返回“销售专用发票”窗口。

根据实验资料，表头“发票号”填入“57298367”，删除表体牛肉饺子、果酱汤圆那两行，表体羊肉饺子的“仓库名称”选择“产成品仓”，“数量”改为“-150”。单击工具栏的“保存”按钮。

（2）现结。在“红字专用销售发票”窗口，单击“现结”按钮，打开“现结”窗口。根据实验资料，“结算方式”选择“电汇”，“原币金额”输入“-15255”，“票据号”输入“30952638”。输入完毕单击“确定”，返回“销售专用发票”窗口。单击工具栏的“复核”按钮，结果如图8-47所示。红字销售专用发票参照销售订单生成后，系统自动生成已审核的退货单。

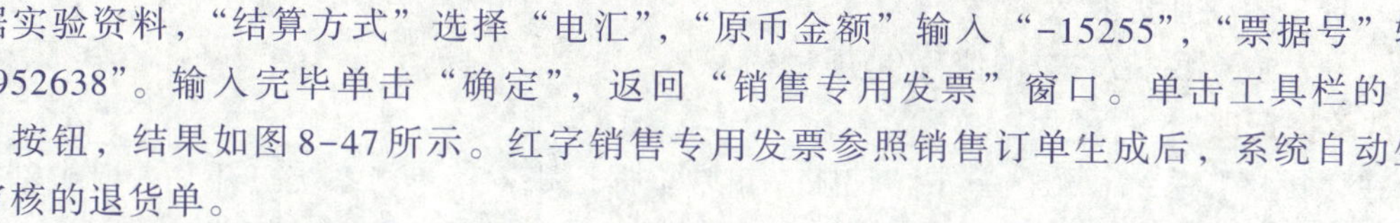
已复核 现结

销售专用发票

发票号 * 57298367　开票日期 * 2023-01-21　业务类型 普通销售
销售类型 * 正常销售　订单号 XS01002　发货单号 0000000007
客户简称 * 辽阳福来　销售部门 * 批发科　业务员 张东杰
付款条件　客户地址 辽宁省辽阳市文圣区立信路8号　联系电话 0419-2872475
开户银行 中国银行辽阳文圣支行　账号 3286991172334019986　税号 91211003606671158N
币种 人民币　汇率 1　税率 13.00
备注

	仓库名称	存货编码	存货名称	主计量	数量	销售单位	件数	含税单价	无税单价	无税金额	税额	价税合计	税率（%）
1	产成品仓	03002	羊肉饺子	袋	-150.00	盒	-30.00	101.70	90.00	-13500.00	-1755.00	-15255.00	13.00
2													

图8-47　红字销售专用发票

2.参照退货单生成负数销售出库单

2023年1月21日，由孟梓楠（C01）登录U8企业应用平台。在U8企业应用平台，依次单击“业务工作→供应链→库存管理→销售出库→销售出库单”菜单，系统打开“销售出库单”窗口。执行工具栏的“增加→销售发货单”命令，打开“查询条件-销售发货单列表”对话框，单击“确定”按钮，系统打开“销售生单”窗口。单击辽阳福来退货单对应的“选择”栏，再单击工具栏的“确定”按钮，系统返回“销售出库单”窗口。

根据实验资料，将销售出库单表头中的“出库单号”修改为“CKB01008”。保存并审核该负数销售出库单，结果如图8-48所示。

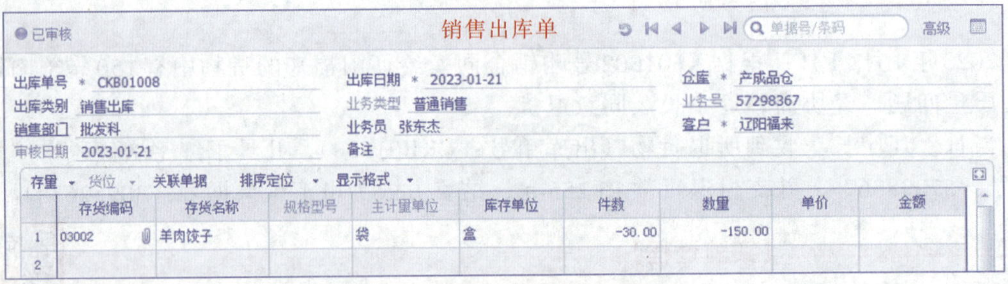

图8-48　负数销售出库单

3.销售发票审核并生成凭证

2023年1月21日，由王家宝（W02）登录U8企业应用平台。在U8企业应用平台，依次单击“业务工作→财务会计→应收款管理→应收处理→销售发票→销售发票审核”菜单，打开“销售发票审核”窗口。单击工具栏的“查询”按钮，系统弹出“查询条件-发票查询”对话框，单击“确定”按钮。

双击辽阳福来销售发票的单据号“57298367”，系统打开该发票，单击工具栏的“审核”按钮，系统提示“是否立即制单？”，单击“是”，系统自动打开“填制凭证”窗口。将“凭证类别”改为“收款凭证”，单击工具栏的“保存”按钮。关闭当前已打开窗口。

借：银行存款/锦州银行/锦州凌河支行	-15 255.00	
贷：主营业务收入		-13 500.00
应交税费/应交增值税/销项税额		-1 755.00

4.正常单据记账

在存货核算系统，依次单击“记账→正常单据记账”菜单，系统打开“未记账单据一览表”窗口，单击工具栏的“查询”按钮，系统打开“查询条件”对话框，单击“确定”按钮，系统显示正常单据记账列表。单击57298367号发票那一行记录的“选择”栏，再单击工具栏的“记账”按钮，系统提示记账成功，单击“确定”按钮。关闭当前窗口。

8.4.3　销售折让业务

【实验资料】

2023年1月21日，根据XS01003号购销合同向铁岭兆伟发出的第二批货物存在质量问题。经协商，辽宁长久给予对方10%的销售折让，当日开具了红字增值税专用发票

（票号：57298368）。

2023年1月22日，收到铁岭兆伟合同余款77 766.6元，结算方式为电汇（票据号：31478699）。

销售折让业务

【实验过程】

1.参照发货单生成红字销售专用发票

2023年1月21日，由张东杰（X01）登录U8企业应用平台。在U8企业应用平台，依次单击“业务工作→供应链→销售管理→销售开票→红字专用销售发票”菜单，打开“红字专用销售发票”窗口。选中工具栏的“增加→发货单”命令，系统弹出“查询条件-发票参照发货单”对话框，“客户编码”选择“102”（铁岭兆伟），“是否显示已执行完的订单”选择“是”，单击“确定”按钮，打开“参照生单”窗口。

选中17日铁岭兆伟的发货单，单击“确定”，系统返回“红字专用销售发票”窗口。根据实验资料，表头“发票号”填入“57298368”；表体“果酱汤圆”的“无税金额”栏输入“-2700”，“黑芝麻汤圆”的“无税金额”栏输入“-2880”，两行存货的“数量”均改为“0”，“退补标志”均改为“退补”，保存并复核该红字发票，结果如图8-49所示。

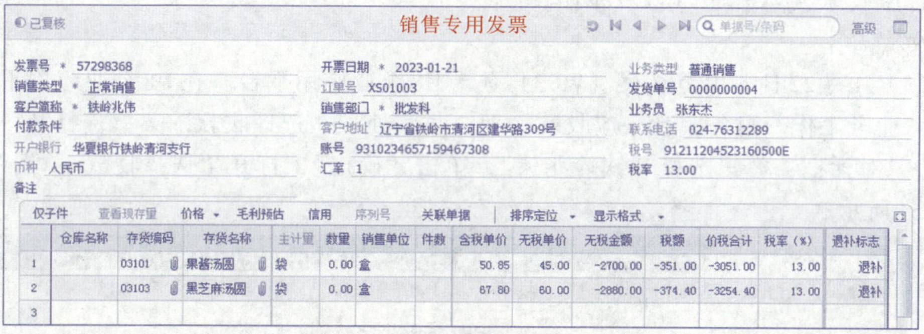
已复核　销售专用发票

发票号 * 57298368　开票日期 * 2023-01-21　业务类型 普通销售
销售类型 * 正常销售　订单号 XS01003　发货单号 0000000004
客户简称 * 铁岭兆伟　销售部门 * 批发科　业务员 张东杰
付款条件　客户地址 辽宁省铁岭市清河区建华路309号　联系电话 024-76312289
开户银行 华夏银行铁岭清河支行　账号 9310234657159467308　税号 91211204523160500E
币种 人民币　汇率 1　税率 13.00
备注

	仓库名称	存货编码	存货名称	主计量	数量	销售单位	件数	含税单价	无税单价	无税金额	税额	价税合计	税率（%）	退补标志
1		03101	果酱汤圆	袋	0.00	盒		50.85	45.00	-2700.00	-351.00	-3051.00	13.00	退补
2		03103	黑芝麻汤圆	袋	0.00	盒		67.80	60.00	-2880.00	-374.40	-3254.40	13.00	退补
3														

图8-49　红字销售专用发票

2.销售发票审核并生成凭证

2023年1月21日，由王家宝（W02）登录U8企业应用平台。在U8企业应用平台，依次单击“业务工作→财务会计→应收款管理→应收处理→销售发票→销售发票审核”菜单，打开“销售发票审核”窗口。单击工具栏的“查询”按钮，系统弹出“查询条件-发票查询”对话框，单击“确定”按钮。

双击21日铁岭兆伟销售发票的单据号“57298368”，系统打开该发票，单击工具栏的“审核”按钮，系统提示“是否立即制单？”，单击“是”，系统自动打开“填制凭证”窗口。将“凭证类别”改为“转账凭证”，单击工具栏的“保存”按钮。关闭已打开窗口。

借：应收账款/人民币（铁岭兆伟）	-6 305.40	
贷：主营业务收入		-5 580.00
应交税费/应交增值税/销项税额		-725.40

3.红票对冲

在应收款管理系统，依次单击“转账→红票对冲→手工对冲”菜单，系统打开“红票对冲条件”窗口，客户选择“铁岭兆伟”，单击“确定”，打开“手工对冲”窗口。在铁岭兆伟销售专用发票的“对冲金额”栏输入“6305.4”，如图 8-50 所示。

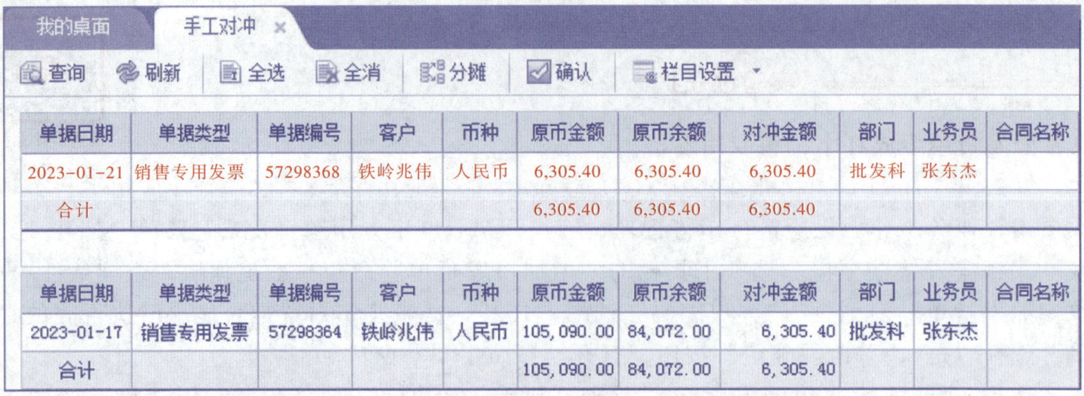

单据日期	单据类型	单据编号	客户	币种	原币金额	原币余额	对冲金额	部门	业务员	合同名称
2023-01-21	销售专用发票	57298368	铁岭兆伟	人民币	6,305.40	6,305.40	6,305.40	批发科	张东杰	
合计					6,305.40	6,305.40	6,305.40			

单据日期	单据类型	单据编号	客户	币种	原币金额	原币余额	对冲金额	部门	业务员	合同名称
2023-01-17	销售专用发票	57298364	铁岭兆伟	人民币	105,090.00	84,072.00	6,305.40	批发科	张东杰	
合计					105,090.00	84,072.00	6,305.40			

图 8-50 “手工对冲”窗口

单击“保存”，系统提示“是否立即制单？”，单击“是”，系统自动生成一张记账凭证，将“凭证类别”改为“转账凭证”，单击“保存”按钮。关闭当前窗口。

借：应收账款/人民币（铁岭兆伟）　　　　-6 305.40

借：应收账款/人民币（铁岭兆伟）　　　　6 305.40

4. 选择收款

2023 年 1 月 22 日，由范英晨（W03）登录 U8 企业应用平台。在 U8 企业应用平台，依次单击“业务工作→财务会计→应收款管理→收款处理→选择收款”菜单，打开“选择收款-条件”对话框，客户选择“铁岭兆伟”，单击“确定”，打开“选择收款-单据”窗口，如图 8-51 所示。

选择	客户	单据类型	单据编号	单据日期	到期日	原币金额	原币余额	可享受折扣	本次折扣	收款金额	业务员	部门
	铁岭兆伟	销售专用发票	57298364	2023-01-17	2023-01-17	105,090.00	77,766.60	0.00			张东杰	批发科
合计						105,090.00	77,766.60	0.00				

图 8-51 选择收款列表

单击“全选”按钮，再单击“确认”按钮，弹出“选择收款-收款单”对话框。根据实验资料“结算方式”选择“电汇”，“票据号”输入“31478699”，单击“确定”按钮。

5.（合并）生成凭证

2023 年 1 月 22 日，由王家宝（W02）登录 U8 企业应用平台。在 U8 企业应用平台，依次单击“业务工作→财务会计→应收款管理→凭证处理→生成凭证”菜单，打开“制单查询”窗口，勾选“收付款单”“核销”，单击“确定”，打开“生成凭证”窗口。依次单击工具栏的“合并”“制单”按钮，系统生成一张记账凭证，将“凭证类别”改为“收款凭证”，单击工具栏的“保存”按钮。关闭当前窗口。

借：银行存款/锦州银行/锦州凌河支行　　　　77 766.60

　贷：应收账款/人民币（铁岭兆伟）　　　　77 766.60

8.5 应收系统业务

8.5.1 票据管理

1.票据结算

【实验资料】

2023年1月22日，65931435号银行承兑汇票到期，财务部门到锦州银行锦州凌河支行办理到期收款结算（结算方式：委托收款），当日收到票款42 000元。

【实验过程】

票据结算

（1）票据结算。2023年1月22日，由范英晨（W03）登录U8企业应用平台。在U8企业应用平台，依次单击“业务工作→财务会计→应收款管理→票据管理→票据列表”菜单，打开“应收票据列表”窗口。单击工具栏的“查询”按钮，系统弹出“查询条件”对话框，单击“确定”按钮。

单击65931435号银行承兑汇票最左侧的“选择”栏，再单击工具栏的“结算”按钮，系统弹出“票据结算”对话框。“托收单位”选择“锦州银行锦州凌河支行”，“结算科目”选择“10020101”（银行存款/锦州银行/锦州凌河支行），如图8-52所示。单击“确定”按钮，系统提示“是否立即制单?”，单击“否”。

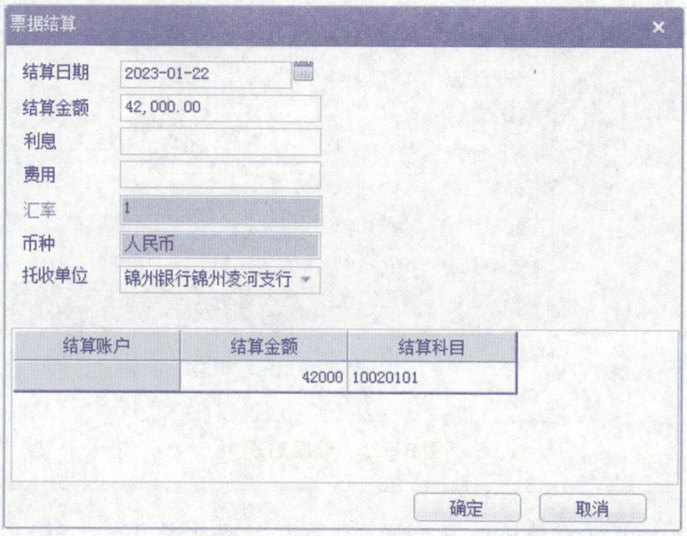

图8-52 票据结算

（2）生成凭证。2023年1月22日，由王家宝（W02）登录U8企业应用平台。在应收款管理系统，依次单击“凭证处理→生成凭证”菜单，打开“制单查询”窗口，勾选“票据处理”，单击“确定”，打开“生成凭证”窗口。依次单击工具栏的“全选”“制单”按钮，系统生成一张记账凭证，将“凭证类别”改为“收款凭证”，会计分录借方辅助项的结算方式补充输入“委托收款”，单击工具栏的“保存”按钮。关闭当前窗口。

借：银行存款/锦州银行/锦州凌河支行　　42 000.00

　　贷：应收票据/人民币（营口旺淘）　　42 000.00

2.票据贴现

【实验资料】

2023年1月23日，财务部门将67329165号银行承兑汇票到锦州银行锦州凌河支行办理票据贴现，贴现率为6%，贴现款当日已存入银行。

【实验过程】

（1）票据贴现。2023年1月23日，由范英晨（W03）登录U8企业应用平台。在U8企业应用平台，依次单击“业务工作→财务会计→应收款管理→票据管理→票据列表”菜单，打开“应收票据列表”窗口。单击工具栏的“查询”按钮，系统弹出“查询条件”对话框，单击“确定”按钮。

票据贴现

单击67329165号票据最左侧的“选择”栏，单击工具栏的“贴现”按钮，弹出“票据贴现”对话框。根据实验资料，“贴现方式”选择“异地”，“贴现率”输入“6”（即6%），“结算科目”选择“10020101”（银行存款/锦州银行/锦州凌河支行），如图8-53所示。单击“确定”按钮，系统提示“是否立即制单?”，单击“否”。

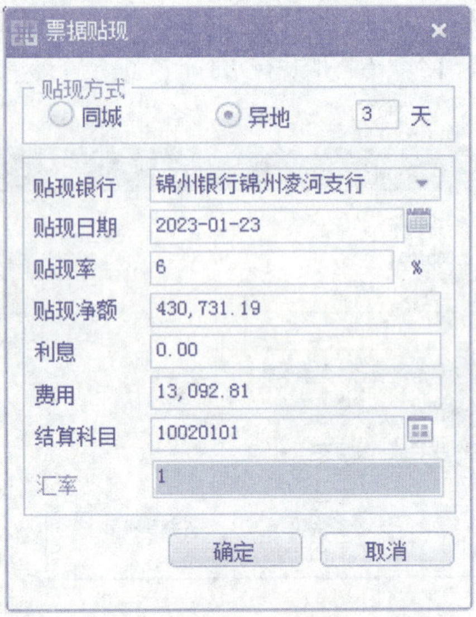

图8-53　票据贴现

【提示】

这里“结算科目”指的是贴现净额入账的银行存款科目。

本例贴现利息的计算过程：443 824×0.06÷360×（174+3）≈13 092.81（元）。

（2）生成凭证。2023年1月23日，由王家宝（W02）登录U8企业应用平台。在应收款管理系统，依次单击“凭证处理→生成凭证”菜单，打开“制单查询”窗口，勾选“票据处理”，单击“确定”，打开“生成凭证”窗口。依次单击工具栏的“全选”“制单”按钮，系统生成一张记账凭证，将“凭证类别”改为“收款凭证”，单击“保存”按钮。关闭当前窗口。

借：银行存款/锦州银行/锦州凌河支行	430 731.19
财务费用/票据贴现	13 092.81
贷：应收票据/人民币（辽阳福来）	443 824.00

8.5.2　坏账处理

1.坏账发生

【实验资料】

2023年1月23日，营口旺淘本月15日的应收款中有20 000元发生坏账。

坏账发生

【实验过程】

2023年1月23日，由王家宝（W02）登录U8企业应用平台。在U8企业应用平台，依次单击“业务工作→财务会计→应收款管理→坏账处理→坏账发生”菜单，系统弹出“坏账发生”对话框，“客户”选择“102”（营口旺淘），单击“确定”按钮，打开“坏账发生”窗口。在57298362号销售专用发票的“本次发生坏账金额”栏输入“20000”，如图8-54所示。

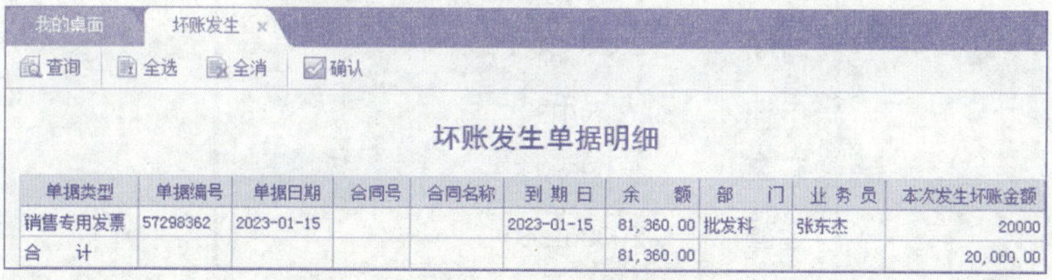

坏账发生单据明细

单据类型	单据编号	单据日期	合同号	合同名称	到期日	余额	部门	业务员	本次发生坏账金额
销售专用发票	57298362	2023-01-15			2023-01-15	81,360.00	批发科	张东杰	20000
合计						81,360.00			20,000.00

图8-54　发生坏账单据明细

单击“确认”按钮，系统提示“是否立即制单?”，单击“是”，打开“填制凭证”窗口，将“凭证类别”改为“转账凭证”，单击“保存”按钮。

借：坏账准备	20 000.00
贷：应收账款/人民币（营口旺淘）	20 000.00

2.坏账收回

【实验资料】

2023年1月26日，批发科张东杰通知财务部门，收回已作为坏账处理的应向营口旺淘收取的应收账款20 000元，结算方式为电汇（票据号：21735806）。

坏账收回

【实验过程】

（1）填制收款单。2023年1月26日，由范英晨（W03）登录U8企业应用平台。在U8企业应用平台，依次单击“业务工作→财务会计→应收款管理→收款处理→收款单据录入”菜单，打开“收款单据录入”窗口。根据实验资料填制收款单，填制完毕单击工具栏的“保存”按钮，结果如图8-55所示。注意：收回坏账的收款单应单独填制，且不审核。

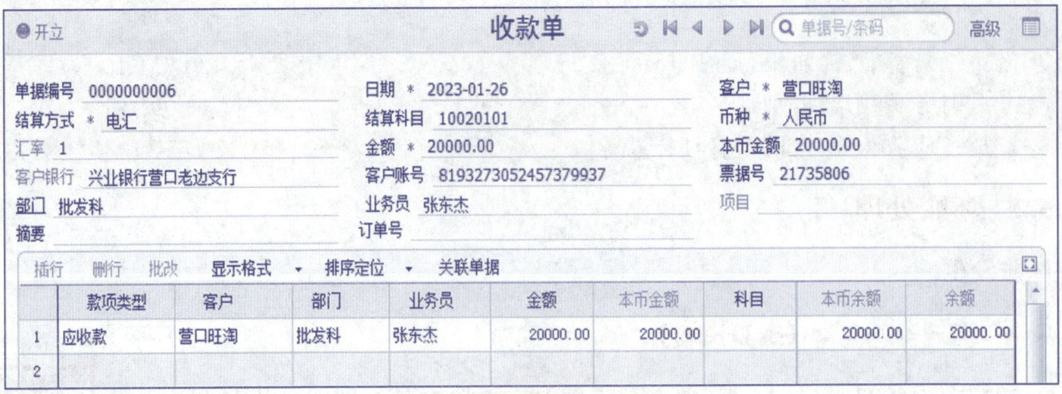

图 8-55 收回坏账的收款单

（2）坏账收回。2023年1月26日，由王家宝（W02）登录U8企业应用平台。在U8企业应用平台，依次单击“业务工作→财务会计→应收款管理→坏账处理→坏账收回”菜单，打开“坏账收回”对话框。在“客户”栏选择“营口旺淘”，“收款单号”选择上一步所填制的收款单，如图8-56所示。

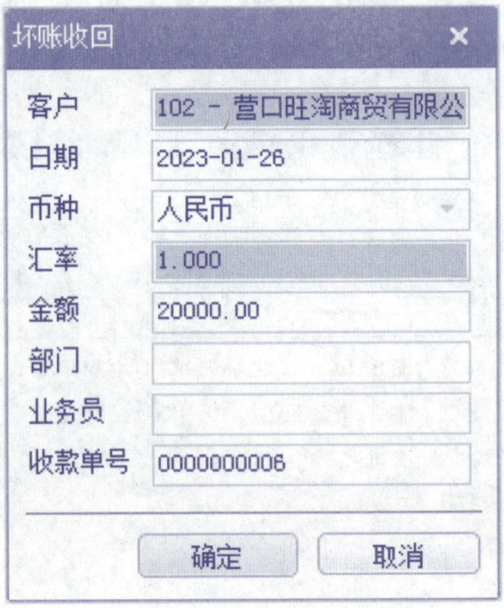

图 8-56 坏账收回

单击“确定”按钮，系统提示“是否立即制单?”，单击“是”，打开“填制凭证”窗口，将“凭证类别”改为“收款凭证”，单击“保存”按钮。关闭当前窗口。

借：银行存款/锦州银行/锦州凌河支行	20 000.00	
应收账款/人民币（营口旺淘）	20 000.00	
贷：应收账款/人民币（营口旺淘）		20 000.00
坏账准备		20 000.00

8.6 本章常见数据表

本章常见数据表见表8-9。

表 8-9　　本章常见数据表

序号	系统编码（SystemID）	系统名称（SystemName）	表名称（TableName）	表定义（TableDefine）	备注
1	ST	库存管理	MatchVouch	限额领料单主表	
2	ST	库存管理	MatchVouchs	限额领料单子表	
3	ST	库存管理	rdrecord11	材料出库单主表	表 8-4 至表 8-8
4	ST	库存管理	rdrecords11	材料出库单子表	表 8-4 至表 8-8
5	ST	库存管理	rdrecord10	产成品入库单主表	
6	ST	库存管理	rdrecords10	产成品入库单子表	
7	SA	销售管理	SA_QuoMain	销售报价单主表	
8	SA	销售管理	SA_QuoDetails	销售报价单子表	
9	SA	销售管理	SO_SOMain	销售订单主表	
10	SA	销售管理	SO_SODetails	销售订单子表	
11	SA	销售管理	DispatchList	发货退货单主表	
12	SA	销售管理	DispatchLists	发货退货单子表	
13	SA	销售管理	SA_SignInMain	签回单主表	
14	SA	销售管理	SA_SignInDetail	签回单子表	
15	SA	销售管理	SaleBillVouch	销售发票主表	
16	SA	销售管理	SaleBillVouchs	销售发票子表	
17	ST	库存管理	rdrecord32	销售出库单主表	
18	ST	库存管理	rdrecords32	销售出库单子表	
19	SA	销售管理	ExpenseVouch	代垫费用单主表	
20	SA	销售管理	ExpenseVouchs	代垫费用单子表	
21	SA	销售管理	SalePayVouch	销售支出单主表	
22	SA	销售管理	SalePayVouchs	销售支出单子表	
23	SA	销售管理	SA_CusUPrice	客户销售价格表	
24	SA	销售管理	SA_InvUPrice	存货销售价格表	
25	AR	应收	Ar_Detail	应收明细账	

【课程思政点睛】

【复习思考题】

1. 简述销售业务中各系统之间的数据传递关系。
2. 销售订单有几种生成方式?
3. 简述先发货后开票模式与开票直接发货模式的区别与联系。
4. 试比较商业折扣、现金折扣与销售折让的销售业务处理思路。
5. 简述销售定金的转出方式。
6. 试分析销售赠品业务的处理思路。
7. 简述销售过程中发生运输费用的处理思路。
8. 什么是核销，其作用是什么?
9. 试对本书涉及的几种收款方式进行比较。
10. 简述票据管理的主要功能。
11. 简述坏账处理的主要功能。

第9章 特殊业务

9.1 概述

所谓特殊业务主要是指销售订单等单据表头“业务类型”项目为“普通销售”“普通采购”以外的其他业务类型的业务。本书主要介绍以下6种特殊业务：

1. 直运业务

直运业务是指企业分别与客户、供应商签订购销合同，从供应商采购货物直接销售给客户，客户、供应商各自与企业办理款项结算。从系统应用角度，直运业务包括直运销售业务和直运采购业务。根据购销合同填制（直运销售）销售订单，参照该订单可生成（直运采购）采购订单和（直运销售）销售发票。参照（直运采购）采购订单生成（直运采购）采购发票。（直运销售）销售发票在应收系统制单。（直运采购）采购发票可选择在应付系统或存货核算系统制单，但都需要到存货核算系统进行直运销售记账。

2. 分期收款业务

分期收款业务是指先将货物发给客户，分期开票确认收入同时收回货款。分期收款业务的信息化处理遵循先发货后开票模式。根据购销合同填制（分期收款）销售订单，参照该订单可生成（分期收款）发货单，参照该发货单可生成销售出库单和（分期收款）销售发票。

3. 委托代销业务

委托代销业务，指企业将货物交由受托方，由其代为销售。从系统应用角度看，委托代销业务应遵循先发货后开票模式。具体而言，其分为两种方式：视同买断方式和支付手续费方式。

（1）视同买断方式。

情况一，如果委托方和受托方之间的协议明确标明，受托方在取得代销商品后，无论是否能够卖出、是否获利，均与委托方无关，那么委托方和受托方之间的代销商品交易，与委托方直接销售商品给受托方没有实质区别。从系统应用角度看，这种情况直接按普通销售业务处理。

情况二，如果委托方和受托方之间的协议明确标明，将来受托方未售出的商品可以退回给委托方，那么委托方在交付商品时通常不确认收入，受托方将商品销售后向委托方开具代销清单，委托方收到代销清单时，再确认本企业的销售收入。根据代销协议填制（委托代销）销售订单，参照该订单可生成委托代销发货单，参照该发货单可生成销售出库单。收到代销清单时，根据委托代销发货单生成委托代销结算单，该结算单审核后自动生成未复核的（委托代销）销售发票。

（2）支付手续费方式。

支付手续费方式委托代销商品，是指委托方和受托方签订合同或协议，委托方根据代销商品金额或数量向受托方支付手续费的销售方式。在这种方式下，委托方发出商品时，通常不确认收入，而是在收到受托方开出的代销清单时确认销售收入。从系统应用角度看，这种方式的处理流程与视同买断方式的第二种情况相似，只是这里还需对代销手续费进行处理。

关于委托代销手续费，至少有以下三种处理方法：

①到应收系统填制负向的应收单，表体拆分成“销售费用/委托代销手续费”和“应交税费/应交增值税/进项税额”两行。该应收单审核并制单后，进行红票对冲处理。

②到销售管理系统填制销售费用支出单，“支出金额”填价税合计金额。该支出单生成其他应付单，到应付系统将该应付单的表体拆分成“销售费用/委托代销手续费”和“应交税费/应交增值税/进项税额”两行。该应付单审核并制单后，进行应付冲应收（或应收冲应付）处理。

③比照销售过程发生的运输费，到采购管理系统填制采购专用发票。该发票审核并制单后，进行应付冲应收（或应收冲应付）处理。该方法的弊端是导致采购系统“结算选单”窗口（图7-27）存在大量不能结算的发票。

4.零售日报业务

针对零星分散的销售数据，可通过零售日报进行汇总。零售日报的多数功能与销售发票相同，如均需到应收系统审核、制单；其主要区别如下：①零售日报不可以参照销售订单生成。②零售日报不能处理先发货后开票业务，即零售日报不能参照发货单录入。

无论勾选销售管理系统的“销售生成出库单”参数还是库存管理系统的“库存生成销售出库单”参数，零售日报复核后均自动生成已审核的发货单。但是，在勾选前者的情况下，还能进一步自动生成未审核的销售出库单。

5.调拨业务

调拨业务主要处理存货在公司内部不同仓库或不同部门之间的转移。调拨业务通过调拨单来完成，它可以手工填制，也可以参照调拨申请单生成。若调拨单的部门相同但仓库不同，则表示仓库调拨业务；若仓库相同但部门不同，则表示部门调拨业务。

调拨单可按特殊单据记账也可按正常单据记账。全月平均法下，若选择特殊单据记账，则调拨单生成的其他出入库单按存货上月的平均单价计算成本。若选择正常单据记账，则调拨单生成的其他出入库单按存货当月的平均单价计算成本。此时，其他出库单的仓库完成期末处理后，入库单在记账时才能按当月的平均单价计算成本。

对调拨单生成凭证时，只能点击“合成”按钮进行制单。

6.采购资产业务

企业购入资产时，既可以直接通过固定资产系统的“资产增加”来完成（详见知识点4.3.1），也可以通过供应链的采购业务流程来完成。该流程与普通采购业务流程的相同之处是：采购订单、到货单、采购入库单、采购专用发票依次参照生成。两个流程的不同之处在于：①前述四个单据的“业务类型”均为“固定资产”；②固定资产采购不用到存货系统进行正常单据记账和生成凭证，而是转为到固定资产系统进行“资产采购”并生成固定资产卡片。

9.2 特殊业务

9.2.1 直运业务

【实验资料】

2023年1月26日，批发科张东杰与沈阳万鑫签订直运销售合同（合同编号：ZX01001），销售猪肉2 000千克，不含税单价45元/千克，价税合计98 100元。合同约定1月27日交货并结清货款。当日预收货款20 000元，结算方式为电汇（票据号：52431397）。

当日，采购部肖子豪与锦州绿源签订直运采购合同（合同编号：ZC01001），采购猪肉2 000千克，不含税单价30元/千克，价税合计65 400元。合同约定1月27日交货并结清货款。当日预付货款10 000元，结算方式为转账支票（票据号：59623085）。

2023年1月27日，公司从锦州绿源采购的猪肉已按约定发给沈阳万鑫。当日，公司收到锦州绿源开具的增值税专用发票（票号：10944730），公司按约定给沈阳万鑫开具了增值税专用发票（票号：57298369）。

2023年1月28日，公司收到两笔货款，分别为一张金额28 100元的电汇单（票据号：52431398）和一张金额50 000元的银行承兑汇票（6个月，票据号：18696372）。经采购部肖子豪申请，将18696372号银行承兑汇票背书给锦州绿源，另开出一张金额5 400元的转账支票（票据号：59623086）。

【业务流程】

上述业务的处理流程如图9-1所示。

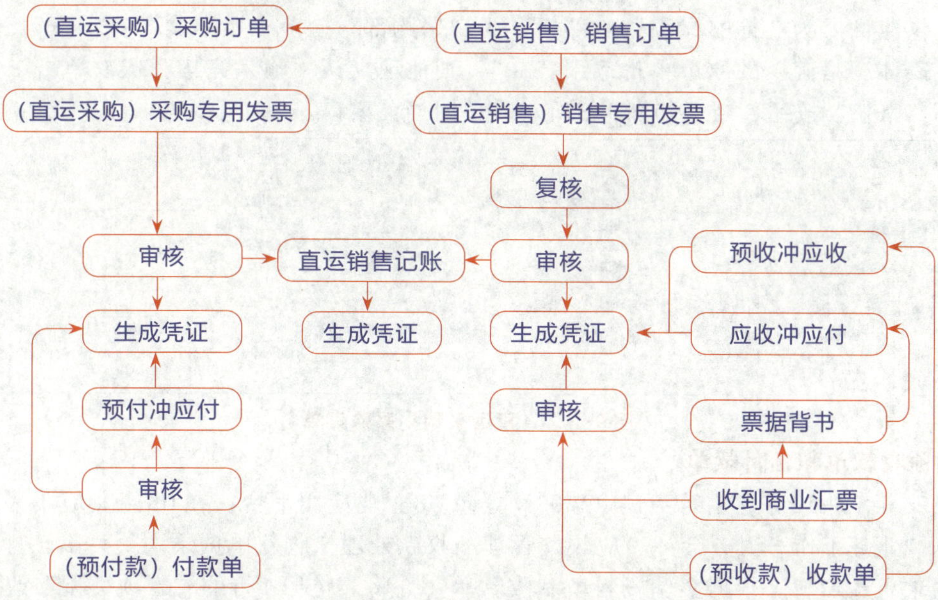

图9-1　直运业务流程图

【实验过程】

直运业务

1.填制（直运销售）销售订单

2023年1月26日，由张东杰（X01）登录U8企业应用平台。在U8企业应用平台，依次单击“业务工作→供应链→销售管理→销售订货→销售订单”菜单，打开“销售订单”窗口。单击工具栏的“增加”按钮，根据实验资料填制销售订单。注意，表头“业务类型”选择“直运销售”，“销售类型”选择“直运销售”。填制完毕，依次单击工具栏的“保存”“审核”按钮，结果如图9-2所示。

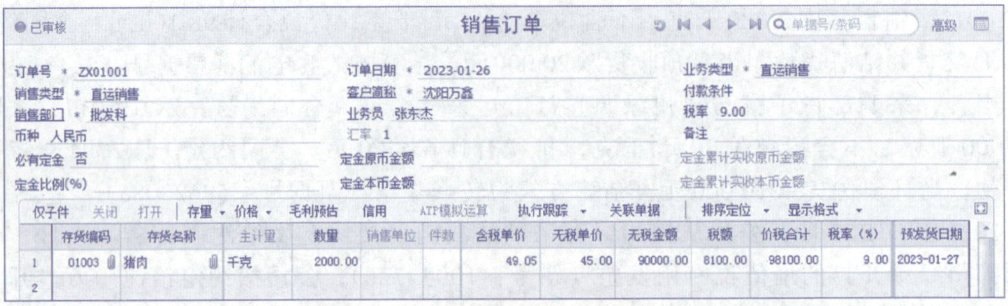
已审核　销售订单

订单号 * ZX01001　订单日期 * 2023-01-26　业务类型 * 直运销售
销售类型 * 直运销售　客户简称 * 沈阳万鑫　付款条件
销售部门 * 批发科　业务员 张东杰　税率 9.00
币种 人民币　汇率 1　备注
必有定金 否　定金原币金额　定金累计实收原币金额
定金比例(%)　定金本币金额　定金累计实收本币金额

	存货编码	存货名称	主计量	数量	销售单位	件数	含税单价	无税单价	无税金额	税额	价税合计	税率（%）	预发货日期
1	01003	猪肉	千克	2000.00			49.05	45.00	90000.00	8100.00	98100.00	9.00	2023-01-27
2													

图9-2　（直运销售）销售订单

2.参照（直运销售）销售订单生成（直运采购）采购订单

2023年1月26日，由刘美玲（G01）登录U8企业应用平台。在U8企业应用平台，依次单击“业务工作→供应链→采购管理→采购订货→采购订单”菜单，打开“采购订单”窗口。执行工具栏的“增加→销售订单”命令，系统弹出“查询条件-单据列表过滤”窗口，单击“确定”按钮，系统打开“拷贝并执行”窗口。

选中ZX01001号销售订单，再单击“确定”按钮，系统返回“采购订单”窗口。根据实验资料，修改采购订单表头的“订单编号”为“ZC01001”，“采购类型”为“直运采购”，“供应商”为“锦州绿源”，“部门”为“采购部”，“业务员”为“肖子豪”，其他项默认。表体“猪肉”的原币单价输入“30”，其他项默认。输入完毕，依次单击工具栏的“保存”“审核”按钮，结果如图9-3所示。关闭当前窗口。

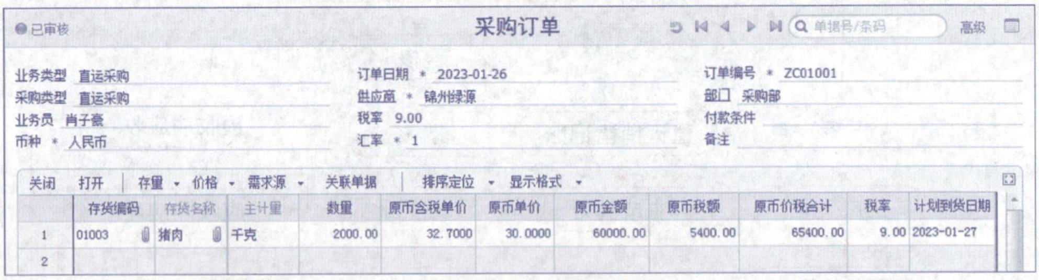
已审核　采购订单

业务类型 直运采购　订单日期 * 2023-01-26　订单编号 * ZC01001
采购类型 直运采购　供应商 * 锦州绿源　部门 采购部
业务员 肖子豪　税率 9.00　付款条件
币种 * 人民币　汇率 * 1　备注

	存货编码	存货名称	主计量	数量	原币含税单价	原币单价	原币金额	原币税额	原币价税合计	税率	计划到货日期
1	01003	猪肉	千克	2000.00	32.7000	30.0000	60000.00	5400.00	65400.00	9.00	2023-01-27
2											

图9-3　（直运采购）采购订单

3.填制预收款单和预付款单

2023年1月26日，由范英晨（W03）登录U8企业应用平台。在U8企业应用平台，依次单击“业务工作→财务会计→应收款管理→收款处理→收款单据录入”菜单，打开“收款单据录入”窗口。根据实验资料填制收款单，并将表体第1行的“款项类型”改为“预收款”。填制完毕单击工具栏的“保存”按钮，结果如图9-4所示。

收款单

单据编号 0000000007　日期 * 2023-01-26　客户 * 沈阳万鑫
结算方式 * 电汇　结算科目 10020101　币种 * 人民币
汇率 1　金额 * 20000.00　本币金额 20000.00
客户银行 交通银行沈阳东陵支行　客户账号 5017387882919646105　票据号 52431397
部门 批发科　业务员 张东杰　项目
摘要　订单号

	款项类型	客户	部门	业务员	金额	本币金额	科目	本币余额	余额
1	预收款	沈阳万鑫	批发科	张东杰	20000.00	20000.00	220301	20000.00	20000.00
2									

图 9-4　预收款单

在应付款管理系统，依次单击“付款处理→付款单据录入”菜单，打开“付款单据录入”窗口。单击“增加”按钮，根据实验资料填制付款单，并将表体第1行的“款项类型”改为“预付款”。保存该预付款单，结果如图9-5所示。

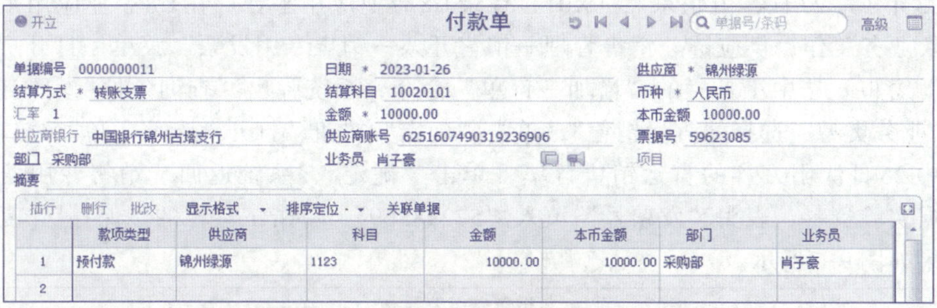

付款单

单据编号 0000000011　日期 * 2023-01-26　供应商 * 锦州绿源
结算方式 * 转账支票　结算科目 10020101　币种 * 人民币
汇率 1　金额 * 10000.00　本币金额 10000.00
供应商银行 中国银行锦州古塔支行　供应商账号 6251607490319236906　票据号 59623085
部门 采购部　业务员 肖子豪　项目
摘要

	款项类型	供应商	科目	金额	本币金额	部门	业务员
1	预付款	锦州绿源	1123	10000.00	10000.00	采购部	肖子豪
2							

图 9-5　预付款单

4.收付款单审核并生成凭证

2023年1月26日，由王家宝（W02）登录U8企业应用平台。在U8企业应用平台，依次单击“业务工作→财务会计→应收款管理→收款处理→收款单据审核”菜单，打开“收款单据审核”窗口。单击工具栏的“查询”按钮，系统打开“查询条件-收付款单过滤”对话框，单击“确定”按钮，系统返回“收款单据审核”窗口。

双击沈阳万鑫收款单的“单据编号”栏，打开该收款单。单击工具栏的“审核”按钮，系统提示是否立即制单，单击“是”，系统打开“填制凭证”窗口并生成一张记账凭证，将“凭证类别”改为“收款凭证”，单击“保存”按钮。关闭当前窗口。

借：银行存款/锦州银行/锦州凌河支行　　20 000.00
　贷：预收账款/一般人民币预收账款（沈阳万鑫）　　20 000.00

参照上述方法，到应付款管理系统审核预付锦州绿源货款的付款单并生成凭证，凭证类别为付款凭证。

借：预付账款（锦州绿源）　　10 000.00
　贷：银行存款/锦州银行/锦州凌河支行　　10 000.00

5.参照（直运采购）采购订单生成采购专用发票

2023年1月27日，由刘美玲（G01）登录U8企业应用平台。在采购管理系统，依次单击“采购发票→专用采购发票”菜单，打开“专用发票”窗口。执行工具栏的“增加→采购订单”命令，打开“查询条件-单据列表过滤”对话框，单击“确定”按钮。

在“拷贝并执行”窗口，单击ZC01001号采购订单对应的“选择”栏，再单击工具栏的“确定”按钮，返回“专用发票”窗口。根据实验资料，表头“发票号”填入“10944730”，其他项默认。单击工具栏的“保存”“复核”按钮，结果如图9-6所示。

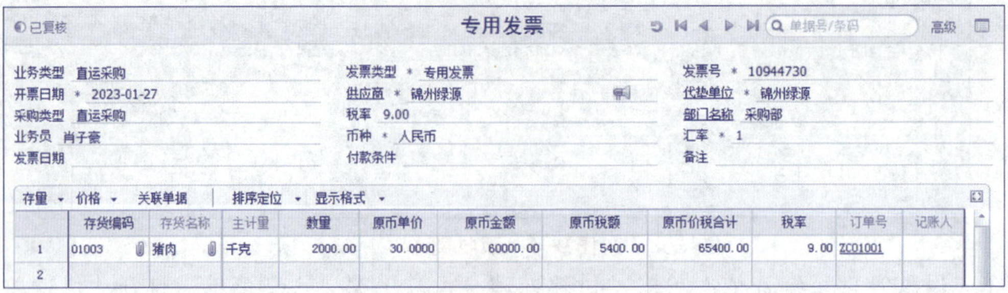
已复核 专用发票

业务类型 直运采购　发票类型 * 专用发票　发票号 * 10944730
开票日期 * 2023-01-27　供应商 * 锦州绿源　代垫单位 * 锦州绿源
采购类型 直运采购　税率 9.00　部门名称 采购部
业务员 肖子豪　币种 * 人民币　汇率 * 1
发票日期　付款条件　备注

	存货编码	存货名称	主计量	数量	原币单价	原币金额	原币税额	原币价税合计	税率	订单号	记账人
1	01003	猪肉	千克	2000.00	30.0000	60000.00	5400.00	65400.00	9.00	ZC01001	
2											

图9-6　（直运采购）采购专用发票

6.参照（直运销售）销售订单生成销售专用发票

2023年1月27日，由张东杰（X01）登录U8企业应用平台。在U8企业应用平台，依次单击“业务工作→供应链→销售管理→销售开票→销售专用发票”菜单，打开“销售专用发票”窗口。选中工具栏的“增加→订单”命令，系统弹出“查询条件-参照订单”对话框，“业务类型”选择“直运销售”，单击“确定”按钮，打开“参照生单”窗口。

选中26日沈阳万鑫的直运销售订单，单击“确定”，系统返回“销售专用发票”窗口。根据实验资料，表头“发票号”填入“57298369”，单击工具栏的“保存”“复核”按钮，结果如图9-7所示。

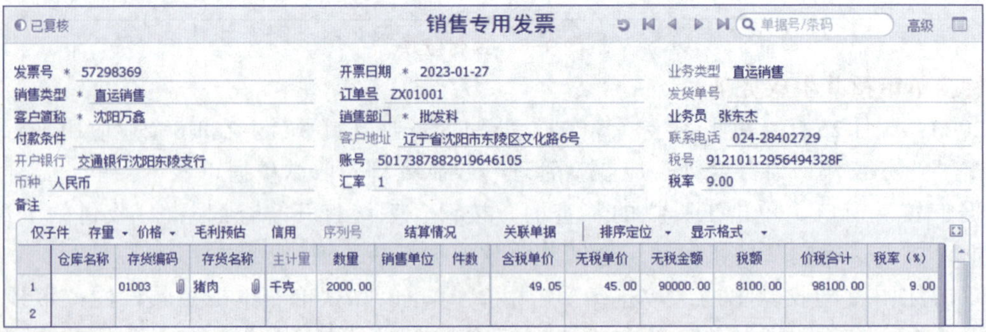
已复核 销售专用发票

发票号 * 57298369　开票日期 * 2023-01-27　业务类型 直运销售
销售类型 * 直运销售　订单号 ZX01001　发货单号
客户简称 * 沈阳万鑫　销售部门 * 批发科　业务员 张东杰
付款条件　客户地址 辽宁省沈阳市东陵区文化路6号　联系电话 024-28402729
开户银行 交通银行沈阳东陵支行　账号 5017387882919646105　税号 91210112956494328F
币种 人民币　汇率 1　税率 9.00
备注

	仓库名称	存货编码	存货名称	主计量	数量	销售单位	件数	含税单价	无税单价	无税金额	税额	价税合计	税率（%）
1		01003	猪肉	千克	2000.00			49.05	45.00	90000.00	8100.00	98100.00	9.00
2													

图9-7　（直运销售）销售专用发票

7.直运采购发票审核并生成凭证

2023年1月27日，由王家宝（W02）登录U8企业应用平台。在U8企业应用平台，依次单击“业务工作→财务会计→应付款管理→应付处理→采购发票→采购发票审核”菜单，打开“采购发票审核”窗口。单击工具栏的“查询”按钮，系统弹出“查询条件-发票查询”对话框，“结算状态”选择“未结算完”，单击“确定”按钮。

双击锦州绿源采购发票的单据号“10944730”，系统打开该发票，单击工具栏的“审核”按钮，系统提示是否立即制单，单击“是”，系统自动打开“填制凭证”窗口。将“凭证类别”改为“付款凭证”，单击工具栏的“保存”按钮。关闭已打开窗口。

借：在途物资	60 000.00	
应交税费/应交增值税/进项税额	5 400.00	
贷：应付账款/一般应付账款（锦州绿源）		60 000.00
银行存款/锦州银行/锦州凌河支行		5 400.00

8.预付冲应付

在应付款管理系统，依次单击“转账→预付冲应付”菜单，打开“预付冲应付”对话框，供应商选择“锦州绿源”，单击“过滤”按钮，在“转账金额”栏输入“10000”。再单击“应付款”选项卡，单击“过滤”按钮，转账金额输入“10000”，单击“确定”，系统提示“是否立即制单？”，单击“是”，系统生成一张记账凭证，将“凭证类别”改为“转账凭证”，单击“保存”按钮。关闭当前窗口。

借：预付账款（锦州绿源）　　-10 000.00

借：应付账款/一般应付账款（锦州绿源）　　10 000.00

9.直运销售发票审核并生成凭证

在U8企业应用平台，依次单击“业务工作→财务会计→应收款管理→应收处理→销售发票→销售发票审核”菜单，打开“销售发票审核”窗口。单击工具栏的“查询”按钮，系统弹出“查询条件-发票查询”对话框，单击“确定”按钮。

双击沈阳万鑫的单据号“57298369”，系统打开该发票，单击工具栏的“审核”按钮，系统提示“是否立即制单？”，单击“是”，系统自动打开“填制凭证”窗口。将“凭证类别”改为“收款凭证”，单击工具栏的“保存”按钮。关闭已打开窗口。

借：应收账款/人民币（沈阳万鑫）　　70 000.00

　　银行存款/锦州银行/锦州凌河支行　　28 100.00

　贷：其他业务收入/出售原材料收入　　90 000.00

　　　应交税费/应交增值税/销项税额　　8 100.00

10.预收冲应收

在应收款管理系统，单击“转账→预收冲应收”菜单，打开“预收冲应收”对话框。选择客户“沈阳万鑫”，单击“过滤”按钮，在“转账金额”栏录入“20000”。单击“应收款”选项卡，单击“过滤”按钮，在“转账金额”栏录入“20000”。单击“确定”按钮，系统弹出“是否立即制单”对话框，单击“是”，将“凭证类别”改为“转账凭证”，保存记账凭证。关闭当前窗口。

贷：预收账款/一般人民币预收账款（沈阳万鑫）　　-20 000.00

贷：应收账款/人民币（沈阳万鑫）　　20 000.00

11.直运销售记账，生成凭证

（1）直运销售记账。在存货核算系统，依次单击“记账→直运销售记账”菜单，系统打开“直运采购发票核算查询条件”对话框，单击“确定”按钮，系统打开“未记账单据一览表”窗口，如图9-8所示。选中10944730、57298369号两张发票，再单击工具栏的“记账”按钮，系统提示记账成功，单击“确定”按钮。关闭当前窗口。

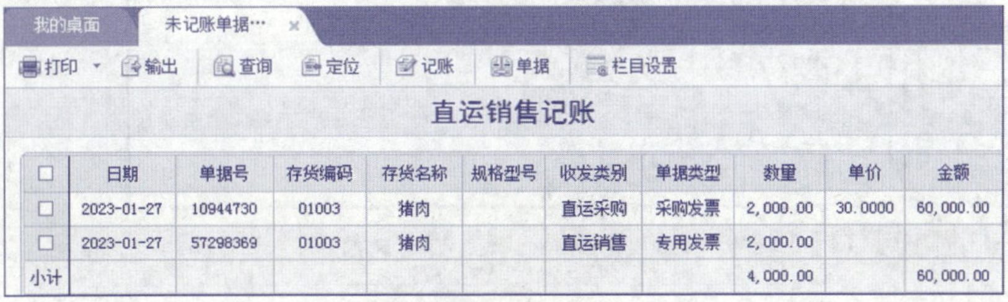

□	日期	单据号	存货编码	存货名称	规格型号	收发类别	单据类型	数量	单价	金额
□	2023-01-27	10944730	01003	猪肉		直运采购	采购发票	2,000.00	30.0000	60,000.00
□	2023-01-27	57298369	01003	猪肉		直运销售	专用发票	2,000.00		
小计								4,000.00		60,000.00

图9-8　直运销售记账

（2）生成凭证。在存货核算系统，依次单击“凭证处理→生成凭证”菜单，系统打开“生成凭证”窗口。单击工具栏的“选单”按钮，系统弹出“查询条件-生成凭证查询条件”对话框，“业务类型”选择“直运销售”，单击“确定”按钮，系统打开“选择单据”窗口。单击“57298369”号直运销售发票的“选择”栏，再单击工具栏的“确定”按钮，系统返回“生成凭证”窗口。单击工具栏的“合并制单”按钮，系统打开“填制凭证”窗口并自动生成凭证。将“凭证类别”改为“转账凭证”，单击工具栏的“保存”按钮。

借：其他业务成本	60 000.00	
贷：在途物资		60 000.00

12.填制银行承兑汇票并背书处理

2023年1月28日，由范英晨（W03）登录U8企业应用平台。

（1）填制银行承兑汇票。在U8企业应用平台，依次单击“业务工作→财务会计→应收款管理→票据管理→票据录入”菜单，打开“应收票据录入”窗口。单击“增加”按钮，根据实验资料填制银行承兑汇票并保存，结果如图9-9所示。

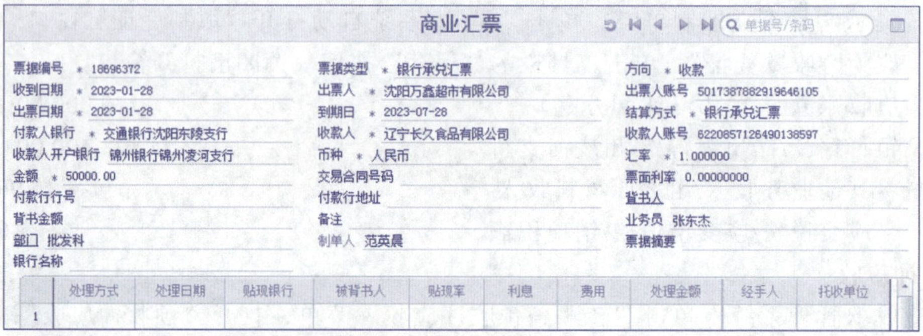

图9-9 商业汇票

（2）背书处理。在“应收票据录入”窗口，单击工具栏的“背书”按钮，系统弹出“票据背书”对话框。根据实验资料，“被背书人”栏选择“101”（锦州绿源），如图9-10所示，单击“确定”按钮，打开“冲销应付账款”对话框。在10944730号采购专用发票的“转账金额”栏输入“50000”，如图9-11所示。单击“保存”按钮，系统提示“是否立即制单?”，单击“否”按钮。

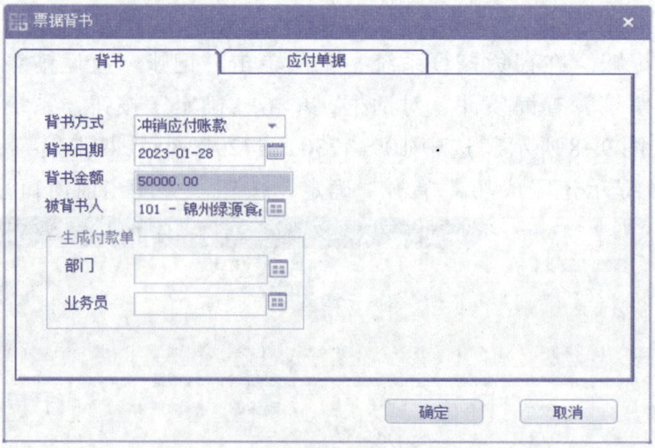

图9-10 “票据背书”对话框

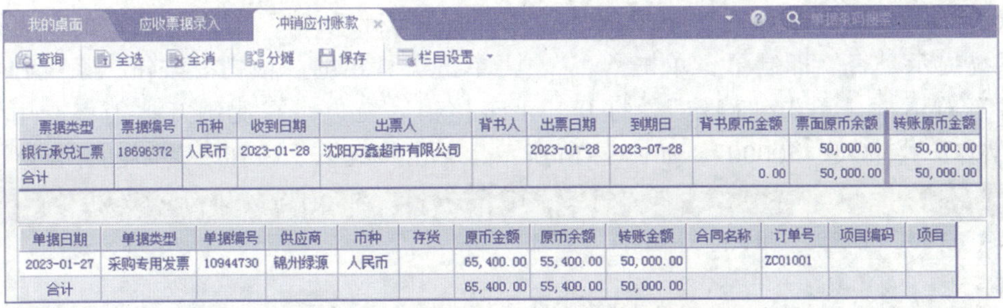

票据类型	票据编号	币种	收到日期	出票人	背书人	出票日期	到期日	背书原币金额	票面原币余额	转账原币金额
银行承兑汇票	18696372	人民币	2023-01-28	沈阳万鑫超市有限公司		2023-01-28	2023-07-28		50,000.00	50,000.00
合计								0.00	50,000.00	50,000.00

单据日期	单据类型	单据编号	供应商	币种	存货	原币金额	原币余额	转账金额	合同名称	订单号	项目编码	项目
2023-01-27	采购专用发票	10944730	锦州绿源	人民币		65,400.00	55,400.00	50,000.00		ZC01001		
合计						65,400.00	55,400.00	50,000.00				

图 9-11　票据背书——冲销应付账款

13.选择收付款

2023年1月28日，由范英晨（W03）登录U8企业应用平台。

(1) 选择收款。在U8企业应用平台，依次单击“业务工作→财务会计→应收款管理→收款处理→选择收款”菜单，打开“选择收款-条件”对话框，客户选择“沈阳万鑫”，单击“确定”，打开“选择收款-单据”窗口。单击“全选”按钮，如图9-12所示，再单击“确认”按钮，弹出“选择收款-收款单”窗口。

选择	客户	单据类型	单据编号	单据日期	到期日	原币金额	原币余额	可享受折扣	本次折扣	收款金额	业务员	部门
√	沈阳万鑫	销售专用发票	57298369	2023-01-27	2023-01-27	98,100.00	78,100.00	0.00		28,100.00	张东杰	批发科
合计						98,100.00	78,100.00	0.00		28,100.00		

图 9-12　选择收款列表

根据实验资料“结算方式”选择“电汇”，“票据号”输入“52431398”，单击“确定”按钮。关闭当前窗口。

(2) 选择付款。在U8企业应用平台，依次单击“业务工作→财务会计→应付款管理→付款处理→选择付款”菜单，打开“选择付款-条件”对话框，供应商选择“锦州绿源”。单击“确定”，打开“选择付款-单据”窗口。单击工具栏的“全选”按钮，如图9-13所示，再单击“确认”按钮，打开“选择付款-付款单”窗口。

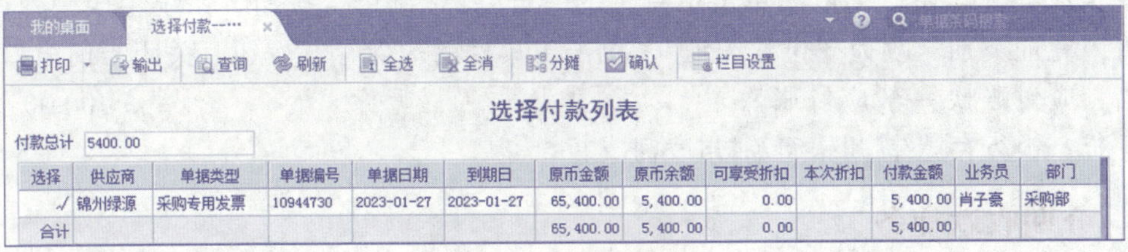

选择	供应商	单据类型	单据编号	单据日期	到期日	原币金额	原币余额	可享受折扣	本次折扣	付款金额	业务员	部门
√	锦州绿源	采购专用发票	10944730	2023-01-27	2023-01-27	65,400.00	5,400.00	0.00		5,400.00	肖子褒	采购部
合计						65,400.00	5,400.00	0.00		5,400.00		

图 9-13　选择付款列表

根据实验资料，“结算方式”选择“转账支票”，“票据号”输入“59623086”，单击“确定”按钮。关闭当前窗口。

14.收款单据审核并手工核销处理，(合并) 生成凭证

2023年1月28日，由王家宝（W02）登录U8企业应用平台。

(1) 收款单据审核并手工核销处理。在应收款管理系统，依次单击“收款处理→收款单据审核”菜单，打开“收款单据审核”窗口。单击工具栏的“查询”按钮，系统打开“查询条件-收付款单过滤”对话框，单击“确定”按钮，系统返回“收款单据审核”窗口。

双击沈阳万鑫收款单的“单据编号”栏，打开该收款单。单击工具栏的“审核”按钮，系统提示是否立即制单，单击“否”。再单击工具栏的“核销”按钮，系统弹出“核销条件”对话框，单击“确定”，打开“手工核销”窗口。在沈阳万鑫销售专用发票的“本次结算”栏输入“50000”，如图9-14所示，单击“确认”按钮。关闭已打开窗口。

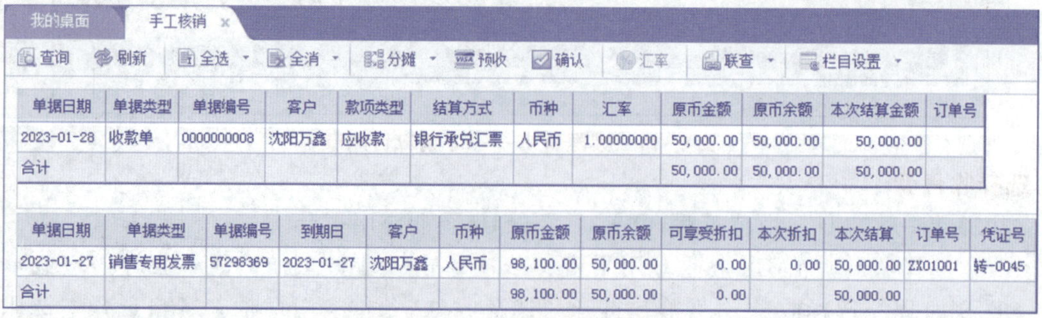

单据日期	单据类型	单据编号	客户	款项类型	结算方式	币种	汇率	原币金额	原币余额	本次结算金额	订单号
2023-01-28	收款单	0000000008	沈阳万鑫	应收款	银行承兑汇票	人民币	1.00000000	50,000.00	50,000.00	50,000.00	
合计								50,000.00	50,000.00	50,000.00	

单据日期	单据类型	单据编号	到期日	客户	币种	原币金额	原币余额	可享受折扣	本次折扣	本次结算	订单号	凭证号
2023-01-27	销售专用发票	57298369	2023-01-27	沈阳万鑫	人民币	98,100.00	50,000.00	0.00	0.00	50,000.00	ZX01001	转-0045
合计						98,100.00	50,000.00	0.00		50,000.00		

图9-14　“手工核销”窗口

（2）（合并）生成凭证。在应收款管理系统，依次单击“凭证处理→生成凭证”菜单，打开“制单查询”窗口，依次勾选“收付款单”“核销”“票据处理”，单击“确定”，打开“生成凭证”窗口。依次单击工具栏的“合并”“制单”按钮，系统生成一张记账凭证，将“凭证类别”改为“收款凭证”，单击工具栏的“保存”按钮。关闭当前窗口。

借：应收票据/人民币（沈阳万鑫）	50 000.00	
银行存款/锦州银行/锦州凌河支行	28 100.00	
应付账款/一般应付账款（锦州绿源）	50 000.00	
贷：应收账款/人民币（沈阳万鑫）		78 100.00
应收票据/人民币（沈阳万鑫）		50 000.00

15.应付系统（合并）生成凭证

在U8企业应用平台，依次单击“业务工作→财务会计→应付款管理→凭证处理→生成凭证”菜单，打开“制单查询”窗口，依次勾选“收付款单”“核销”，单击“确定”，打开“生成凭证”窗口。依次单击工具栏的“合并”“制单”按钮，系统生成一张记账凭证，将“凭证类别”改为“付款凭证”，单击工具栏的“保存”按钮。关闭当前窗口。

借：应付账款/一般应付账款	5 400.00	
贷：银行存款/锦州银行/锦州凌河支行		5 400.00

9.2.2　分期收款业务

【实验资料】

2023年1月28日，批发科张东杰与北京美泰签订分期收款销售合同（合同编号：FQ01001），销售羊肉饺子3 000袋，不含税单价85元/袋，价税合计288 150元。当日发出全部货物（出库单号：CKB01009）。合同约定分三期收回货款。

2023年1月29日，收到北京美泰支付的第一期货款，金额96 050元，结算方式为电汇（票据号：23583071），公司开具了增值税专用发票（票号：57298370）。

【业务流程】

上述业务的处理流程如图9-15所示。

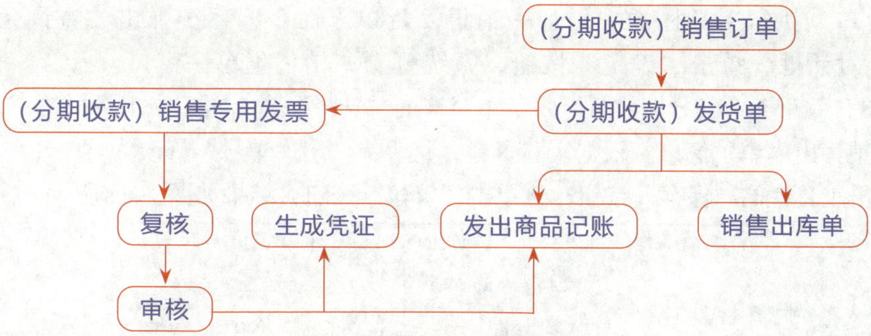

图9-15　分期收款业务流程图

【实验过程】

分期收款业务

1.填制（分期收款）销售订单并生成（分期收款）发货单

2023年1月28日，由张东杰（X01）登录U8企业应用平台。

（1）填制（分期收款）销售订单。在U8企业应用平台，依次单击"业务工作→供应链→销售管理→销售订货→销售订单"菜单，打开"销售订单"窗口。单击工具栏的"增加"按钮，根据实验资料填制销售订单。注意，表头"业务类型"选择"分期收款"，"销售类型"选择"分期收款销售"。填制完毕，依次单击工具栏的"保存""审核"按钮，结果如图9-16所示。

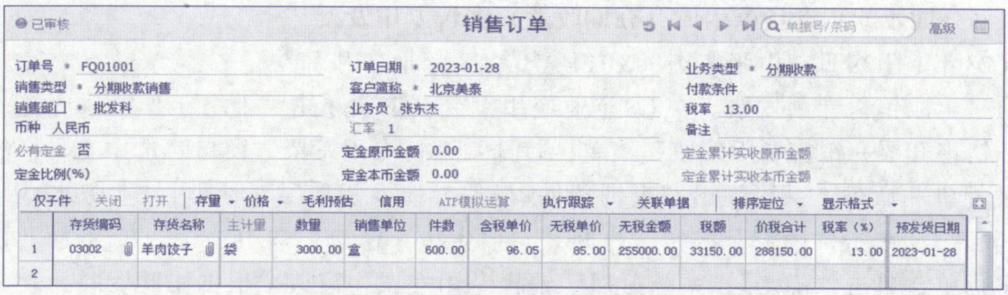
已审核　销售订单

订单号 * FQ01001　订单日期 * 2023-01-28　业务类型 * 分期收款
销售类型 * 分期收款销售　客户简称 * 北京美泰　付款条件
销售部门 * 批发科　业务员 张东杰　税率 13.00
币种 人民币　汇率 1　备注
必有定金 否　定金原币金额 0.00　定金累计实收原币金额
定金比例(%)　定金本币金额 0.00　定金累计实收本币金额

	存货编码	存货名称	主计量	数量	销售单位	件数	含税单价	无税单价	无税金额	税额	价税合计	税率（%）	预发货日期
1	03002	羊肉饺子	袋	3000.00	盒	600.00	96.05	85.00	255000.00	33150.00	288150.00	13.00	2023-01-28
2													

图9-16　（分期收款）销售订单

（2）生成（分期收款）发货单。在"销售订单"窗口，单击工具栏的"发货"按钮，系统自动参照销售订单生成发货单。发货单表体"仓库名称"选择"产成品仓"。依次单击工具栏的"保存""审核"按钮，结果如图9-17所示。关闭当前窗口。

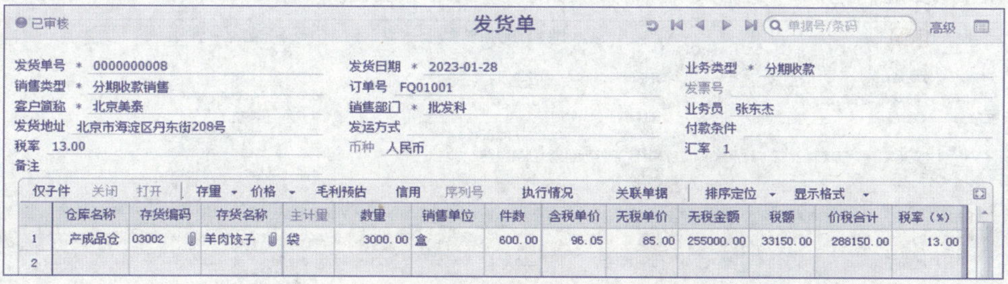
已审核　发货单

发货单号 * 0000000008　发货日期 * 2023-01-28　业务类型 * 分期收款
销售类型 * 分期收款销售　订单号 FQ01001　发票号
客户简称 * 北京美泰　销售部门 * 批发科　业务员 张东杰
发货地址 北京市海淀区丹东街208号　发运方式　付款条件
税率 13.00　币种 人民币　汇率 1
备注

	仓库名称	存货编码	存货名称	主计量	数量	销售单位	件数	含税单价	无税单价	无税金额	税额	价税合计	税率（%）
1	产成品仓	03002	羊肉饺子	袋	3000.00	盒	600.00	96.05	85.00	255000.00	33150.00	288150.00	13.00
2													

图9-17　（分期收款）发货单

2.参照（分期收款）发货单生成销售出库单

2023年1月28日，由孟梓楠（C01）登录U8企业应用平台。在U8企业应用平台，依次单击“业务工作→供应链→库存管理→销售出库→销售出库单”菜单，系统打开“销售出库单”窗口。执行工具栏的“增加→销售发货单”命令，系统弹出“查询条件-销售发货单列表”对话框，单击“确定”按钮，系统打开“销售生单”窗口。

单击28日北京美泰（分期收款）发货单对应的“选择”栏，再单击工具栏的“确定”按钮，系统返回“销售出库单”窗口。根据实验资料，将表头“出库单号”修改为“CKB01009”，其他项默认。单击工具栏的“保存”按钮，再单击“审核”按钮，结果如图9-18所示。

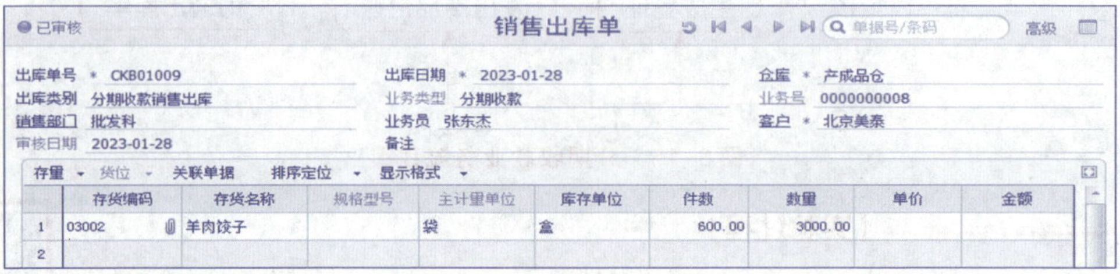
已审核　销售出库单

出库单号 * CKB01009　出库日期 * 2023-01-28　仓库 * 产成品仓
出库类别 分期收款销售出库　业务类型 分期收款　业务号 0000000008
销售部门 批发科　业务员 张东杰　客户 * 北京美泰
审核日期 2023-01-28　备注

	存货编码	存货名称	规格型号	主计量单位	库存单位	件数	数量	单价	金额
1	03002	羊肉饺子		袋	盒	600.00	3000.00		
2									

图9-18　销售出库单

3.发出商品记账

2023年1月28日，由王家宝（W02）登录U8企业应用平台。在存货核算系统，依次单击“记账→发出商品记账”菜单，系统打开“未记账单据一览表”窗口，单击工具栏的“查询”按钮，系统打开“查询条件”对话框，单击“确定”按钮，系统显示正常单据记账列表。单击28日北京美泰（分期收款）发货单的“选择”栏，再单击工具栏的“记账”按钮，系统提示记账成功，单击“确定”按钮。关闭当前窗口。

4.参照（分期收款）发货单生成（分期收款）销售专用发票

2023年1月29日，由张东杰（X01）登录U8企业应用平台。

（1）生成销售专用发票。在U8企业应用平台，依次单击“业务工作→供应链→销售管理→销售开票→销售专用发票”菜单，打开“销售专用发票”窗口。选中工具栏的“增加→发货单”命令，系统弹出“查询条件-发票参照发货单”对话框，“业务类型”选择“分期收款”，单击“确定”按钮，打开“参照生单”窗口。选中28日北京美泰（分期收款）发货单，单击“确定”，系统返回“销售专用发票”窗口。根据实验资料，表头“发票号”填入“57298370”，表体“数量”修改为“1000”，单击工具栏的“保存”按钮。

（2）现结。单击工具栏的“现结”按钮，打开“现结”窗口。根据实验资料，“结算方式”选择“电汇”，“原币金额”输入“96050”，“票据号”输入“23583071”。输入完毕单击“确定”按钮，返回“销售专用发票”窗口。单击“复核”按钮，结果如图9-19所示。

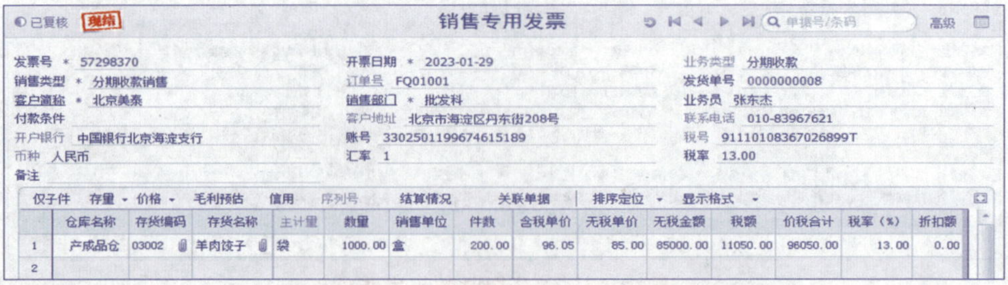
已复核　现结　销售专用发票

发票号 * 57298370　开票日期 * 2023-01-29　业务类型 分期收款
销售类型 * 分期收款销售　订单号 FQ01001　发货单号 0000000008
客户简称 * 北京美泰　销售部门 * 批发科　业务员 张东杰
付款条件　客户地址 北京市海淀区丹东街208号　联系电话 010-83967621
开户银行 中国银行北京海淀支行　账号 3302501199674615189　税号 91110108367026899T
币种 人民币　汇率 1　税率 13.00
备注

	仓库名称	存货编码	存货名称	主计量	数量	销售单位	件数	含税单价	无税单价	无税金额	税额	价税合计	税率（%）	折扣额
1	产成品仓	03002	羊肉饺子	袋	1000.00	盒	200.00	96.05	85.00	85000.00	11050.00	96050.00	13.00	0.00
2														

图9-19　（分期收款）销售专用发票

5. 销售发票审核并生成凭证

2023年1月29日，由王家宝（W02）登录U8企业应用平台。在U8企业应用平台，依次单击“业务工作→财务会计→应收款管理→应收处理→销售发票→销售发票审核”菜单，打开“销售发票审核”窗口。单击工具栏的“查询”按钮，系统弹出“查询条件-发票查询”对话框，单击“确定”按钮。

双击29日北京美泰销售专用发票的单据号“57298370”，系统打开该发票，单击工具栏的“审核”按钮，系统提示“是否立即制单？”，单击“是”，系统自动打开“填制凭证”窗口。将“凭证类别”改为“收款凭证”，单击工具栏的“保存”按钮。关闭当前已打开窗口。

借：银行存款/锦州银行/锦州凌河支行	96 050.00	
贷：主营业务收入		85 000.00
应交税费/应交增值税/销项税额		11 050.00

6. 发出商品记账

在存货核算系统，依次单击“记账→发出商品记账”菜单，系统打开“未记账单据一览表”窗口，单击工具栏的“查询”按钮，系统打开“查询条件”对话框，单击“确定”按钮，系统显示正常单据记账列表。单击29日北京美泰销售专用发票的“选择”栏，再单击工具栏的“记账”按钮，系统提示记账成功，单击“确定”按钮。关闭当前窗口。

9.2.3 委托代销业务

【实验资料】

2023年1月29日，批发科张东杰与上海贝通签订代销合同（合同编号：WT01001），委托其代销黑芝麻汤圆3 000袋，不含税单价55元/袋，价税合计186 450元。合同约定采用视同买断方式由委托方委托受托方代销货物，实际售价由受托方自定，实际售价与合同价之间的差额归受托方所有。根据代销商品销售情况，1月31日双方依照代销清单结算货款，未售完的商品退回委托方。当日公司发出全部代销商品（出库单号：CKB01010）。

2023年1月31日，上海贝通与辽宁长久办理代销结算，本次代销共售出黑芝麻汤圆2 500袋。公司根据代销清单开具增值税专用发票（票号：57298371），收到代销款155 375元，结算方式为电汇（票据号：17603952），收到退回的未售完黑芝麻汤圆500袋（出库单号：CKB01011）。

【业务流程】

上述业务的处理流程如图9-20所示。

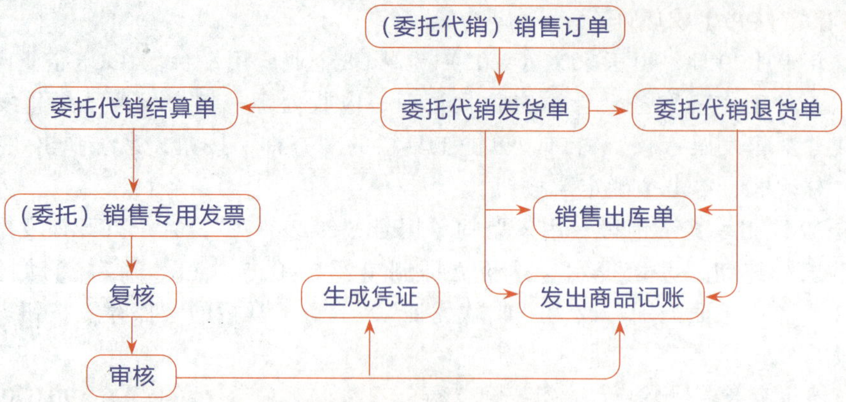

图9-20　委托代销业务流程图

【实验过程】

委托代销业务

1.填制（委托代销）销售订单并生成委托代销发货单

2023年1月29日，由张东杰（X01）登录U8企业应用平台。

（1）填制（分期收款）销售订单。在U8企业应用平台，依次单击“业务工作→供应链→销售管理→销售订货→销售订单”菜单，打开“销售订单”窗口。单击工具栏的“增加”按钮，根据实验资料填制销售订单。注意，表头“业务类型”选择“委托代销”，“销售类型”选择“委托代销”。填制完毕，依次单击工具栏的“保存”“审核”按钮，结果如图9-21所示。

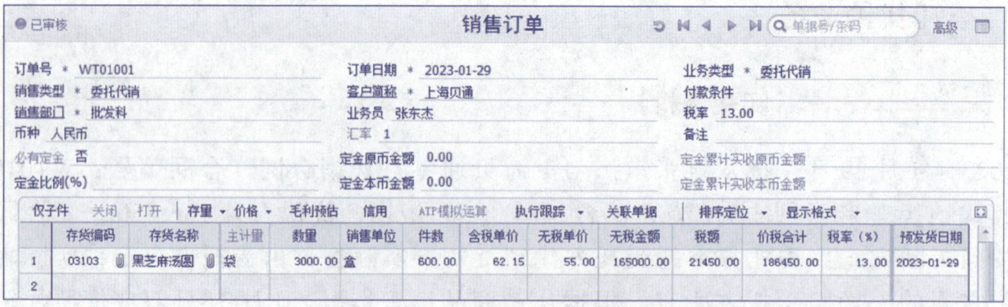

已审核　销售订单

订单号 * WT01001　订单日期 * 2023-01-29　业务类型 * 委托代销
销售类型 * 委托代销　客户简称 * 上海贝通　付款条件
销售部门 * 批发科　业务员 张东杰　税率 13.00
币种 人民币　汇率 1　备注
必有定金 否　定金原币金额 0.00　定金累计实收原币金额
定金比例(%)　定金本币金额 0.00　定金累计实收本币金额

	存货编码	存货名称	主计量	数量	销售单位	件数	含税单价	无税单价	无税金额	税额	价税合计	税率（%）	预发货日期
1	03103	黑芝麻汤圆	袋	3000.00	盒	600.00	62.15	55.00	165000.00	21450.00	186450.00	13.00	2023-01-29
2													

图9-21　（委托代销）销售订单

（2）生成发货单。在“销售订单”窗口，单击工具栏的“发货”按钮，系统自动参照销售订单生成发货单。发货单表体“仓库名称”选择“产成品仓”。依次单击工具栏的“保存”“审核”按钮，结果如图9-22所示。关闭当前已打开窗口。

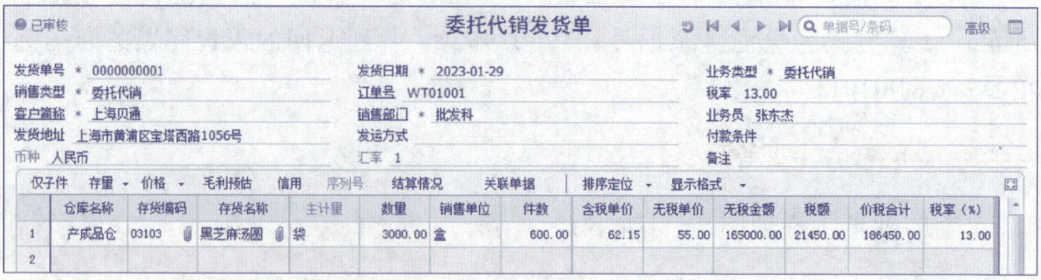

已审核　委托代销发货单

发货单号 * 0000000001　发货日期 * 2023-01-29　业务类型 * 委托代销
销售类型 * 委托代销　订单号 WT01001　税率 13.00
客户简称 * 上海贝通　销售部门 * 批发科　业务员 张东杰
发货地址 上海市黄浦区宝塔西路1056号　发运方式　付款条件
币种 人民币　汇率 1　备注

	仓库名称	存货编码	存货名称	主计量	数量	销售单位	件数	含税单价	无税单价	无税金额	税额	价税合计	税率（%）
1	产成品仓	03103	黑芝麻汤圆	袋	3000.00	盒	600.00	62.15	55.00	165000.00	21450.00	186450.00	13.00
2													

图9-22　委托代销发货单

2.参照委托代销发货单生成销售出库单

2023年1月29日，由孟梓楠（C01）登录U8企业应用平台。在U8企业应用平台，依次单击“业务工作→供应链→库存管理→销售出库→销售出库单”菜单，系统打开“销售出库单”窗口。执行工具栏的“增加→销售发货单”命令，系统弹出“查询条件-销售发货单列表”对话框，单击“确定”按钮，系统打开“销售生单”窗口。

单击29日上海贝通委托代销发货单对应的“选择”栏。单击工具栏的“确定”按钮，系统返回“销售出库单”窗口。根据实验资料，将表头“出库单号”修改为“CKB01010”，其他项默认。单击工具栏的“保存”按钮，再单击“审核”按钮，结果如图9-23所示。

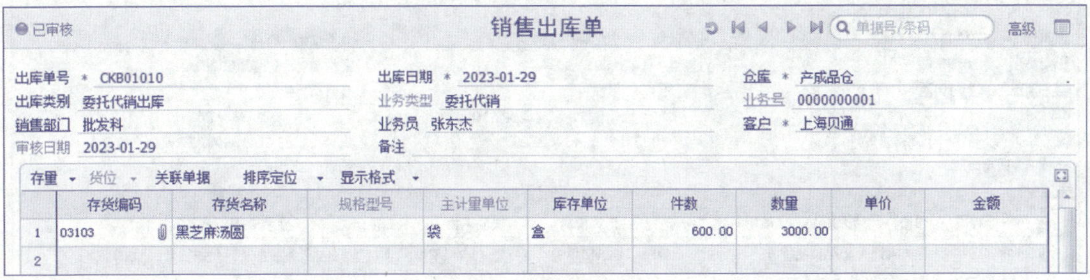
已审核　销售出库单　单据号/条码　高级

出库单号 * CKB01010　出库日期 * 2023-01-29　仓库 * 产成品仓
出库类别 委托代销出库　业务类型 委托代销　业务号 0000000001
销售部门 批发科　业务员 张东杰　客户 * 上海贝通
审核日期 2023-01-29　备注

存量 · 货位 · 关联单据 排序定位 · 显示格式 ·

	存货编码	存货名称	规格型号	主计量单位	库存单位	件数	数量	单价	金额
1	03103	黑芝麻汤圆		袋	盒	600.00	3000.00		
2									

图9-23　销售出库单

3.发出商品记账

2023年1月29日，由王家宝（W02）登录U8企业应用平台。在存货核算系统，依次单击“记账→发出商品记账”菜单，系统打开“未记账单据一览表”窗口，单击工具栏的“查询”按钮，系统打开“查询条件”对话框，单击“确定”按钮，系统显示正常单据记账列表。单击29日上海贝通委托代销发货单的“选择”栏，再单击工具栏的“记账”按钮，系统提示记账成功，单击“确定”按钮。关闭当前窗口。

4.参照委托代销发货单生成委托代销结算单

2023年1月31日，由张东杰（X01）登录U8企业应用平台。

（1）生成委托代销结算单。在U8企业应用平台，依次单击“业务工作→供应链→销售管理→委托代销→委托代销结算单”菜单，打开“委托代销结算单”窗口。单击工具栏的“增加”按钮，系统弹出“查询条件-委托结算参照发货单”窗口，单击“确定”按钮，打开“参照生单”窗口。

选中29日上海贝通委托代销发货单的“选择”栏，单击“确定”按钮，系统返回“委托代销结算单”窗口。根据实验资料，表头“发票号”填入“57298371”；将“黑芝麻汤圆”的“数量”修改为“2500”。单击工具栏的“保存”按钮，再单击“审核”按钮，系统弹出“请选择发票类型”对话框，选择“专用发票”，单击“确定”按钮，结果如图9-24所示。关闭当前窗口。委托代销结算单审核完毕，自动生成未复核的销售发票。

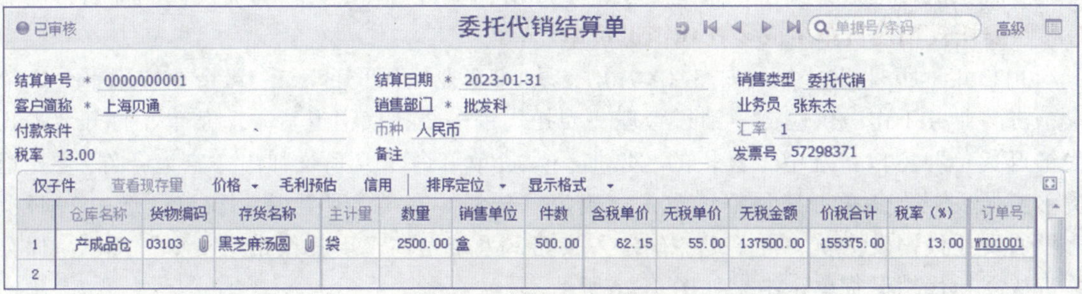
已审核　委托代销结算单　单据号/条码　高级

结算单号 * 0000000001　结算日期 * 2023-01-31　销售类型 委托代销
客户简称 * 上海贝通　销售部门 * 批发科　业务员 张东杰
付款条件　币种 人民币　汇率 1
税率 13.00　备注　发票号 57298371

仅子件 查看现存量 价格 · 毛利预估 信用 排序定位 · 显示格式 ·

	仓库名称	货物编码	存货名称	主计量	数量	销售单位	件数	含税单价	无税单价	无税金额	价税合计	税率（%）	订单号
1	产成品仓	03103	黑芝麻汤圆	袋	2500.00	盒	500.00	62.15	55.00	137500.00	155375.00	13.00	WT01001
2													

图9-24　委托代销结算单

（2）现结。在销售管理系统，依次单击“销售开票→销售专用发票”菜单，打开“销售专用发票”窗口。单击工具栏的“▶|”（末张）按钮，找到委托代销结算生成的57298371号专用发票。单击工具栏的“现结”按钮，打开“现结”窗口。根据实验资料，“结算方式”选择“电汇”，“原币金额”输入“155375”，“票据号”输入“17603952”。输入完毕单击“确定”按钮，返回“销售专用发票”窗口，单击“复核”按钮，结果如图9-25所示。

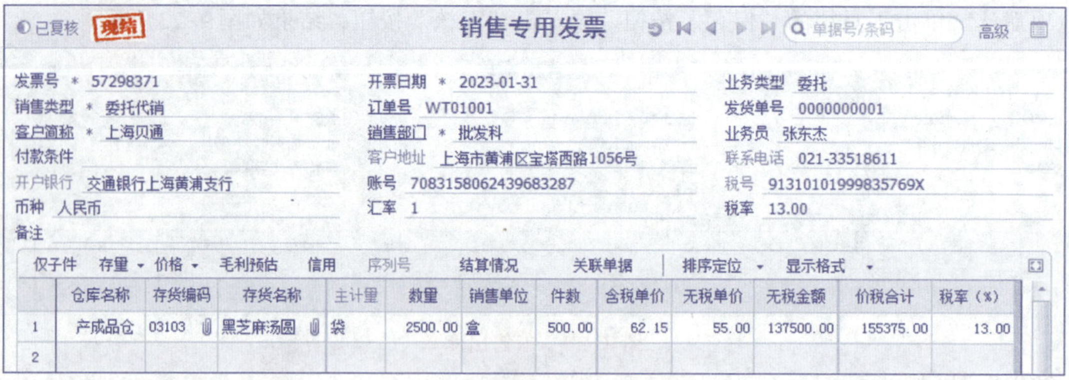
已复核 现结　销售专用发票　单据号/条码　高级

发票号 * 57298371　开票日期 * 2023-01-31　业务类型 委托
销售类型 * 委托代销　订单号 WT01001　发货单号 0000000001
客户简称 * 上海贝通　销售部门 * 批发科　业务员 张东杰
付款条件　客户地址 上海市黄浦区宝塔西路1056号　联系电话 021-33518611
开户银行 交通银行上海黄浦支行　账号 7083158062439683287　税号 91310101999835769X
币种 人民币　汇率 1　税率 13.00
备注

仅子件　存量　价格　毛利预估　信用　序列号　结算情况　关联单据　排序定位　显示格式

	仓库名称	存货编码	存货名称	主计量	数量	销售单位	件数	含税单价	无税单价	无税金额	价税合计	税率（%）
1	产成品仓	03103	黑芝麻汤圆	袋	2500.00	盒	500.00	62.15	55.00	137500.00	155375.00	13.00
2												

图9-25　（委托）销售专用发票

5.销售发票审核并生成凭证

2023年1月31日，由王家宝（W02）登录U8企业应用平台。在U8企业应用平台，依次单击“业务工作→财务会计→应收款管理→应收处理→销售发票→销售发票审核”菜单，打开“销售发票审核”窗口。单击工具栏的“查询”按钮，系统弹出“查询条件-发票查询”对话框，单击“确定”按钮。

双击31日上海贝通销售专用发票的单据号“57298371”，系统打开该发票，单击工具栏的“审核”按钮，系统提示“是否立即制单？”，单击“是”，系统自动打开“填制凭证”窗口。将“凭证类别”改为“收款凭证”，单击工具栏的“保存”按钮。关闭已打开窗口。

借：银行存款/锦州银行/锦州凌河支行	155 375.00	
贷：主营业务收入		137 500.00
应交税费/应交增值税/销项税额		17 875.00

6.发出商品记账

在存货核算系统，依次单击“记账→发出商品记账”菜单，系统打开“未记账单据一览表”窗口，单击工具栏的“查询”按钮，系统打开“查询条件”对话框，单击“确定”按钮，系统显示正常单据记账列表。单击31日上海贝通销售专用发票的“选择”栏，再单击工具栏的“记账”按钮，系统提示记账成功，单击“确定”按钮。关闭当前窗口。

7.参照委托代销发货单生成委托代销退货单

2023年1月31日，由张东杰（X01）登录U8企业应用平台。在U8企业应用平台，依次单击“业务工作→供应链→销售管理→委托代销→委托代销退货单”菜单，打开“委托代销退货单”窗口。选中工具栏的“增加→发货单”命令，系统弹出“查询条件-委托退货单参照委托发货单”对话框，单击“确定”按钮。在“参照生单”窗口，选中29日上海贝通委托代销发货单，再单击“确定”按钮，系统返回“委托代销退货单”窗口。保存并审核委托代销退货单，结果如图9-26所示。

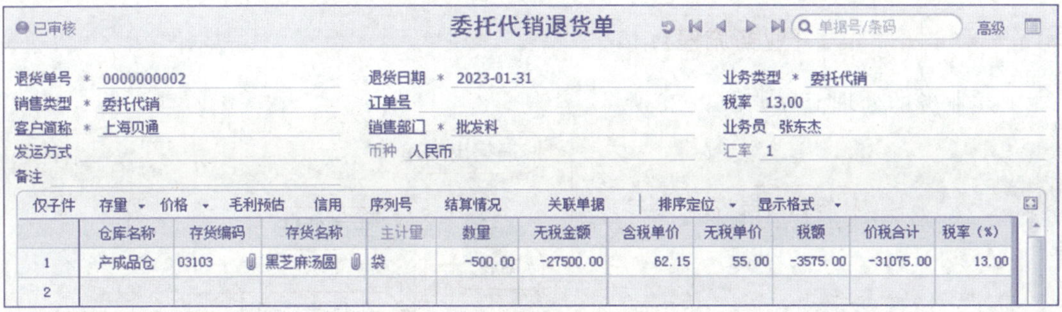

图 9-26　委托代销退货单

8.参照委托代销退货单生成负数销售出库单

2023年1月31日，由孟梓楠（C01）登录U8企业应用平台。在U8企业应用平台，依次单击“业务工作→供应链→库存管理→销售出库→销售出库单”菜单，系统打开“销售出库单”窗口。执行工具栏的“增加→销售发货单”命令，系统弹出“查询条件-销售发货单列表”对话框，单击“确定”按钮，系统打开“销售生单”窗口。

单击31日上海贝通委托代销退货单对应的“选择”栏。单击工具栏的“确定”按钮，系统返回“销售出库单”窗口。根据实验资料，将表头“出库单号”修改为“CKB01011”，其他项默认。单击工具栏的“保存”按钮，再单击“审核”按钮，结果如图9-27所示。

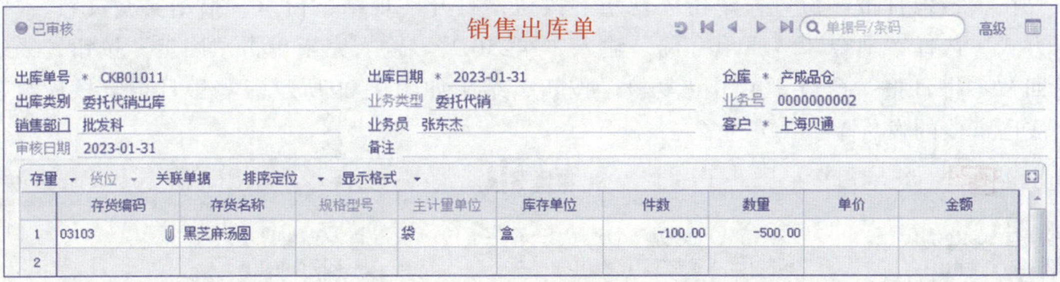

图 9-27　负数销售出库单

9.发出商品记账

2023年1月31日，由王家宝（W02）登录U8企业应用平台。在存货核算系统，依次单击“记账→发出商品记账”菜单，系统打开“未记账单据一览表”窗口，单击工具栏的“查询”按钮，系统打开“查询条件”对话框，单击“确定”按钮，系统显示正常单据记账列表。单击31日上海贝通委托代销退货单的“选择”栏，再单击工具栏的“记账”按钮，系统提示记账成功，单击“确定”按钮。关闭当前窗口。

9.2.4　零售日报业务

【实验资料】

2023年1月31日，零售科韩佳辉交来当日门市部（客户统一名称：零散客户）零售现款34 250.2元（日报号：30916257）。本日销售猪肉饺子160袋，零售价69.9元/袋；销售牛肉饺子105袋，零售价135元/袋；销售豆沙汤圆86袋，零售价39.8元/袋；销售黑芝麻汤圆93袋，零售价58.8元/袋。（出库单号：CKB01012）

【业务流程】

上述业务的处理流程如图9-28所示。

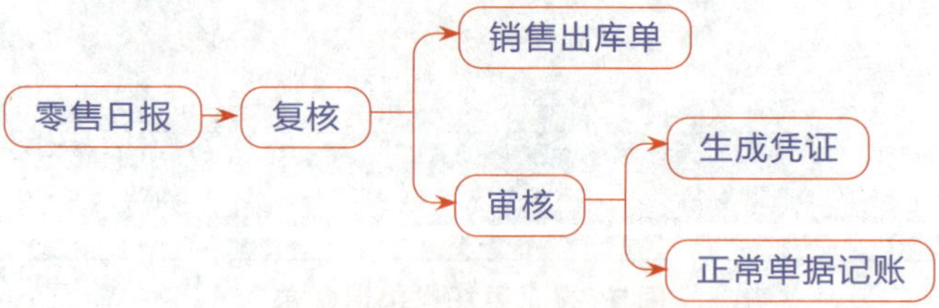

图9-28　零售日报业务流程图

【实验过程】

1.填制零售日报

2023年1月31日，由张东杰（X01）登录U8企业应用平台。在U8企业应用平台，依次单击“业务工作→供应链→销售管理→零售日报→零售日报”菜单，打开“零售日报”窗口。单击工具栏的“增加”按钮，根据实验资料填制零售日报，填制完毕保存该零售日报。

在“零售日报”窗口，单击“现结”按钮，打开“现结”窗口。根据实验资料，“结算方式”选择“现金”，“原币金额”输入“34250.2”。输入完毕单击“确定”按钮，系统返回“零售日报”窗口，单击“复核”按钮，结果如图9-29所示。零售日报复核后自动生成已审核的发货单。

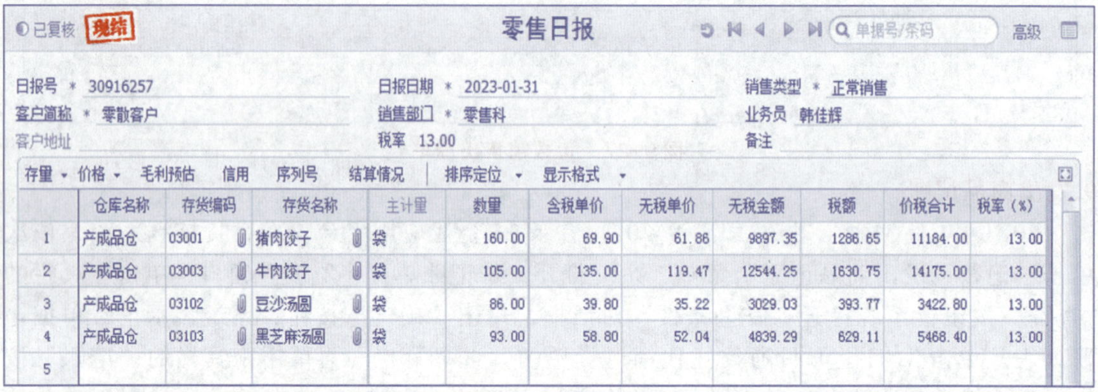

已复核　现结　零售日报

日报号 * 30916257　日报日期 * 2023-01-31　销售类型 * 正常销售
客户简称 * 零散客户　销售部门 * 零售科　业务员 韩佳辉
客户地址　税率 13.00　备注

	仓库名称	存货编码	存货名称	主计量	数量	含税单价	无税单价	无税金额	税额	价税合计	税率（%）
1	产成品仓	03001	猪肉饺子	袋	160.00	69.90	61.86	9897.35	1286.65	11184.00	13.00
2	产成品仓	03003	牛肉饺子	袋	105.00	135.00	119.47	12544.25	1630.75	14175.00	13.00
3	产成品仓	03102	豆沙汤圆	袋	86.00	39.80	35.22	3029.03	393.77	3422.80	13.00
4	产成品仓	03103	黑芝麻汤圆	袋	93.00	58.80	52.04	4839.29	629.11	5468.40	13.00
5											

图9-29　零售日报

2.参照发货单生成销售出库单

2023年1月31日，由孟梓楠（C01）登录U8企业应用平台。在U8企业应用平台，依次单击“业务工作→供应链→库存管理→销售出库→销售出库单”菜单，系统打开“销售出库单”窗口。执行工具栏的“增加→销售发货单”命令，系统弹出“查询条件-销售发货单列表”对话框，单击“确定”按钮，系统打开“销售生单”窗口。

单击31日零散客户发货单对应的“选择”栏。单击工具栏的“确定”按钮，系统返回“销售出库单”窗口。根据实验资料，将表头“出库单号”修改为“CKB01012”，其他项默认。单击工具栏的“保存”按钮，再单击“审核”按钮，结果如图9-30所示。

●已审核　　销售出库单

出库单号 * CKB01012　　出库日期 * 2023-01-31　　仓库 * 产成品仓

出库类别 销售出库　　业务类型 普通销售　　业务号 30916257

销售部门 零售科　　业务员 韩佳辉　　客户 * 零散客户

审核日期 2023-01-31　　备注

	存货编码	存货名称	规格型号	主计量单位	库存单位	件数	数量	单价	金额
1	03001	猪肉饺子		袋	盒	32.00	160.00		
2	03003	牛肉饺子		袋	盒	21.00	105.00		
3	03102	豆沙汤圆		袋	盒	17.20	86.00		
4	03103	黑芝麻汤圆		袋	盒	18.60	93.00		
5									

图 9-30　销售出库单

3. 销售发票审核并生成凭证

2023年1月31日，由王家宝（W02）登录U8企业应用平台。在U8企业应用平台，依次单击“业务工作→财务会计→应收款管理→应收处理→销售发票→销售发票审核”菜单，打开“销售发票审核”窗口。单击工具栏的“查询”按钮，系统弹出“查询条件-发票查询”对话框，单击“确定”按钮。

双击31日零售日报的单据号“30916257”，系统打开该发票，单击工具栏的“审核”按钮，系统提示“是否立即制单？”，单击“是”，系统自动打开“填制凭证”窗口。将“凭证类别”改为“收款凭证”，单击工具栏的“保存”按钮。关闭已打开窗口。

借：库存现金	34 250.20	
贷：主营业务收入		30 309.92
应交税费/应交增值税/销项税额		3 940.28

4. 正常单据记账

在存货核算系统，依次单击“记账→正常单据记账”菜单，系统打开“未记账单据一览表”窗口，单击工具栏的“查询”按钮，系统打开“查询条件”对话框，单击“确定”按钮，系统显示正常单据记账列表。单击31日30916257号零售日报四行记录的“选择”栏，再单击工具栏的“记账”按钮，系统提示记账成功，单击“确定”按钮。关闭当前窗口。

9.2.5　仓库调拨业务

【实验资料】

2023年1月31日，因周转材料仓漏水进行修缮，临时将10 000个包装箱转移至产成品仓。（调拨单号：DB01001）

【业务流程】

上述业务的处理流程如图9-31所示。

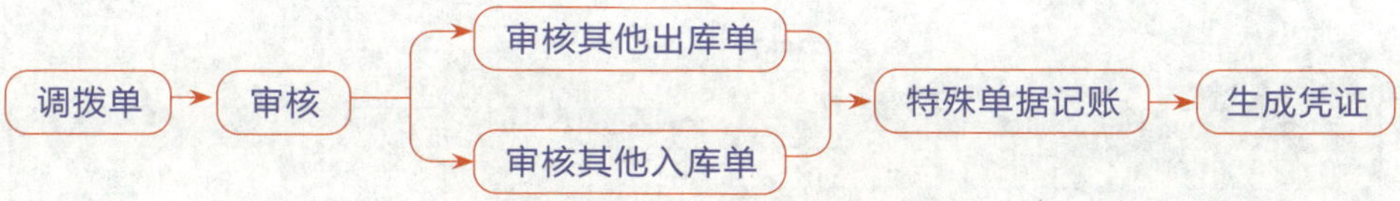

图 9-31　仓库调拨业务流程图

【实验过程】

仓库调拨业务

1.填制调拨单

2023年1月29日，由孟梓楠（C01）登录U8企业应用平台。在U8企业应用平台，依次单击“业务工作→供应链→库存管理→调拨业务→调拨单”菜单，打开“调拨单”窗口。

单击“增加”，根据实验资料，调拨单表头“单据号”输入“DB01001”，转出部门和转入部门均选择“仓储部”，“转出仓库”选择“周转材料仓”，“转入仓库”选择“产成品仓”，出库类别选择“调拨出库”，入库类别选择“调拨入库”。

调拨单表体“存货编码”输入“02001”，“数量”输入“10000”。录入完毕保存并审核该调拨单，结果如图9-32所示。关闭当前窗口。调拨单审核后自动生成其他出库单、其他入库单。

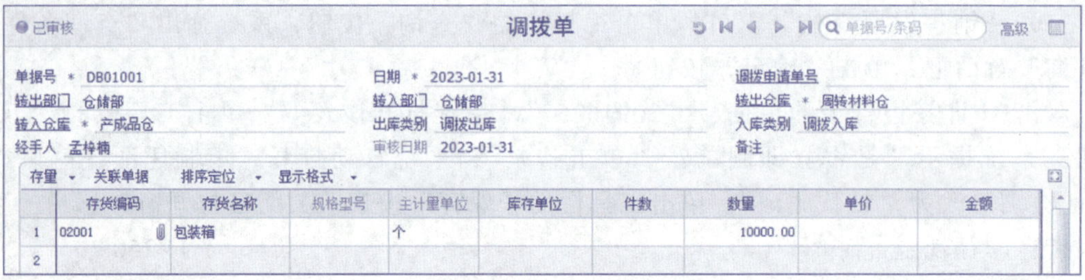
已审核　调拨单　单据号/条码　高级

单据号 * DB01001　日期 * 2023-01-31　调拨申请单号
转出部门 仓储部　转入部门 仓储部　转出仓库 * 周转材料仓
转入仓库 * 产成品仓　出库类别 调拨出库　入库类别 调拨入库
经手人 孟梓楠　审核日期 2023-01-31　备注

存量 · 关联单据 · 排序定位 · 显示格式

	存货编码	存货名称	规格型号	主计量单位	库存单位	件数	数量	单价	金额
1	02001	包装箱		个			10000.00		
2									

图9-32　调拨单

2.审核其他出库单和其他入库单

在库存管理系统，依次单击“其他出库→其他出库单”菜单，系统打开“其他出库单”窗口。单击工具栏的“▶|”（末张）按钮，找到根据调拨单生成的其他出库单，单击“审核”按钮，结果如图9-33所示。关闭当前窗口。

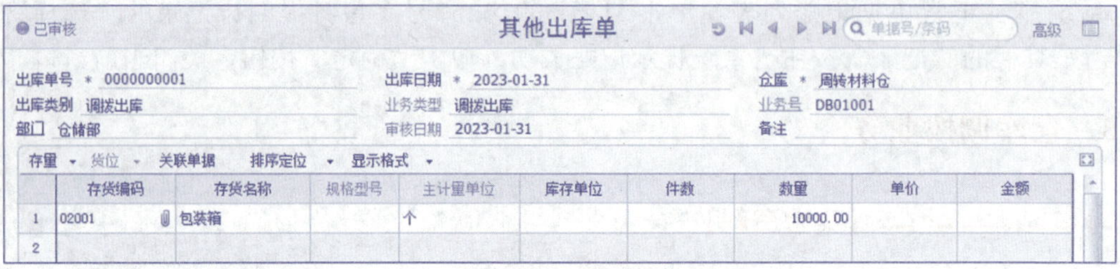
已审核　其他出库单　单据号/条码　高级

出库单号 * 0000000001　出库日期 * 2023-01-31　仓库 * 周转材料仓
出库类别 调拨出库　业务类型 调拨出库　业务号 DB01001
部门 仓储部　审核日期 2023-01-31　备注

存量 · 货位 · 关联单据 · 排序定位 · 显示格式

	存货编码	存货名称	规格型号	主计量单位	库存单位	件数	数量	单价	金额
1	02001	包装箱		个			10000.00		
2									

图9-33　其他出库单

参照上述方法，在库存管理系统，依次单击“其他入库→其他入库单”菜单，找到并审核根据调拨单生成的其他入库单，结果如图9-34所示。关闭当前窗口。

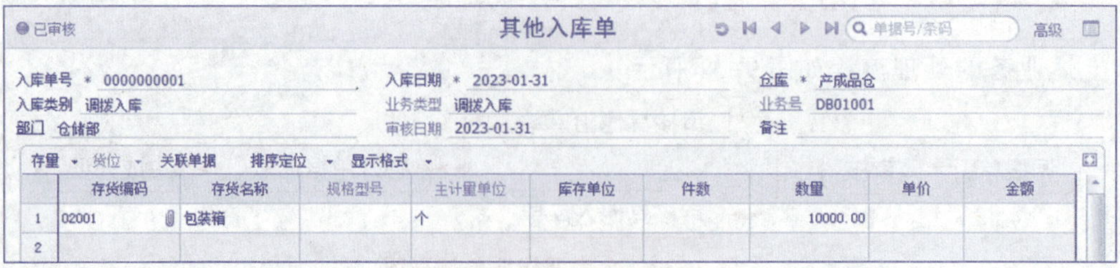
已审核　其他入库单　单据号/条码　高级

入库单号 * 0000000001　入库日期 * 2023-01-31　仓库 * 产成品仓
入库类别 调拨入库　业务类型 调拨入库　业务号 DB01001
部门 仓储部　审核日期 2023-01-31　备注

存量 · 货位 · 关联单据 · 排序定位 · 显示格式

	存货编码	存货名称	规格型号	主计量单位	库存单位	件数	数量	单价	金额
1	02001	包装箱		个			10000.00		
2									

图9-34　其他入库单

3.特殊单据记账

2023年1月31日，由王家宝（W02）登录U8企业应用平台。在存货核算系统，依次单击“记账→特殊单据记账”菜单，系统弹出“特殊单据记账条件”对话框，单击“确定”按钮，系统打开“未记账单据一览表”窗口，如图9-35所示。选中DB01001号调拨单，单击工具栏的“记账”按钮，系统提示记账成功，单击“确定”按钮。记账完毕退出当前窗口。

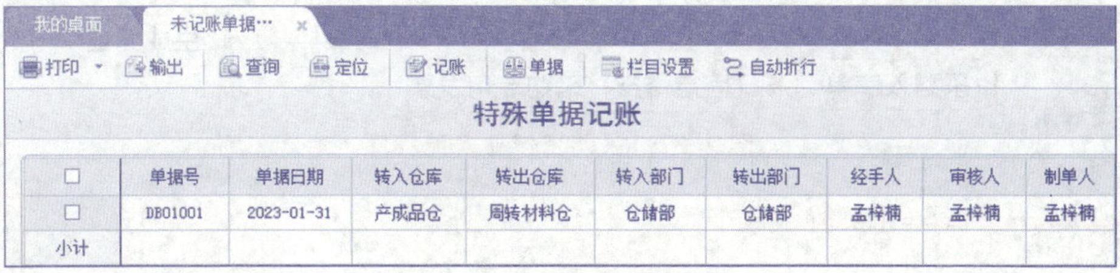

□	单据号	单据日期	转入仓库	转出仓库	转入部门	转出部门	经手人	审核人	制单人
□	DB01001	2023-01-31	产成品仓	周转材料仓	仓储部	仓储部	孟梓楠	孟梓楠	孟梓楠
小计									

图9-35　特殊单据记账

4.生成凭证（调拨单制单）

在存货核算系统，依次单击“凭证处理→生成凭证”菜单，系统打开“生成凭证”窗口。单击工具栏的“选择”按钮，系统弹出“查询条件-生成凭证查询条件”对话框，“单据类型”选择“调拨单”，单击“确定”按钮，系统打开“选择单据”窗口。单击工具栏的“全选”按钮，选中调拨单生成的其他出库单、其他入库单。再单击“确定”按钮，系统返回“生成凭证”窗口，如图9-36所示。

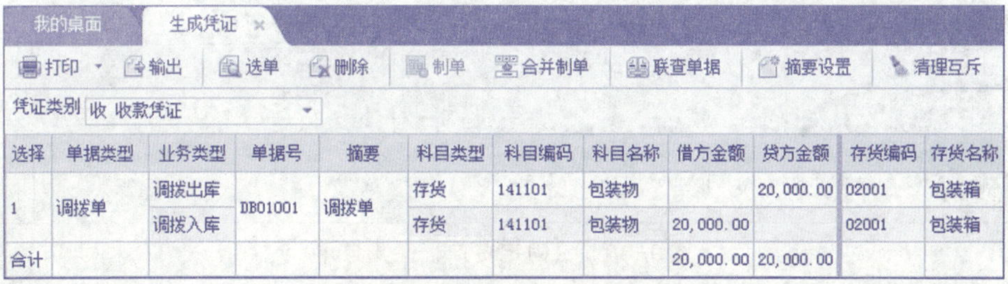

选择	单据类型	业务类型	单据号	摘要	科目类型	科目编码	科目名称	借方金额	贷方金额	存货编码	存货名称
1	调拨单	调拨出库	DB01001	调拨单	存货	141101	包装物		20,000.00	02001	包装箱
		调拨入库			存货	141101	包装物	20,000.00		02001	包装箱
合计								20,000.00	20,000.00		

图9-36　“生成凭证”窗口

单击工具栏的“合并制单”按钮，系统生成记账凭证，将“凭证类别”改为“转账凭证”，单击“保存”按钮。关闭当前窗口。

借：周转材料/包装物（产成品仓）　　20 000.00
　贷：周转材料/包装物（周转材料仓）　　20 000.00

9.2.6　采购资产业务

【实验资料】

2023年1月31日，采购部刘美玲与上海贝通签订购销合同（合同编号：CG01008），采购惠普激光打印机1台，不含税单价8 200元/台，价税合计9 266元。

当日收到上海贝通发来的惠普激光打印机（入库单号：RKC01001）及增值税专用发票（票号：28892173）。货物检验合格交付财务部使用，公司以电汇方式支付了货款（票据号：30952639）。

【业务流程】

上述业务的处理流程如图9-37所示。

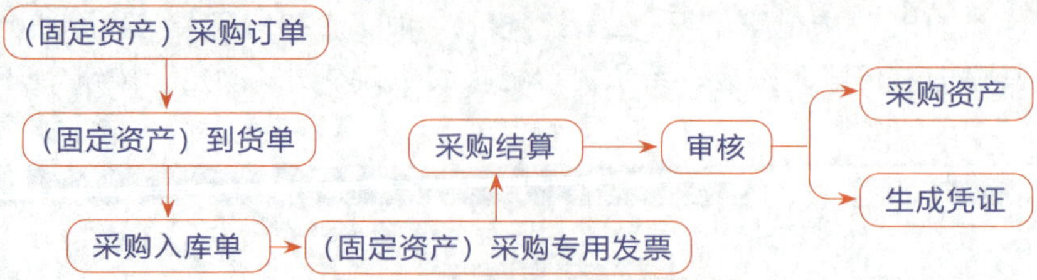

图9-37　采购资产业务流程图

【实验过程】

采购资产业务

1.填制（固定资产）采购订单并生成到货单

2023年1月31日，由刘美玲（G01）登录U8企业应用平台。

（1）填制（固定资产）采购订单。在U8企业应用平台，依次单击“业务工作→供应链→采购管理→采购订货→采购订单”菜单，打开“采购订单”窗口。单击工具栏的“增加”按钮，根据实验资料填制采购订单。注意，表头“业务类型”选择“固定资产”，“采购类型”选择“正常采购”。填制完毕，依次单击工具栏的“保存”“审核”按钮，结果如图9-38所示。

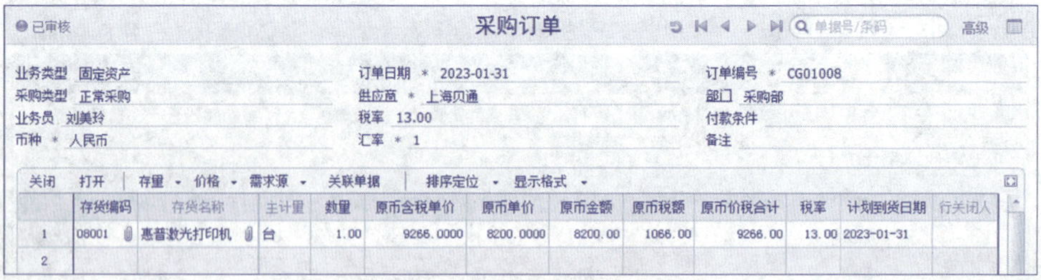

图9-38　（固定资产）采购订单

（2）生成到货单。在“采购订单”窗口，单击工具栏的“到货”按钮，系统自动参照采购订单生成到货单。依次单击工具栏的“保存”“审核”按钮，结果如图9-39所示。退出当前窗口。

图9-39　（固定资产）到货单

2.参照（固定资产）到货单生成采购入库单

2023年1月31日，由孟梓楠（C01）登录U8企业应用平台。在U8企业应用平台，依次单击“业务工作→供应链→库存管理→采购入库→采购入库单”菜单，系统打开“采购入库单”窗口。执行工具栏的“增加→采购→采购到货单”命令，打开“查询条件-采购到货单列表”对话框，单击“确定”按钮，系统打开“到货单生单列表”窗口。单击31日上海贝通到货单对应的“选择”栏，再单击工具栏的“确定”按钮，系统返回“采购入库单”窗口。

根据实验资料，将采购入库单表头中的“入库单号”修改为“RKC01001”，“仓库”选择为“固定资产仓”。保存并审核该采购入库单，结果如图9-40所示。关闭当前窗口。

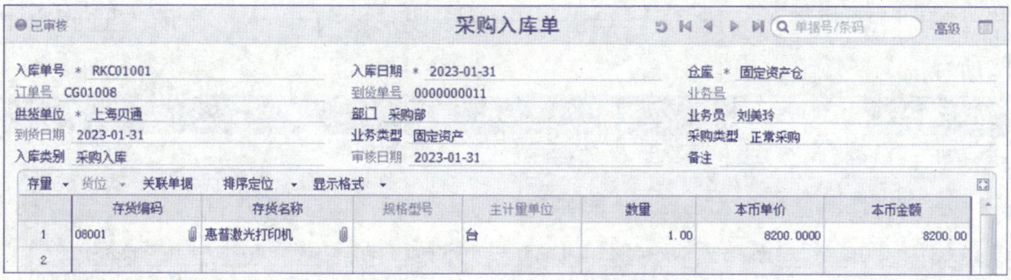

图9-40　采购入库单

3.参照采购入库单生成采购专用发票

2023年1月31日，由刘美玲（G01）登录U8企业应用平台。

（1）生成采购专用发票。在采购管理系统，依次单击“采购发票→专用采购发票”菜单，打开“专用发票”窗口。执行工具栏的“增加→入库单”命令，打开“查询条件-单据列表过滤”对话框，单击“确定”按钮。

在“拷贝并执行”窗口，单击RKC01001号采购入库单对应的“选择”栏，再单击工具栏的“确定”按钮，返回“专用发票”窗口。根据实验资料，表头“发票号”填入“28892173”，其他项默认。依次单击工具栏的“保存”“复核”“结算”按钮。

（2）现付。在“专用发票”窗口，单击工具栏的“现付”按钮，打开“采购现付”窗口。根据实验资料，“结算方式”选择“电汇”，“原币金额”输入“9266”，“票据号”输入“30952639”，单击“确定”按钮，结果如图9-41所示。

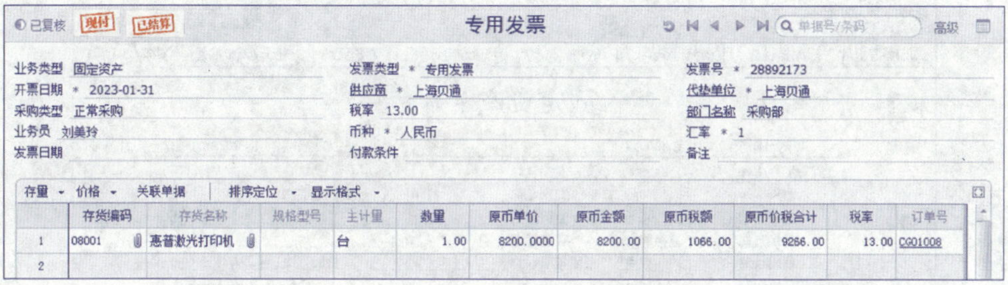

图9-41　（固定资产）采购专用发票

4.采购发票审核并生成凭证

2023年1月31日，由王家宝（W02）登录U8企业应用平台。在U8企业应用平台，依次单击“业务工作→财务会计→应付款管理→应付处理→采购发票→采购发票审核”菜单，打开“采购发票审核”窗口。单击工具栏的“查询”按钮，系统弹出“查询条件-发票查询”对话框，单击“确定”按钮。

双击31上海贝通采购发票的单据号“28892173”，系统打开该发票，单击工具栏的“审核”按钮，系统提示“是否立即制单?”，单击“是”，系统自动打开“填制凭证”窗口。将“凭证类别”改为“付款凭证”，单击工具栏的“保存”按钮。关闭已打开窗口。

借：固定资产　　8 200.00

　　应交税费/应交增值税/进项税额　　1 066.00

　贷：银行存款/锦州银行/锦州凌河支行　　9 266.00

5.采购资产

在U8企业应用平台，依次单击“业务工作→财务会计→固定资产→卡片→采购资产”，打开“采购资产”窗口。双击CG01008号采购订单最左侧的“选择”栏，如图9-42所示。

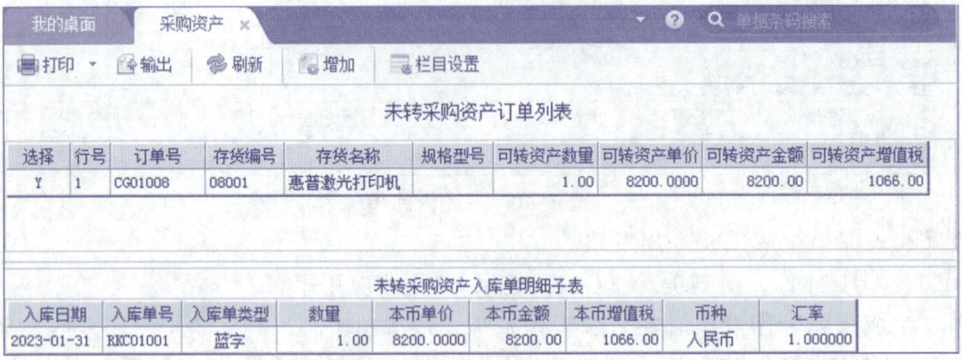

选择	行号	订单号	存货编号	存货名称	规格型号	可转资产数量	可转资产单价	可转资产金额	可转资产增值税
Y	1	CG01008	08001	惠普激光打印机		1.00	8200.0000	8200.00	1066.00

入库日期	入库单号	入库单类型	数量	本币单价	本币金额	本币增值税	币种	汇率
2023-01-31	RKC01001	蓝字	1.00	8200.0000	8200.00	1066.00	人民币	1.000000

图9-42　“采购资产”窗口

单击“增加”按钮，打开“采购资产分配设置”窗口，“类别编号”选择“043”（打印机），“使用部门”选择“财务部”，“使用状况”选择“在用”。单击“保存”按钮，打开“固定资产卡片”窗口，单击“保存”按钮，系统提示“数据成功保存！”，单击“确定”，系统提示生成一张卡片，结果如图9-43所示。

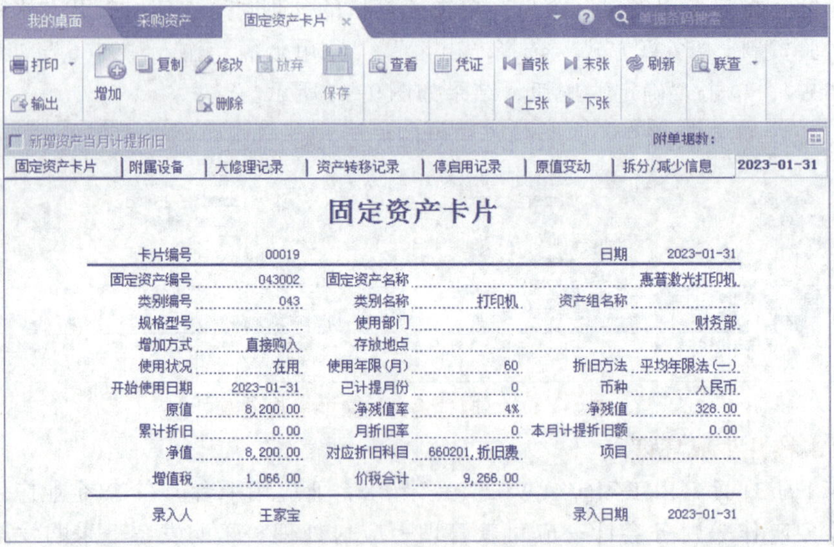

图9-43　固定资产卡片

9.3　本章常见数据表

本章常见数据表见表9-1。

表 9-1　本章常见数据表

序号	系统编码（SystemID）	系统名称（SystemName）	表名称（TableName）	表定义（TableDefine）	备注
1	IA	存货核算	IA_EnSubsidiary	发出商品委托代销存货明细账	
2	SA	销售管理	SA_SettleVouch	委托代销结算单主表	
3	SA	销售管理	SA_SettleVouchs	委托代销结算单子表	
4	SA	销售管理	SA_WrapLease	包装物租借退还表	
5	ST	库存管理	TransVouch	库存调拨单主表	
6	ST	库存管理	TransVouchs	库存调拨单子表	
7	ST	库存管理	RdRecord08	其他入库单主表	
8	ST	库存管理	rdrecords08	其他入库单子表	
9	ST	库存管理	RdRecord09	其他出库单主表	
10	ST	库存管理	rdrecords09	其他出库单子表	
11	FA	固定资产	fa_CardOfInv	采购资产	

【课程思政点睛】

【复习思考题】

1. 简述直运业务的处理流程。
2. 试比较分期收款业务与委托代销业务的处理流程。
3. 试比较零售日报业务与销售调拨业务的处理流程。
4. 简述委托代销手续费的处理方式。
5. 试述具有融资性质的分期收款业务的处理流程。
6. 除内部调拨业务，还有哪些业务需使用特殊单据记账？

第四篇

期末处理

第10章 系统期末处理

10.1 概述

系统期末处理的特点在于财务会计系统与供应链管理系统交互作用，数据传递过程比较复杂，在处理时不应违反系统应用规则，更不能违背会计学原理和企业会计准则。系统期末处理主要包括以下四部分内容：

1.出纳管理

出纳管理包括支票登记簿管理、银行对账以及出纳账表的查询等内容。

2.期末转账

期末转账包括但不限于以下内容：

（1）根据权责发生制，计提应由本期承担的长期借款利息等；

（2）根据成本计算方法，分配材料费用、制造费用等，计算本月完工产品成本；

（3）根据存货盘存制度，对企业存货、固定资产等进行盘点；

（4）全月平均法下，结转本月已销商品成本；

（5）根据资产减值等准则，进行减值测试，计提减值准备；

（6）根据增值税法律制度，计算本月应交增值税及相关附加税；

（7）根据金融资产相关准则，对金融资产期末公允价值变动进行处理；

（8）根据外币折算等准则，确认外币项目的汇兑损益；

（9）根据企业所得税法计算应交所得税，根据所得税准则确认所得税费用。

在期末结转的过程中，部分数据需要通过查询账表获得，如明细账、余额表、多栏账以及各种辅助账等。

3.期末结账

期末结账的主要思路：先对供应链各系统月末结账，再对财务会计各系统月末结账，总账系统最后结账。

4.生成报表

参照系统报表模板可生成常见的资产负债表等对外报表，还可根据企业管理要求自行设计报表并从财务会计系统或供应链管理系统读取数据。本部分将在第11章介绍。

本章总体流程如图10-1所示。

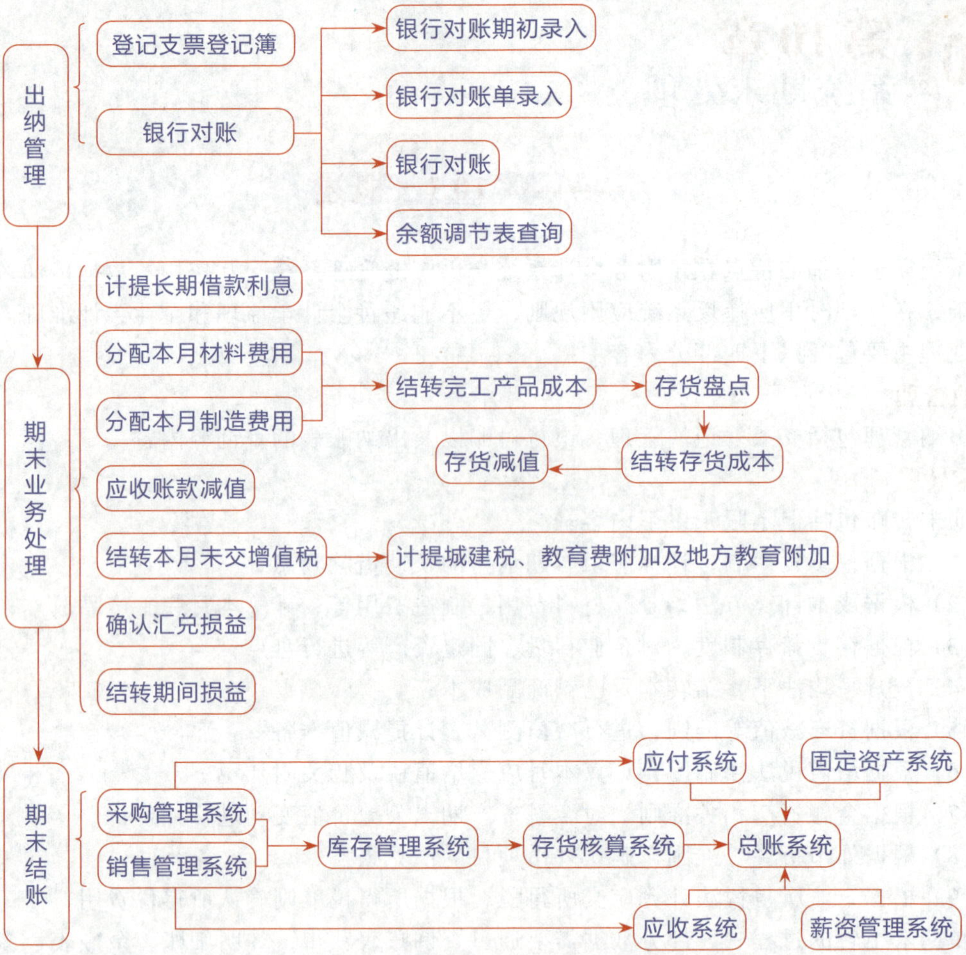

图 10-1　本章总体流程

10.2　出纳管理

10.2.1　登记支票登记簿

【实验资料】

根据表10-1登记锦州银行锦州凌河支行的支票登记簿。

表 10-1　支票登记簿（RP_cheque）

领用日期	领用部门	领用人	支票号	预计金额	用途
2023.01.04	财务部	范英晨	59623081	100 989.15	发放工资
2023.01.04	财务部	范英晨	59623082	502 483.02	缴纳税费
2023.01.04	采购部	肖子豪	59623083	20 611.20	支付锦州绿源货款
2023.01.10	财务部	范英晨	62093507	900.00	提取现金
2023.01.13	采购部	肖子豪	59623084	100 231.00	购买智能打包机
2023.01.26	采购部	肖子豪	59623085	10 000.00	预付锦州绿源货款
2023.01.28	采购部	肖子豪	59623086	5 400.00	支付锦州绿源货款

【实验过程】

登记支票登记簿

2023年1月31日，由范英晨（W03）登录U8企业应用平台。

（1）在U8企业应用平台，依次单击“业务工作→财务会计→总账→出纳→支票登记簿”菜单，系统弹出“银行科目选择”对话框，单击“确定”按钮，打开“支票登记簿”窗口。

（2）单击“增加”按钮，根据实验资料录入支票登记簿，结果如图10-2所示。

支票登记簿

科目：锦州凌河支行（10020101）　　支票张数：7（其中：已报0 未报7）

领用日期	领用部门	领用人	支票号	预计金额	用途
2023.01.04	财务部	范英晨	59623081	100,989.15	发放工资
2023.01.04	财务部	范英晨	59623082	502,483.02	缴纳税费
2023.01.04	采购部	肖子豪	59623083	20,611.20	支付锦州绿源货款
2023.01.10	财务部	范英晨	62093507	900.00	提取现金
2023.01.13	采购部	肖子豪	59623084	100,231.00	购买智能打包机
2023.01.26	采购部	肖子豪	59623085	10,000.00	预付锦州绿源货款
2023.01.28	采购部	肖子豪	59623086	5,400.00	支付锦州绿源货款

预计未报金额 740,614.37　科目截止余额 借 4804619.29　□已报销 □未报销

图10-2　支票登记簿

【提示】

使用支票登记簿的前提条件：

①在“会计科目”窗口的“编辑”菜单下指定银行科目；

②该结算方式已勾选“是否票据管理”；

③总账系统选项的“凭证”页签勾选“支票控制”；

④应收、应付系统选项的“常规”页签勾选“登记支票”。

支票登记簿的使用方法如下：

①领用支票时，在支票登记簿中增加一行记录，登记支票的领用日期、领用部门、领用人、支票号、预计金额、用途等信息。

②填制上述付款业务的记账凭证时（总账系统直接填制或通过应收应付系统生成凭证），系统要求录入该支票的结算方式和支票号。记账凭证保存后，系统自动在支票登记簿中填入该支票的“报销日期”。

已报销的支票不能直接修改。将光标移至报销日期栏，按空格键删除报销日期，以取消报销标志，此时方可修改。

10.2.2　银行对账

【实验资料】

（1）录入银行对账期初数据。

银行存款日记账期初余额为4 857 201.59元，银行对账单期初余额为4 872 201.59元。

期初未达账项（企业已付银行未付）见表10-2。

表10-2 期初未达账项

凭证日期	结算方式	票号	贷方金额	票据日期	摘要
2022.12.31	转账支票	59623080	15 000.00	2022.12.31	支付水费

（2）录入银行对账单。

根据表10-3录入1月份锦州银行锦州凌河支行银行对账单。

表10-3 银行对账单（RP_bankrecp）

日期	结算方式	票号	借方金额	贷方金额	余额
2023.01.01	202	59623080		15 000.00	4 857 201.59
2023.01.02	401	30952631		5 320.32	4 851 881.27
2023.01.04	202	59623081		100 989.15	4 750 892.12
2023.01.04	202	59623082		502 483.02	4 248 409.10
2023.01.04	202	59623083		20 611.20	4 227 797.90
2023.01.04	401	30952632		457.80	4 227 340.10
2023.01.06	401	30952633		183 774.00	4 043 566.10
2023.01.08	9		200.00		4 043 766.10
2023.01.09	401	30952634		12 208.00	4 031 558.10
2023.01.10	201	62093507		900.00	4 030 658.10
2023.01.10	1		600.00		4 031 258.10
2023.01.10	401	23583070	239.80		4 031 497.90
2023.01.10	401	30952635		1 288.40	4 030 209.50
2023.01.10	401	30952636		1 000.00	4 029 209.50
2023.01.10		15379236		30 000.00	3 999 209.50
2023.01.13	202	59623084		100 231.00	3 898 978.50
2023.01.15	401	30952637		1 090.00	3 897 888.50
2023.01.16	401	31478698	21 018.00		3 918 906.50
2023.01.18	401	52431396	55 611.00		3 974 517.50
2023.01.21	401	30952638		15 255.00	3 959 262.50
2023.01.22	401	31478699	77 766.60		4 037 029.10
2023.01.22	5	65931435	42 000.00		4 079 029.10
2023.01.23		67329165	430 731.19		4 509 760.29
2023.01.26	401	21735806	20 000.00		4 529 760.29
2023.01.26	401	52431397	20 000.00		4 549 760.29
2023.01.26	202	59623085		10 000.00	4 539 760.29
2023.01.28	401	52431398	28 100.00		4 567 860.29
2023.01.28	202	59623086		5 400.00	4 562 460.29
2023.01.28	401	23583071	96 050.00		4 658 510.29
2023.01.31	401	17603952	155 375.00		4 813 885.29
2023.01.31	401	30952639		9 266.00	4 804 619.29

（3）进行银行对账。

（4）查询详细的银行存款余额调节表。

银行对账

【实验过程】

（1）对账前准备工作。

2023年1月31日，由范英晨（W03）登录U8企业应用平台，对所有凭证进行出纳签字。

2023年1月31日，由李峻峰（W01）登录U8企业应用平台，对所有凭证进行审核。

2023年1月31日，由王家宝（W02）登录U8企业应用平台，对所有凭证进行记账。

（2）录入银行对账期初数据。

2023年1月31日，由范英晨（W03）登录U8企业应用平台。在U8企业应用平台，依次单击“业务工作→财务会计→总账→出纳→银行对账→银行对账期初录入”菜单，系统弹出“银行科目选择”对话框，单击“确定”按钮，打开“银行对账期初”窗口。

根据实验资料，在单位日记账的“调整前余额”栏输入“4857201.59”，在银行对账单的“调整前余额”栏录入“4872201.59”。单击“日记账期初未达项”按钮，打开“企业方期初”窗口，根据表10-2录入期初未达账项，结果如图10-3所示。

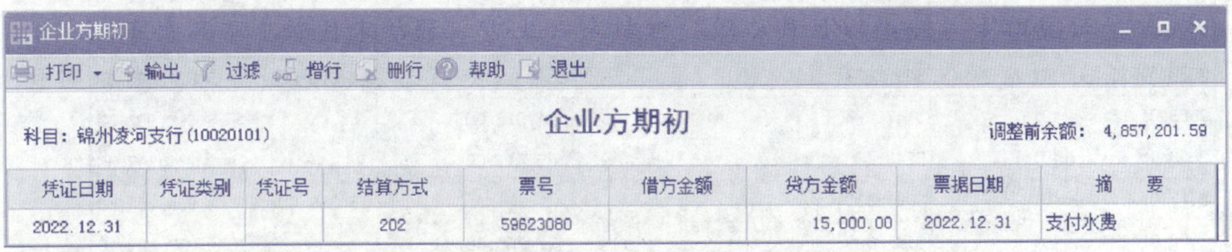

图10-3 期初未达账项——企业已付银行未付

退出“企业方期初”窗口，返回“银行对账期初”窗口，结果如图10-4所示。

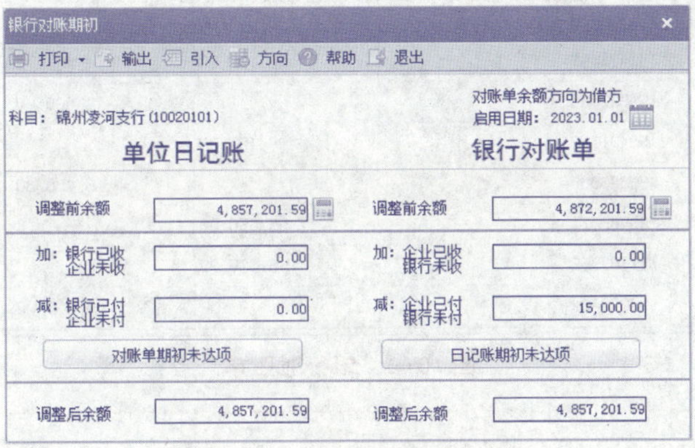

图10-4 银行对账期初数据

（3）录入银行对账单。

在总账系统，依次单击“出纳→银行对账→银行对账单”菜单，系统弹出“银行科目选择”对话框，单击“确定”按钮，打开“银行对账单”窗口。单击“增行”按钮，根据表10-3手工录入银行对账单，结果如图10-5所示。

银行对账单

科目：锦州凌河支行(10020101)　　对账单账面余额:4,804,619.29

日期	结算方式	票号	备注	借方金额	贷方金额	余额
2023.01.01	202	59623080			15,000.00	4,857,201.59
2023.01.02	401	30952631			5,320.32	4,851,881.27
2023.01.04	202	59623081			100,989.15	4,750,892.12
2023.01.04	202	59623082			502,483.02	4,248,409.10
2023.01.04	202	59623083			20,611.20	4,227,797.90
2023.01.04	401	30952632			457.80	4,227,340.10
2023.01.06	401	30952633			183,774.00	4,043,566.10
2023.01.08	9			200.00		4,043,766.10
2023.01.09	401	30952634			12,208.00	4,031,558.10
2023.01.10	201	62093507			900.00	4,030,658.10
2023.01.10	1			600.00		4,031,258.10
2023.01.10	401	23583070		239.80		4,031,497.90
2023.01.10	401	30952635			1,288.40	4,030,209.50
2023.01.10	401	30952636			1,000.00	4,029,209.50
2023.01.10		15379236			30,000.00	3,999,209.50
2023.01.13	202	59623084			100,231.00	3,898,978.50
2023.01.15	401	30952637			1,090.00	3,897,888.50
2023.01.16	401	31478698		21,018.00		3,918,906.50
2023.01.18	401	52431396		55,611.00		3,974,517.50
2023.01.21	401	30952638			15,255.00	3,959,262.50
2023.01.22	401	31478699		77,766.60		4,037,029.10
2023.01.22	5	65931435		42,000.00		4,079,029.10
2023.01.23		67329165		430,731.19		4,509,760.29
2023.01.26	401	21735806		20,000.00		4,529,760.29
2023.01.26	401	52431397		20,000.00		4,549,760.29
2023.01.26	202	59623085			10,000.00	4,539,760.29
2023.01.28	401	52431398		28,100.00		4,567,860.29
2023.01.28	202	59623086			5,400.00	4,562,460.29
2023.01.28	401	23583071		96,050.00		4,658,510.29
2023.01.31	401	17603952		155,375.00		4,813,885.29
2023.01.31	401	30952639			9,266.00	4,804,619.29

图 10-5　银行对账单

【提示】

如果银行对账单记录过多，可通过工具栏的“导入对账单”功能来完成银行对账单的录入。

（4）进行银行对账。

在总账系统，依次单击“出纳→银行对账→银行对账”菜单，打开“银行科目选择”对话框，单击“确定”按钮，打开“银行对账”窗口。单击工具栏的“对账”按钮，系统弹出“自动对账”对话框，结果如图10-6所示。

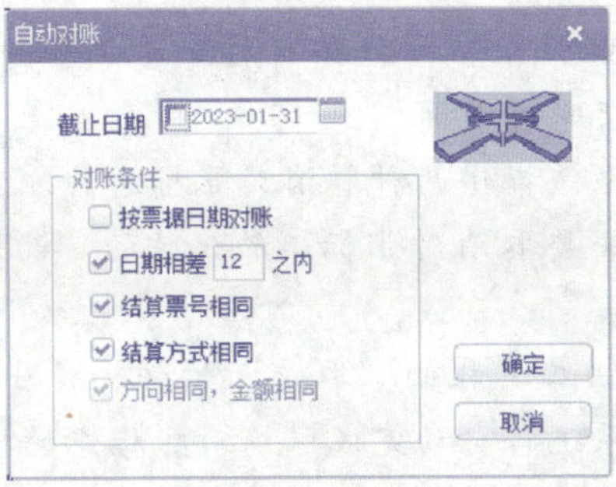

图 10-6 “自动对账”对话框

单击“确定”按钮，显示自动对账结果。检查自动对账不成功的记录，分析原因后进行手工对账处理并保存，结果如图 10-7 所示。

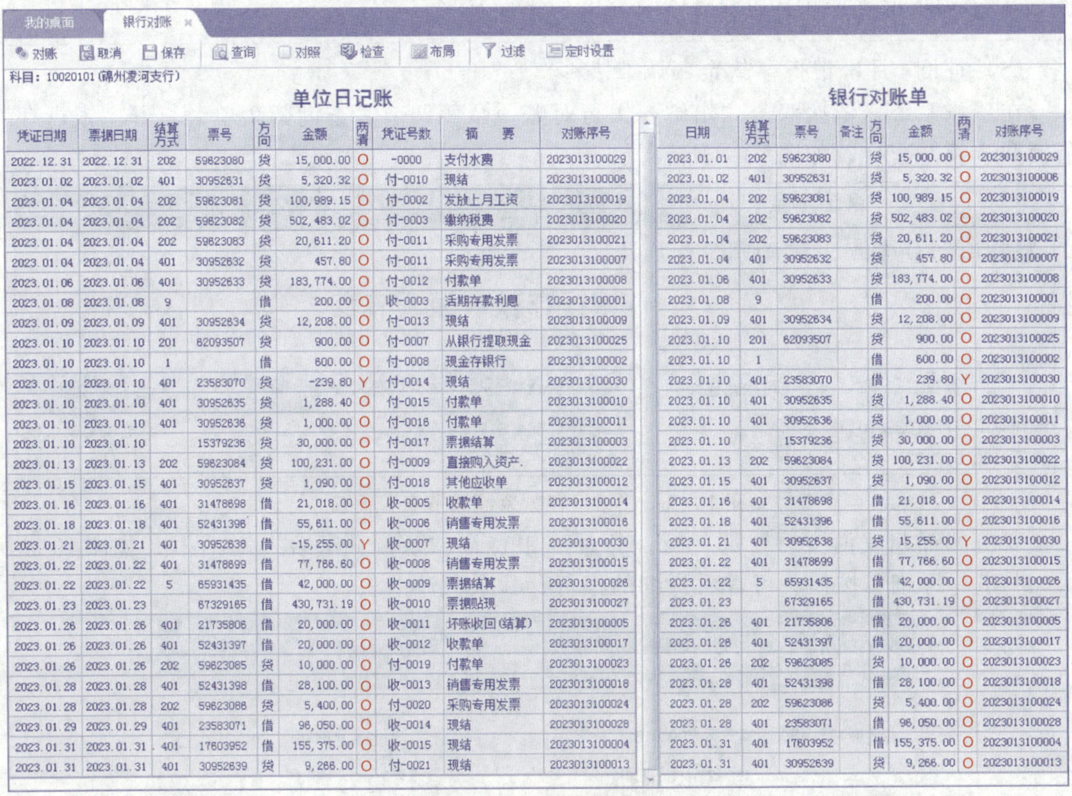

单位日记账

凭证日期	票据日期	结算方式	票号	方向	金额	两清	凭证号数	摘要	对账序号
2022.12.31	2022.12.31	202	59623080	贷	15,000.00	O	-0000	支付水费	2023013100029
2023.01.02	2023.01.02	401	30952631	贷	5,320.32	O	付-0010	现结	2023013100006
2023.01.04	2023.01.04	202	59623081	贷	100,989.15	O	付-0002	发放上月工资	2023013100019
2023.01.04	2023.01.04	202	59623082	贷	502,483.02	O	付-0003	缴纳税费	2023013100020
2023.01.04	2023.01.04	202	59623083	贷	20,611.20	O	付-0011	采购专用发票	2023013100021
2023.01.04	2023.01.04	401	30952632	贷	457.80	O	付-0011	采购专用发票	2023013100007
2023.01.06	2023.01.06	401	30952633	贷	183,774.00	O	付-0012	付款单	2023013100008
2023.01.08	2023.01.08	9		借	200.00	O	收-0003	活期存款利息	2023013100001
2023.01.09	2023.01.09	401	30952634	贷	12,208.00	O	付-0013	现结	2023013100009
2023.01.10	2023.01.10	201	62093507	贷	900.00	O	付-0007	从银行提取现金	2023013100025
2023.01.10	2023.01.10	1		借	600.00	O	付-0008	现金存银行	2023013100002
2023.01.10	2023.01.10	401	23583070	贷	-239.80	Y	付-0014	现结	2023013100030
2023.01.10	2023.01.10	401	30952635	贷	1,288.40	O	付-0015	付款单	2023013100010
2023.01.10	2023.01.10	401	30952636	贷	1,000.00	O	付-0016	付款单	2023013100011
2023.01.10	2023.01.10		15379236	贷	30,000.00	O	付-0017	票据结算	2023013100003
2023.01.13	2023.01.13	202	59623084	贷	100,231.00	O	付-0009	直接购入资产.	2023013100022
2023.01.15	2023.01.15	401	30952637	贷	1,090.00	O	付-0018	其他应收单	2023013100012
2023.01.16	2023.01.16	401	31478698	借	21,018.00	O	收-0005	收款单	2023013100014
2023.01.18	2023.01.18	401	52431396	借	55,611.00	O	收-0006	销售专用发票	2023013100016
2023.01.21	2023.01.21	401	30952638	借	-15,255.00	Y	收-0007	现结	2023013100030
2023.01.22	2023.01.22	401	31478699	借	77,786.60	O	收-0008	销售专用发票	2023013100015
2023.01.22	2023.01.22	5	65931435	借	42,000.00	O	收-0009	票据结算	2023013100026
2023.01.23	2023.01.23		67329165	借	430,731.19	O	收-0010	票据贴现	2023013100027
2023.01.26	2023.01.26	401	21735806	借	20,000.00	O	收-0011	坏账收回(结算)	2023013100005
2023.01.26	2023.01.26	401	52431397	借	20,000.00	O	收-0012	收款单	2023013100017
2023.01.26	2023.01.26	202	59623085	贷	10,000.00	O	付-0019	付款单	2023013100023
2023.01.28	2023.01.28	401	52431398	借	28,100.00	O	收-0013	销售专用发票	2023013100018
2023.01.28	2023.01.28	202	59623086	贷	5,400.00	O	付-0020	采购专用发票	2023013100024
2023.01.29	2023.01.29	401	23583071	借	96,050.00	O	收-0014	现结	2023013100028
2023.01.31	2023.01.31	401	17603952	借	155,375.00	O	收-0015	现结	2023013100004
2023.01.31	2023.01.31	401	30952639	贷	9,266.00	O	付-0021	现结	2023013100013

银行对账单

日期	结算方式	票号	备注	方向	金额	两清	对账序号
2023.01.01	202	59623080		贷	15,000.00	O	2023013100029
2023.01.02	401	30952631		贷	5,320.32	O	2023013100006
2023.01.04	202	59623081		贷	100,989.15	O	2023013100019
2023.01.04	202	59623082		贷	502,483.02	O	2023013100020
2023.01.04	202	59623083		贷	20,611.20	O	2023013100021
2023.01.04	401	30952632		贷	457.80	O	2023013100007
2023.01.06	401	30952633		贷	183,774.00	O	2023013100008
2023.01.08	9			借	200.00	O	2023013100001
2023.01.09	401	30952634		贷	12,208.00	O	2023013100009
2023.01.10	201	62093507		贷	900.00	O	2023013100025
2023.01.10	1			借	600.00	O	2023013100002
2023.01.10	401	23583070		借	239.80	Y	2023013100030
2023.01.10	401	30952635		贷	1,288.40	O	2023013100010
2023.01.10	401	30952636		贷	1,000.00	O	2023013100011
2023.01.10		15379236		贷	30,000.00	O	2023013100003
2023.01.13	202	59623084		贷	100,231.00	O	2023013100022
2023.01.15	401	30952637		贷	1,090.00	O	2023013100012
2023.01.16	401	31478698		借	21,018.00	O	2023013100014
2023.01.18	401	52431396		借	55,611.00	O	2023013100016
2023.01.21	401	30952638		贷	15,255.00	Y	2023013100030
2023.01.22	401	31478699		借	77,766.60	O	2023013100015
2023.01.22	5	65931435		借	42,000.00	O	2023013100026
2023.01.23		67329165		借	430,731.19	O	2023013100027
2023.01.26	401	21735806		借	20,000.00	O	2023013100005
2023.01.26	401	52431397		借	20,000.00	O	2023013100017
2023.01.26	202	59623085		贷	10,000.00	O	2023013100023
2023.01.28	401	52431398		借	28,100.00	O	2023013100018
2023.01.28	202	59623086		贷	5,400.00	O	2023013100024
2023.01.28	401	23583071		借	96,050.00	O	2023013100028
2023.01.31	401	17603952		借	155,375.00	O	2023013100004
2023.01.31	401	30952639		贷	9,266.00	O	2023013100013

图 10-7 银行对账结果

【提示】

除上述自动对账外，还可进行手工对账。具体方法如下：

①在单位日记账中双击要进行勾对的记录，此时“两清”标志栏自动打上“√”。

②单击工具栏的“对照”按钮，在银行对账单中显示与单位日记账中当前记录相似的记录。双击银行对账单中的该行记录，此时“两清”标志栏自动打上“√”。

③单击工具栏的“保存”按钮，单位日记账、银行对账单的“两清”标志栏变更为“Y”。手工对账完成。

以上是选择单位日记账记录，寻找银行对账单记录并对账。也可选择银行对账单记录，寻找单位日记账记录并对账。

如何取消对账标志？系统提供两种取消对账标志的方法：

①手工取消勾对：双击要取消对账标志的记录的“两清”标志栏，单击“保存”按钮。

②自动取消勾对：单击工具栏的“取消”按钮，弹出“银行反对账范围”对话框，单击“确定”按钮，系统将自动完成取消对账标志的操作。

本例中以下业务自动对账不成功：

知识点7.3.2发生贷方“-239.8”，而银行对账单是借方“239.8”；知识点8.4.2发生借方“-15 255”，而银行对账单是贷方“15 255”。两笔业务记账凭证均为系统自动生成，并非实质性对账错误，可进行手工对账。

（5）查询1月份银行存款余额调节表。

在总账系统，依次双击“出纳→银行对账→余额调节表查询”菜单，打开“银行存款余额调节表”窗口，如图10-8所示。

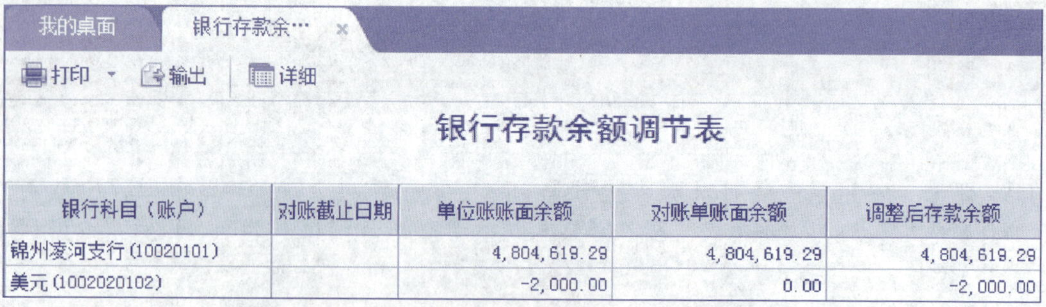

银行科目（账户）	对账截止日期	单位账账面余额	对账单账面余额	调整后存款余额
锦州凌河支行(10020101)		4,804,619.29	4,804,619.29	4,804,619.29
美元(1002020102)		-2,000.00	0.00	-2,000.00

图10-8　“银行存款余额调节表”窗口

双击“锦州凌河支行”那一行，打开“银行存款余额调节表”对话框，如图10-9所示。单击“详细”按钮，可查看详细的银行存款余额调节表。

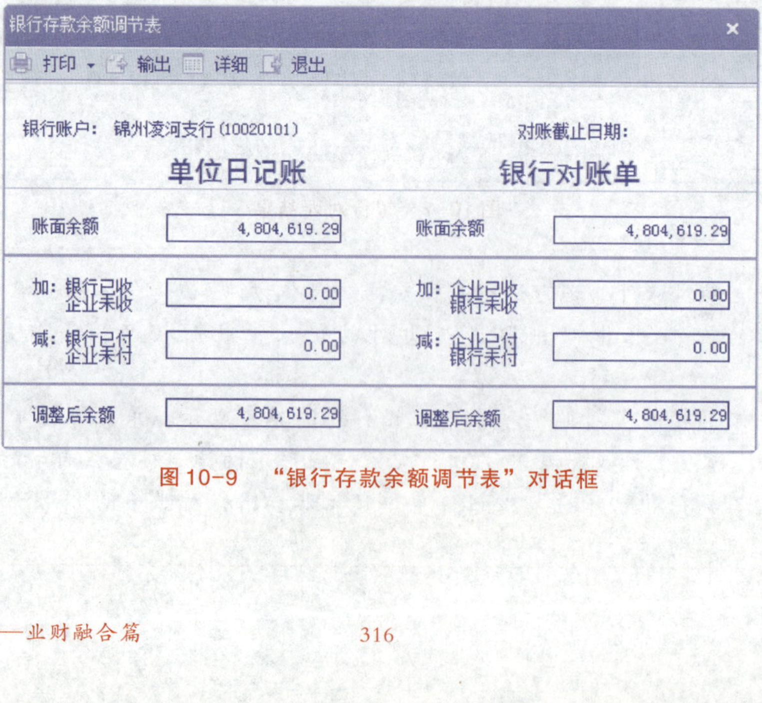

图10-9　“银行存款余额调节表”对话框

【提示】

如果对账结果不平，可进行以下几方面的检查：

①“银行对账期初录入”中的“调整前余额”、“对账单期初未达项”及“日记账期初未达项”录入是否正确。

②银行对账单录入是否正确。

③“银行对账”中对账是否平衡。

10.3 期末业务处理

10.3.1 计提长期借款利息

【实验资料】

2023年1月31日，计提本月长期借款利息，假定年利率为6%。根据表10-4设置自定义转账，并生成记账凭证。

表10-4 自定义转账设置（GL_bautotran）

转账序号	摘要	凭证类别	科目编码	方向	金额公式
0001	计提本月长期借款利息	转账凭证	660301	借	QM(2501,月)*0.06/12
			2231	贷	JG()

【实验过程】

计提长期借款利息

2023年1月31日，由王家宝（W02）登录U8企业应用平台。

1.设置“计提本月长期借款利息”自定义结转

（1）在U8企业应用平台，依次单击“业务工作→财务会计→总账→期末→转账定义→自定义转账”菜单，打开“自定义转账设置”窗口。

（2）单击工具栏的“增加”按钮，系统弹出“转账目录”对话框。根据实验资料，“转账序号”栏录入“0001”，“转账说明”栏录入“计提本月长期借款利息”，“凭证类别”选择“转账凭证”，如图10-10所示。

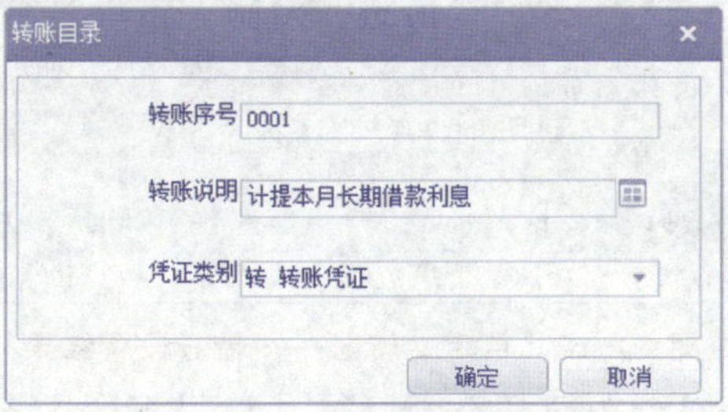

图10-10 “转账目录”对话框

（3）单击“确定”按钮，返回“自定义转账设置”窗口。单击工具栏的“增行”按钮，“科目编码”参照选择“660301”（财务费用/利息支出），双击“金额公式”栏，按F2键进入“公式向导”窗口，在函数名列表中选择“QM()”（期末余额），如图10-11所示。

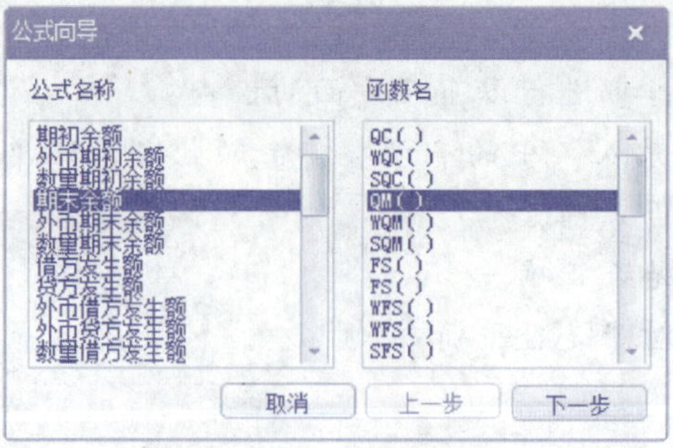

图 10-11　公式向导-1

（4）单击“下一步”按钮，将“科目”修改为“2501”（长期借款），如图 10-12 所示。

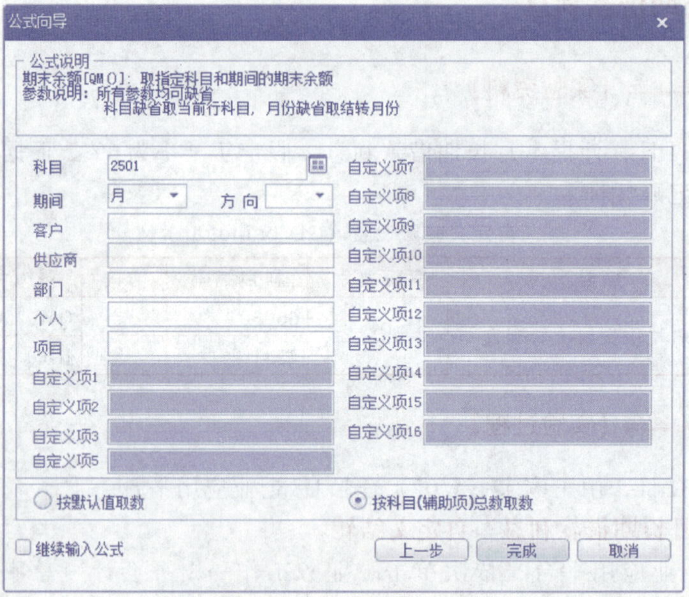

图 10-12　公式向导-2

（5）单击“完成”按钮，在“QM(2501,月)”后面输入“*0.06/12”，完成自定义转账凭证借方的设置，如图 10-13 所示。

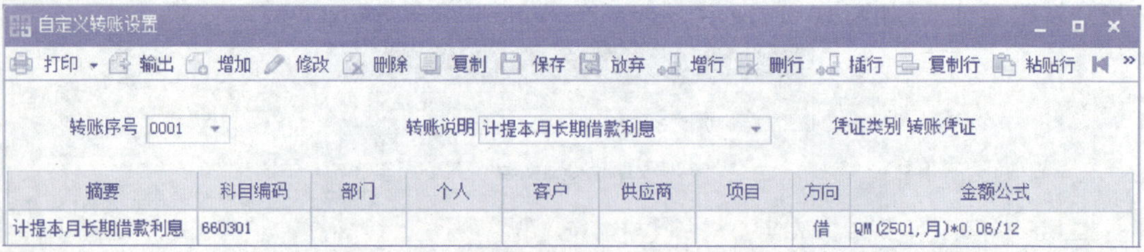

图 10-13　自定义转账——借方设置结果

（6）单击工具栏的“增行”按钮，第 2 行“科目编码”参照选择“2231”（应付利息），双击“方向”栏，将其改为“贷”，双击“金额公式”栏，按 F2 键进入“公式向导”窗口，选择“JG()”（取对方科目计算结果）。

（7）单击“下一步”按钮，再单击“完成”按钮，结果如图 10-14 所示。

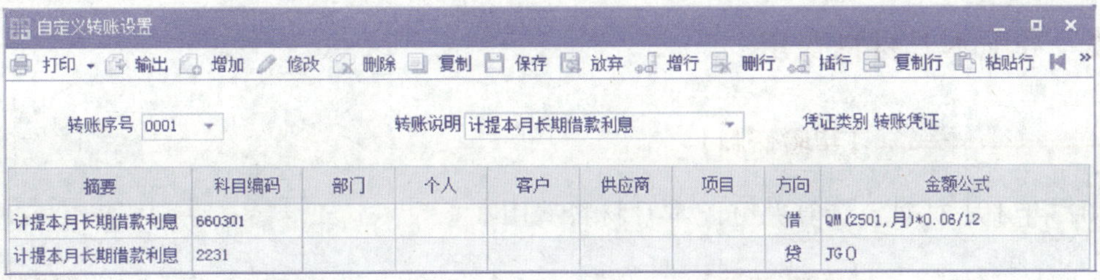

图 10-14　自定义转账——计提本月长期借款利息

2.生成凭证

（1）在总账系统，依次双击“期末→转账生成”菜单，打开“转账生成”窗口，双击“0001”号自定义转账凭证的“是否结转”栏，如图10-15所示。

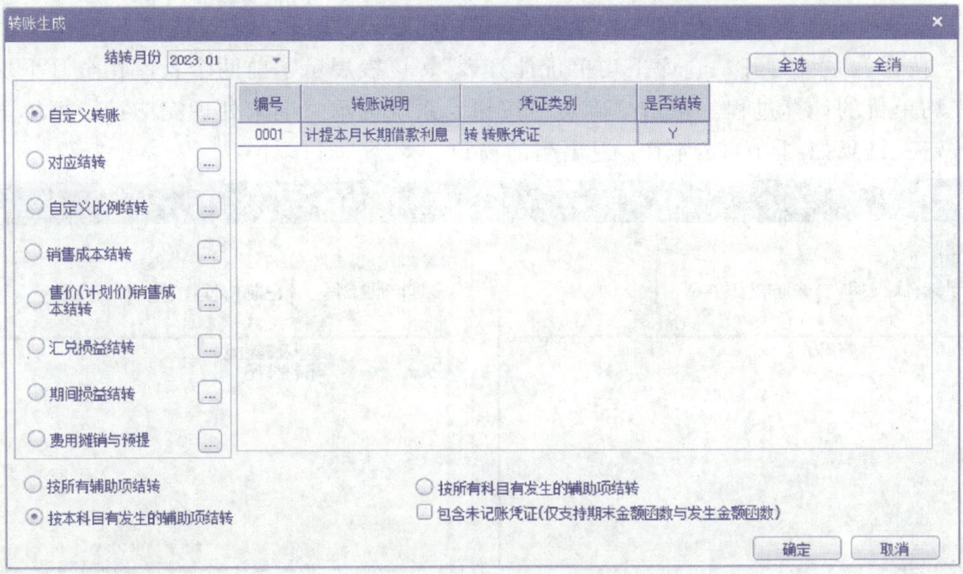

图 10-15　转账生成

（2）单击“确定”按钮，弹出记账凭证窗口，单击“保存”按钮，保存该记账凭证。

借：财务费用/利息支出　　75 000.00

　贷：应付利息　　75 000.00

【提示】

系统提供以下八种转账定义功能：自定义转账、对应结转、销售成本结转、售价（计划价）销售成本结转、汇兑损益结转、期间损益、自定义比例转账、费用摊销和预提。

以下情况也可考虑使用自定义转账功能：

①工资等薪酬分配与支付的处理；

②税金的缴纳等；

③计提借款利息（本例）；

④分配制造费用；

⑤客户、供应商、项目等辅助核算的结转。

10.3.2 分配本月材料费用

【实验资料】

2023年1月31日，计算并分配本月材料费用。

【实验过程】

2023年1月31日，由王家宝（W02）登录U8企业应用平台。

分配本月材料费用

1.期末处理

在存货核算系统，依次单击“记账→期末处理”菜单，系统弹出“期末处理-1月”对话框。在“未期末处理仓库”栏取消勾选“03产成品仓”，只勾选前两个仓库，单击“处理”按钮，系统打开“仓库平均单价计算表”，该表展示了前两个仓库在全月平均法下当月平均单价的计算过程。单击“确定”按钮，系统提示“期末处理完毕!”，再单击“确定”按钮，结果如图10-16所示。退出当前窗口。

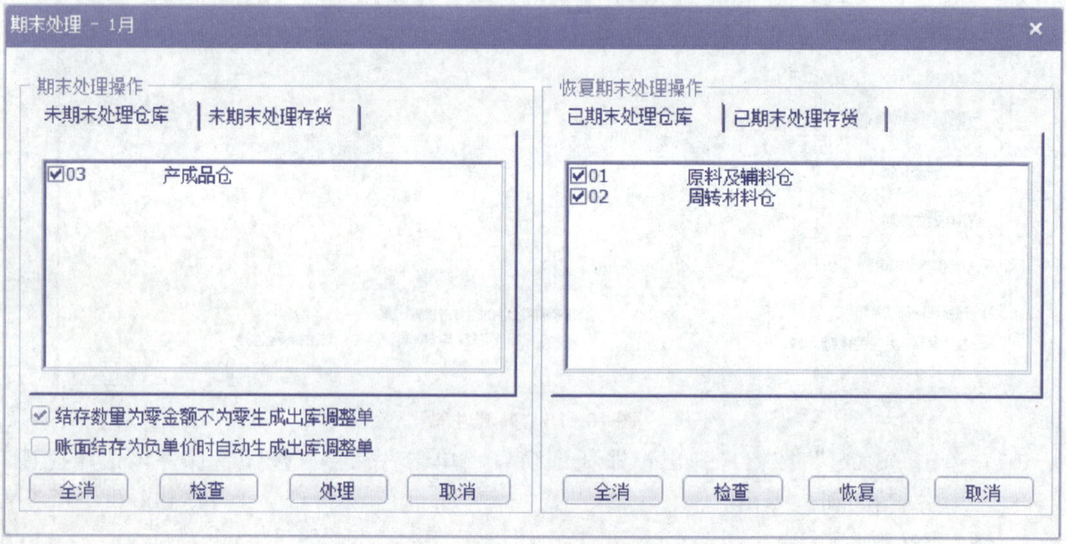

图10-16 期末处理

【提示】

全月平均法下，系统按下列公式进行全月平均单价的计算：

$$全月平均单价=\frac{期初结存金额+本期入库金额-本期有成本出库的金额}{期初结存数量+本期入库数量-本期有成本出库的数量}$$

公式中“本期有成本出库的金额（或数量）”是指出库单上手工填入的或是其他系统向存货核算传递数据时，就已存在的出库金额（或数量）。

2.生成凭证

在存货核算系统，依次单击“凭证处理→生成凭证”菜单，系统打开“生成凭证”窗口。单击工具栏的“选单”按钮，系统弹出“查询条件-生成凭证查询条件”对话框，“业务类型”选择“领料”，单击“确定”按钮，系统打开“选择单据”窗口，如图10-17

所示。

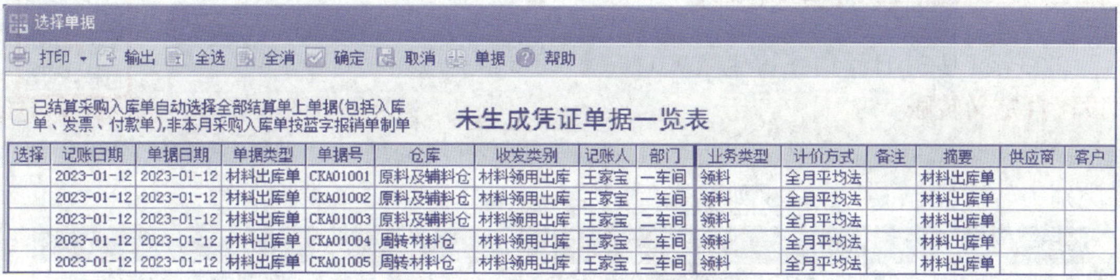

选择	记账日期	单据日期	单据类型	单据号	仓库	收发类别	记账人	部门	业务类型	计价方式	备注	摘要	供应商	客户
	2023-01-12	2023-01-12	材料出库单	CKA01001	原料及辅料仓	材料领用出库	王家宝	一车间	领料	全月平均法		材料出库单		
	2023-01-12	2023-01-12	材料出库单	CKA01002	原料及辅料仓	材料领用出库	王家宝	一车间	领料	全月平均法		材料出库单		
	2023-01-12	2023-01-12	材料出库单	CKA01003	原料及辅料仓	材料领用出库	王家宝	二车间	领料	全月平均法		材料出库单		
	2023-01-12	2023-01-12	材料出库单	CKA01004	周转材料仓	材料领用出库	王家宝	一车间	领料	全月平均法		材料出库单		
	2023-01-12	2023-01-12	材料出库单	CKA01005	周转材料仓	材料领用出库	王家宝	二车间	领料	全月平均法		材料出库单		

图 10-17　未生成凭证单据一览表

单击工具栏的"全选"按钮，选中已记账的5张材料出库单，再单击"确定"按钮，系统返回"生成凭证"窗口。将"凭证类别"改为"转账凭证"，单击工具栏的"合并制单"按钮，系统打开"填制凭证"窗口，保存该记账凭证。关闭当前窗口。

借：生产成本/直接材料（猪肉饺子）	254 719.61	
生产成本/直接材料（羊肉饺子）	161 056.28	
生产成本/直接材料（牛肉饺子）	169 791.06	
生产成本/直接材料（果酱汤圆）	92 046.12	
生产成本/直接材料（豆沙汤圆）	124 288.27	
生产成本/直接材料（黑芝麻汤圆）	113 466.42	
贷：原材料		911 315.59
周转材料/包装物		4 052.17

10.3.3　分配本月制造费用

【实验资料】

2023年1月31日，按照本月投产量分配本月一车间、二车间的制造费用。各产品投产量详见知识点8.2.2、知识点10.3.4。根据表10-5设置自定义转账，并生成记账凭证。

表 10-5　自定义转账设置（GL_bautotran）

转账序号	摘要	凭证类别	科目编码	项目	方向	金额公式
0002	结转本月制造费用	转账凭证	500103	猪肉饺子	借	FS(5101,月,借,0501)*18000/28700
			500103	羊肉饺子	借	FS(5101,月,借,0501)*4700/28700
			500103	牛肉饺子	借	FS(5101,月,借,0501)*6000/28700
			500103	果酱汤圆	借	FS(5101,月,借,0502)*9600/28100
			500103	豆沙汤圆	借	FS(5101,月,借,0502)*10500/28100
			500103	黑芝麻汤圆	借	CE()
			510101		贷	FS(510101,月,借)
			510102		贷	FS(510102,月,借)
			510103		贷	FS(510103,月,借)
			510104		贷	FS(510104,月,借)
			510105		贷	FS(510105,月,借)

【实验过程】

2023年1月31日，由王家宝（W02）登录U8企业应用平台。

分配本月制造费用

1.设置自定义转账

参照知识点10.3.1设置“结转本月制造费用”自定义结转，转账序号为“0002”，凭证类别为转账凭证，设置结果如图10-18所示。

摘要	科目编码	部门	个人	客户	供应商	项目	方向	金额公式
结转本月制造费用	500103					猪肉饺子	借	FS(5101,月,借,0501)*18000/28700
结转本月制造费用	500103					羊肉饺子	借	FS(5101,月,借,0501)*4700/28700
结转本月制造费用	500103					牛肉饺子	借	FS(5101,月,借,0501)*6000/28700
结转本月制造费用	500103					果酱汤圆	借	FS(5101,月,借,0502)*9600/28100
结转本月制造费用	500103					豆沙汤圆	借	FS(5101,月,借,0502)*10500/28100
结转本月制造费用	500103					黑芝麻汤圆	借	CE()
结转本月制造费用	510101						贷	FS(510101,月,借)
结转本月制造费用	510102						贷	FS(510102,月,借)
结转本月制造费用	510103						贷	FS(510103,月,借)
结转本月制造费用	510104						贷	FS(510104,月,借)
结转本月制造费用	510105						贷	FS(510105,月,借)

图10-18　自定义转账——结转本月制造费用

2.转账生成

在总账系统，依次单击“期末→转账生成”菜单，打开“转账生成”窗口，双击“0002”号自定义转账凭证的“是否结转”栏。单击“确定”按钮，弹出记账凭证窗口，单击“保存”按钮，保存该记账凭证。关闭当前窗口。

借：生产成本/制造费用（猪肉饺子）	13 001.39	
生产成本/制造费用（羊肉饺子）	3 394.81	
生产成本/制造费用（牛肉饺子）	4 333.80	
生产成本/制造费用（果酱汤圆）	7 046.35	
生产成本/制造费用（豆沙汤圆）	7 706.94	
生产成本/制造费用（黑芝麻汤圆）	5 871.95	
贷：制造费用/折旧费（一车间）		11 440.00
制造费用/折旧费（二车间）		11 440.00
制造费用/职工薪酬（一车间）		9 290.00
制造费用/职工薪酬（二车间）		9 185.24

10.3.4　结转完工产品成本

【实验资料】

（1）2023年1月31日，本月14日至月末生产的饺子完工入库（入库单号：

RKB01003)，其中，猪肉饺子入库10 000袋，羊肉饺子入库2 200袋，牛肉饺子入库3 000袋。

（2）2023年1月31日，本月14日至月末生产的汤圆完工入库（入库单号：RKB01004），其中，果酱汤圆入库5 100袋，豆沙汤圆入库5 500袋，黑芝麻汤圆入库5 000袋。

（3）结转本月完工饺子、汤圆的生产成本。

【实验过程】

结转完工产品成本

1.填制产成品入库单

2023年1月31日，由孟梓楠（C01）登录U8企业应用平台。在U8企业应用平台，依次单击“业务工作→供应链→库存管理→生产入库→产成品入库单”菜单，系统打开“产成品入库单”窗口。根据实验资料填制一车间饺子的产成品入库单，填制完毕保存并审核该入库单，结果如图10-19所示。参照上述方法填制二车间汤圆的产成品入库单并审核。

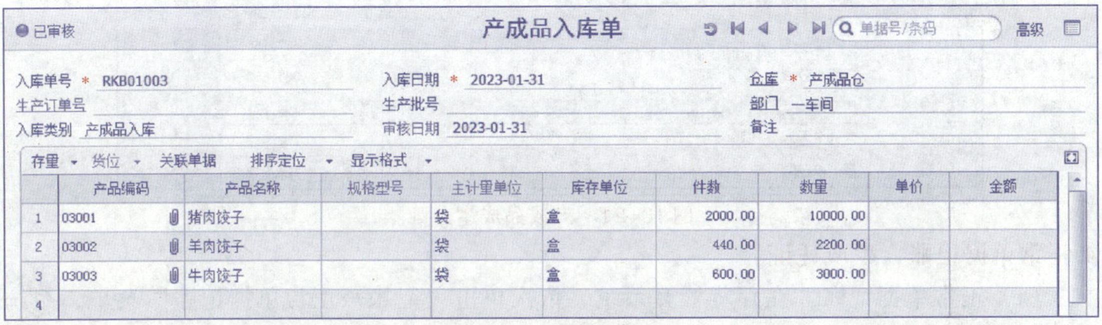

	产品编码	产品名称	规格型号	主计量单位	库存单位	件数	数量	单价	金额
1	03001	猪肉饺子		袋	盒	2000.00	10000.00		
2	03002	羊肉饺子		袋	盒	440.00	2200.00		
3	03003	牛肉饺子		袋	盒	600.00	3000.00		
4									

图10-19　产成品入库单

2.成本数据查询

2023年1月31日，由王家宝（W02）登录U8企业应用平台。在总账系统，依次双击“账表→项目辅助账→项目成本一览表”菜单，打开“项目成本一览表查询条件”对话框，“项目大类”选择“生产成本核算”，点击[>]按钮将进行成本统计的科目“500101直接材料”“500102直接人工”“500103制造费用”移入右侧，单击“确定”按钮，结果如图10-20所示。

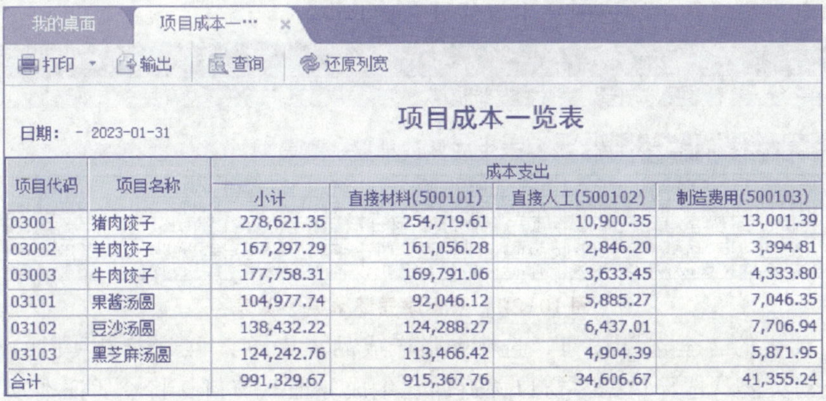

项目代码	项目名称	成本支出			
		小计	直接材料(500101)	直接人工(500102)	制造费用(500103)
03001	猪肉饺子	278,621.35	254,719.61	10,900.35	13,001.39
03002	羊肉饺子	167,297.29	161,056.28	2,846.20	3,394.81
03003	牛肉饺子	177,758.31	169,791.06	3,633.45	4,333.80
03101	果酱汤圆	104,977.74	92,046.12	5,885.27	7,046.35
03102	豆沙汤圆	138,432.22	124,288.27	6,437.01	7,706.94
03103	黑芝麻汤圆	124,242.76	113,466.42	4,904.39	5,871.95
合计		991,329.67	915,367.76	34,606.67	41,355.24

图10-20　项目成本一览表

3.产成品成本分配

在存货核算系统，依次单击“记账→产成品成本分配”菜单，系统打开“产成品成本分配表”窗口，单击工具栏的“查询”按钮，系统弹出“产成品成本分配表查询”对话框，勾选“03产成品仓”，单击“确定”按钮。

根据图10-20的数据输入各产品的“金额”栏，结果如图10-21所示。输入完毕，单击工具栏的“分配”按钮，系统提示分配完成。关闭当前窗口。

我的桌面　产成品成本…

打印 · 输出　查询　全取　取价　清空　分配　明细

产成品成本分配

存货/分类编码	存货/分类名称	存货代码	规格型号	计量单位	数量	金额	单价
	存货 合计				56800.00	991,329.67	17.4530
03	产成品小计				56800.00	991,329.67	17.4530
0301	饺子小计				28700.00	623,676.95	21.7309
03001	猪肉饺子			袋	18000.00	278,621.35	15.4790
03002	羊肉饺子			袋	4700.00	167,297.29	35.5952
03003	牛肉饺子			袋	6000.00	177,758.31	29.6264
0302	汤圆小计				28100.00	367,652.72	13.0837
03101	果酱汤圆			袋	9600.00	104,977.74	10.9352
03102	豆沙汤圆			袋	10500.00	138,432.22	13.1840
03103	黑芝麻汤圆			袋	8000.00	124,242.76	15.5303

图10-21　产成品成本分配

4.正常单据记账，生成凭证

（1）正常单据记账。在存货核算系统，依次单击“记账→正常单据记账”菜单，系统打开“未记账单据一览表”窗口，单击工具栏的“查询”按钮，系统打开“查询条件”对话框，单击“确定”按钮，系统显示正常单据记账列表。选中4张产成品入库单并对其进行记账。记账完毕关闭该窗口。

（2）生成凭证。在存货核算系统，依次单击“凭证处理→生成凭证”菜单，系统打开“生成凭证”窗口。单击工具栏的“选单”按钮，系统弹出“查询条件-生成凭证查询条件”对话框，“业务类型”选择“成品入库”，单击“确定”按钮，系统打开“选择单据”窗口，如图10-22所示。单击工具栏的“全选”按钮，选中已记账的4张产成品入库单，再单击“确定”按钮，系统返回“生成凭证”窗口。

选择单据

打印 · 输出　全选　全消　确定　取消　单据　帮助

已结算采购入库单自动选择全部结算单上单据(包括入库单、发票、付款单),非本月采购入库单按蓝字报销单制单

未生成凭证单据一览表

选择	记账日期	单据日期	单据类型	单据号	仓库	收发类别	记账人	部门	业务类型	计价方式	备注	摘要	供应商	客户
	2023-01-31	2023-01-13	产成品入库单	RKB01001	产成品仓	产成品入库	王家宝	一车间	成品入库	全月平均法		产成品入库单		
	2023-01-31	2023-01-13	产成品入库单	RKB01002	产成品仓	产成品入库	王家宝	二车间	成品入库	全月平均法		产成品入库单		
	2023-01-31	2023-01-31	产成品入库单	RKB01003	产成品仓	产成品入库	王家宝	一车间	成品入库	全月平均法		产成品入库单		
	2023-01-31	2023-01-31	产成品入库单	RKB01004	产成品仓	产成品入库	王家宝	二车间	成品入库	全月平均法		产成品入库单		

图10-22　未生成凭证单据一览表

单击工具栏的“全选”按钮，选中4张产成品入库单，再单击工具栏的“确定”按钮，系统自动关闭“选择单据”窗口并返回“生成凭证”窗口。将“凭证类别”改为“转账凭证”，单击工具栏的“合并制单”按钮，系统打开“填制凭证”窗口。参照图10-20

将第2行分录进行分拆，分拆完毕单击工具栏的“保存”按钮，保存该记账凭证。关闭当前窗口。

借：库存商品	991 329.67	
贷：生产成本/直接材料（猪肉饺子）		254 719.61
生产成本/直接人工（猪肉饺子）		10 900.35
生产成本/制造费用（猪肉饺子）		13 001.39
生产成本/直接材料（羊肉饺子）		161 056.28
生产成本/直接人工（羊肉饺子）		2 846.20
生产成本/制造费用（羊肉饺子）		3 394.81
生产成本/直接材料（牛肉饺子）		169 791.06
生产成本/直接人工（牛肉饺子）		3 633.45
生产成本/制造费用（牛肉饺子）		4 333.80
生产成本/直接材料（果酱汤圆）		92 046.12
生产成本/直接人工（果酱汤圆）		5 885.27
生产成本/制造费用（果酱汤圆）		7 046.35
生产成本/直接材料（豆沙汤圆）		124 288.27
生产成本/直接人工（豆沙汤圆）		6 437.01
生产成本/制造费用（豆沙汤圆）		7 706.94
生产成本/直接材料（黑芝麻汤圆）		113 466.42
生产成本/直接人工（黑芝麻汤圆）		4 904.39
生产成本/制造费用（黑芝麻汤圆）		5 871.95

10.3.5 存货盘点业务

【实验资料】

2023年1月31日，按仓库对存货进行盘点，发现产成品仓的饺子盘亏10袋。

【实验过程】

存货盘点业务

1.填制盘点单

2023年1月31日，由孟梓楠（C01）登录U8企业应用平台。在U8企业应用平台，依次单击“业务工作→供应链→库存管理→盘点业务→盘点单”菜单，打开“盘点单”窗口。单击“增加”，盘点单表头的“盘点仓库”选择“产成品仓”，“出库类别”选择“盘亏出库”，“入库类别”选择“盘盈入库”。单击工具栏的“盘库”，系统提示“盘库将删除未保存的所有记录，是否继续?”，单击“是”，自动打开“盘点方式”窗口，单击“确认”，返回“盘点单”窗口。

根据实验资料将猪肉饺子的“盘点数量”改为“24130”。保存并审核该盘点单，结果如图10-23所示。退出当前窗口。普通仓库盘点的盘点单审核时，根据盘点单自动生成其他出库单、其他入库单。

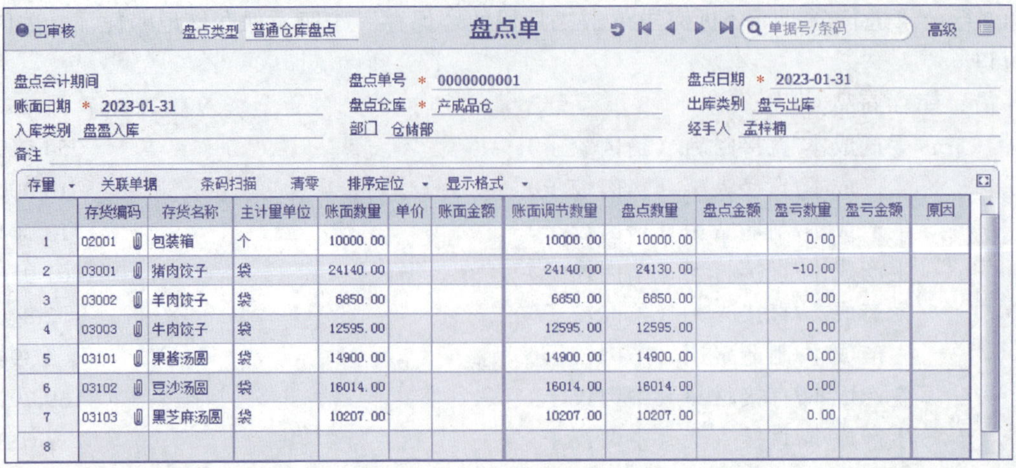

●已审核　盘点类型 普通仓库盘点　**盘点单**　单据号/条码　高级

盘点会计期间　　盘点单号 * 0000000001　　盘点日期 * 2023-01-31
账面日期 * 2023-01-31　　盘点仓库 * 产成品仓　　出库类别 盘亏出库
入库类别 盘盈入库　　部门 仓储部　　经手人 孟梓楠
备注

存量 ▾　关联单据　条码扫描　清零　排序定位 ▾　显示格式 ▾

	存货编码	存货名称	主计量单位	账面数量	单价	账面金额	账面调节数量	盘点数量	盘点金额	盘亏数量	盘亏金额	原因
1	02001	包装箱	个	10000.00			10000.00	10000.00		0.00		
2	03001	猪肉饺子	袋	24140.00			24140.00	24130.00		-10.00		
3	03002	羊肉饺子	袋	6850.00			6850.00	6850.00		0.00		
4	03003	牛肉饺子	袋	12595.00			12595.00	12595.00		0.00		
5	03101	果酱汤圆	袋	14900.00			14900.00	14900.00		0.00		
6	03102	豆沙汤圆	袋	16014.00			16014.00	16014.00		0.00		
7	03103	黑芝麻汤圆	袋	10207.00			10207.00	10207.00		0.00		
8												

图 10-23　盘点单

2. 审核其他出库单

在库存管理系统，依次单击“其他出库→其他出库单”菜单，打开“其他出库单”窗口。单击工具栏的“⏭”（末张）按钮，找到盘点单自动生成的其他出库单，单击“审核”，结果如图 10-24 所示。退出当前窗口。

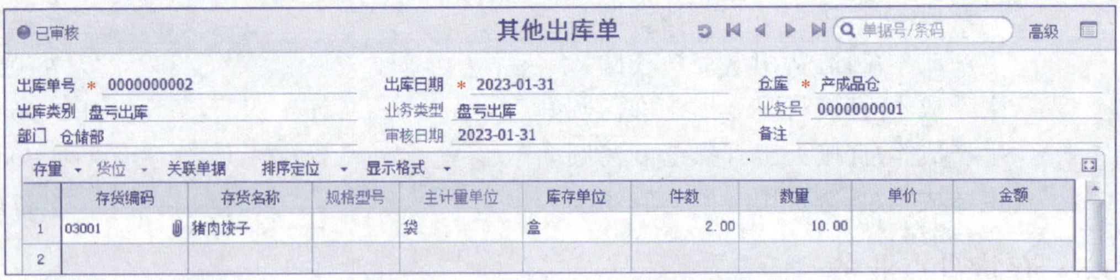

●已审核　**其他出库单**　单据号/条码　高级

出库单号 * 0000000002　　出库日期 * 2023-01-31　　仓库 * 产成品仓
出库类别 盘亏出库　　业务类型 盘亏出库　　业务号 0000000001
部门 仓储部　　审核日期 2023-01-31　　备注

存量 ▾　货位 ▾　关联单据　排序定位 ▾　显示格式 ▾

	存货编码	存货名称	规格型号	主计量单位	库存单位	件数	数量	单价	金额
1	03001	猪肉饺子		袋	盒	2.00	10.00		
2									

图 10-24　其他出库单

3. 正常单据记账

2023 年 1 月 31 日，由王家宝（W02）登录 U8 企业应用平台。在存货核算系统，依次单击“记账→正常单据记账”菜单，系统打开“未记账单据一览表”窗口，单击工具栏的“查询”按钮，系统打开“查询条件”对话框，单击“确定”按钮，系统显示正常单据记账列表。选中盘点单自动生成的其他出库单并对其进行记账。记账完毕退出当前窗口。

10.3.6　结转存货成本

【实验资料】

结转本月已出库存货成本。经查，盘亏的饺子系管理不善造成，属于一般经营损失。

【实验过程】

结转存货成本

2023 年 1 月 31 日，由王家宝（W02）登录 U8 企业应用平台。

1. 期末处理

在存货核算系统，依次单击“记账→期末处理”菜单，系统弹出“期末处理-1 月”

对话框。在“未期末处理仓库”栏，系统默认已勾选“03产成品仓”，单击“处理”按钮，系统打开“仓库平均单价计算表”，该表展示了产成品仓在全月平均法下当月平均单价的计算过程。单击“确定”按钮，系统提示“期末处理完毕！”，再单击“确定”按钮，结果如图10-25所示。关闭当前窗口。

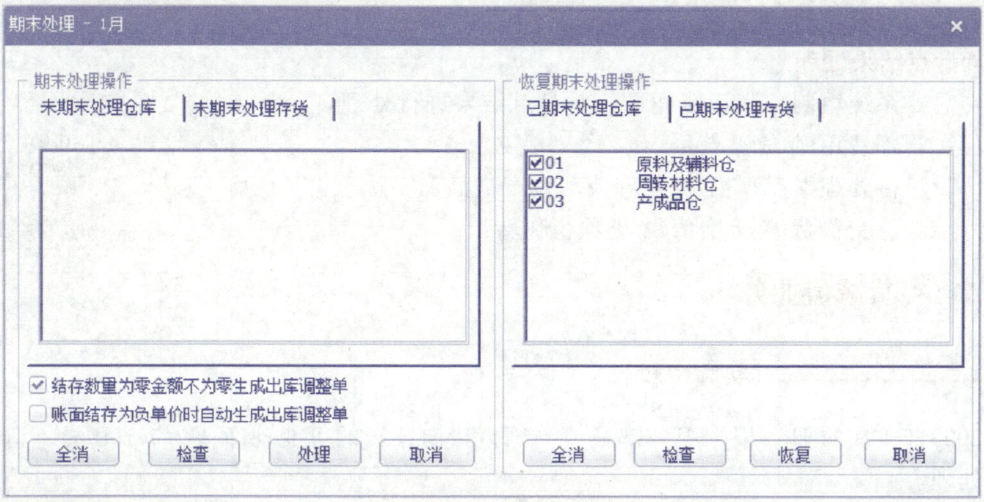

图10-25 期末处理

2.生成凭证

在存货核算系统，依次单击“凭证处理→生成凭证”菜单，系统打开“生成凭证”窗口。单击工具栏的“选择”按钮，系统弹出“查询条件”对话框，单击“确定”按钮，系统打开“选择单据”窗口，如图10-26所示。

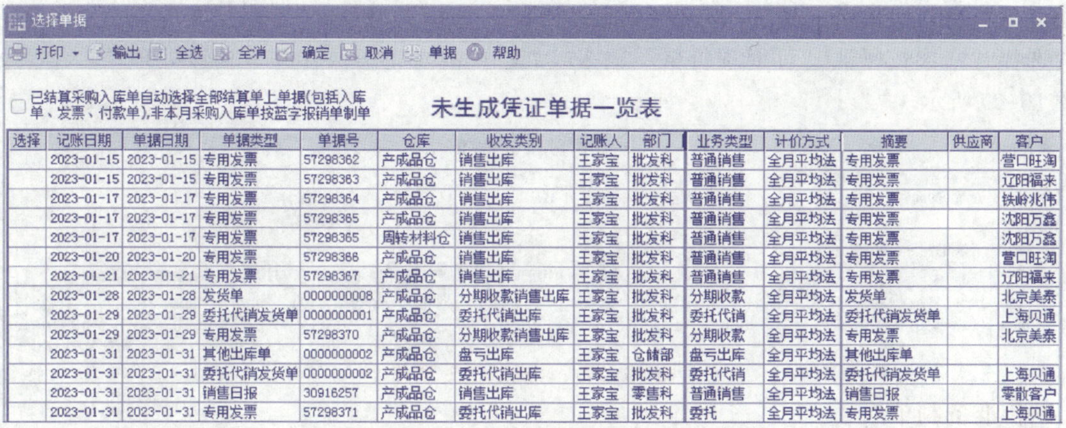

选择	记账日期	单据日期	单据类型	单据号	仓库	收发类别	记账人	部门	业务类型	计价方式	摘要	供应商	客户
	2023-01-15	2023-01-15	专用发票	57298362	产成品仓	销售出库	王家宝	批发科	普通销售	全月平均法	专用发票		营口旺润
	2023-01-15	2023-01-15	专用发票	57298363	产成品仓	销售出库	王家宝	批发科	普通销售	全月平均法	专用发票		辽阳福来
	2023-01-17	2023-01-17	专用发票	57298364	产成品仓	销售出库	王家宝	批发科	普通销售	全月平均法	专用发票		铁岭兆伟
	2023-01-17	2023-01-17	专用发票	57298365	产成品仓	销售出库	王家宝	批发科	普通销售	全月平均法	专用发票		沈阳万鑫
	2023-01-17	2023-01-17	专用发票	57298365	周转材料仓	销售出库	王家宝	批发科	普通销售	全月平均法	专用发票		沈阳万鑫
	2023-01-20	2023-01-20	专用发票	57298366	产成品仓	销售出库	王家宝	批发科	普通销售	全月平均法	专用发票		营口旺润
	2023-01-21	2023-01-21	专用发票	57298367	产成品仓	销售出库	王家宝	批发科	普通销售	全月平均法	专用发票		辽阳福来
	2023-01-28	2023-01-28	发货单	0000000008	产成品仓	分期收款销售出库	王家宝	批发科	分期收款	全月平均法	发货单		北京美泰
	2023-01-29	2023-01-29	委托代销发货单	0000000001	产成品仓	委托代销出库	王家宝	批发科	委托代销	全月平均法	委托代销发货单		上海贝通
	2023-01-29	2023-01-29	专用发票	57298370	产成品仓	分期收款销售出库	王家宝	批发科	分期收款	全月平均法	专用发票		北京美泰
	2023-01-31	2023-01-31	其他出库单	0000000002	产成品仓	盘亏出库	王家宝	仓储部	盘亏出库	全月平均法	其他出库单		
	2023-01-31	2023-01-31	委托代销发货单	0000000002	产成品仓	委托代销出库	王家宝	批发科	委托代销	全月平均法	委托代销发货单		上海贝通
	2023-01-31	2023-01-31	销售日报	30916257	产成品仓	销售出库	王家宝	零售科	普通销售	全月平均法	销售日报		零散客户
	2023-01-31	2023-01-31	专用发票	57298371	产成品仓	委托代销出库	王家宝	批发科	委托	全月平均法	专用发票		上海贝通

图10-26 未生成凭证单据一览表

单击工具栏的“全选”按钮，再单击工具栏的“确定”按钮，系统自动关闭“选择单据”窗口打开“生成凭证”窗口。将“凭证类别”改为“转账凭证”，单击工具栏的“合并制单”按钮，系统打开“填制凭证”窗口。单击工具栏的“保存”按钮，保存该记账凭证。

借：发出商品	141 530.95
待处理财产损溢/待处理流动资产损溢	150.41

借：主营业务成本　　223 537.32
　　其他业务成本　　40.00
　贷：库存商品　　293 084.53
　　　发出商品　　72 134.15
　　　周转材料/包装物　　40.00

3.存货盘点结果处理

在总账系统填制一张记账凭证，对盘点结果进行处理。

借：管理费用/存货盘点　　169.96
　贷：待处理财产损溢/待处理流动资产损溢　　150.41
　　　应交税费/应交增值税/进项税额转出　　19.55

10.3.7　存货减值业务

【实验资料】

2023年1月31日，根据财务部减值测试，猪肉饺子的可变现净值为7.5元/袋，请进行减值处理。

【实验过程】

存货减值业务

2023年1月31日，由王家宝（W02）登录U8企业应用平台。

1.计提跌价准备

在存货核算系统，依次单击"跌价准备→计提跌价准备"菜单，系统打开"计提跌价处理单"窗口。单击"增加"，表头项目"部门"选择"财务部"。根据实验资料，表体存货选择"猪肉饺子"，"可变现价格"输入"7.5"。输入完毕保存并审核该处理单，结果如图10-27所示。

已审核　计提跌价处理单　单据号/条码　高级

单据号 * 0000000001　单据日期 * 2023-01-31　部门 财务部

凭证号　凭证日期　凭证摘要

删行　显示格式　排序定位

	存货编码	存货名称	计量单位	结存数量	结存单价	结存金额	可变现价格	可变现金额	应计提金额	已计提金额	本次计提金额	本次回冲金额
1	03001	猪肉饺子	袋	24130.00	15.0411	362942.27	7.5000	180975.00	181967.27	0.00	181967.27	
2												

图10-27　计提跌价处理单

2.跌价准备制单

在存货核算系统，依次单击"跌价准备→跌价准备制单"菜单，系统打开"生成凭证"窗口。单击工具栏的"选单"按钮，打开"选择单据"窗口，单击"全选"，再单击"确定"，系统返回"生成凭证"窗口。单击工具栏的"合并制单"按钮，系统打开"填制凭证"窗口并自动生成凭证。将"凭证类别"改为"转账凭证"，将该记账凭证保存。

借：资产减值损失　　181 967.27
　贷：存货跌价准备　　181 967.27

10.3.8 应收账款减值业务

【实验资料】

2023年1月31日，计提坏账准备。

应收账款减值业务

【实验过程】

2023年1月31日，由王家宝（W02）登录U8企业应用平台。在U8企业应用平台，依次单击“业务工作→财务会计→应收款管理→坏账处理→计提坏账准备”菜单，打开“计提坏账准备”窗口，如图10-28所示。

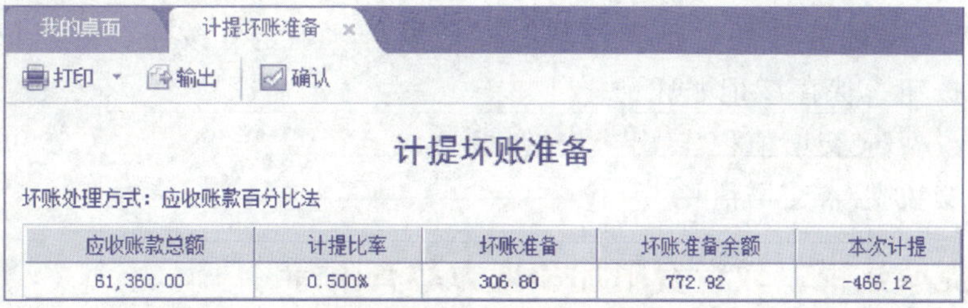

图10-28　计提坏账准备

单击工具栏的“确认”按钮，系统提示“是否立即制单？”，单击“是”，进入“填制凭证”界面，将“凭证类别”改为“转账凭证”，单击“保存”按钮，保存该记账凭证。

借：信用减值损失　　　　-466.12

　贷：坏账准备　　　　-466.12

10.3.9 结转本月未交增值税

【实验资料】

根据表10-6进行自定义转账设置并生成凭证。

表10-6　自定义转账设置（GL_bautotran）

转账序号	摘要	凭证类别	科目编码	方向	金额公式
0003	结转本月应交未交增值税	转账凭证	22210105	借	QM(222101,月)
			222102	贷	JG()

【实验过程】

2023年1月31日，由王家宝（W02）登录U8企业应用平台。

结转本月未交增值税

1.自定义转账设置

参照知识点10.3.1设置“结转本月应交未交增值税”自定义结转，结果如图10-29所示。

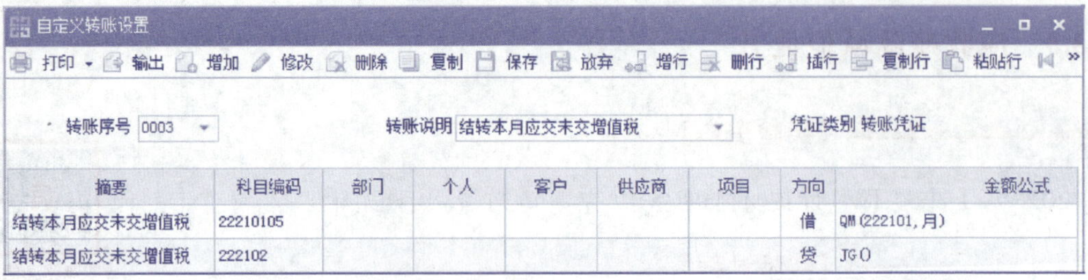

图 10-29　自定义转账——结转本月应交未交增值税

2. 生成凭证

（1）对本月所有记账凭证进行审核（W01）、记账（W02）。

（2）在总账系统，依次单击“期末→转账生成”菜单，打开“转账生成”窗口，双击“0003”号自定义转账凭证的“是否结转”栏。单击“确定”按钮，弹出记账凭证窗口，单击“保存”按钮，保存该记账凭证。

借：应交税费/应交增值税/转出未交增值税　　55 968.87

　贷：应交税费/未交增值税　　55 968.87

10.3.10　计提城建税、教育费附加和地方教育附加

【实验资料】

根据表10-7进行自定义转账设置并生成凭证。

表 10-7　自定义转账设置（GL_bautotran）

转账序号	摘要	凭证类别	科目编码	方向	金额公式
0004	计提应交城建税、教育费附加和地方教育附加	转账凭证	6403	借	JG()
			222124	贷	FS(222102,月,贷)*0.07
			222125	贷	FS(222102,月,贷)*0.03
			222126	贷	FS(222102,月,贷)*0.02

【实验过程】

2023年1月31日，由王家宝（W02）登录U8企业应用平台。

计提城建税、教育费附加和地方教育附加

1. 自定义转账设置

参照知识点10.3.1设置“计提应交城建税、教育费附加和地方教育附加”自定义结转，结果如图10-30所示。

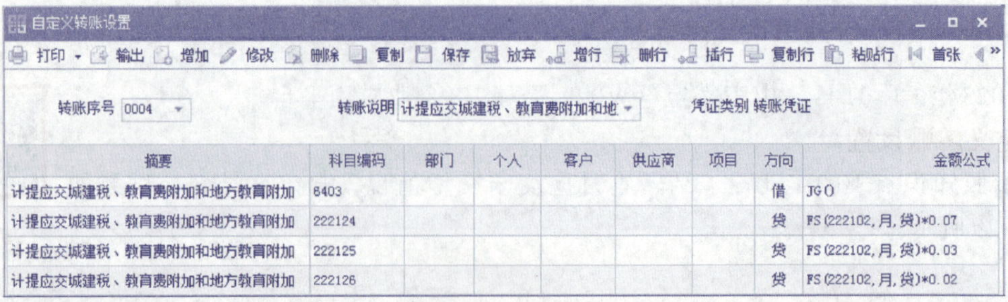

图 10-30　自定义转账——计提应交城建税、教育费附加和地方教育附加

2.转账生成

（1）对上一步所生成凭证进行审核（W01）、记账（W02）。

（2）在总账系统，依次单击“期末→转账生成”菜单，打开“转账生成”窗口，双击“0004”号自定义转账凭证的“是否结转”栏。单击“确定”按钮，弹出记账凭证窗口，单击“保存”按钮，保存该记账凭证。

借：税金及附加	6 716.27	
贷：应交税费/应交城市维护建设税		3 917.82
应交税费/应交教育费附加		1 679.07
应交税费/应交地方教育附加		1 119.38

10.3.11 确认汇兑损益

【实验资料】

2023年1月31日的调整汇率为1:6.8876。

【实验过程】

1.输入调整汇率

确认汇兑损益

2023年1月31日，由赵海元（A01）登录U8企业应用平台。在U8企业应用平台，依次单击“基础设置→基础档案→财务→外币设置”菜单，打开“外币设置”窗口。根据实验资料，在1月31日的“调整汇率”栏输入“6.8876”，如图10-31所示。退出当前窗口。

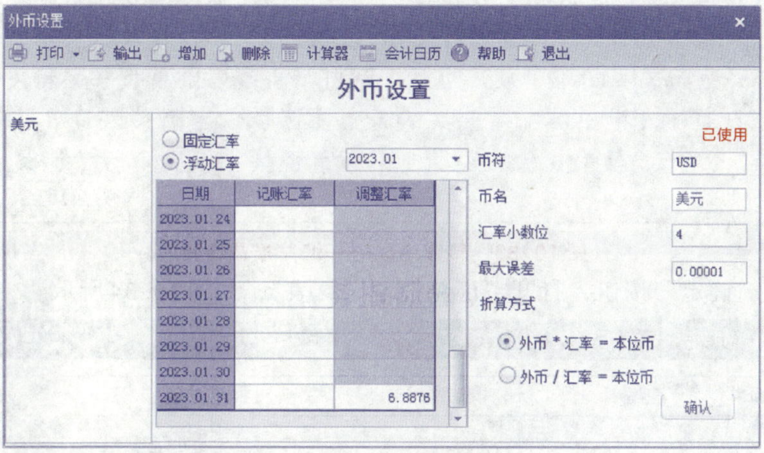

图10-31 外币设置

2.汇兑损益结转设置

2023年1月31日，由王家宝（W02）登录U8企业应用平台。在U8企业应用平台，依次单击“业务工作→财务会计→总账→期末→转账定义→汇兑损益”菜单，打开“汇兑损益结转设置”窗口。在“凭证类别”下拉列表中选择“付款凭证”，“汇兑损益入账科目”选择“660302”（财务费用/汇兑损益），双击第1行的“是否计算汇兑损益”栏，如图10-32所示。单击“确定”按钮。

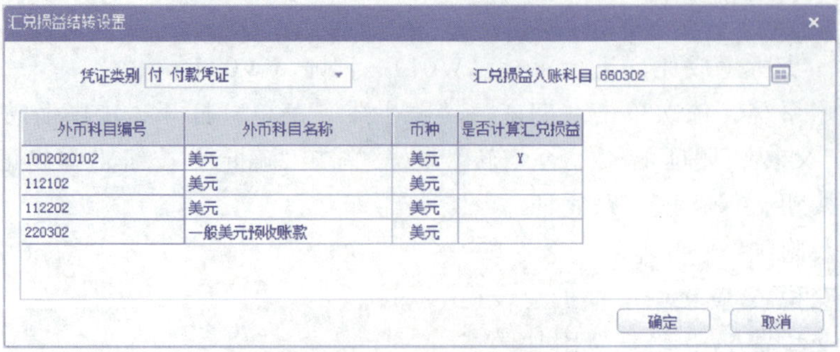

图 10-32 “汇兑损益结转设置”窗口

3.转账生成

（1）对上一步所生成凭证进行审核（W01）、记账（W02）。

（2）在总账系统，依次单击“期末→转账生成”菜单，打开“转账生成”窗口。单击左侧的“汇兑损益结转”，窗口上方的“币种核算”栏选择“美元”，单击“全选”按钮，如图 10-33 所示。

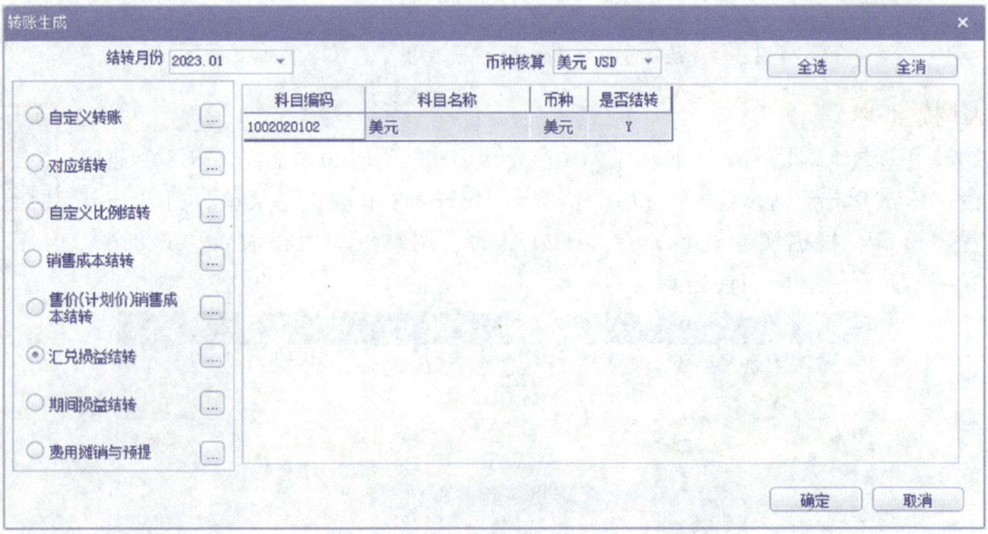

图 10-33 转账生成——汇兑损益结转

（3）单击“确定”按钮，打开“汇兑损益试算表”，如图 10-34 所示。

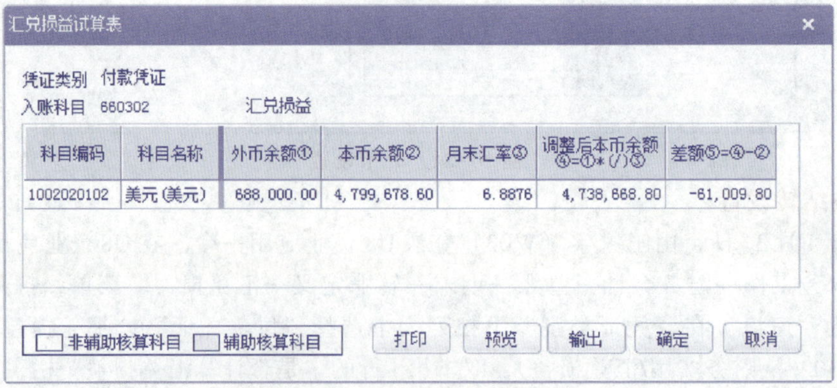

图 10-34 “汇兑损益试算表”窗口

（4）单击“确定”按钮，系统自动打开“填制凭证”窗口并生成一张记账凭证，单击“保存”按钮，保存该记账凭证。

借：财务费用/汇兑损益　　61 009.80

　贷：银行存款/交通银行/锦州凌河支行/美元　　61 009.80

10.3.12　结转期间损益

【实验资料】

设置期间损益结转凭证的凭证类别为转账凭证，本年利润科目为“4103”。

【实验过程】

2023年1月31日，由王家宝（W02）登录U8企业应用平台。

结转期间损益

1.转账定义

在U8企业应用平台，依次单击“业务工作→财务会计→总账→期末→转账定义→期间损益”菜单，打开“期间损益结转设置”窗口。在“凭证类别”下拉框中选择“转账凭证”，“本年利润科目”参照选择“4103”，单击窗口中任意单元格，如图10-35所示。单击“确定”按钮。

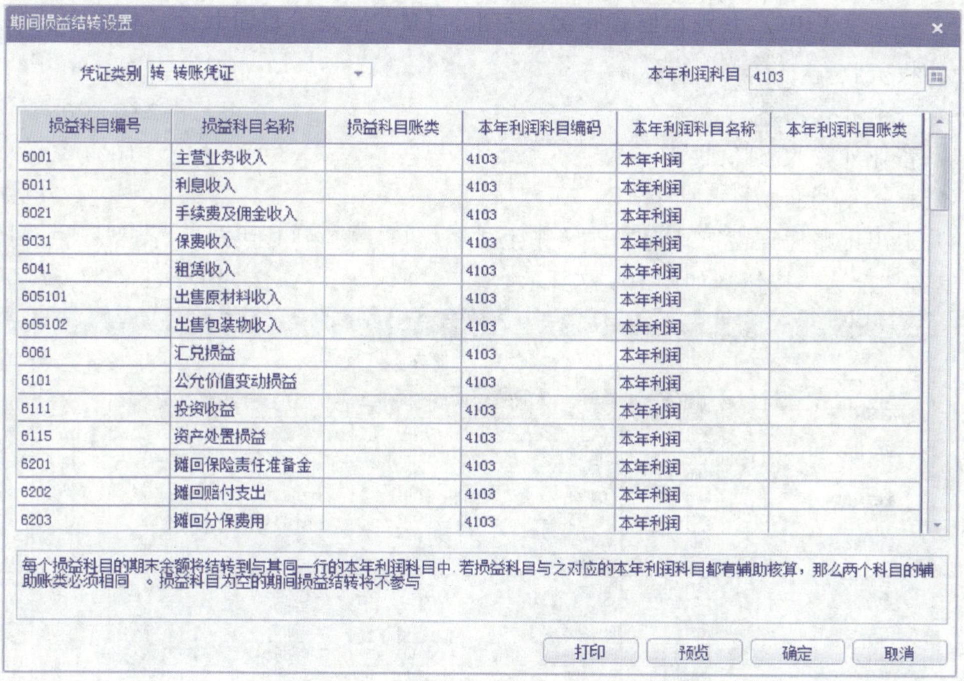

图10-35　期间损益结转设置

2.转账生成

（1）对上一步所生成凭证进行出纳签字（W03）、审核（W01）、记账（W02）。

（2）在总账系统，依次单击“期末→转账生成”菜单，打开“转账生成”窗口。单击左侧的“期间损益结转”，窗口上方的“类型”栏选择“收入”，单击“全选”按钮，如图10-36所示。

图 10-36　转账生成——期间损益结转（收入类）

（3）单击“确定”按钮，弹出记账凭证窗口，单击“保存”按钮，保存该记账凭证。

借：主营业务收入	703 729.92
其他业务收入/出售原材料收入	90 000.00
其他业务收入/出售包装物收入	100.00
投资收益	−2 500.00
资产处置损益	−2 671.20
营业外收入/罚款收入	100.00
贷：本年利润	788 758.72

（4）退出记账凭证窗口，返回“转账生成”窗口，将窗口上方的“类型”栏选择“支出”，单击“全选”按钮，如图 10-37 所示。

图 10-37　转账生成——期间损益结转（支出类）

（5）单击“确定”按钮，弹出系统提示，如图10-38所示。

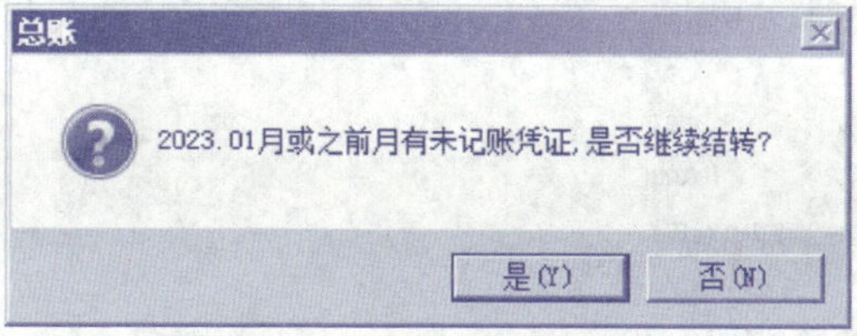

图10-38 系统提示

【提示】

出现上述提示是因为结转收入类账户至本年利润的凭证未记账。但是该凭证未记账并不影响支出类账户的结转，所以可以继续往下进行。

（6）单击“是”，弹出记账凭证窗口，单击“保存”按钮，保存该记账凭证。

借：本年利润	1 124 545.27	
贷：主营业务成本		223 537.32
其他业务成本		60 040.00
税金及附加		249 716.27
销售费用		44 720.63
管理费用		165 278.09
财务费用		149 751.81
资产减值损失		231 967.27
信用减值损失		−466.12

（7）对上一步所生成凭证进行审核（W01）、记账（W02）。

10.3.13 查询账表

【实验资料】

（1）查询“管理费用/折旧费”明细账。
（2）查询销售费用总账。
（3）查询负债类账户的余额表。
（4）定义并查询制造费用多栏账。
（5）查询1月份应付票据科目明细账。

【实验过程】

2023年1月31日，由王家宝（W02）登录U8企业应用平台。

1.查询“管理费用/折旧费”明细账

查询账表

（1）在U8企业应用平台，依次单击“业务工作→财务会计→总账→账表→科目账→明细账”菜单，打开“明细账”查询条件对话框。在“科目”栏参照选择“660201”（管理费用/折旧费），如图10-39所示。

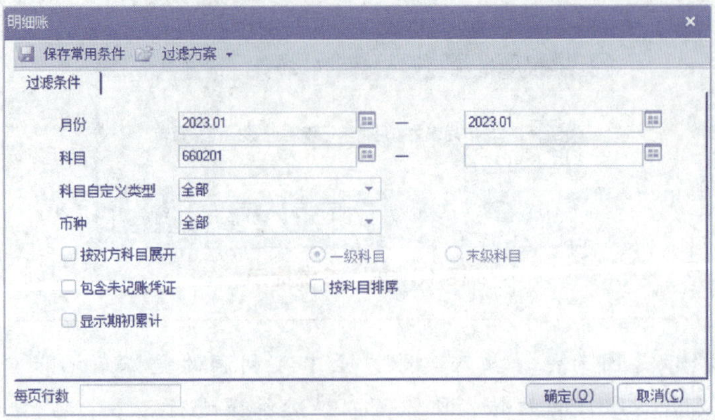

图 10-39 “明细账”查询条件对话框

（2）单击“确定”按钮，打开“管理费用/折旧费”明细账，如图 10-40 所示。

管理费用明细账

金额式

月份：2023.01 - 2023.01

科目 660201 折旧费　　币种：全部

年	月	日	凭证号数	摘要	借方	贷方	方向	余额
					金额	金额		金额
2023	01			期初余额			平	
2023	01	31	转-0004	计提第[1]期间折旧_行政部	16,298.88		借	16,298.88
2023	01	31	转-0004	计提第[1]期间折旧_财务部	16,298.88		借	32,597.76
2023	01	31	转-0004	计提第[1]期间折旧_采购部	12,619.88		借	45,217.64
2023	01	31	转-0004	计提第[1]期间折旧_仓储部	24,076.80		借	69,294.44
2023	01	31	转-0060	期间损益结转_行政部		16,298.88	借	52,995.56
2023	01	31	转-0060	期间损益结转_财务部		16,298.88	借	36,696.68
2023	01	31	转-0060	期间损益结转_采购部		12,619.88	借	24,076.80
2023	01	31	转-0060	期间损益结转_仓储部		24,076.80	平	
2023	01			当前合计	69,294.44	69,294.44	平	
2023	01			当前累计	69,294.44	69,294.44	平	

图 10-40 “管理费用/折旧费”明细账

【提示】

可以在这里查询库存现金、银行存款的月份综合明细账，但不能在这里按科目范围查询库存现金、银行存款的日记账。日记账需到出纳菜单下查询。

2. 查询销售费用总账

（1）在总账系统，依次双击“账表→科目账→总账”菜单，打开“总账”查询条件对话框。在“科目”栏参照选择“6601”，如图 10-41 所示。

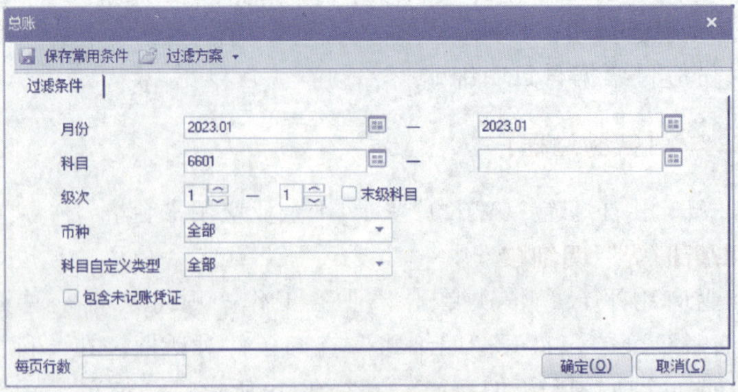

图 10-41 “总账”查询条件对话框

（2）单击“确定”按钮，打开销售费用总账，如图 10-42 所示。

销售费用总账

金额式

科目：6601 销售费用　　月份：2023.01 - 2023.01　　币种：全部

年	月	日	凭证号数	摘要	借方 金额	贷方 金额	方向	余额 金额
2023				期初余额			平	
2023	01			当前合计	44,720.63	44,720.63	平	
2023	01			当前累计	44,720.63	44,720.63	平	

图 10-42　销售费用总账

【提示】

单击某月"当前合计"所在行，再单击工具栏上的"明细"按钮，或直接双击某月"当前合计"所在行，可联查当前科目当前月份的明细账。

3.查询负债类账户的余额表

（1）在总账系统，依次双击"账表→科目账→余额表"菜单，打开"发生额及余额表"查询条件对话框，在"科目"栏依次参照选择"2001"和"2901"，如图 10-43 所示。

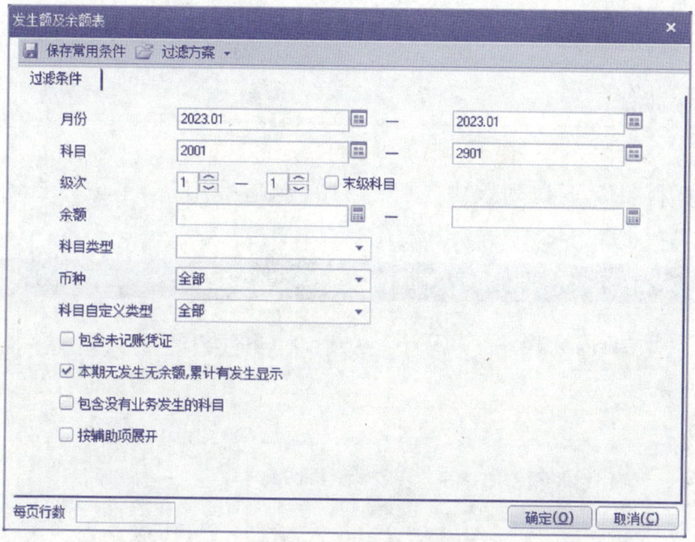

图 10-43　"发生额及余额表"查询条件对话框

（2）单击"确定"按钮，打开"发生额及余额表"窗口，如图 10-44 所示。

发生额及余额表

金额式

月份：2023.01 - 2023.01　　币种：全部

科目 编码	科目 名称	期初余额 借方	期初余额 贷方	本期发生 借方	本期发生 贷方	期末余额 借方	期末余额 贷方
2201	应付票据		30,000.00	30,000.00	8,202.00		8,202.00
2202	应付账款		17,215.00	283,886.20	331,075.20		64,404.00
2203	预收账款			21,018.00	21,018.00		
2211	应付职工薪酬		119,529.15	112,886.75	155,232.87		161,875.27
2221	应交税费		502,483.02	602,681.71	406,301.43		306,102.74
2231	应付利息				75,000.00		75,000.00
2241	其他应付款		9,840.00		11,480.00		21,320.00
2501	长期借款		15,000,000.00				15,000,000.00
2901	递延所得税负债		7,500.00				7,500.00
负债小计			15,686,567.17	1,050,472.66	1,008,309.50		15,644,404.01
合计			15,686,567.17	1,050,472.66	1,008,309.50		15,644,404.01

图 10-44　负债类账户发生额及余额表

【提示】

如果不输入科目范围，则可查询所有科目的发生额及余额。

单击工具栏的“专项”按钮，可联查相应科目明细账或科目余额表。

4.定义并查询制造费用多栏账

（1）在总账系统，依次双击“账表→科目账→多栏账”菜单，打开“多栏账”窗口，单击“增加”按钮，打开“多栏账定义”窗口，如图10-45所示。

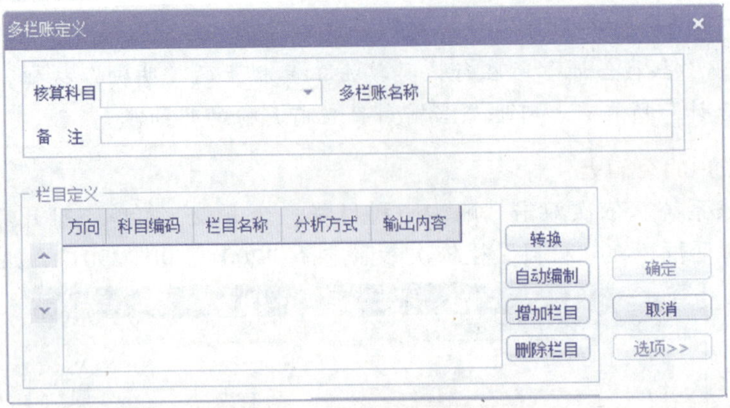

图10-45 “多栏账定义”窗口

（2）在“核算科目”下拉列表中选择“5101制造费用”，单击“自动编制”按钮，如图10-46所示。

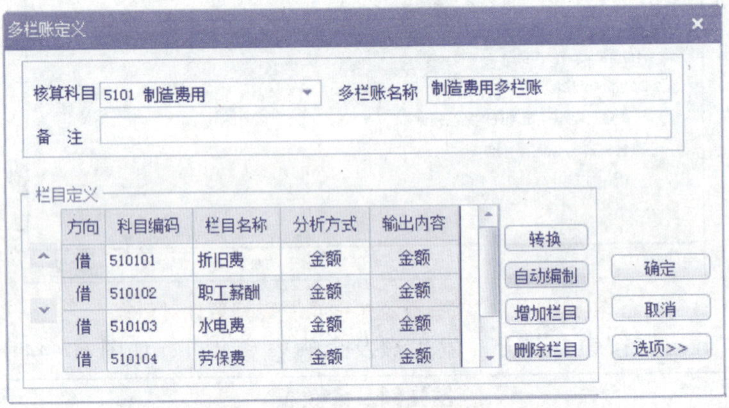

图10-46 制造费用多栏账定义

（3）单击“确定”按钮，返回“多栏账”窗口，如图10-47所示。

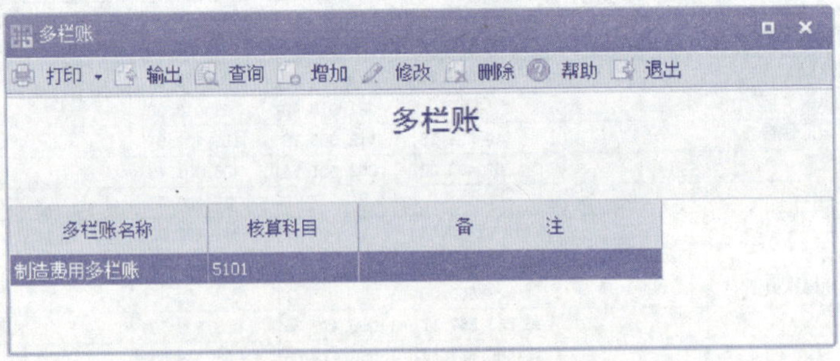

图10-47 “多栏账”窗口

（4）单击“查询”按钮，打开“多栏账查询”对话框。单击“确定”按钮，显示制造费用多栏账，如图 10-48 所示。

多栏账

多栏 制造费用多栏账　　　　　　月份：2023.01-2023.01

2023年		凭证号数	摘要	借方	贷方	方向	余额	借方				
月	日							折旧费	职工薪酬	水电费	劳保费	办公费
01	31	转-0004	计提第[1]期间折旧_一车间	22,880.00		借	22,880.00	22,880.00				
01	31	转-0009	计提工资_一车间	16,095.24		借	38,975.24		16,095.24			
01	31	转-0012	计提企业负担的四险一金_一车间	2,380.00		借	41,355.24		2,380.00			
01	31	转-0051	结转本月制造费用_一车间		41,355.24	平						
01			当前合计	41,355.24	41,355.24	平		22,880.00	18,475.24			
01			当前累计	41,355.24	41,355.24	平		22,880.00	18,475.24			

图 10-48　制造费用多栏账

5.查询 1 月份应付票据科目明细账

（1）在总账系统，依次双击“账表→供应商往来辅助项→供应商科目明细账”菜单，打开“供应商科目明细账”对话框，在“科目”栏参照选择“2201”（应付票据），如图 10-49 所示。

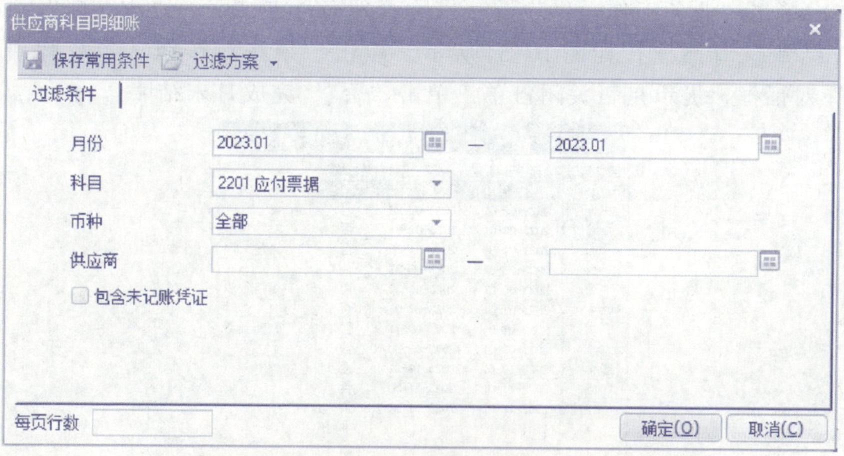

图 10-49　供应商科目明细账查询条件

（2）单击“确定”按钮，打开“供应商科目明细账”窗口，如图 10-50 所示。

供应商科目明细账　　金额式

科目 2201 应付票据　　月份：2023.01 - 2023.01　　币种：全部

年	月	日	凭证号	科目		供应商		摘要	借方	贷方	方向	余额
				编码	名称	编码	名称		金额	金额		金额
2023				2201	应付票据	101	锦州绿源	期初余额			贷	30,000.00
2023	01	10	付-0017	2201	应付票据	101	锦州绿源	票据结算_15379236_2023.01.10_肖子豪	30,000.00		平	
				2201	应付票据	101	锦州绿源	小计	30,000.00		平	
2023	01	05	转-0018	2201	应付票据	102	锦州昌盛	付款单_302_15379237_2023.01.05_刘美玲		8,202.00	贷	8,202.00
				2201	应付票据	102	锦州昌盛	小计		8,202.00	贷	8,202.00
								合计	30,000.00	8,202.00	贷	8,202.00

图 10-50　应付票据科目明细账

10.4 月末结账

本书介绍的9个系统月末结账顺序如下：

①以下6个系统总体结账顺序：采购管理→销售管理→库存管理→存货核算→应付款管理→应收款管理。若要取消结账，则按上述顺序的反向顺序逐个系统取消结账。

②固定资产、薪资管理这两个系统月末结账相对独立，只要完成本系统的日常业务处理，即可月末结账。

③总账系统在其他系统月末结账后才能结账。

各系统月末结账必须从未结账的第一个月份逐月进行，不允许跨月结账。

各系统取消月末结账必须从后往前逐月进行，不允许跨月取消月末结账。

10.4.1 供应链各系统月末结账

1.采购管理系统月末结账

供应链各系统月末结账

2023年1月31日，由刘美玲（G01）登录U8企业应用平台。在U8企业应用平台，依次单击“业务工作→供应链→采购管理→月末结账→月末结账”菜单，打开“结账”对话框，如图10-51所示。单击“结账”按钮，系统弹出“月末结账”对话框，提示是否关闭订单，单击“否”，完成月末结账。

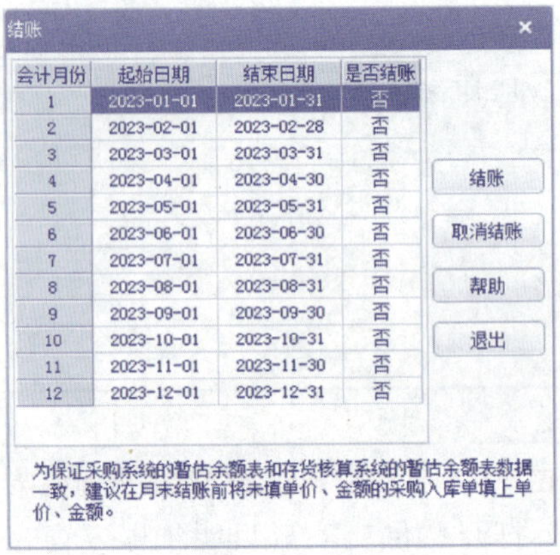

会计月份	起始日期	结束日期	是否结账
1	2023-01-01	2023-01-31	否
2	2023-02-01	2023-02-28	否
3	2023-03-01	2023-03-31	否
4	2023-04-01	2023-04-30	否
5	2023-05-01	2023-05-31	否
6	2023-06-01	2023-06-30	否
7	2023-07-01	2023-07-31	否
8	2023-08-01	2023-08-31	否
9	2023-09-01	2023-09-30	否
10	2023-10-01	2023-10-31	否
11	2023-11-01	2023-11-30	否
12	2023-12-01	2023-12-31	否

图10-51 采购管理系统月末结账

【提示】

若采购期初记账未完成，则本系统不允许月末结账。

若上月未结账，则本月单据可以正常处理，但本月不允许月末结账。

月末结账后，已结账月份的采购发票不允许修改或删除。

月末结账后，才能进行库存管理、存货核算、应付款管理这3个系统的月末结账。

采购管理系统取消月末结账前，必须先取消应付款管理、存货核算、库存管理这3个系统的月末结账。

2.销售管理系统月末结账

2023年1月31日，由张东杰（X01）登录U8企业应用平台。在U8企业应用平台，依次单击“业务工作→供应链→销售管理→月末结账→月末结账”菜单，打开“结账”对话框，如图10-52所示。单击“结账”按钮，系统弹出“销售管理”对话框，提示是否关闭订单，单击“否”，完成月末结账。

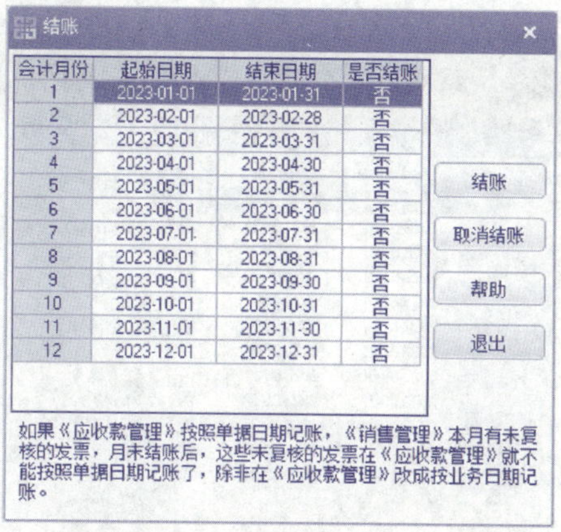

图10-52　销售管理系统月末结账

【提示】

若上月未结账，则本月单据可以正常处理，但本月不允许月末结账。

采购管理、销售管理两系统月末结账后，才能进行库存管理、存货核算、应付款管理、应收款管理这4个系统的月末结账。

如果采购管理、销售管理这两个系统要取消月末结账，必须先取消应付款管理、应收款管理、存货核算、库存管理这4个系统的月末结账。

3.库存管理系统月末结账

2023年1月31日，由孟梓楠（C01）登录U8企业应用平台。在U8企业应用平台，依次单击“业务工作→供应链→库存管理→月末处理→月末结账”菜单，打开“结账”对话框，如图10-53所示。单击“结账”按钮，系统弹出“库存管理”对话框，提示“库存启用月份结账后将不能修改期初数据，是否继续结账?”，单击“是”，完成月末结账。

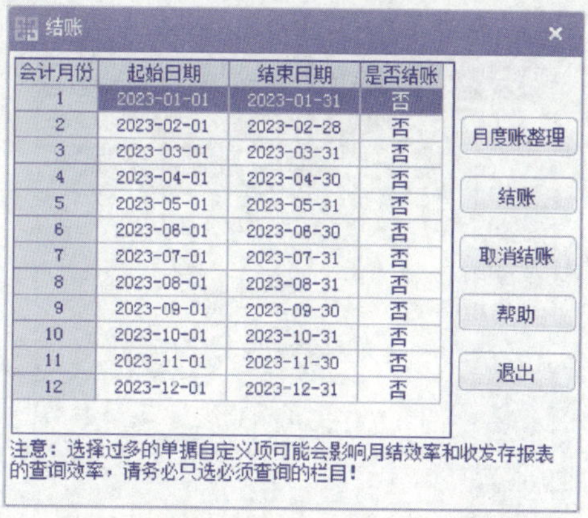

图10-53　库存管理系统月末结账

【提示】

若上月未结账，则本月单据可以正常处理，但本月不允许月末结账。

月末结账后，已结账月份的出入库单据不允许修改或删除。

4.存货核算系统月末结账

2023年1月31日，由王家宝（W02）登录U8企业应用平台。在U8企业应用平台，依次单击“业务工作→供应链→存货核算→记账→月末结账”菜单，打开“结账”对话框，如图10-54所示。单击“结账”，系统提示“月末结账完成!”。

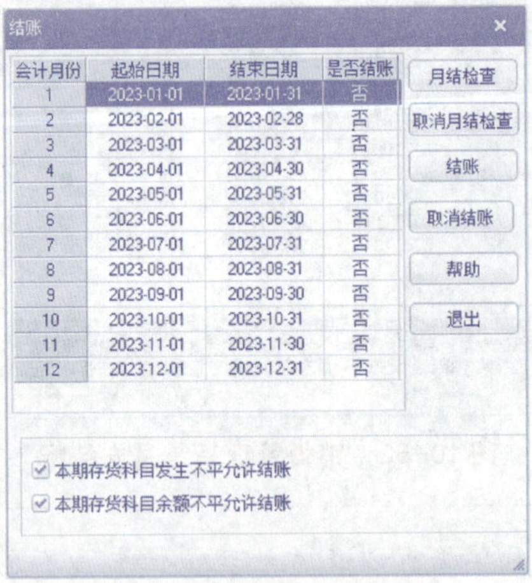

图10-54 存货核算系统月末结账

【提示】

采购管理、销售管理、库存管理这3个系统月末结账后，存货核算系统才能月末结账。

10.4.2 财务会计各系统月末结账

1.应付系统月末结账

财务会计各系统月末结账

在应付款管理系统，依次单击“期末处理→月末结账”菜单，打开“月末处理”对话框，如图10-55所示。双击1月份（一月）的“结账标志”栏，单击“下一步”，再单击“完成”，系统提示“1月份结账成功”。

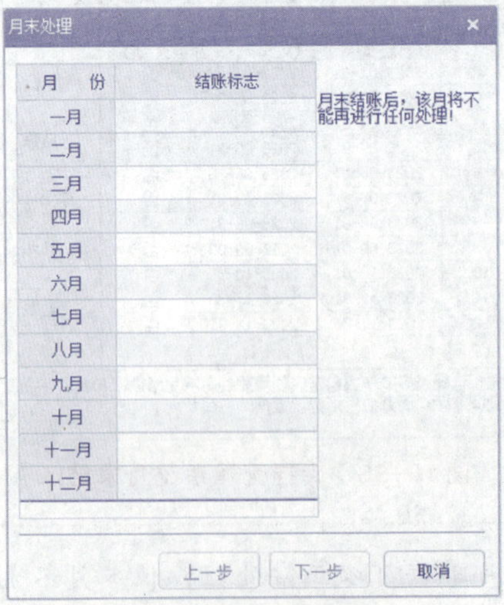

图10-55 应付系统月末结账

【提示】

如果采购管理系统没有月末结账，则应付系统不允许月末结账。

如果本月还有收付款单没有审核，则应付系统本月不允许月末结账。

2.应收系统月末结账

在应收款管理系统，依次单击“期末处理→月末结账”菜单，打开“月末处理”对话框，如图10-56所示。双击1月份（一月）的“结账标志”栏，单击“下一步”，再单击“完成”，系统提示“1月份结账成功”。

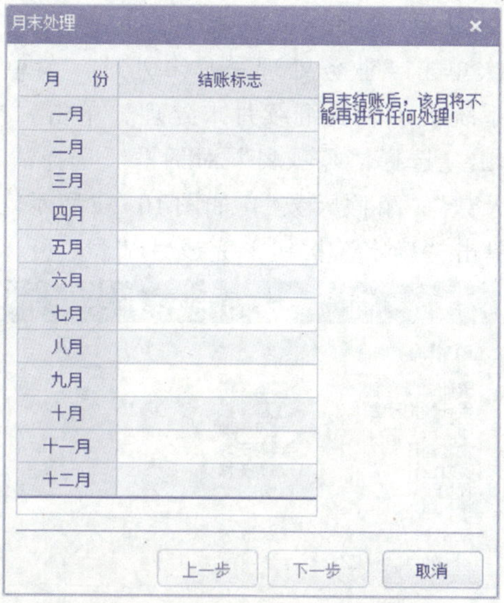

图10-56 应收系统月末结账

【提示】

系统进行月末结账后，该月将不能再进行任何处理。

如果上月未结账，则本月不能结账。

如果销售管理系统没有月末结账，则应收系统不允许月末结账。

如果本月还有收付款单没有审核，则应收系统本月不允许月末结账。

3.固定资产系统月末结账

（1）月末对账。

在固定资产系统，依次单击“资产对账→对账”，打开“对账条件”提示框，在“科目”栏勾选“固定资产”“累计折旧”，单击“确定”按钮，系统打开“对账”窗口，系统提示对账结果“平衡”。

【提示】

本系统的对账功能不限制执行的时间，任何时候均可进行。在执行月末结账功能时自动对账一次，并给出对账结果。只有在建立固定资产账套时（图4-7）或在系统选项中选择了“与账务系统进行对账”，本功能才可用。

（2）月末结账。

在固定资产系统，依次单击“期末处理→月末结账”，打开“月末结账…”对话框。

单击“开始结账”，弹出“与账务对账结果”对话框，单击“确定”，系统提示“月末结账成功完成!”，单击“确定”按钮。

【提示】

月末结账每月进行一次，结账后当期的数据不能修改。若想修改，应恢复月末结账前状态，即进行反结账。反结账应以待恢复月份的月末登录，执行“处理→恢复月末结账前状态”命令即可。恢复成功后，结账后所做的所有工作都将无痕迹删除。

4.薪资管理系统月末结账

在薪资管理系统，依次单击“业务处理→月末处理”菜单，打开“月末处理”对话框，单击“确定”按钮，系统提示是否继续月末处理，单击“是”，系统提示“是否选择清零项?”，单击“是”，弹出“选择清零项目”对话框。选择清零项目“基本工资”“工龄津贴”“加班天数”“病假天数”“事假天数”，如图10-57所示。单击“确定”按钮，系统提示“月末处理完毕!”，单击“确定”按钮，完成月结。

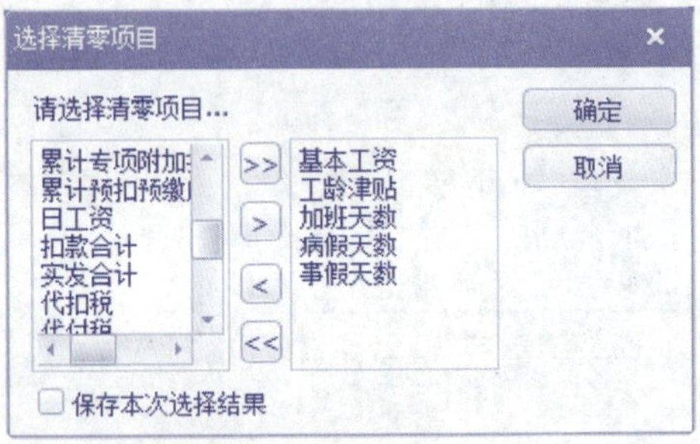

图10-57　选择清零项

【提示】

如果某工资项目每月数据均不同，在处理每月工资时，均需将其数据清为零，然后输入当月的数据，此类项目即为清零项目。若不选择清零项，则下月项目将完全继承当前月数据。

若本月工资数据未汇总，系统将不允许进行月末结账。月末结账后，若发现还有事项需要在已结账月处理，此时需要使用反结账功能取消结账标志。反结账必须以已结账月份的下月登录系统才能进行。

5.总账系统月末结账

（1）对账。

2022年1月31日，由李峻峰（W01）登录U8企业应用平台。在U8企业应用平台，依次单击“业务工作→财务会计→总账→期末→对账”菜单，打开“对账”窗口。单击“选择”按钮，再单击“对账”按钮，系统开始自动对账，对账完毕，窗口显示对账结果正确。退出对账窗口。

（2）结账。

在U8企业应用平台，依次单击“业务工作→财务会计→总账→期末→结账”菜单，打开“结账——开始结账”窗口。单击“下一步”按钮，打开“结账——核对账簿”窗口。单击“对账”按钮，系统进行对账。

对账完毕，单击“下一步”按钮，打开“结账——月度工作报告”窗口，如图10-58所示。单击“下一步”按钮，打开“结账——完成结账”窗口，系统提示可以结账。单击“结账”按钮，1月份结账完毕。

图10-58 总账系统结账——月度工作报告

【提示】

已结账月份不能再填制凭证，但可以查询凭证、账表等。

以下情况不允许月末结账：①上月未结账（但本月可以填制、审核凭证）。②本月还有未记账凭证。③总账与明细账对账不符。④总账系统与其他系统联合使用，其他系统未结账。

如何取消月结？在总账系统，双击“期末→结账”菜单，打开“结账——开始结账”窗口，单击选择要取消结账的月份，按［Ctrl+Shift+F6］组合键即可。

10.5 本章常见数据表

本章常见数据表见表10-8。

表10-8 本章常见数据表

序号	系统编码（SystemID）	系统名称（SystemName）	表名称（TableName）	表定义（TableDefine）	备注
1	GL	总账	RP_cheque	支票登记簿	表10-1
2	GL	总账	GL_modelpreplace	银行对账单预置字段表	
3	GL	总账	RP_bankrecp	银行对账单	表10-3
4	GL	总账	GL_bautotran	自定义转账设置	表10-4至表10-7
5	IA	存货核算	IA_Subsidiary	存货明细账	
6	ST	库存管理	CurrentStock	现存量汇总表	
7	IA	存货核算	IA_Summary	存货总账	

续表

序号	系统编码(SystemID)	系统名称(SystemName)	表名称(TableName)	表定义(TableDefine)	备注
8	ST	库存管理	CheckVouch	盘点单主表	
9	ST	库存管理	CheckVouchs	盘点单子表	
10	IA	存货核算	IA_DecReady	跌价准备单主表	
11	IA	存货核算	IA_DecReadys	跌价准备单子表	
12	IA	存货核算	JustInVouch	出入库调整单主表	
13	IA	存货核算	JustInVouchs	出入库调整单子表	
14	GL	总账	GL_accsum	科目总账	
15	GL	总账	GL_accass	辅助总账	
16	GL	总账	GL_bmulti	总账多栏定义表	
17	GL	总账	GL_AccMultiAss	多栏辅助账	
18	GL	总账	GL_DigestDisp	总账摘要组合设置表	
19	AS	公共	GL_mend	各系统结账标志	

【课程思政点睛】

【复习思考题】

1. 简述银行对账的基本流程。
2. 如何导入银行对账单?
3. 总账系统提供了哪些转账定义功能?
4. 如何通过自定义转账功能准确计提全年所得税费用?
5. 简述汇兑损益结转的基本流程。
6. 试比较现金盘点、存货盘点及固定资产盘点的信息化处理流程。
7. 简述存货核算系统中“期末处理”功能的重要作用。
8. 简述月末结账的基本流程。

第11章 UFO报表系统

11.1 概述

UFO报表系统是用友ERP-U8的报表管理系统，主要实现文件管理、格式管理、数据处理、图形处理、二次开发等功能，该系统可以从总账、应付、应收、薪资、固定资产以及供应链管理各系统提取数据，生成各种报表。本章主要内容包括：

1.取得报表

可通过以下两种方法取得报表：①通过系统自带的模板快速生成资产负债表等对外财务报表；②根据企业管理实际需要灵活地设计自定义报表。

2.编辑格式

通过上述方法①取得的报表需要根据最新企业会计准则的规定调整格式，通过上述方法②取得的报表也需要编辑格式。

3.定义公式

报表系统通过公式从总账等系统提取数据。定义公式需要符合公式本身的语法规则，同时也应符合企业会计准则的规定。

本章的重难点内容：调用报表模板生成报表、设计自定义报表、定义报表公式，尤其是定义表间取数公式。本章总体流程如图11-1所示。

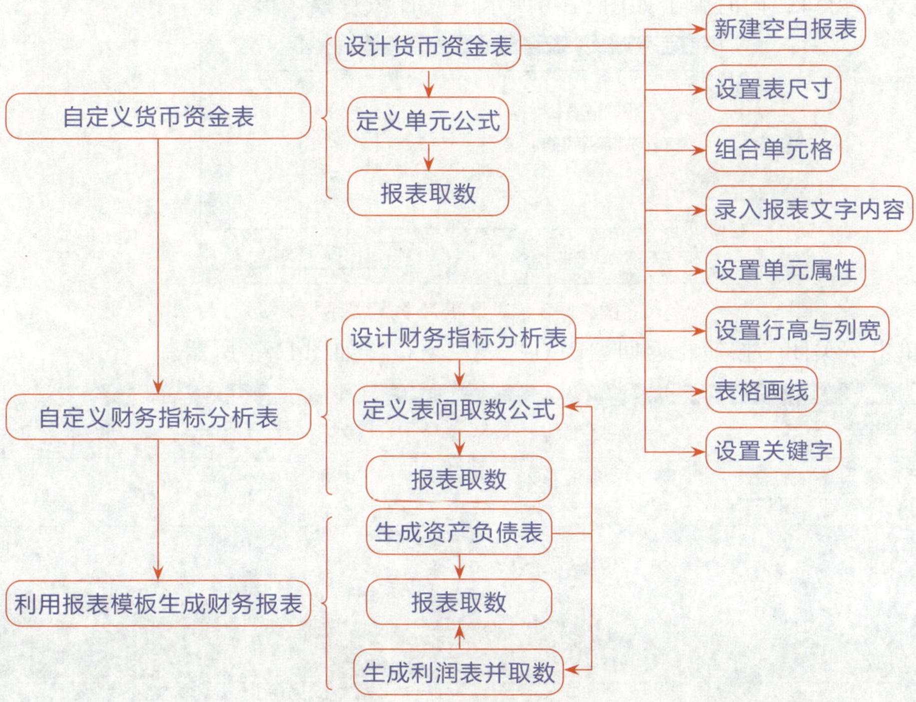

图11-1 本章总体流程

11.2 自定义货币资金表

11.2.1 设计货币资金表

【实验资料】

设计如图11-2所示的货币资金表。基本要求：①第1行行高16毫米，第1列列宽36毫米；②表头字体为黑体，字号为18号；③前3行和第1列单元文字居中显示，第3行为粗体字型。

货币资金表

××××年××月××日

会计科目	月初余额	借方发生额	贷方发生额	月末余额
库存现金				
银行存款				
其他货币资金				
合计				

图11-2 货币资金表

【实验过程】

设计货币资金表

2023年1月31日，由李峻峰（W01）登录U8企业应用平台。

（1）新建一张空白报表。

①在U8企业应用平台，依次单击“业务工作→财务会计→UFO报表”菜单，打开“UFO报表”窗口，同时弹出如图11-3所示的“日积月累”提示框。

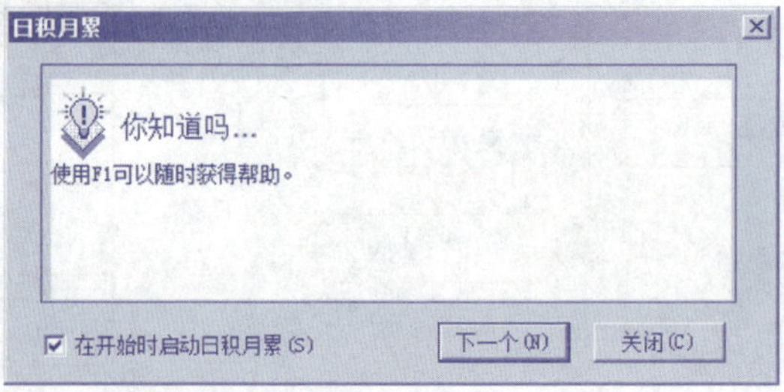

图11-3 “日积月累”提示框

②单击“关闭”按钮，返回“UFO报表”窗口，如图11-4所示。

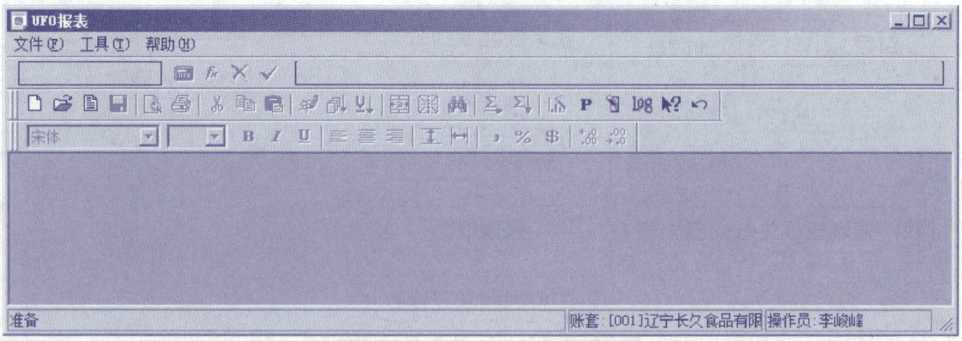

图11-4 “UFO报表”窗口

③单击工具栏的“”按钮，新建一张空白报表，如图11-5所示。

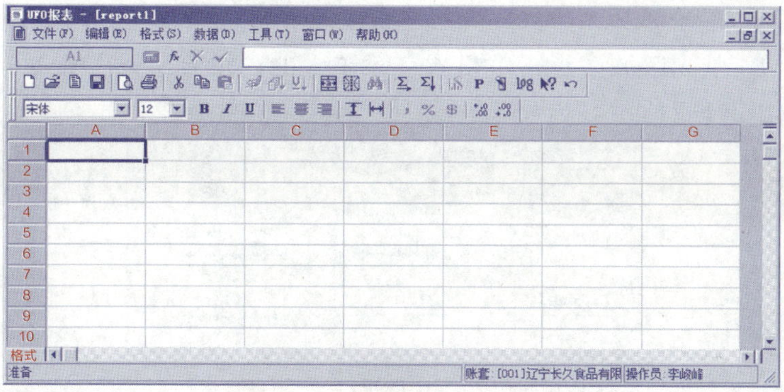

图11-5　空白UFO报表

【提示】

UFO报表的最大行数为9 999，最大列数为255。单元格是组成报表的最小单位，每个单元格用行号+列标组合表示。

“UFO报表”窗口有两种状态：格式状态和数据状态。

［格式状态］此状态下显示报表的格式，报表数据全部被隐藏。新建的空白报表默认处于此状态，如图11-5所示，窗口左下角显示“格式”字样，表明此时报表处于格式状态。在此状态下可以完成报表的格式设计工作，如表尺寸、行高列宽、单元属性、组合单元、关键字等。定义报表公式也在此状态下完成。此状态的报表操作将对本报表的所有表页发生作用。

［数据状态］此状态显示报表的全部内容，包括格式和数据。在此状态下可以完成报表数据的处理工作，如输入数据、增加或删除表页、审核、舍位平衡等。此状态下不能修改报表格式。

报表格式状态和数据状态之间的切换方法如下：

方法一，点击“编辑”菜单下的“格式/数据状态”命令。

方法二，点击窗口左下角的“格式”按钮，此时报表切换为数据状态，同时该按钮显示“数据”字样；同理，点击窗口左下角的“数据”按钮，切换为格式状态。

（2）设置表尺寸。

点击“格式”菜单下的“表尺寸”命令，弹出“表尺寸”对话框，行数设为“7”，列数设为“5”，如图11-6所示。单击“确认”按钮。

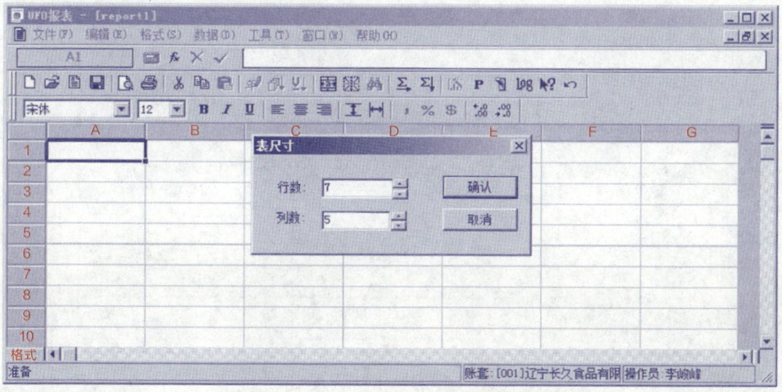

图11-6　“表尺寸”对话框

（3）组合单元格。

①选中A1:E1单元区域，点击“格式”菜单下的“组合单元”命令，弹出“组合单元”对话框，如图11-7所示。

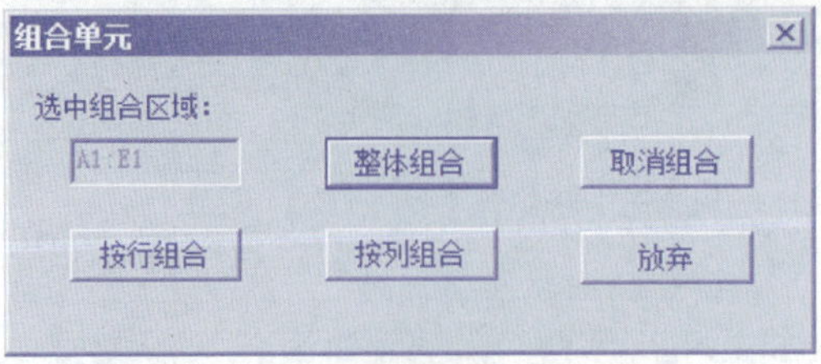

图11-7 “组合单元”对话框

②单击“整体组合”按钮，完成单元合并。

③参照上述方法，对A2:E2单元区域进行整体组合。

（4）录入报表文字内容。

根据实验资料，录入除第2行以外的文字内容，结果如图11-8所示。

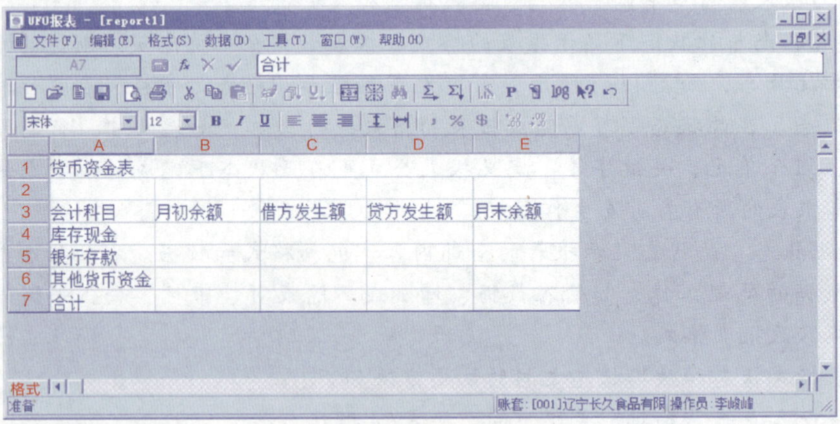

图11-8 输入报表文字内容

（5）设置单元属性。

①选中前三行，执行“格式”菜单下的“单元属性”命令，打开“单元格属性”对话框，点击“对齐”页签，对齐方式均选“居中”，如图11-9所示，单击“确定”按钮。

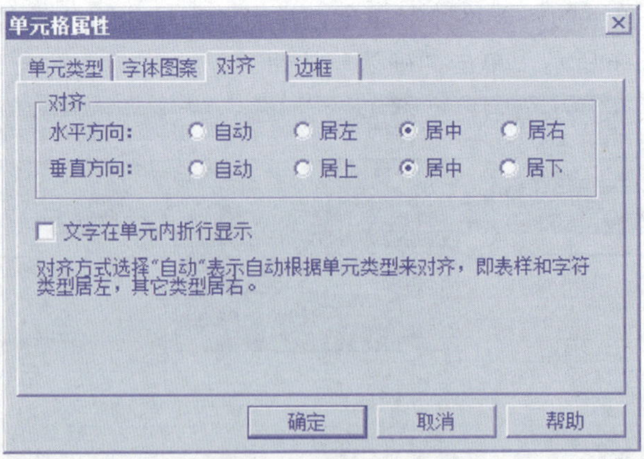

图11-9 对齐方式

②参照上述方法，将A列的对齐方式也设置为“居中”。

③选中第1行，执行“格式”菜单下的“单元属性”命令，打开“单元格属性”对话框，点击“字体图案”页签，将字体改为“黑体”，字号改为“18”，如图11-10所示，单击“确定”按钮。

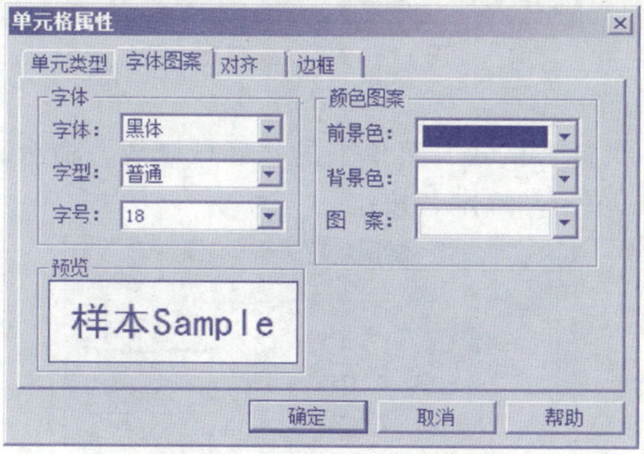

图11-10 调整字体、字号

④选中第3行，执行“格式”菜单下的“单元属性”命令，打开“单元格属性”对话框，点击“字体图案”页签，将“字型”改为“粗体”，单击“确定”按钮。

⑤选中B4:E7区域，执行“格式”菜单下的“单元属性”命令，打开“单元格属性”对话框，在“格式”项勾选“逗号”，如图11-11所示，单击“确定”按钮。

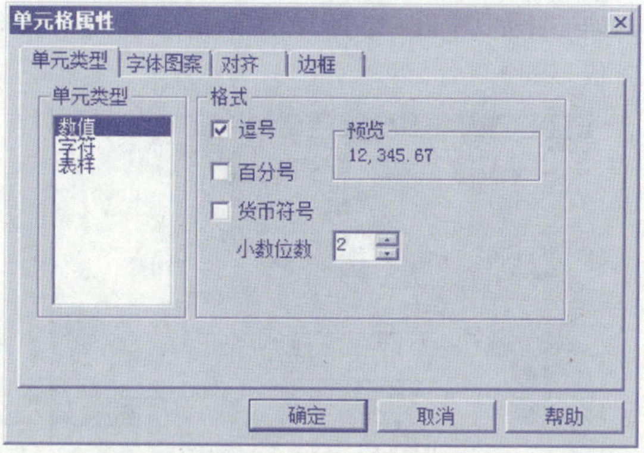

图11-11 设置单元格中数值的格式

（6）设置行高与列宽。

①单击第1行，执行“格式”菜单下的“行高”命令，打开“行高”对话框，在“行高”栏输入“16”，如图11-12所示，单击“确定”按钮。

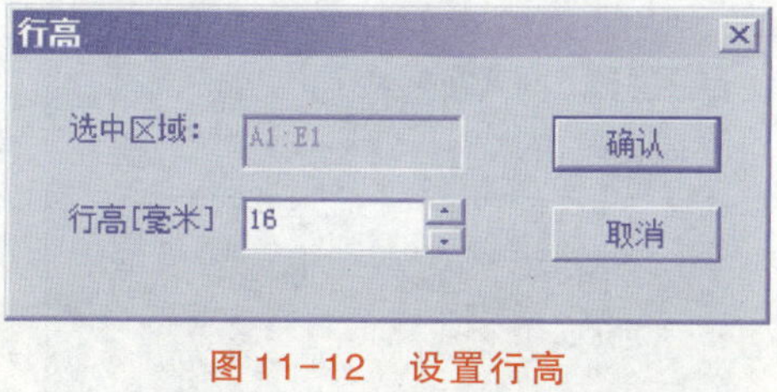

图11-12 设置行高

②单击A列的列标，执行“格式”菜单下的“列宽”命令，打开“列宽”对话框，在“列宽”栏输入“36”，如图11-13所示，单击“确定”按钮。

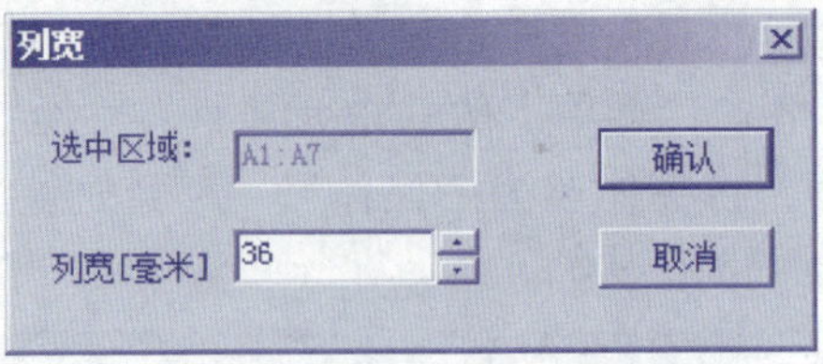

图 11-13　设置列宽

（7）表格画线。

选中 A3:E7 区域，执行“格式”菜单下的“区域画线”命令，打开“区域画线”对话框，如图 11-14 所示，单击“确定”按钮。

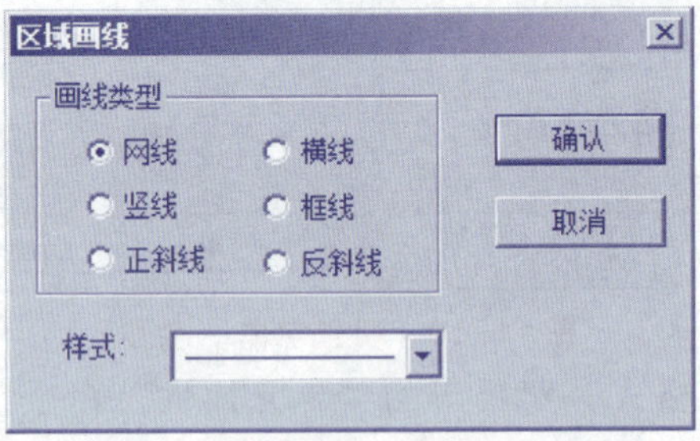

图 11-14　表格画线

（8）设置关键字。

①单击第 2 行的单元格，执行“数据”菜单下的“关键字→设置”命令，打开“设置关键字”对话框，选择“年”，如图 11-15 所示，单击“确定”按钮。然后在该单元格设置关键字“月”和“日”。

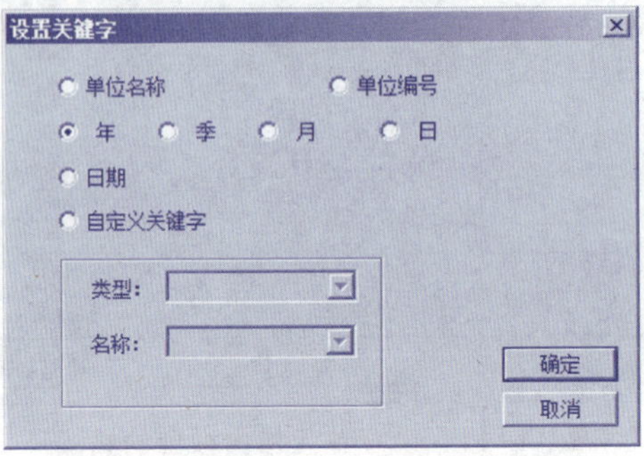

图 11-15　设置“年”关键字

②执行“数据”菜单下的“关键字→偏移”命令，打开“定义关键字偏移”对话框，在“年”、“月”和“日”栏输入偏移量，如图 11-16 所示，单击“确定”按钮，结果如图 11-17 所示。

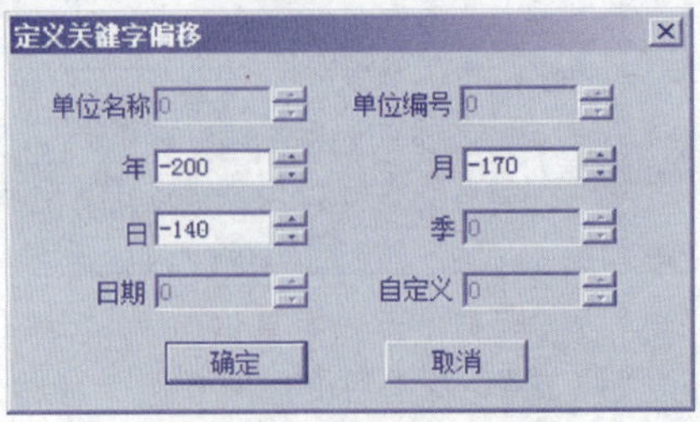

图 11-16　关键字偏移

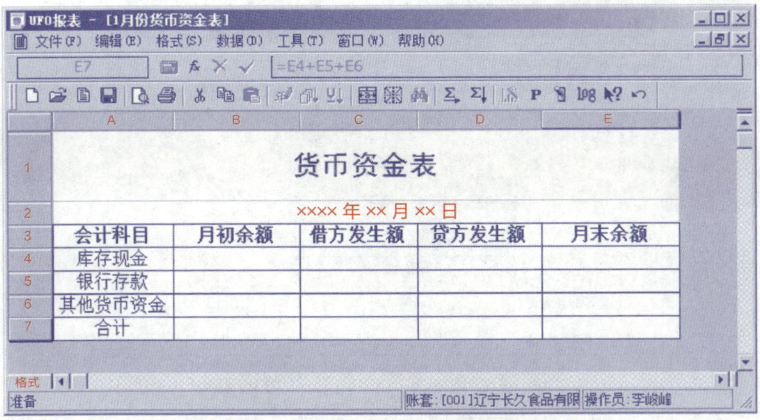

图 11-17　设计完毕的货币资金表

【提示】

关键字是游离于单元之外的特殊数据单元，一般在窗口中为红色字体。

关键字偏移时，负数表示向左偏移，正数表示向右偏移。

11.2.2　定义单元公式

【实验资料】

设置 B4:E7 区域单元格的计算公式。

【实验过程】

（1）单击 B4 单元格，单击工具栏的“fx”按钮，或者执行“数据”菜单下的“编辑公式→单元公式”命令，打开“定义公式”对话框。

定义单元公式

（2）单击“函数向导”按钮，打开“函数向导”对话框，在“函数分类”列表中选择“用友账务函数”，在“函数名”列表中选择“期初(QC)”，如图 11-18 所示。

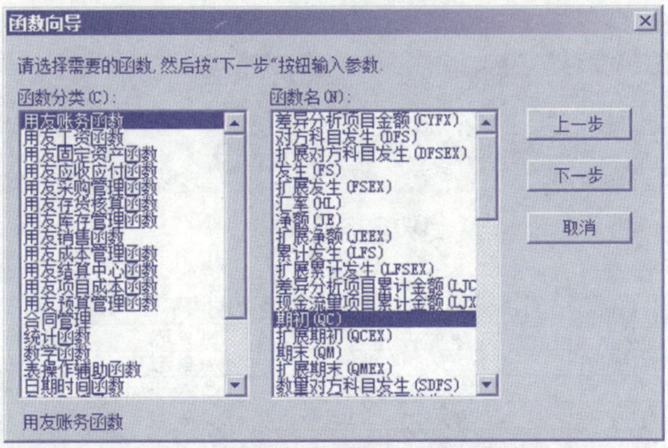

图 11-18　“函数向导”对话框

（3）单击“下一步”按钮，打开“用友账务函数”窗口，单击“参照”按钮，打开“账务函数”对话框，如图 11-19 所示。

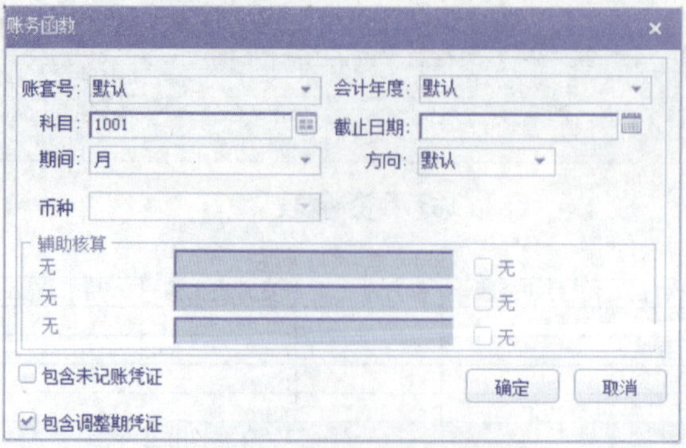

图 11-19 “账务函数”对话框

（4）单击“确定”按钮，返回“用友账务函数”对话框，单击“确定”按钮，返回“定义公式”对话框，结果如图 11-20 所示。

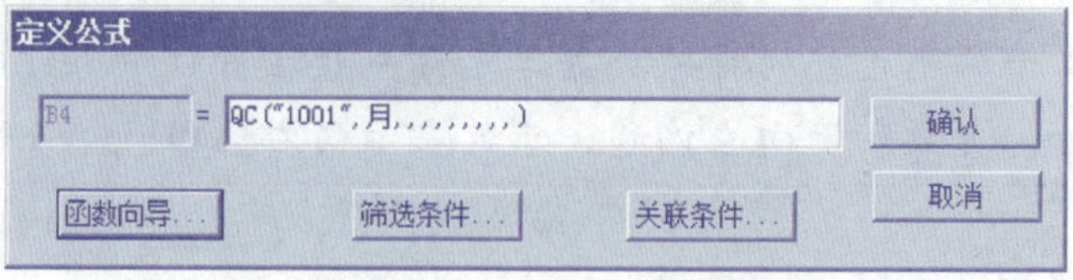

图 11-20 “定义公式”对话框

（5）单击“确认”按钮，完成B4单元格的公式设置。

（6）参照上述方法设置B5、B6及C4:E6区域单元格的计算公式。

（7）单击B7单元格，单击工具栏的“fx”按钮，在“定义公式”对话框手工输入“B4+B5+B6”，如图 11-21 所示。

图 11-21 “定义公式”对话框

（8）参照上述方法设置C7:E7区域单元格的计算公式。货币资金表设置完毕，结果如图 11-22 所示。

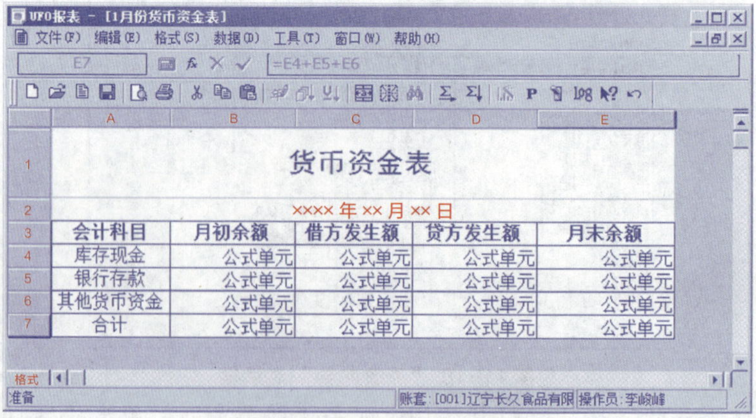

图 11-22 公式设置完毕的货币资金表

11.2.3 报表取数

【实验资料】

2023年1月31日，将货币资金表数据重算后保存至C盘根目录下，文件名为“1月份货币资金表.rep”。

【实验过程】

货币资金表取数

（1）将报表切换至数据状态。单击窗口左下角的“格式”按钮，此时报表切换为数据状态，如图11-23所示。

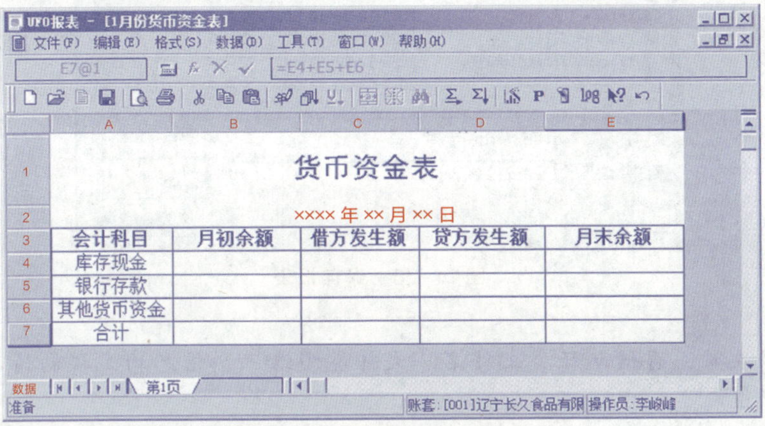

图11-23 数据状态的货币资金表

（2）录入关键字并计算报表数据。执行“数据”菜单下的“关键字→录入”命令，打开“录入关键字”对话框，录入关键字“2023年1月31日”，如图11-24所示。单击“确认”按钮，系统提示“是否重算第1页?”，单击“是”，结果如图11-25所示。

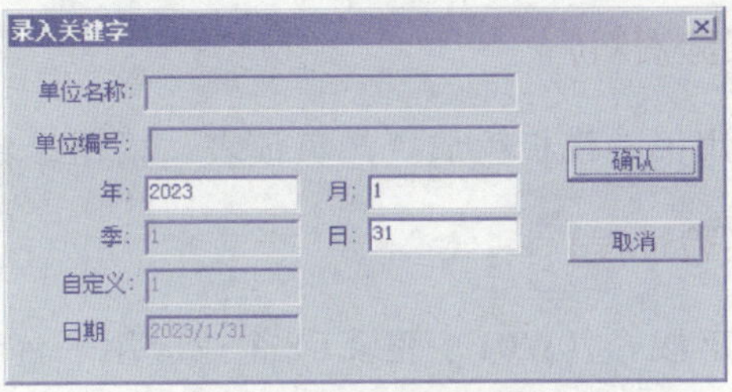

图11-24 录入关键字

货币资金表

2023年1月31日

会计科目	月初余额	借方发生额	贷方发生额	月末余额
库存现金	5, 721. 00	39, 267. 20	1, 244. 10	43, 744. 10
银行存款	11, 017, 367. 31	932, 196. 79	1, 059, 688. 29	10, 889, 875. 81
其他货币资金	386, 948. 35		172, 650. 00	214, 298. 35
合计	11, 410, 036. 66	971, 463. 99	1, 233, 582. 39	11, 147, 918. 26

图11-25 重算完毕的货币资金表

【提示】

如果单元格显示"#############"字样，表明该单元格所在列的列宽不够，调整列宽后即可正常显示。

（3）保存报表。单击工具栏的" "按钮，打开"另存为"对话框，存储位置选择C盘根目录，"文件名"栏输入"1月份货币资金表"，如图11-26所示。单击"另存为"按钮，完成保存。

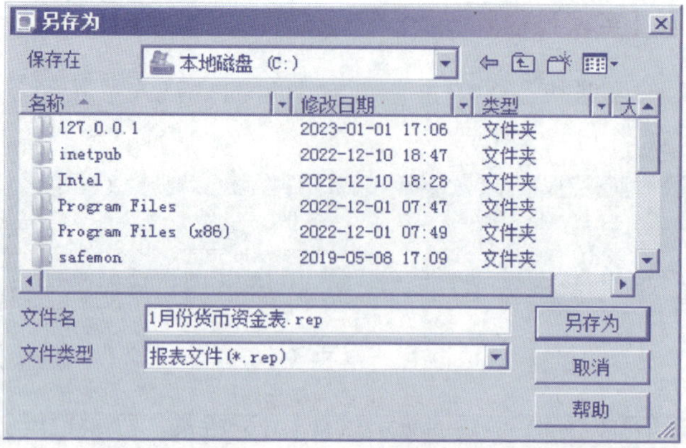

图11-26　保存报表

【提示】

保存报表时，存储路径、文件名、文件类型这三个信息均无误的情况下，才表明报表保存正确。

11.3　利用报表模板生成财务报表

11.3.1　生成资产负债表

【实验资料】

2023年1月31日，利用报表模板生成资产负债表，根据最新会计准则调整报表项目。

【实验过程】

生成资产负债表

2023年1月31日，由李峻峰（W01）登录U8企业应用平台。

（1）新建空白报表。

在U8企业应用平台，依次选择"业务工作→财务会计→UFO报表"命令，打开"UFO报表"窗口。单击工具栏的" "按钮，新建一张空白报表。

（2）调用模板生成资产负债表。

点击"格式"菜单下的"报表模板"命令，打开"报表模板"对话框，在"您所在的行业："下拉框中选择"2007年新会计准则科目"，"财务报表"下拉框中选择"资产负债表"，如图11-27所示。

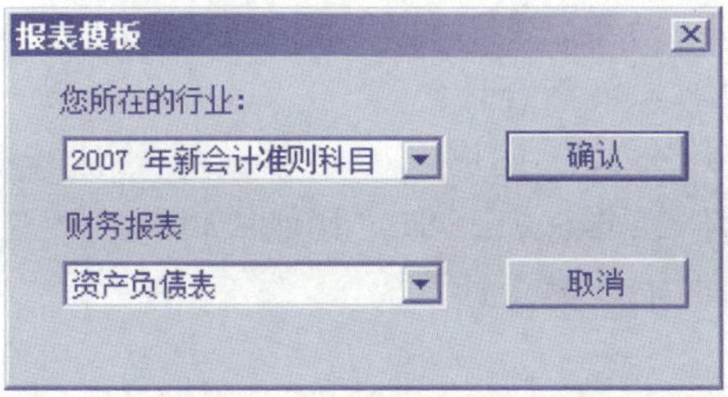

图 11-27　选择报表模板

【提示】

这里所选的行业对应创建账套时选择的“行业性质”，如图 1-7 所示。

单击“确认”按钮，系统提示“模板格式将覆盖本表格式！是否继续?”，单击“确定”按钮，结果如图 11-28 所示。

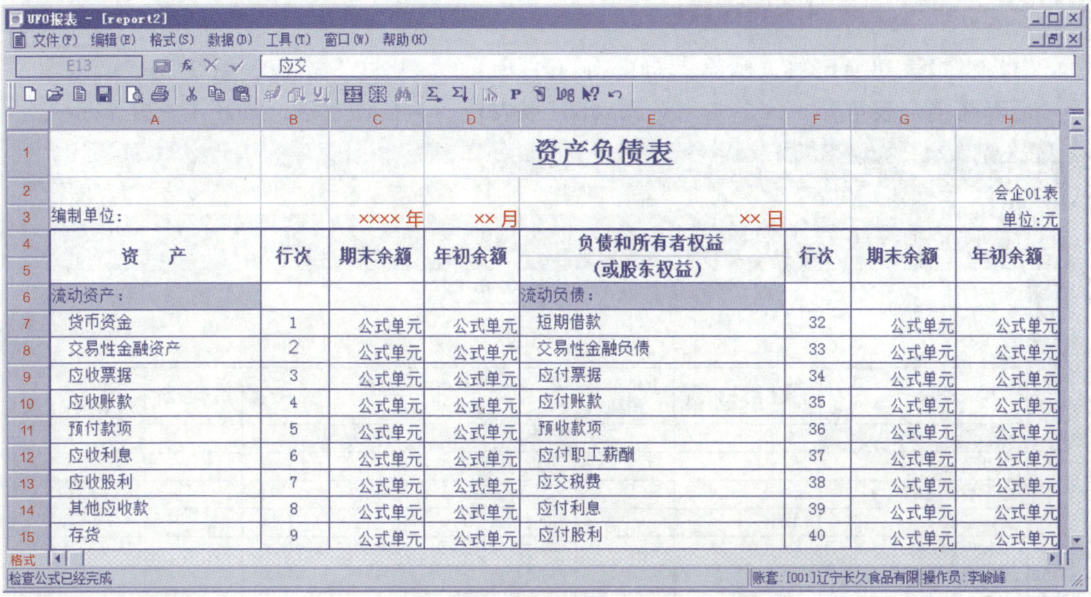

	A	B	C	D	E	F	G	H
1					资产负债表			
2								会企01表
3	编制单位:		xxxx 年	xx 月	xx 日			单位:元
4–5	资　产	行次	期末余额	年初余额	负债和所有者权益（或股东权益）	行次	期末余额	年初余额
6	流动资产:				流动负债:			
7	货币资金	1	公式单元	公式单元	短期借款	32	公式单元	公式单元
8	交易性金融资产	2	公式单元	公式单元	交易性金融负债	33	公式单元	公式单元
9	应收票据	3	公式单元	公式单元	应付票据	34	公式单元	公式单元
10	应收账款	4	公式单元	公式单元	应付账款	35	公式单元	公式单元
11	预付款项	5	公式单元	公式单元	预收款项	36	公式单元	公式单元
12	应收利息	6	公式单元	公式单元	应付职工薪酬	37	公式单元	公式单元
13	应收股利	7	公式单元	公式单元	应交税费	38	公式单元	公式单元
14	其他应收款	8	公式单元	公式单元	应付利息	39	公式单元	公式单元
15	存货	9	公式单元	公式单元	应付股利	40	公式单元	公式单元

图 11-28　格式状态的资产负债表（局部）

【提示】

窗口中的“公式单元”存储了计算公式，通过这些公式可从 U8 系统取数，进行表内、表间计算等。

（3）根据最新会计准则调整报表项目。

将 A12 单元格由“应收利息”改为“合同资产”；A13 单元格由“应收股利”改为“持有待售资产”；将 A20 单元格由“可供出售金融资产”改为“债权投资”；A21 单元格由“持有至到期投资”改为“其他债权投资”；将 E14 单元格由“应付利息”改为“合同负债”；E15 单元格由“应付股利”改为“持有待售负债”；将 D4 和 H4 单元格由“年初余额”改为“上年年末余额”。

（4）调整报表计算公式。

删除 C13 单元格的计算公式，同时将 C14 单元格的计算公式修改为“QM("1221",

月,,,年,,)+QM("1131",月,,,年,,)”，即“其他应收款”项目的期末金额等于“其他应收款”“应收股利”科目的期末余额合计。

删除G15单元格的计算公式，同时将G16单元格的计算公式修改为“QM("2241",月,,,年,,)+QM("2232",月,,,年,,)”，即“其他应付款”项目的期末金额等于“其他应付款”“应付股利”科目的期末余额合计。

11.3.2 报表取数

【实验资料】

2023年1月31日，将报表数据重算后保存至C盘根目录下，文件名为“1月份资产负债表.rep”。

资产负债表取数

【实验过程】

（1）将报表切换至数据状态。单击窗口左下角的“格式”按钮，系统提示“是否确定全表重算？”，单击“否”，此时报表切换为数据状态，如图11-29所示。

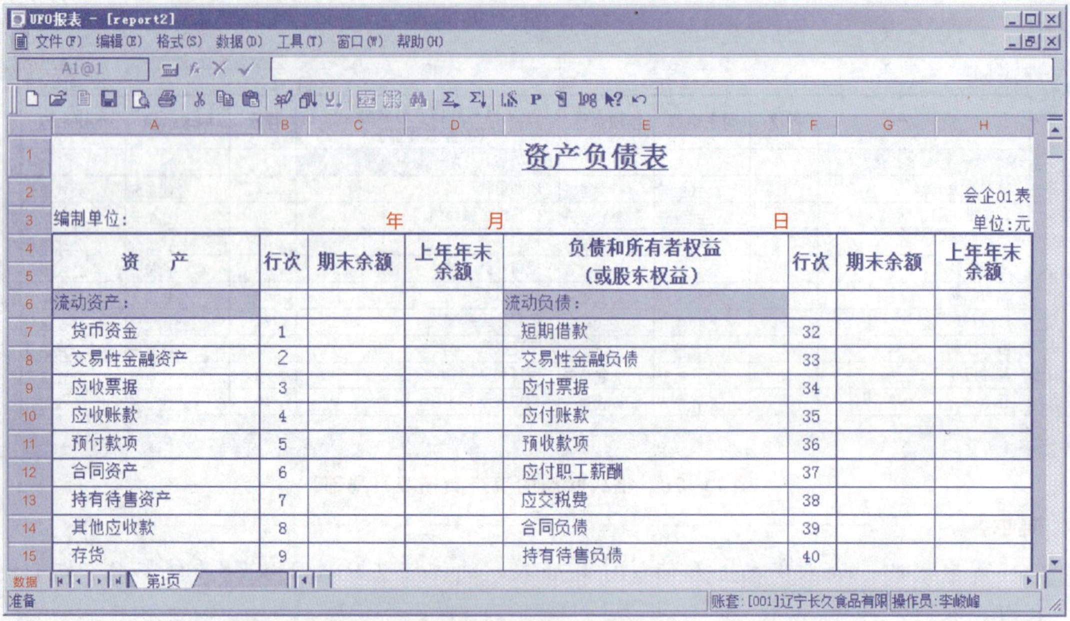
资产负债表

会企01表

编制单位： 年 月 日 单位:元

资 产	行次	期末余额	上年年末余额	负债和所有者权益（或股东权益）	行次	期末余额	上年年末余额
流动资产：				流动负债：			
货币资金	1			短期借款	32		
交易性金融资产	2			交易性金融负债	33		
应收票据	3			应付票据	34		
应收账款	4			应付账款	35		
预付款项	5			预收款项	36		
合同资产	6			应付职工薪酬	37		
持有待售资产	7			应交税费	38		
其他应收款	8			合同负债	39		
存货	9			持有待售负债	40		

图11-29 数据状态的资产负债表（局部）

【提示】

一个UFO报表最多可容纳99 999张表页。

（2）录入关键字并计算报表数据。执行“数据”菜单下的“关键字→录入”命令，打开“录入关键字”对话框，录入关键字“2023年1月31日”。单击“确认”按钮，系统提示“是否重算第1页？”，单击“是”，结果如图11-30所示。

	A	B	C	D	E	F	G	H
1				资产负债表				
2								会企01表
3	编制单位:		2023年	1月		31日		单位:元
4–5	资　　产	行次	期末余额	上年年末余额	负债和所有者权益（或股东权益）	行次	期末余额	上年年末余额
6	流动资产：				流动负债：			
7	货币资金	1	11,147,918.26	11,410,036.66	短期借款	32		
8	交易性金融资产	2	480,000.00	310,000.00	交易性金融负债	33		
9	应收票据	3		42,000.00	应付票据	34	8,202.00	30,000.00
10	应收账款	4	61,053.20	153,811.08	应付账款	35	64,404.00	17,215.00
11	预付款项	5	1,000.00	4,000.00	预收款项	36		
12	合同资产	6			应付职工薪酬	37	161,875.27	119,529.15
13	持有待售资产	7			应交税费	38	306,102.74	502,483.02
14	其他应收款	8	4,374.46	3,000.00	合同负债	39	75,000.00	
15	存货	9	1,853,789.91	1,927,779.00	持有待售负债	40		
16	一年内到期的非流动资产	10			其他应付款	41	21,320.00	9,840.00
17	其他流动资产	11			一年内到期的非流动负债	42		
18	流动资产合计	12	13,548,135.83	13,850,626.74	其他流动负债	43		
19	非流动资产：				流动负债合计	44	636,904.01	679,067.17
20	债权投资	13			非流动负债：			
21	其他债权投资	14			长期借款	45	15,000,000.00	15,000,000.00
22	长期应收款	15			应付债券	46		
23	长期股权投资	16			长期应付款	47		
24	投资性房地产	17			专项应付款	48		
25	固定资产	18	23,347,705.20	23,423,164.00	预计负债	49		
26	在建工程	19			递延所得税负债	50	7,500.00	7,500.00
27	工程物资	20			其他非流动负债	51		
28	固定资产清理	21	演示数据		非流动负债合计	52	15,007,500.00	15,007,500.00
29	生产性生物资产	22			负债合计	53	15,644,404.01	15,686,567.17
30	油气资产	23			所有者权益（或股东权益）：			
31	无形资产	24			实收资本（或股本）	54	5,000,000.00	5,000,000.00
32	开发支出	25			资本公积	55		
33	商誉	26			减：库存股	56		
34	长期待摊费用	27			盈余公积	57	2,136,727.26	2,136,727.26
35	递延所得税资产	28	193.23	193.23	未分配利润	58	14,114,902.99	14,450,689.54
36	其他非流动资产	29			所有者权益（或股东权益）合计	59	21,251,630.25	21,587,416.80
37	非流动资产合计	30	23,347,898.43	23,423,357.23				
38	资产总计	31	36,896,034.26	37,273,983.97	负债和所有者权益(或股东权益)总计	60	36,896,034.26	37,273,983.97

图 11-30　重算后的资产负债表

【提示】

资产负债表取数完毕，应根据会计等式“资产=负债+所有者权益”，检查报表是否平衡。若不平衡，应查找原因并进行调整。

（3）保存报表。单击工具栏的“ ”按钮，打开“另存为”对话框，存储位置选择C盘根目录，“文件名”栏输入“1月份资产负债表”。单击“另存为”按钮，完成保存。

11.3.3　生成利润表并取数

【实验资料】

2023年1月31日，利用报表模板生成1月份利润表，根据最新会计准则调整报表项目。将利润表重算后保存至C盘根目录下，文件名为“1月份利润表.rep”。

生成利润表并取数

【实验过程】

（1）在“UFO报表”窗口，单击“ ”按钮，新建一张空白报表。

（2）调用模板生成利润表。点击“格式”菜单下的“报表模板”命令，打开“报表模板”对话框，在“您所在的行业：”下拉框中选择“2007年新会计准则科目”，“财务报表”下拉框中选择“利润表”。

（3）根据最新会计准则调整报表项目。将A7单元格由“营业税金及附加”改为“税金及附加”；A11单元格下插入一行，项目名称输入“信用减值损失”；A15单元格下插入两行，项目名称分别输入“资产处置收益（损失以“-”号填列）”“其他收益（损失以“-”号填列）”；删除“营业外支出”下面的那一行。

（4）调整报表计算公式。设置信用减值损失本期金额公式为“FS(6702,月,"借",,年)”，设置资产处置收益本期金额公式为“FS(6115,月,"贷",,年)”。修改营业利润的计算公式为“?C5-?C6-?C7-?C8-?C9-?C10-?C11-?C12+?C13+?C14+?C16+?C17”。

（5）将报表切换至数据状态，录入关键字“2023年1月”，并进行整表重算，结果如图11-31所示。

	A	B	C	D
1	利润表			
2				会企02表
3	编制单位：	2023年	1月	单位：元
4	项　　目	行数	本期金额	上期金额
5	一、营业收入	1	793,829.92	
6	减：营业成本	2	283,577.32	
7	税金及附加	3	249,716.27	
8	销售费用	4	44,720.63	
9	管理费用	5	165,278.09	
10	财务费用	6	149,751.81	
11	资产减值损失	7	231,967.27	
12	信用减值损失	8	-466.12	
13	加：公允价值变动收益（损失以“-”号填列）	9		
14	投资收益（损失以“-”号填列）	10	-2,500.00	
15	其中：对联营企业和合营企业的投资收益	11		
16	资产处置收益（损失以“-”号填列）	12	-2,671.20	
17	其他收益（损失以“-”号填列）	13		
18	二、营业利润（亏损以“-”号填列）	14	-335,886.55	
19	加：营业外收入	15	100.00	
20	减：营业外支出	16		
21	三、利润总额（亏损总额以“-”号填列）	17	-335,786.55	
22	减：所得税费用	18		
23	四、净利润（净亏损以“-”号填列）	19	-335,786.55	

图11-31　重算后的利润表

（6）保存报表。单击工具栏的“ ”按钮，打开“另存为”对话框，存储位置选择C盘根目录，“文件名”栏输入“1月份利润表”，单击“另存为”按钮，完成保存。

11.4　自定义财务指标分析表

11.4.1　设计财务指标分析表

【实验资料】

设计如图11-32所示的财务指标分析表。基本要求：①第1行行高16毫米，第2至6行行高8毫米，第1列列宽36毫米；②表头字体为黑体，字号为18号；③前3行和第1列单元文字居中显示。

财务指标分析表

××××年　××月　××日

分析指标	计算结果	备注
流动比率		流动资产/流动负债
销售净利率		净利润/销售收入
总资产净利率		净利润/总资产

图11-32　财务指标分析表

【实验过程】

2023年1月31日，由李峻峰（W01）登录U8企业应用平台。在U8企业应用平台，依次选择“业务工作→财务会计→UFO报表”命令，打开“UFO报表”窗口。设计财务指标分析表的操作过程与知识点11.2.1相同，此处不再赘述。设计结果如图11-33所示。

设计财务指标分析表

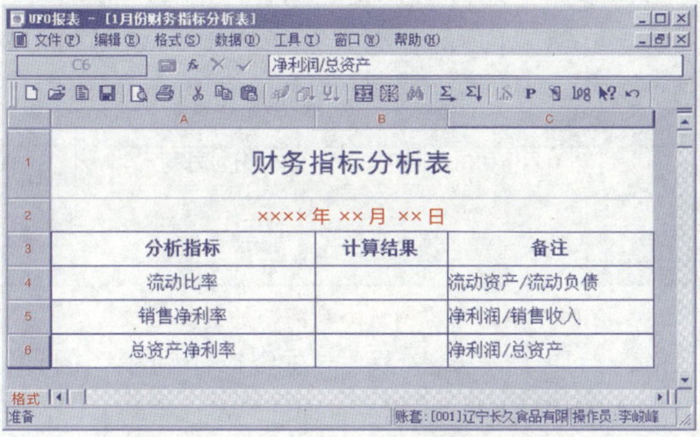

图11-33　设计完毕的财务指标分析表

11.4.2　定义表间取数公式

【实验资料】

设置B4:B6区域单元格的计算公式。

【实验过程】

（1）单击B4单元格，单击工具栏的“fx”按钮，或者执行“数据”菜单下的“编辑公式→单元公式”命令，打开“定义公式”对话框。在“定义公式”对话框手工输入“"C:\1月份资产负债表"->C18@1/"C:\1月份资产负债表"->G19@1”，如图11-34所示。单击“确认”按钮。

定义表间取数公式

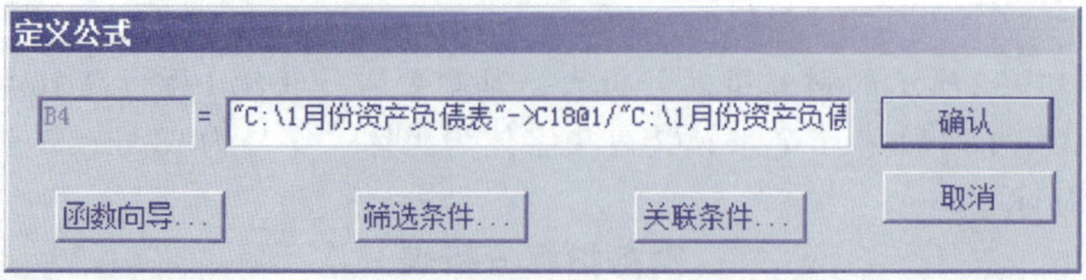

图11-34 “流动比率”的计算公式

【提示】

关于流动比率的计算公式说明：

B4="C:\1月份资产负债表"->C18@1/"C:\1月份资产负债表"->G19@1

“"C:\1月份资产负债表"->C18@1”表示取C盘“1月份资产负债表.rep”第1个表页中C18单元格的数值，即取该表流动资产合计的期末数。

“"C:\1月份资产负债表"->G19@1”表示取C盘“1月份资产负债表.rep”第1个表页中G19单元格的数值，即取该表流动负债合计的期末数。

整个公式的计算过程如下：

$$B4=\frac{\text{"C:\1月份资产负债表"->C18@1}}{\text{"C:\1月份资产负债表"->G19@1}}=\frac{13\,548\,135.83}{636\,904.01}\approx 21.27$$

（2）单击B5单元格，参照上述方法设置“销售净利率”的计算公式，其计算公式为“"C:\1月份利润表"->C23@1/"C:\1月份利润表"->C5@1”，如图11-35所示。

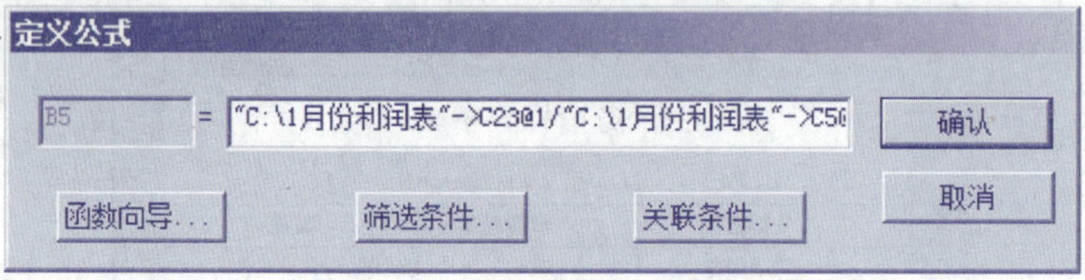

图11-35 “销售净利率”的计算公式

（3）单击B6单元格，参照上述方法设置“总资产净利率”的计算公式，其计算公式为“"C:\1月份利润表"->C23@1/"C:\1月份资产负债表"->C38@1”，如图11-36所示。

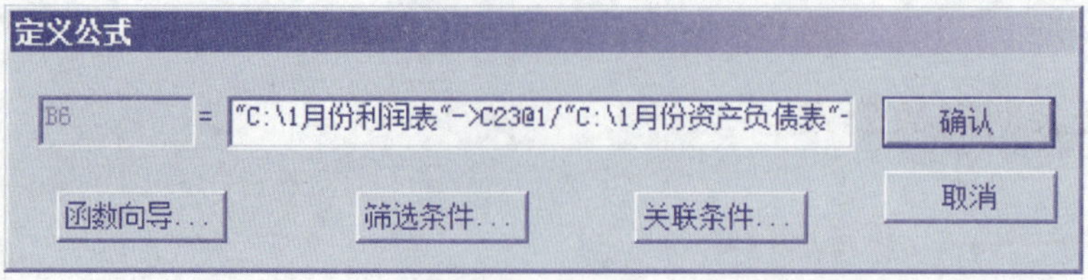

图11-36 “总资产净利率”的计算公式

（4）财务指标分析表设置完毕，结果如图11-37所示。

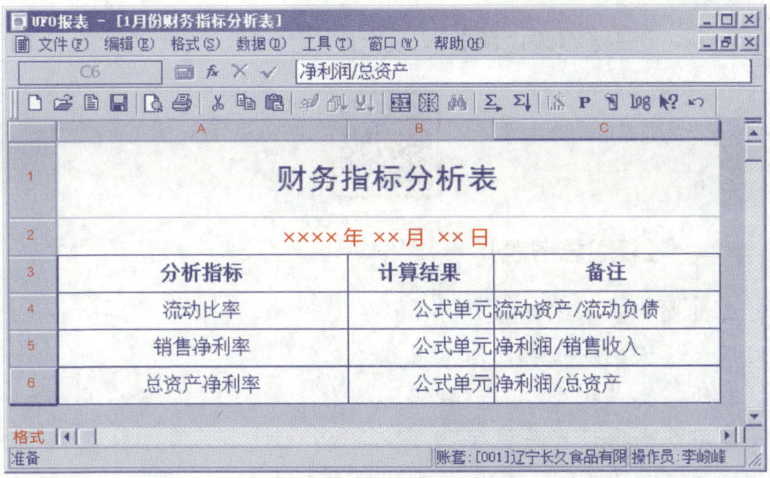

	A	B	C
1	财务指标分析表		
2	××××年××月××日		
3	分析指标	计算结果	备注
4	流动比率	公式单元	流动资产/流动负债
5	销售净利率	公式单元	净利润/销售收入
6	总资产净利率	公式单元	净利润/总资产

图 11-37　公式设置完毕的财务指标分析表

11.4.3　报表取数

【实验资料】

2023年1月31日，将“财务指标分析表”数据重算后保存至C盘根目录下，文件名为“1月份财务指标分析表.rep”。

【实验过程】

（1）将报表切换至数据状态。单击窗口左下角的“格式”按钮，此时报表切换为数据状态。

财务指标分析表取数

（2）录入关键字并计算报表数据。执行“数据”菜单下的“关键字→录入”命令，打开“录入关键字”对话框，录入关键字“2023年1月31日”。单击“确认”按钮，系统提示“是否重算第1页？”，单击“是”。重算结果如图11-38所示。

	A	B	C
1	财务指标分析表		
2	2023年1月31日		
3	分析指标	计算结果	备注
4	流动比率	21.27	流动资产/流动负债
5	销售净利率	-42.30%	净利润/销售收入
6	总资产净利率	-0.91%	净利润/总资产

图 11-38　重算完毕的财务指标分析表

（3）保存报表。单击工具栏的“ ”按钮，打开“另存为”对话框，存储位置选择C盘根目录，“文件名”栏输入“1月份财务指标分析表”。单击“另存为”按钮，完成保存。

【课程思政点睛】

【复习思考题】

1. 简述自定义报表的基本流程。
2. 简述利用报表模板生成报表的基本流程。
3. 试比较报表的“格式状态”与“数据”状态。
4. 什么是关键字？如何设置关键字？
5. 以“权益净利率”为例，如何定义表间取数公式？
6. 试用Excel电子表格制作资产负债表，并从数据库中取数。
7. 试用Excel电子表格制作利润表，并从数据库中取数。

参考文献

[1] 罗姆尼，施泰因巴特. 会计信息系统［M］. 12版. 北京：中国人民大学出版社，2013.

[2] 张瑞君，殷建红，蒋砚章. 会计信息系统［M］. 9版. 北京：中国人民大学出版社，2021.

[3] 陈旭. 会计信息化［M］. 北京：高等教育出版社，2018.

[4] 艾文国，孙洁，张华，等. 会计信息系统［M］. 4版. 北京：人民邮电出版社，2020.

[5] 毛华扬，李帅，李圆蕊. 会计信息系统原理与应用——基于用友新道U8+V15.0版［M］. 2版. 北京：中国人民大学出版社，2021.

[6] 王海林. 财务管理信息化［M］. 3版. 北京：电子工业出版社，2021.

[7] 李吉梅，杜美杰. 场景式企业财务业务综合实践教程（用友ERP-U8 V10.1）［M］. 北京：清华大学出版社，2016.

[8] 甄阜铭，刘媛媛. 会计信息系统——ERP基础［M］. 2版. 大连：东北财经大学出版社，2021.

[9] 黄辉. 会计信息系统理论与实践［M］. 大连：东北财经大学出版社，2017.

[10] 袁凤林. 会计信息化教程［M］. 北京：经济管理出版社，2017.

[11] 宋红尔. 会计信息化——财务篇（用友ERP-U8 V10.1版）［M］. 3版. 大连：东北财经大学出版社，2022.

[12] 宋红尔，赵越，冉祥梅. 用友ERP供应链管理系统应用教程（版本U8 V10.1）［M］. 3版. 大连：东北财经大学出版社，2022.

[13] 宋红尔. 会计信息化综合实训（用友ERP-U8 V10.1版）［M］. 2版. 大连：东北财经大学出版社，2022.

[14] 戴德明，林钢，赵西卜. 财务会计学［M］. 13版. 北京：中国人民大学出版社，2021.

[15] 万寿义，任月君. 成本会计［M］. 5版. 大连：东北财经大学出版社，2019.

[16] 中国注册会计师协会. 税法［M］. 北京：中国财政经济出版社，2022.

[17] 王红云. 税法［M］. 8版. 北京：中国人民大学出版社，2019.

[18] 杨定泉，王进朝. 会计信息系统［M］. 2版. 北京：清华大学出版社，2020.

[19] 沈清文，吕玉林，王欢. 会计电算化［M］. 北京：清华大学出版社，2019.

[20] 洑建红. 会计电算化实务——用友ERP-U8 V10.1（微课版）［M］. 2版. 北京：人民邮电出版社，2020.

[21] 王新玲. 用友U8（V10.1）财务业务一体化应用［M］. 2版. 北京：人民邮电出版社，2019.

[22] 宫兆辉，叶怡雄. 会计信息系统实验教程［M］. 北京：经济科学出版社，2021.

[23] 崔红，袁建华. 会计信息系统［M］. 北京：清华大学出版社，2019.

参考文献

[1] 罗姆尼，施泰因巴特. 会计信息系统［M］. 12版. 北京：中国人民大学出版社，2013.

[2] 张瑞君，殷建红，蒋砚章. 会计信息系统［M］. 9版. 北京：中国人民大学出版社，2021.

[3] 陈旭. 会计信息化［M］. 北京：高等教育出版社，2018.

[4] 艾文国，孙洁，张华，等. 会计信息系统［M］. 4版. 北京：人民邮电出版社，2020.

[5] 毛华扬，李帅，李圆蕊. 会计信息系统原理与应用——基于用友新道U8+V15.0版［M］. 2版. 北京：中国人民大学出版社，2021.

[6] 王海林. 财务管理信息化［M］. 3版. 北京：电子工业出版社，2021.

[7] 李吉梅，杜美杰. 场景式企业财务业务综合实践教程（用友ERP-U8 V10.1）［M］. 北京：清华大学出版社，2016.

[8] 甄阜铭，刘媛媛. 会计信息系统——ERP基础［M］. 2版. 大连：东北财经大学出版社，2021.

[9] 黄辉. 会计信息系统理论与实践［M］. 大连：东北财经大学出版社，2017.

[10] 袁凤林. 会计信息化教程［M］. 北京：经济管理出版社，2017.

[11] 宋红尔. 会计信息化——财务篇（用友ERP-U8 V10.1版）［M］. 3版. 大连：东北财经大学出版社，2022.

[12] 宋红尔，赵越，冉祥梅. 用友ERP供应链管理系统应用教程（版本U8 V10.1）［M］. 3版. 大连：东北财经大学出版社，2022.

[13] 宋红尔. 会计信息化综合实训（用友ERP-U8 V10.1版）［M］. 2版. 大连：东北财经大学出版社，2022.

[14] 戴德明，林钢，赵西卜. 财务会计学［M］. 13版. 北京：中国人民大学出版社，2021.

[15] 万寿义，任月君. 成本会计［M］. 5版. 大连：东北财经大学出版社，2019.

[16] 中国注册会计师协会. 税法［M］. 北京：中国财政经济出版社，2022.

[17] 王红云. 税法［M］. 8版. 北京：中国人民大学出版社，2019.

[18] 杨定泉，王进朝. 会计信息系统［M］. 2版. 北京：清华大学出版社，2020.

[19] 沈清文，吕玉林，王欢. 会计电算化［M］. 北京：清华大学出版社，2019.

[20] 湫建红. 会计电算化实务——用友ERP-U8 V10.1（微课版）［M］. 2版. 北京：人民邮电出版社，2020.

[21] 王新玲. 用友U8（V10.1）财务业务一体化应用［M］. 2版. 北京：人民邮电出版社，2019.

[22] 宫兆辉，叶怡雄. 会计信息系统实验教程［M］. 北京：经济科学出版社，2021.

[23] 崔红，袁建华. 会计信息系统［M］. 北京：清华大学出版社，2019.